生产安全责任事故犯罪案件
实务指导全书

Guidance Book on Criminal Cases of
Work Safety Accidents

主编◎张述元
副主编◎周峰

中国法制出版社
CHINA LEGAL PUBLISHING HOUSE

图书在版编目（CIP）数据

生产安全责任事故犯罪案件实务指导全书 / 张述元主编 . —北京：中国法制出版社，2019. 4

ISBN 978 - 7 - 5093 - 9980 - 4

Ⅰ. ①生… Ⅱ. ①张… Ⅲ. ①安全生产 - 重大责任事故罪 - 研究 - 中国 Ⅳ. ①D922. 544

中国版本图书馆 CIP 数据核字（2019）第 015855 号

策划编辑　戴蕊　　责任编辑　程思　　封面设计　李宁

生产安全责任事故犯罪案件实务指导全书

SHENGCHAN ANQUAN ZEREN SHIGU FANZUI ANJIAN SHIWU ZHIDAO QUANSHU

主编/张述元

经销/新华书店

印刷/三河市紫恒印装有限公司

开本/710 毫米 ×1000 毫米　16 开　　印张/ 42. 75　字数/ 605 千

版次/2019 年 4 月第 1 版　　2019 年 4 月第 1 次印刷

中国法制出版社出版

书号 ISBN 978 - 7 - 5093 - 9980 - 4　　定价：168. 00 元

北京西单横二条 2 号

邮政编码 100031　　传真：010 - 66031119

网址：http：//www. zgfzs. com　　**编辑部电话：010 - 66066620**

市场营销部电话：010 - 66033393　　**邮购部电话：010 - 66033288**

（如有印装质量问题，请与本社印务部联系调换。电话：010 - 66032926）

主　　编：张述元

副 主 编：周　峰

执行主编：汪　斌

执行副主编：李加玺

责任编辑　（按姓氏笔画排序）

王凯凯　王　敏　李　伟

李莹莹　汪　雷　杨　军

姚龙兵　崔　慧

编写说明

2016年12月9日，中共中央、国务院印发了《关于推进安全生产领域改革发展的意见》（以下简称《意见》）。这是新中国成立以来第一个以党中央、国务院名义出台的安全生产工作的纲领性文件，充分体现了以习近平同志为核心的党中央对安全生产工作的高度重视。《意见》提出，健全落实安全生产责任制，严格落实企业主体责任，严格责任追究制度。在现阶段我国正处在工业化、城镇化持续推进过程中、安全生产基础薄弱的总体形势下，如何贯彻落实《意见》要求，综合运用民事、行政、刑事等多种手段，有效惩治生产安全责任事故违法犯罪行为，提升我国的安全生产工作整体水平，是一个重大课题。

最高人民法院历来高度重视生产安全责任事故犯罪的审判指导和理论研究工作，近年来先后出台了多个司法解释和规范性文件。特别是2015年12月《最高人民法院、最高人民检察院关于办理危害生产安全刑事案件适用法律若干问题的解释》公布施行后，最高人民法院以此为契机，对全国范围内此类案件的审判情况进行了广泛调研。经过调研发现，理论界和实务界对于生产安全责任事故犯罪法律适用等方面的问题研究的系统性和深入性还有待加强，部分生产经营单位管理人员的法律意识淡薄，部分负有安全生产监督管理职责的部门基层工作人员和刑事司法工作人员的认识不够准确、全面。在新的形势下，为了适应安全生产工作的实际需要，有必要对生产安全责任事故犯罪法律适用等方面的问题开展有针对性的研究和梳理。有鉴于此，最高人民法院刑四庭组织编写了《生产安全责任事故犯罪案件实务指导全书》一书。

本书有以下三个显著特点：一是内容全面。全书由理论研究、典型案例、刑事司法解释理解与适用和规范性文件以及行政法律法规、部门规章及有关文件等四个部分组成。其中，理论研究部分对生产安全责任事故犯罪中的共性问题以及相关11个罪名的法律适用等方面问题做了深入、细致研究；典型案例部分收集了近年来审结的34个有代表性的案例，并对裁判理由作出了详尽分析；刑事司法解释理解与适用及规范性文件部分收集了最高人民法院单独或与其他部门联合出台的4个司法解释和规范性文件，并附两篇解读文章，便于实践中正确理解和准确适用；行政法律法规、部门规章及有关文件部分汇编了审理此类案件过程中常用的20个重要行政法律法规、部门规章和有关文件。二是紧扣热点。本书的理论研究部分充分关注理论和实践中存在争议的审理生产安全责任事故犯罪案件过程中面临的法律适用等方面问题，根据通行刑法理论，借鉴新近理论研究成果和司法实践动态，作出了系统、深入的分析和论证；典型案例部分紧扣审判工作热点，收集了近年来发生的引起广泛关注的天津港“8·12”瑞海公司危险品仓库特大火灾爆炸事故、河南航空伊春“8·24”特大飞机坠毁事故、江苏昆山中荣公司“8·2”特大爆炸事故等数十个重特大生产责任事故犯罪典型案例。三是实用性强。本书既有理论问题研究和典型案例分析，又全面汇编了有关刑事司法解释、规范性文件、行政法律法规、部门规章和重要文件，便于办理生产安全责任事故犯罪案件时参阅、参考，也有利于形成对此类犯罪的全面、深入认识，不仅是刑事司法工作人员的工具用书，也是广大刑事辩护律师以及教学、研究人员的参考用书，同时也可以作为生产经营单位管理人员和负有安全生产监督管理职责的部门工作人员的普法用书。

本书由最高人民法院副院长张述元任主编，原最高人民法院审判委员会委员、刑四庭庭长周峰任副主编，最高人民法院第四巡回法庭廉政监察员汪斌任执行主编，参与编写人员为最高人民法院多年从事刑事审判工作的同志。本书理论研究部分的具体写作分工如下：

李加玺：第一章、第二章、第三章、第五章、第十四章

汪　斌：第四章、第六章

姚龙兵：第七章、第八章

王　敏：第九章

李　伟：第十章

崔　慧：第十一章

汪　雷：第十二章

李莹莹：第十三章

杨　军：第十五章

李加玺、崔慧、李伟、王凯凯、杨军、李莹莹、王敏、汪雷（按照案例先后顺序排列）参与了本书典型案例部分的编写。刑事司法解释理解与适用及规范性文件部分以及行政法律法规、部门规章及有关文件部分由李加玺收集、汇编和整理。

本书的出版得到了中国法制出版社领导和编辑的大力支持与帮助，在此一并表示感谢。因时间仓促，书中恐有疏漏之处，敬请读者提出宝贵意见和建议。

本书编写组

二〇一九年三月

凡　例

1. 1979年7月1日第五届全国人民代表大会第二次会议通过的《中华人民共和国刑法》简称1979年刑法。

2. 1997年3月14日第八届全国人民代表大会第五次会议修订通过的《中华人民共和国刑法》简称1997年刑法。

3. 2006年6月29日第十届全国人民代表大会常务委员会第二十二次会议通过的《中华人民共和国刑法修正案（六）》简称《刑法修正案（六）》。

4. 2011年2月25日第十一届全国人民代表大会常务委员会第十九次会议通过的《中华人民共和国刑法修正案（八）》简称《刑法修正案（八）》。

5. 2015年8月29日第十二届全国人民代表大会常务委员会第十六次会议通过的《中华人民共和国刑法修正案（九）》简称《刑法修正案（九）》。

6. 2007年2月26日最高人民法院审判委员会第1419次会议、2007年2月27日最高人民检察院第十届检察委员会第72次会议通过的《最高人民法院、最高人民检察院关于办理危害矿山生产安全刑事案件具体应用法律若干问题的解释》简称《关于办理危害矿山生产安全刑事案件的解释》。

7. 2015年11月9日最高人民法院审判委员会第1665次会议、2015年12月9日最高人民检察院第十二届检察委员会第44次会议通过的《最高人民法院、最高人民检察院关于办理危害生产安全刑事案件适用法律若干问题的解释》简称《关于办理危害生产安全刑事案件的解释》。

8. 2011年12月30日公布的《最高人民法院关于进一步加强危害生

产安全刑事案件审判工作的意见》简称《关于进一步加强危害生产安全刑事案件审判工作的意见》。

9. 2008年6月25日公布的《最高人民检察院、公安部关于公安机关管辖的刑事案件立案追诉标准的规定（一）》简称《关于公安机关管辖的刑事案件立案追诉标准的规定（一）》。

目　录

第一编　生产安全责任事故犯罪理论研究

第二编 生产安全责任事故犯罪典型案例

第三编 刑事司法解释理解与适用及规范性文件

第四编 法律、行政法规、部门规章及相关文件

第一编

生产安全责任事故犯罪理论研究

第一章 生产安全和生产安全事故

一、生产经营与生产安全

（一）生产经营

生产经营是一个涉及范围很广的概念，准确界定其内涵和外延并不容易。从词语的构成方式来看，生产经营由生产和经营两个词语组成。一般来讲，生产是人类利用工具创造各种生产资料和生活资料活动的总称，是人类社会最基本的社会活动，也是人类社会赖以生存和发展的基础。这一概念强调生产活动的作用对象是物质资料，目的是创造新的生产资料和生活资料，主要是指现代社会中的第一产业和第二产业物质生产和加工活动。人类社会中人与人之间的交际往来，即单纯的社交活动，一般不属于生产活动的范畴。安全生产领域中一般所称的生产是一个广义的概念，不仅指狭义的物资生产和加工活动，同时也包括各类工程建设活动、商业交换活动和社会服务活动，即除了第一产业和第二产业之外，还包括属于第三产业的交通运输业、金融保险业、家庭服务业、商业、餐饮业等非物质生产活动。有的法律法规将生产与作业两个词语并列使用，其中作业指的是从事生产活动，与生产基本上属于同义词。生产与作业两词并用，强调的是行为人在特定的时间和空间范围内从事生产活动的过程。

理论上一般认为，经营是指各种计划和组织活动，有筹划、谋划、计划、规划、组织、治理等方面的含义。日常生活中，经常将经营和管理并列使用，但经营一般侧重于动态性的谋划发展，而管理则主要侧重于保证经济活动正常合理的运转。因此，经营强调其发展性，而管理则强调其稳定性。《安全生产法》第二条规定："在中华人民共和国领域内从事生产经营活动的单位（以下统称生产经营单位）的安全生产，适用本法。"但是，对于何谓生产经营活动，安全生产法并没有给出明确的定义，理论研究者也没有作出确切的界定。研究认为，所谓生产经营活动，是指人类社会中围绕原料和资金的投入、产品的产出和销售以及利润的分配，保持简单再生产以及实现扩大再生产所开展的各种有组织活动的总称。根据上述定义，生产经营属于社会化大生产活动的有机组成部分，具有营利性、组织性、可重复性等特点。不属于社会化生产活动范围之内的其他人类活动，如公共场所集会活动等，不属于生产经营的范畴。

（二）生产安全

劳动生产是人类社会最基本的社会活动。马克思和恩格斯指出："我们首先应当确定一切人类生存的第一个前提也就是一切历史的第一个前提，这个前提就是：人民为了能够'创造历史'，必须能够生活。但是为了生活，首先就需要衣、食、住以及其他东西。因此第一个历史活动就是生产满足这些需要的资料，即生产物质生活本身。"① "一个社会不能停止消费，同样，它也不能停止生产。"② 马克思主义经济学认为，劳动是人类产生的基础，也是人类社会生存与发展的动力。从古代到现代，人类社会中的劳动生产方式经历了不同的发展阶段。在原始社会中，人类的劳动生产方式是简单的采集和狩猎活动，组织性很低，劳动生产的目的主要用于满足自身需要，物质交换活动很少，主观上并无营利性目的。伴随着劳动生产工具的不断改进、生产效率的不断提高，特别是私有制观念产生以后，人类从事劳动生产的目的不仅仅用于满足自我需要，一部分剩余产品被用来与他人进行交换，从而达到营利的目的。这种情况下，劳动生产的规模越来越大，组织性越来越高，专业性越来越强，创造的物质财富也越来越丰富，与之相伴随的，是劳动生产的安全风险也不断增大。在原始社会中，由于劳动生产工具极度落后，参与劳动生产的人数较少，事故发生的概率很低，安全问题并不突出。在近代工业革命完成之后，手工工具逐渐被各种复杂的大型机械所取代，劳动生产对操作人员的要求越来越高，涉及的空间范围也越来越广，上至太空，下至地下，都有可能成为劳动生产的场所。这种情况下，劳动生产活动的风险越来越突出，人类已经进入一个高风险社会的阶段。这种情况下，如何有效加强安全管理，维护生产安全，防止生产经营活动中安全事故的发生，就成为引发全社会广泛关注的重大问题。

关于什么是生产安全，从不同的角度出发可以给出不同的定义。从安全

① 《马克思恩格斯选集》（第一卷），人民出版社 1972 年版，第 32 页。

② 《资本论》（第一卷），人民出版社 1975 年版，第 621 页。

管理的角度来讲，生产安全，或者称为安全生产，是指采取行政、法律、经济、科学技术等多方面措施，预知、控制乃至消除生产经营过程中的危险因素，减少和预防事故的发生，实现生产经营的正常运转，避免经济损失和人员伤亡结果的活动。安全管理意义上的生产安全，和生产安全工作、安全生产工作基本上属于同义词。从风险识别的角度来讲，生产安全是指生产经营活动的安全进行，具体来讲，是指生产经营过程中生产、作业人员和其他相关人员的生命健康安全，以及劳动生产资料和所创造的物质财富等公私财产的安全。风险识别意义上的生产安全属于公共安全的范畴，属于与国防安全、公共卫生安全、食品安全等同一层级的概念。本书中所称生产安全，采用的是风险识别意义上的概念。

安全是人类生存和发展的必要条件，也是社会稳定发展的基础和前提。在生产经营活动过程中，一旦发生事故，轻则导致生产经营活动停滞，影响生产经营的正常进度，重则造成人员伤亡和经济损失。加强生产安全控制和管理，预防生产安全事故的发生，是生产经营活动的组织者、参加者以及相关政府部门的共同职责。

二、生产安全事故

（一）生产安全事故的概念

生产安全事故，或者称为安全生产事故，是指生产经营单位在从事生产经营活动的过程中突然发生的、伤害人身安全或者造成经济损失，导致原生产经营活动暂时中止或者永远终止的事件。

生产安全事故不是无缘无故发生的，是生产经营过程中的安全隐患积累到一定程度时的集中爆发式反应。在航空安全领域存在著名的海恩法则，即认为每一起严重事故的背后，必然有29次轻微事故和300起未遂先兆以及1000起事故隐患。其他生产经营行业领域也存在类似的规律。生产安全事故一旦发生，轻则造成生产经营活动中止，重则造成重大人员伤亡和巨额经济损失，产生难以估量的影响和不可挽回的后果。维护生产安全，做好安全生产工作，首要目标就是要消除安全隐患，切实预防生产安全事故的发生。

（二）生产安全事故的特征

实践中，判断某些事故是否属于生产安全事故，并不是一个简单的问题。要准确认定生产安全事故，首要问题是要准确把握生产安全事故的特征。归纳起来，生产安全事故的特征主要体现在以下几个方面：

第一，发生领域的特定性。这是生产安全事故区别于其他领域中发生的安全事故的主要标准。生产安全事故只能发生在生产经营单位开展的生产经营活动过程中。这里所称的生产经营单位是一个广义的概念，是指从事生产活动或者经营活动的基本单元，既包括企业法人，也包括不具备法人资格的经营单位、个人合伙组织、个体工商户和自然人等其他生产经营主体；既包括合法的生产经营主体，也包括不具备相应合法资质的生产经营主体。对于实践中争议较大的农村自住低层房屋建筑过程中发生的事故而言，由建筑施工单位（包括无资质施工队）承包的农村自住低层房屋的新建、改建以及修缮活动，均属于生产经营活动；虽然没有建筑施工单位（包括无资质施工队）承包，但农民以货币或者实物形式支付劳动报酬，或者相互之间以互助形式邀请他人进行房屋新建、改建以及修缮活动的，也应当认定为生产经营活动。

第二，引发原因的人为性。这是生产安全事故区别于自然灾害和技术事故的主要标准。生产安全事故是在相关人员能够预见或者有能力防范事故隐患的情况下，由于生产经营单位的防范措施不落实、应急救援预案或者防范救援措施不力，导致事故隐患转化为现实后果，引发重大人员伤亡或者物质损失的事故，属于人为责任造成的事故。与之相反，自然灾害是由于个人不能预见或者不能抗拒的自然灾害，包括洪水、泥石流、雷击、地震、雪崩、台风、海啸、龙卷风等直接造成的事故，技术事故是指由于特定时期技术不完善或者设备自然损耗直接造成的事故。自然灾害和技术事故均与人的责任无关，一般情况下不涉及追究相关人员责任的问题。

第三，可归责心理的过失性。这是生产安全事故区别于刑事案件和治安案件的主要标准。生产安全事故发生在生产经营过程中，从事生产经营活动的主体以获取经济利益为主要目的，不可能对生产安全事故的发生持故意心态，主观上属于疏忽大意的过失或者过于自信的过失心态。如果从事生产经营活动的主体或者其他主体出于故意心态，故意破坏生产经营设备设施，或者故意对生产经营活动制造障碍，最终导致人身伤亡或者引发经济损失的，则属于刑事案件或者治安案件，应由公安机关立案侦查或者给予治安管理处罚，不应追究相关人员在生产安全方面的责任。

第四，发生方式的突然性。这是生产安全事故区别于职业疾病伤害事件的主要标准。生产安全事故是各种因素相互影响、积累到一定程度突然爆发的结果，具有明显的突发性、激烈性特点。职业病是指劳动者在职业活动中因为接触粉尘、放射性物质或者其他有毒、有害物质等因素引发的生理或者心理疾病。职业病的发生，是致病因素逐步累积、病情缓慢发展的过程，不应归入生产安全事故的范畴。例如，某石英砂厂在从事石英砂原矿开采、加工活动过程中，采用干式作业法生产石英砂，在进行生产车间设计、施工时未同时设计、安装除尘设备，仅在车间中安装了一台简易抽风除尘机，并向工人发放除尘口罩或纱布口罩提供简单的防尘保护，导致在该厂务工的多名农民工患上矽肺病，经鉴定构成重伤，其中五人相继死亡。上述情况属于典型的职业病伤害事件，不应认定为生产安全事故。

（三）生产安全事故的分类

分类是按照一定的标准对事物进行分别归类的活动。分类有利于加深对事物性质的理解和采取适当的处置措施。根据不同的标准，可以对生产安全事故进行不同的分类。

首先，根据事故发生的行业领域不同，可以将生产安全事故分为矿山安全事故、交通安全事故、危险化学品安全事故、工程质量安全事故、特种设备安全事故，等等。《国务院关于特大安全事故行政责任追究的规定》第二条规定："地方人民政府主要领导人和政府有关部门正职负责人对下列特大安全事故的防范、发生，依照法律、行政法规和本规定的规定有失职、渎职情形或者负有领导责任的，依照本规定给予行政处分；构成玩忽职守罪或者其他罪的，依法追究刑事责任：（一）特大火灾事故；（二）特大交通安全事故；（三）特大建筑质量安全事故；（四）民用爆炸物品和化学危险品特大安全事故；（五）煤矿和其他矿山特大安全事故；（六）锅炉、压力容器、压力管道和特种设备特大安全事故；（七）其他特大安全事故。"采用的就是这种分类标准。按照发生的行业领域对生产安全事故进行分类，有利于相关部门根据不同行业领域的规律和特点，采取有针对性的措施消除事故隐患，防范生产安全事故的发生。

其次，根据事故造成危害后果的严重程度，可以将生产安全事故分为一般事故、较大事故、重大事故和特别重大事故。国务院制定的《生产安全事故报告和调查处理条例》第三条规定："根据生产安全事故（以下简称事故）造成的人员伤亡或者直接经济损失，事故一般分为以下等级：（一）特别重大事故，是指造成30人以上死亡，或者100人以上重伤（包括急性工业中毒，下同），或者1亿元以上直接经济损失的事故；（二）重大事故，是指造成10人以上30人以下死亡，或者50人以上100人以下重伤，或者5000万元以上

1亿元以下直接经济损失的事故；（三）较大事故，是指造成3人以上10人以下死亡，或者10人以上50人以下重伤，或者1000万元以上5000万元以下直接经济损失的事故；（四）一般事故，是指造成3人以下死亡，或者10人以下重伤，或者1000万元以下直接经济损失的事故。”另外，《铁路交通事故应急救援和调查处理条例》等行政法规、部门规章也有类似的规定。按照危害后果的严重程度对生产安全事故进行分类，主要目的在于确定事故报告等级、调查处理权限以及相关责任人员应当承担的责任大小。

再次，按照事故是否造成人身伤害结果，可以将生产安全事故分为伤亡事故和非伤亡事故。伤亡事故，是指生产经营过程中发生的造成人身伤害或者急性中毒结果的事故；非伤亡事故，是指生产经营过程中发生的未造成人员伤亡或者急性中毒的生产中断、工程或者物资损失事故。应当认识到，非伤亡事故虽然没有造成人员伤亡，但和伤亡事故之间并不存在不可逾越的鸿沟。有统计表明，在实际发生的各类生产安全事故中，未造成伤亡结果的事故占到90%以上，也就是说，非伤亡事故的发生概率比伤亡事故高10倍以上，而且非伤亡事故同样可以造成巨额损失，并且可能严重影响生产经营活动的正常进行。因此，实践中，应当将非伤亡事故与伤亡事故同等对待，认真分析事故性质，严肃查明事故原因，切实防止同类事故再次发生。

三、我国的生产安全法律体系

生产安全关系到人民群众的生命和财产安全，关系到我国改革发展的顺利进行和社会的和谐稳定大局。党中央、国务院历来高度重视生产安全工作。新中国成立以来，我国的生产安全立法工作与国家命运密切相关，走过了一个曲折发展的历程，其间大致经历了新中国成立初期的初步确立时期、“文革”期间的动乱倒退时期、改革开放以后的恢复发展时期和近年来的不断完善时期等几个主要阶段。

（一）新中国成立初期的初步确立时期

新中国成立伊始，党和国家就高度重视生产安全工作，通过多种政治文件和法律法规确立了维护生产安全的主要规章制度，改变了旧中国劳动者生命健康安全和财产安全没有保障的情况。1949年9月召开的中国人民政治协商会议通过的《中华人民共和国政治协商会议共同纲领》明确规定：“保护青工女工的特殊利益。”“实行工矿检查制度，以改进工矿的安全和卫生设备。”

明确宣告了党和国家维护生产安全、保护劳动者人身权益的坚定决心。1954 年 9 月通过的新中国第一部《宪法》第九十一条规定："国家通过国民经济有计划的发展，逐步扩大劳动就业，改善劳动条件和工资待遇以保证公民享受这种权利。"从而以根本大法的形式，确立了通过发展的方式改善生产条件、维护生产安全的总体原则。

在共同纲领和宪法的指导下，中央政府、中央政府的相关职能部门以及地方政府相继制定和出台了 100 余种维护生产安全的法律法规和部门规章，如《工厂卫生暂行条例》《工程安全卫生规程》《工厂职员伤亡事故报告规程》等。上述法律法规和部门规章的颁布实施，为如何处理一些基本的危害生产安全违法行为，提供了初步的法律依据，有效维护了生产安全和劳动者合法权益。

（二）"文革"期间的动乱倒退时期

1966 年"文革"开始之后，在错误思想的指导下，安全生产工作被污蔑为"活命哲学"，受到了许多不公正的攻击和批判。在这一时期，我国的生产安全工作受到严重破坏，生产经营秩序十分混乱，安全生产工作水平出现了严重的历史性倒退，导致人身伤亡和重大经济损失的生产安全事故数量急剧上升，形成了一个新的事故高峰期，给社会主义经济社会建设事业造成了巨大损失。

（三）改革开放以后的恢复发展时期

1978 年党的十一届三中全会召开以后，随着思想上的拨乱反正和改革开放政策的正式确立，社会各行各业正常的生产经营秩序逐步得到恢复，我国的安全生产工作迎来了恢复发展时期，安全生产法制建设的进程大大加快，陆续制定和颁布了一系列维护生产安全的法律法规。1983 年 9 月 2 日，第六届全国人大常委会第二次会议讨论通过了《中华人民共和国海上交通安全法》，于 1984 年 1 月 1 日起施行。1992 年 11 月 7 日，第七届全国人大常委会第二十八次会议讨论通过了《中华人民共和国矿山安全法》，这是新中国成立以后出台的第一部有关生产安全的专门性法律。1994 年 7 月 5 日，第八届全国人大常委会第八次会议讨论通过了《中华人民共和国劳动法》。矿山安全法和劳动法的颁布实施，使生产安全和广大生产经营活动参与者的人身健康安全有了正式的法律保障，为维护生产安全提供了明确的法律依据，安全生产工作初步做到了有法可依，对我国安全生产工作的顺利开展产生了积极深远的影响。其后，全国人大常委会又于1996年8月颁布了《中华人民共和国煤炭法》，1998年10月颁布了《中华人民共和国消防法》，有关生产安全的法律法规日益增多。与此同时，国务院各部委也制定了一系列的部门规章和法律文件，特别是当时的国家技术监督局先后制定和颁布了一系列有关生产安全和劳动者健康防护方面的国家标准，为安全生产工作提供了明确的技术标准，也使生产安全法律法规的规定内容在技术层面上得到了落实。各省、自治区、直辖市为了维护本地区生产安全和劳动者的人身健康安全，也先后制定颁布了在本地区适用的有关生产安全的地方性法规和地方政府规章。

（四）近年来的不断完善时期

近年来，随着社会主义市场经济体制改革的不断走向深入，特别是随着2001年12月正式加入世界贸易组织，我国的生产安全法制建设进入了一个不断完善的新时期。另外，我国在这一时期还先后批准加入了国际劳工组织制定的《建筑业安全和卫生公约》等多个涉及生产安全问题的国际公约，客观上对我国的生产安全法制建设起到了推动作用。2002年6月，第九届全国人大常委会第二十八次会议讨论通过了《中华人民共和国安全生产法》，对生产经营单位的安全保障义务、从业人员的权利义务范围、安全生产监督管理体制、生产安全事故的救援和处理等方面内容均作出了详细、明确的规定。安全生产法是我国第一部综合性的生产安全法律，是我国生产安全法律体系中的主体性法律。安全生产法的出台，是我国生产安全法律体系建设过程中的一个重大事件，标志着一个多层次、全方位的生产安全法律体系已经逐步形成。为了适应新形势下安全生产工作的实际需要，2014年8月31日，第十二届全国人大常务委员会第十次会议对安全生产法进行了重要修正，修正后的安全生产法确立了“以人为本、安全发展”的总体原则，明确提出，要强化和落实生产经营单位的主体责任，建立生产经营单位负责、职工参与、政府监管、行业自律和社会监督的安全生产工作机制，对于改善现阶段和今后一段时期的安全生产形势，推动安全生产工作持续科学发展，具有十分重要的意义。

这一时期，针对各个行业领域中的生产安全问题，全国人大常委会和国务院先后出台了多个行业性、专门性的生产安全法律法规，如《中华人民共和国道路交通安全法》《中华人民共和国港口法》《内河交通安全管理条例》《铁路运输安全保护条例》《民用爆炸物品安全管理条例》，等等。与此同时，生产安全地方性法制建设也取得巨大进步。各省、自治区、直辖市人大和政府均非常重视生产安全地方性立法工作，大多数省、自治区、直辖市出台了地方性的《劳动保护条例》或者《劳动安全卫生条例》。2002 年安全生产法颁布之后，各省、自治区、直辖市又根据安全生产法的规定内容，结合本地区的实际情况，制定了一大批地方性法规和地方政府规章，有效贯彻落实了安全生产法确立的工作原则和法律制度。

自从 1978 年拨乱反正以来，我国的生产安全法制建设已经走过了将近 40 年的完善和发展历程。40 年间，一大批维护生产安全、保护劳动者合法权益的法律法规得以颁布实施，一部分不符合新时期经济社会发展需要的法律法规得到修订和完善，立法的科学化水平不断提高，相关的生产安全国家标准和行业标准等配套性规定也相继制定出台。现阶段，一个以安全生产法为核心，以劳动法、职业病防治法等综合性法律法规为基础，以道路交通安全法、矿山安全法、危险化学品安全管理条例等行业性生产安全法律法规为支撑，以消防法、建筑法、煤炭法等行业管理法律法规中有关生产安全的规定内容为补充，以相关劳动卫生标准和国家标准、行业标准为配套的生产安全法律体系已经建立起来，并将随着我国经济社会发展水平的不断提高和全社会对安全生产工作规律性认识的不断深入，而不断得到完善和发展。

第二章　生产安全责任事故犯罪概述

一、生产安全责任事故犯罪概念的提出和含义

鉴于生产安全的极端重要性和生产安全事故的严重社会危害性，采用刑罚手段惩治在生产经营过程中发生的严重侵害生产安全的各类违法行为，利用刑罚措施保障生产经营活动的顺利进行，是世界主要法治发达国家的通行做法。在刑法条文中明文规定侵害生产安全的各类犯罪行为的成立条件和刑罚后果，自然就产生了一个特定的犯罪类别。但是，由于各国刑法典一般对此类犯罪的规定比较分散，并未设立专门的章节予以集中规定，因此，并不存在一个法定概念统御这一犯罪类别，另一方面，刑法理论界也少有学者对此类犯罪进行类型化研究。这种情况下，如何对生产经营过程中发生的侵害生产安全的各类犯罪行为确定一个明确的上位概念，是值得认真研究的问题。

在现阶段，理论和实践中对此类犯罪开展的类型化研究和归纳，大体存在三种观点。第一种观点使用的概念为危害劳动生产安全犯罪，认为所谓危害劳动生产安全犯罪，是指行为人故意或者过失实施的严重危害劳动生产安全，依法应当受到刑罚处罚的行为①。根据上述定义，危害劳动生产安全犯罪行为既可以由行为人出于故意心态实施，典型的如对劳动生产工具、生产资料的各种故意破坏行为，涉及的罪名包括破坏生产经营罪、破坏电力设备罪、破坏易燃易爆设备罪、劫持航空器罪和暴力危及飞行安全罪，等等；也可以由行为人出于过失心态实施，如重大责任事故罪、铁路运营安全事故罪等各种违章违规操作行为导致重大事故后果的犯罪；既可以由从事生产经营活动的人员实施，也可以由不从事生产经营活动的人员实施。第二种观点使用的概念是重大责任事故犯罪，指行为人出于过失心态导致引发重大责任事故、应受刑罚处罚的行为②。第三种观点来自于最高审判机关的司法解释和规范性

---

① 参见王守俊：《危害劳动生产安全犯罪研究》，煤炭工业出版社2009年版，第47－48页。

② 参见孟庆华：《重大责任事故犯罪的认定与处理》，人民法院出版社2003年版。

文件，《关于办理危害生产安全刑事案件的解释》和《关于进一步加强危害生产安全刑事案件审判工作的意见》均使用了危害生产安全犯罪这一概念，涵盖的犯罪类别主要是生产经营过程中发生的业务过失犯罪。

如何认识这个问题？研究认为，概念是人类在认知世界的过程中，从感性认识上升到理性认识，把所感知的事物的共同本质特点抽象出来并加以概括而形成的认识结果。对于认识主体而言，对某一类事物下一个概念本身并不是目的，通过下概念对该类事物进行类型化研究，从而达到深化认识水平的目标才是最终目的。换句话说，概念从来都是为目的服务的。具体到与生产安全有关的犯罪而言，研究此类犯罪的目的，在于对实践中存在的、生产经营过程中常见、多发的各类犯罪行为进行法律评价和刑事处罚，从而达到维护生产安全、防止生产安全事故再次发生的目标。在生产安全事故中，相关生产经营主体对由于自己的非法违法生产经营行为导致发生的责任事故，行为人主观上持过失心态。对生产经营过程中常见、多发的过失犯罪开展专门的深入研究，有利于通过刑罚手段消除生产经营主体的侥幸心理，凸显刑罚的特殊预防功能，预防其再次犯罪和再次发生生产安全事故。而生产经营主体或者其他主体出于故意心态实施的蓄意破坏生产经营活动或者生产设备设施的行为，属于治安案件或者刑事案件，在犯罪发生原因、法定刑配置、犯罪预防方法等方面均存在明显不同，不宜与过失犯罪放在一起进行研究。

根据以上分析，上述第一种观点使用危害劳动生产安全犯罪这一概念，统御生产经营过程中可能出现的所有故意犯罪和过失犯罪类型，不利于有针对性地开展理论研究和进行犯罪预防。第二种和第三种观点将研究和规制对象集中于生产经营过程中常见、多发的业务过失犯罪，符合研究目的要求。但是，使用重大责任事故犯罪这一概念，容易与《刑法》第一百三十四条第一款规定的重大责任事故罪混淆，可能造成理论和实践中的混乱；最高审判机关的司法解释和规范性文件使用危害生产安全犯罪这一概念，更多是出于立法技术的需要以及与其他相关司法解释保持协调的考虑，且强调的是此类犯罪侵害的客体为生产安全，不涉及行为人的行为特征、主观心态等方面内容，尚不能完全满足准确揭示此类犯罪本质特征的客观需要。

为了服务于依法惩治非法违法生产经营活动、降低生产安全事故发生概率的需要，本书将研究对象限定为生产经营活动的参加者在从事生产经营活动的过程中，由于自己的业务过失行为引发生产安全事故，事故责任人的违章违规行为所构成的刑事犯罪。因此，使用生产安全责任事故犯罪这一概念，可以很好地揭示此类犯罪行为的本质特征，并可与相关行政法律、法规的规定内容以及安全生产行政执法中的惯常用语衔接并保持一致。所谓生产安全责任事故犯罪，是指行为人在从事生产经营活动的过程中实施的违反安全管理规定，因为过失引发生产安全事故，或者在生产安全事故发生后不报、谎报事故情况，依法应当受到刑罚处罚的行为。生产安全责任事故犯罪的外延与《关于办理危害生产安全刑事案件的解释》和《关于进一步加强危害生产安全刑事案件审判工作的意见》使用的危害生产安全犯罪这一概念的外延相同，但内涵更加明确，有利于在理论和实践中准确把握。根据上述定义，生产安全责任事故犯罪有以下几个方面特征：

首先，生产安全责任事故犯罪属于过失犯罪，原则上不包括故意犯罪。但是，刑法规定的不报、谎报安全事故罪与安全生产工作密切相关，虽然理论上一般认为不报、谎报安全事故罪属于故意犯罪，基于理论和实践的需要，也可以将不报、谎报安全事故罪纳入生产安全责任事故犯罪的范畴。

其次，生产安全责任事故犯罪发生在生产经营单位的生产经营活动过程中，对于日常生活中发生的普通过失犯罪，如失火罪、交通肇事罪、过失致人死亡罪等，不属于生产安全责任事故犯罪。大型群众性活动严格来讲不属于生产经营活动，但刑法规定的大型群众性活动重大安全事故罪的犯罪构成、法定刑配置等均与重大责任事故罪等罪名类似，条文顺序相邻，也可纳入生产安全责任事故犯罪一并进行研究。

再次，生产安全责任事故犯罪以违反安全管理规定和刑法规定为前提，符合双重违法性要求，属于典型的法定犯或者称为行政犯。

根据上述标准，作为本书研究对象的生产安全责任事故犯罪共包括刑法规定的 11 个罪名。具体来讲，包括《刑法》分则第二章第一百三十一条规定的重大飞行事故罪、第一百三十二条规定的铁路运营安全事故罪，以及《刑法》第一百三十四条至第一百三十九条之一规定的重大责任事故罪、强令违章冒险作业罪、重大劳动安全事故罪、大型群众性活动重大安全事故罪、危险物品肇事罪、工程重大安全事故罪、教育设施重大安全事故罪、消防责任事故罪和不报、谎报安全事故罪。

二、生产安全责任事故犯罪的构成要件

犯罪构成要件，是指依照刑法规定，决定某一具体行为的社会危害性及其危害程度，而为该行为构成犯罪所必需的一切客观和主观要件的有机统一。

研究某一个或者某一类犯罪的构成要件，目的在于为划分罪与非罪、此罪与彼罪提供明确的标准，为追究犯罪人的刑事责任提供法律依据。根据通行理论观点，我国刑法中的犯罪构成要件包括犯罪客体、犯罪客观方面、犯罪主体和犯罪主观方面等共四个方面的内容。

（一）生产安全责任事故犯罪的客体

犯罪客体，在外国刑法理论中一般被称为“法益”或者“国家、社会和个人利益”，其是指刑法保护的，被犯罪行为所侵害的社会关系。犯罪客体是构成犯罪的必备要件之一，某一行为之所以构成犯罪，首先就在于其侵犯了一定的社会关系。生产安全责任事故犯罪行为之所以被认定为犯罪，根本原因就在于其侵犯了受刑法保护的社会关系。

生产安全责任事故犯罪规定在我国刑法分则的危害公共安全罪一章中，因此，当然可以认为其侵犯的客体是公共安全。但是，公共安全是一个大的概念，其中包括生产安全、生活安全等多个方面。生产安全责任事故犯罪侵犯的具体客体是属于公共安全范畴的生产安全，即生产经营过程中不特定或者多数人的生命健康和重大公私财产安全。理解上述内容，需要注意以下几个方面的问题：

第一，所谓不特定，是与特定相对而言的，是指生产安全责任事故犯罪行为侵害或者可能侵害的对象和可能造成的损害后果事先无法确定，行为人事先无法准确预料，对危害后果也难以预先控制。此处所说的不特定，包括侵害对象的不特定性和危害后果的不特定性两个方面。当然，实践中对不特定性的理解不宜过于绝对化，在具体个案中，身处生产经营场所的人数可能是特定的，行为人实施的生产安全责任事故犯罪行为可能侵害的对象相对特定，但是，只要其实施的行为在客观上具有足以危害其他不特定人员人身健康和重大公私财产安全的可能性，就应当认定该行为具有危害生产安全的不特定性。

第二，多数人，是与少数人相对的概念。实践中，对于多数人的理解也不宜过于绝对化，不能单纯地认为人数达到2个、3个或者5个以上就可以认定为多数人，而应从本质上进行把握，理解为不特定的、难以预料的多数人。也就是说，行为人实施的行为足以导致较多的人感受到生命健康或者公私财产受到威胁，就可以认定其符合了生产安全责任事故犯罪的客体要件。生产安全责任事故犯罪客体要件中的不特定和多数人属于选择关系，只要满足其中一个条件即可。

第三，侵害对象既包括人身安全，也包括财产安全。实践中，生产安全事故的情况比较复杂，有导致人身伤亡结果的伤亡事故，也有未造成人身伤亡结果、仅造成物质损失的非伤亡事故。无论是伤亡事故还是非伤亡事故，都可以认定为侵犯了我国刑法保护的社会关系，可能构成生产安全责任事故犯罪。

需要研究的是，此处所说的人身安全和财产安全是否包含行为人自身的人身或者财产权益？例如，行为人在生产、作业过程中违反安全管理规定，导致发生生产安全事故，造成自身身体伤害和个人财产损失，这种情况下，是否可以将行为人的自身身体伤害和个人财产损失结果归入其行为造成的危害后果，并以此作为对行为人定罪量刑的依据呢？有意见认为，在刑法不存在排除性规定的情况下，应当将行为人的行为造成的自身身体伤害和个人财产损失视为生产安全责任事故犯罪造成的危害后果。研究认为，这种意见值得研究商榷，主要理由有以下两点：首先，根据《刑法》第十三条的规定，一切危害国家主权、领土完整和安全、分裂国家、颠覆人民民主专政的政权和推翻社会主义制度，破坏社会秩序和经济秩序，侵犯国有财产或者劳动群众集体所有的财产，侵犯公民私人所有的财产，侵犯公民的人身权利、民主权利和其他权利，以及其他危害社会的行为，依照法律应当受刑罚处罚的，都是犯罪。在刑法对犯罪所作上述定义中，并未明确将行为人自身的人身和财产权益排除在外，但是，对于刑法规定的各种犯罪的侵害客体是否包括行为人的自身人身和财产权益，需要具体分析。具体来说，对于以国家利益、社会秩序为侵害对象的犯罪，由于其保护的对象是国家和社会利益，犯罪客体中可以包含行为人自身的人身和财产权益；对于主要以个人权益为侵害对象的犯罪而言，一般情况下不宜将行为人自身的人身和财产权益归入犯罪客体，否则就可能得出自杀构成故意杀人罪、故意毁坏自己的财物构成故意毁坏财物罪等不合理结论。生产安全责任事故犯罪虽然属于危害公共安全犯罪类型，但在未危及公共财产的情况下，侵害对象主要是公民个人的人身和财产权益，不宜将行为人自身的人身和财产权益作为犯罪客体。其次，2000年《最高人民法院关于审理交通肇事刑事案件具体应用法律若干问题的解释》明确将作为交通肇事罪定罪量刑标准的财产损失限定为公共财产和他人财产，将行为人因为自己的行为造成的自身财产损失排除在外。根据该司法解释的规定精神，生产安全责任事故犯罪的犯罪客体不应包括行为人自身的人身和财产权益，刑法和司法解释规定的生产安全责任事故犯罪定罪量刑标准中的人身伤亡和经济损失不应包括行为人自身的伤亡结果和个人财产损失。

（二）生产安全责任事故犯罪的客观方面

犯罪的客观方面，是指刑法规定的，表明行为对刑法保护的社会关系造成侵害的客观外在事实特征。现代刑法强调客观责任，反对主观归罪，排斥思想犯，因此，犯罪的客观方面要件是每个犯罪构成的必备要件。

任何犯罪首先必须是一种客观行为。但是，为了表明行为的严重社会危害性，确定一般违法行为与犯罪行为之间的界限，许多犯罪的客观方面要件除了危害行为要件之外，还包括危害后果、犯罪对象等必备要素。特别是根据我国刑法的规定，过失犯罪一般均要求发生危害结果才能成立。生产安全责任事故犯罪一般情况下属于过失犯罪，犯罪的客观方面包含了危害行为和危害结果两个必备要素。与此同时，为了确定危害结果是否可以归责于行为人，还需进一步考虑危害行为与危害结果之间是否具有刑法上的因果关系。具体来讲，生产安全责任事故犯罪的客观方面要件包含以下三个方面的具体内容：

第一，行为人实施了违反安全管理规定，侵害生产安全的行为。

行为人违反安全管理规定，是构成生产安全责任事故犯罪的前提。刑法对此有明确规定，但具体表述方式则各不相同。例如，在重大飞行事故罪和铁路运营安全事故罪中表述为“违反规章制度”，在重大责任事故罪和大型群众性活动重大安全事故罪中表述为“违反有关安全管理的规定”或者“违反安全管理规定”，在工程重大安全事故罪中表述为“违反国家规定”，在消防责任事故罪中表述为“违反消防管理法规”。需要注意的是，虽然刑法在教育设施重大安全事故罪和不报、谎报安全事故罪两个罪名的罪状中并未明确规定相关行为必须违反安全管理规定，但是，相关直接责任人员对校舍或者教育教学设施的安全管理义务，以及相关人员对安全事故情况的如实报告义务，均属于教育法和安全生产法等法律法规规定的法定义务，行为人只要实施相关犯罪行为，就违反了相关法律法规的规定。因此，违反安全管理规定这一要件实际上已经隐含在刑法规定的教育设施重大安全事故罪和不报、谎报安全事故罪的犯罪行为方式之中。不能因为刑法条文未作明确表述，就得出教育设施重大安全事故罪和不报、谎报安全事故罪在客观方面构成要件中不包含“违反安全管理规定”这一要求的简单结论。

由于涉及的行业领域各不相同，生产安全责任事故犯罪行为的具体表现方式多种多样，但均可以分为作为和不作为两种行为方式。根据刑法理论，所谓作为，是指行为人以积极的身体活动实施的违反禁止性规范的危害行为，表现为通过积极的身体活动实施侵害法益的行为，如强令违章冒险作业罪、工程重大安全事故罪等罪名，均属于典型的以作为方式实施的犯罪。所谓不作为，是指行为人负有实施某种行为的特定法律义务，能够履行而不履行的危害行为，通常表现为身体上的消极静止、应为而不为一定行为，如教育设施重大安全事故罪和消防责任事故罪，刑法明确规定行为人在一定情况应当实施一定行为、履行整改和报告义务，只有在行为人拒绝实施相关行为的情况下才构成犯罪，属于典型的以不作为方式实施的犯罪。对于重大飞行事故罪、铁路运营安全事故罪、重大责任事故罪等罪名而言，刑法仅笼统的规定了行为人违反相关规章制度或者安全管理规定，导致发生重大事故的即可认定为犯罪，对行为方式未作限定，故作为和不作为方式均可构成。

第二，发生了生产安全事故，造成了刑法规定的特定危害结果。

危害结果是行为对刑法所保护法益造成的具体侵害事实。根据刑法的规定，生产安全责任事故犯罪均是结果犯，只有发生了刑法规定的特定危害结果才能认定为犯罪并予以刑罚处罚，如果没有发生危害结果，即使行为人实施了违反安全管理规定、危害生产安全的行为，也仅属于一般的违法违规行为，不能作为犯罪处理。

生产安全责任事故犯罪均发生在生产经营过程中，导致的危害结果均表现为发生生产安全事故。但是，生产安全事故造成的事故后果仍然存在程度的差别，只有在造成刑法规定的特定危害结果的情况下，才能认定为符合生产安全责任事故犯罪的客观方面构成要件。刑法对生产安全责任事故犯罪危害结果的规定方式多种多样，有的表述为"致使发生重大飞行事故造成严重后果"，有的表述为"因而发生重大伤亡事故或者造成其他严重后果"，有的则表述为"造成重大安全事故"，但均未明确规定造成何种伤亡结果或者达到什么样的经济损失数额，才可以认定为"重大伤亡事故"或者"其他严重后果"，实践中需要根据相关司法解释的规定进行具体判断，确定行为人的行为是否已经达到定罪标准，是否已经满足法定刑升格的条件。

第三，行为人实施的违反安全管理规定、侵害生产安全的行为，与发生生产安全事故、造成刑法规定的特定结果之间存在刑法上的因果关系。

根据马克思主义哲学原理，因果关系是指不同的客观事物之间存在的引起与被引起的联系。关于因果关系是否属于犯罪构成要件，刑法理论上存在不同的观点。有意见认为，因果关系只是危害行为与危害结果之间的一种客观的、自然的联系，这种客观的因果联系本身并不从任何角度反映行为的危害程度，因此不具有犯罪构成要件要素的实质内容①。但是，在过失犯罪的场合，危害结果是犯罪的必备构成要件，而要确定某一危害结果是否可以归责于行为人，就需要分析行为人的危害行为与危害结果之间是否存在因果关系。特别是在危害生产犯罪中，某一起生产安全事故发生后，要合理确定需要追究刑事责任的人员范围，就必须准确界定引发生产安全事故的因果关系链条，查明到底是哪些人的行为引发了生产安全事故。因此，在生产安全责任事故犯罪案件的具体处理中，因果关系在犯罪构成要件的分析确定过程中占有非常重要的地位。

如何认定刑法上的因果关系，是中外刑法理论界长期争论的问题。归纳起来，大致有条件说、原因说、相当因果关系说、必然因果关系说、偶然因果关系说等几种观点。近年来，相当因果关系说逐渐占据主流位置。但是，生产安全责任事故犯罪的因果关系判断具有一定的特殊性。主要问题在于，实践中发生的生产安全事故一般均具有多因一果的特点，是多种因素交织在一起，相互影响、彼此促进的结果，其中既有人的因素，也有物的因素，还有可能存在不能预见、不可抗拒的自然因素。这种情况下，不宜在考察犯罪的客观方面构成要件这一环节，就以行为与生产安全事故结果之间不存在相当因果关系为由，将某些行为人实施的违反安全管理规定的违法违规行为排除在外，否则不利于正确确定刑法的打击对象，还有可能使某些生产经营主体产生侥幸心理。另一方面，因果关系只是判断某一行为是否构成犯罪的一个要件，认定某一行为与危害结果之间存在因果关系，并不意味着直接将其认定为犯罪；要确定某一行为是否构成犯罪，除了因果关系方面的判断之外，还需考察行为人在主观方面是否存在罪过心态、对危害结果的发生是否具有预见能力和预见义务，等等。因此，在因果关系的判断环节，不宜采用过于严苛的标准。研究认为，考虑到生产安全责任事故犯罪的具体情况，对于因果关系的判断标准，原则上应当采取条件说，即在行为人实施的过失行为与危害结果之间存在“没有前者就没有后者”的条件关系时，就可以认定二者之间存在因果关系，至于该行为是否构成犯罪，还需结合其他因素进行进一

① 参见张明楷：《刑法学》，法律出版社2003年版，第182－183页。

步的综合判断。

（三）生产安全责任事故犯罪的主体

犯罪主体，是指刑法规定的，实施了危害社会的行为，依法应当承担刑事责任的自然人和单位。

犯罪主体是犯罪行为的实施者，是所有犯罪构成的必备要件。在古代社会，由于经济社会水平发展较低，社会组织相对较少，从事社会活动的主体主要是个人，违法犯罪活动也主要由个人实施，因此，传统刑法和刑法理论一直否认社会组织作为犯罪主体的资格，刑法规定的各类犯罪一般仅限于个人才能构成，其中一些特殊犯罪还要求犯罪人必须具备特定身份。近现代以来，社会组织尤其是民商事经济组织大量涌现，这些组织具有独立的利益诉求和完善的意志形成机制，以自己的名义独立开展活动，自主经营、自负盈亏，逐渐成为近现代经济社会活动的主角。这种情况下，社会组织的意志和作为社会组织组成部分的自然人意志之间出现了明显分离，为了适应实际需要，民商事法律规范中产生了法人制度，确认了符合一定条件的社会组织作为独立民商事行为主体的地位。另一方面，社会组织在自身意志的支配下，为了维护和追逐自身利益，不仅会实施合法的民商事行为也有可能实施走私、违规生产经营等严重违法行为。对于社会组织实施的严重违法行为，有必要采取刑罚手段进行规制。因此，世界各主要法制发达国家和地区的刑法普遍确立了单位犯罪制度。

我国《刑法》第三十条明确规定："公司、企业、事业单位、机关、团体实施的危害社会的行为，法律规定为单位犯罪的，应当负刑事责任。"根据该规定，单位犯罪以刑法明文规定为限，刑法未作明确规定的，不能认定为单位犯罪。第三十一条还规定："单位犯罪的，对单位判处罚金，并对其直接负责的主管人员和其他直接责任人员判处刑罚。本法分则和其他法律另有规定的，依照规定。"也就是说，我国刑法中的单位犯罪以双罚制为原则，但是在刑法分则和其他法律存在明确规定的情况下，也可以实行单罚制（或称代罚制），即只处罚单位中直接负责的主管人员和其他直接责任人员，不处罚单位。

根据刑法规定，生产安全责任事故犯罪的主体类型可以分为以下三种情况：首先，主体仅限于自然人，单位不能构成。例如，重大飞行事故罪、铁路运营安全事故罪、重大责任事故罪、强令违章冒险作业罪和不报、谎报安全事故罪。其次，主体仅限于单位，自然人不能构成，刑法理论上称为纯正的单位犯罪。例如工程重大安全事故罪，刑法规定只能由建设单位、设计单位、施工单位和工程监理单位构成，因此属于典型的单位犯罪，但作为本罪犯罪主体的建设单位、设计单位、施工单位和工程监理单位并不仅限于具有合法资质的单位，无资质建设单位、设计单位、施工单位和工程监理单位也可以构成工程重大安全事故罪。再次，自然人和单位均可以构成。例如重大劳动安全事故罪、大型群众性活动重大安全事故罪、教育设施重大安全事故罪和消防责任事故罪，在单位构成上述犯罪的情况下，刑法采用单罚制，只处罚直接负责的主管人员和直接责任人员。危险物品肇事罪的情况比较特殊，刑法并未规定单位可以构成危险物品肇事罪，但是，根据铁路法的规定，企业事业单位、国家机关、社会团体违反铁路法的规定，携带危险品进站上火车或者以非危险品品名通过铁路托运危险品，导致发生重大事故的，构成危险物品肇事罪，对单位处以罚金，对主管人员和直接责任人员依照刑法的有关规定追究刑事责任。也就是说，根据铁路法，自然人和单位均可以构成危险物品肇事罪，在单位构成危险物品肇事罪的情况下采用双罚制，同时处罚单位和单位中的责任人员。

（四）生产安全责任事故犯罪的主观方面

犯罪主观方面，是指成立犯罪所必备的、犯罪主体对自己的行为以及危害社会的结果所持心理态度。

犯罪的主观方面要件是一种心理态度，其中包括罪过心态、犯罪目的、犯罪动机等几个方面内容。其中罪过心态属于所有犯罪的必备构成要件，而犯罪目的和犯罪动机只是部分故意犯罪的构成要件。

根据《刑法》第十五条的规定，应当预见自己的行为可能发生危害社会的结果，因为疏忽大意而没有预见，或者已经预见而轻信能够避免，以致发生这种结果的，是过失犯罪。据此，刑法规定的过失心态包括两种形式，即疏忽大意的过失和过于自信的过失。在刑法规定的生产安全责任事故犯罪中，理论上一般认为不报、谎报安全事故罪属于故意犯罪，其余罪名均属于过失犯罪。在生产安全责任事故犯罪涉及的各过失犯罪罪名中，大多数情况下疏忽大意的过失和过于自信的过失均可以构成，但是，对于教育设施重大安全事故罪和消防责任事故罪两个罪名而言，由于刑法明确规定行为人必须明知存在危险和安全事故隐患而不采取措施或者不及时报告才能构成犯罪，这种情况下，行为人已经预见到自己拒不履行相应义务的行为可能发生危害社会的结果，主观上仍然轻信能够避免，明显属于过于自信的过失，故刑法条文的规定内容已经排除了教育设施重大安全事故罪和消防责任事故罪中疏忽大意过失存在的余地。

刑法理论上还存在普通过失犯罪和业务过失犯罪的区分。所谓普通过失犯罪，是指一般犯罪主体在日常生活中实施的与专门业务活动无关的过失行为构成的犯罪，而业务过失犯罪是指具有特定职业身份或者特定业务义务的犯罪主体，在从事专门业务活动过程中违反相关的业务性规定，导致发生危害结果的犯罪。在立法和司法实践中，正确区分普通过失犯罪与业务过失犯罪，对于准确配置法定刑和对犯罪人正确定罪量刑，具有重要意义。从现有规定来看，我国刑法对普通过失犯罪和业务过失犯罪的处刑并未作出明确区别，例如，失火罪、过失致人死亡罪等普通过失犯罪的法定最高刑均为有期徒刑七年，而重大责任事故罪、危险物品肇事罪等大多数业务过失犯罪的法定最高刑也是有期徒刑七年。从理论上讲，业务过失犯罪的实施主体作为具有特定职业技能、负有专门业务义务的个人或单位，理应承担更高的责任，而且在现阶段社会化大生产条件下，包括生产安全责任事故犯罪在内的业务过失犯罪一旦发生，往往可以造成比普通过失犯罪更为严重的危害结果，特别是随着经济社会的发展和科学技术的进步，我国已经逐渐进入风险社会，为了有效控制风险、避免给国家和人民群众造成巨大损失，对生产经营者等负有特定义务的个体理应提出更为严格的要求。在未来的刑法修改过程中，适当提高包括生产安全责任事故犯罪在内的业务过失犯罪的法定刑，是完全可行和十分必要的。

三、我国生产安全责任事故犯罪的立法沿革

党和政府历来高度重视利用刑罚手段规制危害生产安全的严重违法违规行为。最早对生产安全责任事故犯罪作出的刑法规范，出现在 1963 年《刑法草案（修正稿）》第 33 次稿。该草案第一百二十一条规定：“工厂、矿山、林场、建筑企业或者其他企事业单位的职工，由于严重不负责任，违反规章制度，因而发生重大事故，造成严重后果的，处五年以下有期徒刑或者拘役；情节特别恶劣的，处五年以上有期徒刑。”但是，该刑法草案形成之后并未付诸施行，导致我国在很长一段时间内对生产安全责任事故犯罪的定罪处罚没有明确的法律依据。1979 年制定的、1980 年正式施行的新中国第一部刑法明

确规定了生产安全责任事故犯罪。1979 年《刑法》第一百一十四条和第一百一十五条分别将工厂、矿山、林场、建筑企业或者其他企业、事业单位职工不服管理、违反规章制度或者强令违章冒险作业行为，以及相关人员在危险物品生产、储存、运输、使用过程中违反管理规定，导致发生重大事故的行为明确规定为犯罪。

1979 年刑法施行之后，对于有效惩治生产安全责任事故犯罪行为、遏制重特大生产安全事故多发、频发的态势，发挥了重要作用。但是，随着我国经济社会形势的快速发展，特别是 1992 年社会主义市场经济体制确立之后，安全生产工作形势出现了许多新的变化，一些新的行业领域中发生的生产安全事故呈现逐渐上升的态势。为了适应上述变化，一些行业性、专门性行政法律法规先后设置了指引性条款，规定对于某些严重违反行政法律法规的行为，依照刑法的相关规定追究刑事责任。例如，1984 年施行的《中华人民共和国消防条例》第三十条规定："违反本条例规定，经消防监督机构通知采取改正措施而拒绝执行……造成火灾的，对有关责任人员追究刑事责任。"1995 年施行的《中华人民共和国劳动法》第九十二条规定："用人单位的劳动安全设施和劳动卫生条件不符合国家规定或者未向劳动者提供必要的劳动防护用品和劳动保护设施的，由劳动行政部门或者有关部门责令改正，可以处以罚款；情节严重的，提请县级以上人民政府决定责令停产整顿；对事故隐患不采取措施，致使发生重大事故，造成劳动者生命和财产损失的，对责任人员比照《刑法》第一百八十七条的规定（即 1979 年刑法规定的玩忽职守罪）追究刑事责任。"同年施行的《中华人民共和国教育法》第七十三条规定："明知校舍或者教育教学设施有危险，而不采取措施，造成人员伤亡或者重大财产损失的，对直接责任的主管人员和其他责任人员，依法追究刑事责任。"但是，在当时有效的 1979 年刑法中，要么并无对应的罪名可以适用，要么行政法律法规规定的相关行为并不完全符合比照适用的罪名的构成特征，导致实践中对于相关行为如何定罪处罚，存在较大困难。

1997 年修订的刑法对 1979 年刑法进作了全面修改，在分则第二章危害公共安全罪中，针对实践中发生的生产安全事故的特点和规律，吸收已有行政法律法规的相关规定内容，大幅增加了生产安全责任事故犯罪的罪名数量，由 1979 年刑法中的两个增加到 8 个。之后，2000 年 6 月 29 日第十届全国人大常委会第二十二次会议审议通过的《刑法修正案（六）》再次对生产安全责任事故犯罪作出了重大修改，新增强令违章冒险作业罪、大型群众性活动重大安全事故罪和不报、谎报安全事故罪等3个罪名，使我国刑法规定的生产安全责任事故犯罪的罪名总数达到了11个。同时，《刑法修正案（六）》还将重大责任事故罪及重大劳动安全事故罪的犯罪主体由工厂、矿山、林场、建筑企业和其他企业、事业单位以及上述单位中的职工扩大到一般主体，从而扩张了刑法的处罚范围，有效严密了刑事法网，对于改进新形势下的安全生产工作，进一步推动安全生产形势持续稳定好转，具有重要意义。

考察生产安全责任事故犯罪的立法沿革，可以发现，我国生产安全责任事故犯罪的刑事立法具有如下几个特点：首先，刑法条文和罪名数量逐渐增多，刑事处罚范围呈现不断扩大的趋势。其次，相当一部分罪名来源于行业性、专门性的行政法律法规，导致在罪名设置上主要以生产经营活动所属行业领域为划分标准，单个罪名一般只适用于特定的行业、领域中发生的生产安全事故。再次，犯罪类型均属于结果犯，要求必须发生了生产安全事故、造成了严重后果才能认定为犯罪。最后，在刑罚配置上，基本上与过失致人死亡罪、失火罪等普通过失犯罪的法定刑一致，但对于其中社会危害性相对较大的犯罪类型，如强令违章冒险作业罪、工程重大安全事故罪等罪名，法定最高刑则提升到有期徒刑十年甚至十五年。近年来，越来越多的观点提出，对于某些常见多发、社会危害严重、极易造成群死群伤严重结果的生产安全责任事故犯罪类型，应当适当提高法定刑。例如，在2015年《刑法修正案（九）》审议过程中，就有常委会组成人员建议提高危险物品肇事罪的刑罚，只是立法机关出于各方面考虑，对上述意见暂未采纳①。

四、生产安全责任事故犯罪的域外立法

运用刑罚手段惩治严重危害生产安全的违法犯罪行为，是世界各主要法制发达国家和地区的普遍做法。综合来看，相关国家和地区刑法中关于生产安全责任事故犯罪的规定，具有如下几个方面特点：

第一，从立法模式上看，大多数国家和地区对生产安全责任事故犯罪的分布比较分散，在刑法典和行政刑法中均有规定。

例如，日本的《矿山保安法》在第四章“处罚规定”部分，针对危害矿

---

① 参见《全国人民代表大会法律委员会关于〈中华人民共和国刑法修正案（九）（草案三次审议稿）〉修改意见的报告》，载雷建斌主编：《〈中华人民共和国刑法修正案（九）〉释解与适用》，人民法院出版社2015年版，第395－396页。

山生产安全的犯罪行为规定如下：

“第五十五条 符合下列情况之一者，判处三年以下徒刑或者三十万日元以下罚款：

“1. 违反第二十三条第一项或者第三项（关于在水下和容易造成矿害的地下开采矿物必须制定、报批并执行特别开采计划）规定者。

“2. 违反按第七条第二项、第二十二条第二项、第二十三条第二项、第二十四条、第二十条之二第一项、第二十五条之三或第二十六条第一项规定，所下达的（为保障矿山生产安全而要求企业停产、采取必要措施等）命令和所做的处分者。”

“第五十六条 符合下列情形之一者，判处一年以下徒刑或者十万日元以下罚款：

“1. 违反第六条第二项限制而让（没有学完安全课程的）矿山工人工作者。

“2. 违反第七条第一项、第八条第一项、第九条、第十条第一项、第十二条第一项或第三项、第十五条第一项、第十六条第一项或第三十八条第二项（关于矿山生产中物品使用、设施建设使用、矿山保安规程制定、矿山保安监督管理人员选任）规定者。

“3. 违反第八条第二项或第二十三条之二第一项（关于矿用建筑工程建设使用计划报批和使用非本矿人员安保措施的制定、报批）规定，而不上报或者虚报者。

“4. 违反按第八条第三项、第十条第三项、第十三条第一项（包括第十五条第五项）或第二十三条之二第二项（关于矿用建筑工程建设使用计划和保安规程审批、矿山保安监督管理人员选任、职务解除）规定，而下达命令或所做的处分者。

“5. 违反不按第三十条规定所制定的命令，不采取第四条规定的（保安处分）措施，或不遵守第五条的规定（保安处分）事项者。”

第二，从罪名体系设置上看，对于生产经营过程中因为行为人的业务过失行为导致人员伤亡的情况，一般明确规定的统一以业务过失致人死亡罪定罪处罚，且配置的法定刑比普通的过失致人死亡罪更重。

例如，日本刑法典规定：

“第二百零九条 过失致使他人受到伤害者，处三十万日元以下罚金或者罚款。

"前款罪名属于告诉罪，即受害人起诉才会进行处理的罪行。"

"第二百一十条　因过失致人死亡者，处五十万日元以下罚金。"

"第二百一十一条　懈怠业务上必要的注意，因而致人死伤的，处五年以下惩役、监禁或者一百万日元以下罚金；因重大过失致人死伤的，亦同。"

第三，从犯罪构成要件上看，设置大量的过失危险犯，对于在生产经营过程中违反业务上的特殊要求，但尚未导致严重危害后果的行为，直接规定为犯罪并科处刑罚。

例如，意大利刑法典规定：

"第四百五十条　以自己有过失的作为或者不作为，致使铁路灾祸、洪灾、搁浅、船舶沉没或其他水上建筑物沉没的危险出现或者存在的，处以二年以下有期徒刑。如果犯罪人违反了权力机关未排除危险而发出的具体命令，有期徒刑不少于一年。"

"第四百五十一条　因过失而未放置或者移动用于灭火、抢救、灾祸或劳动事故救护等目的的设备或者其他工具的，或者使之不可使用的，处以一年以下有期徒刑或者一百零三至五百一十六欧元罚金。"

我国台湾地区"刑法"规定：

"第一百八十九条　损坏矿坑、工厂或其他相类之场所内关于保护生命之设备，致产生危险于他人生命者，处一年以上七年以下有期徒刑。

"因而致人于死者，处无期徒刑或者七年以上有期徒刑，致重伤者，处三年以上十年以下有期徒刑。

"因过失犯第一项之罪者，处六个月以下有期徒刑、拘役或者三百元以下罚金。

"从事业务之人，因业务上之过失犯第一项之罪者，处二年以下有期徒刑、拘役或五百元以上罚金。"

"第一百九十三条　承揽工程或者监工人于营造或拆卸建筑物时，违背建筑术成规，致生公共危险者，处三年以下有期徒刑、拘役或者三千元以下罚金。"

可以看出，与我国刑法相比，意大利、日本和我国台湾地区等大陆法系主要国家和地区关于生产安全责任事故犯罪的刑事立法模式存在较大不同，其中许多内容可以为未来的刑事立法修改提供有益借鉴。特别是相关国家和地区在刑法中明确将部分社会危害严重但尚未造成生产安全事故实害后果的业务过失行为明确规定为犯罪的立法模式，值得认真研究和学习借鉴。

第三章　生产安全责任事故犯罪的特点、发生原因和防治对策

近年来，我国的安全生产形势呈现总体稳定、持续好转的态势，但总体形势依然严峻，造成重大人身伤亡和巨额经济损失的重特大生产安全事故仍然时有发生，而在相关重特大生产安全事故的背后，又往往隐藏着生产经营者的非法违法生产经营行为和承担安全生产监督管理职责的政府公职人员的失职渎职行为。深入分析生产安全责任事故犯罪的特点和发生原因，并有针对性的探寻可以有效遏制生产安全责任事故犯罪的防治对策，具有重要意义。

一、生产安全责任事故犯罪的特点

（一）案件总量基本稳定，重特大事故案件时有发生

据统计，近年来，人民法院审理的生产安全责任事故犯罪案件的总量呈现大致稳定的态势，各年度案件数量虽然偶有波动，但总体变动幅度不超过10%。在我国的安全生产形势总体稳定、持续好转的情况下，人民法院受理的生产安全责任事故犯罪案件数量未出现明显变化，最主要的原因在于，随着党和政府以及社会公众对安全生产工作重视程度的不断提高，充分发挥刑罚手段在惩治危害生产安全违法犯罪方面的积极作用，已经逐渐成为共识。2006年《刑法修正案（六）》对1997年刑法规定的生产安全责任事故犯罪作出了重大修改，新增强令违章冒险作业罪、大型群众性活动重大安全事故罪和不报、谎报安全事故罪等三个罪名，并且扩大了重大责任事故罪和重大劳动安全事故罪的犯罪主体范围，使得刑法的调整范围明显扩大，原来不作为犯罪处理的某些严重违法行为被依法移送司法机关追究刑事责任。特别是2007年《关于办理危害矿山生产安全刑事案件的解释》、2011年《关于进一步加强危害生产安全刑事案件审判工作的意见》和2015年《关于办理危害生产安全刑事案件的解释》公布施行之后，为司法机关依法惩治生产安全责任

事故犯罪提供了明确的定罪量刑标准，被移送司法机关处理的生产安全责任事故犯罪行为的比例明显提高，客观上抵消了生产安全事故总量下降对生产安全责任事故犯罪刑事案件数量带来的影响。

在刑事案件总量总体稳定的情况下，重特大生产安全责任事故犯罪案件时有发生。例如，2013 年发生的吉林省吉煤集团八宝煤矿“3·29”特大瓦斯爆炸事故、长春市宝源丰禽业公司“6·3”特大火灾爆炸事故、山东省章丘市保利民爆济南公司“5·20”特大爆炸事故和青岛市“11·22”中石化东黄输油管道泄漏爆炸特大事故，2014 年发生的晋济高速公路山西晋城段岩后隧道“3·1”特大道路交通危化品燃烧爆炸事故、湖南沪昆高速“7·19”特大交通事故、江苏省昆山市中荣金属制品有限公司“8·2”特大爆炸事故和西藏拉萨“8·9”特大道路交通事故，2015 年发生的陕西咸阳“5·15”特大道路交通事故、河南平顶山“5·25”特大火灾事故、天津港瑞海公司危化品仓库“8·12”特大火灾爆炸事故和广东省深圳市光明新区余泥渣土受纳场“12·20”特大滑坡事故，以及 2016 年发生的重庆市永川区金山沟煤矿“10·31”特大瓦斯爆炸事故、江西省丰城市发电厂冷却塔施工平台“11·24”特大坍塌事故和内蒙古自治区赤峰市宝马煤矿“12·4”特大瓦斯爆炸事故，等等。上述每一起事故均造成了重大人员伤亡和巨额财产损失，社会影响十分恶劣，而且事故造成的损害后果持续时间较长，短时间内难以完全消除。

（二）生产安全责任事故犯罪易发、高发行业领域呈现不断扩大趋势

生产安全责任事故犯罪发生的行业领域与我国的经济社会发展状况密切相关。在 20 世纪八九十年代，由于我国的经济社会发展水平总体较低，从事经济社会活动的主体以国有和集体企业、事业单位为主，生产安全责任事故犯罪一般发生在交通运输行业、国有和集体企业的生产经营活动过程中。1992 年社会主义市场经济体制确立以后，党和政府调整了对市场经济活动的管控方式，私营企业、个体工商户大量涌现，与此同时，经济社会的高速发展导致对煤炭、石油等矿物能源和铁、铜、锡等矿石资源的需求量大幅增加，发生在私营企业、个体无证经营活动和煤矿、非煤矿山金属矿山中的生产安全责任事故犯罪数量急剧增加。进入 21 世纪以后，随着我国工业化水平的进一步提高，对危险化学品的需要量大幅增加，危险化学品生产经营和运输、使用过程中发生的生产安全责任事故犯罪案件大量出现。与此同时，随着人民精神层面需求的不断提高和城市建设规模的不断扩大，大型群众性活动、

城市建筑消防安全领域中的生产安全责任事故犯罪案件也不断涌现，成为新的影响社会和谐稳定的因素。现阶段，在生产安全责任事故犯罪发生的行业领域不断扩大、新行业领域中的生产安全责任事故犯罪不断出现的情况下，如何正确把握安全生产工作的整体规律，同时针对不同行业领域的各自特点，切实降低生产安全事故的发生概率，减少生产安全责任事故犯罪案件总量，是全社会面临的一个重大课题。

（三）被追究刑事责任的人员范围广，涉案被告人数多

生产安全事故的发生是多种因素相互影响、综合作用的结果，大多数情况下属于多因一果引发的事故。在引发生产安全事故的各方面原因中，可能涉及多个责任主体的过失行为，其中既有直接从事生产、作业活动的一线工人，也有生产经营单位中负有组织、指挥、管理职责的管理人员，还有可能涉及生产经营单位的出资人和实际控制人。实践中，一旦发生生产安全事故，往往有多个责任人被移交司法机关追究刑事责任。例如，2013 年发生的吉林省吉煤集团八宝煤矿“3 · 29”特大瓦斯爆炸事故中，包括八宝煤矿总经理在内的 10 名煤矿管理人员和相关责任人员被追究刑事责任；2015 年发生的天津港瑞海公司危化品仓库“8 · 12”特大火灾爆炸事故中，被追究刑事责任的瑞海公司管理人员数量达到 13 人。由于生产安全责任事故犯罪一般均系过失犯罪，不能适用刑法规定的共同犯罪中从犯、胁从犯从轻、减轻或者免除处罚的规定，因此，对于众多的涉案被告人，如何正确划分责任和合理确定刑罚，是此类案件审理的重点和难点所在。

（四）经常涉及政府公职人员和社会中介组织工作人员的失职渎职行为

根据安全生产法的规定，安全生产监督管理部门对安全生产工作实施综合监督管理，各级人民政府有关部门依照相关法律、法规的规定，在各自职责范围内对有关行业领域的安全生产工作实施监督管理。另外，安全生产法还规定，依法设立的为安全生产提供技术、管理服务的机构，依照法律、行政法规和职业准则，接受生产经营单位的委托为其安全生产工作提供技术、管理服务；生产经营单位使用的危险物品、运输工具，以及涉及人身安全、危险性较大的海洋石油开采特种设备和矿山井下特种设备，必须按照国家有关规定，由专业生产单位生产，并经具有专业资质的检测、检验机构检测、检验合格，取得安全使用证或者安全标志，方可投入使用。上述法律规定确立了相关国家机关对安全生产工作的监督管理职责以及社会中介组织的安全

评价、验收及检测、检验职责，对于维护生产安全、防范发生生产安全事故，具有重要意义。但是，实践中发生的生产安全事故，往往与相关部门履行监督管理职责不力、社会中介组织违法违规出具验收、检验报告等行为存在很大关系，许多生产安全责任事故犯罪案件的背后，都隐藏有政府公职人员和社会中介组织工作人员的失职渎职行为。例如，2014 年发生的江苏省苏州昆山市中荣金属制品有限公司“8·2”特别重大爆炸事故中，有 12 名政府公职人员被以玩忽职守罪或者受贿罪追究刑事责任。在 2015 年发生的天津港瑞海公司危化品仓库“8·12”特大火灾爆炸事故中，有多达 25 名政府公职人员被追究刑事责任，其中有多人被以滥用职权罪或者玩忽职守罪判处刑罚，另外，在对瑞海公司危险品仓库建设项目承担安全验收和评价职责的社会中介组织中，也有多达 11 名责任人员被以提供虚假证明文件罪等罪名定罪处罚。

二、生产安全责任事故犯罪的发生原因

生产安全事故发生和生产安全责任事故犯罪的出现，有着深刻的机理和多层次的原因，其中既有经济社会方面的客观因素，也有生产经营者和政府监督管理部门的主观因素。从不同的角度出发，尽可能全面地分析导致生产安全责任事故犯罪发生的原因，有助于我们更加深入地了解此类犯罪的本质属性，掌握其发生发展的规律，进而研究提出有效的防治对策。

（一）生产安全责任事故犯罪发生的社会原因

1986 年 4 月苏联切尔诺贝利核电站事故发生之后，全世界开始关注现代科学技术引发的巨大安全风险问题。就在同一年，德国慕尼黑大学的乌尔里希·贝克教授出版了《风险社会——走向新的现代性》一书，首次提出了“风险社会”的概念。该书认为，随着科学技术的发展，人类已经进入一个风险社会的阶段，或者更为恰当的说法是“全球风险社会”。科学技术就像一柄双刃剑，它既给人类带来巨大的福祉，大幅扩大了人类的活动空间，同时也蕴藏着对人类社会的巨大威胁，成为现代社会风险的主要来源。高度发达的科学技术是一个高度复杂的系统，这种高度复杂性的直接后果，就是人类对科技发展后果的控制能力越来越低，防范风险的难度越来越大。在整个社会都已经成为一个风险社会的情况下，无论是来自社会领域的风险，还是来自自然领域的风险，都是无时不有、无处不在的，没有人能够完全避免。风险生产正是我们所面临的风险社会的一个组成部分，以复杂的机器和机械系

统为手段开展的现代生产、作用活动，时时刻刻充满着各种安全风险和隐患，并因此导致生产安全事故和职业病的不断发生，这就使得人类在使用机器和机械系统开展生产劳动、创造财富价值的同时，也付出了人员伤亡和财产损失的巨大代价。根据国际劳工组织的估计，近年来，全球每年死于与工作相关的事故和疾病的工人数量超过200万人，而且这一数目正在逐年上升。

对于我国目前所处的历史阶段而言，风险社会这一概念具有更加重要的现实意义。有研究表明，安全生产状况相对于一个国家的经济社会发展水平而言，呈现出一种非对称的函数关系，大致可以划分为四个阶段：一是工业化初期，工业经济快速发展，生产安全事故多发；二是工业化中级阶段，生产安全事故达到高峰并逐步得到控制；三是工业化高级阶段，生产安全事故快速下降；四是后工业化阶段，生产安全事故稳中有降，事故死亡人数减少。安全生产状况的这种阶段性特点，揭示出了其与经济社会发展水平之间的关系。而对于我国而言，现阶段正处于人均国民生产总值快速增长、工业化和城镇化快速发展的过程之中，在这一时期，生产安全事故的发生频率也相应地呈现出较快的上升趋势，并在相当长的一段时期内处于高位波动阶段，也就是一般所说的生产安全事故易发、多发的高峰期。根据相关部门统计，从2002年到2014年，我国的安全生产工作虽然取得了明显成效，事故起数从2002年的107万余件下降到2014年的29.8万件，事故死亡人数也从2002年的13.89万人下降到2014年的6.8万人①，但总体事故数量和死亡人数仍然远远高于发达国家，安全生产主要指标与发达国家相比，仍然相差数倍，我国安全生产工作的被动局面仍然未得到根本性改观，安全生产工作的总体形势依然十分严峻。

但是，应当明确的是，风险只是发生危险或者灾难的一种可能性，本身并不等同于危险或者事故。风险在人类社会中一直存在，从潜在的风险转变成实际的危险和事故，是多方面因素综合作用的结果。要揭示现阶段我国生产安全事故和生产安全责任事故犯罪易发、多发的直接原因，还需要综合考虑其他各方面因素，作出合理的综合判断。

（二）生产安全责任事故犯罪发生的主体原因

根据安全生产法的规定，生产经营单位是安全生产工作的主体，强化和

---

① 参见简新：《中国特色安全生产论》，气象出版社2015年版，第10－11页。

落实生产经营单位的主体责任，是做好安全生产工作的关键所在。然而，实践中许多生产安全责任事故犯罪之所以发生，恰恰是因为生产经营单位的安全生产主体责任未得到有效落实。主要体现在以下几个方面：

第一，安全生产理念落后，主观上存在侥幸心理。经过多年的普法宣传教育活动，大部分生产经营单位的安全生产意识已经得到很大提高，主观上非常重视安全生产工作。然而，仍然有一部分生产经营单位的安全生产理念十分落后，安全生产意识淡薄，在生产经营活动中一味追逐经济利益，不顾国家法律法规和规章制度的规定，无视劳动者的人身财产安全和其他合法权益，长期违法违规生产经营，盲目指挥他人违规生产、作业，甚至强令一线工人违章冒险作业，从而造成重大事故隐患。另外，从根本上讲，虽然全国范围内的生产安全事故和生产安全责任事故犯罪呈现出易发、多发的总体态势，但是具体到某一个较少的行业地域范围或者某一个具体的生产经营单位而言，发生生产安全事故的概率实际上是相对较低的，这也导致一部分生产经营单位的管理人员主观上存在侥幸心理，认为平时管理放松一些、偶尔违反安全管理规定，并不一定会发生生产安全事故。

第二，安全生产资金投入不足，安全生产条件缺乏保障。根据安全生产法的规定，生产经营单位应当具备的安全生产条件所必需的资金投入，由生产经营单位的决策机构、主要负责人或者个人经营的投资人予以保证，并对由于安全生产所必需的资金投入不足导致的后果承担责任；有关生产经营单位应当按照规定提取和使用安全生产费用，专门用于改善安全生产条件。但是，实践中，某些生产经营单位出于节约成本、追逐利润的心理动机，往往故意违反法律规定，不当减少安全生产的资金投入，不在生产经营场所配备必要的安全监控和报警设备，不给劳动者配备必需的劳动防护用品。这种情况不仅在个体经营者和私营企业中存在，而且在某些规模较大的合资企业和外资企业中也同样存在。例如，在 2015 年发生的江苏省昆山市中荣金属制品有限公司“8·2”特别重大爆炸事故中，中荣金属制品有限公司作为以加工汽车轮毂为主营业务的台商独资企业，企业负责人在厂房建设过程中，为节约成本，自行设计并雇用无合法资质的环保设备公司安装车间除尘系统，投产后不为工人配备有效的劳动防护用品，导致车间内粉尘密度严重超标，最终引发铝镁粉尘燃烧爆炸事故，造成 146 人死亡、114 人受伤和直接经济损失 3. 51 亿元的惨重后果。

第三，安全生产管理机构不健全，教育和培训工作不到位。根据安全生产法的规定，生产经营单位负有建立健全生产安全管理机构，组织制定并贯彻实施本单位安全生产教育和培训计划的法定义务。但是，实践中一些生产经营单位无视相关法律规定，不依法依规组建安全生产管理机构，或者虽然组建了安全生产管理机构，但人员编制、职责分配均不明确，导致安全生产工作难以落实。另外，在当前和今后很长一段时期内，我国从事建筑安装、生产加工等行业工作的一线劳动者仍然以农村进城务工人员为主，文化水平和安全意识均相对较低，入职前未接受过完善的职业技能和安全生产方面的培训，这种情况下，生产经营单位的安全生产教育和培训工作就显得尤为重要。但是，一些生产经营单位的负责人恰恰忽视了此项工作的重要性，生产经营过程中只重视工作业绩，不重视教育培训，造成部分一线劳动者违规违章操作，酿成生产安全事故，或者在生产安全事故发生后不知如何正确处置，导致事故后果进一步扩大。

（三）生产安全责任事故犯罪发生的监管原因

第一，安全生产监督执法的力度不够。实践中，部分地区的安全监管执法队伍人员配备、执法执勤用车等物质保障难以落实到位，执法力量相对薄弱。另外，对于危险化学品、海洋石油开采等危险性较高、专业性较强的行业领域缺乏专业监管力量，甚至某些特定的行业领域中还存在一定的监管空白，难以实现有效监管。现阶段，安全生产监督执法还存在监管手段单一化、表面化的问题，专项整治活动和现场监督检查一阵风，带有较重的行政式、运动式色彩，监管行为难以取得实效。

第二，部分政府公职人员失职渎职。根据安全生产法等法律法规的规定，安全生产工作应当坚持安全第一、预防为主、综合治理的方针，建立生产经营单位负责、职工参与、政府监管、行业自律和社会监督的机制。在安全生产工作机制中，生产经营单位应当对安全生产工作承担主体责任，是做好安全生产工作的最关键因素。但是，生产经营单位从事生产经营活动的目的是追逐高额利润，在经济利益的驱使下，可能做出漠视职工合法权益、违反安全管理规定的行为。而负有安全监督管理职责的政府部门依法对生产经营单位的安全生产工作实施监督管理，对于督促生产经营单位贯彻落实安全生产法律法规，防止安全事故发生，具有重要意义。

但是，实践中我们发现，极少部分承担安全监管职责的国家机关政府公职人员在实施监管检查活动过程中，出于自身利益的考虑，失职、渎职，怠于履行自身职责，导致监督检查工作不到位，甚至收受被监管对象的财物和其他经济利益，故意不履行监管职能，导致生产经营单位存在的安全隐患长期得不到纠正，是许多生产安全事故发生的重要原因。另一方面，有的承担安全生产监督管理职责的国家机关政府公职人员还违反国家规定，投资入股生产经营企业，这种情况，由于其既是裁判员，也是运动员，从自身经济利益的考量出发，难以依法严格履行监管职责，甚至可能利用自身享有的职权为投资入股的生产经营单位非法、违法生产经营活动充当保护伞，从而助长了某些生产经营单位的违法违规行为，导致已有事故隐患得不到纠正，甚至造成新的事故隐患。实践中，很多重特大生产安全事故的背后，都隐藏着公职人员的贪污受贿或者失职、渎职行为，人民群众对此反应非常强烈。例如，在 2015 年发生的天津港瑞海公司危险化学品仓库“8・12”特大火灾爆炸事故中，原天津市交通运输和港口管理局部分公职人员多次收受瑞海公司财物，明知瑞海公司不符合在天津港区内从事危险化学品存储业务的法定条件，仍然违法违规审批同意，甚至以行政批复的形式代替法定的《港口经营许可证》及《港口危险货物作业附证》，为瑞海公司在天津港区内违法违规从事危险化学品存储业务提供方便，最终导致发生特大危险化学品燃烧爆炸事故。

（四）生产安全责任事故犯罪发生的立法、执法方面原因

第一，部分法律、法规的规定内容存在需要完善之处。首先，在 2012 年新的安全生产法施行之前，相关行政法律、法规规定的安全生产监督管理部门在作出责令被监管对象限期整改、责令停产整顿等监管决定后，缺乏强制被监管对象履行行政监管决定的有效措施。新安全生产法施行之后，明确规定生产经营单位拒不执行监管决定的，在保证安全的前提下，安全生产监督管理部门可以采取停止供电、停止供应火工品等强制措施，情况有所改观，但是，安全生产监督管理部门仍然面临监管决定强制效力不够、法律未明确规定强制现场检查和强制调查取证权等方面的问题。其次，我国刑法仅处罚已经发生生产安全事故、造成人身身亡和经济损失后果的危害生产安全行为，对于尚未造成严重后果的非法违法生产经营行为，原则上不应被认定为犯罪，且对生产安全责任事故犯罪的处刑也相对较轻，最高刑一般不超过有期徒刑七年，容易助长某些非法违法生产经营者的侥幸心理，认为只要不发生生产安全事故就没有关系，即使发生了生产安全事故，被依法追究刑事责任，处罚结果也在大体可以承受的范围之内。

第二，行政处罚措施落实不到位。部分行政执法机关对于安全生产法以及相关行政法律法规规定的职业禁止和限制措施的理解不够，实践中适用的比例偏低，且配套监督措施不够，难以充分发挥此项制度的积极作用，导致因为实施严重非法违法生产经营行为的责任人在短时间内再次重操旧业，形成新的事故隐患，不利于严惩生产安全责任事故犯罪分子，而且极有可能助长其他非法违法生产经营者的侥幸心理。

三、生产安全责任事故犯罪的防治对策

做好安全生产工作，防止发生生产安全事故和生产安全责任事故犯罪，是一项系统工程，需要全社会的共同长期努力。做好以下几个方面工作，对于促进安全生产形势持续稳定好转，危害生产安全责任事故犯罪的发生，具有重要意义。

（一）加强安全生产宣传工作，提高全社会的安全生产意识

做好安全生产工作，首先必须在全社会树立“安全高于一切”“安全就是生命力和生产力”的正确理念。应当调动全社会各方面力量，整合各个方面资源，发挥各方面的积极主动性，大力开展安全生产宣传教育工作，强化全民的安全生产意识和生产安全法治意识。各级人民政府和相关政府部门要按照谁执法、谁负责的原则，把安全生产工作和安全法制作为领导干部教育培训的重要内容，在监督执法过程中，针对被监管对象和普通社会公众加强生产安全普法教育，对于非法违法生产经营行为，不仅要严格依法作出监管决定和采取监管措施，更要注意释明作出监管决定和采取监管措施的法律和政策依据。司法机关要加强生产安全责任事故犯罪案件处理的公开力度，依法公开审判，邀请社会公众旁听重特大生产安全责任事故犯罪案件的庭审，向全社会公布法律文书。新闻、出版、广播、电影、电视等单位要切实履行起安全生产法规定的安全生产公益宣传教育义务，勇于行使对违反安全生产法律法规的行为进行舆论监督的权利。生产经营单位要严格落实安全生产教育培训制度，特别是要把安全生产工作纳入农民工和新招录工人的技能培训内容，对农民工和新招录工人做到先培训、后上岗，提高一线劳动者的综合素质和业务技能，降低生产作业活动中存在的事故风险隐患。

（二）强化生产经营单位安全生产主体责任，建立安全生产诚信约束机制

要督促生产经营单位严格履行安全生产法及其他法律法规规定的法定责

任和义务，明确单位主要负责人和生产经营管理人员在安全生产方面的“一岗双责”责任制，依照法律规定建立健全安全生产管理机构；保证安全生产必需的资金投入，依法足额提取和严格使用安全生产费用，严禁将安全生产费用挪作他用；依照法律规定将本单位重大危险源和相关安全措施、应急措施及时报送有关地方人民政府安全生产监督管理部门和有关部门备案，切实做到本单位安全生产责任到位、投入到位、培训到位、基础管理到位和应急救援到位。积极探索将各生产经营单位的安全生产状况向社会公众公开，保障社会公众的知情权，建立健全生产经营单位安全生产信用记录和生产安全事故“黑名单”制度，定期通过新闻媒体向全社会公布，探索对于因为安全生产条件不达标、安全事故隐患较多被列入“黑名单”的生产经营单位，在经营资质认定、工程招投标、荣誉称号评定、参与政府采购等各个方面提高准入门槛，设置限制性或者禁止性条件。

（三）进一步完善安全监管工作体制，改进和强化执法监督工作方法

要切实贯彻落实“管行业必须管安全、管业务必须管安全、管生产必须管安全”的总体原则，落实综合监管、行业监管和属地监管责任，形成综合监管部门和行业监管部门共同参与、齐抓共管的积极局面。针对实践中存在的职权交叉、责任不清的不利局面，要合理界定综合监管部门和行业监管部门的权力界限，依照安全生产法的规定，按照分级分类监管管理的要求，合理编制安全生产年度监督检查计划，由执法监督人员按照年度监督检查计划开展监督检查工作，发现生产经营单位存在事故隐患的依法及时处理，对于生产经营单位拒不执行监管决定的，依法采取措施强制履行。要充实安全监管一线执法队伍的力量，建设一支数量适当、业务熟练的安全生产执法监督队伍。要根据生产经营单位的安全生产工作情况，建立分级分类监督检查制度，对安全生产责任不落实、存在重大事故隐患的生产经营单位要加大监督执法检查频率，强化监管决定执行落实情况回访制度，对于拒不整改的，必须依法采取强有力措施，不能姑息放任。

（四）及时修订整理相关法律法规，严格落实生产安全违法犯罪法律责任

抓紧制定安全生产法等重要法律的配套性规定和实施条例，积极推动各专门行业领域中有关生产作业劳动防护、安全生产应急救援和管理等方面法律法规的研究论证工作，对于已有法律法规中存在的不协调之处，以及已有

生产安全事故反映出的相关法律法规存在漏洞或者缺陷的，要尽早启动整理修订工作，及时消除法律漏洞和监管盲区。充分发挥刑罚手段在打击犯罪、预防再犯方面的积极作用，在未来的刑法修正过程中，可以考虑将社会危害严重但尚未造成严重事故后果的常见、多发非法违法生产经营行为规定为犯罪，将刑罚关口提前，适当提高生产安全责任事故犯罪的法定刑，并可以考虑对实施了生产安全责任事故犯罪行为的生产经营单位及单位中直接负责的主管人员和其他直接责任人增设罚金刑，增加非法违法生产经营行为单位和个人的违法犯罪成本，消除其侥幸心理。在行政执法和刑事司法工作中，充分发挥行政法律法规和刑法规定的职业限制和禁止措施的积极作用，对于不履行安全生产管理职责、导致发生生产安全事故的生产经营单位负责人和其他生产安全责任事故犯罪分子，依法限制或者取消其在一定时期内甚至终身从事本行业生产经营活动或者担任生产经营单位的负责人的资格。强化相关部门之间的执法协作和工作沟通机制，规范生产安全责任事故犯罪案件线索和案件材料的移送标准和程序，在安全生产行政执法机构和司法机关之间建立案情通报和协调沟通机制。对于依法被追究刑事责任的犯罪分子，人民法院要将裁判文书及时送交相关部门，落实职业限制、禁止措施和党纪政纪处分措施。

第四章 生产安全责任事故犯罪的刑事责任

一、刑事责任概述

（一）刑事责任的特征

刑事责任是行为人因为实施刑事法律规定的犯罪行为，由司法机关强制其承受的不利法律后果。刑事责任具有以下几个方面特征：

第一，刑事责任因为行为人实施刑事法律规定的犯罪行为而产生。实施刑事法律规定的犯罪行为是刑事责任产生的前提，没有犯罪行为就不存在刑事责任，这是刑事责任区别于其他法律责任的最主要特征。“法无明文不为罪”“无犯罪则无刑事责任”是现代法治社会公认的基本准则。我国《刑法》第十四条第二款规定：“故意犯罪，应当负刑事责任。”第十五条第二款规定：“过失犯罪，法律有规定的才负刑事责任。”因此，不是出于故意或者过失造成危害结果的行为不属于犯罪行为，行为虽然造成了一定的社会危害或者实际损害，但刑法没有规定为犯罪的行为也不是犯罪行为，行为人实施这些行为不可能产生刑事责任。

第二，刑事责任以刑事处罚或者单纯否定性法律评价为主要内容。此处所谓刑事处罚，包括刑罚处罚、非刑罚处罚措施和保安处分措施三种。其中，刑法中的刑罚处罚，包括剥夺犯罪人政治权利、财产权利或者人身自由等刑罚手段，甚至可以剥夺犯罪人的生命；非刑罚处罚措施，包括训诫、责令具结悔过、赔礼道歉、赔偿损失等；保安处分措施，包括禁止令、职业禁止措施等。单纯否定性法律评价，是指免予刑事处罚，即仅仅对犯罪人宣告有罪，但既不给予刑罚处罚，也不给予非刑罚处罚措施的惩罚，仅以有罪宣告来表明对犯罪人及其行为的否定性法律评价。

第三，刑事责任的承担主体是犯罪人。现代刑法坚持罪责自负、反对株连的原则，刑事责任只能由实施了犯罪行为的单位或者个人承担。如果没有实施犯罪，即使与犯罪人存在这样或者那样的关系，也不应被追究刑事责任。

我国《刑法》第三十条规定："公司、企业、事业单位、机关、团体实施的危害社会的行为，法律规定为单位犯罪的，应当负刑事责任。"第三十一条规定："单位犯罪的，对单位判处罚金，并对其直接负责的主管人员和其他直接责任人员判处刑罚。"由此可见，我国刑法中刑事责任的承担主体不仅有自然人，也包括单位。

第四，刑事责任由国家司法机关强制实施。刑事责任不同于民事责任。民事责任坚持意思自治原则，当事人一方可以处分或放弃权利，也可以与对方当事人进行和解。刑事责任是犯罪人向国家所负的责任，体现了犯罪人与国家之间的关系，具有明显的强制性，由司法机关代表国家强制犯罪人承担刑事责任。刑事责任由人民法院确定后，通过法定机关强制犯罪人承担，犯罪人必须承担，没有可选择性。

（二）刑事责任的功能

刑法中规定的犯罪人应当承担的刑事责任，对于不同的对象可能产生不同的功能和作用。

第一，对犯罪人的功能。

犯罪人是刑事责任的承担主体，刑事责任首先对犯罪人发生作用。刑事责任对犯罪人的功能主要体现在惩罚功能、剥夺功能和教育改造功能等三个方面。

惩罚功能，是指刑事责任以剥夺犯罪人的某种权利为内容，体现出国家对犯罪行为和犯罪人的否定评价和严厉谴责。惩罚是刑事责任的固有属性，也是刑事责任的基本功能。追究刑事责任就意味着施加痛苦，承担刑事责任就意味着接受惩罚。追究刑事责任必然会给犯罪人带来痛苦，不仅使其因为丧失某种权利而感受到生理上的痛苦，而且使其因为受到政治上、道义上的否定评价而在心理上感受到耻辱。犯罪人亲身承受因为犯罪带来的这种法律后果，就会考虑今后需要避免再次受到类似的痛苦。惩罚功能是抑制犯罪人再次犯罪的意念、实现特殊预防目的的基础。

剥夺功能，是指限制或者剥夺犯罪人的某种权利，使其丧失再次实施犯罪行为的能力和条件。剥夺功能是所有刑事责任实现方式的共性，但是，不同的刑事责任实现方式具有不同的剥夺功能，这是各种刑事责任实现方式的个性。例如，对犯罪人适用自由刑，剥夺其一定期限内的人身自由或者终身自由，将其隔离于正常社会之外，可以防止其滥用人身自由再次实施犯罪行为；对极少数罪行极其严重的犯罪人适用死刑，从肉体上予以消灭，可以彻底剥夺其重新犯罪的机会和条件。

教育改造功能，是指对犯罪人进行教育和改造，使其及时复归社会。追究犯罪人的刑事责任，一方面可以使犯罪人感到耻辱，产生良心上的自责、自悔和自省；另一方面还可以通过从事生产劳动、开展思想教育和组织学习劳动技术，教育犯罪人认罪服法，悔罪自新，掌握谋生的手段，将其改造成为遵纪守法、自食其力的合格公民。

第二，对被害人的功能。

犯罪行为直接侵害被害人的人身和财产权益，使被害人感到痛苦、恐慌和愤怒，甚至可能使被害人处于惶惶不可终日的状态。依法追究犯罪人的刑事责任，可以抚慰被害人因为犯罪行为导致的痛苦，平息其愤怒和仇恨情绪，增进被害人的安全感，恢复其心理平衡，并避免私力报复行为的出现。

第三，对社会的功能。

依法追究犯罪人的刑事责任，显示了国家对犯罪人的严厉态度和否定评价，体现了国家有罪必罚、除恶务尽的决心，可以有效震慑意图未来实施违法犯罪行为的潜在犯罪人，使他们不敢以身试法，同时也可以使普通公民认识到什么是法律允许的、什么是法律禁止的，教育公民自觉遵纪守法，加深公民对法律权利义务一致性的认识，增强依法办事的自觉性，避免其因为对法律的无知而触犯刑事法律。

（三）刑事责任与刑罚

刑罚是刑事责任的主要实现方式之一，是刑法规定的国家审判机关依法对犯罪人适用的限制或剥夺其某种权利的强制性制裁方法。刑事责任与刑罚既有联系又有区别。具体来讲，刑事责任和刑罚之间的联系表现为：首先，刑事责任的存在是适用刑罚的前提和基础，没有刑事责任则不可能存在适用刑罚的可能。其次，刑事责任的实现方式包括刑罚、非刑罚处罚措施、保安处分措施和单纯否定性法律评价等，其中，刑罚是犯罪人承担刑事责任的主要方式，刑事责任主要通过刑罚来实现。最后，刑事责任的大小决定刑罚的轻重和严厉程度，重罪应当承担较重的刑事责任，适用的刑罚也更为严厉，反之，轻罪的刑事责任较小，刑罚也较轻。二者的区别在于：首先，刑事责任是一种法律责任，刑罚则是犯罪人承担刑事责任的具体方式。其次，刑事责任以犯罪人承受刑法规定的惩罚或者单纯否定性法律评价为内容，刑罚则以剥夺犯罪人特定的人身或者财产权利为内容。最后，刑事责任伴随犯罪人实施犯罪行为而产生，刑罚则随着人民法院的有罪判决生效而出现。

作为刑事责任最主要的实现方式，刑罚体系在世界各国的刑法历史发展过程中，经历了古代社会以生命刑和身体残废刑为主，到近现代社会以自由刑、财产刑为主的转变，轻刑化、人道化已经成为现阶段世界主要法制发达国家刑罚体系的发展演进方向。我国现行刑法规定的刑罚种类，包括主刑和附加刑两大类。其中，主刑包括管制、拘役、有期徒刑、无期徒刑和死刑，附加刑包括罚金、剥夺政治权利、没收财产以及适用于外国人犯罪的驱逐出境。具体案件审理过程中，人民法院需要根据犯罪事实、犯罪的性质、情节和对社会的危害程度，具体确定应当对犯罪人适用的刑罚措施，做到罪责刑相适应。

二、生产安全责任事故犯罪的刑事责任

（一）生产安全责任事故犯罪刑事责任的实现方式

第一，刑罚。

除不报、谎报安全事故罪外，生产安全责任事故犯罪均属于过失犯罪。与故意犯罪相比，生产安全责任事故犯罪人的刑事责任相对较小，刑法规定的法定刑一般较轻。另外，不报、谎报安全事故罪虽然属于故意犯罪，但考虑到犯罪人只是在安全事故发生后消极地不履行事故报告义务，不存在积极阻挠事故抢救等行为，法定刑设置亦相对较轻。刑法对于包括铁路运营安全事故罪、重大责任事故罪、重大劳动安全事故罪和不报、谎报安全事故罪等在内的八个罪名，均规定了两个法定刑幅度，最低可判处拘役，最高不超过有期徒刑七年。对于社会危害较为严重、犯罪人主观恶性相对较深的强令违章冒险作业罪，以及与人民群众日常生活密切相关、极易造成群死群伤严重后果的工程重大安全事故罪，刑法配置了相对较重的法定刑，对强令违章冒险作业罪最高可判处有期徒刑十五年，对工程重大安全事故罪最高可判处有期徒刑十年，并处一定数额的罚金。

第二，非刑罚处罚措施。

根据《刑法》第三十七条的规定，对于犯罪情节轻微不需要判处刑罚的，可以免予刑事处罚，但是可以根据案件的不同情况，予以训诫或者责令具结悔过、赔礼道歉、赔偿损失，或者由主管部门予以行政处罚或者行政处分。据此，我国刑法规定的非刑罚处罚措施，包括训诫、责令具结悔过、责令赔

礼道歉、责令赔偿经济损失、建议主管部门给予行政处罚或者行政处分等五种。刑法在生产安全责任事故犯罪具体罪名的刑事责任部分，并未规定可以对犯罪人处以非刑罚处罚措施，但是，根据通行理论，刑法总则的相关规定当然可以适用于刑法分则规定的各个罪名。实践中，对于实施了生产安全责任事故犯罪行为的犯罪人，因为犯罪情节轻微不需要判处刑罚，人民法院对其判处免予刑事处罚的，可以根据案件的具体情况和预防犯罪的需要，对其适用训诫、责令具结悔过、赔礼道歉、赔偿相关人员损失等措施，充分发挥刑法中非刑罚处罚措施的功能和作用。

第三，保安处分措施。

保安处分措施，或者称为保安措施，是指以特殊预防为目的，以人身危险性为适用基础，对符合法定条件的特定人采用的以矫正、感化、医疗等方法，改善适用对象、预防犯罪的特殊措施。保安处分是着眼于行为人所具有的危险性格，为了保护社会治安、维护社会安全，同时以改善行为人为目的而施行的一种国家处分。保安处分不同于非刑罚处罚措施，二者的主要区别在于，非刑罚处罚措施是对犯罪人的一种制裁和惩罚，只能适用于那些已经实施了犯罪行为但犯罪情节轻微可以免予刑事处罚的犯罪人；保安处分是对已经实施了危害社会行为的人或者具有明显危害社会可能性的人预防其再次危害社会的一种防卫措施，适用范围不仅包括已经实施了犯罪行为的犯罪人，也包括未实施犯罪行为但具有实施某种犯罪的强烈意识或者因为缺乏责任能力而不能作犯罪处理的人。据此，保安处分措施可以分为两大类，即适用于犯罪人的保安处分措施和适用于非犯罪人的保安处分措施。很明显，作为生产安全责任事故犯罪刑事责任实现方式的保安处分措施，仅限于适用于犯罪人的保安处分措施，根据我国刑法的规定，主要包括禁止令和职业禁止措施两种。

我国刑法对禁止令和职业禁止措施的规定，经历了一个从无到有、逐步完善的过程。1979 年刑法和 1997 年刑法中均没有禁止令和职业禁止措施方面的规定。2011 年出台的《刑法修正案（八）》在刑法第七十二条中增加一款，作为第二款，规定："宣告缓刑，可以根据犯罪情况，同时禁止犯罪分子在缓刑考验期限内从事特定活动，进入特定区域、场所，接触特定的人。" 2015 年施行的《刑法修正案（九）》在刑法中增加一条，作为第三十七条之一，规定："因利用职业便利实施犯罪，或者实施违背职业要求的特定义务的犯罪被判处刑罚的，人民法院可以根据犯罪情况和预防再犯罪的需要，禁止其自刑罚执行完毕之日或假释之日起从事相关职业，期限为三至五年。被禁止从事相关职业的人违反人民法院依照前款规定作出的决定的，由公安机关依法给予处罚；情节严重的，依照本法第三百一十三条的规定定罪处罚。其他法律、行政法规对其从事相关职业另有禁止或者限制性规定的，从其规定。”从而在刑法中确立了缓刑期限内的禁止令和刑罚执行完毕后的职业禁止措施制度。

生产安全责任事故犯罪均属于特定业务活动领域中发生的过失类犯罪，犯罪人是负有特定职务义务、具有特定职业身份的人员。生产安全责任事故犯罪人违背职务业务要求，不履行特定义务，最终引发严重事故后果，符合刑法规定的禁止令和职业禁止措施的适用条件。为充分发挥刑法中禁止令和职业禁止措施在剥夺犯罪人再犯能力、防止其再次犯罪方面的积极功能和作用，《关于办理危害生产安全刑事案件的解释》设专条对生产安全责任事故犯罪案件审理过程中禁止令和职业禁止措施的适用问题作出了详细规定。该解释第十六条规定，对于实施此类犯罪适用缓刑的犯罪分子，可以根据犯罪情况，禁止其在缓刑考验期限内从事与安全生产相关联的特定活动；对于被判处刑罚的犯罪分子，可以根据犯罪情况和预防再犯罪的需要，禁止其自刑罚执行完毕之日或者假释之日起三年至五年内从事与安全生产相关的职业。司法实践中，人民法院应当从预防犯罪人再次犯罪、维护社会秩序的需要出发，对有关犯罪人的犯罪原因、犯罪性质、犯罪手段、犯罪后认罪、悔罪表现、个人平时表现等情况进行综合分析，准确判断其有无再次危害社会的人身危险性，根据犯罪具体情况和预防犯罪的需要，决定是否适用禁止令和职业禁止措施。

第四，单纯宣告有罪。

根据《刑法》第三十七条的规定，对于犯罪情节轻微不需要判处刑罚的，可以免予刑事处罚，从而在立法上确立了单纯宣告有罪的刑事责任实现方式。犯罪情节轻微，表明犯罪人的特殊预防的必要性较小，或者根本不存在进行特殊预防的必要性，即使不判处刑罚，也可以实现特殊预防的目的，因此不需要判处刑罚。免予刑事处罚与《刑法》第十三条但书规定的“情节显著轻微危害不大的，不认为是犯罪”存在本质区别，刑法第十三条但书规定情形不构成犯罪，不存在追究刑事责任的问题，既不应给予刑罚处罚，也不应处以非刑罚处罚措施。

生产安全责任事故犯罪大多属于过失犯罪，犯罪人对行为造成的危害后果不持积极追求或者听之任之的故意心态，主观恶性相对较轻。实践中，对于具有法定免除处罚情节的犯罪人，或者虽然不具有法定免除处罚情节，但犯罪人对事故后果所负责任较轻、主观恶性较小，综合分析认为其犯罪情节轻微不需要判处刑罚的，可以采用单纯宣告有罪的方式处理，给予免予刑事处罚。

（二）确定生产安全责任事故犯罪刑事责任的总体原则和量刑情节

确定刑事责任的总体原则，是指对实施了犯罪行为的犯罪人依法追究刑事责任时应当坚持的总体准则。《刑法》第六十一条规定，对于犯罪分子决定刑罚的时候，应当根据犯罪的事实、犯罪的性质、情节和对于社会的危害程度，依照本法的有关规定判处。一般认为，该条体现了确定刑事责任的两条总体原则，即罪刑法定原则和罪责刑相适应原则。另外，根据刑法第四条的规定，确定刑事责任应当坚持适用刑法人人平等的原则，不允许任何人有超过法律的特权；为实现一般预防和特殊预防的效果，还应当坚持宽严相济的原则。上述总体原则是人民法院依法审理所有类型的刑事案件、对所有犯罪人确定刑事责任应当普遍坚持的原则。生产安全责任事故犯罪案件作为刑事案件中的一个具体类型，具有区别于其他类型刑事案件的特殊性。为确保案件公正审理，确定生产安全责任事故犯罪人的刑事责任，除了应当坚持上述总体原则外，还应当坚持一些具体原则。《关于进一步加强危害生产安全刑事案件审判工作的意见》和《关于办理危害生产安全刑事案件的解释》对如何确定生产安全责任事故犯罪人的刑事责任，规定了三项具体原则，具体如下：

第一，严格依法，从严惩处。这是罪刑法定原则和宽严相济原则在生产安全责任事故犯罪案件中的具体体现。对于严重生产安全责任事故犯罪，必须始终坚持严格依法、从严惩处。对于人民群众广泛关注、社会反映强烈的案件要及时审结，回应人民群众关切，维护社会和谐稳定。

第二，区分责任，均衡量刑。这是罪责刑相适应原则在生产安全责任事故犯罪案件中的具体体现。生产安全责任事故犯罪往往涉案人员较多，犯罪主体复杂，既包括直接从事生产、作业的人员，也包括对生产、作业负有组织、指挥或者管理职责的负责人、管理人员、实际控制人、投资人等。对相关责任人的处理，要根据事故原因、危害后果、主体职责、过错大小等因素，综合考虑全案，正确划分责任，做到罪责刑相适应。

第三，主体平等，确保公正。这是适用刑法人人平等原则在生产安全责任事故犯罪案件中的具体体现。审理生产安全责任事故犯罪刑事案件，对于所有责任主体，都必须严格落实法律面前人人平等的原则，确保刑罚适用公正，确保裁判效果良好。

量刑情节，是指人民法院对实施了犯罪行为的犯罪人裁量刑罚时应当考虑的，据以决定量刑轻重或者是否免予刑事处罚的各种因素和情况。根据刑法的规定，量刑情节包括从重情节、从轻情节和减轻情节，另外，理论上还存在从宽情节的概念，其内涵包括从轻和减轻情节。刑法总则规定的可以适用于所有类型案件的法定量刑情节包括累犯、自首、坦白、立功等四种。除此之外，《关于办理危害生产安全刑事案件的解释》还对生产安全责任事故犯罪规定了多种从重处罚情节和从轻处罚情节。具体来讲，实施生产安全责任事故犯罪行为，在安全事故发生后积极组织、参与事故抢救，或者积极配合调查、主动赔偿损失的，可以酌情从轻处罚；具体下列情形之一的，应当从重处罚：（1）未依法取得安全生产许可证件或者安全生产许可证件过期、被暂扣、吊销、注销后从事生产经营活动的；（2）关闭、破坏必要的安全监控和报警设备的；（3）已经发现事故隐患，经有关部门或者个人提出后，仍不采取措施的；（4）一年内曾因危害生产安全相关违法犯罪活动受过行政处罚或者刑事处罚的；（5）采用弄虚作假、行贿等手段，故意逃避、阻挠负有安全监督管理职责的部门实施监督检查的；（6）安全事故发生后转移财产意图逃避承担责任的；（7）其他应当从重处罚的情形。

（三）完善生产安全责任事故犯罪刑事责任的建议

第一，明确未造成事故后果的违法违规生产经营行为的刑事责任。

囿于传统刑法理论的影响，我国刑法原则上不承认过失危险犯，生产安全责任事故犯罪均以造成实际事故后果作为必备构成要件，在未发生生产安全事故的情况下，即使行为人实施了严重的违法违规生产经营行为，也不能追究其刑事责任。这种规定方式，一方面可能导致生产经营者产生侥幸心理，认为只要不发生事故，即使实施了严重违法违规行为也没有关系；另一方面，在已经发生生产安全事故、造成群死群伤结果的情况下，再追究犯罪人的刑事责任，实际上已经很难起到实际效果。立法机关已经意识到这种规定方式的不足，2015 年施行的《刑法修正案（九）》作出了有益的尝试，将违反危险化学品安全管理规定运输危险化学品，虽未造成严重事故后果，但足以危及公共安全的行为规定为犯罪，以危险驾驶罪追究刑事责任，但该规定的适用范围过于狭窄，不能适用于其他生产经营行业领域。建议在将来的刑法修改过程中增设过失危险犯，将生产经营过程中常见多发、极易导致重特大生产安全事故的违法违规行为纳入刑法的调整范围，将追究刑事责任的关口提前，加大违法违规生产经营者的违法成本，消除其侥幸心理。

第二，适当提高法定刑。

与德国、日本等许多大陆法系国家的刑事立法模式不同，我国刑法原则上不区分一般过失犯罪和业务过失犯罪，对两种过失犯罪配置了基本相同的法定刑，导致生产安全责任事故犯罪的法定刑配置与过失致人死亡罪等一般过失犯罪基本相同。根据刑法的规定，工程重大安全事故罪的法定最高刑为有期徒刑十年。另外，《刑法修正案（六）》将强令违章冒险作业罪从重大责任事故罪中独立出来，并配置了相对较重的法定刑，法定最高刑可达到有期徒刑十五年。但是，除了上述两个罪名外，刑法规定的其他生产安全责任事故犯罪的法定最高刑均为有期徒刑七年，实践中难以起到严惩犯罪的目的。鉴于生产安全责任事故犯罪的严重社会危害性，在将来刑法修改时，有必要对此类犯罪设置比一般过失犯罪更重的法定刑。可以考虑将生产安全责任事故犯罪相关罪名两个量刑幅度的最高刑期分别提高至有期徒刑五年和十年，同时规定，对于具有经政府监管部门通知采取改正措施而拒绝执行等严重情节的，法定最高刑可以提高到有期徒刑十五年，以充分体现对生产安全责任事故犯罪依法从严惩处的总体原则，作到罪责刑相适应。

第三，增加和完善财产刑。

一般来讲，无论是自然人还是单位，其实施违法违规生产经营行为的直接目的都是追逐高额利润。因此，许多国家和地区的刑法对于生产安全责任事故犯罪既规定了自由刑，同时也规定了罚金、没收财产等财产刑，在财产刑的适用方式上，既可以与自由刑并列适用，也可以单独适用。我国刑法对生产安全责任事故犯罪中的绝大多数罪名未规定财产刑，且对单位犯罪实行单罚制，只处罚直接负责的主管人员和其他直接责任人员，不处罚实施犯罪行为的单位，难以有效遏制其犯罪动机。在未来的刑法修改过程中，应当充分发挥财产刑在剥夺犯罪人再犯能力和条件、遏制其再次犯罪动机方面的积极作用，对于实施生产安全责任事故犯罪的自然人，在判处自由刑的同时原则上应当并处财产刑；对于构成生产安全责任事故犯罪的单位，应当根据《刑法》第三十一条的规定实行双罚制，对单位判处罚金，对直接负责的主管人员和其他直接责任人员判处自由刑和财产刑。

第五章　重大飞行事故罪

一、概述

重大飞行事故罪，是指航空人员违反规章制度，致使发生重大飞行事故，造成严重后果的行为。

重大飞行事故罪是1997年刑法新增设的罪名，1979年刑法和相关单行刑法均未规定本罪名。

飞机是20世纪初期最重大的发明创造之一，一般认为由美国的莱特兄弟首先发明，他们在1903年12月17日进行的飞行实验，作为“第一次重于空气的航空器进行的受控持续动力飞行”，得到了国际航空联合会（FAI）的认可。就在同一年，莱特兄弟创办了莱特飞机公司，从此以后，飞机日益成为现代文明社会中不可或缺的交通工具。飞机的出现极大地改变了人们的出行方式，深刻影响了人们的生活，开启了人类征服蓝天的历史。飞机最早被应用于战争，而后才逐步扩展到民用领域。20世纪50年代以来，全世界范围内民用航空的服务范围不断扩大，成为各个国家的重要经济部门。改革开放以后，我国的民用航空事业持续快速健康发展，规模、质量和效益均跃上了一个新的台阶，截至2012年年底，我国共有航空运输公司46家。

然而，航空运输是一个具有较大危险性的行业，一旦发生意外，轻则影响正常的飞行秩序，重则危及飞行安全和乘客及其他人员的生命健康。随着民用航空事业的蓬勃发展，民航运输安全的重要性也逐渐凸显出来。在全世界范围内，航空事故时有发生，且往往造成重大人员伤亡和巨额经济损失。在我国，民航运输安全问题也越来越引起人们的重视。在曾经发生的空难事故中，有的是由于极端天气、特殊地理条件等不能归责于人的客观原因引起的“天灾”，有的则是由于人的操作失误或者指挥不当导致的“人祸”。对于在航空飞行过程中相关人员故意违反规章制度，最终造成飞行事故的行为，有必要通过刑罚手段予以规制，以实现特殊预防和一般预防的效果。

1979年刑法未规定重大飞行事故罪。实践中，对于航空人员违反规章制度导致发生重大飞行事故的行为，一般依照1996年3月1日施行的《中华人民共和国民用航空法》的规定定罪处罚。该法第一百九十九条规定，航空人员玩忽职守或者违反规章制度，导致发生重大飞行事故，造成严重后果的，分别依照、比照1979年刑法第一百八十七条玩忽职守罪或者第一百一十四条重大责任事故罪的规定追究刑事责任。但是，以玩忽职守罪或者重大责任事故罪对航空人员定罪处罚，存在理论和实践上的诸多障碍。因此，1997年修订刑法时，立法机关在吸收《中华人民共和国民用航空法》有关规定内容的基础上，增设了重大飞行事故罪。《刑法》第一百三十一条规定："航空人员违反规章制度，致使发生重大飞行事故，造成严重后果的，处三年以下有期徒刑或者拘役；造成飞机坠毁或者人员死亡的，处三年以上七年以下有期徒刑。"

刑法的上述规定内容，经历了一个逐步修改完善的过程。最初的1997年《刑法（修订草案）》第一百三十二条规定："航空人员违反规章制度，致使发生重大飞行事故，造成严重后果的，处五年以下有期徒刑或者拘役；造成飞机坠毁或者人员死亡的，处五年以上十年以下有期徒刑。"草案研究和审议过程中，有意见提出，本罪与重大责任事故罪、重大劳动安全事故罪等罪名同属生产安全责任事故犯罪，后两个罪名的法定刑幅度均分为三年以下有期徒刑或者拘役以及三年以上七年以下有期徒刑两个部分，本罪的两个法定刑幅度明显高于重大责任事故罪和重大劳动安全事故罪，建议保持一致。立法机关经研究，采纳了上述意见。

司法机关迄今为止尚未出台有关重大飞行事故罪的专门性司法解释。最高人民法院、最高人民检察院联合研究起草《关于办理危害生产安全刑事案件的解释》过程中，有意见提出，重大飞行事故罪属于生产安全责任事故犯罪的范畴，建议在该司法解释中对本罪的定罪量刑标准予以明确。最高人民法院和最高人民检察院经共同研究认为，由于实践中重大飞行事故罪的案例材料极少，难以对审判规律进行有效归纳和总结，而且民航飞行空难事故涉及的专业技术问题极为复杂，现阶段通过司法解释予以规制的可行性不高，实践中如果有定罪量刑方面的问题需要明确，可由司法机关通过个案答复的方式予以解决。基于以上考虑，《关于办理危害生产安全刑事案件的解释》未对重大飞行事故罪作出规定。实践中，对于本罪的具体认定和定罪处罚等问题，应当依照刑法的规定，根据案件的具体情况，参照相关司法解释的规定内容予以确定。

二、构成要件

（一）本罪侵犯的客体是航空管理制度和航空飞行运输安全。航空人员违反规章制度的行为，首先侵犯了航空管理制度。但是，国家建立航空管理制度的最终目的仍然是保障航空飞行运输安全，因此，本罪侵犯的首要客体是航空飞行运输安全。这里所说的航空飞行运输安全，是指不特定多数航空旅客和机组人员的生命和健康安全、航空运载货物和航空器自身的安全，以及地面上人员的人身和公私财产安全。

（二）本罪的客观方面表现为违反规章制度，致使发生重大飞行事故，造成严重后果的行为。具体包括以下几个方面内容：

第一，实施违反规章制度的行为。

首先，此处所称的规章制度，在效力层级上应作广义理解，不仅包括与保障航空安全有关的各种规章制度，也包括与保障航空安全有关的国家规定，涉及民用航空管理、航空器飞行安全等各个方面，如航空器飞行操作规程、航空器飞行前的机械检查制度、航空飞行通讯检查制度，等等。表现形式多种多样，其中不仅包括《中华人民共和国民用航空法》等全国人大及其常委会制定的法律和决定，也包括《飞行基本准则》等国务院制定的行政法规、规定的行政措施、发布的决定和命令，还包括《民用航空空中交通管理规则》《飞行签派工作规则》《通信导航雷达工作规则》等国务院各部委、直属机构制定的部门规章，以及《中华人民共和国安全生产法》等法律、法规中有关航空飞行安全方面的规定。由于航空飞行的专业性极强，为了规范航空从业人员的行为，各航空公司一般还根据上述法律法规、部门规章等，制定本公司内部适用的《飞行手册》等规章制度和规范性文件，这种公司内部的规章制度和规范性文件，也应当认定为《刑法》第一百三十一条规定的规章制度。例如，在2015年发生的黑龙江伊春林都机场河南航空“8·24”特大空难事故一案中，人民法院认定被告人齐全军违反河南航空公司《飞行运行总手册》的规定，在最低能见度不符合规定的情况下违规操纵飞机实施进近，属于刑法规定的违反规章制度的行为。

其次，行为人违反规章制度的行为，既可以表现为作为，也可以表现为不作为。前者指违反相关航空法律法规、规章制度规定的禁止性义务，实施危害航空安全的积极行为，如机组成员擅自改变飞行线路、违规操纵飞机实施进近等；后者指根据相关规定应当履行一定的作为义务，能够履行而不履行的消极行为，如机场塔台管制员当班期间擅离职守等。

第二，发生重大飞行事故，造成严重后果。

重大飞行事故罪是结果犯，必须造成刑法规定的特定危害后果，才可以认定为犯罪。这是区分本罪与一般飞行责任事故的关键所在。

关于《刑法》第一百三十一条规定的“发生重大飞行事故”与“造成严重后果”之间的关系，以及二者是否均属于本罪的必备构成要件，理论上存在不同认识。一种观点认为，“发生重大飞行事故”与“造成严重后果”均属于本罪的必备构成要件，二者缺一不可，行为人虽然有违反规章制度的行为，但未发生重大飞行事故，或者虽然发生了重大飞行事故，但后果并不严重，均不能以本罪论处。另一种观点认为，“发生重大飞行事故”与“造成严重后果”两者具其一即可构成本罪，其中，“发生重大飞行事故”主要是指造成人员死亡或者飞机坠毁，“造成严重后果”主要是指造成飞机坠毁或者人员死亡以外的其他严重后果，如致使航空器遭到严重毁坏、人员严重受伤或者公私财产遭受严重损失等情形，具备上述其中一个方面即可构成本罪，如果要求同时具备两个要件才可认定为本罪，可能会加大公诉机关的证明难度，缩小本罪的成立范围。

研究认为，解决这一问题，需要严格坚持罪刑法定原则，根据刑法的规定进行具体判断。从刑法条文的规定内容来看，“发生重大飞行事故”和“造成严重后果”明显是构成本罪的两个必备构成要件，二者缺一不可。但是，在具体适用过程中，应对二者进行整体把握，不能人为地割裂开来进行判断。具体而言，应当将“造成严重后果”看作“发生重大飞行事故”的一种客观结果，而非独立于飞行事故之外的危害后果。行为人违反规章制度的行为致使发生重大飞行事故，同时又造成特定严重后果的，才可以认定为本罪；如果没有造成严重后果，即使发生了飞行事故，也不宜认定为本罪。

与上述问题相关的问题，是如何理解刑法规定的“重大飞行事故”的涵义。根据《民用航空器飞行事故等级》（GB14648－93）的规定，民用航空器在运行过程中发生人员伤亡、航空器损害的事件称为飞行事故。根据《民用航空器飞行事故等级标准》的规定，所谓“重大飞行事故”，是指造成人员死亡数量为39人及以下，或者航空器严重损坏或迫降在无法运出的地方（最大起飞重量5.7吨及其以下的航空器除外），或者航空器失踪、机上人员在39人及以下的飞行事故；“特别重大飞行事故”，是指造成人员死亡数量达到40人及以上，或者航空器失踪、机上人员达到40人及以上的飞行事故。据此，有意见认为，刑法规定的“重大飞行事故”，应当根据民航飞行事故的划分标准进行界定，原则上指造成死亡人数39人以下，或者飞机失踪、机上人员在39人以下，或者飞机严重损坏或迫降到无法运出的地方的飞行事故，造成上述事故后果的，才可以认定为本罪。研究认为，这种意见值得商榷。首先，行政法律法规规定较大事故、重大事故和特别重大事故的依据和目的，在于确定事故的危害程度、社会影响、处理效果以及事故的调查处理权限，与刑法规定的相关犯罪定罪量刑标准的立法目的并不相同，刑法虽然也使用“重大飞行事故”这一概念，但并无必要与行政法律法规规定的重大飞行事故的划分标准保持一致。其次，确定此处所称“重大飞行事故”的含义，应当对刑法规定进行整体解释，避免出现体系性的矛盾。根据《刑法》第一百三十一条的规定，行为人违反规章制度的行为致使发生重大飞行事故、造成严重后果，是本罪的定罪条件；造成飞机坠毁或者人员死亡，是本罪的法定刑升格条件。根据刑法理论，同一罪名的定罪条件当然要轻于法定刑升格条件，否则将造成不可解释的矛盾。根据刑法规定，只要造成飞机坠毁或者人员死亡，就应当判处三年以上七年以下有期徒刑，据此，应当判处三年以下有期徒刑或者拘役的行为，显然不能达到造成飞机坠毁或者人员死亡的程度。在现有司法解释和规范性文件均未对本罪定罪量刑标准作出明确规定的情况下，实践中，可以考虑将下列危害后果认定为刑法规定的“发生重大飞行事故，造成严重后果”：造成人员重伤的；造成飞机严重损坏或者迫降到无法运出的地方的；造成直接经济损失五十万元以上的。

第三，行为人违反规章制度的行为与发生重大飞行事故、造成严重后果之间存在刑法上的因果关系。

行为与危害后果之间存在刑法上的因果关系，是要求行为人对危害后果承担刑事责任的前提。如果虽然发生了重大飞行事故，并且造成了严重后果，但是该事故后果与行为人违反规章制度的行为之间不具有刑法上的因果关系，就不能认定为本罪。实践中，由于民航飞行事故调查的技术性和专业性极强，单纯依靠司法机关确定行为人的违章行为与事故后果之间是否具有因果关系，困难较大。根据刑事诉讼法及相关司法解释的规定，行政机关在行政执法和查办案件过程中收集的物证、书证、视听资料、电子数据等证据材料，在刑事诉讼中可以作为证据使用；经法庭查证属实，且收集程序符合有关法律、行政法规规定的，可以作为定案的根据。因此，在处理重大飞行事故刑事案件过程中，应当注意调取民航管理部门、联合事故调查组在事故调查处理过程中收集的确定事故发生原因的物证、书证和事故调查报告、鉴定意见等证据材料，经法庭查证属实且符合法律规定的，可以作为认定行为人的违章行为与事故后果之间是否具有因果关系的依据。

（三）本罪的主体是特殊主体，只有航空人员才能构成本罪。另外，本罪是自然人犯罪，单位不能构成本罪。《中华人民共和国民用航空法》第三十九条规定："本法所称航空人员，是指下列从事民用航空活动的空勤人员和地面人员：（一）空勤人员，包括驾驶员、飞行机械人员、乘务员；（二）地面人员，包括民用航空器维修人员、空中交通管制员、飞行签派员、航空电台通信员。"实践中，确定本罪的主体范围，应当以上述规定为主要依据。根据上述规定，除民航飞机机组成员、乘务员之外，承担民用航空器维修、航班签派、空中交通管制、航空电台通信等职责的地勤人员，也可以构成本罪。

（四）本罪的主观方面是过失，故意不构成本罪。行为人可以是疏忽大意的过失，即应当预见自己违反规章制度的行为可能造成发生重大飞行事故的严重后果，因为疏忽大意而没有预见，如在 2016 年 10 月 11 日发生的上海虹桥机场跑道侵入事件中，当班塔台管制员遗忘飞机动态，盲目指挥飞机在机场跑道内实施穿越，差点造成与另外一架准备起飞的客机相撞；也可以是过于自信的过失，即已经预见自己违反规章制度的行为可能造成发生重大飞行事故的严重后果，而轻信能够避免，如在 2015 年 8 月 24 人发生的黑龙江伊春林都机场特大空难事故中，当班机长齐全军明知目的机场能见度不符合规范要求，自信凭借自己的操纵水平可以正常降落，仍然违规操纵飞机实施进近，最终造成特大空难事故。

三、司法认定

（一）本罪与非罪的界限

一般意义上所说的飞行事故，是指从飞机起飞前开车直至着陆后关车的飞行全过程中，飞机上发生的直接威胁安全操作或者造成人员伤亡、飞机损坏或者失踪的全部事件。造成飞行事故的原因多种多样，包括恶劣天气、飞机机械故障、飞鸟撞击、飞行机组操作失误、地面指挥及勤务保障过失、暴力劫持飞机，等等。其中，只有飞行机组操作失误、地面指挥及勤务保障过失等人为因素导致的飞行事故才可以以重大飞行事故罪论处。因此，本罪的调整范围实际上仅限于航空人员业务过失行为导致的重大飞行责任事故。对于因为恶劣天气、意外机械故障、飞鸟撞击等自然或者技术因素导致的飞行事故，不能认定为犯罪；对于暴力劫持飞机导致的飞行事故，应当依法认定为其他故意犯罪。实践中，应当认真分析飞行事故背后是否存在航空人员违反规章制度的行为，防止客观归罪。

（二）本罪与过失损坏交通工具罪、过失损坏交通设施罪的界限

过失损坏交通工具罪和过失损坏交通设施罪，是指过失导致交通工具或者交通设施受到损坏，造成严重后果的行为。实践中，行为人过失损坏航空器或者航空设施，可能导致发生重大飞行事故，造成严重后果，因此需要正确区分本罪与过失损坏交通工具罪、过失损坏交通设施罪。根据刑法规定，本罪与过失损坏交通工具罪、过失损坏交通设施罪的区别主要在于：（1）犯罪主体不同。本罪是特殊主体犯罪，犯罪主体仅限于航空人员，而过失损坏交通工具罪、过失损坏交通设施罪是一般主体犯罪，航空人员和航空人员以外的其他人员均可以构成。（2）犯罪客观方面表现不同。本罪客观方面表现为违反规章制度，致使发生重大飞行事故，造成严重后果，而过失损坏交通工具罪、过失损坏交通设施罪表现为过失损坏交通工具或者交通设施，造成严重后果。实践中，对于航空人员违反规章制度，造成航空器或者航空设施损坏，最终引发重大飞行事故的情况，由于本质上仅存在一个行为，因此不宜数罪并罚，原则上应以行为导致的最终后果，即重大飞行事故作为法律评价的重点，以重大飞行事故罪定罪处罚。

（三）本罪与暴力危及飞行安全罪的界限

暴力危及飞行安全罪，是指对飞行中的航空器上的人员使用暴力，危及飞行安全的行为。本罪与暴力危及飞行安全罪同属危害航空运输安全类犯罪，但两个罪名之间存在明显区别，主要体现在：（1）犯罪构成形态不同，本罪属于结果犯，只有导致发生重大飞行事故、造成严重后果才可能构成，而暴力危及飞行安全罪属于危险犯，只要行为人实施了足以危及飞行安全的暴力行为，就可能构成犯罪，而不论是否造成了严重后果。（2）犯罪主观心态不同，本罪在主观方面表现为过失，而暴力危及飞行安全罪在主观方面表现为故意，其中包括直接故意和间接故意。（3）犯罪主体范围不同，本罪为特殊主体犯罪，只有航空人员才能构成，而暴力危及飞行安全罪为一般主体犯罪，犯罪主体不限于航空人员，且往往是航空人员以外的其他人员。

四、刑事责任

根据《刑法》第一百三十一条的规定，航空人员违反规章制度，致使发生重大飞行事故，造成严重后果的，处三年以下有期徒刑或者拘役；造成飞机坠毁或者人员死亡的，处三年以上七年以下有期徒刑。

根据刑法规定，航空人员违反规章制度的行为，只要造成飞机坠毁或者人员死亡，就应当适用第二个量刑档次，判处三年以上七年以下有期徒刑。这里所说的“人员死亡”，既包括航空器内的机组成员和乘客死亡，也包括飞行事故直接造成的地面人员死亡。飞机坠毁和人员死亡属于选择关系，即不论是仅发生飞机坠毁事故、未造成人员死亡，还是未发生飞机坠毁事故、但造成了人员死亡的情况，均应判处三年以上七年以下有期徒刑。对于本罪的第一个量刑档次而言，则不应包含飞机坠毁或者人员死亡的情况，实践中，可以以造成人员重伤，或者造成飞机严重损坏或迫降到无法运出的地方的，或者造成直接经济损失五十万元以上，作为适用本罪第一个量刑档次的标准。

第六章　铁路运营安全事故罪

一、概述

铁路运营安全事故罪，是指铁路职工违反规章制度，致使发生铁路运营安全事故，造成严重后果的行为。

铁路运营安全事故罪是1997年刑法新增设的罪名，1979年刑法和相关单行刑法均未规定本罪名。

铁路运输是我国交通运输系统的重要组成部分，具有运量大、安全高效、成本低廉的特点，是国民经济的大动脉，在我国国民经济发展和社会经济生活中发挥着非常重要的作用。铁路运营安全关系到人民群众的生命财产安全，关系到社会公共安全，关系到国民经济的健康发展，意义重大。铁路运营过程中一旦发生违规操作行为，极易导致安全事故，造成重大人身和财产损失，甚至导致车毁人亡的严重后果。例如，2008年4月28日4时36分，胶济铁路发生一起列车相撞事故，造成72人死亡，416人受伤，中断行车21小时22分，直接经济损失4192.5万元，社会影响非常恶劣。对于发生在铁路运营过程中的违规操作行为，必须采取有力措施，追究相关人员的民事、行政责任甚至刑事责任。

1979年刑法未规定铁路运营安全事故罪。1991年5月1日施行的《中华人民共和国铁路法》第七十一条规定："铁路职工玩忽职守、违反规章制度造成铁路运营事故的，滥用职权、利用办理运输业务之便谋取私利的，给予行政处分；情节严重、构成犯罪的，依照刑法有关规定追究刑事责任。"由于当时有效的1979年刑法中并无专门的铁路运营安全犯罪方面的罪名，因此，对于铁路职工玩忽职守、违反规章制度，造成铁路运营事故的行为，一般以交通肇事罪或者重大责任事故罪定罪处罚。但是，重大责任事故罪适用的行业、领域非常广泛，难以充分揭示此类行为的社会危害性；交通运输包括公路运输、铁路运输、水上运输、航空运输等多个方面，不同的交通运输行业的性质、操作程序各不相同，违反不同交通运输行业的规章制度，导致发生事故，造成的社会危害后果也存在较大差别，将所有因为过失行为危害交通运输秩序的行为不加区别地认定为交通肇事罪，不利于打击犯罪，保障交通运输安全。因此，基于实践中更好地保障铁路运营安全的需要，1997 年修订刑法时增设了铁路运营安全事故罪。《刑法》第一百三十二条规定："铁路职工违反规章制度，致使发生铁路运营安全事故，造成严重后果的，处三年以下有期徒刑或拘役；造成特别严重后果的，处三年以上七年以下有期徒刑。"

刑法的上述规定内容，经历了一个逐步修改完善的过程。最初的 1997 年《刑法（修订草案）》第一百三十三条规定："铁路职工违反规章制度，致使发生铁路运营安全事故，造成严重后果的，处五年以下有期徒刑或者拘役；造成特别严重后果的，处五年以上十年以下有期徒刑。"草案研究和审议过程中，有意见提出，本罪与重大责任事故罪等罪名同属生产安全责任事故犯罪，而重大责任事故罪等罪名的两个法定刑幅度均为三年以下有期徒刑或者拘役，以及三年以上七年以下有期徒刑两，本罪的法定刑幅度明显高于重大责任事故罪等罪名，建议保持一致。立法机关经研究，采纳了上述意见。为便于司法机关正确适用，统一裁判标准，2015 年 12 月 16 日起施行的《关于办理危害生产安全刑事案件的解释》对本罪的定罪量刑标准、刑事政策的把握等方面问题作出了明确规定。

二、构成要件

（一）本罪侵犯的客体是铁路运营安全。铁路运营安全是公共安全的重要组成部分，包括与铁路运营相关的旅客、服务人员、管理人员、工程技术人员和其他不特定人员的人身财产安全，以及列车、铁路设施、相关财产的安全及铁路运输安全等方面内容。根据铁路法第二条的规定，铁路包括国家铁路、地方铁路、专用铁路和铁路专用线，因此，本罪中的铁路运营安全，包括国家铁路、地方铁路、专用铁路和铁路专用线的运营安全。

（二）本罪在客观方面表现为违反规章制度，致使发生铁路运营安全事故，造成严重后果的行为。包括以下几个方面内容：

第一，行为人实施了违反规章制度的行为。

首先，此处所称的规章制度，在效力层级上应当作广义理解，不仅包括与铁路运营安全有关的各种法律、法规、规章，如《中华人民共和国铁路法》《铁路安全保护条例》《铁路道路管理暂行规定》《铁路技术管理规程》《铁路货物运输规程》《铁路旅客运输规程》，也包括铁路企业内部制定的管理制度、技术操作规程等。

其次，行为人违反规章制度的行为，既可以表现为作为，也可以表现为不作为。前者如维修人员已经发现火车机车存在机械故障，但轻信不会导致发生事故而未予及时维修，后者如铁路扳道工未按要求扳道、车站信号员未按要求准备接车进站、机车乘务员行车过程中不进行有效瞭望，等等。

第二，发生铁路运营安全事故，造成严重后果。

本罪是结果犯，必须造成刑法规定的特定危害后果才可以认定为犯罪。根据犯罪构成理论，《刑法》第一百三十二条规定的“发生铁路运营安全事故”和“造成严重后果”均属于必备构成要件，缺一则不能以本罪论处。另外，《铁路交通事故应急救援和调查处理条例》将铁路交通事故等级分为特别重大事故、重大事故、较大事故和一般事故四个层级。其中，造成 10 人以上 30 人以下死亡，或者 50 人以上 100 人以下重伤，或者 5000 万元以上 1 亿元以下直接经济损失的为重大事故；造成 30 人以上死亡，或者 100 人以上重伤，或者 1 亿元以上直接经济损失的为特别重大事故。据此，有意见认为，因为行为人的违章行为导致发生铁路运营安全事故，造成的后果达到上述重大事故后果标准的，才可以认定为刑法规定的“造成严重后果”。研究认为，上述意见值得商榷。行政法律、法规的规定内容不能直接适用于刑事案件的处理，认定是否达到刑法规定的“造成严重后果”标准，应以刑法和司法解释的规定为准。根据《关于办理危害生产安全刑事案件的解释》第六条第一款的规定，实施《刑法》第一百三十二条规定的行为，导致发生铁路运营安全事故，具有下列情形之一的，应当认定为“造成严重后果”：（一）造成死亡一人以上，或者重伤三人以上的；（二）造成直接经济损失一百万元以上的；（三）其他造成严重后果的情形。

另一个需要研究的问题，是如何界定铁路运营安全事故的范围。铁路运营安全事故是刑法规定的概念，在相关行政法律、法规和规章中均没有相同的概念表述。根据铁道部制定的《铁路行车事故处理规则》的规定，凡因违反规章、违反劳动纪律、技术设备不良及其他原因，在行车中造成人员伤亡、设备损坏、经济损失，影响正常行车危及行车安全的，构成行车事故；《铁路货运事故处理规则》规定，货物在铁路运输过程中发生灭失、缺少、变质、污染、损坏以及严重的办理差错的，属于货运事故；《关于铁路行李包裹处理有关问题的通知》规定，行李包裹在铁路运输过程中发生火灾、爆炸或者物品损失的，构成行李包裹事故。另外，由于我国铁路普遍为旅客提供餐饮服务，还存在因餐车服务人员操作不当造成食物中毒事故的可能。上述铁路行车事故、货运事故、行李包裹事故和铁路旅客食物中毒事故，是否均可以认定为刑法规定的铁路运营安全事故，理论和实践中存在不同意见。有意见认为，铁路运营是指铁路企业的运输生产经营活动，其中包括旅客和货物的运输，在刑法未作出特殊限定的情况下，不应对铁路运营安全事故的范围作过多限制。根据铁路法第十条的规定，铁路运输企业应当保证旅客和货物运输安全，第五十八条还规定，因铁路行车事故及其他铁路运营事故造成人身伤亡的，铁路运输企业应当承担赔偿责任。综合来看，在铁路客货运输过程中发生的事故，不论是铁路行车事故，还是其他方面的事故，均应认定为刑法规定的铁路运营安全事故。

研究认为，上述意见值得商榷。首先，从字面意义上讲，铁路运营安全事故，应当是指与铁路运营直接相关的安全事故，而不能泛指所有在铁路运营过程中发生的事故。而所谓铁路运营，其核心含义就是铁路行车活动。其次，从刑法的立法本意来看，铁路运营安全事故只能包括行车事故，即因为行车故障导致的安全事故，包括人员伤亡和财产损失等事故后果。刑法之所以将本罪与重大飞行事故罪、重大责任事故罪等罪名作并列规定，正是因为不同的行业领域中发生的安全事故具有各自不同的特点，而铁路运营之所以区别于民航飞行和一般意义上的生产、作业行为，就在于铁路火车行车的特殊性。如果认为铁路运营安全事故包括在铁路运输过程中发生的所有类型的事故，就混淆了铁路运营安全事故与发生在其他行业领域中事故的不同特点，在刑法中设置铁路运营安全事故罪就失去了必要性。因此，本罪中的铁路运营安全事故，仅指铁路行车安全事故，如列车出轨、颠覆、爆炸、相撞等事故。对于铁路运营过程中发生的货运事故、行李包裹事故和铁路旅客食物中毒事故，不宜以本罪论处。

第三，行为人的违章行为与发生铁路运营安全事故、造成严重后果之间具有刑法上的因果关系。

行为与危害后果之间具有刑法上的因果关系，是追究行为人刑事责任的必要条件。如果虽然发生了铁路运营安全事故，并造成了严重后果，但该后果并不是由行为人的违章行为造成的，就不能以本罪论处。实践中应当注意，不能因为发生了铁路运营安全事故、造成了严重后果，就简单认定必须有人出来承担刑事责任，否则就有可能导致客观归罪。

（三）本罪的主体是特殊主体，只有铁路职工才能构成本罪。实践中确定本罪的主体范围，应当注意以下两个方面问题：

第一，非铁路企业中从事铁路运营活动的职工是否属于刑法规定的铁路职工？

铁路企业及其所属部门、单位的职工属于刑法规定的铁路职工，一般不会存在争议。但是，非铁路企业中从事铁路运营活动的职工是否属于铁路职工，值得认真研究。根据铁路法的规定，我国的铁路包括国家铁路、地方铁路、专用铁路和铁路专用线。其中，专用铁路是指由企业或者其他单位管理，专为本企业或者本单位内部提供运输服务的铁路；铁路专用线是指由企业或者其他单位管理的与国家铁路或者其他铁路线路接轨的岔线。实践中，某些非铁路企业自备专用铁路和铁路专用线，既有自己的机车和自备车辆，也有自己的调度员、机车乘务员和调车人员等。上述人员的组织、领导、工资福利关系等均属于非铁路企业，但直接从事铁路运营生产经营活动，与铁路运营安全直接相关，上述人员违反铁路运营安全管理制度，并导致发生铁路运营安全事故、造成严重后果的，与铁路企业职工因为违章行为导致发生铁路运营安全事故、造成严重后果的情况并无本质区别，应当适用同一罪名定罪处罚。另一方面，根据铁路法的规定，国务院铁路主管部门对专用铁路和铁路专用线负有指导、协调、监督和帮助的职责，对于涉及铁路运营安全方面的工作，专用铁路和铁路专用线应当服从国务院铁路主管部门的管理和调度，因此，现行行政法律法规、规章制度中有关保障铁路运营安全的内容，对于非铁路企业自备的专用铁路和铁路专用线中从事铁路运营活动的职工同样具有约束力，非铁路企业中从事铁路运营活动的职工同样属于《刑法》第一百三十二条规定的铁路职工。

第二，是否所有铁路职工都可以成为本罪的犯罪主体？

我国铁路职工职业分类目录按照工作性质和岗位职责，将铁路职工划分为管理人员、生产人员和后勤保障人员三类。上述三类人员是否可以成为本罪的犯罪主体，关键在于审查其工作内容是否与铁路运营安全直接相关，违章行为是否发生在铁路运输生产、管理和施工作业过程中。只有直接从事铁路运输生产作业活动的人员，以及与保障铁路运输安全存在直接关系的其他施工、维修作业人员和管理、指挥人员，才可以成为本罪的主体。管理人员中从事组织人事、工资福利管理工作的人员，以及后勤保障人员中从事环保、医疗卫生服务活动的人员，虽然属于铁路职工序列，但一般情况下不能成为本罪的主体。综合来看，能够成为本罪犯罪主体的铁路职工主要有以下两类：首先，直接从事铁路运输生产作业活动的人员，包括直接参与铁路运营的各级行车指挥调度人员、车站行车作业人员、车站运转作业计划人员、设备操作员、车站调车作业人员、列车运转乘务员、机车乘务员，等等。其次，与保障铁路运营安全存在直接关系的其他生产作业人员和管理指挥人员，包括铁路工务部门的铁道线路工、桥梁工、隧道工、钢轨探伤工、道口工、路基工，供电部门的牵引电力线路安装维护工，电务部门的铁路信号工、铁路信号组调工，车辆部门的车辆机械维修工，以及这些部门的管理指挥人员，等等。

第三，铁路职工的用工形式是否存在限制？

实践中，在铁路企业和非铁路企业中从事铁路运营和铁路运营相关工作的职工情况比较复杂，用工形式多种多样，存在正式工、合同工、临时工、聘任工等多种用工形式。铁路职工的用工形式并非认定其是否属于本罪犯罪主体时需要考虑的关键因素，只要铁路职工实施的行为符合本罪的构成要件，不论其与所属企业的用工形式属于哪种情况，均应以本罪论处。

（四）本罪的主观方面只能是过失，包括疏忽大意的过失和过于自信的过失两种形式。故意不构成本罪，但可能构成破坏交通工具罪、破坏交通设施罪等故意犯罪。应当注意的是，作为本罪主观方面构成要件的过失是相对于行为人对发生铁路运营安全事故、造成严重后果而言的，就违反规章制度这一客观行为而言，行为人的主观心态既可能是故意，即明知故犯，也可能是对现有规章制度并不知晓的过失心态。

三、司法认定

（一）本罪与非罪的界限

首先，本罪是结果犯，要求行为人的违章行为导致发生铁路运营安全事故，造成严重后果。这是本罪区别于一般铁路运营违章行为的主要标准。如果行为人虽然违反了规章制度，但并未发生铁路运营安全事故，亦未造成严重后果，或者虽然发生了铁路运营安全事故，造成了严重后果，但行为人的违章行为与发生铁路运营安全事故、造成严重后果之间不存在刑法上的因果关系，均不构成本罪，仅属于一般违章行为，不应追究行为人的刑事责任。

其次，行为人主观上必须存在过失心态。这是本罪区别于意外事故和技术事故的主要标准。所谓意外事故，是指由于自然灾害，如地震、山崩、流沙、泥石流等人类不可预知、不可抗拒的自然因素导致的事故；所谓技术事故，是指由于技术原因导致的铁路运营故障。意外事故和技术事故的发生不是由于个人原因造成的，铁路职工主观上不存在罪过，不应追究其刑事责任。

（二）本罪与重大责任事故罪的界限

本罪与重大责任事故罪是属于特殊罪名与一般罪名的关系，二者在犯罪客体、客观方面、犯罪主体等方面存在包含关系，重大责任事故罪侵犯的客体生产、作业安全可以包含本罪客体铁路运营安全，本罪的犯罪主体铁路职工属于重大责任事故罪中生产、作业人员的范畴。因此，铁路职工在铁路运营过程中实施违章行为，导致发生铁路运营安全事故，造成严重后果的，同样符合重大责任事故罪的构成要件。但是，《刑法》第一百三十二条规定了独立的铁路运营安全事故罪罪名，与第一百三十四条第一款关于重大责任事故罪的规定形成了特殊法条与一般法条的竞合关系。在行为同时符合本罪和重大责任事故罪构成要件的情况下，应当按照特殊法条优于一般法条的原则，以本罪论处。

（三）本罪与过失损坏交通工具罪、过失损坏交通设施罪的界限

本罪属于特殊主体犯罪，只有铁路职工才能构成，过失损坏交通工具罪和过失损坏交通设施罪属于一般主体犯罪，所有自然人均可以构成，一般情况下比较容易区分。但是，如果铁路职工过失导致铁路机车或者铁路行车设施损害，最终引发铁路运营安全事故、造成严重后果的，应当如何定罪量刑？研究认为，这种情况下，行为同时符合本罪和过失损坏交通工具罪、过失损坏交通设施罪的构成要件，同时触犯数个罪名，涉及罪名的选择适用问题。由于本罪和过失损坏交通工具罪、过失损坏交通设施罪的法定刑完全相同，因此不适用从一重罪处罚原则；行为人本质上仅实施了一个行为，也不能数罪并罚。这种情况下，为实现对危害行为的充分法律评价，原则上应当以行为导致的最终后果，即铁路运营安全事故作为评价的重点，以本罪定罪处罚。

四、刑事责任

根据《刑法》第一百三十二条的规定，铁路职工违反规章制度，致使发生铁路运营安全事故，造成严重后果的，处三年以下有期徒刑或者拘役；造成特别严重后果的，处三年以上七年以下有期徒刑。

根据《关于办理危害生产安全刑事案件的解释》第六条第一款和第七条

第一款的规定，具有下列情形之一的，应当认定为本罪中的“造成严重后果”，判处三年以下有期徒刑或者拘役：（一）造成死亡一人以上，或者重伤三人以上的；（二）造成直接经济损失一百万元以上的；（三）其他造成严重后果或者重大安全事故的情形。具有下列情形之一的，应当认定为“造成特别严重后果”，判处三年以上七年以下有期徒刑：（一）造成死亡三人以上或者重伤十人以上，负事故主要责任的；（二）造成直接经济损失五百万元以上，负事故主要责任的；（三）其他造成特别严重后果的情形。实践中，需要正确区分行为人对引发事故所负责任大小，正确选择法定刑幅度。

第七章　重大责任事故罪

一、概述

重大责任事故罪，是指在生产、作业中违反有关安全管理的规定，因而发生重大伤亡事故或者造成其他严重后果的行为。

本罪在1979年刑法中就已经存在。1979年《刑法》第一百一十四条规定："工厂、矿山、林场、建筑企业或者其他企业、事业单位的职工，由于不服管理、违反规章制度，或者强令工人违章冒险作业，因而发生重大伤亡事故，造成严重后果的，处三年以下有期徒刑或者拘役；情节特别恶劣的，处三年以上七年以下有期徒刑。"1979年刑法颁布施行后，在实际适用过程中，有部门提出，刑法对本罪犯罪主体的规定不够全面周延，不能准确地反映实际情况的需求，而且随着我国经济结构的变化，社会上出现了群众合作经营组织、个体经营户等新的经营组织形式，如果不适当扩大本罪的主体范围，对发生在群众合作经营组织和个体经营户中的安全生产责任事故进行刑事处罚，将无法律依据，建议适当扩大本罪的主体范围。但是，1997年刑法全面修订时，出于种种考虑，立法机关依然沿用了1979年刑法的规定内容。

1997年刑法颁行之后，随着我国经济的持续快速发展，个体开矿、无证开矿等现象大量涌现，前述实践部门提出的本罪主体范围过于狭窄、不能适应防范和惩治重大安全生产责任事故犯罪的缺陷表现得越来越明显，特别是对于发生在个体矿山、无证矿山中的责任事故，以及私自违法违规从事矿产开展活动的个体包工头等，难以适用刑法规定追究相关人员的刑事责任。另外，实践中还有一些生产经营者片面追逐高额经济利益，置一线工人的人身安全于不顾，强令工人违章冒险作业。一段时期内，重大安全生产责任事故频发，给人民群众的生命健康和公私财产造成重大损失，人民群众对此反响强烈，而1997年刑法将"职工不服管理、违反规章制度"和"强令工人违章冒险作业"这两种不同性质的危害行为并列规定在同一条款中，设置了完全相同的法定刑，难以适应实际需要。实践中，生产经营者强令工人违章冒险作业比职工个人不服管理、违反规章制度的危害性质更为严重，社会危害性更大，根据罪责刑相适应原则，强令工人违章冒险作业行为的法定刑应当比职工个人不服管理、违反规章制度导致发生生产安全事故的法定刑更重。因此，2006 年 6 月施行的《刑法修正案（六）》将本罪的犯罪主体由原来的企业、事业单位职工，扩大到从事生产、作业的一切人员，将个体户、无证照生产经营者、包工头等人员一律包含在内。与此同时，将强令工人违章冒险作业行为单独规定为强令工人违章冒险作业罪，并配置了明显高于本罪的法定刑。

本罪是生产安全责任事故犯罪中的基础性罪名，也是司法实践中适用率最高的一个罪名，迫切需要明确定罪量刑标准。2007 年 2 月，最高人民法院、最高人民检察院联合出台《关于办理危害矿山生产安全刑事案件的解释》，就发生在矿山生产经营领域中的本罪定罪量刑标准作出了专门规定。2015 年 12 月 16 日，《关于办理危害生产安全刑事案件的解释》开始施行，对本罪的主体范围、定罪量刑标准、量刑情节、宽严相济刑事政策的把握以及职业禁止措施的适用等问题，作出了全面系统的规定，为司法实践中正确适用本罪提供了明确的标准。

二、构成要件

（一）本罪侵犯的客体是生产、作业安全，即从事生产、作业的不特定多数人的生命、健康安全和公私财产安全。随着刑法的修订，本罪中的生产、作业不再局限于工厂、矿山、林场、建筑企业或其他企业、事业单位的生产、作业活动，凡是有可能发生重大伤亡事故或者造成公私财产损失等严重后果的一切生产、作业活动的安全，无论该生产、作业是否合法、主体性质如何，都属于本罪保护的客体。

（二）本罪在客观方面表现为在生产、作业中违反有关安全管理规定，因而发生重大伤亡事故或者造成其他严重后果。具体包括以下几个方面：

第一，必须在生产、作业过程中违反了有关安全管理规定。

首先，违反有关安全管理规定的行为必须发生在生产、作业过程中。如果行为人违反安全管理规定的行为发生在生产、作业的休息时段或者间隙时间内，则不能以本罪论处，构成其他犯罪的，应以其他犯罪定罪处罚。例如，某纺织企业工人赵某在一天下班后违反厂内禁烟规定，在厕所内抽烟，后随手将烟头扔至窗外，引燃堆砌在路边的纺织废料，并造成停在附近的汽车损毁，直接经济损失达 100 余万元。对于赵某行为的性质，有意见认为，其违反单位禁烟的安全管理规定，酿成火灾并导致公私财产重大损失，行为构成本罪。研究认为，本案中，赵某虽然存在违反单位禁烟规定的行为，但不是在生产、作业过程中违反安全管理规定，而是发生在其下班后，不符合本罪的构成要件。

其次，对刑法规定的生产、作业不应作过于机械的理解。根据《现代汉语词典》的解释，“生产”是指人们使用工具创造各种生产资料和生活资料的活动，“作业”指从事生产活动，二者的含义相差并不大。虽然刑法条文表述为“在生产、作业中”，但是，无论行为人是否利用生产工具，只要其行为实际发生在工作过程中，且可能危及公共安全，就应认定为符合本罪罪状的要求，不应要求行为必须发生在工业生产、作业过程中。例如，某城建公司组织工人在疏浚城市下水管道的过程中，有关人员违反安全管理规定，发生中毒事故，导致他人死亡。这种情况下，疏浚下水道管虽然仅仅是简单体力劳动，但一旦有人违反操作规程，也可能会危及不特定或多数人的生命健康以及公私财产安全，因此也属于刑法规定的“在生产、作业中”，导致发生伤亡事故的，符合本罪的客观方面构成条件。

最后，对于安全管理规定的界定，不能简单要求必须是成文规定，更不能限缩为仅指法律、法规。刑法规定的“有关安全管理的规定”，不仅包括国家颁布的各种有关安全生产、作业的法律、法规，如《中华人民共和国安全生产法》《中华人民共和国矿山安全法》《煤矿安全监察条例》等，也包括企业、事业单位及其上级主管机关制定的操作规程、作业指南、章程、规则等明文规定。此外，对于虽无法律、法规的明文规定，但得到本行业普遍认同并通行遵守的操作习惯和行业惯例，属于实践中经验的积累，反映了同类生产、作业安全操作的客观规律，也属于安全管理规定的范畴。

第二，必须发生重大伤亡事故或者造成其他严重后果。

本罪是结果犯，必须发生特定的危害结果才能构成本罪。2008 年 6 月 25 日颁行的《关于公安机关管辖的刑事案件立案追诉标准的规定（一）》第八条规定，在生产、作业中违反有关安全管理的规定，涉嫌下列情形之一的，应予立案追诉：（一）造成死亡一人以上，或者重伤三人以上的；（二）造成直接经济损失五十万元以上的；（三）发生矿山生产安全事故，造成直接经济损失一百万元以上的；（四）其他造成严重后果的情形。《关于办理危害生产安全刑事案件的解释》第六条第一款规定，刑法规定的构成本罪的重大伤亡事故和其他严重后果标准，包括以下几种情形：（一）造成死亡一人以上，或者重伤三人以上的；（二）造成直接经济损失一百万元以上的；（三）其他造成严重后果或者重大安全事故的情形。上述两个规范性文件规定的认定本罪的直接经济损失数额标准存在差异，实践中，应当根据《关于办理危害生产安全刑事案件的解释》的规定内容认定本罪。此外，鉴于国务院制定《生产安全事故报告和调查处理条例》未将间接经济损失作为事故等级分类标准，实践中行政机关出具的事故调查报告一般也不统计间接经济损失。为防止造成对同一案件的行政处理与司法处理的不协调，不宜将间接经济损失纳入本罪的定罪标准。

第三，重大伤亡事故或者其他严重后果与行为人违反安全管理规定的行为之间具有刑法上的因果关系。

如果行为人虽然有违反安全管理规定的行为，但未造成重大伤亡事故或其他严重后果，自然不能以本罪论处，这在实践中没有异议。但是，如果行为人实施了违反安全管理规定的行为，客观上也发生了重大伤亡结果或者造成了其他严重后果，那么是否还有必要进一步探究该违反安全管理规定的行为与危害结果之间是否存在因果关系呢？

研究认为，因果关系虽然不是犯罪构成的一个独立要件，但就具体的行为主体而言，确定其行为与某一危害结果之间是否存在因果关系，是解决行为人对其行为所造成的危害结果是否应当承担刑事责任的前提。在本罪中，确定行为人违反安全管理规定的行为与重大损害结果之间有无因果关系，意义重大，关系到罪与非罪的认定。而且，在重大责任事故案件中，往往是多种原因叠加共同导致一个或几个损害结果发生，因此更有必要区分不同的违反安全管理规定的行为对引发危害结果所起的作用力大小，即因果关系的关联程度。如果对因果关系不加分析，认为只要行为人实施了违反安全管理规定的行为，客观上发生了重大伤亡结果或者造成了其他严重后果的，就必然具备本罪的客观方面构成要件，实际上属于客观归责，不符合刑法规定。例如，某建筑工地的卷扬机操控工张某，违反禁止饮酒的规定，饮酒后违规操作卷扬机，其间卷扬机钢索断裂，导致悬吊的钢材坠落，将同工地工人李某砸死。事后经调查，虽然事发时承吊的钢材未超出该卷扬机核定的承重范围，但由于钢索长期磨损未及时更换，实际承重能力已不及核定承重量。研究认为，本案中，张某违反规定酒后操控卷扬机的行为固然违反了安全管理规定，但是，存在关联并不等于存在刑法上的因果关系，李某被砸身亡与张某违反规定酒后操控卷扬机之间不存在引起与被引起的因果关系，如果张某对卷扬机钢索磨损应当及时更换而未予更换不存在过错，就不能以本罪追究其刑事责任。

（三）本罪的主体是一般主体，且是自然人犯罪，单位不构成本罪。根据《关于办理危害生产安全刑事案件的解释》第一条的规定，本罪主体既包括直接从事生产、作业的人员，也包括对生产、作业负有组织、指挥或者管理职责的负责人、管理人、实际控制人、投资人等。实践中应当注意以下两个方面问题：

第一，对于上述对生产、作业负有组织、指挥或者管理职责的负责人、管理人员、实际控制人、投资人等人员，应当进行正确理解，准确把握，不能任意扩大打击对象。企业负责人、管理人员对本企业的生产安全当然负有组织、指挥或者管理职责，即负有事前教育、指导，事中监督，事后检查的职责。企业负责人、管理人员不履行或者不正确履行对生产安全的监督、管理义务，属于刑法理论上的监督过失，监督过失与重大伤亡事故或其他严重后果之间的因果关系一般比较明显，以本罪追究刑事责任一般争议不大，司法实践中，大部分此类案件的处罚对象也是此类人员。存在争议的是单位的实际控制人、投资人的范围应当如何界定。根据公司法的规定，实际控制人，是指虽然不是公司股东，但是通过投资关系、协议或者其他安排，能够实际支配公司行为的人。既然实际控制人能够实际支配公司的行为，其当然对公司的安全生产行为也能够实际支配，如果实际控制人不履行或不正确履行安全管理规定，导致发生重大伤亡事故或者造成其他严重后果的，理应认定为本罪，否则就是放纵了真正的犯罪人，也无法起到从源头上预防事故发生的实际效果。对于可成为本罪犯罪主体的投资人，范围应当作适当限制，不能无视投资人的投资金额、在企业中是否实际享有管理职权，而一概认为其均可成为本罪的主体。在市场经济条件下，公司所有权与经营权相分离的经营模式大量存在，投资人参与公司、企业经营管理的程度不一，并非所有的投资者都是所投资公司、企业的管理者。特别是对于通过股市公开交易方式购买上市公司少量股票的中小股东来讲，一般不参与公司的经营决策活动。这些中小投资人所投资的公司、企业如果因为违反安全管理规定，导致发生重大伤亡事故或者其他严重后果，追究不参与公司经营决策活动的中小投资人的刑事责任，明显不符合权责相一致原则。因此，《关于办理危害生产安全刑事案件的解释》第一条的规定内容，可以理解为“单位的负责人、管理人员、实际控制人”，以及“对生产、作业负有组织、指挥或者管理职责的投资人”等人员。

第二，行为人所在单位的性质如何，不影响本罪的成立。1986 年 6 月 21 日施行的《最高人民法院、最高人民检察院关于刑法第一百一十四条规定的犯罪主体的适用范围的联合通知》规定，1979 年刑法第一百一十四条关于重大责任事故罪的犯罪主体，既包括国营和集体的工厂、矿山、林场、建筑企业或其他企业、事业单位的职工，也包括群众合作经营组织或个体工商户的从业人员，对于群众合作经营组织和个体工商户的主管负责人，在管理工作中玩忽职守，致使发生重大伤亡事故，造成严重后果的，也应按 1979 年《刑法》第一百一十四条的规定，追究刑事责任。1987 年 7 月 10 日施行的《最高人民检察院关于无证开采的小煤矿从业人员亦属于刑法第一百一十四条犯罪主体的批复》指出，无证开采的小煤矿从业人员属于 1979 年刑法第一百一十四条犯罪主体所包括的个体经营户的从业人员，如其行为符合 1979 年刑法第一百一十四条规定的犯罪构成，因而造成严重后果的，应以重大责任事故罪追究其刑事责任。也就是说，无论是国有企业、集体企业、群众合作经营组织，还是个体工商户的从业人员，都可以成为本罪的主体，也无论生产、作业是否经过合法批准，即便是无证开采的“黑煤窑”、无照经营的“黑砖窑”等的从业人员，均在本罪的犯罪主体范围之内。另外，根据一般法理，危险的控制人应当对危险所致损害负责，因此，工程被非法转包后，负责工程施工的真正主管人员负有对生产、作业活动进行安全监管的义务，自然也属于本罪的犯罪主体范围。

（四）本罪的主观方面是过失，既可以是疏忽大意的过失，也可以是过于自信的过失。本罪的过失，既可以表现为行为人对其行为所造成的重大伤亡结果或者其他严重后果应当预见，但因为疏忽大意而没有预见，也可以表现为行为人对这种重大伤亡结果或者其他严重后果已经预见而轻信能够避免。至于行为人对违反安全管理规定的心态是明知故犯还是过失为之，均不影响本罪过失的主观特征。不能因为行为人对违反有关安全管理的规定是主观明知，就认为本罪是故意犯罪。

三、司法认定

（一）本罪与意外事故的界限

重大责任事故是由行为人在生产、作业过程中的过失行为造成的，而意外事故则是由于自然原因或者行为人不能预见、不能抗拒的原因造成的。二者区分的关键，一是看事故发生的原因力。如果人员伤亡等严重后果不是由于行为人违反安全管理规定的行为造成的，而是由于自然原因，如地震、洪水、干旱、台风、海啸等自然力量造成的，就只能认定为意外事故，而不能认定为重大责任事故，进而对行为人以本罪论处。例如，地震导致矿井塌陷，造成人员伤亡，即使矿山经营者和一线生产、作业人员存在违反安全管理规定的行为，但是，如果不发生地震就不会出现该人员伤亡结果，就不能以本罪对相关人员定罪处罚。二是看行为人对危害社会的结果是否能够预见或者能够抗拒。法谚云："没有人有义务做不可能之事""法不强人所难"。即便损害后果是由于行为人的行为引起的，也未必都构成本罪，认定一起事故是否属于重大责任事故，还要看事故后果是否属于不能预见或者不能抗拒的情况。实践中，应当严格区分"不能预见"与"应当预见而没有预见"两者之间的界限，这是区分责任事故与非责任事故的关键，关系到本罪与非罪的区别。所谓"不能预见"，是指事故的发生超出人们的正常预料能力之外，或者超过行为人的职责要求的预见范围之外。在"不能预见"的情况下，即便发生重大事故，行为人对事故后果也不应当承担责任。而"应当预见而没有预见"，是指行为人应当预见到自己的行为可能引起事故发生，但由于疏忽大意而没有预见，以致发生事故，对此应当以疏忽大意的过失追究其刑事责任。所谓"不能抗拒"，是指人类无法抗拒的强制力。在具体案件的处理过程中，不能脱离具体案件发生的时间、地点、周围环境、条件等因素进行抽象判断，既要考虑造成损害结果的力量因素，又要研究、分析人或物本身的抗御能力，如果外在的强制力没有超出人或物本身应有的最大抗御能力，就不能认定为"不能抗拒"；反之，如果外在强制力超过了人或物本身应有的最大抗御能力，就可以认定为"不能抗拒"，就不宜以本罪追究相关人员的刑事责任。

（二）本罪与医疗事故罪的界限

本罪与医疗事故罪都属于责任事故类犯罪，都属于过失犯罪行为，且都造成了人员伤亡结果的发生。但两罪也存在显著不同，体现在：（1）侵犯的犯罪客体不同。本罪侵犯的是生产、作业安全，即从事生产、作业的不特定或多数人的生命、健康安全和公私财产安全，属于危害公共安全犯罪，而医疗事故罪侵犯的是国家对医务工作的管理秩序和就诊人的生命、健康权利，属于妨害社会管理秩序犯罪。（2）客观方面的行为表现不同。本罪表现为在生产、作业中违反有关安全管理的规定，因而发生重大伤亡事故或者造成其他严重后果，而医疗事故罪表现为行为人在医务工作中严重不负责任，造成就诊人死亡或者严重损害就诊人身体健康。（3）构成犯罪的危害结果要求不同。本罪的危害结果除了包括重大伤亡结果意外，还包括重大财产损失或者造成其他严重后果，而医疗事故罪要求必须造成就诊人死亡或者严重损害就诊人身体健康的危害结果。（四）犯罪主体不同。本罪的犯罪主体是一般主体，既可以是一线工人、企业负责人、管理人员、实际控制人，也可以是对生产、作业负有组织、指挥或者管理职责的投资人等人员，而医疗事故罪的主体是特殊主体，仅限于医务人员，即经过医药院校教育，或者经培训后考核合格，并经过卫生行政机关批准，取得行医资格，从事医疗实践工作的人员，既可以是医院的医务人员，也可以是取得合法行医资格的个体医务工作者，但不能是非法行医人员。

四、刑事责任

根据《刑法》第一百三十四条第一款的规定，在生产、作业中违反有关安全管理的规定，因而发生重大伤亡事故或者造成其他严重后果的，处三年以下有期徒刑或者拘役；情节特别恶劣的，处三年以上七年以下有期徒刑。

根据《关于办理危害生产安全刑事案件的解释》第六条第一款的规定，造成死亡一人以上，或者造成重伤三人以上，或者造成直接经济损失一百万元以上，或者具备其他造成严重后果或者重大安全事故的情形，应当认定为本罪的“发生重大伤亡事故或者造成其他严重后果”，适用第一个量刑档次。根据该解释第七条第一款的规定，本罪中“情节特别恶劣”的认定标准，为造成死亡三人以上或者重伤十人以上，负事故主要责任，或者造成直接经济损失五百万元以上，负事故主要责任的，或者其他造成特别严重后果、情节特别恶劣或者后果特别严重的情形。具备上述情形之一的，应当适用第二个量刑档次。其中该解释第七条第一款规定中兜底的其他情形，需要从主客观两个方面进行综合分析认定，例如，行为人违反安全管理规定的行为导致发生了重大伤亡事故或者造成了其他严重后果，同时又具备以下情形：经常违反规章制度，屡教不改；明知没有安全保证，仍然不听劝阻；发生过事故后不引以为戒，继续蛮干；已经因为违反规章制度受到批评教育或行政处罚而不改正，再次违反安全管理规定；已经发现事故苗头，仍然不听劝阻、一意孤行，拒不采纳工人和技术人员的意见；通过恶劣手段掩盖安全生产隐患，蒙骗工人作业，在出现险情的情况下仍然继续生产、作业或者指挥工人生产、作业；等等。

实践中，处理多因一果引发的重大责任事故犯罪案件，要避免一种不正确的认识，即最直接引起事故的被告人罪责最大，量刑也应最重。对于此类案件，必须严格贯彻罪责刑相适应原则，注意区分各行为人的责任大小，准确定罪量刑。例如，在上海静安“11·15”特别重大火灾事故案件的审理过程中，人民法院经审理查明，虽然该起事故的火灾是由不具备有效特种作业操作证的电焊工吴国略和电焊辅助工王永亮的违章作业行为直接引发的，但吴国略、王永亮的违章作业行为与工程管理人员未能有效落实安全生产管理措施、未开展安全教育培训、未在现场配备足够的防火器材有关，同时，鉴于二人有自首情节，以重大责任事故罪判处吴国略有期徒刑一年、缓刑二年，对王永亮免予刑事处罚，另外，对负有该工程监理职责的上海市静安区建设工程监理有限公司总监理工程师张永新以重大责任事故罪判处有期徒刑五年。本案的判决结果，得到了社会的普遍认可。

第八章　强令违章冒险作业罪

一、概述

强令违章冒险作业罪，是指强令他人违章冒险作业，因而发生重大伤亡事故或者造成其他严重后果的行为。

强令违章冒险作业罪是《刑法修正案（六）》增设的罪名，1979 年刑法和 1997 年刑法均没有规定本罪名。

本罪的立法渊源，最远可以追溯到 1963 年刑法草案第 33 次稿第一百二十一条的规定。该条规定："工厂、矿山、林场、建筑企业或者其他企业的职工，由于严重不负责任，违反规章制度因而发生重大事故、造成严重后果的，处五年以下有期徒刑或者拘役；情节特别恶劣的，处五年以上有期徒刑。"从上述规定内容看，当时是将强令他人违章冒险作业行为作为普通的违章行为进行规定。1979 年制定刑法时，在刑法草案 33 稿规定内容的基础上作了修改。1979 年《刑法》第一百一十四条规定："工厂、矿山、林场、建筑企业或者其他企业、事业单位的职工，由于不服管理、违反规章制度，或者强令工人违章冒险作业，因而发生重大伤亡事故，造成严重后果的，处三年以下有期徒刑或者拘役；情节特别恶劣的，处三年以上七年以下有期徒刑。"修改内容体现在以下几个方面：一是把"严重不负责任"修改为"不服管理"，并首次将"强令工人违章冒险作业"明确作为犯罪行为的方式之一；二是将事业单位的职工纳入犯罪主体当中，扩大了主体范围；三是将"重大事故"修改为"重大伤亡事故"；四是鉴于本罪是过失犯，将法定刑整体调低。在其后的司法实践中，有部门反映，1979 年刑法对"发生重大伤亡事故，造成严重后果"的关系表述不清，容易导致对"重大伤亡事故"和"造成严重后果"二者之间关系的理解产生分歧，且本罪罪状对于"强令"的表述也不清楚，致使实践中对许多负有指挥责任的人员造成的重大责任事故处理不了①。但是，1997年刑法修订时，对1979年《刑法》第一百一十四条的规定内容并未作任何修改，对于强令他人违章冒险作业导致发生重大伤亡事故或者造成其他严重后果的行为，均以重大责任事故罪定罪处罚。

1997年刑法颁布施行后，我国的经济持续快速发展，重大责任事故案件多发、频发，社会影响十分恶劣，但是，囿于立法规定的原因，导致重大责任事故罪的主体范围偏窄，特别是一些生产者、经营者为片面追求经济利益，完全不顾生产作业安全，甚至在已经发现事故苗头、一线生产作业人员已经向有关负责人反映情况并表示不愿意冒险作业的情况下，仍然强令工人违章冒险作业，导致发生重大安全责任事故，给人民群众的生命健康和公私财产造成重大损失，这种行为社会危害极大，群众反应强烈。对于强令他人违章冒险作业引发重特大生产安全责任事故的行为，必须充分体现从严惩处的精神。2006年6月29日，全国人大常委会讨论通过了《刑法修正案（六）》，在扩大《刑法》第一百三十四条规定的重大责任事故罪主体范围的同时，还将强令他人违章冒险作业罪从重大责任事故罪中分离出来，并配置了比重大责任事故罪更加严厉的法定刑。《刑法》第一百三十四条第二款规定："强令他人违章冒险作业，因而发生重大伤亡事故或者造成其他严重后果的，处五年以下有期徒刑或者拘役；情节特别恶劣的，处五年以上有期徒刑。"

2007年2月出台的《关于办理危害矿山生产安全刑事案件的解释》，对矿山生产经营领域中发生的强令违章冒险作业罪的犯罪主体、定罪量刑标准等作出了明确规定。但是，由于该解释规制的对象仅限于矿山生产经营领域内发生的部分类型的危害生产安全刑事案件，对矿山之外的行业领域中发生的生产安全责任事故犯罪刑事案件无法直接适用，难以适应惩治生产安全责任事故犯罪的需要。2015年12月16日，最高人民法院、最高人民检察院根据现阶段惩治危害生产安全刑事犯罪的实践需要，联合出台了《关于办理危害生产安全刑事案件的解释》，在吸收《关于办理危害矿山生产安全刑事案件的解释》相关规定内容的基础上，对实践中存在较大争议的强令违章冒险作业犯罪行为的界定、定罪量刑标准等方面问题作出了明确规定，为司法机关

① 参见最高人民检察院刑法修改小组：《修改刑法研究报告（1989年10月12日）》，载高铭暄、赵秉志编：《新中国刑法立法文献资料总览》（下），中国人民公安大学出版社1998年版，第2481－2482页。转引自高铭暄著：《中华人民共和国刑法的孕育诞生和发展完善》，北京大学出版社2012年版，第333页。

准确定罪量刑提供了规范依据。

二、构成要件

（一）本罪侵犯的客体是生产、作业安全，即从事生产、作业的不特定或多数人的生命、健康安全和重大公私财产的安全。《刑法修正案（六）》颁布施行之后，刑法规定的“生产、作业”不再局限于工厂、矿山、林场、建筑企业或其他企业、事业单位的生产、作业。一切可能发生重大伤亡事故或者造成公私财产损失等严重后果的生产、作业过程中的安全，无论该生产、作业是否合法、生产经营主体的所有制性质如何，都属于本罪保护的客体。

（二）本罪的客观方面表现为在生产、作业中违反有关安全管理规定，强令他人违章冒险作业，因而发生重大伤亡事故或者造成其他严重后果。具体说来，包括以下三个层次内容：

第一，实施了强令他人冒险作业的行为。

所谓“强令”，即强迫、命令之义。其中，“强迫”既可以指利用与职务有关的强制性手段，如要挟克扣工资、解除劳动关系等，也可以指以实施暴力相威胁，但并不需要达到使被强令者丧失意志自由的程度。值得研究的是，生产、作业中的指挥、管理人员基于职权指派他人从事生产、作业活动，由于指挥者与被指挥者之间存在管理与被管理的权属关系，那么这种单纯的指派行为是否属于强令他人冒险作业呢？有观点认为，对于本罪中的强令行为，不应从文意上作限制性解释，生产、作业的指挥、管理人员作出的要求他人从事生产、作业行为的明示、指派或安排，表面上虽然不具有强制色彩，但实质上由于指挥、管理人员和被指挥、管理者之间存在领导和被领导、管理和被管理关系，指挥、管理人员的这种身份及背后掌握的权力，决定了他所作出的安排或下达的指示具有被指挥、被管理者必须服从的权威，从而在客观上对被指挥、被管理者造成一种客观的压力，使其不得不违心服从并冒险作业。因此，指挥、管理人员所发出的指示或命令均带有一定的强令性，很难将强令他人违章冒险作业与一般的指派他人违章冒险作业区别开来①。研究认为，考虑到实践中区分强令他人冒险作业与一般性的指派他人冒险作业有时确实比较困难，上述观点有其一定的合理性。但是，生产、作业中的指挥、管理人员指派一线工人生产、作业，即便有时冒着一定的风险进行，也不宜

---

① 参见李赪：《强令违章冒险作业罪若干问题研究》，载《天中学刊》2009年第4期，第42-45页。

一概视为强令违章冒险作业。实践中，一些生产、作业中的指挥、管理人员受生产、作业客观环境、自身预见能力等因素的制约，对生产、作业中可能存在的安全风险缺乏预见，或者虽然有一定预见，但仍然安排下属施工作业，并在作出安排时提示一线工人需要注意可能存在的安全隐患，自信凭借现有技术条件能够避免事故的发生。在上述两种情况下，指挥、管理人员安排生产、作业的行为与强令工人冒险作业的行为存在实质区别，强令性并不明显。不能仅仅因为区分困难，就作出对被告人不利的理解，一概认定为强令冒险作业行为，否则对被告人极不公平。

《关于办理危害生产安全刑事案件的解释》第五条对强令他人冒险作业行为的界定作出了明确规定。该条规定："明知存在事故隐患、继续作业存在危险，仍然违反有关安全管理的规定，实施下列行为之一的，应当认定为刑法第一百三十四条第二款规定的'强令他人违章冒险作业'：（一）利用组织、指挥、管理职权，强制他人违章作业的；（二）采取威逼、胁迫、恐吓等手段，强制他人违章作业的；（三）故意掩盖事故隐患，组织他人违章作业的；（四）其他强令他人违章作业的行为。"如前所论，应当正确理解该条第一项的规定内容，不能因为管理者与一线工人之间存在领导与被领导、管理与被管理的权属关系，就一概认为管理者的工作安排都必然带有对一线工人的心理强制，进而认为管理者一切基于管理职权的安排行为都属于强令行为。实践中，还需要结合具体案件情况进行具体分析，准确把握管理者在作出工作安排时是否带有强制的意志，特别是应当注意审查管理者是否对存在事故隐患、继续作业存在危险有主观明知。否则，管理者基于管理职权安排一线工人生产、作业，发生重大伤亡事故的，对管理者都只能以本罪论处，不符合刑法的立法原意。另外，根据该条第三项的规定，生产、作业的指挥、管理人员故意掩盖事故隐患，组织他人违章作业，发生重大伤亡事故或者造成其他严重后果的，应以本罪论处。如果指挥、管理人员没有实施故意掩盖事故隐患的行为，包括根本没有预见到事故隐患的存在，以及虽然预见到了但没有故意隐瞒该事故隐患，就不能认定其强令他人冒险作业。

另外一个值得研究的问题是，本罪中的强令行为是否必须达到让被强令者违背自己主观意愿的程度。研究认为，要构成本罪，只要求行为人实施了强令行为即可，原则上并不要求达到让被强令者违背自己主观意愿的程度。至于被强令者是基于自己的主观意愿，还是基于他人的强令行为而不得不违背自己的意愿违章冒险作业，则在所不问。强令者实施强令行为，目的在于使被强令者按照强令者的意志进行违章冒险作业，一般情况下，强令者基于自己的优势地位，发出强令后确实往往会造成被强令者的心理畏惧感，但实践中，被强令者按照强令开展冒险作业，却未必都是基于这种畏惧心理。而且，根据《关于办理危害生产安全刑事案件的解释》第五条的规定，有些强令行为的表现形式并不会使被强令者产生畏惧心理，例如，在该条第三项规定的“故意掩盖事故隐患，组织他人违章作业”的情况下，由于强令者故意掩盖事故隐患后组织他人违章作业，被组织者其实并不知道危险隐患的存在，也根本无从产生畏惧心理。因此，考量行为人的行为是否属于强令冒险作业行为，判断的标准不应立足于是否足以让被强令者产生心理畏惧、违背自己的主观意愿。

第二，作业行为违反了有关规章制度。

违反规章制度是认定构成本罪的必要条件。本罪中的“违章”，是指违反有关安全管理的规定，不应以法律、行政法规等成文的规范性文件为限，而应作广义的理解。《关于进一步加强危害生产安全刑事案件审判工作的意见》第七条规定：“认定相关人员是否违反有关安全管理规定，应当根据相关法律、行政法规，参照地方性法规、规章及国家标准、行业标准，必要时可参考公认的惯例和生产经营单位制定的安全生产规章制度、操作规程。”我国有关安全管理的规定的表现形式多种多样，既可以是国家法律，如《中华人民共和国矿山安全法》，也可以是行政法规，如《矿山安全法实施条例》，还可以是地方性法规、部门规章，还包括企业内部的管理规定、操作规程，以及相关的国家标准、行业标准和业内公认的行之有效的操作习惯和惯例，等等。总之，一切反映安全生产工作客观规律的规范性文件、内部规定、行业惯例和操作规程，无论是否成文，均可以归入有关安全管理的规定的范畴，可以作为判断行为人的行为是否违章的依据。

第三，发生重大伤亡事故或者造成其他严重后果。

本罪是结果犯，只有在发生重大伤亡事故或者造成其他严重后果的情况下才能认定为犯罪。《关于公安机关管辖的刑事案件立案追诉标准的规定（一）》第九条规定，强令他人违章冒险作业，涉嫌下列情形之一的，应予立案追诉：（一）造成死亡一人以上，或者重伤三人以上的；（二）造成直接经济损失五十万元以上的；（三）发生矿山生产安全事故，造成直接经济损失一百万元以上的；（四）其他造成严重后果的情形。根据《关于办理危害生产安全刑事案件的解释》第六条第二款的规定，本罪中“重大伤亡事故和其他严重后果”，包括以下几种情形：（一）造成死亡一人以上，或者重伤三人以上的；（二）造成直接经济损失一百万元以上的；（三）其他造成严重后果或者重大安全事故的情形。实践中，应当以《关于办理危害生产安全刑事案件的解释》的相关规定为依据进行认定。

第四，强令他人违章冒险作业与发生重大伤亡事故或者造成其他严重后果之间存在刑法上的因果关系。如果行为与危害后果之间不存在刑法上的因果关系，就不应要求行为人对该危害后果承担刑事责任。

（三）本罪的主体是一般主体，且属于自然人犯罪。

有观点认为，强令违章冒险作业行为均发生在生产经营单位的生产、作业过程中，行为人行使的是单位赋予的职权，是为了单位利益，应该将本罪认定为单位犯罪。且在《刑法修正案（六）》颁行之后，仍然有意见认为单位可以成为本罪主体①。研究认为，上述观点作为学术探讨并无不当，但是，刑法并未规定单位可以构成本罪，依照刑法第三十条“法律规定为单位犯罪的，应当负刑事责任”的规定和罪刑法定原则，单位显然不能成为本罪主体。

2007年《关于办理危害矿山生产安全刑事案件的解释》第二条规定：“刑法第一百三十四条第二款规定的犯罪主体，包括对矿山生产、作业负有组织、指挥或者管理职责的负责人、管理人员、实际控制人、投资人等人员。”《关于办理危害生产安全刑事案件的解释》继承了该内容，作出了基本相同的规定，并将适用范围扩大至所有生产经营领域。据此，本罪的犯罪主体，包括对生产、作业负有组织、指挥或者管理职责的负责人、管理人员、实际控制人、投资人等人员，即仅限于组织、指挥、管理人员。有意见认为，实践中还存在无组织、指挥、管理身份之人通过暴力、威胁等方式强迫他人违章冒险作业的情形，且相对于组织、指挥、管理人员以职权相威胁实施的强令违章冒险作业行为，部分此类行为的社会危害性有过之而无不及，另外，根据《刑法修正案（六）》将强令的对象由原来的“工人”修改为“他人”，也表明本罪中的强令者既可以是生产经营单位中负有组织、指挥、管理职责的人员，也可以是与被强令者处于相同地位的一般工人，不必要求强令者必须是具有领导身份的人②。研究认为，从刑法条文的字面表述以及无身份者实施强令行为的实际社会危害后果来看，上述观点确有其合理之处。但是，一方

① 参见陈珊：《强令违章冒险作业罪若干疑难问题研究》，南昌大学2008年硕士学位论文。
② 参见黎宏：《刑法学》，法律出版社2012年版，第481-482页。

面，强令违章冒险作业行为一般发生在有职权者与无职权者之间，发生在无职权者之间的强令违章冒险作业行为极少；另一方面，人民群众对负有组织、指挥或者管理职责的人员对一线工人实施的强令违章冒险作业行为反应更加强烈。因此，《关于办理危害生产安全刑事案件的解释》明确将重大责任事故罪犯罪主体中"直接从事生产、作业的人员"排除在本罪的主体范围外。在司法解释已经对本罪的主体范围作出限制性规定，原则上不包括直接从事生产、作业的人员，仅包括负有组织、指挥或者管理职责的负责人、管理人员、实际控制人、投资人等有身份者的情况下，实践中不应将与被强令者处于相同地位的一般工人纳入本罪的主体范围。

《关于办理危害生产安全刑事案件的解释》对无合法证照或者证照不全从事生产、经营活动的非法生产经营者能否成为本罪主体未作出专门规定。但是，在1997年刑法和《刑法修正案（六）》施行之前，最高司法机关对此问题已经有了比较明确的意见。最高人民检察院1987年7月10日作出的《关于无证开采的小煤矿从业人员亦属于刑法第一百一十四条犯罪主体的批复》明确指出，无证开采的小煤矿从业人员可以成为重大责任事故犯罪的主体。本罪从立法渊源上来自于重大责任事故罪，犯罪主体范围的认定可以参照重大责任事故罪的相关规定执行，故非法生产经营者可以成为本罪的主体。另一方面，如果认为非法生产经营者不能成为本罪主体，必然导致无视生产安全的非法生产经营者的强令违章冒险作业行为无法得到应有的惩罚。法谚云："任何人不得从其违法行为中获利。"无证非法生产经营行为本身已经违反法律规定，如果再放纵其实施的强令违章冒险作业行为，显然与社会公正理念不符。

另外一个值得探讨的问题，是被强令者按照强令者的意思实施违章冒险作业行为，造成严重事故后果的，应当如何认定被强令者的责任。由于本罪属于过失犯罪，故被强令者与强令者不可能构成共同犯罪。具体案件处理过程中，判断被强令者的行为是否构成犯罪，应当结合强令者的强令程度进行具体分析。具体而言，如果被强令者明知自己实施的生产、作业行为违反安全管理规定，且自身的自由意志并未被完全剥夺，仍然违章冒险作业，导致发生重大伤亡事故的，这种情况下，被强令者的行为虽然是在他人强令下实施的，仍有可能构成重大责任事故罪，但量刑时应当充分考虑其行为受到他人强令的情况，酌情从轻处罚。

（四）本罪在主观方面是过失，故意不构成本罪。行为人对发生重大伤亡事故或者造成其他严重后果持过失心态，既可以是虽然明知行为违章，但对严重危害后果因疏忽大意而没有预见的疏忽大意的过失，也可能是已经预见到可能发生重大伤亡或者其他严重后果，但轻信能够避免的过于自信的过失。实践中应当注意，刑法规定的判断故意和过失心态的标准，是行为人对危害结果所持主观心态，不能因为行为人对自己的行为违章是明知的，就认为本罪是故意犯罪。

三、司法认定

（一）本罪与重大责任事故罪的界限

强令他人违章冒险作业属于在生产、作业过程中违反安全管理规定的一种具体表现形式，只是因为这种行为的社会危害性更为严重，根据罪责刑相适应原则，立法机关将其独立成罪，并配置了更重的法定刑。因此，重大责任事故罪属于基础性罪名，《刑法》第一百三十四条第一款关于重大责任事故罪的规定属于一般规定，该条第二款关于本罪的规定属于特殊规定。实践中，凡是在生产、作业过程中违反有关安全管理的规定，因而发生重大伤亡事故或者造成其他严重后果的行为，均可以以重大责任事故罪论处。但是，如果行为人采取强令他人违章冒险作业的方式导致发生严重后果的，根据特殊法条优于一般法条的原则，对该强令行为人就不应以重大责任事故罪论处，而应依法认定为强令违章冒险作业罪。

（二）本罪与重大劳动安全事故罪的界限

本罪与重大劳动安全事故罪均属于过失犯罪，犯罪主体都包括生产经营单位中负有组织、指挥、管理职责的负责人、管理人员、实际控制人、投资人等人员，但两罪的区别比较明显。具体来讲，本罪在客观方面表现为行为人在生产、作业过程中强令他人违章冒险作业，导致引发安全事故，即强令他人“蛮干”，因此，本罪的行为方式为积极的作为。重大劳动安全事故罪是生产经营单位的安全生产设施或者安全生产条件不符合国家规定，其中既包括根本没有装备安全生产设施或根本不具有安全生产条件，也包括虽然装备有安全生产设施或具有一定的安全生产条件，但未达到国家规定的要求，因而发生重大伤亡事故等严重后果，因此，重大劳动安全事故罪的行为方式一般表现为消极的不作为。如果生产经营单位的安全生产设施或者安全生产条件不符合国家规定，同时行为人还强令他人违章冒险作业，因而发生重大伤亡事故等严重后果的，由于仅存在一个不可分的危害后果，不应数罪并罚，应择一重罪处罚，即以本罪论处。

四、刑事责任

根据《刑法》第一百三十四条第二款的规定，强令他人违章冒险作业，因而发生重大伤亡事故或者造成其他严重后果的，处五年以下有期徒刑或者拘役；情节特别恶劣的，处五年以上有期徒刑。

根据《关于办理危害生产安全刑事案件的解释》第六条第二款的规定，造成死亡一人以上，或者造成重伤三人以上，或者造成直接经济损失一百万元以上，或者具备其他造成严重后果或者重大安全事故的情形，应当认定为本罪中的“发生重大伤亡事故或者造成其他严重后果”，适用第一个量刑档次，判处五年以下有期徒刑或者拘役。根据该解释第七条第二款的规定，造成死亡三人以上或者重伤十人以上，负事故主要责任，或者造成直接经济损失五百万元以上，负事故主要责任，或者具备其他造成特别严重后果、情节特别恶劣或者后果特别严重的情形，对相关责任人员应当适用第二个量刑档次，判处五年以上有期徒刑。该解释第十二条还规定了七种从重处罚的情形，即：未依法取得安全许可证件或者安全许可证件过期、被暂扣、吊销、注销后从事生产经营活动的；关闭、破坏必要的安全监控和报警设备的；已经发现事故隐患，经有关部门或者个人提出后，仍不采取措施的；一年内曾因危害生产安全违法犯罪活动受过行政处罚或者刑事处罚的；采取弄虚作假、行贿等手段，故意逃避、阻挠负有安全监督管理职责的部门实施监督检查的；安全事故发生后转移财产意图逃避承担责任的；其他从重处罚的情形。该解释第十三条还规定，在安全事故发生后积极组织、参与事故抢救，或者积极配合调查、主动赔偿损失的，可以酌情从轻处罚。

第九章　重大劳动安全事故罪

一、概述

重大劳动安全事故罪，是指安全生产设施或者安全生产条件不符合国家规定，因而发生重大伤亡事故或者造成其他严重后果的行为。

本罪是1997年刑法新增设的罪名，1979年刑法和单行刑法均没有规定此罪名。

我国历来高度重视保护劳动者人身安全和合法权益，立法机关和行政机关先后制定了一系列保护劳动者人身安全和身体健康的法律法规。例如，1995年施行的《中华人民共和国劳动法》第九十二条规定："用人单位的劳动安全设施和劳动卫生条件不符合国家规定或者未向劳动者提供必要的劳动防护用品和劳动保护设施的，由劳动行政部门或者有关部门责令改正，可以处以罚款；情节严重的，提请县级以上人民政府决定责令停产整顿；对事故隐患不采取措施，致使发生重大事故，造成劳动者生命和财产损失的，对责任人员比照刑法第一百八十七条（1979年刑法规定的玩忽职守罪）的规定追究刑事责任。"但是，此类行为与玩忽职守罪的构成要件存在较大区别，以玩忽职守罪追究相关人员刑事责任，存在理论和实践上的障碍。另外，实践中，一些生产经营企业、事业单位为了追求经济利益，明知劳动安全设施不符合国家规定，甚至在政府三令五申要求其停产停业整顿的情况下，仍然对生产经营过程中存在的事故隐患熟视无睹，最终酿成严重的劳动安全事故。为了维护劳动生产秩序，更好地保护广大劳动者的生命健康和公私财产安全，1997年刑法修订时，在吸收劳动法相关规定内容的基础上，增设了重大劳动安全事故罪。1997年《刑法》第一百三十五条规定："工厂、矿山、林场、建筑企业或者其他企业、事业单位的劳动安全设施不符合国家规定，经有关部门或者单位职工提出后，对事故隐患仍不采取措施，因而发生重大伤亡事故或者造成其他严重后果的，对直接责任人员，处三年以下有期徒刑或者拘役；情节特别恶劣的，处三年以上七年以下有期徒刑。”

重大劳动安全事故罪的设立，对于完善刑法中生产安全责任事故犯罪的罪名体系、遏制安全生产事故的发生，发挥了积极作用。但是，1997 年刑法颁行之后，本罪在适用过程中也遇到了一些问题。首先，犯罪主体范围偏窄，仅限于企业、事业单位，现实中大量存在的个体经营、无照生产经营单位未被涵盖在内，打击面过窄。其次，将“经有关部门或者单位职工提出后，对事故隐患仍不采取措施”作为构成犯罪的前提条件，实际上是把发生重大伤亡事故应负的法律责任转嫁给了有关安全生产监管部门和生产经营单位中的职工，在有的安全生产事故发生后，由于司法机关收集不到证实“经有关部门或者单位职工提出后，对事故隐患仍不采取措施”的证据，导致无法以本罪惩处相关责任人员。再次，有些生产经营单位无视劳动者的生命健康安全，连最基本的劳动防护用品都不提供，导致从业人员的身体受到重大伤害，或者导致发生重大伤亡事故，而劳动防护用品很难归入到劳动安全设施当中，因而无法追究相关责任人员刑事责任。最后，“直接责任人员”的范围不明确，实践中具体认定时经常出现分歧意见。

针对上述问题，《刑法修正案（六）》对本罪的罪状进行了修改完善，将《刑法》第一百三十五条修改为：“安全生产设施或者安全生产条件不符合国家规定，因而发生重大伤亡事故或者造成其他严重后果的，对直接负责的主管人员和其他直接责任人员，处三年以下有期徒刑或者拘役；情节特别恶劣的，处三年以上七年以下有期徒刑。”可以看出，现行刑法对本罪的主体要件和客观方面要件作了如下修改：首先，将犯罪主体由原来的企业、事业单位扩大到所有从事生产经营活动的自然人、法人和非法人实体。其次，将“不符合国家规定”的对象范围从“劳动安全设施”扩大到“安全生产设施或者安全生产条件”。再次，删除了“经有关部门或者单位职工提出后，对事故隐患仍不采取措施”这一必备要件，为追究不重视安全生产设施和安全生产条件的投入和建设，以致发生重大伤亡事故的责任人员的刑事责任，提供了法律依据。最后，考虑到安全生产设施或者安全生产条件不符合国家规定大多数情况下都是单位行为，故将原条文中的“直接责任人员”修改为“直接负责的主管人员和其他直接责任人员”，进一步明确了应当对重大伤亡事故负责的责任人员的范围。2015 年 12 月 16 日施行的《关于办理危害生产安全刑事案件的解释》明确规定了本罪的定罪量刑标准，为司法机关正确适用本罪提供了规范依据。

二、构成要件

（一）本罪侵犯的客体是生产、作业安全，即从事生产、作业的不特定多数人的生命、健康安全和公私财产安全。我国党和政府历来坚持“安全第一”的生产方针。为保障生产、作业安全，早在1956年，国务院就公布了《工厂安全卫生规程》，规定了工厂的安全技术和劳动卫生方面的基本要求。1963年，国务院就企业的安全生产责任制发布了《关于加强企业生产中安全工作的几项规定》。此后还针对某些特殊问题、特殊行业公布了一系列具体规定，如《锅炉压力容器安全监察暂行条例》《气瓶安全监察规程》《关于防止沥青中毒的办法》《工业企业噪声卫生标准》《工业企业工人照明标准》《工业企业设计卫生标准》《关于加强防尘防毒工作的决定》《建筑安装工程安全技术规程》《矿山安全条例》和《矿山安全法》等，要求生产经营企业、事业单位必须严把安全关。在注重预防的同时，党和政府还十分重视运用刑罚手段惩治生产安全责任事故犯罪行为，对忽视生产安全，在安全生产设施或者安全生产条件不符合国家规定的情况下强行组织生产、作业，以致发生重大安全事故、严重侵犯劳动者人身权利、造成巨大经济损失的行为，依法予以惩处。

（二）本罪在客观方面表现为安全生产设施或安全生产条件不符合国家规定，导致发生重大伤亡事故或者造成其他严重后果。具体包括以下几个方面内容：

第一，安全生产设施或安全生产条件不符合国家规定。

安全生产设施，是指根据国家有关规定，为了预防、控制生产、作业过程中伤亡事故的发生，用以保护劳动者生命健康安全和公私财产安全的各种设备、装置，主要包括：（1）安全牢固的生产用房设施、符合安全标准的劳动生产设备。《安全生产法》第三十四条规定：“生产经营单位使用的危险物品的容器、运输工具，以及涉及人身安全、危险性较大的海洋石油开采特种设备和矿山井下特种设备，必须按照国家有关规定，由专业生产单位生产，并经具有专业资质的检测、检验机构检测、检验合格，取得安全使用证或者安全标志，方可投入使用。”第三十五条规定：“国家对严重危及生产安全的工艺、设备实行淘汰制度，生产经营单位不得使用应当淘汰的危及生产安全的工艺、设备。”（2）用来屏蔽人体，使之与劳动中的危险部分相隔离的防护型设备、装置，主要包括设备防护设施和劳动防护用品两类。其中的设备防护设施，是指生产经营设备上应当具有的确保劳动者在劳动过程中免遭或者减轻事故伤害及职业危害的防护装备，如防护栏、防护罩、防护屏等；劳动防护用品，是指由生产经营单位为从业人员配备的，使其在劳动过程中免遭或者减轻事故伤害及职业危害的个人防护装备，包括头面部护具类、呼吸护具类、四肢躯干护具类、防坠落护具类等。《安全生产法》第四十二条规定："生产经营单位必须为从业人员提供符合国家标准或者行业标准的劳动防护用品，并监督、教育从业人员按照使用规则佩戴、使用。"（3）以信号方式或警示标志提醒劳动从业人员对不安全因素予以注意，对危险进行预防和警告的设备、装置，包括劳动生产设施上的危险警报器、信号灯以及其他各种指示、警示作业安全和逃生避难的标志。《安全生产法》第三十二条规定："生产经营单位应当在有较大危险因素的生产经营场所和有关设施、设备上，设置明显的安全警示标志。"（4）当事故将要发生、危及劳动者生命健康安全时自动将危险消除、减轻的保险设备、装置，如自动卷扬器、自动跳闸装置等。例如，《煤矿企业安全生产许可证实施办法》第十三条就在对煤矿安全设施、设备、工艺的要求中明确规定，开采有自燃倾向的煤层应有防灭火系统。（5）救援逃生设施，如灭火设施、应急救援设施、逃生设施等。《安全生产法》第三十九条规定："生产、经营、储存、使用危险物品的车间、商店、仓库不得与员工宿舍在同一座建筑物内，并应当与员工宿舍保持安全距离。生产经营场所和员工宿舍应当设有符合紧急疏散要求、标志明显、保持畅通的出口。禁止锁闭、封堵生产经营场所或者员工宿舍的出口。"

安全生产条件，是指根据有关国家规定，为了确保劳动者在生产经营过程中的生命健康安全，生产经营单位应当配备的安全生产设施以外的用以保证安全生产的各种客观条件。现行法律、行政法规对于生产经营单位应当具备的安全生产条件有明确规定。例如，《安全生产许可证条例》第六条规定："企业取得安全生产许可证，应当具备下列安全生产条件：（一）建立、健全安全生产责任制，制定完备的安全生产规章制度和操作规程；（二）安全投入符合安全生产要求；（三）设置安全生产管理机构，配备专职安全生产管理人员；（四）主要负责人和安全生产管理人员经考核合格；（五）特种作业人员经有关业务主管部门考核合格，取得特种作业操作资格证书；（六）从业人员经安全生产教育和培训合格；（七）依法参加工伤保险，为从业人员缴纳保险费；（八）厂房、作业场所和安全设施、设备、工艺符合有关安全生产法律、法规、标准和规程的要求；（九）有职业危害防治措施，并为从业人员配备符合国家标准或者行业标准的劳动防护用品；（十）依法进行安全评价；（十一）有重大危险源检测、评估、监控措施和应急预案；（十二）有生产安全事故应急救援预案、应急救援组织或者应急救援人员，配备必要的应急救援器材、设备；（十三）法律、法规规定的其他条件。”根据上述规定，企业要取得安全生产许可证，除了满足国家对安全生产设施方面的要求外，还应满足安全生产制度层面的相关要求，以及对生产经营单位和相关责任人员职责要求、资格要求、安全生产资金投入等方面的要求。

根据《刑法》第九十六条的规定，刑法中的国家规定，是指全国人民代表大会及其常务委员会制定的法律和决定，国务院制定的行政法规、规定的行政措施、发布的决定和命令。2011 年 4 月 8 日公布的《最高人民法院关于准确理解和适用刑法中“国家规定”的有关问题的通知》进一步明确，国务院规定的行政措施应当由国务院决定，通常以行政法规或者国务院制发文件的形式加以规定。以国务院办公厅名义制发的文件，符合以下条件的，亦应视为刑法中的国家规定：（1）有明确的法律依据或者同相关行政法规不相抵触；（2）经国务院常务会议讨论通过或者经国务院批准；（3）在国务院公报上公开发布。可以看出，刑法中的国家规定有其特定含义，外延明显小于其他生产安全责任事故犯罪罪名中的“规章制度”或者“有关安全管理的规定”，不能随意作扩大解释。地方性法规、部门规章不得认定为国家规定，属于安全管理规定范畴的国家标准、行业标准、行业惯例和生产经营单位制定的安全生产规章制度、操作规程也不能认定为国家规定。实践中，判断安全生产设施或者安全生产条件是否符合国家规定，可以参照《安全生产法》《安全生产许可证条例》《矿山安全条例》和《建筑安装工程安全技术规程》等法律、法规的规定内容确定。安全生产设施或者安全生产条件不符合国家规定，实践中存在以下几种情形：一是从来未安装过安全生产设施、根本不具备任何安全生产条件；二是虽然安装了安全生产设施、配备了安全生产条件，但并不符合国家规定的要求；三是安装的安全生产设施、配备的安全生产条件开始时符合国家规定，但由于在生产经营过程中长时间使用，缺乏有效管理和维护，导致安全生产设施的性能降低、安全生产条件持续恶化，不符合国家规定。

第二，发生重大伤亡事故或者造成其他严重后果。

根据《关于办理危害生产安全刑事案件的解释》第六条第一款的规定，刑法规定的构成本罪的重大伤亡事故和其他严重后果标准，包括以下几种情形：（一）造成死亡一人以上，或者造成重伤三人以上的；（二）造成直接经济损失一百万元以上的；（三）其他造成严重后果或者重大安全事故的情形。

第三，安全生产设施或安全生产条件不符合国家规定，与重大伤亡事故或者其他严重后果之间存在刑法上的因果关系。

（三）本罪的主体为一般主体。1997 年刑法将本罪的主体限定为工厂、矿山、建筑企业或者其他企业、事业单位，根据该规定，本罪属于纯正的单位犯罪。但是，《刑法修正案（六）》大幅扩大了本罪的主体范围，由原来的企业、事业单位扩大到所有从事生产经营活动的自然人、法人及非法人实体。因此，根据现行刑法规定，本罪属于一般主体犯罪，自然人和单位均可以构成。对于可能构成本罪的单位犯罪主体，立法机关考虑到发生安全事故的单位在事故发生后应当立即实施整改，使自身的安全生产设施和安全生产条件符合国家规定，同时还需要对事故死伤人员进行抚恤、治疗和赔偿，客观上需要大量资金，故在处罚方式上采取单罚制，只追究直接负责的主管人员和其他直接责任人员的刑事责任，不对单位判处罚金。

根据《关于办理危害生产安全刑事案件的解释》第三条的规定，本罪中“直接负责的主管人员和其他直接责任人员”，是指对安全生产设施或者安全生产条件不符合国家规定负有直接责任的生产经营单位负责人、管理人员、实际控制人、投资人，以及其他对安全生产设施或者安全生产条件负有管理、维护职责的人员。具体来讲，“直接负责的主管人员”是指安全生产设施或者安全生产条件负有直接责任的生产经营单位的领导人员，如单位负责人、管理人员、实际控制人和投资人等；“其他直接责任人员”，是指安全生产设施或者安全生产条件负有管理、维护等直接责任的其他人员，如设备管理人、班组长等。根据《安全生产法》第二十条的规定，生产经营单位应当具备的安全生产条件所必需的资金投入，由生产经营单位的决策机构、主要负责人或者个人经营的投资人予以保证，并对由于安全生产所必需的资金投入不足导致的后果承担责任。因此，构成本罪的“直接负责的主管人员和其他直接责任人员”，不仅包括对安全生产设施和安全生产条件负有监管职责的人员，也包括对安全生产设施和安全生产条件的更新改善负有投资保障责任的人员。还应当注意的是，本罪的犯罪主体不一定是机器设备的直接操作人员。例如，由于机器设备存在安全隐患，导致发生重大事故的，应当承担刑事责任的不是直接使用该机器设备的人员，而是负责保障该机器设备安全的人员。

（四）本罪的主观方面为过失，包括疏忽大意的过失和过于自信的过失。

其中，构成本罪的疏忽大意的过失，是指相关人员应当预见到本单位安全生产设施或者安全生产条件不符合国家规定可能导致发生重大伤亡事故或者造成其他严重后果，但由于疏忽大意而没有预见到，并最终由于安全生产设施或者安全生产条件不符合国家规定导致发生重大安全事故；构成本罪的过于自信的过失，是指相关人员已经预见到本单位安全生产设施或者安全生产条件不符合国家规定可能导致发生重大伤亡事故或者造成其他严重后果，但是轻信凭借一定的客观条件能够避免，最终由于安全生产设施或者安全生产条件不符合国家规定导致发生重大安全事故。故意不构成本罪，如果行为人故意以不履行安全生产保障义务的方式追求或者放任重大安全事故发生的危害后果，则应以以危险方法危害公共安全罪论处。

三、司法认定

（一）本罪与非罪的界限

本罪是结果犯，只有在发生刑法规定的重大伤亡事故或者造成其他严重后果，且发生的重大伤亡事故或者其他严重后果与安全生产设施或者安全生产条件不符合国家规定之间存在因果关系的情况下，才可以认定为本罪。如果安全生产设施或者安全生产条件符合国家规定，但由于其他原因导致发生重大伤亡事故或者造成其他严重后果，则不能认定为本罪；如果安全生产设施或者安全生产条件不符合国家规定，直接负责的主管人员和其他直接责任人员亦未采取有效的预防或补救措施，但最终没有导致发生重大伤亡事故或者造成其他严重后果，或者只发生了较轻的安全事故，未达到刑法和相关司法解释规定的定罪标准，亦不能认定为本罪。实践中，在安全事故发生后，需要认真分析事故发生的各方面原因，正确认定责任，不能仅因为事故后果严重，就不当扩大刑事责任的追究范围。

（二）本罪与重大责任事故罪的界限

本罪与重大责任事故罪均属于过失犯罪，均以造成一定的事故后果为成立犯罪的必要要件。二者的区别主要体现在：（1）犯罪主体不同。本罪的犯罪主体是对安全生产设施或者安全生产条件不符合国家规定负有责任的直接负责的主管人员和其他直接责任人员，而重大责任事故罪的主体范围较广，包括所有从事生产、作业的人员。（2）客观方面的行为方式不同。本罪在客观方面表现为安全生产设施或者安全生产条件不符合国家规定，刑法评价的重点是行为人对安全生产设施或者安全生产条件不符合国家规定这种违法违规状态负有整改责任而拒不采取措施予以整改的行为，属于不作为犯罪，而重大责任事故罪在客观方面表现为在生产、作业中违反有关安全管理的规定，属于作为犯罪。

需要注意的是，在有关安全管理的规定中，对安全生产设施和安全生产条件存在明确要求，生产经营单位的安全生产设施或者安全生产条件不符合国家规定也属于违反有关安全管理规定的行为。因为安全生产设施或者安全生产条件不符合国家规定，导致发生安全事故的，同样符合重大责任事故罪的构成要件。因此，本罪与重大责任事故罪存在法条竞合关系，属于特殊法条与普通法条的关系。实践中，在出现两罪竞合的情况下，应当按照下列原则处理：（1）完全由于在安全生产设施或者安全生产条件不符合国家规定的情况下开展生产、作业，导致发生重大伤亡事故或者造成其他严重后果，应按照特殊法条优于普通法条的原则，以本罪定罪量刑。（2）在安全生产设施或者安全生产条件不符合国家规定的情况下开展生产、作业，同时，行为人在生产、作业过程中又违反其他安全管理规定，因而发生重大伤亡事故或者造成其他严重后果的，这种情况下虽然存在两个独立的行为，行为人主观上也存在两种过失，但是由于只发生了一个危害结果，因此不宜数罪并罚，否则就是将危害结果作为两个过失犯罪的构成要件事实进行了两次评价，违反了禁止重复评价的原则。这种情况下，应当区分不同情形分别处理。首先，当两罪中某一罪名的情节明显重于另一罪名时，应当按照情节较重的罪名定罪处罚，并将另一罪名的情节作为从重量刑情节予以考虑；其次，在两罪情节基本相当的情况下，如果相关责任人员对安全生产设施或者安全生产条件不符合国家规定负有直接责任，同时对生产、作业活动也负有组织、指挥或者管理职责的，一般应当按照特殊法条优于一般法条的原则，以本罪定罪处罚，并将其在生产、作业过程中违反有关安全管理规定的行为作为酌定从重处罚情节，在量刑时进行考虑。

四、刑事责任

根据《刑法》第一百三十五条的规定，安全生产设施或者安全生产条件不符合国家规定，因而发生重大伤亡事故或者造成其他严重后果的，对直接负责的主管人员和其他直接责任人员，处三年以下有期徒刑或者拘役；情节特别恶劣的，处三年以上七年以下有期徒刑。

根据《关于办理危害生产安全刑事案件的解释》第六条第一款的规定，

造成死亡一人以上，或者造成重伤三人以上，或者造成直接经济损失一百万元以上，或者具备其他造成严重后果或者重大安全事故的情形，应当认定为本罪的“发生重大伤亡事故或者造成其他严重后果”，对直接负责的主管人员和其他直接责任人员适用第一个量刑档次，判处三年以下有期徒刑或者拘役。根据该解释第七条第一款的规定，造成死亡三人以上或者重伤十人以上，负事故主要责任，或者造成直接经济损失五百万元以上，负事故主要责任，或者具备其他造成特别严重后果、情节特别恶劣或者后果特别严重的情形，对直接负责的主管人员和其他直接责任人员应当适用第二个量刑档次，判处三年以上七年以下有期徒刑。应当注意的是，单位构成本罪的，刑法仅实行单罚制，处罚对象限于单位中直接负责的主管人员和其他直接责任人员，不处罚单位本身，不能不当扩大刑事处罚的范围。

第十章 大型群众性活动重大安全事故罪

一、概述

大型群众性活动重大安全事故罪，是指举办大型群众性活动违反安全管理规定，因而发生重大伤亡事故或者造成其他严重后果的行为。

本罪是《刑法修正案（六）》新增设的罪名，1979 年刑法和 1997 年刑法均没有规定本罪名。

大型群众性活动具有活动规模大、参加人员多、危险系数高、安全问题突出等特点。近年来，随着我国经济社会的快速发展和人民群众生活水平的不断提高，各类群众性文化体育娱乐活动得到广泛开展，在公园、风景游览区、游乐园、广场、体育场馆、展览馆、俱乐部、公共道路、居民生活区等公共场所举办的演唱会、音乐会、游园、灯会、花会、展销会、体育比赛、民间竞技等文艺表演活动、民间传统活动和群众性体育活动日益增多，参加人数少则数百人，多则上千甚至数万人。与此同时，一些大型群众性活动的组织、策划者违反国家有关监管部门确定的“谁主办、谁负责”的原则，只顾通过举办活动谋取经济利益，将广大人民群众的生命财产安全置于不顾。有的大型群众性活动未经政府主管部门批准就擅自举办，有的单位和个人未制定大型群众性活动安全保卫工作方案、活动场地消防应急措施、紧急情况下人员疏散措施和应急预案，致使活动举办过程中出现现场秩序严重混乱甚至完全失控，产生人员挤压、踩踏等恶性伤亡事故，造成人民群众生命财产的巨大损失，社会危害性极大，需要采用刑罚手段予以严厉打击。

我国 1979 年刑法和 1997 年刑法均未规定对此类行为的专门罪名，导致对这类案件难以作出恰当处理。为依法惩治此类严重危害公共安全的行为，2006 年 6 月 29 日施行的《刑法修正案（六）》在刑法第一百三十五条之后增加一条，作为第一百三十五条之一，规定：“举办大型群众性活动违反安全管理规定，因而发生重大伤亡事故或者造成其他严重后果的，对直接负责的主管人员和其他直接责任人员，处三年以下有期徒刑或者拘役；情节特别恶劣的，处三年以上七年以下有期徒刑。”2015 年 12 月 16 日施行的《关于办理危害生产安全刑事案件的解释》明确了本罪的定罪量刑标准。

二、构成要件

（一）本罪侵犯的客体是公共安全，具体来讲，是大型群众性活动中不特定或多数人的生命、健康或公私财产安全。由于大型群众性活动具有参与范围的广泛性、表现形式的丰富性、组织特征的复杂性等特点，活动规模大、涉及范围广、参与人数多，活动举办过程中存在许多不可控和不安全因素，极小的意外都有可能导致重特大公共安全事件的发生，从而影响活动的顺利开展，甚至危及参与人员以及其他相关人员的生命、健康安全和公私财产安全。

（二）本罪在客观方面表现为举办大型群众性活动违反安全管理规定，因而发生重大伤亡事故或者造成其他严重后果的行为。具体包括以下几个方面内容：

第一，举办大型群众性活动。

根据国务院 2007 年颁布的《大型群众性活动安全管理条例》第二条第一款的规定，大型群众性活动，是指法人或者其他组织面向社会公众举办的每场次预计参与人数达到 1000 人以上的下列活动：（一）体育比赛活动；（二）演唱会、音乐会等文艺演出活动；（三）展览、展销等活动；（四）游园、灯会、庙会、花会、焰火晚会等活动；（五）人才招聘会、现场开奖的彩票销售等活动。实践中，认定大型群众性活动，需要同时满足以下几个条件：首先，是人数特征。根据《大型群众性活动安全管理条例》的规定，大型群众性活动每场次预计参加人数需要达到 1000 人以上。需要注意的是，这里所谓的 1000 人以上并非实际参加的人数，而是预计参加的人数，既可以是根据报名、售票或者场地空间、座位数量等客观依据计算得出的人数，也可以是根据经验和常识判断得出的人数。如果预计有超过 1000 人参与，但实际上的参加人数因为各种原因而并未达到 1000 人，也不影响认定符合大型群众性活动的人数特征。另外，该人数是指参与每场次的人数，而非参与整个活动的所有人数。其次，是群众性特征。大型群众性活动是面向公众举办的活动，人员来源非常广泛，具有参与人员的不特定性。虽然有些活动面向的是某一类群体，如音乐会的参与者都是音乐爱好者，人才招聘会的参与者是用工单位和应聘人员，但是，上述人员的身份、职业、民族、年龄等均具有不特定性，且每次参与的人员也具有随机性，因此仍然符合群众性的特征。再次，是临时性特征。大型群众性活动的举办时间、举办场所等都具有临时性，如体育比赛、游园、庙会、展览、展销会或人才招聘会，活动持续时间短则几天，长也不过几个月，而诸如焰火晚会、演唱会等活动，则往往仅持续短短几个小时。因此，如果某些活动虽然符合人数特征和群众性特征，但如果属于日常业务范围内的固定活动，如影剧院、音乐厅、公园、娱乐场所等日常经营活动，因为不具备临时性，也不能认定为大型群众性活动，这些场所已经获得相关部门依法核发的经营许可证书，其安全问题可以纳入日常的公共安全和生产经营安全的范畴进行管理，不必再作为大型群众性活动进行管理。因此，《大型群众性活动安全管理条例》第二条第二款明确规定，影剧院、音乐厅、公园、娱乐场所等在其日常业务范围内举办的活动，不适用该条例的规定。最后，是组织性特征。大型群众性活动是由法人或其他组织面向公众举办的活动，群众自发聚集的活动不属于大型群众性活动的范畴。例如，2011 年 12 月 31 日发生的上海外滩踩踏事件，虽然参与群众众多，并且造成 36 人死亡、数十人受伤的重大伤亡后果，但该事件系群众为观赏跨年灯光表演而自发聚集所引发，既无组织者，也不属于正常的生产经营活动，因此不能被认定为大型群众性活动。

第二，违反安全管理规定。

本罪的客观方面行为为在举办大型群众性活动的过程中违反相关的安全管理规定，未尽到相应的注意义务，属于刑法上的不作为。实践中，行为人的不作为一般表现为两种情形，一种情形是违反相关安全管理规定，未履行法定的作为义务；另一种情形是行为人虽然实施了一定的预防与消除安全隐患的行为，但行为程度并不足以产生实质性的影响，不能满足法律对义务履行方面的要求，也应视为未履行法定的作为义务。

本罪中的“安全管理规定”，主要包括国家为保障大型群众性活动的安全进行而制定的各种法律、法规和规范性文件，如国务院发布的《大型群众性活动安全管理条例》，公安部、建设部发布的《关于加强公园、风景区游览安全管理的通知》，以及《中华人民共和国消防法》《中华人民共和国道路交通安全法》《中华人民共和国内河交通安全管理条例》《建设部关于加强建筑系统安全生产工作的紧急通知》中有关大型群众性活动安全方面的规定，等等。根据上述法律、法规和规范性文件的规定，在举办大型群众性活动的过程中，违反安全管理规定的具体行为方式主要有以下几种：

首先，违反安全许可制度。《大型群众性活动安全管理条例》第十一条规定，公安机关对大型群众性活动实行安全许可制度，并要对承办者的资质、活动内容、安全工作方案、活动场所、设施等进行审查。该条例第十五条还规定，对经安全许可的大型群众性活动，承办者不得擅自变更活动的时间、地点、内容或者扩大大型群众性活动的举办规模。因此，未经允许擅自举办大型群众性活动，或者擅自改变活动时间、地点、内容，或者擅自扩大活动举办规模，都属于违反安全许可制度的情形。另外，县级以上各级人民政府、国务院部门直接举办的大型群众性活动的安全保卫工作，由举办活动的人民政府、国务院部门负责，不实行安全许可制度，但应当按照《大型群众性活动安全管理条例》的有关规定，责成或会同有关公安机关制定更加严格的安全保卫工作方案并组织实施。

其次，违反安全组织管理规定。《大型群众性活动安全管理条例》针对举办大型群众性活动的安全责任作出了详细规定，明确大型群众性活动的承办者要对举办活动的安全负责，应当制定大型群众性活动安全工作方案，以及在安全设施、安全教育、安全检查、应急救援等方面的具体责任，明确了大型群众性活动的场所管理者在场所安全保障方面的具体责任，以及公安机关在安全许可、监督检查、处置突发事件等方面应当履行的职责等。另外，《中华人民共和国内河交通管理条例》对水上大型群众性活动的安全管理也作出了明确规定。该条例第二十二条规定，举办水上大型群众性活动或者体育比赛的，海事管理机构可以根据情况采取限时航行、单航、封航等临时性限制、疏通交通的措施。

最后，违反突发事故的应急制度。《大型群众性活动安全管理条例》第七条规定，大型群众性活动的承办者要制定应急救援预案的内容，落实医疗救护、灭火、应急疏散等应急救援措施并组织演练。该条例第十九条还规定，在大型群众性活动举办过程中发生公共安全事故、治安案件的，安全责任人应当立即启动应急救援预案，并立即报告公安机关。另外，各地人民政府也出台了应对突发事件的各种预案，为相关人员履行救援职责提供了依据。相关责任人员不认真履行相关规定和预案，或者虽然履行但相关措施未落实到位，导致事故后果进一步恶化的，应当依法承担相应的责任。

第三，举办大型群众性活动违反安全管理规定的行为造成重大伤亡事故或者其他严重后果。

本罪是结果犯，只有在发生重大伤亡事故或者其他严重后果，并且行为人违反安全管理规定的行为与发生重大伤亡事故或者造成其他严重后果之间存在刑法上的因果关系，才可以认定行为人构成本罪。根据《关于办理危害生产安全刑事案件的解释》第六条第一款的规定，刑法规定的构成本罪的重大伤亡事故和其他严重后果标准，包括以下几种情形：（一）造成死亡一人以上，或者重伤三人以上的；（二）造成直接经济损失一百万元以上的；（三）其他造成严重后果或者重大安全事故的情形。

（三）本罪主体为一般主体。根据《大型群众性活动安全管理条例》第二条、第十一条和第二十五条的规定，举办大型群众性活动的主体是依照法定程序成立的法人或者其他组织，还包括县级以上各级人民政府和国务院部门。从上述规定来看，本罪似乎只有单位才能构成，属于纯正的单位犯罪。但是，实践中存在个体经营者、公民个人组织大型群众性活动的情况，如果认为个体经营者、公民个人不符合本罪的主体要件，进而对其在举办大型群众性活动过程中违反安全管理规定、导致发生重大伤亡事故或者造成其他严重后果的行为不以本罪论处，则难以做到罪责刑相适应。特别是在刑法并未将本罪犯罪主体限定为单位，亦未明确规定对单位判处罚金的情况下，将本罪认定为纯正的单位犯罪，缺乏正当理由。据此，应认定自然人和单位均可构成本罪。在单位构成本罪的情况下实行单罚制，只处罚单位中直接负责的主管人员和其他直接责任人员，不处罚单位本身。

本罪中“直接负责的主管人员和其他责任人员”，一般是指大型群众性活动的策划者、组织者和承办者，以及对大型群众性活动的安全举行、紧急预案负有具体落实、执行职责的人员。《关于办理危害生产安全刑事案件的解释》未对本罪的主体范围作明确规定，但是参照该解释对重大责任事故罪等罪名犯罪主体的规定内容，对于大型群众性活动举办过程中发生重大安全事故负有直接责任的策划、组织、承办单位的负责人、管理人员、实际控制人、投资人等，也应当属于本罪的主体。判断行为人是否负有直接责任，应当从主客观相统一的原则出发，既要考虑行为人的职务身份，也要考虑其行为与引发安全事故的结果之间是否存在刑法上的因果关系，如果行为人不履行或者不有效履行法定义务，造成严重安全隐患，与大型群众性活动举办过程中发生重大伤亡事故或者造成其他严重后果之间存在引起与被引起的关系，就可以认定行为人负有直接责任。

（四）本罪的主观方面为过失，即行为人应当预见自己在举办大型群众性活动过程中违反安全管理规定的行为可能造成重大伤亡事故或者其他严重后果，因为疏忽大意没有预见，或者虽然已经预见但轻信能够避免。故意不构成本罪。

三、司法认定

（一）本罪与公共活动场所意外事件的界限

公共活动场所意外事件，是指由于不可预见、不能控制的因素引发的公众活动场所人员伤亡或公私财产重大损失。本罪与公共活动场所事件的主要区别在于，本罪行为人对于自己在组织、举办大型群众性活动过程中违反安全管理规定的行为可能造成重大伤亡事故或者其他严重后果存在疏忽大意或者过于自信的过失心态，而公众活动场所发生的意外事件尽管客观上也导致重大伤亡事故或者造成了其他严重后果，但相关人员在主观上缺乏罪过心态，对事故后果无法预见，或者虽然已经预见但客观上没有办法控制和避免。区分本罪与公共活动场所意外事件的意义，在于促使司法机关在个案处理过程中严格区分引发事故诸多因素中的自然因素和人为因素，合理确定罪责，防止客观归罪。

（二）本罪与重大责任事故罪的界限

本罪与重大责任事故罪的相同之处在于，行为人均违反了安全管理规定，均造成了重大伤亡事故或者其他严重后果。两罪的主要区别在于：（1）侵犯的客体不同。本罪侵犯的客体是大型群众性活动场所的公共安全，而重大责任事故罪侵犯的客体是生产、作业安全。（2）犯罪主体范围不同。本罪的犯罪主体是对大型群众性活动的安全举办直接负责的主管人员和其他责任人员，而重大责任事故罪的犯罪主体是对生产、作业负有组织、指挥或者管理职责的负责人、管理人员、实际控制人、投资人等人员，以及直接从事生产、作业的人员。（3）发生领域不同。本罪发生在举办大型群众性活动期间，而重大责任事故罪发生在生产、作业过程中。实践中，对于在影剧院、音乐厅、公园以及娱乐场所举办大型群众性活动过程中造成重大伤亡事故或其他严重后果的情况，认定构成本罪还是重大责任事故罪，需要判断该大型群众性活动是否属于影剧院、音乐厅、公园、娱乐场所的正常业务经营范围之内，如果发生在日常业务范围内，则构成重大责任事故罪，如果发生在临时举办的活动过程中，则构成本罪。

（三）本罪与消防责任事故罪的界限

本罪与消防责任事故罪在构成要件方面的区别比较明显，体现在：(1) 侵犯的客体不同。本罪侵犯的客体是大型群众性活动场所的公共安全，而消防责任事故罪侵犯的客体是消防安全。(2) 客观方面不同。本罪的客观方面表现为在举办大型群众性活动时违反安全管理规定，因而发生了重大伤亡事故或造成其他严重后果，而消防责任事故罪表现为违反消防管理法规，经消防监督机构通知采取改正措施而拒绝执行，造成严重后果。(3) 主体范围不同。本罪的犯罪主体是对大型群众性活动安全直接负责的主管人员或其他责任人员，而消防责任事故罪的犯罪主体是对消防安全负有直接责任的主管人员或其他直接责任人员。但是，本罪的行为方式中已包括大型群众性活动场所中的消防安全措施不符合消防管理法规的规定，经消防机构提出改正措施后仍拒绝执行的情况，因此，本罪实际上也可以包含消防责任事故罪的犯罪构成要件，两罪在一定条件下成立整体和部分的交叉竞合关系。对于行为人在举办大型群众性活动过程中违反消防管理法规，经消防监督机构通知采取改正措施而拒绝执行，从而导致发生重大伤亡事故或者造成其他严重后果的，原则上应当按照整体法条优于部分法条的处理原则，以本罪论处。

（四）本罪与玩忽职守罪的界限

本罪与玩忽职守罪在客观行为方式、犯罪主体范围等方面均存在较大区别。但是，根据《大型群众性活动安全管理条例》的规定，县级以上各级人民政府、国务院部门也可以直接举办大型群众性活动，实践中，政府部门也经常举办各种大型群众性活动。政府部门中的国家机关工作人员在举办大型群众性活动中违反安全管理规定，造成重大伤亡事故或其他严重后果的，其行为同时符合本罪和玩忽职守罪的构成要件，这种情况下，本罪与玩忽职守罪构成交叉竞合关系，应当根据特别法条优于一般法条的原则，对直接负责的主管人员和其他直接责任人员以本罪定罪处罚。另外，在非政府部门举办的大型群众性活动中，负有审批、监督、管理职责的公安消防部门、县级以上政府有关部门工作人员如果不认真履行法定职责，导致发生重大安全事故的，应当以玩忽职守罪定罪处罚。

四、刑事责任

根据《刑法》第一百三十五条之一的规定，举办大型群众性活动违反安全管理规定，因而发生重大伤亡事故或造成其他严重后果的，对直接负责的主管人员和其他直接责任人员，处三年以下有期徒刑或者拘役；情节特别恶劣的，处三年以上七年以下有期徒刑。

根据《关于办理危害生产安全刑事案件的解释》第六条第一款的规定，造成死亡一人以上，或者造成重伤三人以上，或者造成直接经济损失一百万元以上，或者具备其他造成严重后果或者重大安全事故的情形，应当认定为本罪的“发生重大伤亡事故或者造成其他严重后果”，对直接负责的主管人员和其他直接责任人员适用第一个量刑档次，判处三年以下有期徒刑或者拘役。根据该解释第七条第一款的规定，造成死亡三人以上或者重伤十人以上，负事故主要责任，或者造成直接经济损失五百万元以上，负事故主要责任，或者具备其他造成特别严重后果、情节特别恶劣或者后果特别严重的情形，对直接负责的主管人员和其他直接责任人员应当适用第二个量刑档次，判处三年以上七年以下有期徒刑。另外，根据该解释第十条的规定，在安全事故发生后，直接负责的主管人员和其他直接责任人员故意阻挠开展抢救，导致人员死亡或者重伤，或者为了逃避法律追究，对被害人进行隐藏、遗弃，致使被害人因无法得到救助而死亡或者重度残疾的，应当以故意杀人罪或者故意伤害罪定罪处罚。

第十一章　危险物品肇事罪

一、概述

危险物品肇事罪，是指违反爆炸性、易燃性、放射性、毒害性、腐蚀性物品的管理规定，在生产、储存、运输、使用中发生重大事故，造成严重后果的行为。

人类社会进入高度工业化的历史阶段之后，随着工业生产技术和生产规模的快速发展，大量的危险物品在生产和生活中得到使用。与此同时，在日益重视经济发展和经济效益的社会大环境下，人们的安全意识没有跟随时代进步得以提高，对危险物品的危险性认识不足，安全管理力度不够，事故发生后的应急抢救措施不到位，世界范围内的危险物品肇事事故频繁发生，造成严重后果。例如，在1984年，印度博帕尔附近的一家美国化工厂发生毒气泄漏事故，造成3150人死亡、5万多人失明，两万多人受到严重毒害，近8万人终身残疾，15万人接受治疗，世界各国为之震惊。改革开放以后，随着市场经济的不断发展，我国的危险物品交易总量大幅增加，由于多方面因素的综合影响，危险物品肇事事故时有发生，造成的危害后果十分严重。例如，2015年8月12日发生的天津港“8·12”瑞海公司危险品仓库特大火灾爆炸事故，造成165人死亡，8人失踪，798人受伤，截至2015年12月10日，造成的直接经济损失高达人民币68.66亿元，社会影响极其恶劣。

在1984年印度博帕尔事故发生之后，世界各国开始意识到危险物品肇事事故的极大社会危害性，普遍加强了对化学物品的安全管理，相继出台一系列有关安全规划、公众知情权和紧急救援的法律法规。我国从20世纪90年代开始对重大危险源进行辨识评价和控制研究，2002年1月26日公布了《危险化学品安全管理条例》，对危险化学品生产、储存、运输等环节的安全问题作出了详细规定，2004年7月1日实施的《中华人民共和国道路运输条例》对从事危货运输业务的企业从业人员资格等作出了明确的规定。

鉴于危险物品一旦失控扩散，极易对人民群众的生命健康、公私财产安全造成严重危害，为了更好地预防及惩戒危险物品肇事行为，有必要在刑法中将此类行为明确规定为犯罪，采取刑罚手段进行规制。本罪最早的立法渊源可追溯到1963年的《刑法草案（修正稿）》第33次稿。该修正稿第一百二十二条规定："违反邮政法规、交通运输法规，蒙混寄运或者秘密携带有爆炸性、易燃性、毒害性、腐蚀性的物品，造成严重后果的，处七年以下有期徒刑或者拘役。"1979年刑法根据实践中打击此类犯罪行为的需要，在第一百一十五条中规定："违反爆炸性、易燃性、放射性、毒害性、腐蚀性物品的管理规定，在生产、储存、运输、使用过程中发生重大事故，造成严重后果的，处三年以下有期徒刑或者拘役；后果特别严重的，处三年以上七年以下有期徒刑。"1979年刑法创设本罪名，对于严厉打击实践中发生的危险物品肇事犯罪行为，维护公共安全，具有非常重要的意义。1997年刑法完全保留了上述规定内容。2015年《刑法修正案（九）》审议过程中，有常委会组成人员提出，鉴于本罪严重的社会危害性，建议适当提高法定刑。全国人大法律委员会经研究认为，生产安全责任事故犯罪还涉及很多同类条款，量刑幅度基本相同，要提高本罪刑罚，需要同时考虑其他条款，在具体刑罚配置上也需要根据司法实践情况，在充分听取相关部门意见的基础上作出评估，在今后修改刑法时予以统筹考虑①，故对本罪的法定刑配置未作修改。《关于办理危害生产安全刑事案件的解释》进一步明确了本罪的定罪量刑标准。

在1979年刑法施行之后，某些行政法律、法规还针对特定行业领域中发生的危险物品违规经营运输行为应当如何定罪处罚的问题设置了指引性规定，即理论上所说的附属刑法。例如，1990年9月7日颁布的《中华人民共和国铁路法》第六十条第一款规定："违反本法规定，携带危险品进站上车或者以非危险品品名托运危险品，导致发生重大事故的，依照刑法（1979年刑法）第一百一十五条的规定追究刑事责任。企业事业单位、国家机关、社会团体犯本款罪的，处以罚金，对其主管人员和直接责任人员依法追究刑事责任。"1993年10月11日公布的《最高人民法院关于〈中华人民共和国铁路法〉中刑事罚则若干问题的解释》，对铁路法的上述规定内容作出了如下解释：

---

① 《全国人民代表大会法律委员会关于〈中华人民共和国刑法修正案（九）（草案三次审议稿）〉修改意见的报告》，载雷建斌主编：《〈中华人民共和国刑法修正案（九）〉释解与适用》，人民法院出版社2015年9月版，第394－396页。

“（一）本款规定所称的‘危险品’，是指具有爆炸、易燃、放射、毒害、腐蚀等性质，在运输、装卸和储存、保管过程中，容易造成人身伤亡和财产毁损而需要特别防护的物品，其具体范围，按国务院及国务院主管部门的规定认定。（二）本款规定所称的‘重大事故’，是指因非法携带上述危险品而发生爆炸、燃烧、泄露事件，致人重伤一人以上；致人轻伤三人以上；造成直接经济损失一万元以上；或者造成暂时中断铁路行车等严重后果的。行为人实施本款规定的犯罪，致人死亡或者其它特别严重后果的，属于刑法第一百一十五条所规定的‘后果特别严重’，从重处罚。”由于 1997 年刑法对 1979 年刑法规定的本罪罪状未作修改，因此，实践中认定本罪中“危险物品”的范围，仍然可以参照《最高人民法院关于〈中华人民共和国铁路法〉中刑事罚则若干问题的解释》的规定内容执行。但是，由于《关于办理危害生产安全刑事案件的解释》已经对本罪的定罪量刑标准作出了明确规定，因此，《最高人民法院关于〈中华人民共和国铁路法〉中刑事罚则若干问题的解释》中有关本罪定罪量刑标准的内容已不再适用。

二、构成要件

（一）本罪侵犯的客体是危险物品管理秩序和公共安全。本罪的犯罪对象是爆炸性、易燃性、放射性、毒害性和腐蚀性物品，典型的如硫酸、盐酸、硝酸等，上述物品一旦失控，极易造成严重危害，危及不特定或多数人的生命、健康安全或者公私财产安全，因此，有必要将违反爆炸性、易燃性、放射性、毒害性、腐蚀性物品的管理规定，在生产、储存、运输、使用中发生重大事故，造成严重后果的行为规定为犯罪，采用刑罚手段进行惩处。

（二）本罪在客观方面表现为违反易燃性、放射性、爆炸性、毒害性、腐蚀性物品的管理规定，在生产、运输、储存、使用中发生重大事故，造成严重后果的行为。具体而言，包括以下几个方面内容：

第一，违反危险物品管理规定。

我国刑法规定的生产安全责任事故犯罪的构成要件，大都要求行为人的行为违反有关安全管理的国家规定或者规章制度。例如，重大责任事故罪以违反有关安全管理的规定为要件，工程重大安全事故罪和重大劳动安全事故罪的成立以违反有关工程安全和劳动安全的国家规定为前提，消防责任事故罪以违反消防管理法规为要件。根据刑法的规定，本罪要求行为人违反危险物品管理规定。所谓危险物品管理规定，主要包括以下三个方面的内容：

(1) 国家为保障危险物品的生产、储存、运输、使用安全制定的有关法律、法规、部门规章等规范性文件。危险物品生产经营属于危险性极高的行业，政府监管部门为了有效保障危险物品的生产、运输、储存和使用安全，制定了诸多专门性的法律法规和规章制度，如《危险化学品管理条例》《民用爆炸物品管理条例》《核材料管理条例》《放射性同位素与射线装置放射防护条例》《化学工业毒物危险办法》《农药安全使用规定》等，这些法规、部门规章对危险物品的种类、范围以及生产、运输、储存和使用过程中的具体管理办法等方面问题，均作出了明确详细的规定。另外，《中华人民共和国铁路法》《中华人民共和国民用航空法》等相关法律也对危险物品的运输、储存安全等方面问题作出了有针对性的规定，也属于危险物品管理规定的范畴。(2) 企业、事业单位及其上级管理机关制定的保障危险物品生产、储存、运输、使用安全的各种规章制度，包括生产操作、技术监督、劳动保护、安全管理等方面的规程、规则、章程、条例、办法和制度等。(3) 虽然没有明文规定，但客观反映危险物品生产、储存、运输、使用安全操作的客观要求和普遍规律，实践中为实际操作者所公认的行之有效的操作习惯和行业惯例。

第二，违反危险物品安全管理规定的行为发生在危险物品生产、运输、储存和使用过程中。

首先，关于“危险物品”的界定。从广义上讲，一切可能引起社会危害的物品，如枪支弹药、烟花爆竹、管制刀具、违禁药品等，都可以称为危险物品。但是，从规范意义上讲，不应将刑法规定的危险物品的外延无限宽泛化。本罪中危险物品，仅应限定为由于其化学、物理及本身具有的毒害特性，在生产、储存、运输、使用过程中能够危及人身安全或者财产安全的爆炸性、易燃性、放射性、毒害性、腐蚀性物品。其中，爆炸性物品，是指具有爆炸性能的物品，如各类炸药、雷管、非电导爆系统、起爆药、爆破剂，以及黑火药、烟火剂、信号弹、烟花爆竹等；易燃性物品，是指汽油、甲醇、乙醇、甲烷、液化气以及其他易燃液体、易燃固体、易自燃物品等；放射性物品，是指通过原子核裂变时放出的射线发生伤害作用的物质，主要是指镭、铀、钴等放射性化学元素；毒害性物品，是指与生命体接触或进入生物活体体内后能够引起直接或者间接损害作用的物质，如氰化钠、氰化钾、砒霜等；腐蚀性物品，是指能够灼伤人体组织并可以对金属等物品造成损坏的固体或者液体物质，如硫酸、盐酸、硝酸等。危险物品的具体认定，应当依照相关法律、法规的规定进行，没有规定的，应当通过鉴定确定其物理特性。

其次，关于“生产、运输、储存和使用”的理解。根据刑法规定，如果行为人违反危险物品管理规定的行为不是发生在危险物品的生产、运输、储存和使用过程中，就不能以本罪论处。一般来讲，本罪中的“生产”是指对危险物品的加工、制作以及为了开展生产而进行的前期实验活动；“运输”是指将危险物品从一处送往另一处的运送和携带；“储存”是指对危险物品的保管和放置；“使用”是指把危险物品应用到实际的生活和生产当中。结合刑法的立法本意来看，刑法规定危险物品肇事罪的目的，在于对发生在危险物品接触、使用整个过程中的不规范行为进行预防和惩戒，因此，实践中，对于刑法规定的危险物品生产、储存、运输、使用过程不能进行孤立的、简单化的区分和理解，而应作为一个动态的体系进行总体看待、总体把握。

第三，发生重大事故，造成严重后果。

本罪是结果犯，必须造成刑法规定的特定危害结果才能认定为犯罪。如果行为人虽然在生产、运输、储存和使用危险物品的过程中违反了危险物品管理规定，但最终未造成任何危害后果，或者危害后果并不很严重，未达到刑法规定的程度，就不能以本罪论处。根据《关于公安机关管辖的刑事案件立案追诉标准的规定（一）》第十二条的规定，实施危险物品肇事行为，涉嫌下列情形之一的，应予立案追诉：（一）造成死亡一人以上，或者重伤三人以上的；（二）造成直接经济损失五十万元以上的；（三）其他造成严重后果的情形。《关于办理危害生产安全刑事案件的解释》第六条第一款规定，刑法规定的构成本罪的“造成严重后果”的标准，包括以下几种情形：（一）造成死亡一人，或者重伤三人以上的；（二）造成直接经济损失一百万元以上的；（三）其他造成严重后果或者重大安全事故的情形。与《关于公安机关管辖的刑事案件立案追诉标准的规定（一）》相比，《关于办理危害生产安全刑事案件的解释》适当提高了本罪的定罪经济损失数额标准。实践中，应当依照《关于办理危害生产安全刑事案件的解释》的规定，对相关行为进行定罪量刑。

第四，发生重大事故、造成严重后果与行为人违反危险物品管理规定的行为具有刑法上的因果关系。

具备刑法上的因果关系，是行为人对危害结果承担刑事责任的客观基础。如果虽然发生了重大事故并造成了严重危害后果，但该事故和危害结果并非由于行为人在生产、运输、储存和使用危险物品过程中违反危险物品管理规定的行为所导致的，就不能认定为本罪。

（三）本罪的主体是一般主体，主要是从事危险物品生产、储存、运输、使用工作的生产经营单位职工，但从事危险物品生产、储存、运输、使用工作的职工以外的其他公民也可以成为本罪主体。

有意见认为本罪属于特殊主体犯罪，即生产、储存、运输、使用危险物品的人员。研究认为，上述意见属于对刑法中一般犯罪主体与特殊犯罪主体的错误理解。正确理解刑法中特殊犯罪主体的含义，首先需要区分该特殊身份是在行为开始实施时就已经具有的特殊资格或者已经形成的特殊地位，还是行为人在实施行为后才具有的特殊资格或者形成的特殊地位。行为人在行为之前就已经具备的特殊资格或者特殊地位即为特殊主体，如果是在行为实施后才具有的特殊资格或者特殊地位，则不能认定为刑法中的特殊主体。具体到本罪而言，任何从事危险物品生产、储存、运输、使用行为的个人都可以构成本罪，因此，本罪很明显属于一般主体犯罪。刑法规定的在危险物品的生产、储存、运输、使用中发生重大事故、造成严重后果，仅仅是对本罪客观方面要件的描述，不能据此反推认为本罪的主体必须是特殊主体。

本罪在犯罪主体方面还有以下两个问题需要研究：

第一，危险物品生产、储存、运输、使用活动的监督者和管理者是否可以构成本罪。研究认为，对于负责保障危险物品生产、储存、运输、使用活动安全的设施进行管理、维护的人员，其知道或者应当知道未安装必要的安全设施而不安装、安装的安全设施不符合危险物品管理规定而不进行维护和修理，以及知道或者应当知道直接从事危险物品生产、储存、运输、使用活动的人员在上述条件下开展生产、作业活动会造成人员伤亡事故或者其他严重后果而不采取阻止、预防措施，这种不作为行为本身就是违反危险物品管理规定的行为。同时，从事危险物品经营安全设施的监督、管理活动本身就与危险物品的生产、储存、运输、使用活动密切相关，完全可以归入广义上的危险物品生产、储存、运输、使用活动的范畴，如果对上述行为以重大责任事故罪定罪处罚，难以准确体现其本质。因此，对于实施上述不作为行为，导致发生重大事故、造成严重后果的，应当以本罪追究相关责任人员的刑事责任。也就是说，危险物品生产、储存、运输、使用活动的监督者和管理者也可以成为本罪的犯罪主体。

第二，单位是否可以成为本罪的主体。刑法未规定单位可以构成本罪。《铁路法》第六十条第一款规定："违反本法规定，携带危险品进站上车或者以非危险品品名托运危险品，导致发生重大事故的，依照刑法有关规定追究刑事责任。企业事业单位、国家机关、社会团体犯本款罪的，处以罚金，对其主管人员和直接责任人员依法追究刑事责任。”研究认为，根据铁路法的上述规定，结合刑法理论，应当认定单位可以成为本罪的犯罪主体。理由在于：首先，认定单位是否可以成为本罪的主体，应当坚持罪刑法定原则，根据刑法的相关规定进行判断。《刑法》第三十条规定：“公司、企业、事业单位、机关、团体实施的危害社会的行为，法律规定为单位犯罪的，应当负刑事责任。”可以看出，单位犯罪以法律存在明文规定为限，但刑法所称法律并未限定为刑法，也可以包括其他由全国人大及其常委会制定的法律。铁路法明显属于刑法规定的法律的范畴，可以规定某些危害社会的行为为单位犯罪。其次，1993 年《最高人民法院关于执行〈中华人民共和国铁路法〉中刑事罚则若干问题的解释》对铁路法第六十条第一款的规定作了确认，承认其是一个完整的附属刑法条文。据此，单位违反铁路法的相关规定，携带危险品进站上车或者以非危险品名义托运危险品，导致发生重大事故的，构成危险物品肇事罪，依法应对实施上述行为的单位认定为本罪并处以罚金，对单位中的主管人员和直接责任人员依照《刑法》第一百三十六条的规定判处刑罚。也就是说，单位在特定情况下可以成为本罪的主体。

（四）本罪的主观方面为过失，包括疏忽大意的过失和过于自信的过失两种。实践中，行为人对自己违反危险物品安全管理规定的行为可能导致发生重大事故、造成严重后果持过于自信的过失心态，而对自己违反危险物品管理规定的行为本身而言，则往往是明知故犯。

三、司法认定

（一）本罪与自然事故、技术事故的界限

自然事故是指由于行为人不能抗拒或者不能够预见的自然原因引发的事故；技术事故是指由于技术设备或者技术条件未达到相应性能和水平引发的事故。作为本罪构成要件的重大事故，必须是行为人在危险物品生产、运输、储存和使用过程中，由于自己违反危险物品管理规定的过失行为所造成的。如果重大事故的发生是由于自然原因或者技术原因导致的，行为人对重大事故的发生根本不具备罪过心态，就属于自然事故或者技术事故，不能以本罪论处。

（二）本罪与一般危险物品肇事行为的界限

本罪与一般危险物品肇事行为的区别主要体现为造成的危害后果严重程度不同。根据刑法的规定，成立本罪必须发生重大事故、造成严重后果，即

造成不特定多数人的重伤、死亡结果或者造成重大公私财产损失。如果仅仅发生了一般事故、造成了一般后果，仅造成了人员的轻微伤害或者较小的财产损失，则不构成本罪，仅能认定为一般危险物品肇事行为。

（三）本罪与非法携带危险物品危及公共安全罪的界限

非法携带危险物品危及公共安全罪，是指非法携带爆炸性、易燃性、放射性、毒害性、腐蚀性物品，进入公共场所或者公共交通工具，危及公共安全，情节严重的行为。本罪与非法携带危险物品危及公共安全罪的犯罪对象都是爆炸性、易燃性、放射性、毒害性、腐蚀性物品，均属于违反有关规定运输危险物品的行为，且犯罪主体都是一般主体。两罪的主要区别在于：(1) 犯罪主观方面不同。本罪在主观方面是过失，而非法携带危险物品危及公共安全罪在主观方面只能是故意。(2) 违反的规定内容不同。本罪违反的是保障危险物品生产、储存、运输、使用活动安全的规定，既可以是法律法规的明文规定，也可以是生产经营单位制定的内部成文规定，还可以是通行的行业惯例或者不成文的习惯，而非法携带危险物品危及公共安全罪违反的是国家禁止携带危险物品进入公共场所或者公共交通工具的法律、法规的明文规定。(3) 行为方式不同。本罪的行为方式包括生产、储存、运输、使用危险物品等四种方式，而非法携带危险物品危及公共安全罪仅有携带危险物品一种行为方式。(4) 发生场所不同。本罪发生在危险物品的生产、储存、运输、使用过程中，即便生产、储存、运输、使用危险物品的行为有时也发生在公共场所，但在法律、法规并不禁止有关单位或人员在该公共场所从事危险物品生产、储存、运输、使用活动的情况下，行为人违反爆炸性、易燃性、放射性、毒害性、腐蚀性物品管理规定，导致发生重大事故、造成严重后果的，只能认定为危险物品肇事罪，而非法携带危险物品危及公共安全罪只能发生在公共场所或者公共交通工具内，如果生产、储存、运输、使用危险物品的活动发生在法律、法规禁止的公共场所，且危及公共安全的，就应依法认定为非法携带危险物品危及公共安全罪。(5) 犯罪构成对危害结果的要求不同。本罪要求必须发生重大事故、造成严重后果才能构成，而非法携带危险物品危及公共安全罪则不要求必须发生物质性危害结果，只要造成危害公共安全的现实危险性，就可以构成非法携带危险物品危及公共安全罪。如果行为人非法携带危险物品进入公共场所或者公共交通工具，造成了物质性的危害结果，就不能以非法携带危险物品危及公共安全罪论处，一般应以本罪定罪处罚。但是，如果有证据证明行为人非法携带危险物品的目的是实施放火、爆炸、投毒等故意犯罪，就应当认定其属于犯罪预备，以该故意犯罪罪名追究其刑事责任。

（四）本罪与交通肇事罪的界限

本罪与交通肇事罪的区别表现在以下几方面：（1）犯罪发生的场合不同。本罪只能发生在危险物品的生产、运输、储存和使用过程中，而交通肇事罪则无此要求。（2）引发事故的原因不同。本罪是由于行为人违反危险物品管理规定导致发生事故，而交通肇事罪则是由于行为人违反交通运输管理法规造成事故。由于本罪与交通肇事罪均属于危害公共安全犯罪，在犯罪主体、犯罪主观方面等均相同，实践中可能产生法条竞合关系。比如，行为人同时违反交通运输管理规定和危险物品管理规定，在危险物品运输过程中由于过失导致发生重大交通事故，进而引发危险物品泄露扩散，造成严重后果，这种情况下，行为人的行为既可以适用交通肇事罪法条，也可以适用本罪法条，构成交通肇事罪与本罪的法条竞合关系。由于本罪法条属于特别法条，而交通肇事罪法条属于一般法条，根据特别法条优于一般法条的原则，应当援引特别法条的规定，依法认定为本罪。

（五）本罪与重大责任事故罪的界限

本罪以违反危险物品管理规定为必备构成要件，而重大责任事故罪成立的前提是违反有关安全管理的规定。刑法中有关安全管理的规定，包括与安全生产有关的所有法律、法规和规章制度，危险物品管理规定明显也属于有关安全管理的规定的范畴。因此，行为人在生产、作业过程中违反危险物品管理规定，导致发生重大事故、造成严重后果的，同时符合本罪与重大责任事故罪的构成要件，属于法条竞合。其中，本罪法条属于特别法条，重大责任事故罪法条属于一般法条。根据特别法条优于一般法条的原则，行为人在危险物品生产、储存、运输、使用过程中违反危险物品管理规定，导致发生重大事故、造成严重后果的行为，一般情况下应当认定为本罪而非重大责任事故罪。但是，行为人因逃逸致人死亡的，依法应当判处七年以上有期徒刑，在此情况下，就应当根据择一重罪处罚的原则，以交通肇事罪论处。

四、刑事责任

根据《刑法》第一百三十六条的规定，违反爆炸性、易燃性、放射性、毒害性、腐蚀性物品的管理规定，在生产、储存、运输、使用中发生重大事故，造成严重后果的，处三年以下有期徒刑或者拘役；后果特别严重的，处三年以上七年以下有期徒刑。

根据《关于办理危害生产安全刑事案件的解释》第六条第一款的规定，造成死亡一人以上，或者造成重伤三人以上，或者造成直接经济损失一百万元以上，或者具备其他造成严重后果或者重大安全事故的情形，应当认定为本罪的“发生重大事故，造成严重后果”，适用第一个量刑档次，判处三年以下有期徒刑或者拘役。根据该解释第七条第一款的规定，造成死亡三人以上或者重伤十人以上，负事故主要责任，或者造成直接经济损失五百万元以上，负事故主要责任，或者具备其他造成特别严重后果、情节特别恶劣或者后果特别严重的情形，应当适用第二个量刑档次，判处三年以上七年以下有期徒刑。实践中，人民法院应当根据被告人实施犯罪的具体情节以及个人具体情况，选择相应的量刑幅度，依法确定具体的刑罚。

第十二章　工程重大安全事故罪

一、概述

工程重大安全事故罪，是指建设单位、设计单位、施工单位、工程监理单位违反国家规定，降低工程质量标准，造成重大安全事故的行为。

工程重大安全事故罪是1997年刑法新增设的罪名，1979年刑法和单行刑法均没有规定本罪名。

1979年制定刑法时，由于我国在政治领域刚刚拨乱反正，经济领域的复苏尚处于萌芽阶段，改革开放的号角虽已吹响，但各行各业仍处于起步探索之中，因此1979年刑法未规定本罪。改革开放以后，我国在经济建设领域取得了举世瞩目的成就，各行各业均得到蓬勃发展，尤其是在城市建设方面，高楼大厦如雨后春笋般拔地而起，高速公路、城际铁路、拦河大坝、跨海大桥、海底隧道等大型工程项目迅猛发展。在工程建设领域高速发展的同时，也出现了一些不容忽视的问题。有的建设单位为了牟取私利，发包时故意压低工程价款，从中捞取回扣，有的设计单位索贿受贿，擅自降低标准和要求出具工程设计方案，有的施工单位为了牟取暴利，违规降低工程造价，偷工减料，以次充好，以假充真，有的工程监理单位不认真履行监理职责，对工程质量问题视而不见。上述违法违规行为引发了严重的危害后果，各地因为工程质量问题引发的安全事故屡屡出现，楼房坍塌、桥梁断裂、路面塌陷等原因导致的工程重大安全事故时有发生，群死群伤的严重后果让人触目惊心。

建筑工程领域发生的重特大安全事故危害巨大，而且追本溯源，酿成此类事故的原因往往并非天灾而是人祸，因此，加强对此类违法违规行为的打击力度，就变得十分迫切。在刑法对工程建设责任事故犯罪作出专门规定之前，实践中，对于此类行为只能通过行政罚款、取缔资质证书、吊销营业执照等方式进行惩罚，或以重大责任事故罪追究相关责任人的刑事责任，难以遏制重特大工程安全事故的高发、多发势头。为有效惩治工程建设行业领域中的违法违规行为，1997 年刑法修订时，增设了工程重大安全事故罪。《刑法》第一百三十七条规定："建设单位、设计单位、施工单位、工程监理单位违反国家规定，降低工程质量标准，造成重大安全事故的，对直接责任人员，处五年以下有期徒刑或者拘役，并处罚金；后果特别严重的，处五年以上十年以下有期徒刑，并处罚金。"刑法增设本罪的目的，就是要充分发挥刑罚的威慑力，促使从事建筑工程行业的相关单位严格遵守国家规定，采取行之有效的措施确保工程质量安全，从而达到整肃工程建设市场、保护广大人民群众生命健康和公私财产安全的目的。

刑法作出上述规定，经历了一个反复论证、逐步完善的过程。最初的 1997 年《刑法（修订草案）（修改稿）》第一百三十七条规定："建设单位、建筑设计单位、施工单位违反国家规定，降低工程质量标准，造成重大安全事故的，对直接责任人员，处三年以下有期徒刑、拘役或者管制；后果特别严重的，处三年以上七年以下有期徒刑。"其后作出的《刑法（修订草案）》第一百三十八条的规定内容基本相同，仅在法定刑种类中删除了管制。草案在征求意见和审议过程中，有意见提出：首先，草案规定的本罪主体范围过窄，工程监理单位也可以构成本罪；其次，配置的法定刑过轻，实践中一旦发生工程安全事故，往往造成巨大人员伤亡和巨额经济损失，而且工程安全与人民群众日常生活息息相关，一旦发生事故，将严重影响人民群众的安全感，建议适当提高本罪的法定刑。立法机关经认真研究，采纳了上述意见，将本罪两个量刑幅度的法定最高刑分别提高至有期徒刑五年和十年。

刑法增设工程重大安全事故罪之后，在遏制工程建设领域重特大事故发生、保障工程建设质量、维护人民群众生命财产安全等方面发挥了重要作用，之后出台的刑法修正案均未对本罪作出修改。但是，由于缺少明确的定罪量刑标准，导致司法机关对某些行为是否可以认定为本罪、应当如何确定刑罚存在不同认识，一定程度上制约了本罪应有的惩治功能的发挥。2011 年年底，最高人民法院出台了《关于进一步加强危害生产安全刑事案件审判工作的意见》，明确对于包括本罪在内的非矿山生产安全责任事故犯罪，确定相关罪名的主体资格和定罪量刑标准等，可以参照最高人民法院、最高人民检察院 2007 年出台的《关于办理危害矿山生产安全刑事案件的解释》的相关规定执行。2015 年 12 月，最高人民法院、最高人民检察院联合出台了《关于办理危害生产安全刑事案件的解释》，对本罪的定罪量刑标准作出了明确规定，解决了实践中存在的问题。

二、构成要件

（一）本罪侵犯的客体是复杂客体，既包括国家的建筑工程管理制度，又包括公共安全，即不特定多数人的生命健康安全和公私财产安全。

（二）本罪在客观方面表现为违反国家规定，降低工程质量标准，造成重大安全事故。具体包括以下几个方面的内容：

第一，违反国家规定。

根据《刑法》第九十六条的规定，所谓“违反国家规定”，是指违反全国人民代表大会及其常务委员会制定的法律和决定，国务院制定的行政法规、规定的行政措施、发布的决定和命令。2011 年《最高人民法院关于准确理解和适用刑法中“国家规定”的有关问题的通知》明确指出，国务院规定的行政措施应当由国务院决定，通常以行政法规或者国务院制发文件的形式加以规定。国务院办公厅名义制发的文件，符合以下条件的，亦应视为刑法中的“国家规定”：（1）有明确的法律依据或者同相关行政法规不相抵触；（2）经国务院常务会议讨论通过或者经国务院批准；（3）在国务院公报上公开发布。对于违反地方性法规、部门规章的行为，不得认定为“违反国家规定”。具体到本罪而言，《刑法》第一百三十七条规定的“违反国家规定”，是指违反国家有关建筑工程质量监督管理的法律和全国人大及其常委会作出的相关决定，以及国务院制定的有关行政法规、规定的行政措施、发布的决定和命令，主要由《中华人民共和国建筑法》以及国务院制定的相关行政法规构成。实践中，必须严格依照法律规定判断某一行为是否违反国家规定，不能擅自扩大本罪中国家规定的外延，将某些违法违规行为不当认定为本罪。

第二，降低工程质量标准。

首先，对工程的界定。有意见认为，本罪属于危害公共安全犯罪，作为本罪犯罪对象的工程应当是具有一定投资规模、供不特定多数人使用的建筑工程，如果建筑工程规模过小，根本不足以危及不特定多数人的人身安全，就不应成为本罪的犯罪对象。研究认为，这种意见值得商榷。国务院制定的《建设工程质量管理条例》第二条规定：“凡在中华人民共和国境内从事建设工程的新建、扩建、改建等活动及实施对建设工程质量监督管理的，必须遵守本条例。本条例所称建设工程，是指土木工程、建筑工程、线路管道和设备安装工程及装修工程。”可以看出，该条例对建设工程的投资规模和使用面积等并未作出限制。因此，无论是国家投资、地方投资还是私人投资工程，无论是重大工程项目还是一般工程项目，也无论承建单位的资质如何，均不影响本罪的成立。但是，《建设工程质量管理条例》第八十条规定："抢险救灾及其他临时性房屋建筑和农民自建低层住宅的建设活动，不适用本条例。"因此，临时性房屋建筑及农民自建的低层住宅，一般情况下不属于本罪的犯罪对象。但是，如果农民将自住的低层住宅外包给建筑公司或者建筑工程队承建，则仍然属于本罪的调整范围。

其次，降低工程质量标准的具体涵义。刑法规定的降低工程质量标准，是指不按照规定的工程质量标准进行建设、设计、施工和监理，导致工程质量下降。具体表现为：为节约成本而偷工减料，使用不合格的廉价建筑材料，不按照规定的工程质量标准进行设计，不严格依照工程标准要求进行工程监理，等等。实践中需要注意，应当区分降低工程质量标准与降低工程安全标准两种情形，不应将降低工程安全标准的情形归入到降低工程质量标准当中。《中华人民共和国建筑法》第五章和第六章分别对建筑安全生产管理和建筑工程质量管理进行了规定，前者主要包括建筑工程从业人员的安全防护、安全设施的合理配备等内容，目的在于保护劳动者的人身健康和财产安全；后者主要包括设计、施工工作的质量要求和竣工验收活动的合法合规等内容，目的在于确保建筑工程的建设质量和使用寿命。对于违反规定降低工程质量标准的，应以本罪论处，对于在工程建设过程中违反规定降低工程安全标准的，则可能构成重大责任事故罪或者强令违章冒险作业罪等罪名。

第三，造成重大安全事故。

根据建设部1989年9月30日公布的《工程建设重大事故报告和调查程序规定》第二条的规定，工程建设重大事故，是指在工程建设过程中由于责任造成工程倒塌或报废、机械设备毁坏和安全设施失当造成人身伤亡或者重大经济损失的事故。但是，实践中发生的工程重大事故不仅发生在工程建设过程中，还有可能发生在工程交付使用之后。因此，《工程建设重大事故报告和调查程序规定》规定的工程建设重大事故的范围偏窄，不宜直接等同于作为本罪构成要件的"重大安全事故"。本罪中所谓"重大安全事故"，是指建筑工程在建设过程中或者交付使用后，因为工程质量问题导致楼房倒塌、桥梁断裂、铁路塌陷等情形，并造成人员伤亡或者重大经济损失等严重后果。《关于公安机关管辖的刑事案件立案追诉标准的规定（一）》第十三条规定："建设单位、设计单位、施工单位、工程监理单位违反国家规定，降低工程质量标准，涉嫌下列情形之一的，应予立案追诉：（一）造成死亡一人以上，或者重伤三人以上的；（二）造成直接经济损失五十万元以上的；（三）其他造成严重后果的情形。”《关于办理危害生产安全刑事案件的解释》对本罪定罪条件中的人身伤亡标准未作修改，同时考虑到近年来经济社会快速发展的趋势和不断攀升的物价水平，将直接经济损失数额由五十万元提高到了一百万元。实践中，应当适用《关于办理危害生产安全刑事案件的解释》的相关规定确定本罪的处罚范围。

第四，违反国家规定、降低工程质量标准与重大安全事故后果之间存在刑法上的因果关系。

行为人的行为与危害结果之间存在刑法上的因果关系，是行为人承担刑事责任的客观依据。如果虽然发生了重大安全事故，但重大安全事故后果并非由于行为人违反国家规定、降低工程质量标准的行为所导致，而是由于自然灾害或者人为故意破坏所致，则不能认定为本罪。

（三）本罪属于特殊主体的单位犯罪，仅限于建设单位、设计单位、施工单位和工程监理单位。“建设单位”，是指以营利为目的，专门从事房地产开发和经营的企业，或者经国家有关部门批准，具有工程建设者资格，能够支付工程价款的其他单位；“设计单位”，是指专门承担设计任务的设计单位以及其他承担设计任务的单位，如建筑设计院等；“施工单位”，是指从事土木建设、线路管道铺设、设备安装和建筑装饰装修等工程新建、扩建、改建活动的建筑企业，包括从事工程施工活动的总承包企业和分包企业；“工程监理单位”，是指专门负责对建筑工程进行监督管理以保证工程质量和安全的单位。刑法对本罪主体范围的规定非常明确，除建设单位、设计单位、施工单位和工程监理单位以外的其他单位或者个人均不能构成本罪。实践中，正确界定本罪的主体范围，还应注意以下几个方面问题：

第一，本罪主体是否只能由单位构成？

有意见提出，《刑法》第一百三十七条规定的“单位”并非与“个人”相对应的日常普通用语，不应仅限于单位犯罪意义上的单位，而是既包括一般意义上的单位，也包括看起来与单位字面含义相对立的个人，刑法规定的“建设单位、设计单位、施工单位、工程监理单位”应当解释为“建设者、设计者、施工者、工程监理者”。[①] 研究认为，根据罪刑法定原则，本罪属于纯

---

① 参见曲新久：《从“身份”到行为——工程重大安全事故罪的一个解释问题》，载《人民检察》2011 年第 9 期（上）。

正的单位犯罪，《刑法》第一百三十七条的规定内容已经排除了自然人构成本罪的可能性。单位犯罪是实现单位意志而非个人意志的犯罪行为，判断某个行为是否属于单位行为，关键在于考察该行为是否是由单位的有关负责人员或者有关机构决定实施的行为。因此，从最严格的意义上讲，如果本罪中的实行行为未经有关单位领导的批准、同意，也未经单位集体讨论决定，就不能认为是单位意志下的行为，进而不能认定为本罪。但是，实践中的具体情况非常复杂，如果完全按照上述标准进行判断，可能会造成不合理的结果。另外，建设工程具有其专业性和特殊性，我国的建设单位一般实行纵向的专人负责制，施工单位一般由项目经理全权负责某一建设工程，下设施工员、安全员、班组长等；监理单位普遍存在资质挂靠的情况，有的监理单位负责人甚至私自决定由不具有监理资质的人员实际履行现场监理职责。上述情况下，如果项目经理、施工员、班组长、现场监理人员在实际工作中未经单位负责人批准和单位集体讨论决定，自行决定违反国家规定降低工程质量标准，最终造成重大安全事故的，明显不属于单位行为，如果严格按照单位犯罪的理论进行判断，就不宜认定为单位犯罪，进而不能认定为本罪，这明显不符合社会公众的一般预期，也无法取得良好的法律效果。研究认为，为解决上述问题，需要对刑法规定的本罪的犯罪主体进行实质化理解，只要违反国家规定、擅自降低工程质量标准的行为是上述单位的工作人员在正常工作范围中作出的，属于履行职务的行为，就可以认定为本罪，公诉机关无须再举证证明相关行为是否已经单位负责人批准或者单位集体讨论决定、是否代表了单位意志。

第二，本罪中的单位是否仅限于具有法定资格或者依法成立的单位？

实践中，有些不具备相应资质条件，或者未经依法登记的建设单位、设计单位、施工单位、工程监理单位，为了谋求非法利益或者出于其他目的，违规从事工程建设、设计、施工、监理活动，违规降低工程质量标准，因而造成重大工程安全事故，对于此类单位是否可以构成本罪，《刑法》第一百三十七条和相关司法解释均未作明确规定。研究认为，从《刑法》第一百三十七条的规定内容来看，并未要求建设单位、设计单位、施工单位、工程监理单位必须具有相应的资质或者必须是依法登记成立的单位，只要其在实际上从事了相关工程建设活动，且符合本罪的构成要件，就可以认定为本罪。另一方面，不具备相应资质或者未经依法登记的上述单位违法违规从事工程建设活动，相关国家机关更加难以对其实施监管，其行为性质更加恶劣，引发重特大安全事故的可能性更大，对其以本罪论处，更加具有现实的必要性和合理性。

第三，单纯从事勘察活动的单位是否可以成为本罪主体?

《刑法》第一百三十七条对本罪主体作了列举式、穷尽式规定。《建设工程质量管理条例》第三条规定："建设单位、勘察单位、设计单位、施工单位、工程监理单位依法对建设工程质量负责。"将勘察单位与《刑法》第一百三十七条规定的四种单位犯罪主体并列，规定为应当对建设工程质量负责的主体之一，实践中，也确实存在因为勘察单位在实施工程勘察过程中，违规出具错误勘察数据导致发生重特大工程安全事故的情况。对于此类行为，是否可以认定为本罪呢?研究认为，根据目前的刑法规定，如果该单位仅仅从事勘察工作，则依法不能构成本罪，确须承担刑事责任的，可以以重大责任事故罪等罪名论处。当然，实践中的勘察单位往往还同时承担工程设计职能，对于这类单位，可以作为设计单位对待。鉴于实践中此类行为具有一定的普遍性和严重的社会危害性，在今后的刑法修改过程中，可以考虑将勘察单位增补为本罪的犯罪主体之一。

（四）本罪的主观方面是过失，包括疏忽大意的过失和过于自信的过失。此处所说的过失，是针对发生重大安全事故这一危害结果而言的。尽管实践中的具体表现形式各异，但实施本罪犯罪行为的行为人对造成危害结果的心理状态都是相同的，即主观上都不希望、不愿意发生工程重大安全事故。至于建设单位、设计单位、施工单位、工程监理单位对各自行为不符合工程质量标准要求的情况，则往往是明知的。例如，建设单位明知建筑材料和工程设备不符合要求，但贪图便宜而采购使用；设计单位为了迎合建设单位，不按照建筑质量标准的要求进行设计；施工单位片面追求高额利润，不按照设计图纸要求施工或者在施工过程中偷工减料；监理单位收受施工单位违规报酬，不严格履行监管职责；等等。

三、司法认定

（一）本罪与重大责任事故罪的界限

本罪与重大责任事故罪在主观方面、造成的危害后果等方面均存在诸多相似之处，但二者的区别也很明显：（1）犯罪主体不同。本罪属于单位犯罪，主体仅限于建设单位、设计单位、施工单位和工程监理单位，而重大责任事故罪属于自然人一般主体犯罪，所有从事生产、作业的自然人都可以构成。

(2) 客观方面的行为方式不同。本罪在客观方面表现为实施违反国家规定、降低工程质量标准的行为，而重大责任事故罪在客观方面表现为生产、作业中实施违反有关安全管理规定的行为。

（二）本罪与重大劳动安全事故罪的界限

本罪与重大劳动安全事故罪的区别主要表现为：(1) 犯罪主体不同。本罪的主体是建设单位、设计单位、施工单位和工程监理单位，而重大劳动安全事故罪是一般主体犯罪，包括所有从事劳动生产活动的单位和个人。(2) 事故发生的阶段不同。工程重大安全事故可以发生在工程建设过程中，也可以发生在工程建设结束、交付使用之后，而重大劳动安全事故则发生在日常劳动生产作业过程中。(3) 事故发生的原因不同。工程重大安全事故是由于违反国家规定、降低工程质量标准引起的，而重大劳动安全事故则是由于安全生产设施或者安全生产条件不符合国家规定引起的。

（三）本罪与教育设施重大安全事故罪的界限

教育设施的严重工程质量问题可能引发工程重大安全事故，因此教育设施重大安全事故的发生往往与教育设施工程质量存在密切联系。与之相对应，实践中经常会出现本罪与教育设施重大安全事故罪并存的情况，需要合理区分，正确认定。本罪与教育设施重大安全事故罪的区别主要表现为：(1) 犯罪主体不同。本罪主体是建设单位、设计单位、施工单位和工程监理单位，而教育设施重大安全事故罪的主体主要是学校和教育主管部门中对校舍或者教育教学设施安全负有直接责任的人员。(2) 事故发生的阶段不同。工程重大安全事故发生在工程建设过程中或者工程建设结束、交付使用之后，而教育设施重大安全事故只能发生在校舍或者教育教学设施建设完毕、交付使用之后，且一般发生在教育机构从事教学活动期间。(3) 事故发生的原因不同。工程重大安全事故的发生原因是违反国家规定降低工程质量标准，而教育设施重大安全事故的发生原因是在教学活动过程中，明知校舍或者教育教学设施存在事故隐患而拒不采取措施或者不及时报告。

实践中，在校舍或者教育教学设施发生坍塌事故造成人员伤亡的情况下，应当在查清事故原因的基础上，合理确定相关人员的责任。具体而言，如果事故原因是工程质量标准不达标，应当对参与工程建设的相关单位以本罪定罪处罚；如果工程质量本身不存在问题，但在工程交付使用后，教育机构维修、保养不及时，或者超过正常使用年限而未采取有效措施予以整修，则相关责任人员可能构成教育设施重大安全事故罪。另外，如果校舍或者教育教学设施本身工程质量标准就不达标，交付使用后教育机构相关责任人员明知存在事故隐患，仍不采取措施或者不及时报告，多种原因共同导致坍塌事故发生的，则应当在区分责任的基础上，对参与工程建设的相关单位和教育机构中的相关责任人员，分别以本罪和教育设施重大安全事故罪定罪处罚。

（四）本罪与玩忽职守罪的界限

本罪与建筑工程领域中发生的玩忽职守罪的区别主要体现为：（1）犯罪主体不同。本罪主体是建设单位、设计单位、施工单位和工程监理单位，而玩忽职守罪是自然人特殊主体犯罪，必须是国家机关工作人员才能构成。（2）发生场合不同。本罪发生在各种建筑工程施工过程中或完工之后，而玩忽职守罪发生在国家机关对建筑工程建设活动的监督管理过程中。（3）犯罪客观方面的行为表现不同。本罪是违反国家规定降低工程质量标准，而玩忽职守罪是负有监管职责的国家机关工作人员怠于履行职责，对工程建设安全质量监督管理不力。实践中存在建设工程质量监督站在履行对建设工程的质量监督职责过程中不认真履行职责，导致出现工程质量安全隐患，最终引发重大安全事故的情况，对此应当如何处理？研究认为，由于建设工程质量监督站是受国家建设行政主管部门委托行使行政管理职权的事业单位，相关工作人员符合渎职罪的主体特征，故应依法认定为玩忽职守罪，不能以本罪论处。

四、刑事责任

根据《刑法》第一百三十七条的规定，建设单位、设计单位、施工单位、工程监理单位违反国家规定，降低工程质量标准，造成重大安全事故的，对直接责任人员，处五年以下有期徒刑或者拘役，并处罚金；后果特别严重的，处五年以上十年以下有期徒刑，并处罚金。

根据《关于办理危害生产安全刑事案件的解释》第六条第三款的规定，造成死亡一人以上，或者造成重伤三人以上，或者造成直接经济损失一百万元以上，或者具备其他造成严重后果或者重大安全事故的情形，应当认定为本罪要求的“造成重大安全事故”，对直接责任人员适用第一个量刑档次，判处五年以下有期徒刑或者拘役，并处罚金。根据该解释第七条第三款的规定，造成死亡三人以上或者重伤十人以上，负事故主要责任，或者造成直接经济损失五百万元以上，负事故主要责任，或者具备其他造成特别严重后果、情节特别恶劣或者后果特别严重的情形，对直接责任人员应当适用第二个量刑档次，判处五年以上十年以下有期徒刑，并处罚金。刑法和司法解释对本罪罚金的数额标准未作规定，在具体案件处理过程中，应当根据 2000 年 12 月 13 日公布的《最高人民法院关于适用财产刑若干问题的规定》，综合考虑犯罪人的主观恶性大小、造成事故后果的严重程度、非法获利数额以及自身经济条件等因素，合理确定罚金数额，充分发挥罚金刑在剥夺犯罪人的再犯经济条件、实现特殊预防效果方面的积极作用。

本罪虽然是单位犯罪，但依法实行单罚制，仅处罚单位中的直接责任人员，不对单位判处罚金。所谓直接责任人员，是指对工程质量安全负有直接责任、实施的行为与工程重大安全事故的发生存在直接因果关系的人员，包括建设单位、设计单位、施工单位、工程监理单位中有权做出降低工程质量标准决定的领导人员，以及直接从事工程建设活动的具体负责人员。对于本罪中直接责任人员的范围，应当严格按照其业务过失行为与重大安全事故之间是否存在直接因果关系这一标准进行判断，防止人为拔高伤及无辜和降格处理放纵犯罪这两种错误倾向。实践中，还存在对工程质量标准负责的领导人员明确要求直接从事工程建设活动的具体负责人员降低工程质量标准的情况，这种情况下，判断直接从事工程建设活动的具体负责人员的行为是否成立本罪，应当根据案件具体情况进行具体分析。首先，如果领导人员在提出降低工程质量标准要求的时候没有其他威胁、强迫行为，而直接从事工程建设活动的具体负责人员完全听从其要求，违规降低工程质量标准，最终造成重大安全事故的，对二者均应以本罪定罪处罚；其次，如果直接从事工程建设活动的具体负责人员在领导人员提出降低工程质量标准的要求时明确表示拒绝执行，而该领导人员采用威胁、逼迫等手段强令其执行，最终发生重大安全事故的，则仅应对该领导人员以本罪论处，对该具体负责人员不应认定为直接责任人员，不宜认定为本罪。

第十三章　教育设施重大安全事故罪

一、概述

教育设施重大安全事故罪，是指明知校舍或者教育教学设施有危险，而不采取措施或者不及时报告，致使发生重大伤亡事故的行为。

教育设施重大安全事故罪是1997年刑法新增设的罪名，1979年刑法和单行刑法均没有规定本罪名。

校舍和教育教学设施安全关系到在校师生的生命健康和财产安全，是开展教育教学活动的基本条件，确保校舍和教育教学设施安全，是全社会的共同责任。但是，由于我国尚处于社会主义初级阶段，经济社会发展水平尚不够均衡，在一些经济欠发达地区，由于教育资金缺乏、资金投入不足，学校的校舍和教育教学设施相对落后，部分校舍和教育教学设施由于先天建设标准不高，投入使用后又年久失修，随时都有可能发生坍塌事故，造成人员伤亡和财产损失。近年来，一些学校的校舍和教育教学设施在使用过程中发生事故，造成在校师生重大伤亡和财产损失，社会影响十分恶劣。为了增强学校相关管理人员和其他责任人员的安全意识和责任意识，促使其自觉规范办学中的教育教学和管理行为，最大限度地预防和减少此类恶性伤亡事故的发生，1995年9月1日施行的《中华人民共和国教育法》第七十三条规定："明知校舍或者教育教学设施有危险，而不采取措施，造成人员伤亡或者重大财产损失的，对直接责任的主管人员和其他责任人员，依法追究刑事责任。"但是，由于1979年刑法并未规定专门的教育设施重大安全事故犯罪罪名，导致实践中对于教育法第七十三条规定的行为应当依照刑法中的哪个条文追究刑事责任存在分歧。基于解决现实问题的需要，1997年刑法修订时，在吸收《教育法》第七十三条规定内容的基础上，增设了教育设施重大安全事故罪。《刑法》第一百三十八条规定："明知校舍或者教育教学设施有危险，而不采取措施或者不及时报告，致使发生重大伤亡事故的，对直接责任人员，处三年以下有期徒刑或者拘役；后果特别严重的，处三年以上七年以下有期徒刑。”

刑法作出上述规定，经历了一个逐步完善的过程。最初的1997年《刑法（修订草案）（修改稿）》第一百三十八条规定：“明知校舍或者教育设施有危险，而不采取措施或者不及时报告，致使发生重大伤亡事故的，对直接责任人员，处三年以下有期徒刑、拘役或者管制；后果特别严重的，处三年以上七年以下有期徒刑。”研究过程中，有意见提出，刑法规定的重大责任事故罪、危险物品肇事罪等同属重大责任事故类犯罪罪名的法定最低刑为拘役，而本罪的法定最低刑为管制，建议保持一致。立法机关经研究，采纳了上述建议。

刑法增设教育设施重大安全事故罪，对于督促学校和其他教育机构中的直接责任人员认真履行职责，维护校舍和教育教学设施安全，保障广大师生的生命健康和财产安全，具有重要意义。2011年年底，最高人民法院出台了《关于进一步加强危害生产安全刑事案件审判工作的意见》，明确对于包括本罪在内的非矿山生产安全事故责任犯罪，确定相关罪名的主体资格和定罪量刑标准等，可以参照最高人民法院、最高人民检察院2007年出台的《关于办理危害矿山生产安全刑事案件的解释》的相关规定执行。2015年12月，最高人民法院、最高人民检察院联合出台了《关于办理危害生产安全刑事案件的解释》，明确了本罪的定罪量刑标准，对于充分发挥本罪在惩罚犯罪、保障人民合法权益方面的积极作用，具有重要意义。

二、构成要件

（一）本罪侵犯的客体是从事教育教学和学习活动的广大师生的生命健康安全，以及学校和其他教育机构的正常教育教学秩序。校舍和教育教学设施是开展教育教学活动的最基本的物质条件，如果校舍和教育教学设施不符合安全标准，一旦发生安全事故，不仅会危害广大师生的生命健康，而且将扰乱正常的教育教学秩序，造成停课等不利后果，后果十分严重。因此，运用刑罚武器惩治危害教育设施安全的行为，具有重要意义。

（二）本罪的客观方面表现为明知校舍或者教育教学设施有危险，而不采取措施或者不及时报告，致使发生重大伤亡事故。具体包括以下几个方面内容：

第一，明知校舍或者教育教学设施有危险。

首先，关于校舍或者教育教学设施的具体涵义。所谓“校舍”，是指各类各级学校及其他教育机构中供教师、学生及其他员工教学、学习、居住、锻炼、游戏的房舍，如教室、教学楼、行政办公楼、宿舍、图书阅览室、实验室、学生俱乐部及运动场馆、餐厅、公共厕所等；所谓“教育教学设施”，是指除校舍以外、直接供教育教学使用或者服务于教育教学活动的各类设施和设备，如实验室内的各种实验设备、体育活动场所中的各种体育器械、教室内的各种附着设施等。拥有、使用校舍或者教育教学设施的主体，不应局限于国家投资举办的公立学校和其他教育机构，还包括社会力量举办的学校和其他教育机构，包括实施学前教育、普通初等教育、普通中等教育、职业教育、普通高等教育以及特殊教育、成人教育的各级各类学校和少年宫，以及地方教研室、电化教育机构等其他教育机构。

其次，关于明知校舍和教育教学设施有危险的认定。校舍和教育教学设施的危险，通常来自校舍的整体结构设计存在缺陷、施工不合理或过于陈旧，校舍的某些部位年久失修、非标准化，或者对教育教学设施隐患的失察、失管或违规操作等方面。例如，教学楼的承重物件已经属于危险物件，结构丧失稳定和承载能力，随时有倒塌、毁损可能，不能确保广大师生的居住和使用安全；教具、实验仪器设备、体育器械等在结构、功能上具有潜在的不安全因素，随时可能给广大师生和其他员工带来身体或健康损害；等等。

第二，对于校舍或者教育教学设施存在的危险不采取措施或者不及时报告。

本罪的行为方式是不作为，表现为行为人负有保障校舍或者教育教学设施安全的责任，有义务排除校舍或者教育教学设施存在的危险，却不认真履行职责，不采取措施消除、避免危险或者不及时报告。

所谓“不采取措施”，是指行为人有能力采取改造、维修、修理或组织相关师生、工作人员疏散、撤离等措施以排除危险而拒不采取。不采取措施的具体行为方式有两种。一是行为人根本没有采取任何措施排除危险。例如，学校领导或者有关责任人员对校舍或教育教学设施发现的问题不采取防范措施，不安排人员修缮、修理，仍然继续带病使用；学校领导或者有关责任人员对存在危险的教学设备、仪器、器械不及时更换，发生危险时不及时组织学生撤离等。二是行为人虽然采取了一定的措施，但是措施不得力、不落实，敷衍了事，根本不足以消除危险和有效防止重大伤亡事故的发生。例如，针对承重结构已经严重毁损、丧失稳定能力的校舍，学校主管领导仅仅让人用几根细杆作支撑，而未采取其他任何加固措施。

所谓“不及时报告”，是指行为人在没有能力排除校舍或者教育教学设施存在的危险的情况下，不及时向有关主管部门或者主管人员，如当地人民政府、教育行政部门或者学校领导报告相关情况，以致延误上级单位或者主管领导采取整改措施的时机。不及时报告的前提，仅限于行为人自己对存在危险的校舍或者教育教学设施没有能力采取改造、维修、修理等措施及时、有效消除事故隐患。如果行为人自身有能力采取措施或者组织相关人员采取措施排除安全隐患，却不主动及时采取措施，而是向上级主管部门或者主管领导进行报告，并且最终导致发生重大伤亡事故，仍然应当认定行为人消极履行自身职责，以致贻误时机引发事故，也应认定构成本罪。报告的对象，是负责校舍或者教育教学设施安全的人员，包括学校及其他教育机构中的直接负责人员，教育行政主管机关中负责校舍或者教育教学设施安全的领导及工作人员，各级人民政府中分管教育的领导，以及学校及其他教育机构所属村、厂、系统的有关领导及工作人员，等等。

第三，发生重大伤亡事故。

《刑法》第一百三十八条对本罪结果要件的规定方式与重大责任事故罪、危险物品肇事罪等相邻罪名的规定方式存在明显区别，仅限定为发生重大伤亡事故，不包括经济损失等其他严重后果。实践中，对于未造成人身伤亡结果、只造成经济损失的教育设施安全事故，依法不能认定为本罪。《关于公安机关管辖的刑事案件立案追诉标准的规定（一）》第十四条规定：“明知校舍或者教育教学设施有危险，而不采取措施或者不及时报告，涉嫌下列情形之一的，应予立案追诉：（一）造成死亡一人以上、重伤三人以上或者轻伤十人以上的；（二）其他致使发生重大伤亡事故的情形。”《关于办理危害生产安全刑事案件适用法律若干问题的解释》基本沿用了上述定罪标准，但考虑到实践中轻伤的情况比较复杂，其中一些轻伤结果危害程度比较轻微，一般不会对被害人的生活造成重大影响，故将轻伤情形从本罪定罪条件中剔除，仅以死亡和重伤人数作为认定本罪的标准。

第四，对校舍或者教育教学设施存在的危险不采取措施或者不及时报告的行为与重大伤亡事故之间存在刑法上的因果关系。

要求行为人对教育设施重大安全事故结果承担刑事责任的前提，是其对校舍或者教育教学设施存在的危险不采取措施或者不及时报告的行为与该事故结果之间存在刑法上的因果关系。本罪属于不作为犯罪，从理论上讲，不作为行为之所以具有可归责性，原因是负有防止危害结果发生义务的行为人没有采取有效措施阻止危害结果的发生。判断行为人的不作为行为与重大伤亡事故之间是否存在刑法上的因果关系，重点在于考察行为人如果采取措施或者及时进行报告，是否能够有效阻止重大伤亡结果的发生。实践中，教育设施重大伤亡事故的发生往往夹杂着多方面的主客观原因，或者存在介入因素，或者涉及多人的共同过失，因果关系通常表现为一果多因，情况比较复杂。确定此类案件的因果关系时，需要进行科学分析和论证，甚至需要借助科学技术手段进行鉴定，判断如果行为人采取了有效措施或者进行了及时报告，能否阻止重大伤亡结果的发生。

值得研究的问题是，如果行为人明知校舍或者教育教学设施确实存在危险，但是自认为在一定时间内不采取措施，正常情况下不会发生重大伤亡事故，因此没有采取措施和进行及时报告，但是随后出现了极端天气等自然因素，危害结果还是发生了，行为人是否构成本罪呢？研究认为，对此问题需要结合具体情况进行具体分析。具体来讲，如果事后经过综合分析、论证或鉴定，确定即使行为人采取有效措施排除了事故隐患，在极端天气等自然力的作用下，仍然会出现建筑倒塌或者设施故障，致使发生重大伤亡事故，就不应追究行为人的刑事责任；反之，如果经过事后论证和鉴定，确定如果行为人提前采取了有效措施或者进行了及时报告，即使出现极端天气等自然因素，也不会造成重大伤亡事故，就应以本罪追究行为人的刑事责任。

（三）本罪的主体是一般主体，自然人和单位均可以构成，在单位构成本罪的情况下实行单罚制，仅处罚单位中的直接责任人员，不对单位判处罚金。实践中，本罪处罚的对象主要有以下几类人员：（1）对校舍或者教育教学设施安全负有行政管理责任的人员，如学校及其他教育机构的校长，以及负责校舍、教育教学设施安全的主要负责人。（2）学校及其他教育机构中对校舍或者教育教学设施安全负有具体管理责任的人员，如对校舍或者教育教学设施负有检查、维修、更新等义务的房产管理部门负责人、后勤人员，以及对校舍或者教育教学设施安全负有采取措施或者及时报告义务的其他人员。(3）依照法律、法规规定对学校及其他教育机构的校舍、教育教学设施的安全负有直接责任的其他人员，如学校及其他教育机构所属村、厂、系统有关领导及工作人员。在我国，一些村办小学的校舍或者教育教学设施由所在村负责建设和维修，因此，所在村的村民委员会相关负责人也属于本罪中直接责任人员的范围。如果村办小学的校舍存在危险，小学校长向村民委员会分管小学的领导报告之后，该村民委员会领导不采取措施，以致发生重大伤亡事故的，也可以构成本罪。

学校和其他教育机构中的普通教师能否成为本罪的主体？研究认为，不能一概而论。一般情况下，校舍和教育教学设施的安全保障不在普通教师的工作职责之内，因此，普通教师一般不属于本罪的犯罪主体。但是，对于正在校舍或其他教学教育设施中进行具体教学工作或教育管理活动的教师，例如正在给学生上课的教师、正在教室做学生工作的班主任或者其他进行教育教学管理工作的人员，一旦发现校舍或者教育教学设施存在重大安全隐患，应当及时采取停课、疏散、撤离等紧急措施，或者及时向相关负责人报告，否则一旦发生重大伤亡事故，也应依法承担相应的刑事责任，以本罪论处。

（四）本罪是过失犯罪，主观方面的罪过形式只能为过失，包括疏忽大意的过失和过于自信的过失。如果行为人积极追求或者消极放任重大伤亡事故结果的发生，则不构成本罪，可能构成其他危害公共安全故意犯罪。

值得研究的是，本罪中直接责任人员"明知校舍、教育教学设施有危险"是否包括应当知道。理论界对此存在一定争议。有意见认为，虽然刑法第一百三十八条的规定为"明知"，但应将其扩大解释为知道或者应当知道，理由是，在很多情况下，当事人是否明知，司法机关往往难以准确把握，只能通过当事人所处环境以及实施的相应行为来推断其当时是否应当知道。特别是某些当事人很可能将事实上的明知谎称为不知以逃避法律制裁，只有将应当知道纳入明知的范围之内，才能有效避免这一情形的发生。另外，实践中也存在另外　种情况，即行为人对校舍或者教育教学设施负有定期检查的职责，但其未认真履行该职责，以致发生重大伤亡事故，这种情况下，也应当认定其应当知道校舍或者教育教学设施存在危险，否则对此类行为就无法以本罪论处，放纵了犯罪分子。也有意见认为，在行为人应当知道却实际上并不知道校舍或者教育教学设施有危险，因此没有采取措施或者及时报告，结果发生了重大伤亡事故的情况下，此类行为虽然对于从事教育教学、学习活动的广大师生的人身安全和学校及其他教育机构正常的教育教学秩序同样具有严重的社会危害性，但由于刑法条文并没有将此类行为明确纳入本罪的范畴，因此不能以本罪论处。研究认为，后一种意见比较合理。认定本罪中的"明知"是否包括应当知道，应当严格坚持罪刑法定原则，以刑法条文的规定内容本身为依据进行理解，而不应进行超出刑法条文文义之外的扩大解释。从一般字义上来看，"明知"就是指明确的知道，是指行为人当时确确实实的知道，属于实然而非应然，将"明知"解释为包括知道或者应当知道，超出了刑法规定内容的文字含义，与罪刑法定原则不符。另一方面，刑法设置本罪的目的，是对明明知道校舍或者教育教学设施存在事故隐患而拒不采取措施这种见危不救、应为而不为的行为给予严厉惩处，如果行为人完全不知道存在事故隐患，则其根本没有可能采取任何措施消除事故隐患，对其以本罪论处就失去了意义无法起到特殊预防和一般预防的刑罚效果。

三、司法认定

（一）本罪与意外事件的界限

本罪与意外事件的主要区别在于行为人主观上是否具有对危害结果的过失心态。本罪属于过失犯罪，行为人对发生的重大伤亡事故必须存在过失。如果重大伤亡事故的发生完全是由于地震、龙卷风、洪水等不以人的意志为转移且不能抗拒的自然原因造成的，则属于意外事件，依法不能以犯罪论处。但是，不能简单认为存在地震、龙卷风、洪水等自然因素的重大伤亡事故就一律不构成犯罪，对于此类事故，需要考察事故的背后是否存在由于相关责任人员不采取措施或者不及时报告造成的校舍或者教育教学设施事故隐患，如果存在人为原因造成的事故隐患，并在自然力的共同作用下导致发生重大伤亡事故，相关责任人员仍然有可能构成本罪。

（二）本罪与工程重大安全事故罪的界限

本罪与工程重大安全事故罪均属于过失犯罪，在犯罪结果方面均可以表现为校舍倒塌、造成师生伤亡等情形，存在一定的共同之处。两罪的区别主要在于：（1）犯罪主体不同。本罪是自然人和单位均可以构成，刑罚的具体承担主体是对校舍或者教育教学设施安全负有直接责任的人员，而工程重大安全事故罪是纯正的单位犯罪，犯罪主体是建设单位、设计单位、施工单位和工程监理单位。（2）犯罪客观方面的行为表现方式不同。本罪的行为方式表现为明知校舍或者教育教学设施有危险，而不采取措施或者不及时报告的不作为形式，而工程重大安全事故罪的行为方式表现为违反国家规定，降低工程质量标准的作为形式。

实践中，可能发生本罪与工程重大安全事故罪共存的情况。例如，建设单位、设计单位、施工单位、工程监理单位违反建筑工程质量法规，降低承建校舍或者教育设施的工程质量标准，工程交付使用后，相关人员在明知校舍或者教育设施存在危险的情况下，不采取措施或不及时报告，致使发生重大伤亡事故的，建设单位、设计单位、施工单位、工程监理单位成立工程重大安全事故罪，而对校舍或者教育设施的安全负有直接责任的相关人员则成立本罪。但是，如果重大伤亡事故的发生与校舍或者教育设施的工程质量毫无关系，而是单纯由于校舍或者教育设施年久失修以及其他原因导致存在安全隐患，相关人员明知存在危险，却不采取措施或者不及时报告，最终导致重大伤亡事故发生的，对校舍或教育设施安全负有直接责任的相关人员应认定为本罪，参与校舍或者教育设施工程建设的相关单位则不构成犯罪。

（三）本罪与玩忽职守罪的界限

本罪与玩忽职守罪在构成要件方面的区别在于：（1）本罪主体既可以是国家机关工作人员，如各级人民政府中分管教育的领导、教育行政主管部门的领导及工作人员，也可以是国家机关工作人员以外的一般国家工作人员，如公办学校的领导及教职工，还可以是非国家工作人员，如私立学校的领导及工作人员，而玩忽职守罪的主体仅限于国家机关工作人员。（2）本罪侵犯的客体是从事教育教学、学习活动的广大师生的人身安全以及学校及其他教育机构的正常教育教学秩序，而玩忽职守罪侵犯的客体是国家机关的正常管理活动。（3）本罪行为大多发生在学校或者其他教育机构具体的教育、教学和科研管理活动中，而玩忽职守罪的危害行为发生在国家机关管理活动中。

实践中，在相关行政管理机关或者教育行政主管部门工作人员接到相关人员作出的校舍或者教育教学机构存在危险的报告后，不认真履行职责和及时采取措施，导致发生重大伤亡结果的情况下，相关行政管理机关和教育行政主管部门工作人员的行为同时符合本罪和玩忽职守罪的构成要件，成立法条竞合关系。由于玩忽职守罪是对国家机关工作人员不认真履行职责行为的一般性规定，而本罪属于对国家机关工作人员不认真履行对校舍或者教育教学设施安全监管责任的特殊性规定，因此，应当认为玩忽职守罪和本罪属于交叉竞合，且玩忽职守罪是一般法条，而本罪是特别法条，根据特别法条优于一般法条的原则，对于校舍或者教育教学设施存在的危险不及时采取措施、导致发生重大伤亡事故的国家机关工作人员，原则上应以本罪论处。

四、刑事责任

根据《刑法》第一百三十八条的规定，明知校舍或者教育教学设施有危险，而不采取措施或者不及时报告，致使发生重大伤亡事故的，对直接责任人员，处三年以下有期徒刑或者拘役；后果特别严重的，处三年以上七年以下有期徒刑。

根据《关于办理危害生产安全刑事案件的解释》第六条第四款的规定，造成死亡一人以上，或者造成重伤三人以上的，应当认定为本罪的“致使发生重大伤亡事故”，对直接责任人员适用第一个量刑档次，判处三年以下有期徒刑或者拘役。根据该解释第七条第四款的规定，造成死亡三人以上或者重伤十人以上，负事故主要责任的，或者造成死亡一人以上或重伤三人以上，同时造成直接经济损失五百万元以上并负事故主要责任的，或者造成死亡一人以上或重伤三人以上，同时造成恶劣社会影响的，对直接责任人员应当适用第二个量刑档次，判处三年以上七年以下有期徒刑。

第十四章　消防责任事故罪

一、概述

消防责任事故罪，是指违反消防管理法规，经消防监督机构通知采取改正措施而拒绝执行，造成严重后果的行为。

消防责任事故罪是1997年刑法新增设的罪名，1979年刑法和单行刑法均没有规定本罪名。

消防安全关系到人民群众的生命健康和公私财产安全，直接影响社会的和谐稳定。党和政府对消防安全工作历来就十分重视，新中国成立以来，陆续颁布了一系列消防安全方面的法规文。1957年11月，全国人大常委会讨论通过了《消防监督条例》，第一次以法规的形式对消防安全工作的各个方面作出了系统的规定。随着我国经济社会的不断发展，消防安全的重要性越来越受到全社会的重视。特别是改革开放以来，随着城市建设的迅猛发展，我国的城市规模不断扩大，人口和建筑越来越集中，加强防火设施建设、保证生产生活用火安全就显得十分重要。实践中，某些单位和个人出于种种原因，置消防安全于不顾，经消防监督机构通知改正后仍然拒不采取整改措施，最终引起火灾事故的发生，造成重大人身伤亡和巨额财产损失。对于这种行为，有必要通过刑罚手段予以规制。1984年5月11日审议通过的《中华人民共和国消防条例》第三十条第二款规定："违反本条例规定，造成火灾的，对有关责任人员追究刑事责任；情节较轻的，有公安机关依照治安管理处罚条例给予处罚，或者由其主管机关给予行政处分。"上述规定内容比较笼统，且当时有效的1979年刑法中并无对应的罪名可以适用，导致实践中对此类行为如何进行刑事处罚难以准确把握，适用率较低。基于惩罚此类犯罪行为的现实需要，1997年刑法修订时，在1984年消防条例规定内容的基础上增设了消防责任事故罪。《刑法》第一百三十九条规定："违反消防管理法规，经消防监督机构通知采取改正措施而拒绝执行，造成严重后果的，对直接责任人员，处三年以下有期徒刑或者拘役；后果特别严重的，处三年以上七年以下有期徒刑。”

刑法作出上述规定，经历了一个逐步完善的过程。最初的 1997 年《刑法（修订草案）》第一百三十条规定：“违反消防管理法规，经消防监督机构通知采取改正措施而拒绝执行，造成严重后果的，处三年以下有期徒刑、拘役或者管制。”研究过程中，有意见提出：首先，消防责任事故罪的犯罪主体应当是单位，但从实际情况看，不宜对单位判处罚金，因此，应当明确只对直接责任人员判处刑罚；其次，同属生产安全责任事故犯罪的重大责任事故罪和教育设施重大安全事故罪等罪名的法定最高刑为有期徒刑七年，修订草案规定的消防责任事故罪的法定最高刑仅为三年，刑期明显偏轻，建议增加一档法定刑。随后作出的《刑法（修订草案）（修改稿）》采纳了上述意见，第一百三十九条规定：“违反消防管理法规，经消防监督机构通知采取改正措施而拒绝执行，造成严重后果的，对直接责任人员，处三年以下有期徒刑、拘役或者管制；后果特别严重的，处三年以上七年以下有期徒刑。”征求意见和审议过程中，又有意见提出，重大责任事故罪、教育设施重大安全事故罪等罪名的法定最低刑为拘役，而消防责任事故罪的法定最低刑为管制，建议保持一致。立法机关经研究，采纳了上述意见，最终通过的刑法将本罪的法定最低刑由管制提高至拘役。

刑法颁布施行之后，司法机关在较长一段时间内未出台有关本罪的司法解释。2011 年年底，最高人民法院出台了《关于进一步加强危害生产安全刑事案件审判工作的意见》，明确在消防责任事故罪等非矿山生产安全事故责任犯罪中，确定犯罪主体范围和定罪量刑标准等，可以参照最高人民法院、最高人民检察院 2007 年出台的《关于办理危害矿山生产安全刑事案件的解释》的相关规定执行。2015 年 12 月，最高人民法院、最高人民检察院联合出台了《关于办理危害生产安全刑事案件的解释》，对本罪的定罪量刑标准、宽严相济刑事政策的把握，以及犯罪人职业禁止措施的适用等问题作出了明确规定。

二、构成要件

（一）本罪侵犯的客体是公共安全和消防监督管理制度。有意见认为，本罪侵犯的客体仅包括消防监督管理制度。但是，国家通过相关法律法规确立消防监督管理制度本身并不是目的，最终目的仍然是保障公共安全。因此，刑法规定本罪的首要目的是保障公共安全，其次才是维护消防监督管理制度的稳定。此处所称公共安全，是指不特定多数人的生命健康和重大公私财产安全。

（二）本罪在客观方面表现为违反消防管理法规，经消防监督机构通知采取改正措施而拒绝执行，造成严重后果的行为。具体而言，包括以下几个方面的内容：

第一，必须有违反消防管理法规的行为。本罪是典型的法定犯，行为必须满足双重违反性要求，即同时违反消防管理法规和刑法，才可以被认定为犯罪。本罪中的“消防管理法规”仅应限定为国家权力机关制定的成文规定，不应包括生产经营单位制定的管理制度、操作规程和不成文的行业惯例；“违反消防管理法规”应做广义理解，不仅指违反《中华人民共和国消防法》等全国人大及其常委会制定的法律和决定，也指违反《森林防火条例》《草原防火条例》《企业事业单位专职消防队组织条例》《国务院关于进一步加强消防工作的意见》等国务院制定的行政法规、规定的行政措施、发布的决定和命令，还可以包括违反公安部制定的《消防监督检查规定》等部门规章，以及违反《中华人民共和国安全生产法》《中华人民共和国建筑法》《突发事件应对法》《大型群众性活动安全管理条例》等法律、法规中有关消防安全方面的规定。实践中，违反消防管理法规的行为可以表现为多种形式，例如，新建、扩建和改建工程的设计施工不执行行政主管部门有关建筑设计防火规范的规定，违规在非安全地点建设生产、储存或者装卸危险化学物品工厂、仓库，堵塞人员密集场所的安全出口、疏散通道、安全通道，不按要求配置符合国家规定的消防器材、灭火设备，生产经营过程中未建立符合标准的管理制度和值班巡逻制度，对客观存在的火灾隐患视而不见、不予整改，等等。

第二，经消防监督机构通知采取改正措施而拒绝执行。这是本罪的关键性构成要件。也就是说，行为人即使有违反消防管理法规的行为，但如果其没接到过消防监督机构要求采取改正措施的通知，或者虽然接到通知但没有拒绝执行的行为，即使造成严重后果，也不构成本罪。这里所说的拒绝执行，既包括完全不执行，也包括不认真执行、未采取有效措施消除火灾隐患。根据消防法的规定，公安机关消防机构应当对机关、团体、企业、事业单位遵守消防法律、法规的情况依法进行监督检查；公安派出所可以负责日常消防监督检查、开展消防宣传教育，具体办法由国务院公安部门规定。因此，刑法规定的“消防监督机构”，包括公安机关消防机构和公安派出所，其中公安消防机构在省级以下分为总队、支队、大队和中队四级。

需要研究是，刑法规定的“通知采取改正措施”的具体形式，是仅包括书面通知，还是也可以包括口头通知的形式。研究认为：首先，刑法第一百三十九条的规定内容并未明确排除口头通知采取改正措施的情况，将通知形式限定为书面通知，并无明确的法律依据。其次，根据公安部制定的《消防监督检查规定》的规定，公安机关消防机构和公安派出所在进行消防监督检查的形式、方法、基本内容和程序等方面均存在一定差别。其中，在消防监督检查过程中，公安机关消防机构对发现的依法应当责令立即改正的消防安全违法行为，应当当场制作、送达《责令立即整改通知书》，并依法予以处罚，对依法应当责令限期改正的，应当自检查之日起三个工作日内制作、送达《责令限期整改通知书》，并依法予以处罚；公安派出所在日常消防监督检查中，应当填写检查记录，记录发现的消防安全违法行为、责令改正的情况。也就是说，《消防监督检查规定》虽然对公安机关消防机构的消防监督检查活动规定得比较严格，原则上应当采取书面形式通知整改，但是，对公安派出所的日常消防监督检查工作则作出了不同的规定，只要有完善的检查记录，证明公安派出所发现了消防安全违法行为并已责令其改正即可，并不一定采取书面通知的形式。因此，刑法规定的"通知采取改正措施"，既可以包括书面通知形式，也可以包括口头通知形式，但消防监督机构应当留有完善的书面检查记录，证实其已经通知被监督检查对象采取改正措施。

第三，造成严重后果。本罪是结果犯，必须造成刑法规定的特定程度的严重后果，才可以认定为本罪。这是区分本罪与一般消防安全违法行为的关键所在。《关于公安机关管辖的刑事案件立案追诉标准的规定（一）》第十五条规定："违反消防管理法规，经消防监督机构通知采取改正措施而拒绝执行，涉嫌下列情形之一的，应予立案追诉：（一）造成死亡一人以上，或者重伤三人以上的；（二）造成直接经济损失五十万元以上的；（三）造成森林火灾，过火有林地面面积二公顷以上，或者过火疏林地、灌木林地、未成林地、苗圃面积四公顷以上的；（四）其他造成严重后果的情形。"根据《关于办理危害生产安全刑事案件的解释》第六条第一款的规定，造成死亡一人以上，或者重伤三人以上，或者造成直接经济损失一百万元以上，或者具有其他造成严重后果或者重大安全事故的情形的，应当认定为本罪中的"造成严重后果"，适当提高了本罪的定罪经济数额标准。实践中，对本罪中"造成严重后果"的认定，应当依据《关于办理危害生产安全刑事案件的解释》的规定执行。

第四，行为人违反消防管理法规、经消防监督机构通知采取改正措施而拒绝执行的行为与严重后果之间存在刑法上的因果关系。

如果虽然发生了严重事故，但是该事故后果与行为人违反消防管理法规且拒不进行整改的行为之间不具有引起与被引起的因果关系，该事故后果就不能归责于行为人，不能认定为本罪，否则无异于客观归罪。这在理论和实践上一般没有争议。需要研究的是，判断行为与事故后果之间是否存在刑法上的因果关系应当采取什么样的标准。一般情况下，某一起消防安全事故的发生，背后均存在多方面的原因，其中既有自然因素，也有人为因素，既有直接原因，也有间接原因。在这种情况下，判断行为人的行为与事故后果之间是否存在刑法上的因果关系，不宜设定过于严格的门槛和标准，不能一概要求行为人的行为是引发事故后果的直接原因，否则就有可能不当缩小本罪的成立范围，不利于严惩相关犯罪人。另一方面，为了防止处罚范围的不当扩大，也有必要采取适当标准对本罪中因果关系的范围进行限制。研究认为，一般情况下，可以采取“无 A 即无 B”的公式进行判断，即考察在某一起消防事故中，假设如果不存在行为人的违法行为，事故后果是否还会发生，如果答案是肯定的，就应当认定行为人的违法行为与事故后果之间不存在刑法上的因果关系。反之，如果答案是否定的，就可以认定行为人的违法行为是事故后果发生的必要条件，二者之间存在刑法上的因果关系，可以将事故后果归责于行为人，依法追究其刑事责任。

（二）本罪的主体是一般主体。由于刑法规定的本罪处罚对象是“直接责任人员”，导致本罪是否属于单位犯罪，理论和实践中均争议颇大。研究认为，公安部《消防监督检查规定》第一条规定：“为了加强和规范消防监督检查工作，督促机关、团体、企业、事业等单位（以下简称单位）履行消防安全职责，依法《中华人民共和国消防法》，制定本规定。”第三十九条还规定：“有固定生产经营场所且具有一定规模的个体工商户，应当纳入消防监督检查范围。”因此，公安机关消防机构和公安派出所进行消防监督检查的对象除了机关、团体和企事业单位以外，还包括符合一定条件的个体工商户。根据上述规定，机关、团体、企事业单位和符合一定条件的个体工商户均可能出现经消防监督机构通知采取改正措施而拒绝执行的情况。据此，本罪不属于纯正的单位犯罪，自然人和单位均可以构成本罪，但在单位构成本罪的情况下，刑法采取单罚制，只处罚单位中的直接责任人员，不处罚单位本身。刑法规定本罪中的“直接责任人员”，是指单位中对拒绝执行消防监督机构通知采取的改正措施行为负有直接责任的人员，其中既包括参与决定拒绝执行改正措施的单位各级负责人，也包括接到采取改正措施通知后不经报告而自行决定拒绝执行的相关人员。

（四）本罪的主观方面是过失。故意不能构成本罪。虽然行为人对自己违反消防管理法规和经消防监督机构通知采取改正措施而拒绝执行的行为持故意心态，但严重事故后果的发生是超出其主观意愿之外的，否则就可能构成故意犯罪。刑法上的过失包括疏忽大意的过失和过于自信的过失两种，但是，从刑法规定的本罪罪状来看，行为人经消防监督机构通知采取改正措施而拒绝执行，说明其对本单位存在火灾隐患的情况是明知的，在这种情况下，行为人主观上认为火灾事故不会发生，因此拒绝执行改正措施，最终导致火灾事故的发生，明显属于过于自信的过失。因此，刑法对本罪构成要件的规定实际上已经排除了疏忽大意的过失存在的余地。

三、司法认定

（一）本罪与自然事故的界限

自然事故是指由于人的主观意志以外、不可抗拒的因素引发的事故，例如雷电偶然劈中某一处所，导致发生火灾事故。一般情况下，自然事故和消防责任事故的区别比较明显。但是，实践中的情况比较复杂，有的火灾的发生原因中既有自然因素，也有人为因素，不能因为引发火灾的最直接原因是自然因素，就绝对排斥成立本罪的可能性。例如，行为人违反消防管理法规，一直未按规定在自己经营管理的厂房上安装避雷装置，消防监督机构经检查发现该隐患后，通知其采取改正措施，但行为人一直拒绝执行，结果厂房被雷电劈中，导致发生火灾事故，造成重大人员伤亡和巨额经济损失。这种情况下，应当对相关直接责任人员以本罪追究刑事责任。

（二）本罪与失火罪的界限

本罪与失火罪均属于过失犯罪，且在危害后果方面均表现为发生火灾，实践中容易混淆。两罪的区别在于：（1）发生领域不同，本罪属于业务过失犯罪，发生在生产经营单位的生产经营活动过程中，或者国家机关、学校等其他单位的正常运营过程中，而失火罪则通常发生在个人的日常生活中。（2）客观方面的行为表现不同，本罪必须存在经消防监督机构通知采取改正措施而拒绝执行的行为，失火罪则不存在上述行为。（3）犯罪主体范围不同，本罪主体主要是单位中对消防工作负有直接责任的人员，行为人并未因为自己的积极行为直接引发火灾，而失火罪则是行为人因为自己用火不当的积极行为直接导致火灾发生。（4）主观心态不同，本罪只限于过于自信的过失，而失火罪既包括疏忽大意的过失，也包括过于自信的过失。

实践中，在由多种原因共同引发火灾事故的情况下，有可能出现某些被告人被认定为本罪，而另外一些被告人被认定为失火罪的情况。例如，某小商品批发市场长期存在堵塞消防通道、灭火器配备不达标等违反消防管理法规的行为，公安机关消防机构多次下达《责令限期整改通知书》，但相关责任人员一直拒不改正。在经营过程中，一名基层员工在储存易燃物品的仓库中违规使用电热炉，导致易燃物品起火燃烧，同时由于该批发市场消防通道不畅、灭火器数量不够，相关人员无法及时逃生，最终导致大量人员伤亡和巨额经济损失。本案中，对直接引发火灾的基层员工应依法认定为失火罪，而对拒绝执行消防监督机构通知采取的改正措施行为负有直接责任的小商品批发市场管理人员，则应依法认定为本罪。

（三）本罪与重大责任事故罪的界限

本罪与重大责任事故罪同属生产安全责任事故犯罪，一般情况下的区别比较明显。（1）犯罪主体不同。重大责任事故罪的主体是生产、作业人员，本罪主体是与消防工作存在关联的管理人员、单位职工或者其他人员。（2）犯罪客观方面不同。重大责任事故罪在客观方面表现为在生产、作业中违反有关安全管理的规定，因而发生重大伤亡事故或者造成其他严重后果，本罪表现为违反消防管理法规，在存在火灾隐患的情况下，经消防监督机构通知采取改正措施而拒绝执行，造成严重后果。

从理论上讲，消防安全属于生产安全的范畴，因此，行为人的行为在构成消防责任事故罪的情况下，同时也符合重大责任事故罪的构成要件，且两罪法定刑完全相同，这种情况下，应当根据特别法条优于一般法条的原则，认定为消防责任事故罪。但是，刑法还对本罪规定了"经消防监督机构通知采取改正措施而拒绝执行"这一特殊要件，导致本罪的构成条件比较严格。如果行为人虽然有违反消防管理法规的行为，但并不存在经消防监督机构通知采取改正措施而拒绝执行的行为，在造成严重后果的情况下，可以以重大责任事故罪定罪处罚。

（四）本罪与玩忽职守罪的界限

本罪与玩忽职守罪的区别体现在以下几个方面：（1）犯罪主体不同。玩忽职守罪的主体是国家机关工作人员，本罪是一般主体犯罪，包括与消防工作存在关联的所有单位管理人员、普通职工或者其他人员。（2）客观方面的行为方式不同。玩忽职守罪表现为对工作严重不负责任，不履行或者不正确履行工作职责，本罪表现为违反消防管理法规，经消防监督机构通知采取改正措施而拒绝执行。

实践中，如果单位负责人或者有关责任人员具有国家机关工作人员身份，其在工作中违反消防管理法规，经消防监督机构通知采取改正措施而拒绝执行，导致发生火灾事故，造成严重后果的，应当如何定罪处罚，实践中争议较大。研究认为，这种情况属于法条竞合，根据特别法条优于一般法条的原则，原则上应当以本罪论处，不应认定为玩忽职守罪。但是，如果相关责任人员还存在徇私舞弊行为，如果认定为玩忽职守罪，最高可判处有期徒刑十年，而如果认定为本罪，最高仅可判处有期徒刑七年，此时就应当坚持重罪优于轻罪的原则，以玩忽职守罪定罪处罚。

四、刑事责任

根据《刑法》第一百三十九条的规定，违反消防管理法规，经消防监督机构通知采取改正措施而拒绝执行，造成严重后果的，对直接责任人员，处三年以下有期徒刑或者拘役；后果特别严重的，处三年以上七年以下有期徒刑。

根据《关于办理危害生产安全刑事案件的解释》第六条第一款和第七条第一款的规定，具有下列情节之一的，应当认定为本罪中的“造成严重后果”：（一）造成死亡一人以上，或者重伤三人以上的；（二）造成直接经济损失一百万元以上的；（三）其他造成严重后果或者重大安全事故的情形。具有下列情形之一的，应当认定为“后果特别严重”：（一）造成死亡三人以上或者重伤十人以上，负事故主要责任的；（二）造成直接经济损失五百万元以上，负事故主要责任的；（三）其他造成特别严重后果、情节特别恶劣或者后果特别严重的情形。根据上述规定，消防责任事故只要造成死亡一人以上，或者重伤三人以上，或者直接经济损失一百万元以上，对相关直接责任人员就可以认定为本罪。但是，在消防责任事故造成死亡三人以上，或者重伤十人以上，或者造成直接经济损失五百万元以上的特别严重事故后果的情况下，选择适用哪个量刑幅度，还须考察行为人的责任大小。只有在行为人对事故后果负主要责任的情况下，才可以认定为“后果特别严重”，判处三年以上七年以下有期徒刑。实践中还需要注意，不能将对事故所负直接责任简单等同于主要责任，不能因为刑法规定的本罪处罚对象是直接责任人员，就一律认定其对事故后果负主要责任，在涉案的多名直接责任人员中，还应根据其对引发事故后果所起的作用大小，准确认定责任，合理确定刑罚。

第十五章　不报、谎报安全事故罪

一、概述

不报、谎报安全事故罪，是指在安全事故发生后，负有报告职责的人员不报或者谎报事故情况，贻误事故抢救，情节严重的行为。

本罪是《刑法修正案（六）》增设的罪名，1979 年刑法和 1997 年刑法均没有规定本罪名。

实践中，一些生产经营单位为了追逐高额利润，无视国家法律规定和政府监管决定，置一线劳动者的生命健康于不顾，违反有关安全管理的规定进行生产、作业，有的在根本不具备基本安全生产条件和安全生产设施的情况下非法违法组织生产，导致一段时期内重特大安全生产事故屡屡发生。更为恶劣的是，某些事故单位的管理人员和对安全事故负有监督管理职责的人员在安全生产事故发生后，出于维护个人私利的种种考虑，不仅不按规定向相关部门如实报告事故情况，反而故意弄虚作假，隐瞒不报或者谎报事故情况，导致本来可以避免的人员伤亡、财产损失结果因未及时得到抢救而未能避免，造成事故结果的进一步扩大。对于此类行为，有必要采用刑罚手段予以严厉惩处。

从立法沿革上来讲，将不报、谎报安全事故的行为评价为违法犯罪，最早可见于 2002 年《中华人民共和国安全生产法》。该法第七十条规定："生产经营单位发生生产安全事故后，事故现场有关人员应当立即报告本单位负责人。单位负责人接到事故报告后，应当迅速采取有效措施，组织抢救，防止事故扩大，减少人员伤亡和财产损失，并按照国家有关规定立即如实报告当地负有安全生产监督管理职责的部门，不得隐瞒不报、谎报或者拖延不报，不得故意破坏事故现场、毁灭有关证据。"第九十二条还规定："有关地方人民政府、负有安全生产监督管理职责的部门，对生产安全事故隐瞒不报、谎报或者拖延不报的，对直接负责的主管人员和其他直接责任人员依法给予行政处分；构成犯罪的，依照刑法有关规定追究刑事责任。”但是，安全生产法的上述规定在当时并无专门的刑法条文衔接，导致实践中对此类行为的定罪量刑难以把握。

为满足实践中惩治不报、谎报安全事故情况违法犯罪行为的实际需要，有关政府部门、专家学者相继向立法机关提出了在刑法中增设专门罪名的建议，得到了立法机关的认可。全国人大法律委员会在《关于〈中华人民共和国刑法修正案（六）（草案）〉修改情况的汇报》中指出：“刑法第一百三十四条、第一百三十五条对重大安全生产事故犯罪作了规定。有些全国人大代表和国家安全生产监督管理总局及一些地方提出，刑法的上述规定，对惩治重大安全生产事故犯罪发挥了重要作用。但随着情况的变化，这两条规定已不能完全适应惩治重大安全事故犯罪的需要，建议作适当补充修改……对举办大型群众性活动，严重违反安全管理规定，造成重大安全事故的，以及发生重大安全事故后不按规定报告或者谎报，贻误抢救或者造成事故灾害扩大，情节严重的，也应追究刑事责任。”2006 年 6 月 29 日施行的《刑法修正案（六）》在刑法第一百三十九条后增加一条，作为第一百三十九条之一，该条规定：“在安全事故发生后，负有报告职责的人员不报或者谎报事故情况，贻误事故抢救，情节严重的，处三年以下有期徒刑或者拘役；情节特别严重的，处三年以上七年以下有期徒刑。”本罪的设立，适应了经济社会的发展需要，促进了法律体系的衔接和统一，对于预防和惩治此类违法犯罪行为、避免安全事故损失进一步扩大，具有十分重要的意义。

《刑法修正案（六）》增设本罪后，其后出台的《生产安全事故报告和调查处理条例》、《铁路交通事故应急救援和调查处理条例》等行政法规均作出明确规定，迟报、漏报、瞒报、谎报事故情况的，对直接负责的主管人员和其他直接责任人员依法给予处分；构成犯罪的，依法追究刑事责任。由于当时并无司法解释明确本罪的定罪量刑标准，导致实践中适用本罪存在困难。为解决实际问题，最高人民法院 2011 年 12 月 30 日出台《关于进一步加强危害生产安全刑事案件审判工作的意见》，该意见规定，在非矿山生产安全事故中，认定包括本罪在内的相关犯罪的主体资格和定罪量刑标准，可以参照《关于办理危害矿山生产安全刑事案件的解释》的相关规定执行。在实施过程中，部分地方法院及行政主管部门反映称，《关于进一步加强危害生产安全刑事案件审判工作的意见》的强制效力不够，社会知晓度偏低，对相关犯罪行为的震慑力有限，建议出台专门司法解释解决实践中存在的问题。在此背景下，最高人民法院和最高人民检察院于2015年12月16日联合颁行了《关于办理危害生产安全刑事案件的解释》，对本罪的主体范围、定罪量刑标准以及法律适用等方面的多个问题作出了明确规定。

二、构成要件

（一）本罪侵犯的客体是复杂客体，其中，主要客体是公共安全，即不特定多数人的生命、健康和公私财产安全，次要客体是国家对安全事故的监管报告制度。

（二）本罪在客观方面表现为在安全事故发生后不报或者谎报事故情况，贻误事故抢救，情节严重。具体包括以下几个方面内容：

第一，已经发生安全事故。

发生安全事故是构成本罪的前提条件，不报或者谎报事故情况的行为必须发生在安全事故发生之后。这里所说的安全事故，不仅包括生产经营单位在生产经营过程中发生的生产安全事故和大型群众性活动举办过程中发生的重大伤亡事故，也包括环境污染事故、水灾事故等。至于安全事故是否达到《生产安全事故报告和调查处理条例》规定的重大或者特别重大事故标准，以及安全事故本身是否成立犯罪，则在所不问。有意见认为，本罪中的安全事故不应包括刑法第一百三十八条规定的教育设施重大安全事故罪，因为该条已经将不报告作为构成教育设施重大安全事故罪的必要条件之一。研究认为，这种意见值得商榷，作为教育设施重大安全事故罪构成要件的“不及时报告”与本罪中的“不报或者谎报事故情况”属于两个不同的行为，不能混为一谈。根据刑法第一百三十八条的规定，明知校舍或者教育教学设施存在危险而不及时报告的行为只能发生在教育设施重大安全事故发生之前，在教育设施安全事故发生之后，负有报告职责的人员不及时报告事故情况，仍然有可能构成本罪，作为本罪构成要件的“安全事故”不应把教育设施安全事故排除在外。

第二，不报或者谎报事故情况。

本罪的行为方式包括作为和不作为两种形式。其中，不报告事故情况属于不作为，即明知发生了安全事故，却不按规定向有关部门或者主管人员报告；谎报事故情况属于作为，即明知发生了安全事故，却向有关部门或者主管人员作虚假报告，如把大的安全事故报告为小事故，故意谎报事故遇难人数，或者在上级部门询问是否发生安全事故时故意报告称没有发生安全事故，等等。行为人在安全事故发生后不报或者谎报事故情况，将直接导致相关部门无法及时准确掌握事故信息，无法及时调动各方面力量采取有效措施组织实施抢救，从而可能错过抢救人员、减少损失的最佳时机，社会危害十分严重。

值得研究的是，行为人故意迟报事故情况，是否属于本罪中的"不报或者谎报事故情况"。研究认为，答案是肯定的。首先，《安全生产法》第八十条规定："生产经营单位发生生产安全事故后，事故现场有关人员应当立即报告本单位负责人。单位负责人接到事故报告后，应当迅速采取有效措施，组织抢救，防止事故扩大，减少人员伤亡和财产损失，并按照国家有关规定立即如实报告当地负有安全生产监督管理职责的部门，不得隐瞒不报、谎报或者迟报，不得故意破坏事故现场、毁灭有关证据。"第一百零六条还规定，生产经营单位的主要负责人对生产安全事故隐瞒不报、谎报或者迟报的，依法给予降级、撤职等处分；构成犯罪的，依照刑法有关规定追究刑事责任。可以看出，法律已经明确将迟报行为与隐瞒不报、谎报行为作并列规定，予以同等对待。其次，从社会危害程度来看，行为人在安全事故发生后故意拖延、不及时报告，直接导致相关部门无法及时介入事故抢救，错过事故发生后抢救人员的"黄金 72 小时"，行为的社会危害性与不报、谎报事故情况行为并无本质区别。因此，《关于办理危害生产安全刑事案件的解释》第八条明确规定，不报、谎报和迟报事故情况均有可能构成本罪。应当注意的是，这里所说的"迟报"有其特定涵义。《生产安全事故报告和调查处理条例》第九条规定："事故发生后，事故现场有关人员应当立即向本单位负责人报告；单位负责人接到报告后，应当于 1 小时内向事故发生地县级以上人民政府安全生产监督管理部门和负有安全生产监督管理职责的有关部门报告。"因此，生产经营单位负责人未在上述法定时限内上报事故情况的，属于"迟报"，可能构成本罪；由于法律、法规未对事故现场有关人员规定明确的报告时限，因此，事故现场有关人员只可能存在不报、谎报行为，一般情况下不构成"迟报"。

第三，贻误事故抢救，情节严重。

贻误事故抢救，是指在安全事故发生后，由于不报或者谎报事故情况，导致耽误实施抢救的最佳时机，使一些本可以抢救出来的人员未能救出，或者造成经济损失进一步扩大等情形。情节严重，既包括由于行为人不报、谎报事故情况导致原来可以得救的被困和受伤人员失去生还的机会，也包括导致有关部门未能采取及时有效的救助措施，造成伤亡人数增加、财产损失扩大等情形。根据《关于办理危害生产安全刑事案件的解释》第八条第一款的规定，下列情形属于本罪中的“情节严重”：（一）导致事故后果扩大，增加死亡一人以上，或者增加重伤三人以上，或者增加直接经济损失一百万元以上的；（二）实施下列行为之一，致使不能及时有效开展事故抢救的：（1）决定不报、迟报、谎报事故情况或者指使、串通有关人员不报、迟报、谎报事故情况的；（2）在事故抢救期间擅离职守或者逃匿的；（3）伪造、破坏事故现场，或者转移、藏匿、毁灭遇难人员尸体，或者转移、藏匿受伤人员的；（4）毁灭、伪造、隐匿与事故有关的图纸、记录、计算机数据等资料以及其他证据的；（三）其他情节严重的情形。

根据刑法的规定，“贻误事故抢救”和“情节严重”是区分本罪与非罪的重要界限，必须同时具备上述两个条件，才能构成本罪。也就是说，行为人不报、谎报事故情况的行为只有造成贻误事故抢救的实际后果，且情节严重，才有可能构成本罪。有意见提出，要成立本罪，必须是在安全事故发生后还存在抢救的时机，如果在安全事故发生后已经失去抢救时机，比如说在煤矿瓦斯爆炸事故发生后，煤矿巷道大面积垮塌，已经不可能抢救出巷道中的施工人员，从而也就不可能再构成本罪①。但是，实践中大量存在的情况是，在安全事故的抢救工作基本结束后，行为人为了降低认定事故等级、避免上级机关介入调查，故意伪造、破坏事故现场，或者转移、藏匿遇难者尸体。上述行为社会影响恶劣，危害性极大，但在上述行为实施之时，实施抢救的时机往往已经基本不存在，相关行为并不足以导致产生贻误事故抢救的后果，依照上述意见，可能难以定罪。《关于办理危害生产安全刑事案件的解释》起草过程中，就有意见提出，可以将刑法规定的“贻误事故抢救”解释为不报、谎报事故情况行为的当然结果，即只要行为人实施了不报、谎报行为，就可以认定其造成了“贻误事故抢救”的危险性结果；同时符合“情节严重”标准的，就可以以本罪论处。最高人民法院和最高人民检察院经反复慎重研究，考虑到刑法条文明确将“贻误事故抢救”规定为本罪的构成条件，如果在解释中明确将“贻误事故抢救”解释为不报、谎报事故情况行为的当然结果，法律依据尚不够充分，故对上述意见未予采纳，但提出的问题应当引起足够重视。在具体案件的处理过程中，对于作为本罪构成要件的“贻误事故抢救”不宜作过于严格的限定。对于行为人在事故抢救工作基本结束后

① 参见周光权主编：《刑法历次修正案权威解读》，中国人民大学出版社2011年版，第143页。

实施的故意伪造、破坏事故现场，或者转移、藏匿遇难者尸体，并且造成恶劣社会影响的行为，符合司法解释规定的相关条件的，也可以认定为本罪。

第四，不报、谎报事故情况行为与贻误事故抢救结果之间存在刑法上的因果关系。

行为与危害结果之间存在刑法上的因果关系，是要求行为人对该危害结果承担刑事责任的前提条件。如果负有报告职责的人员虽然有不报或者谎报事故情况的行为，客观上也出现了贻误事故抢救的危害后果，但该后果并非行为人不报、谎报事故情况行为所造成的，就不能以本罪追究行为人的刑事责任。

（三）本罪的主体是特殊主体，即负有报告职责的人员。根据《关于办理危害生产安全刑事案件的解释》第四条的规定，作为本罪主体的“负有报告职责的人员”，是指负有组织、指挥或者管理职责的负责人、管理人员、实际控制人、投资人，以及其他负有报告职责的人员。

实践中需要注意，对《关于办理危害生产安全刑事案件的解释》规定的“其他负有报告职责的人员”不应做过于宽泛的理解，不应包括安全事故发生单位中的一般工人。在《刑法修正案（六）》草案研究过程中，有意见提出，根据安全生产法的规定，生产经营单位发生生产安全事故后，事故现场有关人员应当立即报告本单位负责人，根据上述规定，安全事故发生单位的普通工人负有依法报告事故的职责，也应当属于刑法规定的“负有报告职责的人员”的范畴，可以成为本罪的犯罪主体。研究认为，上述意见难以成立。主要理由在于，虽然安全生产法规定安全事故现场的一般工人也负有报告的义务，但是，与对安全生产负有组织、指挥、管理职责的人员相比，一般工人的报告义务还是存在很大区别的。首先，安全事故发生现场的一般工人大多也是事故受害者。其次，从法律角度来讲，在现场从事生产、作业的一般工人只具有普通公民道义上的报告义务，并无法定职责上的报告义务，不应归入本罪中“负有报告职责的人员”的范畴。就如同我们常说的“公民有同犯罪作斗争的义务”这句话，对于一般群众和公安人员具有不同的含义一样，如果公安人员面对犯罪分子不去制止而悄悄溜走，就属于法律上的渎职行为，要依法受到法律追究，而一般群众不出面制止犯罪分子则与其职责无关，不会受到法律的追究，最多会受到道义上的谴责。负有组织、指挥或者管理职责的生产经营单位负责人、管理人员、实际控制人、投资人以及其他负有报告职责的人员与一般工人不同，前者不报告事故情况的行为本身就是一种违背业务职责的渎职行为，情节严重的，应当依法追究刑事责任，而后者的不报告事故情况行为本身则不属于渎职行为。最后，在安全生产法的“法律责任”一章中，并没有规定一般工人隐瞒不报、谎报或者拖延不报事故情况的处罚措施，也反映出了立法机关对本罪主体进行严格限定的立法精神①。将一般工人排除在本罪犯罪主体之外，符合罪刑法定主义和刑法的谦抑性原则。

另外，《关于办理危害生产安全刑事案件的解释》第九条还规定：“在安全事故发生后，与负有报告职责的人员串通，不报或者谎报事故情况，贻误事故抢救，情节严重的，依照刑法第一百三十九条之一的规定，以共犯论处。”据此，负有报告职责的人员以外的其他人员虽然不符合本罪主体条件，但其在与负有报告职责的人员串通实施不报、谎报事故行为的情况下，也可以构成本罪。

（四）本罪的主观方面到底是故意还是过失，理论和实践中争议较大，归纳起来，主要有三种观点。第一种观点可称为“过失说”，认为本罪的主观方面是过失。第二种观点可称为“故意说”，其中有意见将本罪的罪过形式限定为直接故意，也有意见以《关于办理危害矿山生产安全刑事案件的解释》中的相关规定为依据，认为行为人对犯罪结果中“导致事故后果扩大”部分为间接故意，对“致使不能及时有效开展事故抢救”部分为直接故意。第三种主张可称为“复合说”，认为本罪的罪过形式既可以是过失，也可以是间接故意甚至是直接故意。上述各种观点争持不下，争议的焦点主要有两个方面：一是对于行为人对“贻误事故抢救”这一客观构成要件事实的认识上属于故意还是过失，持有不同态度。二是从刑法的规定方式来看，刑法将本罪排列在11个过失犯罪之后，法定刑与大部分过失犯罪基本相同，甚至比工程重大安全事故罪的法定刑更轻，如果将本罪作为故意犯罪处理，法定刑配置似乎过轻。

研究认为，本罪属于故意犯罪，主观方面应为故意，理由有以下几个方面：首先，刑法理论一般认为，判断行为人主观罪过形式的标准，是其对行为造成的危害后果所持心理态度。根据刑法的规定，“贻误事故抢救”是本罪的危害结果，行为人在安全事故发生后不报、谎报事故情况，对产生贻误事故抢救的结果至少应持放任的间接故意心态，而不可能持过失心态。其次，

① 参见黄太云：《〈刑法修正案（六）〉立法解读》，载《公检法司通用最新刑事办案实用手册》，中国工人出版社、人民法院出版社2007年版，第109－110页。

《关于办理危害生产安全刑事案件的解释》第九条明确规定了本罪的共犯情形，而我国刑法只承认共同故意犯罪，不承认共同过失犯罪。再次，从刑法的立法体例来看，并不排斥在同一章节甚至同一条文中同时规定故意犯罪和过失犯罪，甚至有可能对故意犯罪和过失犯罪设置相同的法定刑，例如，刑法第三百九十八条就同时规定了故意泄露国家秘密罪和过失泄露国家秘密罪，且适用完全相同的法定刑。最后，不同的故意犯罪和过失犯罪的法定刑不能进行简单类比，特别是在危害公共安全犯罪中，有的过失犯罪的社会危害性并不一定比故意犯罪小，单纯以配备的法定刑较低为由认定本罪是过失犯罪，不具有说服力。

三、司法认定

（一）本罪与其他生产安全责任事故犯罪的罪数界定

本罪成立的前提条件是发生了安全事故，因此，刑法分则第二章规定的其他生产安全责任事故犯罪都有可能成为本罪的上游犯罪，相关生产安全责任事故犯罪的主体也有可能与本罪中负有报告职责的人员范围存在重合。有意见认为，如果行为人实施了刑法分则第二章规定的其他生产安全责任事故犯罪行为，造成了重大安全事故，该行为实施完毕之后，对公共安全法益的侵害通常会持续一段时期，其间如果再实施不报、谎报安全事故情况的行为，并不会造成新的法益损害，不宜另行单独进行法律评价，只能认定为上游犯罪一罪，并将不报、谎报安全事故情况的行为作为量刑情节予以考虑。

研究认为，上述意见难以成立。在同一行为人同时实施其他生产安全责任事故犯罪行为和不报、谎报安全事故犯罪行为的情况下，原则上应当数罪并罚。理由在于：首先，认定是否构成犯罪和构成犯罪的数量，必须坚持以犯罪构成要件标准，行为人实施的行为满足一个犯罪构成的，原则上应当认定为一罪；在行为人同时实施了其他生产安全责任事故犯罪行为和不报、谎报安全事故情况行为两个独立的犯罪行为的情况下，如果仅认定为上游犯罪一罪，难以对其实施的两个犯罪行为实现充分的法律评价。其次，不报、谎报安全事故行为并非行为人先前实施的其他生产安全责任事故犯罪行为的必然延续，而是前一行为造成法益侵害结果之后，行为人基于利益权衡和自由意志选择实施的新的独立的行为，且部分生产安全责任事故犯罪并不属于状态犯，并不存在以不报、谎报安全事故情况的行为方式持续侵害同一法益的情形。

（二）本罪与故意伤害罪、故意杀人罪的界限

本罪在客观方面仅限于不报或谎报安全事故情况的行为，不包括采取积极行为阻挠事故抢救的情况。在安全事故发生后，因为自身职责或因为自己的先前行为负有救助他人生命、身体义务的相关人员，如果不仅不履行救助义务，反而采取积极行为阻挠开展事故抢救，或者采取其他危及他人人身安全的行为，例如故意隐匿、遗弃事故受伤人员，因而导致他人死亡、重伤或者残疾的，表明其对相关人员死亡、受伤的危害结果持故意心态，应依法认定为故意杀人罪或者故意伤害罪，不应再认定为本罪。《关于办理危害生产安全刑事案件的解释》第十条对此作了明确规定："在安全事故发生后，直接负责的主管人员和其他直接责任人员故意阻挠开展抢救，导致人员死亡或者重伤，或者为了逃避法律追究，对被害人进行隐藏、遗弃，致使被害人因无法得到救助而死亡或者重度残疾的，分别依照刑法第二百三十二条、第二百三十四条的规定，以故意杀人罪或者故意伤害罪定罪处罚。"

（三）本罪与滥用职权罪、玩忽职守罪的界限

行为人不履行自身负有的法定报告职责，不报、谎报安全事故情况，也可以归入广义的渎职行为的范畴。有意见认为，本罪与滥用职权罪和玩忽职守罪构成交叉竞合关系，且本罪法条属于特别法条，滥用职权罪和玩忽职守罪法条属于一般法条，对事故负有报告职责的国家机关工作人员不报、谎报安全事故情况的，应当以特别法条即本罪论处。

研究认为，这种意见值得商榷。实际上，关于此问题的争论由来已久。在《关于办理危害矿山生产安全刑事案件的解释》起草过程中，就有意见提出，应当将刑法第一百三十九条之一关于本罪的规定看作是刑法第三百九十七条关于滥用职权罪和玩忽职守罪的规定的特别规定，对国家机关工作人员不报、谎报安全事故情况的行为以本罪论处。但是，经慎重考虑后，《关于办理危害矿山生产安全刑事案件的解释》和《关于办理危害生产安全刑事案件的解释》两个司法解释均将本罪的主体限定为生产经营单位中的组织、指挥、管理人员，将国家机关工作人员排除在外。在此情况下，生产经营单位中负有报告职责的人员不报、谎报事故情况的，应当依法认定为本罪，而生产经营单位之外的国家机关工作人员违反规定不报、谎报安全事故情况的，只能构成滥用职权罪或者玩忽职守罪，本罪与滥用职权罪和玩忽职守罪并不存在法条竞合关系。

四、刑事责任

根据《刑法》第一百三十九条之一的规定，在安全事故发生后，负有报告职责的人员不报或者谎报事故情况，贻误事故抢救，情节严重的，处三年以下有期徒刑或者拘役；情节特别严重的，处三年以上七年以下有期徒刑。

根据《关于办理危害生产安全刑事案件的解释》第八条第一款的规定，具有下列情形之一的，应当适用本罪第一个量刑档次，判处三年以下有期徒刑或者拘役：（一）导致事故后果扩大，增加死亡一人以上，或者增加重伤三人以上，或者增加直接经济损失一百万元以上的；（二）实施下列行为之一，致使不能及时有效开展事故抢救的：（1）决定不报、迟报、谎报事故情况或者指使、串通有关人员不报、迟报、谎报事故情况的；（2）在事故抢救期间擅离职守或者逃匿的；（3）伪造、破坏事故现场，或者转移、藏匿、毁灭遇难人员尸体，或者转移、藏匿受伤人员的；（4）毁灭、伪造、隐匿与事故有关的图纸、记录、计算机数据等资料以及其他证据的；（三）其他情节严重的情形。根据该条第二款的规定，具有下列情形之一的，应当适用本罪第二个量刑档次，判处三年以上七年以下有期徒刑：（1）导致事故后果扩大，增加死亡三人以上，或者增加重伤十人以上，或者增加直接经济损失五百万元以上的；（2）采用暴力、胁迫、命令等方式阻止他人报告事故情况，导致事故后果扩大的；（3）其他情节特别严重的情形。

实践中还应当注意，本罪是选择性罪名，行为人如果实施了不报安全事故行为，应认定为不报安全事故罪；如果实施了谎报安全事故行为，应认定为谎报安全事故罪；如果同时实施了不报安全事故和谎报安全事故两种行为，应依法认定为不报、谎报安全事故罪，不应数罪并罚。

第二编

生产安全责任事故犯罪典型案例

1. 生产安全责任事故犯罪如何正确认定自首和适用禁止令及职业禁止措施

——刘涛、张亮、王科学重大责任事故案

一、基本案情

被告人刘涛，男，1982 年 10 月 24 日出生，山东海明化工有限公司双氧水车间副主任。2015 年 10 月 23 日因涉嫌犯重大劳动安全事故罪被逮捕。

被告人张亮，男，1980 年 2 月 14 日出生，山东海明化工有限公司副总经理，分管生产、质检工作。2015 年 10 月 23 日因涉嫌犯重大劳动安全事故罪被逮捕，2016 年 2 月 2 日被监视居住。

被告人王科学，男，1970 年 11 月 15 日出生，山东海明化工有限公司总经理。2015 年 11 月 20 日因涉嫌犯重大劳动安全事故罪被逮捕，2016 年 2 月 2 日被监视居住。

山东省滨州市沾化区人民检察院以被告人刘涛、张亮、王科学犯重大劳动安全事故罪，向滨州市沾化区人民法院提起公诉。

被告人刘涛及其辩护人提出，刘涛对爆炸事故导致多人伤亡结果所负责任较小，且在事故发生后积极参与事故抢救，接办案机关电话通知后自行到案，依法构成自首，请求从轻、减轻处罚。

被告人张亮及其辩护人提出，爆炸发生时张亮未在现场，此次爆炸事故系现场工作人员违规操作所致；事故发生后积极参与施救工作，接办案机关电话通知后自行到案，依法构成自首。

被告人王科学及其辩护人提出，事故发生前王科学已经明确提出更换设备要听取设备设计单位的意见，在离开车间办公室安排人员联系设备设计单位期间发生爆炸事故；有积极组织事故抢救和自首的从轻情节，请求从宽处罚。

滨州市沾化区人民法院经审理查明：山东海明化工有限公司（以下简称海明公司）双氧水车间氧化塔在试用期间出现故障，导致新触媒投产使用氢效偏低。2015 年 3 月 17 日下午，双氧水车间主任陈志亮（在事故中死亡）、双氧水车间副主任被告人刘涛、技术专工魏宏强和触媒供货单位烟台百川汇通科技有限公司技术员邓世盟（均在事故中受伤）经讨论分析，初步商定采用在氧化塔中塔分配盘上加装筛板的方式解决故障。次日8时许，陈志亮、刘涛、魏宏强、邓世盟、海明公司电仪设备科副科长张传绪（在事故中受伤）以及海明公司副总经理被告人张亮、总经理被告人王科学一起在双氧水车间办公室商量对氧化塔下塔上部空间进行测量，以便确定尺寸后加设中塔工作液进口分配设施。其间，王科学提出更改设备要听取设备设计单位的意见，并离开车间办公室安排人员与设备设计单位进行联系，魏宏强也中途离开办公室。当日8时40分许，在未采取有效措施隔绝下塔与生产管线连接、未充分置换塔内气体、未对塔内气体进行检测的情况下，陈志亮安排双氧水车间维修班班长李荣超、辅助主操作工王长军（均在事故中死亡）违规开启下塔上部人孔。9时22分，陈志亮、张传绪、邓世盟、张亮、刘涛以及海明公司生产技术科科长吴振西（在事故中死亡）等人到装置三层平台查看测量情况，后张亮、刘涛离开。9时46分，氧化塔下塔中部发生爆炸，导致李荣超在下塔内死亡，王长军在中塔与下塔裙座空间内死亡，陈志亮和吴振西被爆炸气体冲出平台坠落地面死亡，邓世盟和张传绪被爆炸火焰灼伤。事故共计造成财产损失91949.82元。事故发生后，刘涛、张亮和王科学立即赶到现场开展事故抢救工作。公安机关立案侦查后，经电话传唤，刘涛、张亮、王科学自行到案并如实供述了犯罪事实。海明公司与四名死者的亲属达成赔偿协议，并全额支付了赔偿款。

经事故调查组调查认定，海明公司双氧水车间氧化塔“3·18”较大爆炸事故是一起生产安全责任事故。造成事故的直接原因是企业有关工作人员在未采取有效隔绝、置换措施的情况下进入氧化塔下塔作业。造成事故的间接原因是海明公司安全生产主体责任落实不到位。其中，刘涛作为海明公司双氧水车间副主任，对事故负有直接责任；张亮和王科学作为海明公司副总经理和总经理，均对事故负有主要责任。

滨州市沾化区人民法院认为，被告人刘涛、张亮、王科学在生产、作业中违反有关安全管理的规定，因而发生重大伤亡事故，情节特别恶劣，其中刘涛系直接从事生产、作业的人员，张亮、王科学系对生产、作业负有组织、指挥、管理职责的管理人员，三人行为均已构成重大责任事故罪。刘涛、张亮、王科学在公安机关立案后经电话传唤到案，如实供述所犯罪行，依法构成自首。三人在事故发生后第一时间赶到事故现场开展施救工作，事故单位海明公司已经赔偿被害人及亲属的经济损失，且此次事故发生的主要原因是现场工作人员违规作业，直接指挥、决策者陈志亮已经在事故中死亡，三被告人对事故发生所负责任较小，且均有自首情节，综合全案情况，对刘涛可以从轻处罚，对张亮、王科学可以减轻处罚。根据张亮、王科学的悔罪表现，适用缓刑没有再犯罪的危险，依法可以适用缓刑。据此，依照《中华人民共和国刑法》第一百三十四条第一款、第三十七条之一、第六十七条第一款、第七十二条第一、二款和《最高人民法院、最高人民检察院关于办理危害生产安全刑事案件适用法律若干问题的解释》第一条、第七条第一款第一项、第十六条之规定，判决如下：

1. 被告人刘涛犯重大责任事故罪，判处有期徒刑三年；被告人张亮犯重大责任事故罪，判处有期徒刑二年，缓刑二年；被告人王科学犯重大责任事故罪，判处有期徒刑一年，缓刑一年。

2. 禁止被告人刘涛自刑罚执行完毕之日或者假释之日起三年内从事与安全生产相关的职业；禁止被告人张亮、王科学在缓刑考验期内从事与安全生产相关联的活动。

一审宣判后，被告人张亮、王科学服判不上诉。被告人刘涛不服，上诉提出，一审判决量刑过重，请求从轻改判，适用缓刑。刘涛的辩护人提出的辩护意见与上诉理由相同。

滨州市中级人民法院经审理认为，一审认定的事实清楚，证据确实、充分，上诉人刘涛和原审被告人张亮、王科学的行为均构成重大责任事故罪。关于刘涛及其辩护人提出的一审量刑过重、请求适用缓刑的上诉理由和辩护意见，经查，刘涛作为海明公司双氧水车间分管车间设备管理工作的副主任，对车间设备设施的维护、保养和定期检测负有最直接的管理责任，此次事故发生前，刘涛积极参与违规更改氧化塔工艺及设备、设施，未及时制止他人违章进入受限空间作业，在主要职责范围内未能尽职尽责，系导致事故发生的直接责任人，且在明知违规作业的情况下，于案发后试图补办受限空间作业证，社会危害性大，不符合缓刑的适用条件。一审依据刘涛及张亮、王科学案发后具有自首情节、认罪态度好等情况，已经依法对三人从轻或者减轻处罚，量刑均无不当，对刘涛的上诉理由和其辩护人提出的辩护意见不予采纳。本案发生时，《中华人民共和国刑法修正案（九）》尚未施行，根据从旧兼从轻原则，一审判决对刘涛适用职业禁止措施，属于适用法律错误，应予纠正。据此，依照《中华人民共和国刑法》第一百三十四条第一款、第十二条、第六十七条第一款、第七十二条第一、二款和《中华人民共和国刑事诉讼法》第二百二十五条第一款第二项之规定，判决如下：

1. 维持一审判决第一项中对上诉人刘涛和原审被告人张亮、王科学的定罪量刑部分以及第二项中对张亮、王科学的禁止令部分。

2. 撤销一审判决第二项中对上诉人刘涛的职业禁止措施部分。

二、主要问题

1. 如何正确认定《关于办理危害生产安全刑事案件的解释》的时间效力？

2. 犯罪嫌疑人接办案机关电话传唤后自行到案并如实供述自己的罪行的行为是否构成自首？

3. 对生产安全责任事故犯罪分子如何正确适用禁止令和职业禁止措施？

三、裁判理由

本案涉及实体和程序方面的多个问题，处理过程中存在较大争议，简要分析如下：

（一）《关于办理危害生产安全刑事案件的解释》对公布施行前发生的犯罪行为具有溯及力

本案犯罪行为的发生时间为2015年3月17日，犯罪行为发生时《关于办理危害生产安全刑事案件的解释》尚未公布施行；一审判决作出日期为2016年2月2日，此时《关于办理危害生产安全刑事案件的解释》已经生效。对于本案能否适用《关于办理危害生产安全刑事案件的解释》规定的定罪量刑标准，案件处理过程中存在两种意见。

第一种意见认为，根据刑法中的从旧兼从轻原则，本案犯罪行为发生时《关于办理危害生产安全刑事案件的解释》尚未生效，故该解释关于定罪量刑标准的相关规定内容不能适用于本案，亦不能在判决书中引用《关于办理危害生产安全刑事案件的解释》，仍应根据《关于进一步加强危害生产安全刑事案件审判工作的意见》的规定精神，参照适用《关于办理危害矿山生产安全刑事案件的解释》。

第二种意见认为，司法解释与法律的时间效力不同，不受从旧兼从轻原则的限制，本案一审判决作出时《关于办理危害生产安全刑事案件的解释》已经生效，该解释的规定内容可以适用于本案，并可作为裁判理由在判决书中直接引用。

我们赞同第二种意见，本案可以适用《关于办理危害生产安全刑事案件的解释》。之所以对这个问题产生分歧，原因在于对刑法规定的从旧兼从轻原则和刑事司法解释性质的理解存在差别。根据刑法第十二条的规定，中华人民共和国成立以后刑法施行以前的行为，如果当时的法律不认为是犯罪的，适用当时的法律；如果当时的法律认为是犯罪的，依照刑法总则第四章第八节的规定应当追诉的，按照当时的法律追究刑事责任，但是如果刑法不认为是犯罪或者处刑较轻的，适用刑法。本条规定确立了刑法中的从旧兼从轻原则，理论上也称为相对的行为时法主义，即对犯罪行为原则上应当按照案发当时的刑法规定进行处罚，但是，如果裁判时刑法规定的处罚轻于行为时法时，则应当按照裁判时刑法的规定处罚。相对的行为时法主义蕴含的内在法理在于，刑法应当提供明确的行为指引预期，不能对行为人施以其行为时无法知晓和预见的新的刑罚后果，除非基于人道主义的考虑，适用新法更加有利于行为人时，才可以突破适用行为时法的限制。

应当注意的是，从旧兼从轻原则中所谓的行为时法和裁判时法，均是指法律而言的，不应当包括司法解释。根据立法法第一百零四条的规定，最高人民法院、最高人民检察院作出的属于审判、检察工作中具体应用法律的解释，应当主要针对具体的法律条文，并符合立法的目的、原则和原意。据此，司法解释是最高人民法院和最高人民检察院对审判、检察工作中具体应用法律问题所作的具有法律效力的解释，附属于其解释的具体刑法条文，不是独立的法律渊源，其时间效力应与作为其解释对象的刑法的时间效力相同，适用于刑法的整个施行期间。如果刑事司法解释和刑法同时公布施行，一般不会存在争议。但是，实践中刑事司法解释往往在刑法施行一段时间后才出台，从而造成司法解释的施行时间晚于刑法的情况。这种情况下，应当认定司法解释适用于刑法施行之后发生的所有犯罪行为，即使该犯罪行为发生时司法解释尚未施行。也就是说，司法解释对刑法施行后发生的犯罪行为均具有溯及力。对于这个问题，2001 年《最高人民法院、最高人民检察院关于适用刑事司法解释时间效力问题的规定》作出了明确规定。该规定第二条指出："对于司法解释实施前发生的行为，行为时没有相关司法解释，司法解释施行后尚未处理或者正在处理的案件，依照司法解释的规定办理。"

本案中，刘涛、张亮、王科学违反有关安全管理的规定，导致发生重大伤亡事故时，刑法已经生效。虽然行为发生当时《关于办理危害生产安全刑事案件的解释》尚未公布施行，但该解释关于重大责任事故罪定罪量刑标准的规定内容可以适用于本案。根据《关于办理危害生产安全刑事案件的解释》第七条第一款第一项的规定，在生产、作业中违反有关安全管理的规定，造成死亡三人以上或者重伤十人以上，负事故主要责任的，对相关责任人员，处三年以上七年以下有期徒刑。刘涛、张亮、王科学均对此次事故负主要责任，所犯重大责任事故罪对应的法定刑为三到七年有期徒刑。一、二审判决的认定正确。

（二）犯罪嫌疑人接办案机关电话传唤后自行到案并如实供述自己的罪行的行为，依法构成自首

在生产安全责任事故犯罪以及相关渎职犯罪中，办案机关经调查确定相关人员具有犯罪嫌疑后，采用电话方式进行传唤，嫌疑人接电话传唤后自行到案接受调查并如实供述自己的罪行的，是否可以认定为自首，实践中存在争议。肯定的意见认为，这种情况下，办案机关并未对嫌疑人采取强制措施，嫌疑人在有条件潜逃的情况下选择自行到案，主动将自己置于司法机关的控制之下，具有投案的主动性和自愿性，依法应当认定为自首。否定的意见认为，传唤属于刑事诉讼法规定的调查措施，电话传唤是口头传唤的一种具体方式，在办案机关采取传唤措施的情况下，已经确定被传唤人具有重大作案嫌疑，只是因为无采取强制措施的必要，才未采取拘传等强制措施，被传唤人接办案机关电话传唤后才到案接受调查，已经丧失了投案的主动性和自愿性，不能认定为自首。

我们认为，根据刑法和司法解释的规定，犯罪嫌疑人接到办案机关电话传唤后自行到案的行为可以认定为自动投案，到案后如实供述自己的罪行的，应当依法认定为自首。主要理由有以下两个方面：

首先，传唤不属于刑事诉讼法规定的强制措施，对犯罪嫌疑人不具有强制性。根据1998年《最高人民法院关于处理自首和立功具体应用法律若干问题的解释》的规定，自动投案，是指犯罪事实或者犯罪嫌疑人未被司法机关发觉，或者虽被发觉，但犯罪嫌疑人尚未受到讯问、未被采取强制措施时，主动、直接向公安机关、人民检察院或者人民法院投案。根据刑事诉讼法的规定，传唤是指办案机关采取书面或者口头形式通知犯罪嫌疑人在指定的时间到指定的地点接受讯问的一种诉讼行为，采取传唤措施时不得适用戒具。传唤不属于强制措施，强调的是被传唤人到案行为的主动性，只有对经依法传唤无正当理由拒不到案的犯罪嫌疑人，才可以采取拘传等强制措施。可见，传唤不具有强制性，与拘传等强制措施存在本质上的区别。办案机关对犯罪

嫌疑人采取传唤措施，符合《最高人民法院关于处理自首和立功具体应用法律若干问题的解释》规定的“犯罪嫌疑人尚未受到讯问、未被采取强制措施”的时间要求。

其次，经传唤自行到案的犯罪嫌疑人具有归案的主动性和自愿性。刑法规定对具有自首情节的犯罪人从宽处罚的立法目的，在于鼓励犯罪嫌疑人在具有意志自由和选择机会的情况下，自愿将自己主动置于司法机关的控制之下，接受国家法律的处理，因此，犯罪嫌疑人要成立自动投案，归案方式须具有主动性和自愿性。在犯罪嫌疑人受到办案机关传唤、特别是采取电话传唤方式的情况下，其并未受到办案机关的强制力控制，电话传唤的情况下亦无办案人员在场，此时犯罪嫌疑人具有很大的自主选择余地，可以选择不到案或者负罪潜逃，也可以选择自行归案。如果犯罪嫌疑人选择自行归案，说明其主观上具有将自己置于司法机关控制之下、接受国家法律处理的主观意图，足以认定其具有归案的主动性和自愿性，符合刑法和相关司法解释规定的自动投案条件，归案后如实供述自己的犯罪事实的，可以依法认定为自首。

在肯定犯罪嫌疑人接到办案机关电话传唤后自行到案并如实供述自己犯罪事实的行为构成自首的前提下，还需要注意其与其他类型自首行为之间存在的差别，量刑时正确把握从宽幅度。根据刑法的规定，对于自首的犯罪分子，可以从轻或者减轻处罚，其中犯罪较轻的，可以免除处罚。对于具有自首情节的犯罪分子，是否可以从轻、减轻或者免除处罚，需要结合案情进行具体分析，重点考察其归案时的客观条件以及投案主动性和自愿性的强弱程度。与犯罪行为尚未被司法机关发觉，或者虽然已经被发觉、但尚未接到办案机关电话传唤即自动投案的情形相比，犯罪嫌疑人在接到办案机关电话传唤后再自行到案，反映出其主观上具有一定的侥幸心理，投案的主动性和自愿性明显偏弱，量刑时的从宽幅度应当适当从严把握，慎重适用减轻处罚和免除处罚。

本案中，刘涛、张亮、王科学在接到公安机关的电话传唤通知后，自行赶到公安机关办案地点接受讯问，并如实供述了自己的犯罪事实，依法构成自首。同时，一、二审法院综合考虑三人的归案方式和犯罪情节，对事故直接责任人刘涛依法予以从轻处罚，以重大责任事故罪判处有期徒刑三年；对不负事故直接责任的张亮和王科学依法减轻处罚，分别判处有期徒刑二年、缓刑二年和有期徒刑一年、缓刑一年，量刑适当。

（三）对生产安全责任事故犯罪分子可以依法适用禁止令和职业禁止措施

犯罪人在刑罚执行完毕后仍然有可能再次犯罪，怎样预防犯罪人再次犯罪，是一个重大的理论和实践问题。为了保护人民群众的人身和财产安全，维护社会稳定，防止犯罪人再次犯罪，在刑法中明确设置职业禁止方面的规定，是许多法制发达国家的成熟做法。我国刑法中关于职业禁止方面的规定相对较少，而且起步较晚，1997 刑法中没有设置专门性规定。为了帮助被判处缓刑的犯罪分子改过自新，防止其再次犯罪，2011 年出台的《刑法修正案（八）》增设的刑法第七十二条第二款规定，对于判处缓刑的犯罪分子，可以根据犯罪情况，同时禁止其在缓刑执行期间从事特定活动，进入特定区域、场所，接触特定的人。上述规定确立了缓刑考验期内的禁止令制度，对于提升缓刑的执行效果、防止犯罪分子在缓刑考验期内再次实施违法犯罪活动，发挥了积极作用，但是，由于只能够适用于缓刑犯罪分子，其积极作用无法得到充分发挥。2015 年年底出台的《刑法修正案（九）》规定了刑罚执行完毕和假释后的职业禁止措施，增设的刑法第三十七条之一规定，因为利用职业便利实施犯罪，或者实施违背职业要求的特定义务的犯罪被判处刑罚的，人民法院可以根据犯罪情况和预防再犯罪的需要，禁止其自刑罚执行完毕之日或者假释之日起从事相关职业，期限为三年至五年。

我们认为，生产安全责任事故犯罪均属于生产经营业务活动领域中发生的责任过失类犯罪，犯罪人都是负有特定职业义务、具有特定职业身份的人员，这些人员违背职业要求，不履行或者不正确履行特定义务，最终引发严重事故后果，符合刑法规定的禁止令和职业禁止措施的适用条件。因此，《关于办理危害生产安全刑事案件的解释》对生产安全责任事故犯罪中的禁止令和职业禁止措施的适用问题作出了专门规定。该解释第十六条规定，对于实施了此类犯罪被依法适用缓刑的犯罪分子，可以根据犯罪情况，禁止其在缓刑考验期限内从事与安全生产相关联的特定活动；对于被判处刑罚的犯罪分子，可以根据犯罪情况和预防再犯罪的需要，禁止其自刑罚执行完毕或者假释之日起三年到五年内从事与安全生产相关的职业。这是司法解释第一次同时规定禁止令和职业禁止措施，具有重要的理论和实践意义。根据刑法和司法解释的规定，对生产安全责任事故犯罪分子适用禁止令和执行禁止措施，需要注意把握以下两个方面的问题：

首先，关于禁止令和职业禁止措施的具体内容。为起到预防再犯的效果，禁止令和职业禁止措施的内容应当具有针对性。刑法规定的缓期考验期内的禁止令包括三种，即从事特定活动禁止令、进入特定区域场所禁止令和接触特定人禁止令。对于生产安全责任事故犯罪分子，通常情况下适用禁止特定活动禁止令即可，可以根据犯罪的具体情况，禁止其在缓刑考验期限内从事与安全生产相关联的特定活动。对于被判处刑罚的犯罪分子，可以禁止其自刑罚执行完毕或者假释之日起的一段时期内从事与安全生产相关的职业。此处所称“与安全生产相关联的特定活动”和“与安全生产相关的职业”，是指直接从事一线生产、作业活动，或者担任相关生产经营单位的负责人、管理人员、实际控制人、投资人等具有组织、指挥、管理职权的职业。

其次，关于刑法规定的职业禁止措施与行政法律、法规中职业限制规定的关系。《刑法》第三十七条之一第三款规定：“其他法律、行政法规对其从事相关职业另有禁止或者限制性规定的，从其规定。”《安全生产法》第九十一条对生产经营单位主要负责人的职业限制作出了明确规定。该条规定，生产经营单位的主要负责人因未履行安全生产管理职责受到刑事处罚或者撤职处分的，自刑罚执行完毕或者受处分之日起，五年内不得担任任何生产经营单位的主要负责人；对重大、特别重大生产安全事故负有责任的，终身不得担任本行业生产经营单位的主要负责人。根据以上规定，对于生产经营单位主要负责人的职业限制和禁止措施，安全生产法的规定与刑法不一致，且规定内容比刑法更为严格。因此，根据《刑法》第三十七条之一第三款的规定，生产经营单位的主要负责人构成生产安全责任事故犯罪、应当适用职业禁止措施的，直接适用安全生产法的规定即可。

本案中，张亮、王科学均被以重大责任事故罪判处缓刑，一、二审法院根据刑法和司法解释的规定，对二人依法判决适用禁止令，禁止其在缓刑考验期内从事与安全生产相关联的活动，适用法律正确；刘涛因未履行安全生产管理职责受到刑事处罚，但其案发时的职务是海明公司双氧水车间副主任，不属于生产经营单位的主要负责人，不适用《安全生产法》第九十一条关于自刑罚执行完毕或者受处分之日起五年内不得担任任何生产经营单位主要负责人的规定。一审法院对刘涛判决适用《刑法》第三十七条之一的规定，禁止其自刑罚执行完毕之日或者假释之日起三年内从事与安全生产相关的职业，符合刑法增设职业禁止措施的立法精神，但未注意到刑法的时间效力问题。刘涛实施犯罪行为时，《刑法修正案（九）》尚未公布施行，《刑法》第三十七条之一尚未生效，对刘涛适用职业禁止措施，违反了从旧兼从轻原则，造成了对犯罪人的不利法律后果。二审法院认定一审对刘涛适用职业禁止措施属于适用法律错误、依法予以撤销，是正确的。

（撰稿：最高人民法院刑四庭　李加玺）

2. 如何正确区分以危险方法危害公共安全罪和强令违章冒险作业罪

——李新军、韩二军等人以危险方法危害公共安全案

一、基本案情

被告人李新军，男，1963 年 8 月 5 日出生，河南省平顶山市新华区四矿矿长。2009 年 10 月 15 日因涉嫌犯强令违章冒险作业罪被逮捕。

被告人韩二军，男，1969 年 5 月 6 日出生，平顶山市新华区四矿股东、技术副矿长。2009 年 10 月 16 日因涉嫌犯强令违章冒险作业罪被逮捕。

被告人侯民，男，1952 年 3 月 28 日出生，平顶山市新华区四矿安全副矿长。2009 年 10 月 5 日因涉嫌犯重大责任事故罪被逮捕。

被告人邓树军，男，1962 年 2 月 9 日出生，平顶山市新华区四矿生产副矿长。2009 年 10 月 5 日因涉嫌犯重大责任事故罪被逮捕。

被告人袁应周，男，1956 年 1 月 17 日出生，平顶山市新华区四矿生产矿长助理。2009 年 10 月 2 日因涉嫌犯重大责任事故罪被逮捕。

河南省平顶山市人民检察院以被告人李新军、韩二军、侯民、邓树军、袁应周犯以危险方法危害公共安全罪、被告人李新军犯伪造事业单位印章罪，向平顶山市中级人民法院提起公诉。

被告人李新军辩解称，自己在新华四矿中不占有股份，不具备安全生产管理职责。其辩护人提出，李新军不是事故第一责任人，仅构成重大劳动安全事故罪，不构成以危险方法危害公共安全罪。

被告人韩二军辩解称，自己只负责后勤工作，不负责安全生产工作。其辩护人提出，韩二军构成重大责任事故罪，不构成以危险方法危害公共安全罪。

被告人侯民及其辩护人提出，侯民的行为仅构成重大责任事故罪，不构

成以危险方法危害公共安全罪，且系从犯，事故发生后积极组织实施抢救，救出多名矿工，请求从轻处罚。

被告人邓树军及其辩护人提出，邓树军不是事故发生时的带班矿长，公诉机关指控其犯以危险方法危害公共安全罪的事实不清、证据不足。

被告人袁应周辩解称，自己不是五职矿长之一，请求从轻处罚。

平顶山市中级人民法院经审理查明：河南省平顶山市新华区四矿（以下简称新华四矿）始建于1993年，2003年通过整体转让方式改制为私营企业。2003年9月，原河南省煤炭工业局批复新华四矿技术改造方案。2004年7月14日，平顶山市煤炭工业局批复新华四矿技改施工方案，并规定施工工期为10个月，技改期间严禁从事与技改无关的工程或假借技改名义组织生产。后经新华四矿三次申请延期，技改工期延长至2008年3月31日。之后，新华四矿未再申请延期，但仍以技改名义组织工人开展井下生产作业，且擅自延伸井筒至已组煤层并形成了生产系统。

自2006年起，被告人李新军担任新华四矿矿长，被告人韩二军受让该矿股权并亲自担任技术副矿长，被告人侯民担任安全副矿长，被告人邓树军担任生产副矿长，被告人袁应周担任生产矿长助理。因新华四矿尚处于技改阶段，没有安全生产许可证，营业执照、煤炭生产许可证等均已过期，且部分管理人员的矿长资格证系李新军指使该矿会计陈建设等人私刻河南理工大学印章后，伪造相关证照领取。新华四矿属于煤与瓦斯突出矿井，2007年曾发生煤与瓦斯突出事故，但李新军、韩二军等人仍违规按照低瓦斯矿井进行管理。2008年，河南省人民政府办公厅下发紧急通知，要求全省范围内30万吨以下矿井全部实行停工停产整顿。2009年年初，平顶山市新华区煤炭工业局多次到新华四矿进行检查，发现该矿存在瓦斯传感器（俗称瓦斯探头）滞后、断线、位置不当等安全问题，遂责令其限期整改。同年3月20日，河南省安全生产领导小组又专门下发文件，明确规定新华四矿为停工停产整改矿井。同年4月23日，平顶山市新华区人民政府批准新华四矿整改方案，规定整改期间每班工人最多入井23人，整改隐患期间禁止组织生产。但新华四矿一直假借入井整改隐患之名违法违规组织生产，每日组织三班工人下井作业，每班下井工人近百名，日产原煤二三百吨。

在长期技改和停工整改期间，被告人李新军、韩二军、侯民、邓树军明知新华四矿属于煤与瓦斯突出矿井，且存在瓦斯严重超标等重大安全隐患，不仅不采取措施解决瓦斯超标问题，反而多次开会要求瓦斯检查员必须确保瓦斯超标时瓦斯传感器不报警，否则将予以罚款，并明确指使瓦斯检查员将井下瓦斯传感器的数据传输线拔脱，或将瓦斯传感器探头置于风筒新鲜风流处，使瓦斯传感器丧失其预警防护功能，并指使他人填写虚假的瓦斯数据报表，使政府监管部门不能及时掌握真实的瓦斯监测数据，从而达到逃避监管、隐瞒重大安全隐患的目的。李新军、韩二军、侯民、邓树军还以罚款相威胁，违规强令大批工人下井采煤。被告人袁应周明知新华四矿井下瓦斯传感器位置不当，不能准确检测瓦斯数据，仍然按照李新军、韩二军的安排，强行组织大批工人下井作业。

2009年9月5日，新华四矿发生冒顶事故。9月7日，新华区煤炭工业局下达限期整改通知书，禁止超量组织人员入井作业。9月8日，被告人侯民、袁应周等人强行组织多达93名矿工下井生产。因矿井下冒顶造成局部通风机停止运转，积聚了大量的高浓度瓦斯，且瓦斯传感器被破坏后无法正常预警，误导瓦斯检查员送风排放瓦斯，使瓦斯浓度达到爆炸界限，煤电钻电缆短路产生高温火源并引发瓦斯爆炸，造成76人死亡、2人重伤、4人轻伤、9人轻微伤的严重后果。事故发生后，袁应周向被告人李新军进行了汇报，并和侯民等人下井查看情况，组织自救。被告人李新军、韩二军、邓树军得知发生事故后先后赶到现场参与救援，李新军还按照规定向新华区煤炭工业局报告了事故情况。

平顶山市中级人民法院认为，被告人李新军、韩二军、侯民、邓树军为谋取非法利益，拒不执行各级监管部门严禁组织生产、责令停工整改等一系列规定，在明知新华四矿存在瓦斯超标等重大安全隐患、随时可能发生瓦斯爆炸等重大事故的情况下，长期置井下工人于高度危险境地之中，并指使他人破坏瓦斯传感器，强令大批工人违章下井作业，导致发生瓦斯爆炸，造成严重人员伤亡事故，其主观上具有放任不特定多数人伤亡后果发生的故意，客观上实施了破坏安全设施、强令工人下井、掩盖安全隐患等一系列积极行为，四人的行为均已构成以危险方法危害公共安全罪。被告人李新军为取得矿长安全资格，指使他人伪造事业单位印章、开具虚假证明，其行为又构成伪造事业单位印章罪，应依法予以并罚。被告人袁应周作为新华四矿生产矿长助理，明知井下存在重大安全隐患，仍违反安全管理规定，强令他人下井违章冒险作业，因而发生重大伤亡事故，其行为已构成强令违章冒险作业罪。根据现有证据，认定袁应周指使瓦斯检查员破坏井下瓦斯传感器的证据不足，公诉机关指控其犯以危险方法危害公共安全罪不能成立。被告人李新军、韩二军、侯民、邓树军构成共同犯罪，其中，李新军、韩二军作为新华四矿的矿长和实际持股人，享有煤矿的经营管理职权，二人为谋取暴利，采取指使他人破坏瓦斯监测设备等危险手段危害公共安全，造成严重后果，应依法严惩，鉴于其属于间接故意犯罪，且案发后及时报告事故情况，积极抢救遇难工人，对二人判处死刑，可不立即执行；侯民、邓树军作为主管安全和生产工作的副矿长，受雇于李新军和韩二军，且在事故发生后积极组织实施抢救，可酌情从轻处罚；袁应周在事故发生后先积极组织实施抢救，后又畏罪潜逃，量刑时均应予以考虑。据此，依照《中华人民共和国刑法》第一百一十五条第一款、第一百三十四条第二款、第二百八十条第二款、第二十五条第一款、第六十九条、第五十七条第一款和第六十四条之规定，判决如下：

1. 被告人李新军犯以危险方法危害公共安全罪，判处死刑，缓期二年执行，剥夺政治权利终身；犯伪造事业单位印章罪，判处有期徒刑二年，决定执行死刑，缓期二年执行，剥夺政治权利终身。

2. 被告人韩二军犯以危险方法危害公共安全罪，判处死刑，缓期二年执行，剥夺政治权利终身。

3. 被告人侯民犯以危险方法危害公共安全罪，判处无期徒刑，剥夺政治权利终身。

4. 被告人邓树军犯以危险方法危害公共安全罪，判处有期徒刑十五年，剥夺政治权利五年。

5. 被告人袁应周犯强令违章冒险作业罪，判处有期徒刑十三年，剥夺政治权利三年。

一审宣判后，被告人李新军、韩二军、侯民、邓树军、袁应周均提出上诉，认为原判认定事实不清、证据不足，适用法律错误，且量刑过重。

河南省高级人民法院经审理认为，一审认定的事实清楚，证据确实、充分，定罪准确。上诉人李新军、韩二军、侯民、邓树军属于共同犯罪，四人在共同犯罪中均起主要作用，均系主犯。李新军、韩二军犯罪性质特别恶劣，罪行极其严重，本应依法严惩，鉴于二人主观上对危害结果的发生持放任态度，案发后又及时报告事故情况，并积极抢救遇难矿工，对二人判处死刑，可不立即执行。据此，依照1996年修订的《中华人民共和国刑事诉讼法》第一百八十九条第一项之规定，裁定驳回上诉，维持原判，并依法核准第一审对李新军、韩二军分别判处死刑，缓刑二年执行，剥夺政治权利终身的判决。

二、主要问题

1. 如何区分以危险方法危害公共安全罪和强令违章冒险作业罪？
2. 如何对以危险方法危害公共安全罪正确量刑？

三、裁判理由

（一）被告人李新军、韩二军、侯民、邓树军的行为应依法认定为以危险方法危害公共安全罪

煤炭是我国现阶段利用的主要能源类型。长期以来，由于客观上生产技术条件的限制和主观上安全管理意识的落后，在煤矿开采生产作业过程中，生产安全事故不断出现，导致群死群伤严重结果的重特大事故时有发生，严重侵害了人民群众的合法权益，造成了不良社会影响。为确保生产作业安全，保护人民群众合法权益，对于煤矿生产安全事故中存在的违法犯罪行为，必须依法予以严厉打击。

河南省平顶山市新华四矿“9·8”特大瓦斯爆炸事故，造成了极为惨重的人身伤亡结果和经济损失。事故发生一年之后，河南省平顶山市中级人民法院依法作出一审判决，依法以以危险方法危害公共安全罪对被告人李新军、韩二军等四名被告人判处刑罚。判决公布之后，引起各方密切关注和热烈讨论，总体对判决结果表示认同和支持，但也有不同意见提出，对于煤矿生产经营过程中违反安全管理规定、造成重大人员伤亡的行为，原则上应当认定为责任事故类犯罪，以重大责任事故罪或者强令违章冒险作业罪等业务过失犯罪罪名定罪处罚即可，将类似行为认定为以危险方法危害公共安全罪，法律依据不足。

的确，实践中司法机关对于在煤矿、非煤矿金属矿山领域生产经营活动中发生的违反安全管理规定、导致发生生产安全事故的行为，大多数均认定为重大责任事故罪等业务过失犯罪罪名。但是，刑法规定的重大责任事故罪的法定最高刑仅为有期徒刑七年，刑期总体过低，对于一些采取强制性手段，强令一线生产、作业人员在危险工作环境中违章冒险作业，给人民群众生命健康、公共和个人财产造成严重损失的行为，难以起到严厉打击、遏制犯罪的效果。为此，2006 年出台的《刑法修正案（六）》专门增设了强令违章冒险作业罪，将强令他人违章冒险作业犯罪行为的法定最高刑提高至有期徒刑十五年，大幅加重了刑罚打击力度。本案中，就有意见提出，对于李新军、

韩二军等被告人认定为强令违章冒险作业罪，完全可以做到罪责刑相适应，不宜适用以危险方法危害公共安全罪这一故意犯罪罪名，否则不符合刑法谦抑性的原则要求。

我们认为，这种意见值得商榷。刑法的谦抑性原则主要体现在立法环节，而不能简单适用于司法环节。在具体案件处理过程中，认定被告人构成哪个罪名，应当严格依据刑法规定的犯罪构成要件进行判断。具体来讲，在强令违章冒险作业罪和以危险方法危害公共安全罪这两个罪名中，行为人都可能实施采用罚款、恐吓等方式强制他人违章冒险作业的行为，且都有可能造成重大人员伤亡和巨额经济损失等严重事故后果。但是，行为人在实施上述行为时，对危害后果的发生所持主观心态是完全不同的。强令违章冒险作业罪是过失犯罪，行为人虽然故意实施强令行为，但主要目的是追逐高额利润，主观上不希望、也不会放任人身伤亡等危害后果的发生，人身伤亡后果的发生完全超出行为人的主观意愿。因此，在强令违章冒险作业罪中，行为人对危害后果的发生只能持过失心态，而且一般是过于自信的过失心态。而以危险方法危害公共安全罪属于故意犯罪，行为人对危害结果的发生持故意心态，其中包括直接故意和间接故意两种形式。本案中，李新军、韩二军等被告人明显对危害结果的发生并不具有直接故意，很难想象以营利为目的的生产经营者会希望和积极追求发生本单位职工伤亡的危害结果。认定李新军、韩二军等被告人构成强令违章冒险作业罪还是以危险方法危害公共安全罪，重点在于考察其主观心态属于过于自信的过失还是间接故意。

根据刑法规定，行为人应当预见到自己的行为可能发生危害社会的结果，已经预见而轻信能够避免，以致发生这种结果的，是过于自信的过失犯罪；行为人明知自己的行为会发生危害社会的结果，并且放任这种结果发生，因而构成犯罪的，是间接故意犯罪。刑法理论一般认为，过于自信的过失和间接故意的区别主要体现在两个方面。首先，在认识因素方面，间接故意行为人实施的行为具有导致危害结果发生的高度盖然性，而过于自信的过失行为人的行为导致危害结果发生的可能性较低；其次，在意志因素方面，间接故意行为人对危害结果的发生持不管不顾的放任心态，而过于自信的过失行为人对危害结果的发生持排斥心态。根据上述标准，可以认定本案中李新军、韩二军、侯民、邓树军等四名被告人对危害结果的发生持间接故意心态，应依法认定为以危险方法危害公共安全罪。

首先，在认识因素方面，李新军、韩二军等四被告人的行为具有导致危害结果发生的高度盖然性。煤矿开采属于高度危险性的行业，特别是在技术条件和安全措施不达标的情况下，其危险性更加突出。在影响煤矿安全的众多因素中，尤以瓦斯的危险性最高，被称为“煤矿安全第一杀手”。煤矿井下一旦发生瓦斯爆炸事故，极易引发重大人员伤亡。因此，我国政府监管部门对煤矿井下瓦斯监测和防控设置了极为严格的安全技术标准，强制要求煤矿井下必须安装瓦斯报警器，并且对瓦斯报警器的安装位置、数据传输报送等均规定了严格的标准和程序。一般情况下，如果行为人明知道煤矿井下瓦斯超标，但故意隐瞒这一事实，采用罚款、恐吓等手段强令工人下井生产作业，可以认定为刑法规定的强令违章冒险作业行为。但是，本案中，李新军、韩二军等四被告人作为煤矿行业的专业从业人员，明知煤矿井下瓦斯超标的严重危险性，不仅不采取措施消除事故隐患，反而采取积极行为，指使瓦斯检查员将瓦斯报警器的探头传输线拔掉，或者将报警器探头置于风筒的新鲜气流处，导致瓦斯超标的情况无法被本单位职工和相关政府监管部门觉察，其行为大大增加了煤矿井下发生瓦斯爆炸事故的风险。特别应当引起注意的是，在此次事故发生之前的三天，新华四矿井下刚刚发生了冒顶事故，当地煤炭监管主管部门明确要求禁止再组织人员进入特定区域生产作业，但李新军等四被告人置政府监管部门作出的监管决定于不顾，仍然强行组织 90 余名工人下井开展生产作业，最终由于瓦斯严重超标、电缆短路产生高温火源引发瓦斯爆炸，造成特大人身伤亡事故。四被告人的行为明显具有造成危害结果发生的高度盖然性，已经远远超出过于自信的过失中引发危害后果的可能性的范畴。与之相对应的是，另一被告人袁应周在事故发生前并未实施指使瓦斯检查员破坏瓦斯报警器等行为，因此难以认定其行为具有造成危害结果发生的高度盖然性，对袁应周的主观心态仍应认定为过于自信的过失。

其次，在意志因素方面，李新军、韩二军等四被告人对危害结果的发生持放任心态。四被告人为谋取高额利润，在多次接到政府监管部门的停产整改通知的情况下，仍然拒不执行监管决定，继续违法违规组织生产。特别是四被告人得知煤矿井下瓦斯超标的确切信息后，不仅不采取措施设法降低生产作业环境中存在的危险因素，反而指使他人故意破坏瓦斯报警器，刻意掩盖事故隐患。以上行为充分说明，李新军、韩二军等四被告人为达到牟取高额利润的目的，已经完全不顾工人死活，极度漠视他人生命尊严，对于工人是否会在高瓦斯环境下作业过程中发生伤亡结果持完全不管不顾的主观放任心态。四被告人虽然有事故发生后抢救遇难工人的行为，但仍不能否定其对危害后果所持有的间接故意心态。综合来看，一、二审法院认定李新军、韩二军、侯民、邓树军等四被告人构成以危险方法危害公共安全罪是正确的。

（二）对于危害公共安全罪中的间接故意犯罪人，应当慎用死刑立即执行

本案中，一审判决以以危险方法危害公共安全罪判处新华四矿矿长李新军和实际持股人韩二军死缓，二审裁定维持原判。裁判结果公布后，有意见提出，李新军和韩二军的犯罪行为造成70余人死亡，危害后果极其严重，社会影响极其恶劣，对二人均判处死刑立即执行才能做到罪责刑相适应。

我们认为，一、二审法院的裁判结果符合刑法中的罪责刑相适应原则。首先，本案量刑首先应当考虑李新军和韩二军对危害结果所持主观心态。从根本上讲，二被告人实施相关犯罪行为的首要目的仍然是追逐高额利润，对于事故造成的工人人身伤亡后果，二人仅持放任的间接故意心态，发生工人伤亡的事故后果，并不符合二被告人的自身实际利益。与直接侵害他人生命、健康安全的故意杀人、抢劫等直接故意犯罪相比，间接故意犯罪人的主观恶性相对较小，量刑时应当予以适当从宽处罚。其次，根据刑法规定，死刑只适用于罪行极其严重的犯罪分子。一般来讲，刑法中的"罪行极其严重"，应当包括"罪大"和"恶极"两个方面，即客观上要求犯罪行为造成的危害后果极其严重，主观上要求犯罪人的主观恶性极深。在间接故意犯罪中，即使造成了群死群伤的严重危害后果，一般也难以认定犯罪人的主观恶性与直接故意的犯罪人相当，适用死刑立即执行要特别慎重。最后，李新军、韩二军在事故发生后，依照法律规定及时向政府监管部门进行了报告，并立即赶到现场积极组织抢救在事故被困的工人，尽最大努力防止危害后果进一步扩大，且归案后当庭认罪、悔罪，均属于酌定从轻处罚情节，量刑应予考虑。一、二审法院对二被告人依法判处死缓，充分体现了罪刑相适应原则，量刑适当。

（撰稿：最高人民法院刑四庭　李加玺）

3. 合法烟花爆竹生产经营者无证运输引火线的行为是否构成非法运输爆炸物罪

——黄军香、刘宗纯非法运输爆炸物案

一、基本案情

被告人黄军香，男，1976 年 5 月 17 日出生。2014 年 5 月 1 日因涉嫌犯非法运输爆炸物罪被逮捕。

被告人刘宗纯，男，1968 年 7 月 13 日出生。2014 年 5 月 1 日因涉嫌犯非法运输爆炸物罪被逮捕。

湖南省浏阳市人民检察院以被告人黄军香、刘宗纯犯非法运输爆炸物罪，向浏阳市人民法院提起公诉。

被告人黄军香、刘宗纯对起诉书指控的犯罪事实均未提出异议。

浏阳市人民法院经审理查明：被告人黄军香长期租用合法烟花爆竹生产企业江西省上栗县长平乡广兴花炮厂的厂房，用于生产烟花爆竹引火线。由于生产经营的需要，黄军香须驾车将生产出来的引火线运输至其他场所。根据国务院制定的《烟花爆竹安全管理规定》的相关规定，经由道路运输烟花爆竹的，需向当地公安机关提出申请，取得《烟花爆竹道路运输许可证》。但黄军香在生产经营过程中无视法律法规的规定，多次在未取得《烟花爆竹道路运输许可证》的情况下雇佣他人驾驶机动车运输引火线。2014 年 3 月 26 日 5 时许，黄军香在未办理《烟花爆竹道路运输许可证》的情况下，雇佣被告人刘宗纯驾驶车牌号为赣 J68568 的面包车，装载 30 箱引火线从广兴花炮厂运往湖南省浏阳市社港镇花桥鞭炮厂，途经浏阳市大瑶收费站时，被公安机关当场查获。经称重，黄军香、刘宗纯运输的引火线每箱 36 卷，每卷净重 0. 25 千克。经国家烟花爆竹产品质量监督检验中心检验，黄军香、刘宗纯非法运输的引火线内含药物为烟火药，药量为 736. 4 克/千克，黄军香、刘宗纯非法运输的引火线共计含烟火药 198. 828 千克。

浏阳市人民法院认为，被告人黄军香、刘宗纯违反国家爆炸物管理规定，非法运输爆炸物，二人的行为均已构成非法运输爆炸物罪。公诉机关指控的罪名成立。在共同犯罪中，黄军香组织运输引火线，起主要作用，系主犯；刘宗纯受雇驾车运输引火线，起次要作用，系从犯，依法应当从轻处罚。黄军香、刘宗纯非法运输烟火药的数量多达198.828千克，但系因从事合法生产经营活动的目的非法运输，且全部引火线已被公安机关当场缴获并得到及时处理，未造成严重社会危害，二被告人确有悔改表现，可不认定为非法运输爆炸物罪中的情节严重。据此，依照《中华人民共和国刑法》第一百二十五条第一款、第二十五条第一款、第二十六条第一、四款、第六十七条第三款和《最高人民法院关于审理非法制造、买卖、运输枪支、弹药、爆炸物等刑事案件具体应用法律若干问题的解释》第一条第一款第六项、第二条第一项、第九条第一、二款之规定，判决如下：

1. 被告人黄军香犯非法运输爆炸物罪，判处有期徒刑三年。
2. 被告人刘宗纯犯非法运输爆炸物罪，判处有期徒刑一年。

一审宣判后，被告人黄军香、刘宗纯均以一审量刑过重为由提出上诉。

湖南省长沙市中级人民法院经审理认为，原审判决认定被告人黄军香、刘宗纯犯非法运输爆炸物罪的事实不清，依照《中华人民共和国刑事诉讼法》第二百二十五条第一款第三项之规定，裁定撤销原审判决，发回浏阳市人民法院重新审判。

浏阳市人民法院经重审认为，根据刑法和相关司法解释的规定，被告人黄军香、刘宗纯作为烟花爆竹的合法生产经营者，在未取得《烟花爆竹道路运输许可证》的情况下驾车通过道路运输烟花爆竹的行为，不符合刑法规定的非法运输爆炸物罪的构成要件，依法不应认定为犯罪。公诉机关指控黄军香、刘宗纯犯非法运输爆炸物罪不能成立，建议公诉机关撤回起诉。公诉机关提出撤回起诉申请后，浏阳市人民法院裁定准予撤回起诉。

二、主要问题

合法的烟花爆竹生产经营者在未取得公安机关核发的《烟花爆竹道路运输许可证》的情况下，通过道路运输烟花爆竹引火线的行为，是否构成非法运输爆炸物罪？

三、裁判理由

湖南省浏阳市以及其周边的江西省萍乡市等地区，是我国传统的烟花爆竹产地，生产销售烟花爆竹已经成为当地的支柱产业之一。2014年6月以来，浏阳市人民法院相继受理了一批合法的烟花爆竹生产企业因为无证运输烟花爆竹引火线而被指控构成非法运输爆炸物的刑事案件，案件基本情况大致相同，均是公安机关通过采用在重点路段设卡查缉、蹲点守候等方式，将无证运输引火线的合法烟花爆竹生产企业工作人员抓获，经检察机关审查起诉后，以非法运输爆炸物罪起诉至人民法院。类似案件的最终处理结果，对于当地烟花爆竹生产企业的正常生产经营活动具有重大影响。同时，由于对相关法律和司法解释规定内容的理解不一致，司法机关内部对于相关被告人应当如何定罪量刑，认识上存在较大分歧。本案即是其中颇为典型的一例。

本案先后经过两次一审、一次二审，最终以公诉机关撤诉的方式结案。案件审理过程中，对于被告人黄军香、刘宗纯无证运输烟花爆竹引火线的行为是否构成非法运输爆炸物罪，存在两种意见。

第一种意见认为，烟花爆竹引火线不属于刑法规定的爆炸物的范畴。被告人黄军香、刘宗纯未取得公安机关核发的《烟花爆竹道路运输许可证》，驾车通过道路运输引火线的行为，仅属于单纯的行政违法行为，依法不构成犯罪。

第二种意见认为，《最高人民法院关于审理非法制造、买卖、运输枪支、弹药、爆炸物等刑事案件具体应用法律若干问题的解释》（法释〔2009〕18号，以下简称《枪支弹药爆炸物司法解释》）明确将烟火药列入爆炸物的范畴，被告人黄军香、刘宗纯运输的引火线的主要成分是烟火药，应当认定为刑法规定的爆炸物。另外，2012年《最高人民法院、最高人民检察院、公安部、国家安全监管总局关于依法加强对涉嫌犯罪的非法生产经营烟花爆竹行为刑事责任追究的通知》（安监总管三〔2012〕116号，以下简称《四部门烟花爆竹通知》）也明确规定，非法生产、经营烟花爆竹及相关行为涉及非法制造、买卖、运输、邮寄、储存黑火药、烟火药，构成非法制造、买卖、运输、邮寄、储存爆炸物罪的，应当依照《刑法》第一百二十五条的规定定罪处罚。本案情形完全符合《四部门烟花爆竹通知》的规定，应当以非法运输爆炸物罪定罪处罚。

我们同意第一种意见。对于被告人黄军香、刘宗纯无证运输烟花爆竹引火线的行为，不宜认定为非法运输爆炸物罪。主要理由如下：

（一）烟花爆竹引火线不属于刑法中规定的爆炸物

首先，非法运输爆炸物罪属于刑法中典型的法定犯，其中“爆炸物”这一概念的内涵和外延，应当根据相关行政法律、法规的规定确定。根据行政法律、法规上的分类，爆炸物总体上可分为军用爆炸物和民用爆炸物两种。烟花爆竹的引火线明显不属于军用爆炸物的范畴，而根据相关规定，烟花爆竹的引火线亦不属于民用爆炸物。国务院曾于2006年先后以第455号令和第466号令颁布了《烟花爆竹安全管理条例》和《民用爆炸物安全管理条例》，以上两条例明确规定，烟花爆竹的生产经营活动由公安、安监、质监以及工商管理部门负责管理，而民用爆炸物的生产经营活动由国防科工委、公安、工商管理部门负责管理，充分表明了行政机关对烟花爆竹和民用爆炸物实行分类管理的态度，烟花爆竹和民用爆炸物明显属于两个不同的概念。另外，《烟花爆竹安全管理条例》第二条第二款规定："本条例所称烟花爆竹，是指烟花爆竹制品和用于生产烟花爆竹的民用黑火药、烟火药、引火线等物品。"根据上述规定，用于制造烟花爆竹的引火线属于烟花爆竹的范畴，不属于民用爆炸物。同时，该规定将烟火药和引火线并列规定，也说明二者是两个不同的概念，不能因为引火线中含有烟火药，就将其与烟火药等同看待。实际上，二者在爆炸性能、起爆条件、实际用途等各个方面均存在很大区别。另一方面，国防科工委、公安部根据《民用爆炸物安全管理条例》制定的《民用爆炸物品品名表》也未将烟花爆竹和烟火药列入民用爆炸物的范围。《民用爆炸物品品名表》所列第42类民用爆炸物虽然包括引火线，但根据该品名表的逻辑层次关系，该引火线应是指工业用途的火工品，不同于用于制造烟花爆竹的引火线。

其次，《枪支弹药爆炸物司法解释》虽然将烟火药、导火索、导爆索与炸药、发射药并列规定为爆炸物，但该解释的制定依据之一是国务院于1984年颁布的《民用爆炸物品管理条例》，而该条例已于2006年被《民用爆炸物安全管理条例》废止。退一步讲，即使1984年《民用爆炸物品管理条例》未被废止，也不能得出烟花爆竹引火线属于民用爆炸物的结论。1984年《民用爆炸物品管理条例》第二条规定："本条例所称民用爆炸物品，是指非军用的下列爆炸物品：（一）爆破器材，包括各类炸药、雷管、导火索、导爆索、非电导爆系统、起爆药和爆破剂；（二）黑火药、烟火剂、民用信号弹和烟花爆竹；（三）公安部门认为需要管理的其他爆炸物品。"1984年《民用爆炸物品管理条例》将烟火剂（即烟火药）与烟花爆竹并列，说明该规定中所称烟火剂是指除用于制造烟花爆竹之外的其他用途的烟火剂。《枪支弹药爆炸物司法解释》的起草者在对该解释的理解和适用一文中对此问题也作出了明确说明："实践中因非法制造、买卖、运输烟花爆竹而发生重大安全事故的案件也较多。但是，如果将烟花爆竹也列入刑法规定的爆炸物的调整范围，恐打击面过大，因此，解释只将制造烟花爆竹的主要原料——烟火药列为刑法调整的对象，可以有效地控制刑罚适用范围，突出打击重点。”因此，《枪支弹药爆炸物司法解释》并未将烟花爆竹纳入刑法规定的爆炸物的范畴。根据《烟花爆竹安全管理条例》的规定，烟花爆竹由多个部件构成，用于制造烟花爆竹的引火线属于烟花爆竹不可分割的一部分，不属于刑法意义上的爆炸物。

（二）合法生产经营者未办理《烟花爆竹道路运输许可证》运输引火线的行为，不应认定为非法运输爆炸物罪中的运输行为

《刑法》第一百二十五条第一款规定的非法制造、买卖、运输、邮寄、储存枪支、弹药、爆炸物罪属于选择性罪名。根据罪责刑相适应原则，刑法将非法制造、买卖、运输、邮寄、储存爆炸物等五种行为在同一条文中作并列规定，并适用完全相同的法定刑，说明这五种行为的社会危害性应当大体相当，且具有一定的内在联系。从立法论的角度分析，立法机关此处的原意，应当是为了严格控制爆炸物在社会中的分布和扩散范围，防止发生燃烧、爆炸等严重危害后果。在上述五种犯罪行为中，非法制造爆炸物属于源头性行为，应当予以严厉打击。与此同时，为严密刑事法网、堵塞法律漏洞，立法机关还将后续流通环节中的买卖、运输、邮寄、储存等行为也明确规定为犯罪。因此，要构成非法运输爆炸物罪，需要行为人明知运输对象是他人非法制造、买卖的爆炸物。刑法此处的规制重点，是爆炸物来源的非法性，而非运输行为本身的违规性。对于合法生产经营者生产、制造的爆炸物，行为人在未取得行政许可的情况下通过道路进行运输的行为，其社会危害性较小，属于单纯的行政违法行为，由行政机关给予行政处罚即可，不应认定为非法运输爆炸物罪。

（三）应当正确理解《四部门烟花爆竹通知》的规定内容

鉴于实践中一段时期内非法经营烟花爆竹导致严重事故后果的行为屡有发生，为严惩相关犯罪活动，确保公共安全，最高人民法院、最高人民检察院、公安部、国家安监总局于2012年联合发布了《四部门烟花爆竹通知》。该通知第一条规定：“非法生产、经营烟花爆竹及相关行为涉及非法制造、买卖、运输、邮寄、储存黑火药、烟火药，构成非法制造、买卖、运输、邮寄、储存爆炸物罪的，应当依照刑法第一百二十五条的规定定罪处罚。”有意见将上述规定内容作为将无证运输烟花爆竹引火线行为认定为非法运输爆炸物罪的规范根据。我们认为，上述意见属于对《四部门烟花爆竹通知》的错误理

解，法律依据不足。首先，根据相关规定内容，《四部门烟花爆竹通知》的惩治重点是不具备生产经营资质的烟花爆竹黑作坊非法制造、买卖、运输、邮寄、储存黑火药、烟火药的行为。司法实践中，一些黑作坊非法、违法组织烟花爆竹生产，并在居民区、人群聚集地非法运输、储存用于生产烟花爆竹的黑火药和烟火药，极易引发爆炸事故，造成重大人员伤亡，对于此类行为，需要坚决依法严厉打击。《四部门烟花爆竹通知》并不涉及合法烟花爆竹生产经营者的行为评价问题。其次，《四部门烟花爆竹通知》的上述规定内容属于提示性规定，并未创设新的定罪量刑规范。司法实践中，如果要对相关行为进行定罪处罚，仍然需要根据刑法的相关规定进行具体的犯罪构成要件符合性判断，只有符合刑法规定的犯罪构成要件的行为，才能以非法制造、买卖、运输、邮寄、储存爆炸物罪定罪处罚。在个案处理过程中，不能脱离刑法规定，对《四部门烟花爆竹通知》的相关规定内容作简单化理解。

有意见提出，被告人黄军香只是租用了合法企业的厂房生产引火线，自身并不具有独立的安全生产许可证，不应视为合法生产经营者。我们认为，对于什么是合法的生产经营者，不应作过于机械化的理解，应当结合案件实际情况，进行实质性判断。本案中，黄军香租用合法的烟花爆竹生产企业广兴花炮厂的厂房从事引火线生产，而广兴花炮厂部分管理人员正在筹划将引火线生产业务从该厂中分离出去，单独成立广兴引火线厂，案发时安全生产许可证等相关证件正在办理过程中。黄军香了解到这一情况后，主动加入广兴引火线厂中进行引火线生产经营活动。此类生产经营模式在浏阳市及周边地区较为普遍，如果一律认定为非法、违法生产经营行为，将导致刑法的打击面过广。另一方面，在合法的花炮厂厂房中从事引火线生产活动，生产条件、安全管理制度等均较为完备，与烟花爆竹黑作坊相比，生产经营行为的危险性和社会危害性明显较小。综上，应当将黄军香视为正在筹备中的广兴引火线厂的股东，属于合法的烟花爆竹生产经营者。

（四）将合法的烟花爆竹生产经营者无证运输引火线的行为认定为非法运输爆炸物罪，可能导致量刑失衡

烟花爆竹引火线属于《刑法》第一百三十六条规定的爆炸性物品。合法的烟花爆竹生产经营者无证运输引火线，明显违反了爆炸性物品的运输管理规定，运输途中一旦发生重大事故，造成严重后果，应以危险物品肇事罪定罪处罚，最高可以判处有期徒刑七年。如果将无证运输引火线的行为认定为非法运输爆炸物罪，在未造成严重后果的情况下，最高可判处无期徒刑甚至

死刑。上述处理方式，实际上是将危险物品肇事罪中行为人的违法违规运输行为单独认定为刑罚更重的故意犯罪，极有可能导致量刑失衡，不符合刑法中的罪责刑相适应原则。

（撰稿：最高人民法院刑四庭　李加玺）

4. 行政机关事故调查报告能否作为证据使用以及重大飞行事故罪如何正确定罪量刑

——齐全军重大飞行事故案

一、基本案情

被告人齐全军，男，1970年4月9日出生，河南航空有限公司飞行员。2012年7月10日因涉嫌犯重大飞行事故罪被逮捕。

黑龙江省伊春市伊春区人民检察院以被告人齐全军犯重大飞行事故罪，向伊春市伊春区人民法院提起公诉。

被告人齐全军及其辩护人提出，行政机关事故调查报告不能作为证据使用；依据国际惯例，因飞行事故追究机长刑事责任的情况极为罕见，且本案飞行事故的发生是多种原因造成的，请求对齐全军依法免除或者从轻处罚。

伊春市伊春区人民法院经审理查明：被告人齐全军原系深圳航空有限公司飞行员，2009年1月与鲲鹏航空有限公司签订飞行员借用协议，从深圳航空有限公司借到鲲鹏航空有限公司工作，并于同年4月被聘为ERJ－190型飞机机长。同年9月，鲲鹏航空有限公司更名为河南航空有限公司。

2010年8月24日，齐全军担任机长，执行河南航空有限公司ERJ－190机型B3130号飞机哈尔滨至伊春VD8387定期客运航班任务，并由朱建洲（已在事故中死亡）担任副驾驶，二人均为首次执行伊春林都机场飞行任务。当日该航班上共有96人，其中机组成员5人、乘客91人。当日20时51分，飞机从哈尔滨太平机场起飞。21时10分，机组首次与伊春林都机场塔台建立联系，塔台管制员向机组通报称机场着陆最低能见度为2800米。按照河南航空有限公司《飞行运行总手册》的规定，首次执行伊春林都机场飞行任务时，应将着陆最低能见度增加到3600米，但飞行机组未执行此项规定，继续实施进近。21时33分50秒，飞机机组完成程序转弯，此时飞行高度为1138米，机组向机场报告称跑道能见，塔台管制员发布着陆许可，并提醒机组最低下降高度为440米。按照中国民用航空局《大型飞机公共航空运输承运人运行合格审定规则》的规定，当飞机到达最低下降高度时，在进近至复飞点之前的任何时间内，驾驶员至少应能清楚地看到和辨认计划着陆跑道的目视参考，方可继续进近到低于最低下降高度并着陆。21时37分31秒，齐全军操纵飞机穿越最低下降高度440米，此时飞机处于辐射雾中，机组未能看见机场跑道。21时38分05秒至08秒，飞机无线电高度自动语音连续发出警告，提示飞机距离地面的高度，此时机组始终未能看见机场跑道，未建立着陆所必需的目视参考，但机组并未采取复飞措施。21时38分08秒，飞机在位于伊春林都机场30号跑道入口外跑道延长线上690米处坠毁。事故发生后，机长齐全军擅自撤离飞机，机上幸存人员分别通过飞机左后舱门、驾驶舱左侧滑动窗和机身壁板上的两处裂口逃出飞机。此次事故共计造成41名乘客和3名机组人员死亡，另有14人重伤、29人轻伤、8人轻微伤，还有1人未作伤情鉴定，直接经济损失人民币30891万元。

伊春市伊春区人民法院认为，被告人齐全军作为客运航班当班机长，违反航空运输管理的有关规定，违规操纵飞机实施进近并着陆，致使飞机坠毁，造成重大人员伤亡和严重后果，其行为已构成重大飞行事故罪。根据国务院事故调查组调查报告，本起事故的直接原因是机长及飞行机组违规操纵飞机所致，齐全军作为当班机长，应对事故的发生承担直接责任。鉴于本案的具体情节和齐全军的认罪、悔罪表现，对辩护人所提齐全军认罪态度好、请求从轻处罚的辩护意见予以采纳。据此，依照《中华人民共和国刑法》第一百三十一条、第四十七条和第六十一条之规定，以重大飞行事故罪判处被告人齐全军有期徒刑三年。

一审宣判后，被告人齐全军上诉提出，一审判决认定其在事故发生后擅自撤离飞机不实施救助没有事实依据，作为证据使用的事故调查报告结论不客观、不真实，此次事故系多因一果、一审量刑畸重，请求从轻改判。

伊春市中级人民法院经审理认为，一审认定事实清楚，证据确实、充分。上诉人齐全军的行为已构成重大飞行事故罪。一审判决认定齐全军在事故发生后违背职责擅自撤离飞机的事实，有齐全军的供述、部分被害人的陈述以及河南航空有限公司《飞行运行总手册》关于航空器遇险时机长职责的规定等证据材料予以证实。国务院事故调查报告是由国务院组织专业技术人员通过调查分析和科学论证作出的，其结论与在案其他证据能够相互印证，可以作为定案根据。此次事故造成飞机坠毁、44 人死亡、52 人受伤以及直接经济损失 30891 万元的严重后果，齐全军作为当班机长，应当承担直接责任，一审判决考虑本案具体情节，已对齐全军予以从轻处罚，齐全军所提一审判决量刑畸重的上诉理由不予采纳。一审判决认定事实清楚，证据确实、充分，定罪准确，量刑适当。审判程序合法。据此，依照《中华人民共和国刑事诉讼》第二百二十五条第一款第一项之规定，裁定驳回上诉，维持原判。

二、主要问题

1. 行政机关事故调查报告能否作为刑事诉讼证据使用？
2. 重大飞行事故罪如何定罪量刑？

三、裁判理由

随着 2015 年 4 月 10 日伊春市中级人民法院二审公开宣判，倍受社会关注的黑龙江伊春林都机场空难事故当班机长齐全军的刑事审判程序终于尘埃落定。本案是国内第一例因为空难事故追究当班机长刑事责任的案件，从齐全军被司法机关采取刑事强制措施之日起，就引起了民用航空界、法学界和社会公众的高度关注。

本案处理过程中，控辩双方主要围绕两方面问题进行辩论。首先，行政机关作出的事故调查报告能否作为刑事诉讼证据使用；其次，对于重大飞行事故犯罪人应当如何正确定罪量刑。对于上述问题，简要分析如下：

（一）行政机关作出的事故调查报告可以作为刑事诉讼证据使用

司法实践中，许多刑事案件并不直接由公安机关或者检察机关立案侦办，而是根据法律规定，由行政机关在行政执法或者查办案件过程中依法进行调查后，再将刑事犯罪案件线索移交公安机关或者检察机关立案侦查。这种情况在重特大危害生产安全刑事案件的调查处理过程中尤为常见。《生产安全事故报告和调查处理条例》第十九条规定："特别重大事故由国务院或者国务院授权有关部门组织事故调查组进行调查。重大事故、较大事故、一般事故分别由事故发生地省级人民政府、设区的市级人民政府、县级人民政府负责调查。省级人民政府、设区的市级人民政府、县级人民政府可以直接组织事故调查组进行调查，也可以授权或者委托有关部门组织事故调查组进行调查……”据此，实践中，某一重特大生产安全事故发生后，一般先由相应级别的政府部门联合组成事故调查组开展事故调查，待作出明确的事故调查结论后，再将对事故负有责任的相关人员移交司法机关追究刑事责任。由于事故调查组在事故调查过程中已经收集、调取了大量的物证、书证等证据材料，并最终形成了事故调查报告，对于上述物证、书证和事故调查报告能否直接作为证据使用，就成为刑事诉讼过程中需要解决的问题。

对于行政机关收集的证据在刑事诉讼中能否采用以及应当如何采用的问题，1996 年刑事诉讼法并未作出明确规定。现行刑事诉讼法修订之前，在具体案件的处理过程中，对于行政机关收集、调取的物证、书证、证人证言、当事人陈述、鉴定结论、检验报告、勘查笔录、视听资料等证据材料，通常都要求在移送司法机关后，由侦查机关重新进行收集、调取。这种做法，一方面造成了司法资源的浪费，另一方面还可能导致一些证据材料由于时过境迁而无法重新收集、调取，为案件处理带来了困难，不利于及时有力地打击犯罪。为了解决实践中存在的问题，加强行政机关与司法机关在处理刑事犯罪案件方面的沟通和衔接，切实提高诉讼效率，2012 年刑事诉讼法修改时，专门增加了行政机关收集的证据材料在刑事诉讼过程中可以作为证据使用的规定。现行《刑事诉讼法》第五十四条第二款规定：“行政机关在行政执法和查办案件过程中收集的物证、书证、视听资料、电子数据等证据材料，在刑事诉讼中可以作为证据使用。”《最高人民法院关于适用〈中华人民共和国刑事诉讼法〉的解释》第六十五条进一步规定：“行政机关在行政执法和查办案件过程中收集的物证、书证、视听资料、电子数据等证据材料，在刑事诉讼中可以作为证据使用；经法庭查证属实，且收集程序符合有关法律、行政法规规定的，可以作为定案的根据。根据法律、行政法规规定行使国家行政管理职权的组织，在行政执法和查办案件过程中收集的证据材料，视为行政机关收集的证据材料。”根据上述规定，行政机关在行政执法和查办案件过程中收集的物证、书证、视听资料、电子数据等实物证据，由于具有较强的客观性，可以直接作为刑事诉讼证据使用，而行政机关收集的证人证言、当事人陈述等言词证据，由于主观性较强，容易发生变化，且行政机关收集言词证据的程序可能不够严谨，难以保证证据内容的真实性，因此一般不宜直接作为刑事诉讼证据使用，原则上应由侦查机关重新收集固定后才能采信。

值得研究的是，行政机关在行政执法过程中形成的鉴定意见、调查报告等证据材料，是否可以作为刑事诉讼证据使用？对于这个问题，刑事诉讼法和相关司法解释均未作出明确规定，本案审理过程中也存在较大争议。我们认为，行政机关在行政执法过程中形成的鉴定意见、调查报告在取得途径、审查方式等方面，确实与物证、书证等实物证据存在较大差别，是否可以作为刑事诉讼证据使用，应当进行具体分析，不能一概而论。一般来讲，对于司法机关在刑事诉讼程序中可以依法重新鉴定、收集的鉴定和调查事项，比如说笔迹鉴定、人身伤亡鉴定等，原则上应当由司法机关依法重新鉴定、收集，以确保刑事案件的审判质量。但是，对于司法机关在刑事诉讼过程中难以依法重新鉴定、收集的专业性、时效性较强的鉴定和调查事项，比如说专利侵权鉴定、生产安全事故发生原因调查，等等，由于其形成过程需要高度依赖行政机关的专业知识，如果相关鉴定意见和调查报告无法作为刑事诉讼证据使用，而在案件进入刑事诉讼程序之后，司法机关又无能力重新进行鉴定或者调查，将十分不利于案件的公正审理。因此，对于此类鉴定意见和调查报告，经庭审质证和审判人员认真审查确认后，可以作为刑事诉讼证据使用。

本案属于典型的民航空难事故引发的刑事案件。民航空难事故的事发原因非常复杂，专业性极强。事故发生后，为了查明事故原因，国务院专门组成事故调查组，邀请相关飞机制造厂商、民航管理部门、航空公司等各方面专业技术人员联合参与事故调查，对事故发生原因进行了长时间深入细致的调查研究，最终形成了详细、专业的事故调查报告。如果要求司法机关在刑事诉讼过程中重新进行调查和鉴定，形成新的事故调查报告，既无必要，也不现实。一、二审法院对行政机关作出的事故调查报告进行庭审质证和认真审查后，认为其内容科学合理，且与在案其他证据相互印证，将其作为证据使用，符合法律规定。

（二）关于重大飞行事故罪的定罪量刑

根据《刑法》第一百三十一条的规定，航空人员违反规章制度，致使发生重大飞行事故，造成严重后果的，构成重大飞行事故罪。据此，构成重大飞行事故罪需要同时满足两个条件：违反规章制度，以及发生重大飞行事故、造成严重后果。

重大飞行事故罪中的规章制度，是指有关民用航空管理、航空器飞行安全的各种规章制度，其中既包括法律、行政法规，也包括国家标准、行业标准、公认的行业惯例，以及各航空公司的有关内部规定。民航飞行属于专业性强、危险性高的特殊行业，为了确保飞行安全，有关部门出台了众多规章制度，各航空公司也制定了详细的内部规定。如果航空从业人员在从事航空飞行或者相关管理工作过程中故意违反上述规章制度，将导致飞行风险大幅提高，极有可能导致飞行事故的发生。

成立重大飞行事故罪，还要求发生重大飞行事故、造成严重后果。对于何谓发生重大飞行事故、造成严重后果，刑法和相关司法解释均未作出规定。我们认为，结合民航飞行实际情况来看，刑法规定的“发生重大飞行事故、造成严重后果”，主要是指造成飞机严重损坏或者迫降到无法运出的地方，或者造成公私财产遭受严重损失等情形。如果事故造成飞机坠毁或者人员死亡，则应当处以加重的法定刑，判处三年以上七年以下有期徒刑。

本案中，首先，被告人齐全军作为民航客运班机的当班机长，违反规章制度的行为主要体现在以下三个方面：首先，违反河南航空有限责任公司《飞行运行总手册》的规定，明知首次执飞伊春林都机场飞行任务时，应当将着陆最低能见度标准增加至3600米，在伊春林都机场塔台管制员通报当前能见度为2800米的情况下，齐全军仍然违规操纵飞机实施进近。其次，违反中国民航局《大型飞机公共航空运输承运人运行合格审定规则》的规定，在飞机进入机场上空辐射雾、无法看清机场跑道建立着陆所需目视参考的情况下，齐全军仍然冒险操纵飞机穿越最低下降高度实施着陆，未采取复飞措施。再次，飞机在撞地前出现无线电高度语音提示且飞行机组仍未看到机场跑道的情况下，齐全军仍不采取复飞措施，继续盲目实施着陆，最终导致飞机撞地，发生特大飞行事故。以上行为与空难事故发生之间存在直接因果关系。另外，根据《刑法》第一百三十一条的规定，造成飞机坠毁或者人员死亡的，应当判处加重的法定刑，根据举重以明轻的解释原理，齐全军违反规章制度操纵飞机的行为造成飞机坠毁、44人死亡，当然已经满足重大飞行事故罪的入罪条件。因此，第一审判决、第二审裁定认定齐全军构成重大飞行事故罪是正确的。

一审宣判后，有新闻媒体以“伊春空难未了局，判了机长，解脱了谁”等标题进行了公开报道，提出此次空难事故属于多因一果，判处机长齐全军刑罚，是把账都算到了机长身上。我们认为，对此次空难的原因和责任追究应当进行全面分析评判。刑法规定的重大飞行事故罪本身就承认多因一果，本案第一审判决和第二审裁定也已经明确认定，齐全军违规操纵飞机的行为，只是导致此次空难事故发生的诸多原因中的一个原因，而非全部原因。但是，在导致事故发生的多个原因中，人民法院需要查明其中的直接原因和主要原因，据此确定应当承担刑事责任的行为人。根据本案审理查明的案件事实和证据，齐全军违反规章制度操纵飞机的行为，是引发此次空难事故的直接原因和主要原因，追究齐全军的刑事责任，符合法律规定。

根据刑法规定，犯重大飞行事故罪，造成飞机坠毁或者人员死亡的，处三年以上七年以下有期徒刑。本案一、二审法院对被告人齐全军判处法定最低刑有期徒刑三年，是综合考虑了多方面因素的结果。首先，本案属于多因一果引发的空难事故，事故的发生是一系列复杂因素综合作用的结果。机长齐全军在操纵飞机过程中故意违反规章制度，应当承担最主要责任，但并非全部责任，量刑时应予充分考虑。其次，齐全军一审开庭过程中当庭认罪、悔罪，认罪态度好，可以酌情从轻处罚。最后，重大飞行事故罪是特殊行业领域中发生的业务过失犯罪，从刑罚适用的实际效果来看，量刑还需充分考虑民航行业的特殊性。根据刑法理论，刑罚的效果包括一般预防和特殊预防，即防止他人犯罪和预防犯罪人再次实施犯罪两个方面。对机长齐全军违规操纵民航客机的行为依法认定为犯罪并判处实刑，就可以对其他民航从业人员以及齐全军本人产生警示作用，起到一般预防和特殊预防的效果。

有观点提出，在2014年4月发生的韩国“岁月号”客轮沉没事故中，当班船长李俊锡在事故发生后不顾乘客安危抢先弃船逃生，被韩国地方法院判处有期徒刑三十六年，与之相比，我国司法机关对在伊春空难事故发生后擅自撤离飞机的机长齐全军仅判处有期徒刑三年，处刑明显过轻。我们认为，这种理解有失偏颇。中韩两国的刑法规定和刑事审判程序大不相同，定罪量刑结果不能简单类比。根据媒体的公开报道资料，韩国地方法院认为船长李俊锡擅自弃船逃生的行为同时构成了遗弃致死伤罪和违反船员法罪，其中的遗弃致死伤罪在韩国刑法中属于故意犯罪，可以科处重刑。但是，根据我国法律，齐全军擅自撤离飞机的行为虽然违反《中国民用航空法》的有关规定，但并不构成故意犯罪，我国刑法中也没有“违反航空法罪”等类似的罪名。根据一、二审法院查明的事实和证据，也无法证明齐全军擅自撤离飞机的行为与造成的人员伤亡结果之间具有直接因果关系。因此，一、二审法院依法认定齐全军违反规章制度操纵飞机、造成空难事故的行为构成重大飞行事故罪，但不能单独以齐全军在事故发生后擅自撤离飞机为由对其判处重刑。

（撰稿：最高人民法院刑四庭　李加玺）

5. 违规对不合格火车机车车轮进行焊补以次充好造成火车机车脱线事故的行为如何定性

——白永平重大责任事故案

一、基本案情

被告人白永平，男，1965 年 11 月 9 日出生，中国北车集团大同电力机车有限责任公司车轮车间车工。2007 年 2 月 9 日因涉嫌犯重大责任事故罪被逮捕。

河南省洛阳铁路运输检察院以被告人白永平犯重大责任事故罪，向洛阳铁路运输法院提起公诉。

被告人白永平对公诉机关指控的事实和罪名均未提出异议。其辩护人提出，白永平归案后如实交代所犯罪行，有悔罪表现，请求依法适用缓刑。

洛阳铁路运输法院经审理查明：2005 年 7 月 9 日，被告人白永平在中国北车集团大同电力机车有限责任公司车轮车间作业中，误将 SS7C 型 54 - 12 机车车轮车废。白永平告知车间工段长裴京中（已死亡），并提出对车轮进行焊补，裴京中表示同意，并帮助白永平找来该公司转向架分厂电焊工张建军。当日趁车间下班之机，张建军按照白永平的指示，对白永平车废的车轮误车位置进行了焊补。之后，白永平对焊补过的车轮进行加工打磨后，违反规定以坏充好，致使该车轮流入下道工序，并最终被用于 SS7C - 0050 号电力机车。

2007 年 1 月 14 日，SS7C - 0050 号电力机车牵引兰州至广州的 K228 次旅客列车，运行至陇海铁路河南渑池至义马间上行方向 K750 + 696M 处时，因焊补过的车轮突然崩裂，导致机车脱线，中断上行线行车 3 小时 24 分，共造成经济损失人民币 3194183. 84 元，其中线路材料费 400088. 6 元、机车维修材料费 475820 元、线路抢险费 157393 元、线路整修费（不含材料费）783852. 2 元、机车检修支出费用（不含材料费）83360 元、郑州铁路局运营损失 1293670. 04 元。

洛阳铁路运输法院认为，被告人白永平身为企业员工，在生产、作业中违反有关安全管理的规定，将自己加工的不合格机车车轮以坏充好，流入下道工序，其应当预见到可能造成的严重后果，因疏忽大意而没有能够预见，导致该车轮在正常使用过程中发生崩裂，造成陇海铁路上行线中断行车和重大经济损失的严重后果，其行为侵犯了社会公共安全，已构成重大责任事故罪。公诉机关指控的罪名成立。辩护人提出的白永平归案后能够如实供述犯罪事实，有悔罪表现，可以适用缓刑的意见，经查属实，予以采信。根据白永平的犯罪情节和悔罪表现，适用缓刑确实不致再危害社会，可以宣告缓刑。据此，依照《中华人民共和国刑法》第一百三十四条第一款、第七十二条第一款的规定，以重大责任事故罪判处被告人白永平处有期徒刑二年，缓刑三年。

宣判后，被告人白永平未提出上诉，公诉机关未提出抗诉，判决已经发生法律效力。

二、主要问题

行为人在火车机车车轮生产过程中，违规将不合格车轮进行焊补以次充好，致使火车机车脱线，造成铁路运营线路中断及重大财产损失的行为，应当如何定性?

三、裁判理由

本案审理过程中，对被告人白永平行为应当如何定性分歧较大，主要有以下四种意见：

第一种意见认为，被告人白永平身为铁路职工，违反规章制度，致使发生铁路运营安全事故，造成严重后果，应当依照《刑法》第一百三十二条的规定，以铁路运营安全事故罪定罪处罚。

第二种意见认为，根据《刑法》第一百四十六条的规定，生产不符合保障人身、财产安全的国家标准、行业标准的电器、压力容器、易燃易爆产品或者其他不符合保障人身、财产安全的国家标准、行业标准的产品，造成严重后果的，成立生产不符合安全标准的产品罪。被告人白永平生产的车轮属于不符合行业标准的产品，而且造成严重后果，应当依照《刑法》第一百四十六条的规定，以生产不符合安全标准的产品罪定罪处罚。

第三种意见认为，被告人白永平身为企业员工，在生产、作业过程中违反有关安全管理的规定，将自己加工的不合格机车车轮以次充好，流入下道工序，其应当预见到可能造成的严重后果，因为疏忽大意而没有预见，导致该车轮在正常使用过程中发生崩裂，造成陇海铁路上行线中断行车和重大经济损失的严重后果，其行为侵犯了社会公共安全，依法构成重大责任事故罪。

第四种意见认为，被告人白永平身为企业员工，在生产、作业过程中违反有关安全管理的规定，加工出不合格产品，但该行为并不必然导致严重后果的发生。白永平加工的不合格机车车轮之所以可以以次充好，顺利流入下道工序，一个重要原因是由于产品质检人员和相关部门没有尽到应尽的责任，白永平的违规行为与事故严重后果的发生之间缺乏直接因果关系，其行为依法不构成犯罪。

我们同意上述第三种意见，被告人白永平的行为构成重大责任事故罪。具体理由如下：

（一）违规将不合格车轮进行焊补并以次充好的行为不符合铁路运营安全事故罪的构成特征

根据《刑法》第一百三十二条的规定，铁路运营安全事故罪，是指铁路职工违反规章制度，致使发生铁路运营安全事故，造成严重后果的行为。铁路运营安全事故罪具有以下特征：首先，本罪是特殊主体犯罪，只有铁路职工才能构成。根据《中华人民共和国铁路法》的规定，铁路职工是指国家铁路运输企业，即铁路局和铁路分局的职工，实践中多是负责铁路安全运营工作的火车驾驶人员、指挥人员、调度人员、扳道人员、发示信号人员等。其次，本罪侵害的客体是铁路运营安全。再次，本罪在客观方面表现为违反铁路规章制度，致使发生铁路运营安全事故，造成严重后果的行为。

本案中，被告人白永平的职务身份是中国北车集团大同电力机车有限责任公司的车轮车间车工，并非铁路局或铁路分局职工，不属于《刑法》第一百三十二条规定的铁路职工的范畴。其次，造成铁路运营事故的原因并非白永平违反铁路规章制度，而是在机车车轮生产过程中违反了有关安全生产管理的规定。再次，白永平的行为虽然直接造成铁路运营过程中的严重经济损失，但其行为的实质在于对生产、作业安全的破坏，而非对铁路运营安全的侵害。综上，白永平的行为不符合铁路运营安全事故罪的犯罪构成要件，不应认定为铁路运营安全事故罪。

（二）违规将不合格车轮进行焊补并以次充好的行为不构成生产不符合安全标准的产品罪

根据刑法的规定，生产不符合安全标准的产品罪，是指生产不符合保障人身、财产安全的国家标准、行业标准的电器、压力容器、易燃易爆产品或者其他不符合保障人身、财产安全的国家标准、行业标准的产品，造成严重后果的行为。生产不符合安全标准的产品罪具有以下构成特征：首先，本罪属于破坏社会主义市场经济秩序犯罪，侵犯的客体是国家对生产电器、压力容器、易燃易爆产品等安全监督管理制度和公民的健康权、生命权。其次，本罪的犯罪对象是不符合保障人身、财产安全的国家标准、行业标准的电器、压力容器、易燃易爆产品，或者不符合保障人身、财产安全的国家标准、行业标准的其他产品，这类产品具有危险性高、破坏性强的共同特性，因此，国家对此类产品的生产活动制定了更为严格的国家标准和行业标准。再次，本罪属于故意犯罪，行为人明知自己生产的产品不符合保障人身、财产安全的有关标准而仍然继续生产，而且对可能造成的严重后果处于放任的主观心态，而且一般来讲，行为人的犯罪目的往往是谋取高额经济利益。

本案中，被告人白永平明知自己生产的有瑕疵的火车机车车轮不符合有关安全标准，但仍将其予以焊接后再次投入生产线，最终导致铁路中断行车和重大财产损失的严重后果，行为方式与生产不符合安全标准的产品罪存在诸多相似之处。但是，首先，车废的火车机车车轮虽然属于不合格产品，但并不属于刑法规定的不符合保障人身、财产安全的国家标准、行业标准的电器、压力容器、易燃易爆产品，或者不符合保障人身、财产安全的国家标准、行业标准的其他产品。其次，白永平的行为违反了生产安全的管理规定，造成了铁路运营重大经济损失，侵害了生产、作业安全，却并未对市场经济秩序造成明显危害。再次，白永平虽然违反安全管理规定，故意以次充好，但其对危害后果的主观认知心态是疏忽大意的过失，对危害后果的发生持否定态度，不属于故意犯罪。因此，白永平的行为不符合生产不符合安全标准的产品罪的构成特征，不能认定为生产不符合安全标准的产品罪。

（三）违规将不合格车轮进行焊补并以次充好的行为符合重大责任事故罪的构成要件

根据《刑法》第一百三十四条第一款的规定，重大责任事故罪，是指在生产、作业中违反有关安全管理的规定，因而发生重大伤亡事故或者造成其他严重后果的行为。

本案原审判决的作出日期为2007年6月18日，当时《关于办理危害生产安全刑事案件的解释》尚未公布施行，对白永平的定罪量刑应当适用当时有效的《关于办理危害矿山生产安全刑事案件具体应用法律若干问题的解释》。对于重大责任事故罪的犯罪主体范围，《关于办理危害矿山生产安全刑事案件具体应用法律若干问题的解释》① 第一条规定："刑法第一百三十四条第一款规定的犯罪主体，包括对矿山生产、作业负有组织、指挥或者管理职责的负责人、管理人员、实际控制人、投资人等人员，以及直接从事矿山生产、作业的人员。"2011 年《关于进一步加强危害生产安全刑事案件审判工作的意见》规定，在非矿山生产安全事故中，认定相关犯罪的主体资格，可以参照《关于办理危害矿山生产安全刑事案件的解释》的相关规定内容执行，从而扩大了《关于办理危害矿山生产安全刑事案件的解释》相关规定的适用范围。本案中，被告人白永平作为机车车轮生产车间的车工，直接从事机车车轮的生产工作，属于司法解释规定的直接从事生产、作业的人员，符合重大责任事故罪的主体要件。

在主观方面，重大责任事故罪的罪过形式表现为过失，即行为人应当预见自己违反安全管理规定的行为可能发生伤亡事故或者造成其他严重后果，因为疏忽大意没有预见，或者已经预见而轻信能够避免。本案中，作为经过培训正式上岗的机车车轮生产车间的车工，被告人白永平明知自己车废的车轮属于不合格产品，依照有关安全管理的规定不能继续投入生产线，仍然违反规定将车轮以坏充好，对可能发生的危害后果轻信可以避免，存在过于自信的过失，符合重大责任事故罪的主观要件。

对于被告人白永平的行为是否构成重大责任事故罪，主要争议在于：首先，白永平违反安全管理规定的行为造成铁路运营期间的行车中断，并导致重大经济损失，是否可以认定为对生产、作业安全的破坏，即是否符合重大责任事故罪的客体要件？其次，白永平违反安全管理规定的行为与本案危害后果之间是否存在刑法意义上的因果关系，即白永平是否应当对本案中的生产安全事故后果承担刑事责任？我们认为，答案是肯定的。具体理由如下：

首先，被告人白永平的行为侵犯了生产、作业安全。

根据通行理论，重大责任事故罪侵犯的客体是生产、作业安全。生产、作业安全属于社会公共安全的重要组成部分，对其内涵一般应做广义的理解。作为危害生产、作业安全具体表现形式的重大伤亡事故或其他严重后果，既可以发生在生产、作业过程中，也可以发生在生产、作业活动结束之后；既可以与生产、作业直接相关，也可以与生产、作业存在间接关系。只要行为

① 该文件已失效。2015 年 12 月 16 日起施行的《最高人民法院、最高人民检察院关于办理危害生产安全刑事案件适用法律若干问题的解释》明确废止了该文件。

人在生产、作业过程中违反了安全管理规定，并导致重大伤亡事故或其他严重后果发生的，都可以认定为对生产、作业安全的破坏。本案中，铁路运营期间发生的线路中断和重大经济损失的危害后果，虽然发生在被告人白永平从事的生产作业活动结束之后，但正是因为白永平在生产、作业过程中违反安全管理规定的行为所导致的，应当认定其行为侵犯了生产、作业安全。

其次，被告人白永平的行为与危害后果之间存在刑法上的因果关系。

在重大责任事故罪中，违反安全管理规定的行为与危害后果之间存在因果关系，是行为人对事故后果承担刑事责任的客观基础。有意见提出，被告人白永平虽然违反了安全管理规定，将不合格的火车机车车轮以坏充好，但车轮流入下一道工序并最终投入使用的一个重要原因，是产品质检人员和相关部门未尽到监管责任，白永平的违规行为与造成的严重事故后果之间不存在因果关系，应认定其无罪。我们不同意上述观点。实践中，重大责任事故罪中的因果关系可能表现为四种情况：一因一果，即行为人因为自己违反安全管理规定的行为导致事故的发生，这种情况下，行为人的刑事责任容易确定，其应当对危害后果承担全部刑事责任；多因一果，即行为人与他人共同违反安全管理规定，或者行为人一人违反安全管理规定，但是由于同时存在机械故障或技术条件的限制等意志以外的因素，共同导致事故的发生，这种情况下，应当查明行为人的行为是引发事故的主要原因还是次要原因，从而确定行为人是否应当负刑事责任以及应当负多大的刑事责任；一因多果，即行为人一人违反安全管理规定，同时造成了多种严重后果，在此种情况下，行为人应当对全部后果承担刑事责任；多因多果，即行为人与他人共同违章，或者行为人的行为与其他原因相互结合，共同造成了多种严重后果，这种情况下，应当首先查明行为人的行为是否属于导致事故发生的主要原因，以及各种严重后果分别是由哪个原因引发的，从而确定行为人是否应当负刑事责任和应当承担多大的刑事责任。无论是上述哪种形式的因果关系，都不能因为同时存在引发事故后果的多种原因，就否定作为其中一个原因的行为人的刑事责任。

本案中，被告人白永平在车间生产、作业过程中不慎将火车机车车轮车废，其将此事报告给车间工段长裴京中后，主动提出焊补车轮之意，裴京中表示同意并帮助白永平联系焊补工人，白永平将车轮焊好后以次充好投入下一道工序，直至该车轮被安装使用，负责质检的人员及相关部门均没有发现并及时检出，最终共同导致了本案危害后果的发生，属于典型的多因一果形式。在导致本案危害后果发生的多个行为中，对生产、作业负有管理职责的车间工段长裴京中的许可及帮助行为，以及负责质检的人员和相关部门未能检出不合格车轮的失职行为，都属于引发危害后果的重要因素。但是，如果作为生产、作业人员的白永平遵守了安全管理规定，不将不合格车轮以坏充好，该车轮就不可能最终被安装在火车机车上，而本案中的火车运营事故也就不会发生。因此，白永平的行为是导致本案事故后果发生的根本及首要原因，其应当对危害后果承担刑事责任。

综上，原审法院认定被告人白永平的行为构成重大责任事故罪，同时鉴于本案确属多因一果，白永平仅应在自己的行为范围内承担相应的刑事责任，且其归案后认罪态度较好，有悔罪表现，对其适用缓刑不致再危害社会，对其判处有期徒刑二年，缓刑三年，定罪量刑适当。

（撰稿：最高人民法院刑四庭　李　伟）

6. 水上交通运输过程中重大责任事故罪与交通肇事罪的区分

——童发军、童发新重大责任事故案

一、基本案情

被告人童发军，男，1965 年 12 月 12 日出生。1999 年 9 月 3 日因犯盗窃罪和收购赃物罪被判处有期徒刑一年六个月，缓刑二年，后被撤销缓刑、收监执行原判刑罚，2002 年 7 月 8 日刑满释放。2013 年 7 月 27 日因涉嫌犯重大责任事故罪被取保候审。

被告人童发新，男，1967 年 1 月 12 日出生。2013 年 7 月 27 日因涉嫌犯重大责任事故罪被取保候审。

宁夏回族自治区中卫市沙坡头区人民检察院以被告人童发军、童发新犯重大责任事故罪，向中卫市沙坡头区人民法院提起公诉。

被告人童发军对起诉书指控的犯罪事实没有异议，辩解称自己的行为不构成重大责任事故罪。其辩护人提出，此次事故属于一般事故而非重大事故，公安机关未对此次事故的责任进行划分，公诉机关也未出示相关证据，且此次事故是两船在水上发生碰撞造成的，应以交通肇事罪定罪处罚；童发军在事故发生后拨打电话向中卫海事局进行报告，未离开现场，并积极组织抢救被害人，归案后如实供述犯罪事实，符合自首条件，并积极赔偿被害人亲属经济损失，请求从轻处罚。

被告人童发新对起诉书指控的犯罪事实没有异议，辩解称自己和童发军经营的公司有合法的营业执照和运输许可证等，行为构成交通肇事罪。

中卫市沙坡头区人民法院经审理查明：被告人童发军、童发新合伙经营中卫市沙坡头鸣钟水上漂流有限公司，童发军任该公司法定代表人，童发新任总经理兼快艇驾驶员。该公司经宁夏回族自治区地方海事局批准，主营水上旅游客运，经营期限自2010年3月22日至2015年3月23日。2011年4月，童发军购买了“新军4号”快艇，于2012年9月22日进行了年度检验。检验证书登记记载，该快艇乘客定额0人、船员人数1人，只能用作应急救生，严禁载客航行。实际生产经营过程中，童发军违反规定，长期使用“新军4号”快艇用于载客观光。2013年7月22日16时许，被告人童发新在未检查“新军4号”快艇燃料的情况下，驾驶该快艇载运程瑞英等七名游客，从中卫市沙坡头区迎水桥镇下河沿渡口距北岸100米处向黄河上游基地观光行驶。“新军4号”快艇驶出大约300米时燃料耗尽，失去动力和控制，顺水流向下漂流，与中卫市通航渡运有限责任公司的一艘渡轮相撞，导致“新军4号”快艇侧翻，快艇上七名游客全部落水，游客程瑞英因溺水经抢救无效死亡。事故发生后，中卫市沙坡鸣钟水上漂流有限公司与程瑞英的近亲属自行达成赔偿协议，且已履行完毕。

中卫市沙坡头区人民法院认为，被告人童发军、童发新在生产、作业中违反有关安全管理的规定，因而发生重大伤亡事故，其行为均已构成重大责任事故罪。童发军、童发新归案后能够如实供述自己的犯罪事实，可以从轻处罚。根据童发军、童发新的犯罪事实、性质、情节和对社会的危害程度以及中卫市司法局调查评估意见书，对童发军、童发新可以适用缓刑，依法实行社区矫正。据此，依照《中华人民共和国刑法》第一百三十四条第一款、第六十七条第三款、第七十二条第一款、第七十三条第二款、第三款、第七十六条、《中华人民共和国刑事诉讼法》第一百八十三条第一款、第二百七十七条第一款（二）项、第二百七十九条和《最高人民法院关于适用〈中华人民共和国刑事诉讼法〉的解释》第五百零五条第一款之规定，判决如下：

1. 被告人童发军犯重大责任事故罪，判处有期徒刑一年六个月，缓刑二年。

2. 被告人童发新犯重大责任事故罪，判处有期徒刑一年八个月，缓刑二年。

一审宣判后，童发军、童发新均上诉提出，自己的行为不构成重大责任事故罪，应依法认定为交通肇事罪，且在事故发生后立即向中卫市海事局进行了电话报告，未离开现场，积极组织抢救被害人，归案后如实供述犯罪事实，应依法认定为自首，一审适用法律错误，量刑过重，请求依法从轻改判。

中卫市中级人民法院经审理认为，一审判决认定上诉人童发军、童发新犯重大责任事故罪的事实清楚，证据确实、充分，定罪准确，量刑适当，适用法律正确。审判程序合法。童发军、童发新的上诉理由不能成立，依照《中华人民共和国刑事诉讼法》第二百二十五条第一款第一项之规定，裁定驳回上诉，维持原判。

二、主要问题

在水上交通运输中违反相关规定，造成人身伤亡事故的行为，构成重大责任事故罪还是交通肇事罪？

三、裁判理由

本案审理过程中，对于被告人童发军、童发新行为的定性问题，存在以下两种意见：

第一种意见认为，本案是两只船舶在水上发生碰撞导致的人身伤亡事故，属于在水上交通运输过程中发生的肇事事故，应当依法认定为交通肇事罪。

第二种意见认为，被告人童发军、童发新的行为违反了有关安全管理的规定，而非违反有关交通运输管理法规的规定，应当依法认定为重大责任事故罪。

我们同意第二种意见。对于被告人童发军、童发新行为的定性，涉及司法实践中经常出现的交通运输作业过程中发生重大事故的情况下应当如何定性的问题，主要涉及交通肇事罪和重大责任事故罪两个罪名的区分。通常情况下，重大责任事故罪与交通肇事罪比较容易区分。重大责任事故罪属于业务过失犯罪，属于从事某种特定业务的人员在业务活动过程中，因为违反与该业务相关的特定注意义务的犯罪行为，而交通肇事罪属于普通过失犯罪，无论是从事交通运输的人员还是非交通运输人员，都可以成为交通肇事罪的犯罪主体。两个罪名在侵犯的法益以及犯罪客观行为的表现形式等方面也存在明显的不同。但是，从理论上讲，生产、作业也包括了交通运输作业，而且物流、客运等行业的生产、作业区域主要集中在交通运输环节，还有一些行业在生产、作业过程中会不可避免地涉及交通运输作业的内容，例如矿山、油田、农场、林场、牧场，等等。一旦在交通运输作业过程中发生事故，依法应当认定为重大责任事故罪还是交通肇事罪，往往难以作出判断。

对于上述问题，1992 年出台的《最高人民检察院关于在厂（矿）区内机动车造成伤亡事故的犯罪案件如何定性处理问题的批复》作出了规定。该批复指出，在厂（矿）区内机动车作业期间发生的伤亡事故案件，应当根据不同情况，区别对待，在公共交通管理范围内，因违反交通运输规章制度，发生重大事故的，应当按照《刑法》第一百一十三条交通肇事罪规定处理；违反安全生产规章制度，发生重大伤亡事故，造成严重后果的，应当按照《刑法》第一百一十四条重大责任事故罪规定处理；在公共交通管理范围外发生重大伤亡事故的，应当认定为重大责任事故罪。可以看出，该批复主要解决的是厂（矿）区内机动车造成伤亡事故行为的定性处理问题，未涉及厂（矿）区外事故的处理问题，适用范围较窄，而且针对的只是机动车。

1997 年刑法修订之后，《最高人民检察院关于在厂（矿）区内机动车造成伤亡事故的犯罪案件如何定性处理问题的批复》的部分内容被 2000 年出台的《最高人民法院关于审理交通肇事刑事案件具体应用法律若干问题的解释》吸收，同时作出了相应的修改。根据该解释第八条的规定，在实行公共交通管理的范围内发生重大交通事故的，依照《刑法》第一百三十三条交通肇事罪和该解释的有关规定办理；在公共交通管理的范围外，驾驶机动车辆或者使用其他交通工具致人伤亡或者致使公共财产或者他人财产遭受重大损失，构成犯罪的，分别依照《刑法》第一百三十四条重大责任事故罪、第一百三十五条重大劳动安全事故罪和第二百三十三条过失致人死亡罪等规定定罪处罚。从该解释规定的字面含义来看，在实行公共交通管理范围内发生的重大交通事故，应当一律认定为交通肇事罪，也就是说，在交通运输作业过程中发生重大事故的，只要属于在实行公共交通管理的范围内发生事故，无论是否违反交通运输法规，应当一律认定为交通肇事罪。但是，从犯罪构成要件上看，交通肇事罪以违反交通运输管理法规为前提，如果根据《最高人民法院关于审理交通肇事刑事案件具体应用法律若干问题的解释》第八条规定的文义，对行为人的行为有无违反交通运输管理法规不加区分，一律认定为交通肇事罪，是不恰当的。

我们认为，对于在公共交通管理范围内交通运输作业过程中发生重大事故应当如何定性，重点在于考察行为人违反的是交通运输管理法规还是有关安全管理的规定，以及在行为人既违反交通运输管理法规又违反有关安全管理的规定的情况下应当如何处理。

所谓违反交通运输管理法规，是指违反国家有关交通运输管理的法律、法规和国家有关主管部门制定的交通运输安全的规章，如违反《中华人民共和国公路法》《中华人民共和国道路交通安全法》《中华人民共和国海上交通安全法》《中华人民共和国内河交通安全管理条例》等。实践中常见的，如司机酒后开车，不具备相应资质的人员无证驾驶机动车，驾驶员违章操作强行超车、超载，船舶停泊时不按照规定显示信号或妨碍或者危及其他船舶航行、停泊或者作业安全，船舶在内河航行时对来船动态不明、声号不统一或者遇有紧迫情况时没有减速、停车或者倒车以防止碰撞，等等。而所谓违反有关安全管理的规定，是指违反国家有关机关制定的各种与安全生产有关的法律、法规等规范性法律文件，以及企业、事业单位及其上级主管部门制定的各种规章制度和操作规程，同时还包括那些虽无明文规定，但反映了生产、作业的客观规律和要求，为行业人员所认可的操作习惯和惯例等。从内容上看，交通运输管理法规和有关安全管理的规定比较容易区分。问题在于，国家制定交通运输管理法规的目的就是确保交通运输安全，因此，就交通运输作业而言，交通运输管理法规也可以视为广义的安全管理规定的一部分，安全管理规定的外延大于交通运输管理法规。行为人在交通运输作业过程中违反交通运输管理法规的行为同时也是违反安全管理规定的行为，而行为人实施的违反安全管理的规定行为不一定是违反交通运输管理法规的行为。如果行为人的行为只违反了安全管理规定，毫无疑问应当认定为重大责任事故罪。但是，如果行为人的行为既违反了交通运输管理法规，同时又违反了有关安全管理的规定，应当如何处理呢？我们认为，应当区分为以下两种情形进行处理：

首先，如果只存在一个违反交通运输管理法规的行为，而该行为同时又违反有关安全管理的规定，这种情况属于法条竞合。其中，交通肇事罪属于特别法条，而重大责任事故罪则属于一般法条，根据特别法条优于一般法条的原则，应当按照交通肇事罪定罪处罚。

其次，如果行为人既实施了违反交通运输管理法规的行为，同时还实施了违反有关安全管理规定的行为，且前后两个行为共同导致了事故结果的发生。这种情况下，由于只存在一个危害结果，如果认定行为人既构成交通肇事罪，同时又构成重大责任事故罪，则属于法律上的重复评价，因此原则上应当认定为一罪。一般来讲，此种情况下，如果对行为人的行为定性为交通肇事罪，则无法达到对其实施的违反有关安全管理规定的行为进行法律评价的效果；如果定性为重大责任事故罪，则可以同时对其违反交通运输管理法规的行为和违反有关管理规定的行为进行充分的法律评价，因此是比较适宜的处理方式。

本案中，被告人童发军、童发新合伙经营中卫市沙坡鸣钟水上漂流有限公司，并共同负责该公司的生产经营管理。该公司关于水上漂流的经营范围属于旅游服务业的经营活动，本案发生在公司接待旅客的旅游服务业经营活动中，应当受安全管理法律法规的规范。二被告人在明知“新军4号”快艇只能用于应急救生、严禁载客的情况下，仍然违章操作，允许“新军4号”快艇载客航行，未尽到相应的安全管理义务，属于典型的违反有关安全管理规定的行为。案发当天，童发新在驾驶该快艇出航前，未进行必要的检查，仅凭经验认为燃油足够，导致快艇在行驶过程中燃料耗尽，发动机熄火，快艇失去动力和控制后顺水漂流，与下游渡船发生碰撞，属于违反《内河交通安全管理条例》等交通运输管理法规的行为，童发军作为公司法定代表人，对童发新实施的违反犯罪行为应负相应的法律责任。童发军、童发新分别实施了违反有关安全管理规定的行为和违反交通运输管理法规的行为，两个行为相互结合，共同导致了一人溺水死亡的事故后果，为实现对两个行为的充分法律评价，应当以重大责任事故罪定罪处罚。一、二审法院认定二被告人的行为构成重大责任事故罪，是正确的。

（撰稿：最高人民法院刑四庭　王凯凯）

7. 驾驶工程车辆在未建成的道路上从事生产作业引发事故的行为构成交通肇事罪还是重大责任事故罪

——王碧能重大责任事故案

一、基本案情

被告人王碧能，男，1972 年 8 月 9 日出生，浙江省仙居县田市镇诸永高速 S9 标项目部驾驶员。2007 年 10 月 12 日因涉嫌犯重大劳动安全事故罪被取保候审。

浙江省仙居县人民检察院以被告人王碧能犯重大责任事故罪，向仙居县人民法院提起公诉。

被告人王碧能对起诉书指控的事实和罪名均未提出异议。

仙居县人民法院经审理查明：2007 年 9 月 24 日 7 时 40 分许，被告人王碧能驾驶解放牌翻斗车，从仙居县诸永高速公路 S9 标项目部开往三工区运输岩土进行填方，途经诸永 9 标对坑一号隧道时，车辆碰撞隧道内的脚手架，致使正在脚手架上施工的工人罗孟燕、张玉德、陈见平坠落在地，导致罗孟燕、张玉德死亡，陈见平的损伤程度构成轻伤。事故发生后，王碧能赔偿被害人以及被害人亲属的经济损失，并获得了对方谅解。

仙居县人民法院认为，被告人王碧能在生产作业过程中，未能遵守安全作业的管理规定，导致发生二人死亡、一人轻伤的重大伤亡事故，其行为已构成重大责任事故罪。公诉机关指控的罪名成立。鉴于王碧能在开庭审理过程中自愿认罪，确有悔罪表现，可以依法酌情从轻处罚，并适用缓刑。据此，依照《中华人民共和国刑法》第一百三十四条第一款、第六十一条、第七十二条第一款之规定，以重大责任事故罪判处被告人王碧能有期徒刑二年，缓刑二年。

宣判后，被告人王碧能未上诉，公诉机关未抗诉。判决已经发生法律效力。

二、主要问题

行为人驾驶工程车辆在未建成的道路上从事生产作业的过程中，因违反安全管理规定引发事故的，应当认定为交通肇事罪还是重大责任事故罪？

三、裁判理由

我们认为，行为人驾驶工程车辆等机动车，在未建成的道路上从事生产作业过程中，违反安全管理规定，引发人身伤亡事故的，一般应当认定为重大责任事故罪。主要理由如下：

（一）机动车在未建成的道路上发生事故的，不构成交通肇事罪

根据刑法的规定，交通肇事罪，是指从事交通运输的人员或者非交通运输人员，违反交通运输管理法规，发生重大交通事故，致人重伤、死亡或者使公私财产遭受重大损失的行为。

从理论上讲，区分交通肇事罪与其他责任事故类犯罪的关键，在于审查行为人实施的肇事行为是否发生在公共交通管理的范围之内，以及行为人有无违反交通运输管理法规。其中，所谓“公共交通管理范围”，是指纳入公共交通管理的区域，具有开放性、出入人员不确定性等特点。例如，根据《中华人民共和国道路交通安全法》第一百一十九条第一项的规定，“道路”是指公路、城市道路，以及虽在单位管辖范围但允许社会机动车通行的地方，包括广场、公共停车场等用于公众通行的场所；根据《中华人民共和国内河交通安全管理条例》第九十一条第一项的规定，内河通航水域，是指由海事管理机构认定的可供船舶航行的江、河、湖泊、水库、运河等水域。所谓“违反交通运输管理法规”，是指违反国家有关交通运输管理的法律、法规和有关政府主管部门制定的有关交通运输安全的规章制度，例如公路、海上、内河交通运输中的各类规章制度，等等。

根据《最高人民法院关于审理交通肇事刑事案件具体应用法律若干问题的解释》第八条的规定，在实行公共交通管理的范围内发生重大交通事故的，依照刑法第一百三十三条关于交通肇事罪的规定和本解释的有关规定办理；在公共交通管理的范围外，驾驶机动车辆或者使用其他交通工具致人伤亡或者致使公共财产或者他人财产遭受重大损失，构成犯罪的，分别依照刑法第一百三十四条重大责任事故罪、第一百三十五条重大劳动安全事故罪、第二百三十三条过失致人死亡罪等规定定罪处罚。就本案而言，事故发生的地点

位于未建成的高速公路上。根据《中华人民共和国公路法》的相关规定，公路建设项目竣工后，应当按照国家有关规定进行验收；未经验收或者验收不合格的，不得交付使用。因此，能够在未建成的道路上通行的，只能是特定的车辆和行人，一般的行人、车辆不能通行。因此，本案中未建成的高速公路不属于《中华人民共和国道路交通安全法》中的“道路”的范畴，不在公共交通管理范围内。王碧能在未建成的道路上驾驶工程车并违章肇事的行为，依法不构成交通肇事罪。

（二）在未建成的道路上生产、作业过程中违反有关安全管理的规定，导致发生重大事故的，依法构成重大责任事故罪

根据刑法的规定，重大责任事故罪，是指在生产、作业中违反有关安全管理的规定，因而发生重大伤亡事故或者造成其他严重后果的行为。重大责任事故罪的构成要件是：首先，犯罪主体包括对生产、作业负有组织、指挥或者管理职责的负责人、管理人员、实际控制人、投资人等人员，以及直接从事生产、作业的人员。其次，犯罪客体是生产、作业安全，包括不特定多数人的生命、健康或者公私财产的安全。再次，主观方面是过失，即行为人对自己违反有关安全管理的规定可能发生重大伤亡事故或者造成其他严重后果，应当预见而没有预见，或者虽然已经预见但轻信能够避免。但是，行为人对于自己的行为违反安全管理的规定，则可能是出于故意。最后，犯罪客观方面的行为形式表现为在生产、作业中违反有关安全管理的规定，因而发生重大伤亡事故或者造成其他严重后果。违反有关安全管理的规定，是指违反国家有关机关制定的各种与安全生产有关的法律、法规等规范性法律文件，以及企业、事业单位及其上级主管部门制定的各种规章制度和操作规程，也包括那些虽无明文规定，但却反映了生产、作业的客观规律和要求，为行业人员所认可的操作习惯和惯例等。行为人在未建成的道路上驾驶工程车辆进行施工，属于生产、作业活动的一种，期间如果违反有关安全管理的规定，因而发生重大伤亡事故或者造成其他严重后果的，符合重大责任事故罪的构成要件。

需要注意的是，此类案件中需要注意区分未建成的道路和正在施工的道路这两个概念，正在施工的道路并不一定是未建成的道路。例如，因为工程建设的需要占用、挖掘道路，或者跨越、穿越道路架设、增设管线设施，可能涉及在已经投入使用的道路上进行施工的问题。而在已经投入使用的道路上施工，又可以进一步区分为两种情形：一种是中断了交通，一种是未中断

交通。前者不属于公共交通管理的范围，而后者则应当认定为公共交通管理的范围。根据《道路交通安全法》第三十二条第三款的规定，对于未中断交通的施工作业道路，公安机关交通管理部门应当加强交通安全监督检查，维护道路交通秩序。因此，在已经投入使用的道路上开展施工的过程中，因为违反相关规定，导致发生重大事故的，应当考察交通是否已经中断、行为人的行为是否发生在公共交通管理的范围内，以及行为人违反的是交通运输管理法规还是有关安全管理的法规等情节，决定适用罪名是交通肇事罪还是重大责任事故罪。

本案中，被告人王碧能作为诸永高速S9标项目部的工程车辆驾驶员，其日常工作是驾驶翻斗车运输岩土进行填方。工程项目部具有一系列有关安全生产的管理规定，王碧能驾驶翻斗车引发事故的行为发生在生产、作业过程中，发生事故的原因是王碧能对驾驶的距离未进行审慎估量，驾驶工程车辆过程中未尽到安全小心驾驶的义务，违反了有关安全管理的规定，行为符合重大责任事故罪的构成要件。本案判决作出于2008年1月22日，当时《关于办理危害生产安全刑事案件的解释》尚未公布施行。根据当时有效的《关于办理危害矿山生产安全刑事案件的解释》第四条的规定，在矿山生产安全事故中，“重大伤亡事故或者其他严重后果”，包括造成死亡一人以上，或者重伤三人以上，以及造成直接经济损失一百万元以上的情形。2011年出台的《关于进一步加强危害生产安全刑事案件审判工作的意见》明确规定，非矿山生产安全事故中发生的相关生产安全责任事故犯罪的定罪量刑标准，可以参照《关于办理危害矿山生产安全刑事案件的解释》的规定内容执行。王碧能的行为导致二人死亡，已经达到《关于办理危害矿山生产安全刑事案件的解释》规定的重大责任事故罪的定罪标准，依法构成重大责任事故罪。

（三）重大责任事故罪与过失致人死亡罪、过失致人重伤罪的关系

本案审理过程中，有意见提出，王碧能的行为应当认定为过失致人死亡罪。我们认为，这种意见不能成立。行为人在生产、作业过程中因为过失行为导致发生人员死亡、重伤危害后果的情况下，其行为在构成重大责任事故罪的同时，也符合过失致人死亡罪或者过失致人重伤罪的构成要件。这种情况属于法条竞合，其中，重大责任事故罪属于特别法条，过失致人死亡罪、过失致人重伤罪属于一般法条。依照特别法条优于一般法条的原则，应当依法认定为重大责任事故罪。《刑法》第二百三十三条关于过失致人死亡罪和第二百三十五条关于过失致人重伤罪的规定中，也分别设置有“本法另有规定

的，依照规定”的规定内容。

另外，根据刑法和相关司法解释的规定，行为人在生产、作业过程中违反有关安全管理的规定，在仅造成人员受伤、未造成人员死亡和一定数额直接经济损失或者其他严重后果的情况，只有在造成重伤三人以上的情况下，才可能构成重大责任事故罪，如果仅造成一人或者二人重伤，则不构成重大责任事故罪。问题在于，在事故导致的重伤人数达不到重大责任事故罪定罪标准的情况下，是否可以以过失致人重伤罪追究行为人的刑事责任呢？我们认为，这种情况下一般不宜直接认定为过失致人死亡罪。主要理由在于，重大责任事故罪与过失致人重伤罪保护的法益各不相同，属于两个不同类别的罪名。从理论上讲，重大责任事故罪属于业务过失犯罪，而过失致人重伤罪属于一般过失犯罪。《刑法》第二百三十五条过失致人重伤罪的条文中，明确规定“本法另有规定的，依照规定”，说明我国刑法对业务过失犯罪和一般过失犯罪采取了区别对待的立法原则。行为人在生产、作业过程中违反有关安全管理的规定，造成重大事故的，一般应以其行为是否符合重大责任事故罪的构成要件特征来判断罪与非罪，在行为不符合重大责任事故罪构成要件的情况下，不能转而适用过失致人重伤罪，否则就违反了刑法的规定精神，也将导致司法解释规定的重大责任事故罪的定罪标准失去实际意义，不当扩大刑法的规制范围。

（撰稿：最高人民法院刑四庭　王凯凯）

8. 违规转包工程的发包人是否属于重大责任事故罪的犯罪主体

——严帝龙、尹太铉等重大责任事故案

一、基本案情

被告人严帝龙，男，1968年8月28日出生，无业。2010年4月15日因涉嫌犯重大责任事故罪被逮捕。

被告人尹太铉，男，1979年4月6日出生，农民。2010年4月15日因涉

嫌犯重大责任事故罪被逮捕。

被告人温起生，男，1967 年 7 月 8 日出生，农民。2006 年 1 月 20 日因犯故意伤害罪被判处有期徒刑一年六个月。2010 年 4 月 15 日因涉嫌犯重大责任事故罪被逮捕。

被告人王瑞山，男，1954 年 6 月 22 日出生，农民。2010 年 4 月 15 日因涉嫌犯重大责任事故罪被逮捕。

被告人冯贵强，男，1974 年 5 月 6 日出生，农民。2010 年 4 月 15 日因涉嫌犯重大责任事故罪被逮捕。

北京市昌平区人民检察院以被告人严帝龙、尹太铉、温起生、王瑞山、冯贵强犯重大责任事故罪，向北京市昌平区人民法院提起公诉。

被告人尹太铉对起诉书指控的事实未提出异议。其辩护人提出，尹太铉是工程发包人，不是承包人，不符合重大责任事故罪的主体要件，相关违章抢建行为应由行政法予以惩戒，尹太铉即使聘用无施工资质的施工队，也不属于生产、作业人员，不构成重大责任事故罪，请求认定尹太铉无罪。

被告人王瑞山、严帝龙、温起生、冯贵强及其辩护人对起诉书指控的事实和罪名均未提出异议。

北京市昌平区人民法院经审理查明：2010 年 2 月间，被告人王瑞山在未取得相关主管部门批准的情况下，擅自与无施工资质的被告人严帝龙签订合作建房协议，双方约定，王瑞山出宅基地，严帝龙出资 64 万元，在北京市昌平区北七家镇鲁疃村 159 号王瑞山的宅基地上将现有房屋改建成三层楼房。合作建房协议签订后，严帝龙将该工程转包给了无施工资质的被告人尹太铉。尹太铉在出资 5 万元后，因自有资金不足，又将该工程转包给无施工资质的被告人温起生，后温起生再次将工程的劳务部分转包给被告人冯贵强，冯贵强与李广波负责组织工人进入施工现场开展施工作业。2010 年 3 月 10 日 15 时许，因工人在施工过程中违章作业，造成正在建造的房屋北侧墙体整体倒塌，致使施工现场工人郭可民、钱守忠当场死亡，王同山、邓书献经抢救无效死亡，邓俊元、邓秀才、徐龙启受伤。事故发生后，五被告人均向公安机关投案自首。

北京市昌平区人民法院认为，被告人王瑞山在未取得相关主管部门批准的情况下，擅自提供自家宅基地，与无施工资质的被告人严帝龙签订合作建房协议；被告人严帝龙为牟取利益，故意压低工程预算，将工程转包给无施工资质的被告人尹太铉，被告人尹太铉又将该工程转包给无施工资质的被告人温起生。王瑞山、严帝龙、尹太铉在施工作业过程中违反有关安全管理的规定，将工程层层转包给无建筑施工资质人员；被告人温起生、冯贵强作为施工直接负责人员，在明知施工方案存在安全隐患、施工现场无任何安全防范措施的情况下，仍然组织工人冒险作业，导致发生四人死亡、三人受伤的重大伤亡事故，五被告人的行为均已构成重大责任事故罪，依法应予惩处。辩护人关于尹太铉不属于重大责任事故罪的犯罪主体范围、行为不构成重大责任事故罪、请求判决尹太铉无罪的辩护意见，无法律依据，不予采纳。鉴于五被告人案发后均自动投案，归案后如实供述主要犯罪事实，依法构成自首，且温起生、冯贵强、王瑞山均在事故发生后参与抢救、出资赔偿被害人经济损失，依法分别予以从轻、减轻处罚。据此，依照《中华人民共和国刑法》第一百三十四条第一款、第六十七条第一款之规定，判决如下：

1. 被告人严帝龙犯重大责任事故罪，判处有期徒刑五年。

2. 被告人尹太铉犯重大责任事故罪，判处有期徒刑四年。

3. 被告人温起生犯重大责任事故罪，判处有期徒刑三年六个月。

4. 被告人王瑞山犯重大责任事故罪，判处有期徒刑二年。

5. 被告人冯贵强犯重大责任事故罪，判处有期徒刑二年。

宣判后，五被告人均未上诉，公诉机关亦未抗诉。判决已经发生法律效力。

二、主要问题

1. 不具备合法资质的行为人从事法律明确规定必须具备相关资质才能实施的工程施工活动，是否符合重大责任事故罪的主体要件？

2. 行为人将承包的工程违规转包给无施工资质之人，造成重大伤亡事故的，是否构成重大责任事故罪？

三、裁判理由

（一）不具备合法资质的行为人从事法律明确规定必须具备相关资质才能实施的工程施工活动的，符合重大责任事故罪的主体要件

根据《中华人民共和国建筑法》第七条和《建筑工程施工许可管理办法》第二条的规定，除工程投资额在30万元以下或者建筑面积在300平方米以下的建筑工程可以不申请办理施工许可证之外，其他建筑工程在开工前，建设单位均应当按照国家有关规定，向工程所在地县级以上人民政府建设行政主管部门申请领取施工许可证。另外，《建筑法》第十三条规定：“从事建

筑活动的建筑施工企业、勘察单位、设计单位和工程监理单位，按照其拥有的注册资本、专业技术人员、技术装备和已完成的建筑工程业绩等资质条件，划分为不同的资质等级，经资质审查合格，取得相应等级的资质证书后，方可在其资质等级许可的范围内从事建筑活动”。第十四条还规定：“从事建筑活动的专业技术人员，应当依法取得相应的执业资格证书，并在执业资格证书许可的范围内从事建筑活动。”本案中，被告人王瑞山与被告人严帝龙签订合作建房合同，约定由严帝龙出资64万元，在王瑞山宅基地上的房屋原有墙体上加盖二层楼房，每层建筑面积444平方米，依法应当申请办理施工许可证，且施工方必须具备相关的建筑资质和资格证书。但王瑞山并未向相关部门申请办理施工许可证，承包该工程的严帝龙、尹太铉等其他四被告人亦均不具备相应的建筑施工资质。但是，上述各被告人仍然可以成为重大责任事故罪的犯罪主体。

1979年刑法和1997年刑法均将重大责任事故罪规定为特殊主体犯罪，将主体限定为工厂、矿山、建筑企业或其他企业、事业单位中的职工。但是，实践中存在着大量非企事业单位经营主体、投资主体在生产、作业过程中违反安全管理规定、导致发生重大事故的情形，将本罪主体限定为特殊主体，已经不能满足新形势下惩治生产安全责任事故犯罪的需要。2006年施行的《刑法修正案（六）》对1997年刑法第一百三十四条的规定进行了修改，规定一切在生产、作业中违反有关安全管理的规定，因而发生重大伤亡事故或者造成其他严重后果的行为，均可以构成重大责任事故罪，将本罪主体由特殊主体修改为一般主体。《关于办理危害矿山生产安全刑事案件的解释》对重大责任事故罪的主体范围作出了明确规定。该解释第一条规定：“刑法第一百三十四条第一款规定的犯罪主体，包括对矿山生产、作业负有组织、指挥、管理职责的负责人、管理人员、实际控制人、投资人等人员，以及直接从事矿山生产、作业的人员。”2011年出台的《关于进一步加强危害生产安全刑事案件审判工作的意见》明确，在非矿山生产安全事故中，认定相关犯罪的主体资格，可以参照《关于办理危害矿山生产安全刑事案件的解释》的相关规定内容执行，从而扩大了《关于办理危害矿山生产安全刑事案件的解释》的适用范围。

可以看出，在《刑法修正案（六）》对重大责任事故罪的构成要件作出修改之后，本罪的主体范围已经扩大到一般主体，即所有年满十六周岁、具有刑事责任能力的自然人都可以构成，而不论其是否具有相应的资质或者身份。本案五被告人完全符合刑法及相关司法解释规定的重大责任事故罪的主体要件。行为人在未取得相关资质许可的情况下擅自从事生产经营活动，本身就属于严重的事故隐患，且无资质行为人无视事故隐患和一线生产、作业者的生命财产安全，盲目组织工人施工，其主观恶性更深，不仅应当依法认定为犯罪，而且还应处以较重的刑罚。

（二）行为人承包工程后违规转包给无施工资质之人，导致造成重大伤亡事故的，依法构成重大责任事故罪

对于被告人尹太铉承包合作建房工程后，又违反规定将该工程整体转包给无施工资质之人的行为是否构成重大责任事故罪，在本案审理过程中，主要存在两种意见：

第一种意见认为，尹太铉将工程整体转包出去后，自己不再参与该工程的具体建设活动，并非直接从事生产、作业的人员，对工程也不再负有组织、指挥、管理职责，不应对后来发生的生产安全事故承担刑事责任，依法不构成重大责任事故罪。

第二种意见认为，尹太铉违反有关安全管理的规定，违规承包工程并违规整体转包给无资质之人施工，导致在生产、作业过程中发生重大伤亡事故，其行为构成重大责任事故罪。

我们同意第二种意见，主要理由如下：

第一，承包工程后违规整体转包给无施工资质之人的行为，违反了有关安全管理的规定。

刑法规定的作为重大责任事故罪必备构成要件的“违反有关安全管理规定”，一般是指违反安全生产法、建筑法等与生产、作业规范、安全相关的国家法律、法规的行为。《安全生产法》第四十一条规定：“生产经营单位不得将生产经营项目、场所、设备发包或者出租给不具备安全生产条件或相关资质的单位或个人”。《建筑法》第二十八条规定：“禁止承包单位将其承包的全部建筑工程转包给他人”。可见，我国法律对违规转租、转包行为明确作出了禁止性规定。本案中，被告人尹太铉作为工程承包方，在承包工程后不审查施工队的建筑施工资质，不审查相关人员是否具备相应的施工资质，将全部工程予以整体转包，其行为已经违反有关安全管理的规定。

有意见提出，在重大责任事故罪中，行为人违反相关安全管理的规定的行为必须发生在生产、作业过程中。我们认为，对于刑法规定的“生产、作业”不应做过于机械的理解。实践中，某些违反安全管理规定的行为虽然不

是发生在直接的生产、作业活动中，但是，该行为与生产、作业活动存在密切联系，甚至直接影响生产、作业活动的开展，对于这类行为，也应当理解为刑法规定的“在生产、作业中违反有关安全管理的规定”的行为，否则可能不当缩小重大责任事故罪的成立范围。本案中，被告人尹太铉为了牟取不当利益，置建筑工程的生产、作业安全于不顾，违规将该工程整体转包给无施工资质的被告人温起生等人，该转包行为虽然不是直接发生在生产、作业过程中，但正是由于尹太铉的非法转包行为，导致该工程由不具备相应资质和安全生产条件的人员进行施工，最终引发重大伤亡事故，应当认定尹太铉在生产、作业中违反有关安全管理的规定，应当对安全事故的发生承担相应责任。

第二，行为人承包工程后违规转包给无施工资质之人的行为，与安全事故后果之间存在刑法上的因果关系。

根据现代刑法中的个人责任原则的要求，行为人对某一危害后果承担刑事责任，要求其实施的行为与危害结果之间存在刑法上的因果关系。本案中，被告人尹太铉承包工程后，实际具备了工程管理人和实际控制人的身份，依法应当对施工现场的生产、作业安全负责，有责任审查相关人员是否具备从事建筑生产、作业的资质，并应认真审核施工方案是否合理。但尹太铉为了牟取非法利益，违规将工程整体转包给没有相关建筑施工资质的被告人温起生，温起生等人又对施工过程中工人的违章、违规操作行为未予制止，对施工现场存在的安全隐患不予理会，未尽到其应负的组织、指挥、管理职责。正是由于尹太铉的严重失职行为，导致该工程在施工方不具备相应资质、施工方案存在重大安全隐患、施工现场无任何安全防范措施的情况下开展施工作业，最终造成四死三伤的重大伤亡事故。尹太铉的行为与事故后果之间存在刑法上的因果关系，应当对事故后果承担刑事责任。

第三，将承包工程后违规转包给无施工资质之人、导致发生生产安全事故的行为认定为重大责任事故罪，符合刑法的立法目的。

刑法设立重大责任事故罪，目的在于严厉打击生产、作业过程中违反安全管理规定、违章操作的违法犯罪行为，有效预防生产安全事故的发生，维护生产、作业安全。现阶段，随着我国经济社会的迅速发展，企、事业单位、社会团体、个人等多种经营主体在各个生产经营行业领域中实施违法违规行为、造成生产安全事故的情况日益突出。如果将类似本案被告人尹太铉实施的违规转包行为排除在重大责任事故罪的惩治范围之外，可能导致部分生产经营主体故意以违规转包等方式逃避责任，造成放纵犯罪，也无法达到从源头上预防此类事故发生的目的。一审法院认定被告人尹太铉的行为构成重大责任事故罪，符合刑法的立法目的，同时考虑到其行为导致四死三伤，后果特别严重，但案发后自动投案，如实供述自己的罪行，依法构成自首，对其判处有期徒刑四年，符合罪责刑相适应原则。

（撰稿：最高人民法院刑四庭　李　伟）

9. 如何正确认定监督过失责任人的刑事责任

——邵殿军、董来荣、方强锋重大责任事故案

一、基本案情

被告人邵殿军，男，1965 年 8 月 27 日出生，江苏省南京市栖霞区尧栖房屋拆除工程队负责人。2008 年 12 月 11 日因犯行贿罪被判处有期徒刑一年，缓刑一年六个月。2010 年 8 月 6 日因涉嫌犯重大责任事故罪被逮捕。

被告人董来荣，男，1956 年 10 月 11 日出生，农民。2010 年 8 月 6 日因涉嫌犯重大责任事故罪被逮捕。

被告人方强锋，男，1986 年 12 月 9 日出生，个体挖掘机驾驶员。2010 年 8 月 6 日因涉嫌犯重大责任事故罪被逮捕。

江苏省南京市溧水区人民检察院以被告人邵殿军犯重大责任事故罪、串通投标罪，被告人董来荣、方强锋犯重大责任事故罪，向南京市溧水区人民法院提起公诉。

被告人邵殿军、董来荣、方强峰对公诉机关指控的事实均无异议。

被告人邵殿军的辩护人提出：邵殿军在重大责任事故罪中有自首情节；此次事故属于多因一果，邵殿军不具备资质承接拆迁工程，在施工时未尽到监管责任，仅属于事故发生的间接原因，负事故次要责任，不应认定为重大责任事故犯罪中的情节特别恶劣。

被告人董来荣辩解称，相关单位标注的地下丙烯管道位置有误，是造成事故的原因之一。其辩护人提出，董来荣系初犯和过失犯，有自首情节，请

求从轻处罚。

被告人方强锋的辩护人提出，方强锋作为受雇佣的农民工，不具备重大责任事故罪的主体资格，不可能知道特殊行业的生产安全规章制度，在施工作业过程中不存在不服从管理、不听从指挥或者不遵守操作规程的行为，依法不构成重大责任事故罪。

南京市溧水区人民法院经审理查明：

（一）关于重大责任事故犯罪事实

2010 年 4 月，南京市栖霞区人民政府迈皋桥办事处组织对南京塑料四厂（以下简称塑料四厂）地块上面积为 22268.5 平方米的房屋进行拆迁。同年 5 月初，被告人邵殿军在不具备拆迁施工资质的情况下，非法承揽了该地块的建筑物拆除工程，并组织其姐夫被告人董来荣和被告人方强锋等人进场施工。施工过程中，董来荣负责现场施工，方强锋受邵殿军的雇佣，在施工中负责操作挖掘机。拆除工程队进场后，塑料四厂告知邵殿军称，厂区地下铺设有危险化学品管道，并会同南京金陵塑胶化工有限公司（以下简称金陵塑胶公司）带领邵殿军、董来荣、方强锋等人查看了丙烯管线的大致位置和走向，指明了禁挖区域。

2010 年 5 月 7 日，塑料四厂与被告人邵殿军签订《安全协议》。协议载明：拆除施工方在拆除工程中必须自觉遵守安全生产法、消防法以及有关拆迁安全的国家政策、法规，依法进行施工；塑料四厂厂区地下铺设有液化气等管道，拆除施工方开挖地下必须事先经有关部门和塑料四厂同意，否则后果自负。同年 5 月 11 日，丙烯管线权属单位金陵塑胶公司向塑料四厂和邵殿军发出书面信函，告知金陵塑胶公司有两条丙烯管线铺设于塑料四厂厂区地下，在此范围内施工有安全隐患，如果在施工过程中不慎挖破丙烯管线，将会造成燃爆气体外泄、扩散，遇明火或静电后会引发大范围火灾爆炸事故，施工单位在破土作业中发现有不明管线，必须与金陵塑胶公司安全部门联系，等金陵塑胶公司确认后再行施工，切勿盲目作业，防止将管线强行挖断。5 月 19 日，迈皋桥街道召集金陵塑胶公司、塑料四厂以及邵殿军召开了“丙烯管线安全协调会”，会议要求，拆除工程队必须在丙烯管线位置设置明显标志，对工程队实施工人开展安全教育，及时让工人了解丙烯管线位置及丙烯泄漏的危险性，保证做到拆迁不危及丙烯管线安全。

2010 年 6 月底，塑料四厂除办公楼等少量建筑物需要搬空后再行拆除外，大部分建筑物已拆除完毕，拆除施工队处于阶段性停工状态。同年 7 月 26

日，被告人董来荣向被告人邵殿军提出挖掘塑料四厂地下废旧金属管道进行变卖，所得款项二人平分，邵殿军表示同意。7 月 27 日上午，邵殿军电话通知金陵塑胶公司生产运行部副部长蒋山尊，称拆除施工队将要进行地下挖掘，蒋山尊等人接到电话后，赶到塑料四厂查看确认了丙烯管线的位置和走向，提出金陵塑胶公司将于当日 14 时派人到现场指导施工，并强调金陵塑胶公司的工作人员不到现场，施工队不得破土施工。当日 15 时许，董来荣在金陵塑胶公司工作人员未到场指导、监督的情况下，擅自指挥被告人方强锋操作挖掘机进行地下挖掘，邵殿军看见后未加制止，予以放任。7 月 28 日 9 时 50 分许，董来荣、方强锋在挖掘施工过程中发现有不明管线，方强锋根据董来荣的指挥，用挖掘机抓斗拨开不明管线上的泥土时，将管线抓破。因该管线系金陵塑胶公司铺设于塑料四厂地块下直径 159mm 的丙烯输送管线，管线被抓破后，丙烯泄漏并迅速扩散与空气形成爆炸性混合物，遇到位于塑料四厂南侧迈尧路段中华饭店内明火后引发爆燃事故。此次事故最终造成 22 人死亡、11 人重伤、直接经济损失 4784 万元的严重后果。

经事故调查组调查认定，被告人邵殿军、董来荣擅自组织开挖地下管道、现场盲目指挥，被告人方强锋野蛮操作挖掘机挖穿地下丙烯管道，导致丙烯大量泄漏，迅速扩散后遇到点火源引发爆燃，是导致此次事故发生的直接原因；南京市栖霞区迈燕开发办、迈皋桥街道、区拆迁办等单位违规组织实施塑料四厂地块拆除工程，塑料四厂对位于本厂区内丙烯管道上方的野蛮挖掘行为未加制止、未能有效制止事故发生，金陵塑胶公司对塑料四厂厂区内地下丙烯管道位置和走向指认不清，是导致此次事故发生的间接原因。

事故发生后，被告人邵殿军为减轻责任，伙同他人共同伪造了拆除工程施工协议等材料。2010 年 7 月 28 日 14 时 30 分许，南京市公安局栖霞分局公安人员通过栖霞区迈皋桥街道工作人员电话通知邵殿军到案。同日 16 时许，被告人董来荣接公安人员电话通知后到案。同日 18 时许，被告人方强锋在其住所被公安人员抓获归案。

（二）关于串通投标犯罪事实

2010 年 2 月至 7 月，被告人邵殿军在南京市栖霞区组织的四个旧房拆除工程的招、投标过程中，伙同他人相互串通投标报价，损害其他招、投标人利益。

南京市溧水区人民法院认为，被告人邵殿军、董来荣在南京塑料四厂的拆除施工过程中，明知地下有危险化学品丙烯输送管道，进行地下挖掘可能会导致危害结果，仍然轻信能够避免，违反有关安全管理的规定擅自组织开挖地下废旧管道；被告人方强锋作为挖掘机操作人员，在未准确掌握地下管道位置与走向的情况下，听从董来荣的盲目指挥进行挖掘施工，在挖掘过程中因疏忽大意将丙烯管道挖破，因而发生重大责任事故，造成严重后果，情节特别恶劣，三人的行为均构成重大责任事故罪。邵殿军伙同他人相互串通投标报价，损害其他招、投标人利益，情节恶劣，其行为还构成串通投标罪，应依法并罚。公诉机关指控三被告人所犯罪名成立。此次事故造成的伤亡人数多，经济损失巨大，社会影响特别恶劣，对三被告人均应酌情从重处罚。邵殿军、董来荣接到公安机关电话通知后主动到案接受调查，对主要犯罪事实作了如实供述，应认定为自首情节，依法可以从轻处罚；三被告人当庭认罪态度尚好，均可酌情从轻处罚。邵殿军系在缓刑考验期内犯罪，依法应当撤销缓刑，将前罪与后罪所判刑罚实行并罚。另外，对控、辩各方争议焦点作如下评判：首先，关于邵殿军对此次重大责任事故负主要责任还是负次要责任的问题，此次事故的发生虽然属于多因一果，但邵殿军不履行安全监管职责、擅自与董来荣组织开挖地下金属管道，董来荣盲目指挥，方强锋野蛮操作挖掘机挖破地下丙烯管道等积极主动的行为，均导致该起事故发生的直接原因，邵殿军、董来荣、方强锋均应负事故主要责任。其次，关于方强锋是否具有重大责任事故罪主体资格，在施工作业过程中有无不遵守规章制度、操作规程行为的问题，根据刑法的规定，在生产、作业中违反有关安全管理的规定，因而发生重大伤亡事故或者造成严重后果的，依法应当承担刑事责任，因此，重大责任事故罪的犯罪主体是一般主体，方强锋属于具有完全刑事责任能力的自然人，其受雇于邵殿军从事塑料四厂的拆除作业，符合重大责任事故罪的主体要件，其在挖掘作业过程中违反安全管理规定，发现不明管道后应当预见继续挖掘可能会发生危害社会的后果，因为疏忽大意而未能预见，最终导致重大事故发生，其行为符合重大责任事故罪的构成要件，依法构成重大责任事故罪。据此，依照《中华人民共和国刑法》第一百三十四条第一款、第二百二十三条第一款、第六十七条第一款、第七十七条第一款、第六十九条之规定，判决如下：

1. 撤销南京市雨花台区人民法院（2008）雨刑初字第258号刑事判决中对被告人邵殿军宣告缓刑一年六个月的部分。

2. 被告人邵殿军犯重大责任事故罪，判处有期徒刑六年六个月；犯串通投标罪，判处有期徒刑二年，并处罚金人民币五万元，与前罪未执行的刑罚有期徒刑一年并罚，决定执行有期徒刑九年，并处罚金人民币五万元。

3. 被告人董来荣犯重大责任事故罪，判处有期徒刑六年。

4. 被告人方强锋犯重大责任事故罪，判处有期徒刑三年。

一审宣判后，被告人邵殿军、董来荣提出上诉。

被告人邵殿军及其辩护人提出：相关单位标注的地下丙烯管道位置不清，是导致事故发生的最主要原因，董来荣、方强锋野蛮施工是导致事故发生的直接原因，邵殿军监管不到位仅属于事故次要原因，仅应承担次要责任；邵殿军没有擅自组织开挖，是经相关部门同意后才开展施工，事故发生后伪造协议系应街道办人员的要求所为；调查组的事故调查报告不是法定证据种类，依法不应采信；一审判决对自首情节没有体现从轻，请求二审从轻改判。

被告人董来荣上诉称：相关单位标注的地下丙烯管道位置不清，应负事故重要责任；自己经塑料四厂和金陵塑胶默许同意后才组织施工，且爆炸发生前已经采取了一定的防范措施，爆炸发生后主动投案，请求依法从轻改判。

南京市中级人民法院经审理认为，一审认定的事实清楚，证据确实、充分。关于上诉人邵殿军提出的开挖已经经过相关部门同意的辩解，经查，有充分证据证实在金陵塑胶公司工作人员尚没有到场的情况下，董来荣即指挥进行施工，该上诉理由不能成立。关于邵殿军的辩护人提出的邵殿军伪造拆除工程施工协议的行为系应街道办负责人员的要求所为的辩护意见，经查，现有证据证实伪造施工协议确系邵殿军与街道办负责人员共同的行为，双方主观上意图减轻己方责任的目的明确，此辩护意见不能成立。据此，依照1996年修订的《中华人民共和国刑事诉讼法》第一百八十九条第一项之规定，裁定驳回上诉，维持原判。

二、主要问题

如何正确认定监督过失责任人的刑事责任？

三、裁判理由

本案中，对于在作业现场直接实施指挥的管理人员董来荣和直接作业人员方强锋的行为依法构成重大责任事故罪，没有太多争议。但是，对于负有组织、管理职责，未在现场直接实施指挥行为的被告人邵殿军是否可以认定为重大责任事故罪的犯罪主体，以及如何评判其行为和危害结果之间存在的因果关系，进而正确定罪量刑，是控辩双方争议的焦点问题所在。我们经研究认为：

（一）对生产安全事故负有监督过失责任的行为人属于重大责任事故罪的犯罪主体

实践中，相当一部分生产安全责任事故犯罪案件属于多因一果的情形，危害结果的发生是由多个行为人的多个过失行为共同造成的。这种情况下，除了需查明和追究事故现场直接从事生产、作业人员的责任之外，还需要向上追溯，查明监督管理者是否违背了其监管职责和义务，其监管过失行为对于引发危害结是否存在刑法上的因果关系，是否应当承担过失责任。依法合理确定监督、管理者的刑事责任，对于有效运用刑罚手段惩治和预防生产安全责任事故犯罪，保障生产安全，保护人民群众的生命财产权益，具有重大意义。

根据《刑法》第一百三十四条第一款的规定，在生产、作业中违反有关安全管理的规定，因而发生重大伤亡事故或者造成其他严重后果的，构成重大责任事故罪。一般来讲，在重大责任事故罪中，外化为违反安全管理规定的积极的作为行为，以及和传统意义上的领导责任相联系的管理责任行为，通常容易理解和作出评判；表现为不作为的不履行监督管理义务，对危害结果承担监督过失责任的行为应当如何定罪量刑，是司法实务中认定和处理的难点所在。

监督过失责任是近年来刑法理论界研究的热点之一。一般认为，监督过失责任和管理责任是两个不同的概念，属于两种不同类型的责任形式。首先，两者的职责内容不同。管理责任属于对物的管理，被管理的物的范围非常广泛，既包括物资设备，也包括人员配备和管理体制，等等，而监督责任是对在其监督下的人的行为进行指挥、督促、检查和制止的责任。其次，和危害结果之间的因果关系判断不同。管理责任中的因果关系是直接的因果关系，表现为由于违背管理规定或者管理失当引起危害结果的发生，而监督过失责任中的因果联系过程则是间接性的，表现为通过被监督的直接从事现场生产、作业人员的行为间接的引起危害结果。因此，监督过失责任主体自己往往并不亲自在现场从事生产、作业活动，但其对直接从事生产、作业的人员负有监督责任，在直接行为人因为监督者的监督不力而导致发生危害结果时，监督过失行为人应当承担过失责任。实践中，从事故现场直接生产、作业人员出发反向溯查和追究监督过失责任，往往比追究管理责任更为困难，监督过失责任主体亦经常倾向于以“法未明文规定监督责任”为由提出抗辩，因此需要仔细分析和认真把握。

我国的相关刑事立法中虽然没有明确提出监督过失责任的概念，但并不代表司法实践中不能对监督过失责任人追究刑事责任。首先，《刑法》第一百三十四条规定的“有关安全管理的规定”已经包含了监督过失责任的内容。《安全生产法》属于刑法规定的“有关安全管理的规定”的范畴，而《安全生产法》规定的有关生产经营单位的主要负责人对本单位的安全生产工作负有的职责、生产经营单位的安全生产责任、安全生产管理机构以及安全生产管理人员职责中，都包含有监督安全生产的责任。其次，根据《关于办理危害矿山生产安全刑事案件的解释》第一条的规定，矿山行业领域中发生的重大责任事故罪的犯罪主体是以特定职责为内容的特殊身份主体，主体范围包括矿山生产、作业的负责人、管理人员、实际控制人、投资人等人员，以及直接从事矿山生产、作业的人员。《关于办理危害生产安全刑事案件的解释》第一条亦规定，《刑法》第一百三十四条第一款规定的重大责任事故罪的犯罪主体，包括对生产、作业负有组织、指挥或者管理职责的负责人、管理人员、实际控制人、投资人等人员，以及直接从事生产、作业的人员，两个解释的规定内容基本相同。很明显，上述人员所负职责内容可以分为两类，即“负有组织、指挥职责”和“负有管理职责”，前者即属于对人的监督职责。

本案中，被告人邵殿军在不具备相应资质的情况下，非法承揽涉案拆除工程，根据刑法和相关司法解释的规定，属于对生产、作业负有管理责任的负责人，其又组织姐夫董来荣参与施工，并雇佣个体挖掘机驾驶员方强锋等人进场施工，与发包方签订施工安全协议，且明知施工范围内地下铺设有丙烯管线，其为了挖掘出地下废旧金属管道进行变卖，亲自决定并组织他人进行地下挖掘，在相关单位人员未到场指导、监督的情况下，明知董来荣、方强锋操作挖掘机进行地下挖掘而未加制止，属于典型的对他人行为监管失当，且系对生产、作业负有监督责任的负责人员。根据2011年《关于进一步加强危害生产安全刑事案件审判工作的意见》的规定，非矿山生产安全事故中，认定相关犯罪的主体资格，也可以参照《关于进一步加强危害生产安全刑事案件审判工作的意见》的相关规定执行。邵殿军属于《关于办理危害矿山生产安全刑事案件的解释》规定的“对生产、作业负有组织、指挥或者管理职责的负责人、管理人员”的范畴，是重大责任事故罪的适格主体。

（二）监督过失责任人的行为和危害结果之间存在刑法上的因果关系

在监督过失责任中，存在被监督人即直接从事生产、作业人员的过失行为，以及监督责任人的过失行为。其中，被监督人的过失行为直接导致危害结果的发生，而监督责任人对被监督人负有监督义务，但监督责任人却未履行该项义务，从而因未能防范被监督人实施过失行为，最终导致危害结果的产生。可以看出，从监督过失行为到危害结果之间的因果联系，实际上由两个阶段构成。第一个阶段是监督责任人的行为引起被监督人的过失行为，第二个阶段才是被监督人的过失行为引起危害结果的发生。这种情况下，引发危害后果的因果联系表现为多因一果，实质上是两个以上过失行为的竞合，即监督责任人的监督过失和被监督人的一般过失相互竞合，共同导致危害结果的发生。

具体到重大责任事故罪而言，重大事故罪是结果犯，只有在造成刑法规定的特定危害后果时才能认定为犯罪。在判断监督责任人的过失行为与属于重大责任事故罪构成要件的危害后果之间是否存在刑法上的因果关系时，应以上述第二阶段因果关系的存在为前提，只有在被监督人的过失行为导致了危害结果发生的前提下，才能向上追溯，在第一阶段的因果关系中讨论监督过失责任是否成立的问题。从实质上讲，监督责任人主要不是对被监督人的生产、作业行为引起的危害结果直接承担责任，而是对自己的监督过失行为所引发的被监督人生产、作业中的过失行为承担责任。实践中，被监督人在具体的生产、作业中实施的过失行为，往往是导致生产安全事故发生的最直接、最根本原因，但是，这并不意味着应当一律认定被监督人是引发生产安全事故的主要责任人。实际上，在追求效率、分工精细、制度健全的现代生产体系中，监督责任人往往发挥着比一线生产、作业者更加重要的作用，而其监督过失行为对生产安全制度和秩序的危害，往往大于被监督人在生产、作业中实施的一般过失行为。这也是《关于办理危害矿山生产安全刑事案件的解释》和《关于办理危害生产安全刑事案件的解释》都把对生产、作业负有组织、指挥职责的人员列在直接从事生产、作业的人员之前，作为重大责任事故罪的主体予以规制的原因之一。

本案中，一审法院认为，此次事故虽然是多因一果导致的，但是，被告人邵殿军不履行安全监管职责、擅自组织、指挥开挖地下金属管道，与董来荣在现场生产、作业过程中盲目指挥，以及被告人方强锋不当操作挖掘机挖破地下丙烯管道等行为相比，邵殿军的行为是导致此次事故发生的主要原因，应对此次事故承担主要责任。一审法院据此对邵殿军判处较重的法定刑，以重大责任事故罪判处其有期徒刑六年六个月，二审法院裁定维持，符合法律规定。

（撰稿：最高人民法院刑四庭　杨　军）

10. 如何正确认定重大责任事故罪的犯罪主体范围

——印华四、印华二等重大责任事故案

一、基本案情

被告人印华四，男，1971 年 6 月 11 日出生，贵州省盘县金银煤矿投资人。2011 年 3 月 16 日因涉嫌犯重大责任事故罪被逮捕。

被告人印华二，男，1965 年 12 月 18 日出生，金银煤矿投资人。2011 年 3 月 16 日因涉嫌犯重大责任事故罪被逮捕。

被告人陆铭，男，1971 年 8 月 25 日出生，金银煤矿承包人。2011 年 6 月 5 日因涉嫌犯重大责任事故罪被逮捕。

被告人张小学，男，1975 年 11 月 18 日出生，金银煤矿承包人。2011 年 3 月 16 日因涉嫌犯重大责任事故罪被逮捕。

被告人孔维能，男，1973 年 7 月 2 日出生，金银煤矿管理人。2011 年 3 月 16 日因涉嫌犯重大责任事故罪被逮捕。

被告人封正华，男，1964 年 2 月 1 日出生，金银煤矿技术员。2011 年 3 月 16 日因涉嫌犯重大责任事故罪被逮捕。

贵州省盘县人民检察院以被告人印华四、印华二、陆铭、张小学、孔维能、封正华犯重大责任事故罪，向盘县人民法院提起公诉。

被告人印华四对起诉书指控的犯罪事实及罪名未提出异议。其辩护人提出，印华四的行为应认定为重大劳动安全事故罪，印华四对事故的发生无直接过错，且有自首情节，建议减轻处罚，适用缓刑。

被告人印华二对起诉书指控的犯罪事实及罪名未提出异议。其辩护人提出，公诉机关指控事实不清、证据不足，印华二不属于重大责任事故罪的适格主体，应依法认定为无罪。

被告人孔维能对起诉书指控的犯罪事实及罪名未提出异议。其辩护人提出，公诉机关指控的事实不清，孔维能不是金银煤矿的矿长，且有自首情节，金银煤矿已经在事故发生后对事故受害人及受害人亲属进行了赔偿，建议对孔维能免予刑事处罚。

被告人陆铭对起诉书指控的犯罪事实及罪名未提出异议。其辩护人提出，陆铭未在金银煤矿承包协议上签名，事故发生当日陆铭没有在场，不存在违章冒险作业行为，不是重大责任事故罪的犯罪主体，依法不构成重大责任事故罪。

被告人张小学对起诉书指控的犯罪事实及罪名未提出异议。其辩护人提出，张小学不是对煤矿安全生产和事故预防负主要管理责任的法定责任主体，不是造成事故发生的直接责任人，行为不是事故发生的主要、重要和直接原因，不应对事故承担主要责任，且有自首情节，金银煤矿在事故发生后积极赔偿受害人及受害人亲属经济损失，已经得到受害人家属的谅解，张小学系初犯，悔罪表现较好，请求从轻处罚。

被告人封正华对起诉书指控的犯罪事实及罪名未提出异议。其辩护人提出，封正华不是重大责任事故罪的犯罪主体，封正华作为金银煤矿技术员，不应承担事故主要责任，封正华还有自首情节，积极参加事故抢险，系初犯，认罪态度好，事故受害人均已经得到赔偿，请求减轻处罚。

盘县人民法院经审理查明：1999 年，被告人印华四、印华二与印路保（另案处理）兄弟三人共同投资开办金银煤矿。因金银煤矿的位置位于国家规划的贵州松河煤业发展有限责任公司的井田内，2007 年 4 月 26 日，贵州省人民政府在《贵州日报》上公告关闭金银煤矿，并注销了金银煤矿的采矿权证，后经有关部门批准，金银煤矿与尖山煤矿、阿六寺煤矿整合成为松河新成煤业复采四单元，并与贵州松河煤业发展有限责任公司共同组建新公司。整合完成后，印华四、印华二、印路保各自占有金银煤矿的三分之一股份，印华四担任主要负责人，负责松河新成煤业复采四单元的全面管理工作，印华二参与管理。同年 10 月 22 日，为了解决贵州省电煤供应紧张的局面，并考虑到复采改造单元长期停产可能诱发安全隐患，贵州省盘县人民政府县长办公会议研究决定，同意金银煤矿作为复采四单元的过渡生产系统恢复正常生产。2008 年 6 月 21 日，为加强对复采改造煤矿的安全监管，盘县人民政府决定暂时停止过渡生产系统的生产经营活动。2009 年 5 月 6 日，盘县人民政府召开“关于松河盘南煤矿复采改造单元安全生产有关问题的专题会议”，进一步作出决定，松河煤矿复采单元过渡系统停止一切生产经营活动。自 2010 年以来，贵州省各级人民政府多次发文，严禁盘县松河乡各复采改造单元边建设边生产，严厉打击擅自启封关闭系统组织生产的违法违规生产经营行为。

被告人印华四、印华二作为新成煤业复采四单元的投资人和管理者，明知新成煤业复采四单元老系统（即金银煤矿）是政府部门严禁生产的关闭煤矿，仍于2008年7月21日将该矿发包给被告人张小学、陆铭进行开采，并安排被告人孔维能与印大春（另案处理）负责对该煤矿进行安全管理，安排被告人封正华担任技术员，负责该煤矿的巷道规划和图纸资料设计。承包完成后，该煤矿由张小学和陆铭负责招聘工人，在安全管理不到位、不具备相应安全生产条件的情况下组织工人开展生产。当地煤炭管理部门和安全生产监管部门多次对该煤矿进行查处，严禁其开展生产活动，但张小学和陆铭等人均未落实执行。2011年3月9日，盘县淤泥安监站发现了金银煤矿非法组织生产的问题，依法关闭并砌封了该矿井口。当天，孔维能、封正华、张小学等人又擅自组织工人启封开展生产。由于金银煤矿井下通风设施不符合规定，并违规使用国家禁止井工煤矿使用的局部通风机供风，供风量不足，造成井下瓦斯积聚，又未安装瓦斯抽放系统，且安全监测监控系统于2010年7月损坏后就未重新安设。2011年3月12日0时许，该矿在生产过程中实施放炮时，母线短路产生电火花，导致金银煤矿发生重大瓦斯爆炸事故，造成19名工人死亡、15名工人受伤（其中6人轻伤、9人轻微伤）的严重后果。经贵州省煤炭安全监察局组织调查和出具事故调查报告，并呈报国家煤炭安全监察局批准，认定金银煤矿“3·12”特大瓦斯爆炸事故是一起重大生产安全责任事故。

事故发生后，被告人张小学主动向公安机关投案，并如实供述了犯罪事实。金银煤矿一次性支付给每位事故遇难者亲属经济补偿人民币66.95万元，获得了遇难被害人亲属的谅解，另赔偿伤者张周德、徐元龙等人共计人民币96.88万元。

盘县人民法院认为，被告人印华四、印华二等人将共同投资开办的金银煤矿违法承包给被告人张小学、陆铭开采，印华四、印华二还安排被告人孔维能负责煤矿的安全管理工作，实际上履行了安全矿长的职责，并安排被告人封正华担任金银煤矿技术员，负责煤矿生产技术的规划管理；印华四、印华二、陆铭、张小学、孔维能、封正华等人明知金银煤矿位于国家规划的贵州松河煤业发展有限责任公司的井田范围内，属于被有关政府监管部门公告关闭并被注销采矿权的煤矿，且多次被煤炭管理部门和安全生产监管部门查处并严禁开展生产，但六被告人无视国家法律，置他人生命财产安全于不顾，在安全管理不到位、不具备安全生产条件的情况下，违反法律、法规和企业规章制度组织工人进行生产，导致金银煤矿发生重大瓦斯爆炸，造成19人死亡、15人受伤的严重后果，六被告人的行为均已构成重大责任事故罪，且情节特别恶劣。公诉机关指控印华四、印华二、陆铭、张小学、孔维能、封正华的犯罪事实成立，指控罪名正确。案发后，张小学主动向公安机关投案，如实供述犯罪事实，有自首情节，印华四、印华二、陆铭、孔维能、封正华归案后如实供述自己的犯罪事实，金银煤矿在事故发生后赔偿事故遇难者亲属及伤者的经济损失，综合上述情节，可以对六被告人依法从轻处罚。据此，依照《中华人民共和国刑法》第一百三十四条第一款、第六十七条第一款、第三款和《最高人民法院、最高人民检察院关于办理危害矿山生产安全刑事案件具体应用法律若干问题的解释》第四条第二款第一项之规定，判决如下：

1. 被告人印华四犯重大责任事故罪，判处有期徒刑六年六个月。
2. 被告人印华二犯重大责任事故罪，判处有期徒刑四年六个月。
3. 被告人孔维能犯重大责任事故罪，判处有期徒刑四年六个月。
4. 被告人陆铭犯重大责任事故罪，判处有期徒刑四年六个月。
5. 被告人张小学犯重大责任事故罪，判处有期徒刑四年。
6. 被告人封正华犯重大责任事故罪，判处有期徒刑三年。

宣判后，六被告人均未提出上诉，公诉机关亦未抗诉。判决已发生法律效力。

二、主要问题

1. 如何正确认定重大责任事故罪的犯罪主体？
2. 在重大责任事故罪与重大劳动安全事故罪竞合的情况下如何正确确定罪名？

三、裁判理由

（一）重大责任事故罪的犯罪主体范围

根据《刑法》第一百三十四条的规定，重大责任事故罪，是指在生产、作业中违反有关安全管理的规定，因而发生重大伤亡事故或者造成其他严重后果的行为。

近年来，我国的矿山生产安全形势，特别是煤矿生产安全形势非常严峻，重特大生产安全事故时有发生。为了保障矿山生产安全，保护人民群众的生命财产权益，推动安全生产形势持续稳定好转，依法加大对相关犯罪的惩处力度，2006 年施行的《刑法修正案（六）》对重大责任事故罪的犯罪主体和行为方式作出了重大修改，将犯罪主体由工厂、矿山、林场、建筑企业或者其他企业、事业单位的职工，扩大到一切自然人主体，并将强令工人违章冒险作业行为独立出来，单独配置了较重的法定刑。为进一步厘清相关生产安全责任事故犯罪的构成要件和定罪量刑标准，2007 年 2 月，最高人民法院、最高人民检察院联合出台了《关于办理危害矿山生产安全刑事案件的解释》，明确规定了矿山行业领域中发生的重大责任事故罪的犯罪主体范围。该解释第一条规定："刑法第一百三十四条第一款规定的犯罪主体，包括对矿山生产、作业负有组织、指挥或者管理职责的负责人、管理人员、实际控制人、投资人等人员，以及直接从事矿山生产、作业的人员。"本案一审判决作出时，《关于办理危害生产安全刑事案件的解释》尚未公布施行，一审法院根据刑法和当时有效的《关于办理危害矿山生产安全刑事案件的解释》的规定内容，依法确定了相关被告人的刑事责任。

实践中，对于《关于办理危害矿山生产安全刑事案件的解释》第一条规定的对矿山生产、作业负有组织、指挥或管理职责的单位负责人、管理人员，以及直接从事矿山生产、作业的人员，应当对矿山生产安全事故承担相应责任，一般情况下容易理解，上述人员在从事生产、作业的过程中违反有关安全管理的规定，导致发生生产安全事故的，其行为与事故后果之间的因果关系比较明显，认定为重大责任事故罪争议不大。本案中，被告人陆铭、张小学与金银煤矿投资人印华四、印华二等人签订开采协议，由张小学、陆铭承包金银煤矿老井的九号煤层，张小学和陆铭各占 50% 股份，并负责招聘采煤工人和发放工资，组织安排井下生产、作业活动，每开采出一矿车煤，印华四支付张小学、陆铭开采利润 46 元。因此，张小学和陆铭属于对金银煤矿的生产、作业负有组织、指挥职责的管理人员，属于金银煤矿负责人，符合司法解释规定的重大责任事故罪的主体构成要件，辩护人提出的张小学、陆铭不是重大责任事故罪的适格犯罪主体的辩护意见，与事实和法律规定不符。被告人孔维能负责煤矿安全监督管理工作，是金银煤矿的安全矿长，在具体工作中实际上履行矿长职务，也属于对煤矿生产、作业负有管理责任的人员；被告人封正华是金银煤矿技术员，负责巷道规划、图纸资料，并亲自编制了井下操作规程和技术措施等，同样属于对金银煤矿的生产、作业负有管理职责的人员，均属于重大责任事故罪的主体范畴。

存在争议的是本案中的煤矿投资人，即被告人印华四、印华二是否可以认定为重大责任事故罪的主体。根据刑法和相关司法解释的规定，投资人是否可以认定为重大责任事故罪的犯罪主体，不能一概而论，需要结合实际情况进行具体分析。一般来讲，所谓投资人，是指从事投资活动、具有一定资金来源、享有投资收益的权、责、利的统一体，是生产经营单位资金的参与者和经营收益的分享者。《安全生产法》第二十条规定："生产经营单位应当具备的安全生产条件所必需的资金投入，由生产经营单位的决策机构、主要负责人或者个人经营的投资人予以保证，并对由于安全生产所必需的资金投入不足导致的后果承担责任。"如果因为投资人的行为导致生产经营单位的安全生产资金投入不足，或者投资人在组织、指挥、管理等生产经营活动中违反安全管理规定，进而导致发生生产安全事故的，应当依法追究其刑事责任。另一方面，鉴于随着市场经济的快速发展，众多的工矿企业、建筑企业等生产经营实体采取有限责任公司、股份有限公司等现代企业治理制度，公司所有权与经营权相分离的情况大量存在，其中的投资人、股东参与公司、企业经营管理的程度各不相同。特别是随着众多公司上市进行公开股权交易，通过股市购买上市公司少量股票的小股东，一般不会参与公司的经营管理决策活动，如果追究其对公司安全生产方面的刑事责任，明显不符合权责一致原则。《关于办理危害矿山生产安全刑事案件的解释》明确规定，只有对生产、作业负有组织、指挥或者管理职责的投资人，才能成为重大责任事故罪的犯罪主体。

本案中，被告人印华四和印华二均系金银煤矿投资人，二人各占金银煤矿三分之一的股份，其中，印华四还是金银煤矿的主要负责人，负责煤矿全面管理工作，印华二也参与煤矿后勤管理工作。二人明知盘县人民政府已经作出《关于关闭盘县整合煤矿和复采改造煤矿预留建设系统有关事宜的通知》，决定暂时停止金银煤矿过渡生产系统的生产活动，仍然违规将金银煤矿发包给被告人张小学、陆铭开采，并安排被告人孔维能等人具体负责对煤矿的安全管理，又安排被告人封正华负责煤矿井下技术，二人明显属于对金银煤矿的生产、作业负有组织、指挥、管理职责的投资人，应当认定为重大责任事故罪的适格犯罪主体。辩护人提出的印华二不是重大责任事故罪适格主体的辩护意见，明显与事实和法律规定不符，不能采信。

（二）在重大责任事故罪和重大劳动安全事故罪竞合的情况下，应当如何正确确定罪名

实践中，对生产、作业活动负有组织、指挥或者管理职责的负责人、管

理人、投资人、实际控制人，一般也是对本单位的安全生产设施或者安全生产条件不符合国家规定负有直接责任的生产经营单位负责人、管理人员、实际控制人、投资人，如果上述人员在生产、作业过程中实施了违反有关安全管理规定的行为，同时，他们所在的生产经营单位也存在安全生产设施或者安全生产条件不符合国家规定的情形，最终共同导致发生重大伤亡事故或者造成其他严重后果，应当如何处理，实践中存在争议。例如，在本案中，一方面，金银煤矿在已经被政府监管部门取缔和命令禁止组织生产的情况下，相关被告人仍然擅自进行生产、作业，属于典型的违反安全管理规定的行为；另一方面，金银煤矿的安全生产设施和安全生产条件也不符合国家规定，违规使用国家禁止井工煤矿使用的局部通风机供风，导致井下供风量不足，造成瓦斯积聚，又未安装瓦斯抽放系统，安全监测监控系统在损坏后长时间未重新安设，结果由于生产过程中放炮时母线短路产生电火花，最终导致发生了重大瓦斯爆炸事故。有意见提出，类似本案情况下，由于存在两个行为，且两个行为分别符合重大责任事故罪和重大劳动安全事故罪的构成要件，可以以两个罪名予以数罪并罚。

我们认为，根据禁止重复评价的法律原则，对于同一个事故后果，原则上不能同时作为重大责任事故罪和重大劳动安全事故罪的危害结果进行两次评价。对生产、作业负有组织、指挥或者管理职责的负责人、管理人、投资人、实际控制人既实施了违反安全管理规定的违规生产、作业行为，所在生产经营单位的安全生产设施和安全生产条件又不符合国家规定，两方面原因共同导致发生生产安全事故的，原则上应以一罪论处，不能以重大责任事故罪和重大劳动安全事故罪数罪并罚。具体应当认定为重大责任事故罪还是认定为重大劳动安全事故罪，则应当根据案件具体情况进行具体分析，哪方面原因在引发事故后果方面所起的作用较大，就以哪个罪名论处。当两罪中某一个犯罪的情节明显重于另一个犯罪时，就应按照情节较重的罪名定罪量刑，同时将另一个犯罪的行为作为量刑情节进行考虑。

本案中，首先，金银煤矿的安全生产设施和安全生产条件不符合国家规定，属于引发事故的原因之一。其次，事故发生前，金银煤矿的采矿权证已被注销，后又多次被政府禁止从事生产经营活动，被告人印华四、印华二明知金银煤矿已被取缔和禁止生产，仍然将该矿老井发包给被告人张小学和陆铭进行开采、作业，在政府监管部门多次重申不得违规开采的情况下，金银煤矿始终未停止非法生产、作业活动，期间还曾遭到煤炭管理部门和安全生产监管部门的多次查处。在事故发生前的三天，盘县淤泥安监站依法关闭并砌封煤矿井口，但张小学和孔维能、封正华等人擅自组织工人启封生产，最终发生重大伤亡事故。金银煤矿在采矿权证被注销、多次被政府取缔和禁止生产的情况下，仍然违反安全管理规定从事生产、作业活动，对于引发此次事故起到了最主要、最直接作用，情节极其恶劣。一审法院认定六被告人的行为均构成重大责任事故罪，将金银煤矿的安全生产设施和安全生产条件不符合国家规定作为量刑情节考虑，认定正确。

（三）如何正确确定重大责任事故罪中各被告人的责任

重大责任事故罪属于过失犯罪。根据刑法第二十五条的规定，对二人以上共同过失犯罪的，不以共同犯罪论处，应当负刑事责任的，按照他们所犯的罪分别处罚。实践中，对于构成重大责任事故罪的各同案被告人，一般需要考虑引发事故的直接原因和主要原因、各被告人在生产、作业中各自所负职责和违反安全管理规定的程度，并综合其他法定、酌定从轻或减轻处罚因素，依法确定各自罪责和量刑幅度。

本案中，被告人印华四、印华二作为金银煤矿投资人，各自持有煤矿三分之一股份，印华四还负有对煤矿进行全面管理的职责，印华二负有煤矿的后勤管理职责，二人均属于对金银煤矿负有组织、指挥、管理职责的人员，均应对事故后果承担主要责任，且印华四作为煤矿全面负责人，罪责大于印华二。被告人孔维能实际上属于印华四任命的金银煤矿矿长，对金银煤矿的安全生产工作履行监督、管理职责，对事故发生负有直接责任。被告人张小学、陆铭作为煤矿开采工作的具体承包人，对事故后果也应承担直接责任。被告人封正华作为煤矿技术员，负责煤矿生产技术方面的规划管理，在其他被告人的组织、指挥下从事生产、作业活动，地位、作用排在最后。一审判决根据各被告人的责任大小，在法定刑幅度内分别判处相应刑罚，量刑适当。

（撰稿：最高人民法院刑四庭　李莹莹）

11. 如何区分生产安全责任事故犯罪案件中各被告人的责任

——黄佩信、马义镑、支上邦等重大责任事故、受贿、行贿案

一、基本案情

被告人黄佩信，男，1954年4月12日出生，上海佳艺建筑装饰工程公司法定代表人、经理。2010年11月17日因涉嫌犯重大责任事故罪被逮捕。

被告人马义镑，男，1954年7月17日出生，上海佳艺建筑装饰工程公司副经理。2010年12月30日因涉嫌犯重大责任事故罪被逮捕。

被告人沈大同，男，1952年4月13日出生，上海佳艺建筑装饰工程公司项目经理。2010年11月26日因涉嫌犯重大责任事故罪被逮捕。

被告人董放，男，1951年2月9日出生，上海静安区建设总公司法定代表人、总经理。2010年11月26日因涉嫌犯重大责任事故罪被逮捕。

被告人瞿幼棣，男，1950年5月23日出生，上海静安区建设总公司副总经理。2010年11月26日因涉嫌犯重大责任事故罪被逮捕。

被告人周峥，男，1971年12月28日出生，上海静安区建设总公司副总经理。2010年12月16日因涉嫌犯重大责任事故罪被逮捕。

被告人范玮民，男，1963年7月6日出生，上海静安区建设总公司技术质量科科长助理。2010年11月26日因涉嫌犯重大责任事故罪被逮捕。

被告人张永新，男，1949年7月4日出生，上海市静安建设工程监理有限公司监理。2010年11月26日因涉嫌犯重大责任事故罪被逮捕。

被告人曹磊，男，1963年2月2日出生，上海市静安区建设总公司安全设备科科员。2010年12月16日因涉嫌犯重大责任事故罪被逮捕。

被告人陶忱，男，1971年2月4日出生，上海佳艺建筑装饰工程公司安全员。2010年12月16日因涉嫌犯重大责任事故罪被逮捕。

被告人卫平儒，男，1948年3月12日出生，上海市静安建设工程监理有限公司监理。2010年12月16日因涉嫌犯重大责任事故罪被逮捕。

被告人劳伟星，男，1968年6月17日出生，上海迪姆物业管理有限公司

法定代表人。2010 年 11 月 26 日因涉嫌犯重大责任事故罪被逮捕。

被告人支上邦，男，1967 年 7 月 28 日出生，无资质脚手架搭设项目承包人。2010 年 11 月 26 日因涉嫌犯重大责任事故罪被逮捕。

被告人沈建丰，男，1976 年 2 月 19 日出生，无资质脚手架搭设项目承包人。2010 年 11 月 26 日因涉嫌犯重大责任事故罪被逮捕。

被告人沈建新，男，1987 年 2 月 26 日出生，无资质脚手架搭设项目电焊施工承包人。2010 年 11 月 26 日因涉嫌犯重大责任事故罪被逮捕。

被告人马东启，男，1980 年 2 月 10 日出生，无资质脚手架搭设项目电焊作业负责人。2010 年 11 月 26 日因涉嫌犯重大责任事故罪被逮捕。

被告人吴国略，男，1985 年 11 月 16 日出生，无资质脚手架搭设项目电焊工。2010 年 11 月 26 日因涉嫌犯重大责任事故罪被逮捕。

被告人王永亮，男，1977 年出生，无资质脚手架搭设项目电焊辅助工。2010 年 11 月 26 日因涉嫌犯重大责任事故罪被逮捕。

上海市人民检察院第二分院以被告人黄佩信、马义镑犯重大责任事故罪、受贿罪，被告人沈大同、董放、瞿幼棣、周峥、范玮民、张永新、曹磊、陶忱、卫平儒、劳伟星、沈建新、马东启、吴国略、王永亮犯重大责任事故罪，被告人支上邦、沈建丰犯重大责任事故罪、行贿罪，向上海市第二中级人民法院提起公诉。

被告人黄佩信、马义镑、董放、周峥、陶忱、卫平儒及各自辩护人，被告人沈大同、瞿幼棣、曹磊、劳伟星、支上邦、沈建丰、沈建新、吴国略、王永亮对起诉书指控的犯罪事实均未提出异议。

被告人范玮民辩解称，自己在《收文签收登记表》上所作签字只是代表科室收到任命通知，并不表示已接受任命，自己并非该工程的项目经理。

被告人张永新辩解及其辩护人提出，张永新没有权力采取停工等措施，对安全隐患进行整改。

被告人黄佩信的辩护人提出，黄佩信对所犯受贿罪有自首情节。

被告人沈大同的辩护人提出，沈大同已经履行自身职责，起诉书指控沈大同犯重大责任事故罪的证据不充分，沈大同虽有违规行为，但与火灾事故结果之间的因果关系尚不明确。

被告人瞿幼棣的辩护人提出，起诉书指控瞿幼棣参与违法转包的证据不充分。

被告人范玮民、曹磊的辩护人提出，范玮民、曹磊是虚挂的项目经理和安全员，二人行为均不应按犯罪处理，若定罪，建议根据两人分别具有的自首等从轻、减轻处罚情节，予以减轻或免除处罚。

被告人黄佩信、马义镑、沈大同、董放、张永新、瞿幼棣、周峥、陶忱、卫平儒的辩护人请求根据各被告人所具有的自首、归案后如实供述各自罪行等情节，予以从轻或者减轻处罚。

被告人马东启辩解称，自己不是电焊作业的负责人，吴国略、王永亮也并非自己招募而来。

被告人劳伟星的辩护人提出，本案因工程层层转包引发，发包方、监理方监管措施均不到位，为事故发生埋下安全隐患，属于多因一果，劳伟星的罪责相对较轻，请求从轻处罚。

被告人支上邦的辩护人提出，本案的发生与总包方及监理失职等诸多方面的因素有关，支上邦对所犯重大责任事故罪构成自首，请求减轻处罚。

被告人沈建丰的辩护人提出，发生火灾的 3 号楼并非沈建丰负责施工的范围，沈建丰对 3 号楼的防火安全不负有责任，本案属于多因一果，沈建丰依法构成自首，请求从轻处罚。

被告人沈建新的辩护人提出，本案的发生属于多因一果，沈建新履行了部分安全管理职责，且受支上邦、沈建丰的领导、管理，又有自首情节，犯罪情节较轻，请求从轻处罚。

被告人马东启的辩护人提出，马东启已经履行了一定的监督、防火义务，本案属于多因一果，马东启依法构成自首，请求减轻处罚。

被告人吴国略的辩护人提出，起诉书指控吴国略犯重大责任事故罪的事实不清、证据不足，吴国略实施的电焊作业行为与火灾的发生之间没有法律上的因果关系，如果罪名成立，吴国略具有自首情节，请求减轻处罚。

被告人王永亮的辩护人提出，王永亮从未受过安全教育培训，也不具有相关的专业知识，受指派配合吴国略开展工作，且具有自首情节，请求减轻处罚。

上海市第二中级人民法院经审理查明：2010 年 6 月初，上海市静安区建设和交通委员会（以下简称静安区建交委）主任高伟忠（另案处理）等人决定，将上海市静安区常德路 999 号（1 号楼）、胶州路 718 弄 2 号（2 号楼）和 728 号（3 号楼）三幢教师公寓大楼列入 2010 年既有建筑节能减排改造项目（以下简称节能改造项目）。上海静安区建设总公司（以下简称静安建总）的全资子公司上海佳艺建筑装饰工程公司（以下简称佳艺公司）经理被告人黄佩信在佳艺公司不具备承接教师公寓节能改造项目资质的情况下，找到静安建总总经理被告人董放、副总经理被告人瞿幼棣帮忙，要求董放、瞿幼棣帮助佳艺公司承接该教师公寓节能改造项目。董放、瞿幼棣明知黄佩信的要求严重违法，仍均表示同意。

2010年6月至7月，根据被告人黄佩信等人的安排，佳艺公司员工顾泉炜制作了包括静安建总在内的三家投标单位的投标书。同年7月22日，静安建总出具加盖有公章和董放法人印章的委托书，委托顾泉炜全权代表静安建总参与教师公寓节能改造项目招投标的相关工作。次日，静安区建交委书面通知静安建总中标。9月15日，被告人瞿幼棣代表静安建总与静安区建交委签订了总额为3000万元的工程施工合同和安全管理协议，约定由静安建总作为总承包方，负责教师公寓节能改造项目的工程施工。9月18日，瞿幼棣代表静安建总以签订分包合同等方式，将该工程整体违法转包给佳艺公司，致使静安建总作为总承包方在合同中承诺的安全监管职责缺失。佳艺公司违法承接教师公寓节能改造项目后，被告人黄佩信与佳艺公司副经理被告人马义镑又作出决定，将教师公寓节能改造项目予以拆分后再分包，相关事项交由佳艺公司项目经理被告人沈大同具体负责实施。

2010年8月至9月，被告人支上邦、沈建丰得知佳艺公司承接教师公寓建筑节能改造工程后，在不具备建筑施工企业资质的情况下，为承接该节能改造工程中的脚手架搭设工程，多次与佳艺公司经理被告人黄佩信、副经理被告人马义镑、项目副经理被告人沈大同等人联系。支上邦、沈建丰在得知承接该工程必须具备脚手架搭设一级资质后，经商议，由沈建丰出面联系到被告人劳伟星，通过支付管理费的方法，共同借用上海迪姆物业管理有限公司（以下简称迪姆公司）的建筑施工企业资质及脚手架搭设一级资质，用于承接该工程。劳伟星在明知沈建丰等人不具备脚手架搭设资质的情况下，仍然违规同意沈建丰、支上邦违法挂靠，以迪姆公司的名义承接工程，且未有效落实安全生产管理措施。同年9月至10月，沈大同又将其余的施工项目违法分包给正捷公司等六家单位。

2010年9月22日，被告人支上邦、沈建丰以迪姆公司的名义，与佳艺公司签订《脚手架工程承包合同书》和《上海建设工程承发包安全管理协议》，违法承接了脚手架搭设工程，支上邦、沈建丰同时又负责该工程的安全防火工作。同年9月24日，脚手架搭设工程施工人员进场。之后，支上邦、沈建丰约定，由沈建丰负责1号楼、2号楼施工，支上邦负责3号楼的施工。其间，两人又将脚手架搭设工程中的电焊作业交给不具备电焊施工资质的被告人沈建新承包施工，且未有效落实动火审批、安全教育等措施。沈建新又委托被告人马东启帮忙，招用不具备有效特种作业操作证的被告人吴国略、王永亮等人直接从事电焊作业等工作，且未有效落实安全生产管理措施。9 月底至 10 月，沈建新、马东启、吴国略、王永亮等人先后进场开始电焊施工，沈建新安排马东启担任电焊作业负责人。

2010 年 9 月 27 日，被告人瞿幼棣以静安建总的名义签发任命通知，任命被告人范玮民为教师公寓节能改造工程的项目经理，被告人沈大同为项目副经理（执行经理），被告人曹磊、陶忱为项目安全员。静安建总负责安全监管的副总经理被告人周峥与沈大同签订了 2010 年安全生产工作（项目经理）责任书，但未与范玮民签订安全生产工作（项目经理）责任书，并安排静安建总安全设备科科长汤士刚与曹磊、陶忱签订 2010 年安全生产工作（安全员）责任书。其后，周峥并未依职责落实对教师公寓节能改造项目的安全监管工作。同年 9 月下旬，负责教师公寓项目监理工作的上海市静安建设工程监理有限公司（以下简称静安监理公司）任命被告人张永新担任派驻工程现场的总监理工程师、监理机构的全权代表。其间，该工程在未签发开工令、施工组织设计方案和脚手架专项施工方案未完成审批程序的情况下即组织开工。10 月 12 日，被告人卫平儒被静安监理公司调入工程现场，担任安全监理员。

施工期间，被告人黄佩信、董放分别作为佳艺公司和静安建总安全生产第一责任人，被告人马义镑、瞿幼棣、周峥分别作为佳艺公司和静安建总生产管理和安全监管负责人，未落实安全生产管理制度，对工地存在的重大安全事故隐患未进行检查和督促整改。被告人张永新作为监理公司派驻现场的总监理工程师，未认真审查施工单位资质，对教师公寓节能改造项目施工组织设计和专项施工方案未完成审批就已开工等问题，未及时采取停工等有效措施进行整改，还在事后审批开工报告和施工方案，对现场动火等安全风险点失察失管，未审核施工人员安全教育落实情况，未审核电焊作业等关键岗位施工人员的资格证书。被告人卫平儒作为监理公司派驻现场的安全监理员，未审核施工人员安全教育落实情况，未审核电焊工的特种作业操作证，对现场违规动火等安全隐患未有效制止。被告人范玮民被静安建总任命为项目经理后，从未到岗履行组织施工和安全生产职责，致使工程项目经理职责虚置。被告人曹磊被静安建总任命为项目安全员后，未按规定履行安全员职责。被告人沈大同作为项目副经理（执行经理），未认真落实工地安全生产制度，对施工现场存在的无证上岗、无证动火及安全教育不落实等问题未进行有效整改。被告人陶忱作为项目安全员，未认真审核电焊工特种作业操作证，未按照规定对施工人员进行安全教育，对无证上岗、无证动火等问题未及时制止。由于上述各被告人违反有关安全管理的规定，致使教师公寓节能改造项目施工组织管理混乱，施工安全监管缺失，重大安全事故隐患未能及时排除。

2010 年 10 月中旬，为赶工期，被告人沈大同在未制订新施工方案的前提下，在工程例会上提出脚手架搭设和喷涂外墙保温材料交叉施工，被告人马义镑、张永新等人对这一严重违规的做法均未予制止。脚手架搭设施工过程中，存在未经审批动火、电焊作业工人无有效特种作业操作证、进行电焊作业时未配备灭火器、接火盆等，造成严重安全事故隐患。同年 10 月下旬，因教师公寓 3 号楼 10 层北面凹廊部位脚手架的悬挑支架缺少斜支撑，沈大同和项目监理被告人卫平儒等人要求被告人支上邦进行电焊加固。11 月 15 日，被告人沈建新因故未到施工现场，要求被告人马东启安排当天工作。被告人支上邦在未申请动火证的情况下，要求马东启完成上述增加斜支撑的工作。马东启在明知施工现场仅有一个接火盆，且 2 号楼正在进行电焊施工的情况下，安排被告人吴国略到 3 号楼 10 层进行电焊作业，由被告人王永亮担任电焊辅助工，且未有效督促、落实安全措施。当日 14 时 14 分许，吴国略、王永亮在未配备灭火设备和接火盆的情况下，在 3 号楼 10 层电梯前室北窗外凹廊部位的脚手架上违规进行电焊作业。作业过程中，电焊溅落的金属熔融物引燃下方 9 层位置脚手架防护平台上堆积的聚氨酯保温材料碎块、碎屑，引发特大火灾，造成 58 人死亡、71 人受伤、建筑物过火面积 1.2 万平方米、直接经济损失 1.58 亿元的严重后果。经国务院组成事故调查组调查认定，此次事故是一起因企业违规操作导致的生产安全责任事故，引发事故的直接原因是施工人员违规电焊作业，电焊溅落的金属熔融物引燃脚手架防护平台上堆积的聚氨酯保温材料碎块、碎屑引发火灾。

案发当日，被告人黄佩信、马义镑、沈大同、董放、瞿幼棣、周峥、范玮民、张永新、曹磊、陶忱、卫平儒、支上邦、沈建丰主动到公安机关接受调查，并如实供述了主要犯罪事实。次日凌晨，被告人沈建新、马东启、吴国略、王永亮被办案人员带至公安机关接受调查时，如实供述了主要犯罪事实。

另查明，被告人黄佩信、马义镑还利用在国有企业中从事公务的职务便利，分别收受他人贿赂 62 万余元和 94 万余元，为他人谋取利益。被告人支上邦、沈建丰为谋取不正当利益，分别给予国家工作人员人民币4万元和1万元。

上海市第二中级人民法院认为，被告人黄佩信在不具备承接教师公寓节能改造项目资质的情况下，违法承接该项目并再次进行分包，未全面履行施工单位安全生产责任人职责，对工程项目疏于安全管理和监督，致使工程存在重大安全事故隐患；被告人马义镑积极参与教师公寓节能改造项目违法分包，未认真履行生产管理和安全监管职责，未及时排除施工现场重大安全事故隐患；被告人董放违规帮助佳艺公司承接教师公寓节能改造项目，未全面履行总包方安全生产责任人职责；被告人瞿幼棣参与帮助佳艺公司违规承接教师公寓节能改造项目，未认真履行安全生产管理职责；被告人周峥未认真履行安全监管职责并落实安全措施，致使工程存在重大安全事故隐患；被告人张永新未全面履行总监理工程师职责，未及时、有效排除重大安全事故隐患；被告人沈大同参与教师公寓节能改造项目违法分包，未认真履行项目执行经理职责，未及时、有效排除重大安全事故隐患；被告人卫平儒未认真履行安全监理职责，未及时、有效排除重大安全事故隐患；被告人范玮民从未到岗履行项目经理组织施工和安全生产的职责，致使项目经理对工程的监管职责虚置；被告人曹磊、陶忧不认真履行专职安全员职责，造成施工现场安全监管不力，未及时排除重大安全事故隐患；被告人支上邦、沈建丰、劳伟星、沈建新、马东启、吴国略、王永亮在生产、作业中违反有关安全管理的规定，因而发生重大伤亡事故，上述十一名被告人的行为均已构成重大责任事故罪，且情节特别恶劣，依法均应予惩处。被告人黄佩信、马义镑还利用在国有企业中从事公务的职务便利为他人谋取利益，收受他人贿赂，二人行为又构成受贿罪；被告人支上邦、沈建丰为谋取不正当利益，分别给予国家工作人员贿赂，其行为又构成行贿罪，依法应予并罚。公诉机关的指控罪名成立。黄佩信、马义镑、沈大同、董放、瞿幼棣、周峥、范玮民、张永新、曹磊、陶忧、卫平儒、支上邦、沈建丰等被告人在事故发生后自动投案，如实供述重大责任事故罪行，均有自首情节，根据本案事实、性质、后果等，结合本案火灾的发生系多因一果，对上述被告人所犯重大责任事故罪依法均可从轻处罚，其中，范玮民、曹磊、卫平儒罪责较轻，依法可以减轻处罚，并对范玮民适用缓刑。考虑到马东启、吴国、王永亮等三名被告人的违章作业与工程管理人员未有效落实安全生产管理措施、未进行安全教育、未配备足够的防火器材等有一定关联，马东启、吴国略的罪责相对较轻，王永亮犯罪情节轻微，对马东启、吴国略所犯重大责任事故罪依法可以减轻处罚，并可以对吴国略适用缓刑，对王永亮所犯重大责任事故罪依法可以免予刑事处罚。辩护人根据各被告人具有的法定或酌定从轻处罚情节，请求对各被告人所犯重大责任事故罪予以从宽处罚的意见，予以采纳。据此，依照《中华人民共和国刑法》第十二条第一款，第一百三十四条第一款，第三百八十五条第一款，第三百八十六条，第三百八十三条第一款第一项，第三百八十九条第一款，第三百九十条第一款，第六十七条第一款、第三款，第六十九条，第七十二条第一款，第七十三条第二款、第三款，第六十四条、第三十七条以及《最高人民法院〈关于处理自首和立功具体应用法律若干问题的解释〉》第一条第二项之规定，判决如下：

1. 被告人黄佩信犯重大责任事故罪，判处有期徒刑六年；犯受贿罪，判处有期徒刑十一年，并处没收财产人民币六万元，决定执行有期徒刑十六年，并处没收财产人民币六万元。

2. 被告人马义镑犯重大责任事故罪，判处有期徒刑五年六个月；犯受贿罪，判处有期徒刑十一年，并处没收财产人民币七万元，决定执行有期徒刑十五年六个月，并处没收财产人民币七万元。

3. 被告人沈大同犯重大责任事故罪，判处有期徒刑五年。

4. 被告人董放犯重大责任事故罪，判处有期徒刑五年。

5. 被告人张永新犯重大责任事故罪，判处有期徒刑五年。

6. 被告人瞿幼棣犯重大责任事故罪，判处有期徒刑四年六个月。

7. 被告人周峥犯重大责任事故罪，判处有期徒刑四年六个月。

8. 被告人陶忱犯重大责任事故罪，判处有期徒刑三年六个月。

9. 被告人曹磊犯重大责任事故罪，判处有期徒刑二年。

10. 被告人卫平儒犯重大责任事故罪，判处有期徒刑二年。

11. 被告人范玮民犯重大责任事故罪，判处有期徒刑二年，缓刑三年。

12. 被告人支上邦犯重大责任事故罪，判处有期徒刑五年；犯行贿罪，判处有期徒刑一年六个月，决定执行有期徒刑六年。

13. 被告人沈建丰犯重大责任事故罪，判处有期徒刑四年六个月；犯行贿罪，判处有期徒刑一年，决定执行有期徒刑五年。

14. 被告人劳伟星犯重大责任事故罪，判处有期徒刑三年六个月。

15. 被告人沈建新犯重大责任事故罪，判处有期徒刑三年六个月。

16. 被告人马东启犯重大责任事故罪，判处有期徒刑二年。

17. 被告人吴国略犯重大责任事故罪，判处有期徒刑一年，缓刑二年。

18. 被告人王永亮犯重大责任事故罪，免予刑事处罚。

一审宣判后，被告人马义镑、张永新、周峥、陶忱、曹磊、范玮民提出上诉。

被告人马义镑上诉及其辩护人提出，在重大责任事故犯罪中，马义镑对教师公寓项目进行交叉施工虽然表示同意，但曾要求相关人员务必落实安全措施，只是因为相关责任人未落实要求才引发火灾，且对受贿犯罪构成自首，请求从轻、减轻处罚。

被告人张永新上诉及其辩护人提出，张永新没有权力采取停工等措施对安全隐患进行整改，原判量刑过重，请求从轻处罚。

被告人周峥上诉称，原判量刑过重，请求减轻处罚。其辩护人提出，静安建总不应承担总承包方安全监管职责，周峥作为静安建总副总经理，已经对安全监管履行了一定职责，且有自首情节，请求减轻处罚。

被告人曹磊上诉及其辩护人提出，曹磊被动接受项目安全员的任命，并未实际到项目部报到，不属于实际任职的项目安全员，无须履行安全员的职责，不应承担刑事责任。

被告人陶忱上诉称，原判量刑过重为由，请求从轻处罚。其辩护人提出，教师公寓项目因佳艺公司违法承接和层层转包，在陶忱进入工地现场时安全隐患已经存在，陶忱已经履行了部分职责，且有自首情节，请求减轻处罚。

被告人范玮民上诉及其辩护人提出，范玮民不具备项目经理任职条件，在《收文签收登记表》上的签字只是代表其所在部门签收任命通知，并不代表范玮民接受任命，范玮民并非工程项目经理，不构成犯罪。

被告人董放的辩护人提出，根据分管工作范围，董放不具体分管安全生产工作，只应承担相应责任，且有自首情节，请求从轻处罚。

上海市高级人民法院经审理认为，一审认定的事实清楚，证据确实、充分，定罪准确。上诉人马义镑因涉嫌犯重大责任事故罪自动投案后，如实供述所犯受贿罪行，对受贿罪有自首情节，且全部退赃；原审被告人黄佩信如实供述受贿罪行并全部退赃。原判根据本案事实、性质、后果和相关上诉人及原审被告人各自对事故发生所应承担责任，结合本案火灾的发生系多因一果及各被告人有自首情节等因素，依法确定相关上诉人和被告人刑事责任，并已分别对上诉人马义镑、张永新、周峥、陶忱和原审被告人董放所犯重大责任事故罪以及马义镑所犯受贿罪从轻处罚，对上诉人曹磊、范玮民所犯重大责任事故罪减轻处罚。现马义镑、张永新、周峥、陶忱、曹磊及相关辩护人要求进一步从轻或减轻处罚，依法不予准许。一审量刑适当，审判程序合法，马义镑、张永新、周峥、陶忱、曹磊、范玮民的上诉理由不能成立，辩护人的相关辩护意见不予采纳。据此，依照1996年修订的《中华人民共和国刑事诉讼法》第一百八十九条第一项之规定，裁定驳回马义镑、张永新、周峥、陶忱、曹磊、范玮民的上诉，维持原审各项判决。

二、主要问题

如何正确区分重大责任事故罪等生产安全责任事故犯罪案件中各被告人的责任？

三、裁判理由

在生产安全责任事故犯罪刑事案件中，涉案人员往往较多，犯罪主体的类型多种多样，且引发事故的原因错综复杂，其中既有直接原因，又有间接原因，各种原因行为与危害后果之间的关联程度也存在较大差异。如何正确区分在案各被告人的刑事责任，确保罪责刑相适应，是审理此类案件的重点和难点所在。上海式静安区胶州路教师公寓“11·15”特大火灾事故案件就是其中一个典型例证。

关于上述问题，司法机关通过认真总结相关案件的审判经验，在相关规范性文件中作出了原则性规定。最高人民法院2011年公布施行的《关于进一步加强危害生产安全刑事案件审判工作的意见》第八条规定：“多个原因行为导致生产安全事故发生的，在区分直接原因与间接原因的同时，应当根据原因行为在引发事故中所具作用的大小，分清主要原因与次要原因，确认主要责任和次要责任，合理确定罪责。一般情况下，对生产、作业负有组织、指挥或者管理职责的负责人、管理人员、实际控制人、投资人，违反有关安全生产管理规定，对重大生产安全事故的发生起决定性、关键性作用的，应当承担主要责任。对于直接从事生产、作业的人员违反安全管理规定，发生重大生产安全事故的，要综合考虑行为人的从业资格、从业时间、接受安全生产教育培训情况、现场条件、是否受到他人强令作业、生产经营单位执行安全生产规章制度的情况等因素认定责任，不能将直接责任简单等同于主要责任。对于负有安全生产管理、监督职责的工作人员，应根据其岗位职责、履职依据、履职时间等，综合考察工作职责、监管条件、履职能力、履职情况等，合理确定罪责。”上述规定，为生产安全责任事故犯罪案件中正确区分各被告人责任，合理确定罪责，提供了规范依据。

我们认为，在具体的危害生产安全刑事案件处理过程中，应当根据《关于进一步加强危害生产安全刑事案件审判工作的意见》的上述规定，结合案件具体情况，合理区分各被告人对引发事故所负责任，进而正确定罪量刑，并应当注意把握以下几点：

首先，正确区分直接责任和主要责任。

在导致事故发生的诸多原因中，直接原因是确定行为人承担直接责任的事实根据，但不能将直接原因简单等同于主要原因，进而将直接责任简单等同于主要责任。根据哲学一般理论，直接原因是指在时间和空间上与结果距离最近、中间环节最少的原因，而主要原因是指在引发结果的各种原因中，对促使结果发生所起作用最大的原因。参照《企业职工伤亡事故调查分析规则》等规范性文件的规定，在分析事故形成的原因时，应当从直接原因入手，逐步深入到间接原因，从而掌握引发事故的全部原因，再分清主要原因和次要原因，进行责任分析。可以看出，并非所有的直接原因都对引发事故结果起主要作用，也并非所有的间接原因都对引发事故结果起次要作用。直接原因、间接原因与主要原因、次要原因是基于不同标准对原因所做的不同分类，并不存在一一对应的关系。实践中特别应当注意的是，引发事故的直接原因往往是一线生产、作业者的违章操作行为，但不能据此一律认定一线生产、作业者是引发事故的主要责任人，还需考查一线生产、作业者违章操作行为的背后，有无组织、指挥、管理者的管理不当、违章指挥或者强令违章冒险作业等违法违规行为。

本案中，被告人吴国略、王永亮作为在一线施工现场实施电焊作业的工人，在未配备灭火设备、接火盆的情况下，违规开展电焊作业，导致电焊溅落的金属熔融物引燃下方脚手架防护平台上堆积的聚氨酯保温材料碎块、碎屑，进而引发火灾，二人的违章操作行为无疑是导致事故发生的直接原因。但是，从一、二审法院查明的案件事实来看，吴国略、王永亮二人不具备有效的特种作业操作证，没有从事电焊作业的从业资格，被违规招用后，工程管理单位未对二人进行必要的安全生产教育培训，案发时施工现场仅有一个接火盆且正在别处使用，防火器材配备明显不足。因此，吴国略、王永亮的违章作业行为与工程管理人员未能有效落实安全生产管理措施、未依法依规开展安全教育培训、未配备足够的防火器材等存在关联。吴国略、王永亮虽然对此次事故的发生负有直接责任，但不应承担主要责任。一、二审法院认定吴国略的罪责相对较轻，王永亮犯罪情节轻微，对二人以重大责任事故罪分别判处缓刑和免予刑事处罚，量刑正确。

其次，综合考虑各方面因素，合理确定组织、指挥、管理人员的责任。

对于生产经营单位中负有安全生产监督管理职责的组织、指挥、管理人员，应当根据其所负岗位职责、履职依据、履职时间等因素，考察其业务过失行为在引发事故发生的因果链条中所起原因力大小，以及过失行为反映出的个人主观罪过程度，综合全案情况，正确划分责任。既不能因为组织、指挥、管理人员的过失行为是引发事故后果的间接原因，就一律认定为次要责任，也不能因为其对生产、作业活动负有组织、指挥、管理责任而一概认定为主要责任。

本案中，佳艺公司在不具备承接教师公寓节能改造项目相应资质的情况下，通过静安建总违法承接该项目并再次进行分包。其中，被告人黄佩信、董放分别是佳艺公司和静安建总安全生产第一责任人，被告人马义镑、瞿幼棣、周峥分别是佳艺公司和静安建总负责生产管理和安全监管的负责人，上述人员在施工过程中未落实安全生产管理制度，对工地存在的重大安全事故隐患未进行检查及督促整改，均应对此次事故承担主要责任。被告人沈建丰、支上邦在不具备脚手架搭设资质的情况下，违法挂靠迪姆公司，以迪姆公司名义承接工程，并将脚手架搭设工程中的电焊作业交给不具备电焊施工资质的被告人沈建新负责承包施工，且未有效落实动火审批、安全教育等措施，亦应承担事故主要责任。被告人张永新作为监理公司派驻现场的总监理工程师，未认真审查施工单位资质，对教师公寓节能改造项目施工组织设计和专项施工方案未完成审批就已经开工等问题未及时采取停工等有效措施进行整改，对现场动火等安全风险点失察失管，未审核施工人员安全教育的落实情况，未审核电焊作业等关键岗位施工人员的资格证书，也应承担事故主要责任。

另一方面，被告人范玮民身为静安建总技术质量科科长助理，被任命为项目经理后，未签订安全生产工作（项目经理）责任书，从未到岗履行组织施工和安全生产职责，致使工程项目经理职责虚置；被告人曹磊作为静安建总安全设备科科员，被静安建总任命为项目安全员后，未按规定履行安全员职责，对引发事故均负有责任，但二人介入时相关工程项目已经被整体违法转包给佳艺公司，二人的岗位职责和履职能力明显小于被任命为工程项目副经理的佳艺公司项目经理沈大同和被任命为项目安全员的佳艺公司安全员陶忧，仅应承担事故次要责任。被告人卫平儒作为监理公司派驻现场的安全监理员，未审核施工人员安全教育落实情况和电焊工的特种作业操作证，对现场违规动火等安全隐患未予制止，亦应承担相应责任，但其所负岗位职责明显小于该公司派驻现场的总监理工程师张永新，对事故结果亦仅负次要责任。

根据相关被告人的岗位职责、履职情况以及业务过失行为对引发事故发生所起的原因力大小，一、二审法院认定被告人黄佩信、董放、马义镑、瞿幼棣、周峥、沈建丰、支上邦、张永新承担事故主要责任，以重大责任事故罪分别判处有期徒刑四年六个月至六年不等刑罚，认定被告人范玮民、曹磊、卫平儒罪责较轻，依法予以减轻处罚，并对范玮民适用缓刑，做到了罚当其罪和罪责刑相适应，裁判结果公布后，取得了很好的法律效果和社会效果。

（撰稿：最高人民法院刑四庭　王　敏）

12. 强令违章冒险作业罪的具体认定

——朱芳就、陈小平等重大责任事故、强令违章冒险作业、重大劳动安全事故案

一、基本案情

被告人朱芳就，男，1969 年 11 月 14 日出生，农民。2008 年 7 月 25 日因涉嫌犯重大劳动安全事故罪被逮捕。

被告人包劲松，男，1963 年 5 月 6 日出生，农民。2008 年 7 月 24 日因涉嫌犯强令违章冒险作业罪被逮捕。

被告人陈小平，男，1970 年 11 月 19 日出生，农民。2008 年 7 月 24 日因涉嫌犯强令违章冒险作业罪被逮捕。

被告人郎恒书，男，1963 年 9 月 10 日出生，河南省济源煤业有限责任公司八矿矿长。2008 年 7 月 10 日因涉嫌犯重大责任事故罪被取保候审。

被告人张撵路，男，1960 年 7 月 15 日出生，河南省济源煤业有限责任公司八矿副矿长兼总工程师。2009 年 2 月 13 日因涉嫌犯重大责任事故罪被取保候审。

被告人杨建华，男，1962 年 1 月 2 日出生，河南省济源煤业有限责任公司安全生产部部长。2009 年 2 月 13 日因涉嫌犯重大责任事故罪被取保候审。

被告人王志刚，男，1962 年 9 月 20 日出生，河南省济源煤业有限责任公司信息装备部部长兼机电副总工程师。2009 年 2 月 13 日因涉嫌犯重大责任事故罪被取保候审。

河南省济源市人民检察院以被告人朱芳就犯重大劳动安全事故罪，被告人包劲松、陈小平犯强令违章冒险作业罪，被告人郎恒书、张撵路、杨建华、王志刚犯重大责任事故罪，向济源市人民法院提起公诉。

被告人朱芳就、包劲松、陈小平、郎恒书、张撵路、杨建华、王志刚对起诉书指控的犯罪事实无异议，请求从轻处罚。

济源市人民法院经审理查明：2007 年 12 月份，河南省济源煤业有限责任公司八矿（以下简称济煤八矿）进行技术改造，济源市煤炭管理局于 2008 年 3 月 17 日批复同意在井田范围内东 200 米处新建两个立井，并于同年 5 月 20 日同意该矿开工，济煤八矿同日起可进行技术改造工程施工建设。

2007 年 3 月 16 日，河南省济源煤业有限责任公司（以下简称济源煤业公司）召开由被告人杨建华、郎恒书等 11 人参加的济源八矿主井井筒施工招标会，一致同意温州建设集团公司初步中标。同年 4 月 12 日，济源煤业公司与温州建设集团公司签订主井施工合同，工期为 2007 年 5 月 1 日至 9 月 18 日，合同加盖温州建设集团井巷工程公司合同专用章。经查，温州建设集团公司并无该分支机构，系浙江籍男子蓝天华假冒温州建设集团井巷工程公司的名义参与竞标。合同签订后，被告人朱芳就假冒浙江中宇实业发展有限公司（以下简称中宇公司）的名义，从蓝天华处转包获得济源八矿主井井筒施工工程，并于同年 5 月开始组织施工。施工过程中，济源煤业公司和济煤八矿得知工程被转包的相关情况后，认为该公司施工质量较好，并未中止合同，后经双方协商，2007 年 11 月 9 日又与假冒中宇公司名义的朱芳就签订济煤八矿主井箕斗装载峒室及煤仓施工合同，工期为 2007 年 11 月 15 日至 12 月 30 日，后经协商，于 2008 年 3 月 26 日由被告人郎恒书代表济煤八矿，与假冒中宇公司名义的朱芳就签订了八矿井下技改工程施工合同。

2007 年 4 月份前后，被告人朱芳就为节约资金，与被告人陈小平等人一起，以明显低于市场价的价格购买了一台假冒焦作市日安矿山设备制造有限公司名义拼装生产而成的绞车。在未经有关机构检测检验的情况下，朱芳就安排不具备安全员资格的被告人包劲松担任施工现场负责人，陈小平担任施工现场管理员，雇用无绞车操作资格的工人担任绞车司机。2008年6月中旬，该绞车滚筒和减速器之间的联轴器右侧挡板联结螺栓被拉断，挡板脱落，包劲松、陈小平知道情况后未进行修复，之后亦未再安装挡板，联轴器外齿轴套齿轮露出联轴器外壳10毫米以上，一直运行至事故发生。

2008年以来，济源市煤炭管理局及下属克井煤管站多次到济煤八矿进行安全检查，发现济煤八矿存在未办理相关手续擅自进行技术改造工程建设的违法行为，以及新建主井绞车无准运证、绞车运行记录不规范、绞车司机无证上岗等事故隐患，对济煤八矿下达了《责令整改通知书》，并采取了在绞车上张贴封条、罚款等处置措施。被告人郎恒书、杨建华、张撵路等人接到《责令整改通知书》后，并未要求被告人朱芳就以及朱芳就雇用的被告人包劲松等人停止施工。同年7月10日4时许，济煤八矿新建主井零点班绞车司机王改丽发现绞车联轴器外齿轴套齿轮露出联轴器外壳后，停止开动绞车。包劲松和陈小平赶到现场察看，使用电钻和锤子将绞车联轴器复位后，又指挥王改丽继续开动绞车。绞车运行过程中，因联轴器经常滑脱，绞车多次停止运行。当日8时许，八点班绞车司机赵小娜接班上岗，此时联轴器滑脱现象已经很严重，陈小平等人不时用锤子和撬杠将联轴器复位以使绞车得以运行。8时20分许，当日零点班11名工人乘罐笼准备升井下班。赵小娜接到提升信号后，开动绞车提升罐笼，陈小平手拿撬杠站在联轴器旁，试图用撬杠阻止联轴器滑脱。当罐笼提升约30米后，赵小娜听到绞车电机发出"哼哼"的声音，发现绞车运转不动，遂手拉工作闸并切断电源，实现安全制动。陈小平见绞车联轴器内齿轴套滑脱严重，又用撬杠将联轴器内齿轴套复位，并用撬杠别住联轴器，随后让赵小娜继续开动绞车。赵小娜一边拉紧工作闸手把，用工作闸稳住滚筒，一边按下送电按钮，解除安全制动，将工作闸推至二档档位。此时，绞车联轴器旋转并瞬间滑脱至极限位置，滚筒开始反向转动，罐笼迅速下降。赵小娜立即双手紧拉工作闸，但绞车制动失效，罐笼坠落井底，乘坐罐笼的11名工人全部死亡。

经鉴定，11名被害人均符合高坠所致重度颅脑损伤死亡。经河南省人民政府组织调查组对济煤八矿"7·10"重大坠罐事故进行调查，认定朱芳就、包劲松、陈小平对此次事故负有直接责任。另外，被告人郎恒书作为济煤八矿矿长，负责全面工作，其在未经有关部门批准的情况下，将济煤八矿技术改造工程向外发包，擅自进行矿井技术改造工程建设，且在新建主井井筒工程招标和发包过程中不对参与竞标施工单位的身份及资质进行核实，未经招标程序，将井下技术改造工程承包给既无资质、也不具备基本安全生产条件的施工单位，在未经有关部门批准的情况下，对井下技术改造工程安全管理工作以包代管，既不履行安全监管职责，也未派人员对施工现场进行安全管理，且拒不执行政府有关部门下达的停止施工和隐患整改指令；被告人张撵路作为济煤八矿总工程师，负责八矿井下技术改造工程工作，其在未经有关部门批准的情况下，参与组织济煤八矿井下技术改造工程建设，未深入现场检查作业规程和安全措施执行情况，也未安排专职安全管理人员对施工现场进行安全监督管理，导致施工现场重大事故隐患长期存在；被告人杨建华作为济源煤业公司安全生产部部长，负责济煤八矿矿井技术改造工程项目管理和安全管理工作，其对新建主井井筒工程和施工过程中存在的违法转包和不经招标程序便将井下技术改造工程承包给施工单位的行为不予制止，对济煤八矿在未经有关部门批准的情况下擅自进行矿井技术改造工程建设的违法行为、井下技术改造工程安全管理工作以包代管、拒不执行政府有关部门下达的停止施工和隐患整改令未尽到安全管理职责；被告人王志刚作为济源煤业公司副总工程师兼信息装备部部长，负责公司机电设备安全管理工作，其对施工单位机电设备安全检查不到位，未发现新建主井绞车未经有关机构检测检验和未取得安全准用证的基本情况，也未发现新建主井绞车存在的事故隐患，未定期对新建主井绞车及有关安全设施、设备进行检查。朗恒书、张撵路、杨建华、王志刚均对事故负有主要责任。

济源市人民法院认为，被告人朱芳就作为工程承包人，对安全生产所必需的资金投入不足，低价购买假冒绞车，雇用没有相应资质的人员施工；被告人包劲松作为施工单位现场负责人，对安全生产设施负有职责义务，在事故发生前明知绞车发生故障且在相关部门多次责令停工的情况下仍未改正，最终导致发生 11 人死亡的重大伤亡事故，情节特别恶劣，二被告人的行为均已构成重大劳动安全事故罪。被告人陈小平作为现场管理人员，明知绞车存在安全隐患，在绞车司机实现安全制动的情况下，仍然让工人冒险使用绞车，因而发生重大伤亡事故，导致 11 名矿工死亡，情节特别恶劣，其行为已构成强令违章冒险作业罪。被告人郎恒书、张撵路、杨建华、王志刚在生产、作业中违反有关安全管理的规定，因而发生伤亡重大事故，导致 11 名矿工死亡，情节特别恶劣，行为均已构成重大责任事故罪。据此，依照《中华人民共和国刑法》第一百三十四条、第一百三十五条、第七十二条第一款之规定，判决如下：

1. 被告人朱芳就犯重大劳动安全事故罪，判处有期徒刑四年。
2. 被告人包劲松犯重大劳动安全事故罪，判处有期徒刑四年。
3. 被告人陈小平犯强令违章冒险作业罪，判处有期徒刑六年。
4. 被告人郎恒书犯重大责任事故罪，判处有期徒刑三年，缓刑四年。
5. 被告人张撵路犯重大责任事故罪，判处有期徒刑三年，缓刑三年。
6. 被告人杨建华犯重大责任事故罪，判处有期徒刑三年，缓刑四年。
7. 被告人王志刚犯重大责任事故罪，判处有期徒刑三年，缓刑三年。

一审宣判后，被告人朱芳就、包劲松、郎恒书、张撵路、杨建华、王志刚服判，未提出上诉。

被告人陈小平上诉提出，自己受朱芳就、包劲松的雇用，没有强令绞车司机违章冒险作业，一审定性错误，应认定为重大劳动安全事故罪。

济源市中级人民法院经审理认为，一审认定各被告人犯罪的事实清楚，证据确实充分，定罪准确，量刑适当。审判程序合法。上诉人陈小平的上诉理由不能成立。据此，依照1996年修订的《中华人民共和国刑事诉讼法》第一百八十九条第一项之规定，裁定驳回上诉，维持原判。

二、主要问题

如何正确认定强令违章冒险作业罪?

三、裁判理由

（一）强令违章冒险作业罪的构成特征

根据刑法规定，强令违章冒险作业罪，是指强令他人违章冒险作业，因而发生重大伤亡事故或者造成其他严重后果的行为。

强令违章冒险作业罪是《刑法修正案（六)》新增设的罪名。根据1979年刑法和1997年刑法的规定，强令工人违章冒险作业本来属于重大责任事故罪中客观行为的一种具体表现形式，但考虑到强令违章冒险作业行为比一般的违反有关安全管理规定的行为性质更加恶劣，社会危害性更大，因此，《刑法修正案（六)》将此类行为单列出来，单独设置一个罪名，并配置了更重的法定刑。但司法实践中，一直存在强令违章冒险作业罪适用率偏低的问题，主要原因有以下两个方面：首先，有的案件错误认定行为人对危害结果所持主观心态，将某些强令违章冒险作业行为认定为以危险方法危害公共安全罪等故意犯罪，导致处刑过重。其次，有的案件对刑法规定的“强令”“违章”

“作业”等关键词语理解不当，有的将强令违章冒险作业行为认定为普通的违章生产、作业行为，不当认定为重大责任事故罪，有的将强令违章冒险作业罪与重大劳动安全事故罪混淆，从而导致处刑过低。

我们认为，司法实践中准确认定强令违章冒险作业罪，需要厘清以下几个问题：

第一，强令违章冒险作业罪的主体范围。

刑法没有明确规定强令违章冒险作业罪的主体范围。参照相关司法解释的规定，本罪的犯罪主体应当是对生产、作业负有组织、指挥或者管理职责的单位负责人、管理人员、实际控制人、投资人等人员。当然，生产、作业过程中也可能出现直接从事生产、作业的人员要求其他直接从事生产、作业的人员违章冒险作业，因而发生重大事故的情形，这种情况下，由于要求他人违章冒险作业的直接从事生产、作业的人员不是基于自身具有的组织、指挥或者管理职责向他人发出指示，其言行并不足以使他人产生畏惧心理，其他人员即使按照其要求开展违章冒险作业，也往往只是因为觉得对方更有经验、说法更有道理等原因而按其要求行事，不属于强令违章冒险作业，一般情况下以重大责任事故罪等罪名定罪处罚即可。

第二，“强令”的具体涵义。

对于“强令”的具体涵义，不能进行简单化的机械理解，而应注意把握其精神实质。强令违章冒险作业罪中的“强令”的核心要义，在于负有组织、指挥或者管理职责的单位负责人、管理人员、实际控制人、投资人等人员，基于其在生产经营单位所处的地位、拥有的职权，使直接从事生产、作业的人员产生畏惧服从心理而不得不违心进行冒险违章作业。因此，“强令”不仅包括通过粗暴、蛮横、强硬的话语表现出来的指令，也可以包括说话语气虽然和缓但态度坚决、足以使直接从事生产、作业的人员产生畏惧服从心理的指令；“强令”也不仅限于在生产、作业现场直接发号施令，负有组织、指挥或者管理职责的人员在生产、作业现场之外作出命令后，通过其他途径间接传递给一线生产、作业人员，使他们不得不违章冒险作业的，也属于“强令”的范畴。

在“强令”的具体行为方式方面。首先，实践中比较典型的、容易辨识的“强令”方式，是生产经营单位的管理者采取威逼、胁迫、恐吓等强制性手段强制他人违章冒险作业，例如，采取威胁实施罚款、降低工资待遇、解除劳动关系等强制手段。其次，生产经营单位的管理者利用自身具有的组织、指挥、管理职权，强制他人违章冒险作业。此类行为方式的强制性特征不太明显，但是，由于管理者与一线生产、作业者之间存在着领导与被领导、管理与被管理的权属关系，管理者作出的安排或者下达的指令自然带有一线生产、作业者必须服从的权威，从而在客观上对一线作业者形成了心理压力。因此，生产、经营单位的管理者利用自身组织、指挥、管理职权作出的指令和要求，足以对一线生产、作业者的心理意志产生强制效力，也应认定为"强令"。最后，实践中还存在有的生产经营单位管理人员在明知存在事故隐患、继续作业存在危险的情况下，采用关闭、破坏相关的安全监控和报警设备等方式，故意掩盖工作环境中存在事故隐患的事实，使一线作业者放松心理戒备，开展违章作业。这种情况下，一线生产、作业者看似未受强制和胁迫，但如果其了解事实真相，绝不肯违章冒险作业。因此，生产经营单位的管理者故意掩盖事故隐患的行为，直接影响了一线作业者的心理选择，实质上与采用强制手段或者利用自身职务身份要求他人违章冒险作业的行为没有根本性区别，也应依法认定为"强令"。

第三，强令违章冒险作业罪中"违章"和"作业"的涵义。

从立法沿革来看，强令违章冒险作业罪是从重大责任事故罪中分离出来的罪名，且从刑法的条文规定方式看，两个罪名同属《刑法》第一百三十四条，因此，应当结合重大责任事故罪的构成要件来理解强令违章冒险作业罪中"违章"和"作业"的涵义。首先，强令违章冒险作业罪中的"违章"，应当是指违反有关安全管理的规定，主要包括违反国家颁布的各种与安全生产有关的法律、法规等规范性文件，以及企业、事业单位及其上级管理机关制定的反映安全生产、作用活动客观规律的规章制度。其次，单从刑法条文的规定内容来看，强令他人违章冒险作业行为似乎仅应限制在作业领域，且刑法第一百三十四条第一款关于重大责任事故罪的罪状将"生产"和"作业"作并列规定，似乎表明"生产"和"作业"是两个不同的概念。但是，将强令违章冒险作业罪仅限定为"作业"领域并无合理理由，且实践中"生产"和"作业"并无实质性区别。从刑法的立法原意出发，应当对强令违章冒险作业中的"作业"一词作广义理解，其涵义与《刑法》第一百三十四条第一款规定的"生产、作业"应做同一性理解，涵盖所有的生产经营活动领域。

（二）强令违章冒险作业罪与重大劳动安全事故罪的区分

本案中，被告人陈小平上诉提出，自己的行为应依法认定为重大劳动安全事故罪。因此，有必要对强令违章冒险作业罪和重大劳动安全事故罪进行必要区分。

根据刑法规定，重大劳动安全事故罪，是指安全生产设施或者安全生产条件不符合国家规定，因而发生重大伤亡事故或者造成其他严重后果的行为。一般情况下，强令违章冒险作业罪与重大劳动安全事故罪不会产生混淆。首先，两罪主体范围不同，强令违章冒险作业罪的主体是对生产、作业负有组织、指挥或者管理职责的单位负责人、管理人员、实际控制人、投资人等人员，而重大劳动安全事故罪的主体是对单位的安全生产设施或者安全生产条件不符合国家规定直接负责的主管人员和其他直接责任人员；其次，客观方面不同，强令违章冒险作业犯罪是积极的作为，而重大劳动安全事故罪一般表现为对本单位安全生产设施或者安全生产条件存在的安全隐患拒不整改的一种消极的不作为。但是，在某些特定情况下，强令违章冒险作业罪和重大劳动安全事故罪可能难以作出区分。例如，某一生产经营单位的管理人员明知本单位的安全生产设施或者安全生产条件不符合国家规定，在此情况下仍然强令工人违章冒险作业，因此发生重大伤亡事故或者造成其他严重后果的行为。这种情况既符合强令违章冒险作业罪的构成要件，也符合重大劳动安全事故罪的构成要件，应当如何处理呢？我们认为，上述情况下，行为人实际上先后实施了两个行为，即对安全生产设施或者安全生产条件存在的事故隐患不采取整改措施的不作为行为，以及强令工人违章冒险作业的积极作为行为，两个行为相互结合，共同导致了危害结果的发生。由于强令违章冒险作业罪和重大劳动安全事故罪均属于结果犯，均以造成特定的危害结果为必备构成要件，因此，不宜同时认定为两罪，否则属于法律上的重复评价，原则上以择一罪论处为宜。考虑到强令违章冒险作业罪的法定刑重于重大劳动安全事故罪，而且安全生产设施或者安全生产条件不符合国家规定也可以视为强令违章冒险作业罪中“违章”的一种具体表现情形，因此，对行为人以强令违章冒险作业罪定罪处罚，既可以做到罚当其罪，也可以达到对安全生产设施或者安全生产条件不符合国家规定问题进行充分的法律评价的效果。这种情况下，一般应以强令违章冒险作业罪一罪论处。

本案中，被告人陈小平作为现场管理人员，符合强令违章冒险作业罪的主体要件。在案发前一个月左右，陈小平等人就发现施工所用绞车滚筒和减速器之间的联轴器右侧挡板联结螺栓被拉断、挡板脱落后没有修复，之后挡板未再安装，联轴器外齿轴套齿轮露出联轴器外壳10毫米以上，一直运行至事故发生。案发当日，陈小平在接到有关人员关于绞车故障的报告后，用锤子和撬杠将滑脱现象已经很严重的联轴器复位使绞车继续运行，绞车司机赵小娜发现绞车运转不动进行安全制动的情况下，陈小平又用撬杠将联轴器内齿轴套复位，并利用自己具有的管理职权，让赵小娜继续开动绞车，实施了强令他人违章冒险作业的行为，并最终导致发生重大伤亡事故。陈小平的行为既符合重大劳动安全事故罪的构成要件，又符合强令违章冒险作业罪的构成要件，在仅造成一个危害结果的情况下，应以强令违章冒险作业罪论处，同时，考虑到陈小平对本单位安全生产条件不符合国家规定的情况也应承担责任，量刑时应酌情从重把握。一、二审法院认定陈小平构成强令违章冒险作罪，判处有期徒刑六年，定罪量刑适当。

（撰稿：最高人民法院刑四庭　王凯凯）

13. 如何认定对安全生产设施和安全生产条件不符合国家规定负有直接责任的投资人

——刘卫平、刘胜杰、楚湘葵重大劳动安全事故案

一、基本案情

被告人刘卫平，男，1962 年 12 月 6 日出生，原湘潭县新发煤矿、原湘潭县紫竹煤矿主要股东，湘潭县立胜煤矿实际控制人之一。2010 年 2 月 23 日因涉嫌犯重大责任事故罪被逮捕。

被告人刘胜杰，男，1973 年 11 月 29 日出生，湘潭县胜涛焦煤开发有限公司法定代表人，原湘潭县新发煤矿、湘潭县紫竹煤矿、湘潭县长岭煤矿主要股东，湘潭县立胜煤矿实际控制人之一。1990 年因犯流氓罪被判处有期徒刑八年；2000 年因犯寻衅滋事罪、敲诈勒索罪被判处有期徒刑五年六个月；2007 年因犯寻衅滋事罪、非法拘禁罪被判处有期徒刑九个月，2008 年 4 月刑满释放。2013 年 7 月 5 日因涉嫌犯重大责任事故罪被逮捕。

被告人楚湘葵，男，1962 年 11 月 6 日出生，湘潭县联营煤矿法定代表人兼矿长，原湘潭县新发煤矿、湘潭县紫竹煤矿、湘潭县长岭煤矿主要股东，湘潭县立胜煤矿实际控制人之一。2013 年 6 月 18 日因涉嫌犯重大责任事故罪

被逮捕。

湖南省湘潭县人民检察院以被告人刘胜杰、刘卫平、楚湘葵犯重大责任事故罪、非法采矿罪、单位行贿罪，向湘潭县人民法院提起公诉。

被告人刘卫平对公诉机关指控的重大责任事故罪、非法采矿罪的犯罪事实和罪名提出异议，认为不构成上述两个罪名；对单位行贿罪无异议。其辩护人提出：1. 刘卫平不构成重大责任事故罪，刘卫平不是立胜煤矿实际控制人，更不是对矿山生产、作业负有组织、指挥或者管理职责的实际投资人和实际控制人，不符合重大责任事故罪犯罪主体的构成要件，主观上无过错，客观上未实施危害行为，不构成重大责任事故罪。2. 本案非法采矿的犯罪定性应属单位犯罪而非个人犯罪，三被告人及立胜煤矿均不具备非法采矿故意，刘卫平及立胜煤矿均不存在未取得采矿许可证擅自开采，经责令停止开采后拒不停止开采的行为和造成矿产资源严重破坏的危害后果，不构成非法采矿罪。3. 起诉书指控的多笔单位行贿事实的证据不足，事实认定不清。4. 刘卫平在此次矿难发生后的社会维稳工作中有立功表现，矿难发生后第一时间赶到现场组织实施救援，系初犯，请求从轻处罚。

被告人刘胜杰对公诉机关指控重大责任事故罪、非法采矿罪、单位行贿罪的犯罪事实和罪名提出异议，认为刘胜杰无罪。其辩护人提出：1. 刘胜杰只是纯粹的投资者，并非对生产作业负有组织、指挥或管理职责的投资人、实际控制人，不符合重大责任事故罪的主体要件，不构成重大责任事故罪。2. 无任何证据证实立胜煤矿非法采矿行为造成了矿产资源被破坏的结果，不符合非法采矿罪的构成要件，且立胜煤矿的采矿行为是单位行为，刘胜杰并非该单位直接负责的主管人员和其他责任人员，不应对单位行为负责，不构成非法采矿罪。3. 起诉书指控的多笔单位行贿犯罪事实不清、证据不足，定性错误，刘胜杰不构成单位行贿罪。

被告人楚湘葵对公诉机关指控重大劳动安全事故罪、非法采矿罪、单位行贿罪的犯罪事实和罪名均提出异议，认为楚湘葵无罪。其辩护人提出：1. 楚湘葵不是对生产、作业负有组织、指挥或者管理职责的投资人、实际控制人，不是重大责任事故罪的法定主体，不构成重大责任事故罪和重大劳动安全事故罪。2. 立胜煤矿的采矿行为是单位行为，楚湘葵并非单位直接负责的主管人员和其他责任人员，不应承担责任，且在案价值鉴定结论不足以确实、充分地证明案件事实，不构成非法采矿罪。3. 起诉书指控的多笔单位行贿犯罪事实不清、证据不足，定性错误。楚湘葵在事故发生后第一时间赶到现场，积极配合救援及善后工作，主动接受公安机关调查，如实交代事情经过，应认定为自首，依法从轻或减轻处罚。4. 楚湘葵在湘潭县煤矿关闭工作过程做了大量工作，为湘潭县政府成功关闭数家煤矿、解决了湘潭县内中小煤窑这一重大疑难历史遗留问题，作出了突出贡献，应认定为立功。

湘潭县人民法院经审理查明：

（一）关于重大劳动安全事故事实

2010 年 1 月 5 日 12 时 5 分，湖南省湘潭县谭家山镇立胜煤矿中间井（又名新井）三道暗立井（位于 -155 米至 -240 米水平之间）发生因电缆短路引发的火灾事故。事故当日有 85 人下井，安全升井 51 人，遇难 34 人，事故造成直接经济损失 2962 万元。同年 1 月 28 日，经湖南省煤矿科学研究所事故技术鉴定专家组对立胜煤矿“1·5”特大火灾事故进行鉴定后出具技术鉴定报告，认定事故直接原因是立胜煤矿中间井三道暗立井使用非阻燃电缆，提升时吊箩碰撞造成已损坏的电缆芯线相间短路引起火灾，产生大量有毒有害气体，且矿井超深越界非法开采，未形成完整的通风系统和安全出口，烟流扩散造成人员中毒死亡。

被告人刘卫平、刘胜杰、楚湘葵均系立胜煤矿实际投资人、控制人，是立胜煤矿“1·5”重大责任事故中负有管理职责的管理人员，二人均未认真履行管理职责，未采取有效安全防范管理措施，主要表现为：（1）立胜煤矿立井未采用铠装电缆，使用的吊箩提升设备损伤电缆。（2）立胜煤矿未按规定安装和使用检漏继电器，电器开关过流保护失效。（3）使用非阻燃橡套软电缆。（4）矿井暗立井内铺设有动力电缆、通讯电缆、非阻燃塑料管、橡皮吊箩、木支架等可燃物。（5）矿井无独立通风系统。（6）矿井在超深越界区域未设置安全出口，无逃生通道。（7）矿井无防、灭火系统，避灾、自救设施不完善。以上因素共同导致了立胜煤矿“1·5”特大火灾事故的发生。

（二）关于非法采矿事实

2008 年 11 月 15 日，被告人刘卫平、刘胜杰、楚湘葵以 1339.8 万元的价格，从刘坤其、刘凤鸣（均另案处理）手中非法承让湘潭县立胜煤矿采矿权，三人各投入资金 450 万元。立胜煤矿采矿许可证上核准的开采范围约 0.0362 平方公里，深度为 100M 至 -124M，有效期限自 2008 年 4 月至 2009 年 4 月。2009 年 1 月 13 日，因立胜煤矿安全生产许可证、煤炭生产许可证等已过期，湘潭县煤炭监督管理局下达了《关于立即停止生产的通知》（潭煤监字［2009］14 号文件）。2009 年 4 月 23 日，立胜煤矿因存在越界开采违法行为，被湘潭县国土资源管理局责令立即停止生产。

被告人刘卫平、楚湘葵、刘胜杰在明知立胜煤矿超深越界开采煤炭资源的情况下，采取弄虚作假手段，逃避矿产资源管理部门监管，故意隐瞒立胜煤矿实际开采深度，以技改名义非法组织生产，经湘潭县国土资源管理局、煤炭监督管理局等部门多次责令停止开采后，仍拒不停止开采。至2010年1月5日发生事故时，立胜煤矿东井已采至－640米水平，中井已拓至－420米水平，西井已采至－580米水平，均严重超越立胜煤矿采矿许可证许可的－124米水平。经湖南省国土资源厅鉴定，立胜煤矿2009年5月1日至2009年12月25日共计出产原煤29958.72吨，破坏矿产资源价值人民币9046634.68元。

（三）关于单位行贿事实

被告人刘卫平作为原湘潭县新发煤矿实际投资人、控制人，为给其所投资、控制的新发煤矿谋取不正当利益，先后送给国家工作人员钱款总计人民币51.5万元。被告人刘卫平、刘胜杰、楚湘葵作为湘潭县立胜煤矿实际投资人、控制人，为给三人所投资、控制的立胜煤矿谋取不正当利益，先后送给国家工作人员钱款总计人民币29万元。

湘潭县人民法院认为，被告人刘卫平、刘胜杰、楚湘葵作为立胜煤矿实际投资人、控制人，在立胜煤矿安全生产设施及安全生产条件不符合国家规定的情况下开展生产、作业，因而发生重大伤亡事故，情节特别恶劣，行为均已构成重大劳动安全事故罪。公诉机关指控三被告人犯重大责任事故罪的罪名不当，应以重大劳动安全事故罪追究刑事责任。刘卫平、刘胜杰、楚湘葵作为立胜煤矿实际投资人、控制人，违反矿产资源法的规定，未取得采矿许可证擅自采矿，情节特别严重，行为均已构成非法采矿罪。刘卫平作为原湘潭县新发煤矿实际投资人、控制人，为给其投资、控制的新发煤矿谋取不正当利益，先后送给国家工作人员钱款共计人民币51.5万元；刘卫平、刘胜杰、楚湘葵作为原湘潭县立胜煤矿实际投资人、控制人，为给三人控制的立胜煤矿谋取不正当利益，先后送给国家工作人员钱款共计人民币29万元，行为均已构成单位行贿罪。刘卫平、刘胜杰、楚湘葵均犯数罪，依法应予并罚。刘胜杰在有期徒刑执行完毕后五年内再犯应当判处有期徒刑以上刑罚之罪，是累犯，依法应当从重处罚。刘卫平及其辩护人关于刘卫平系初犯、事故发生后积极救援，可酌情从轻处罚的辩护和辩解意见，以及刘卫平、楚湘葵及其辩护人关于刘卫平、楚湘葵在事故发生后积极组织抢救，对死难者家属予以足额补偿，配合政府职能部门整合关闭煤矿，维护了社会稳定，请求酌情从轻处罚的意见，均与查明的事实和法律相符，予以采纳。据此，依照《中华人民共和国刑法》第一百三十五条、第三百四十三条、第三百九十三条、第五十二条、第六十九条之规定，判决如下：

1. 被告人刘卫平犯重大劳动安全事故罪，判处有期徒刑五年；犯非法采矿罪，判处有期徒刑六年，并处罚金人民币三百万元；犯单位行贿罪，判处有期徒刑二年，决定执行有期徒刑九年，并处罚金人民币三百万元。

2. 被告人刘胜杰犯重大劳动安全事故罪，判处有期徒刑四年；犯非法采矿罪，判处有期徒刑四年，并处罚金人民币三百万元；犯单位行贿罪，判处有期徒刑一年，决定执行有期徒刑七年，并处罚金人民币三百万元。

3. 被告人楚湘葵犯重大劳动安全事故罪，判处有期徒刑四年；犯非法采矿罪，判处有期徒刑四年，并处罚金人民币三百万元；犯单位行贿罪，判处有期徒刑一年，决定执行有期徒刑六年六个月，并处罚金人民币三百万元。

一审宣判后，被告人刘卫平、刘胜杰、楚湘葵均提出上诉，湘潭县人民检察院亦提出抗诉。

被告人刘卫平、刘胜杰上诉及其辩护人提出，刘卫平、刘胜杰不符合重大劳动安全事故罪的主体要件，不构成重大劳动安全事故罪；不属于无证开采，不构成非法采矿罪；一审判决认定犯单位行贿罪的部分事实认定不清、证据不足，量刑偏重，未充分考虑初犯、积极赔偿以及主动交代单位行贿犯罪事实的从轻、减轻处罚情节，量刑过重。

被告人楚湘葵上诉及其辩护人提出：楚湘葵不构成重大劳动安全事故罪和非法采矿罪，一审判决认定的部分事实认定不清，证据不足，具有自首和立功情节，请求从轻改判。

湘潭县人民检察院抗诉提出，一审判决对被告人刘卫平、刘胜杰、楚湘葵犯单位行贿罪的部分事实认定错误，量刑畸轻，提请依法改判。

湖南省湘潭市中级人民法院经审理认为，一审认定的主要事实清楚，证据确实、充分。二审经审理认定的行贿数额有所增加，但不影响量刑，且一审判决的量刑亦在法定幅度内，抗诉机关抗诉提出的一审判决对上诉人刘卫平、刘胜杰、楚湘葵犯单位行贿罪的部分事实认定错误，量刑畸轻的理由部分成立，予以部分采纳。刘卫平、刘胜杰、楚湘葵均为立胜煤矿实际控制人和投资人，符合司法解释规定的重大劳动安全事故罪的主体条件，三人提出的不符合主体要件、不构成重大劳动安全事故罪的上诉理由不能成立。一审判决定罪准确，量刑适当。审判程序合法。据此，依照1996年修订的《中华人民共和国刑事诉讼法》第一百八十九条第一项之规定，裁定驳回部分抗诉和三上诉人的上诉，维持原判。

二、主要问题

1. 如何认定对安全生产设施和安全生产条件不符合国家规定负有直接责任的投资人?

2. 对构成重大劳动安全事故罪的投资人应当如何量刑?

三、裁判理由

（一）如何认定对安全生产设施和安全生产条件不符合国家规定负有直接责任的投资人

根据《刑法》第一百三十五条的规定，重大劳动安全事故罪的犯罪主体限于生产经营单位中对安全生产设施或者安全生产条件不符合国家规定负有责任的直接负责的主管人员和其他直接责任人员。正确确定重大劳动安全事故罪的犯罪主体范围，需要根据刑法和相关司法解释，结合相关行政法律、法规的规定，进行综合判断。

本案一审判决作出于2013年7月29日，二审裁定作出于2014年7月14日，一、二审裁判作出时，《关于办理危害生产安全刑事案件的解释》的尚未公布施行，应当适用当时有效的《关于办理危害矿山生产安全刑事案件的解释》。《关于办理危害矿山生产安全刑事案件的解释》对重大劳动安全事故罪的主体范围作出了规定。该解释第三条规定："刑法第一百三十五条规定的'直接负责的主管人员和其他直接责任人员'，是指对矿山安全生产设施或者安全生产条件不符合国家规定负有直接责任的矿山生产经营单位负责人、管理人员、实际控制人、投资人，以及对安全生产设施或者安全生产条件负有管理、维护职责的电工、瓦斯检查工等人员。"司法解释的规定比较明确，将部分生产经营单位的投资人纳入了刑事追究的范围，但在实践中，对于投资人的范围界定问题，一直存在争议。

我们认为，根据相关法律法规的规定，所谓投资人，是指从事投资活动、具有一定资金来源、享有投资收益的权、责、利的统一体，是生产经营单位资金的参与者和经营收益的分享者。《安全生产法》第二十条第一款规定："生产经营单位应当具备的安全生产条件所必需的资金投入，由生产经营单位的决策机构、主要负责人或者个人经营的投资人予以保证，并对由于安全生产所必需的资金投入不足导致的后果承担责任。”在有限责任公司、股份有限公司等类型的生产经营实体中，投资人是指享有投资权益、对公司经营方针和投资计划享有管理权或决策权的股东。因投资人的行为导致生产经营单位安全生产资金投入不足，或者投资人在生产经营活动违反安全管理规定，进而导致发生安全事故的，应当依法追究刑事责任。同时，由于市场经济条件下所有权与经营权相分离的情况大量存在，投资人参与公司、企业经营管理的程度大小不一，特别是通过股市公开交易方式购买上市公司少量股票的小股东，一般不参与公司的经营管理决策活动，追究其对公司安全生产方面的刑事责任，明显不符合权责一致原则。因此，司法解释将作为重大劳动安全事故罪犯罪主体的投资人限定为“对生产、作业负有组织、指挥或者管理职责的投资人”。换句话说，并非生产经营单位的所有投资人都可以成为重大劳动安全事故罪的犯罪主体。从理论上来讲，要合理界定重大劳动安全事故罪的主体范围，不仅要看谁负责管理安全生产活动，还要看谁对单位中劳动安全设施的投入和维护负有投资决策权和资金投入义务。对生产经营单位的劳动安全设施投入和维护负有投资决策权和投资义务的人员，在本单位安全生产设施或者安全生产条件不符合国家规定，导致发生重大伤亡事故或者造成其他严重后果的情况，应当依法承担刑事责任。

本案中，被告人刘卫平、刘胜杰、楚湘葵均系立胜煤矿投资人，同时还是该煤矿实际控制人和管理委员会成员，对煤矿劳动安全设施的投入和维护有决策权和资金投入义务。三被告人在明知本单位安全生产设施和安全生产条件不符合国家规定的情况下，仍然不进行必要的投入和维护，导致发生重大伤亡事故，符合重大劳动安全事故罪的主体要件。一、二审法院以重大劳动安全事故罪对三被告人定罪处罚，符合法律规定。

（二）对构成重大劳动安全事故罪的投资人应当如何量刑

《关于办理危害矿山生产安全刑事案件的解释》对矿山领域中发生的生产安全责任事故犯罪的酌定从轻处罚情节作出了相应规定。该解释第十二条规定：“危害矿山生产安全构成犯罪的人，在矿山生产安全事故发生后，积极组织、参与事故抢救的，可以酌情从轻处罚。”本案被告人刘卫平、刘胜杰、楚湘葵在事故发生后第一时间赶到现场，积极组织、参与事故抢救，符合《关于办理危害矿山生产安全刑事案件的解释》的规定，可以酌情从轻处罚。另一方面，三被告人在安全生产许可证件和煤炭生产许可证均已过期后违法违规从事采矿生产经营活动，在政府监督管理机关已经下达《关于立即停止生产的通知》并多次责令其立即停止生产的情况下，三被告人拒不执行，仍然擅自组织采挖矿产，主观恶性较深，应当酌情从重处罚。一、二审法院在审理过程中，充分考虑三被告人各自具有的法定、酌定从重和从轻处罚情节，依法确定相应刑罚，充分体现了宽严相济刑事政策，量刑适当。

（撰稿人：最高人民法院刑四庭　杨　军）

14. 如何区分重大责任事故罪与重大劳动安全事故罪

——唐顺强、陈立金、李希东重大劳动安全事故、非法采矿案

一、基本案情

被告人唐顺强，男，1971年10月23日出生，湖南省湘潭县立胜煤矿矿长、投资人。2010年2月11日因涉嫌犯重大责任事故罪被逮捕。

被告人陈立金，男，1966年3月27日出生，湘潭县立胜煤矿生产副矿长、投资人。2010年2月11日因涉嫌犯重大责任事故罪被逮捕。

被告人李希东，男，1957年2月20日出生，湘潭县立胜煤矿挂名矿长兼技术负责人、投资人。2010年2月11日因涉嫌犯重大责任事故罪被逮捕。

湖南省湘潭县人民检察院以被告人唐顺强、陈立金、李希东犯重大责任事故罪、非法采矿罪，向湘潭县人民法院提起公诉。

被告人唐顺强对公诉机关指控犯重大责任事故罪的事实和罪名未提出异议，对指控犯非法采矿罪的事实和罪名有异议。其辩护人提出，唐顺强不构成非法采矿罪；其只是立胜煤矿小股东，对煤矿经营决策权及决策影响力较低，仅参与一般日常事务管理，对此次事故仅负次要作用，且事故发生后主动投案并如实供述，构成自首，赔偿被害人经济损失，有悔罪表现，请求从轻或者减轻处罚。

被告人陈立金对公诉机关指控犯重大责任事故罪的事实和罪名未提出异议，对指控犯非法采矿罪的事实和罪名有异议。其辩护人提出，陈立金不构成非法采矿罪；其并非立胜煤矿安全生产主要负责人，对煤矿安全隐患不承担

整改责任；引发火灾事故的原因是电缆质量问题，陈立金不主管井下电缆质量问题，且对煤矿内部规章制度的执行以及上级主管部门的整改指令无决定权，事故发生后积极参与抢救，认真履行职责，请求从轻或者减轻处罚。

被告人李希东对公诉机关指控犯重大责任事故罪的事实和罪名无异议，辩解称自己的行为不构成非法采矿罪。

湘潭县人民法院经审理查明：

（一）关于重大劳动安全事故事实

2010年1月5日12时5分，湖南省湘潭县立胜煤矿中间井（又名新井）三道暗立井（位于-155米至-240米水平之间）因电缆短路引发火灾事故。事故当日有85人下井，安全升井51人，遇难34人，造成直接经济损失2962万元。2010年1月28日，经湖南省煤矿科学研究所事故技术鉴定专家组对立胜煤矿"1·5"特别重大火灾事故进行鉴定出具技术鉴定报告，认定事故直接原因是立胜煤矿中间井三道暗立井使用非阻燃电缆，提升时吊箩碰撞造成损坏的电缆芯线相间短路引起火灾，产生大量有毒有害气体，且矿井超深越界非法开采，未形成完整的通风系统和安全出口，烟流扩散造成人员中毒死亡。被告人唐顺强作为湘潭县立胜煤矿矿长和投资人，被告人陈立金作为立胜煤矿主管生产的副矿长和投资人，被告人李希东作为立胜煤矿挂名矿长、矿技术负责人和投资人，在立胜煤矿安全生产设施和安全生产条件不符合国家规定的情况下，仍然盲目组织生产、作业，共同导致立胜煤矿"1·5"特别重大火灾事故的发生。主要表现为：（1）立井未采用铠装电缆，使用的吊箩提升设备损伤电缆。（2）未按规定安装和使用检漏继电器，电器开关过流保护失效。（3）使用非阻燃橡套软电缆。（4）矿井暗立井内铺设有动力电缆、通讯电缆、非阻燃的塑料管、橡皮吊箩、木支架等可燃物。（5）矿井无独立通风系统。（6）矿井在超深越界区域未设置安全出口，无逃生通道。（7）矿井无防、灭火系统，避灾、自救设施不完善。以上因素共同导致了立胜煤矿"1·5"特大火灾事故的发生。

案发后，被告人唐顺强主动向公安机关投案，并如实供述了相关事实。被告人李希东积极配合参与实施矿难救援工作。

（二）关于非法采矿事实

2008年11月15日，楚湘葵、刘卫平、刘胜杰（均另案处理）三人以1339.8万元的价格从刘坤其、刘凤鸣（均另案处理）手中非法受让取得了湘潭县立胜煤矿的采矿权，楚湘葵、刘卫平、刘胜杰三人各投入资金450万元，被告人唐顺强投入资金80万元，被告人陈立金投入资金53万元，被告人李希东投入资金15万元。楚湘葵等人商定，以唐顺强为首成立矿管会，唐顺强任法定代表人、矿长，陈立金任生产副矿长。之后，李希东被唐顺强任命为立胜煤矿内部矿长，协助唐顺强开展工作。立胜煤矿的采矿许可证上核准的开采范围约0.0362平方公里，深度为100米至－124米，有效期限从2008年4月至2009年4月。2009年1月13日，因立胜煤矿安全生产许可证、煤炭生产许可证等已过期，湘潭县煤炭监督管理局下达了《关于立即停止生产的通知》（潭煤监字［2009］14号文件）。2009年4月23日，立胜煤矿因为存在越界开采的违法行为，被湘潭县国土资源管理局责令立即停止生产。唐顺强、陈立金、李希东在明知立胜煤矿超深越界开采煤炭资源的情况下，采取弄虚作假手段，逃避矿产资源管理部门监管，故意隐瞒立胜煤矿实际开采深度，以技改名义长期非法组织生产，经湘潭县国土资源管理局、湘潭县煤炭监督管理局等部门多次责令停止开采后仍拒不停止开采。至2010年1月5日发生事故时，湘潭县立胜煤矿东井已采至－640米水平，中井已拓至－420米水平，西井已采至－580米水平，严重超越立胜煤矿采矿许可证许可的－124米水平。经湖南省国土资源厅鉴定，2009年5月1日至2009年12月25日间，湘潭县立胜煤矿累计产原煤29958.72吨，破坏矿产资源价值人民币9046634.68元。

湘潭县人民法院认为，被告人唐顺强、陈立金、李希东分别担任湘潭县立胜煤矿矿长、生产矿长、安全矿长和投资人，在立胜煤矿安全生产设施及安全生产条件不符合国家规定的前提下违法违规组织生产，因而发生重大伤亡事故，情节特别恶劣，行为均已构成重大劳动安全事故罪；唐顺强、陈立金、李希东作为立胜煤矿投资人，违反矿产资源法的规定，未取得采矿许可证擅自采矿，且经责令停止开采后拒不停止开采，造成矿产资源严重破坏，行为均已构成非法采矿罪。应依法并罚。公诉机关指控的三被告人犯重大责任事故罪的罪名不当，应予更正，指控犯非法采矿罪的罪名成立。唐顺强在事故发生后自动向公安机关投案，如实供述了自己的罪行，构成自首，依法可以从轻处罚，唐顺强、陈立金、李希东在庭审过程中均对犯罪事实供认不讳，认罪态度较好，可以酌情从轻处罚，李希东在事故发生后积极配合调查并参与开展救援工作，有一定悔罪表现，可以酌情从轻处罚。据此，依照《中华人民共和国刑法》第一百三十五条、第三百四十三条、第六十七条第一款、第四十五条、第四十七条、第五十二条、第五十三条之规定，判决如下：

1. 被告人唐顺强犯重大劳动安全事故罪，判处有期徒刑五年；犯非法采矿罪，判处有期徒刑六年，并处罚金人民币五十万元，决定执行有期徒刑九年，并处罚金人民币五十万元。

2. 被告人陈立金犯重大劳动安全事故罪，判处有期徒刑五年；犯非法采矿罪，判处有期徒刑五年，并处罚金人民币三十万元，决定执行有期徒刑八年，并处罚金人民币三十万元。

3. 被告人李希东犯重大劳动安全事故罪，判处有期徒刑四年；犯非法采矿罪，判处有期徒刑四年，并处人民币罚金十五万元，决定执行有期徒刑六年，并处罚金人民币十五万元。

宣判后，三被告人均未上诉，检察机关亦未抗诉。判决已经发生法律效力。

二、主要问题

如何正确区分重大责任事故罪与重大劳动安全事故罪？

三、裁判理由

（一）重大责任事故罪与重大劳动安全事故罪的立法沿革

我国刑法中关于重大责任事故罪和重大劳动安全事故罪的规定内容，前后经历了多次修改和完善。1979 年刑法只规定了重大责任事故罪，未规定重大劳动安全事故罪，在第一百一十四条规定："工厂、矿山、林场、建筑企业或者其他企业、事业单位的职工，由于不服管理、违反违章制度，或者强令工人违章冒险作业，因而发生重大伤亡事故，造成严重后果的，处三年以下有期徒刑或者拘役；情节特别恶劣的，处三年以上七年以下有期徒刑。"1997 年刑法修订时，保留了 1979 年刑法关于重大责任事故罪的主要规定内容，并进行了适当的补充和完善。1997 年《刑法》第一百三十四条规定："工厂、矿山、林场、建筑企业或者其他企业、事业单位的职工，由于不服管理、违反违章制度，或者强令工人违章冒险作业，因而发生重大伤亡事故或者造成其他严重后果的，处三年以下有期徒刑或者拘役；情节特别恶劣的，处三年以上七年以下有期徒刑。"另外，出于严惩相关危害生产安全违法犯罪行为的需要，1997 年刑法还增设了重大劳动安全事故罪，在第一百三十五条规定："工厂、矿山、林场、建筑企业或者其他企业、事业单位的劳动安全设施不符合国家规定，经有关部门或者单位职工提出后，对事故隐患仍不采取措施，因而发生重大伤亡事故或者造成其他严重后果的，对直接责任人员，处三年以下有期徒刑或者拘役；情节特别恶劣的，处三年以上七年以下有期徒刑。”

2006 年出台的《刑法修正案（六）》为解决实践中存在的 1997 年刑法对重大责任事故罪和重大劳动安全事故罪的主体范围规定过窄、导致定罪存在困难的问题，对重大责任事故罪和重大劳动安全事故罪的构成要件作出了重要修改。现行《刑法》第一百三十四条第一款将重大责任事故罪的主体由工厂、矿山、林场、建筑企业或者其他企业、事业单位的职工扩大到一般主体，并将强令违章冒险作业、导致发生重大伤亡事故或者造成其他严重后果的行为从重大责任事故罪中独立出来，单独规定为强令违章冒险作业罪，并大幅提高了法定刑，第一百三十五条将重大劳动安全事故罪中的主体范围由工厂、矿山、林场、建筑企业或者其他企业、事业单位扩大到所有的生产经营单位，并去掉了“经有关部门或者单位职工提出后，对事故隐患仍不采取措施”的前置性条件，从而扩大了重大劳动安全事故罪的成立范围。

（二）重大责任事故罪与重大劳动安全事故罪的区分标准

重大责任事故罪与重大劳动安全事故罪均属于过失犯罪，而且都发生在生产经营过程中，行为人都违反了有关安全管理的规定，而且都要求发生了重大伤亡事故或者造成其他严重后果。两罪的构成要件相似，司法实践中经常出现难以区分的情况，需要认真研究两罪的区分标准。

重大责任事故罪在客观方面表现为在生产、作业的过程中违反有关的安全法则和规章制度，刑法评价的重点在于作为个体的生产、作业者在操作生产设备、开展生产作业的过程中故意违规，因而发生重大伤亡事故或者造成其他严重后果。相比于重大劳动安全事故罪而言，重大责任事故罪更强调违规、违章的生产、作业行为，且上述行为带有明显的个人意志特征。1979 年刑法、1997 年刑法和现行刑法均将重大责任事故罪规定为自然人犯罪，行为方式都表现为不服从管理、违反规章制度。重大劳动安全事故罪在客观方面表现为生产经营单位置国家有关的劳动安全规章制度于不顾，配备的安全生产设施或者安全生产条件不符合国家规定，或者安全设备不健全，导致生产、作业现场存在安全隐患，最终引发重大伤亡事故或者造成其他严重后果的行为。其中，所谓的安全生产设施，是指为了防止和消除生产作业过程中可能出现的伤亡事故、防止生产设备遭受到损坏，用以在生产、作业过程中保障劳动者人身和财产安全的各种技术设备、设施和各种用品，包括但不仅限于以下几种：（1）防护装置，即用屏护方法使人体与生产中危险部分相隔离的装置。(2) 保险装置，即能自动消除生产中由于设备事故和部件损害而引发人身事故危险的装置。(3) 信号装置，即应用信号警告、预防危险的装置。(4) 警示标志，包括危险告示标志和借助醒目的颜色或者图形判断是否安全的识别标志等。安全生产条件，主要是指为劳动者提供安全有保障的环境，以及用于保障劳动者从事生产、作业活动必不可少的安全防护措施及用品，如用于防毒、绝缘、避雷、防爆、防火、通风用途的安全用品和安全措施等。

根据《刑法》第一百三十四五条的规定，重大劳动安全事故罪属于单位犯罪，但在刑事处罚方面实行是单罚制，仅处罚直接负责的主管人员和其他直接责任人员，上述人员在具体的生产、作业过程中往往并没有实施违反相关安全管理规定、导致直接引发重大伤亡事故或者其他严重后果的行为。这种情况下，上述人员的行为不符合重大责任事故罪的构成要件，依法不构成重大责任事故罪，其应对直接负责单位安全生产设施或者安全生产条件不符合国家规定承担刑事责任，应当以重大劳动安全事故罪定罪处罚。

本案中，立胜煤矿之所以发生生产安全事故，造成重大人员伤亡，并非由于某个生产、作业人员个人违反国家规定故意违规违章操作引发，而是由于立胜煤矿不按照国家规定配备合格安全生产设施、不具备国家规定的安全生产条件所导致的。立胜煤矿安全生产设施和安全生产条件不符合国家规定，导致“1·5”特别重大火灾事故的发生，不符合重大责任事故罪的构成要件，对于煤矿安全生产设施和安全生产条件不符合国家规定负有直接责任的主管人员和其他直接责任人员，应以重大劳动安全事故罪定罪处罚。在案三被告人中，唐顺强是立胜煤矿实际上的法定代表人、矿长和投资人，对煤矿日常事务、安全生产、作业等方面工作负有全面责任；陈立金是立胜煤矿投资人和生产副矿长，直接负责该矿的安全生产工作；李希东是立胜煤矿投资人、挂名矿长和技术负责人，三人均属于对煤矿安全生产设施和安全生产条件不符合国家规定负有直接责任的主管人员，行为与“1·5”矿难事故的发生存在刑法上的因果关系，应当依法认定为重大劳动安全事故罪。

需要注意的是，根据1997年刑法的规定，“经有关部门或者单位职工提出后，对事故隐患仍不采取措施”是行为构成重大劳动安全事故罪的必备构成要件，《刑法修正案（六)》取消了此项条件，即使不存在经有关部门或者单位职工提出后行为人仍然对事故隐患不采取措施的条件，也可以认定为重大劳动安全事故罪。但是，实践中，如果确实存在有关部门或者单位职工向行为人提出单位安全生产设施或者安全生产条件不符合国家规定、存在事故隐患，而行为人仍然拒不采取整改措施的情况，表明行为人极端漠视生产安全，置他人生命财产安全于不顾，社会危害性和人身危害性大，因此发生重大伤亡事故或者造成其他严重后果的，应当以重大劳动安全事故罪酌情从重处罚。本案矿难事故发生之前，立胜煤矿曾接到湘潭县谭家山镇安监站下达的《安全隐患整改指令书》，负责煤矿通风工作的值班矿长王光荣曾将煤矿存在的各项隐患以及安监站下达的整改指令汇报给李希东以及其他管理人员，但立胜煤矿管理层并未对此予以充分重视，只是采取各种方法予以简单应付，始终未采取有效整改措施，最终导致了矿难事故的发生。一审判决考虑上述情况，在法定量刑幅度内对三被告人予以从重处罚，充分体现了罪责刑相适应原则。

（撰稿：最高人民法院刑四庭　李莹莹）

15. 如何正确认定重大劳动安全事故罪和合理确定被告人的责任

——吴基滔、林伯昌、吴升宪重大劳动安全事故案

一、基本案情

被告人吴基滔，男，1967 年 11 月 11 日出生，台湾地区台中市人，江苏省昆山市中荣金属制品有限公司董事长、法定代表人。2014 年 8 月 20 日因涉嫌犯重大责任事故罪被逮捕。

被告人林伯昌，男，1966 年 12 月 8 日出生，台湾地区嘉义县人，昆山市中荣金属制品有限公司总经理。2014 年 8 月 20 日因涉嫌犯重大责任事故罪被逮捕。

被告人吴升宪，男，1967 年 4 月 12 日出生，台湾地区嘉义县人，昆山市中荣金属制品有限公司经理兼安全生产主管。2014 年 8 月 20 日因涉嫌犯重大责任事故罪被逮捕。

江苏省昆山市人民检察院以被告人吴基滔、林伯昌、吴升宪犯重大劳动安全事故罪，向昆山市人民法院提起公诉。

被告人吴基滔对起诉书指控的罪名无异议，辩解称自己在事故发生后及时赶到现场，积极参与事故救援，依法构成自首。其辩护人提出，吴基滔虽系事故单位负责人，但并不直接参与公司生产经营和安全管理，所负责任较小，愿意赔偿事故损失，请求从轻处罚。

被告人林伯昌辩解称，自己虽然设计了公司厂房的生产工艺和布局，但厂房设计、建造方案均由被告人吴基滔决定，请求从轻处罚。其辩护人提出，此次事故系多因一果，既有被告人的管理失职，也有相关政府职能部门未认真履行职责、审批把关不严、监督检查不到位等方面因素，量刑时应予考虑。

被告人吴升宪辩解称，未见过公司任命其担任安全生产主管的任命书，此次任命也未公示，自己不直接负责安全生产工作。其辩护人提出，事故发生后，吴升宪在有机会逃离的情况下赶到事故现场积极参加救援，并在公安机关一般性排查询问过程中如实供述犯罪事实，应当认定为自首。

昆山市人民法院经审理查明：1998 年 8 月，被告人吴基滔与他人共同在江苏省昆山市发起设立中荣金属制品有限公司（以下简称中荣公司），后通过股权受让等方式掌握了中荣公司全部股权，并于 2000 年开始担任中荣公司董事长、法定代表人。被告人林伯昌 2001 年进入中荣公司工作，2012 年担任总经理，全面负责公司日常生产经营管理活动。被告人吴升宪 2007 年进入中荣公司工作，担任公司经理兼安全生产主管。

2004 年，中荣公司建成四号厂房用于开展汽车轮毂抛光作业，并以汽车轮毂整修的用途通过了有关政府职能部门的验收。四号厂房内生产工艺和布局由被告人林伯昌根据自己的经验设计，设计电气设施时未充分考虑爆炸性粉尘环境，未采用防爆设备。经被告人吴基滔决定，中荣公司将四号厂房车间除尘系统委托给无合法资质的环保设备公司进行设计、制造、施工和安装，导致除尘系统除尘器本体及管道均未设置泄爆装置和导除静电的接地装置。同年 8 月 2 日 7 时 34 分，中荣公司组织员工在四号厂房内进行汽车轮毂抛光作业时，发生特别重大铝粉尘爆炸事故，造成正在作业的工人当天死亡 75 人、受伤 185 人，在《生产安全事故报告和调查处理条例》规定的三十日事故报告期内共计死亡 97 人、受伤 163 人，三十日事故报告期结束后，又经抢救无效死亡 49 人。综上，此次事故共计造成 146 人死亡、114 人受伤，直接经济损失 3. 51 亿元。

经国务院事故调查组调查认定，中荣公司“8・2”特别重大爆炸事故是一起生产安全责任事故。造成事故发生的直接原因为，事故车间四号厂房内除尘系统较长时间未按规定清理，造成铝粉尘集聚。除尘系统风机开启后，打磨过程中产生的高温颗粒在集尘桶上方形成粉尘云。除尘系统一号除尘器集尘桶锈蚀破损，桶内铝粉受潮，发生氧化放热反应，达到粉尘云引燃温度，引发除尘系统及车间系列爆炸。同时，因为除尘系统未设计安装泄爆装置，爆炸产生的高温气体和燃烧物瞬间经除尘管道从各个吸尘口喷出，导致全车间所有工位的操作人员直接受到爆炸冲击，造成群死群伤的特大事故。另外，在造成事故发生的管理原因中，中荣公司无视国家法律，长期违法违规组织项目建设和生产，也是导致事故发生的主要原因，包括：（1）厂房设计与生产工艺布局违法违规。事故车间厂房原设计建设标准为戊类，而实际使用标准应为乙类，导致一层原设计泄爆面积不足，疏散楼梯未采用封闭楼梯间，贯通上下两层。事故车间生产工艺及布局未按规定规范设计，由被告人林伯昌根据自己的经验非规范设计。生产线布置过密，作业工位排列拥挤，在每层1072.5平方米的车间内设置了多达16条生产线，在13米长的生产线上布置有12个工位，人员密集，有的生产线之间员工背靠背间距不到1米，且通道中放置了轮毂，造成疏散通道不畅通，加重了人员伤害。（2）除尘系统设计、制造、安装、改造违规。事故车间除尘系统改造委托无设计安装资质的环保设备公司设计、制造和施工安装，除尘器本体及管道未设置导除静电的接地装置、未按要求设置泄爆装置，集尘器未设置防水防潮设施，集尘桶底部破损后未及时修复，外部潮湿空气渗入集尘桶内，造成铝粉受潮，产生氧化放热反应。（3）车间铝粉尘集聚严重。事故现场除尘系统吸风量不足，不能满足工位粉尘捕集要求，不能有效抽出除尘管道内粉尘。同时，企业未按规定及时清理粉尘，造成除尘管道内和作业现场残留铝粉尘多，加大了爆炸威力。（4）安全生产管理混乱。安全生产规章制度不健全、不规范，盲目组织生产，未建立岗位安全操作规程，现有规章制度未落实到车间、班组。未建立隐患排查治理制度，无隐患排查治理台账。风险辨识不全面，对铝粉尘爆炸危险未进行辨识，缺乏预防措施。未开展粉尘爆炸专项教育培训和新员工三级安全培训，安全生产教育培训责任不落实，造成员工对铝粉尘存在爆炸危险没有认知。（5）安全防护措施不落实。事故车间电气设施设备不符合《爆炸和火灾危险环境电力装置设计规范》规定，均不防爆，电缆、电线敷设方式违规，电气设备金属外壳未作可靠接地。现场作业人员密集，岗位粉尘防护措施不完善，未按规定配备防静电工装等劳动保护用品，进一步加重了人员伤害。

昆山市人民法院认为，中荣公司安全生产设施和安全生产条件不符合国家规定，因而发生重大伤亡事故，且情节特别恶劣。被告人吴基滔作为中荣公司董事长、法定代表人，负责公司全面事务，被告人林伯昌作为公司总经理，具体负责公司运营，二人均系直接负责的主管人员；被告人吴升宪作为中荣公司安全生产责任人，负责公司安全生产工作，属于其他直接责任人员，三人行为均已构成重大劳动安全事故罪。关于辩护人提出的吴升宪并非中荣公司安全生产主管人员的辩护意见，经查，相关证人证言及书证证实，吴升宪参加安全生产培训并取得安全生产管理员证书，安监、环保等政府职能部门的检查及文件签收多由其负责，吴升宪收到相关部门整改要求后，未依据职责及时落实或汇报公司解决，由吴升宪起草或牵头起草的公司相关安全生产规范中对其相关职务的确认，吴升宪也是明知的，相关规范性文件形成后，吴升宪本应按照规范中对其确定的职责开展安全生产管理工作，但却疏于执行，主观过错明显，公诉机关指控吴升宪系中荣公司安全生产主管人员的证据充分。关于构成自首的辩解和辩护意见，经查，三被告人均由公安机关从案发现场带走开展调查询问，并非主动投案，不符合自首的构成要件，该意见不予采纳，但三人在事故发生后能在现场积极参与事故救援，归案后均如实供述犯罪事实，均可依法从轻处罚。据此，依照《中华人民共和国刑法》第一百三十五条、第六十七条第三款之规定，判决如下：

1. 被告人吴基滔犯重大劳动安全事故罪，判处有期徒刑六年六个月。

2. 被告人林伯昌犯重大劳动安全事故罪，判处有期徒刑六年三个月。

3. 被告人吴升宪犯重大劳动安全事故罪，判处有期徒刑五年九个月。

宣判后，三被告人均未上诉，检察机关亦未抗诉。判决已经发生法律效力。

二、主要问题

1. 如何正确区分重大责任事故罪和重大劳动安全事故罪?

2. 在多种原因共同引发的生产安全事故中，如果正确认定各被告人的刑事责任?

三、裁判理由

2014 年 8 月 2 日在江苏省昆山市中荣公司汽车轮毂抛光车间发生的特大铝粉尘爆炸事故，当天即造成 75 人死亡、185 人受伤，后续又有数十名伤员因抢救无效死亡，全国为之震惊。中央领导同志对此次事故高度关注，习近平总书记、李克强总理立即作出重要批示，要求全力救治伤员，做好遇难者亲属安抚工作，查明事故原因，追究责任人责任，吸取血的教训，强化安全生产责任制，保障人民群众生命财产安全。江苏省昆山市人民法院经依法审理后作出判决，以重大劳动安全事故罪分别判处中荣公司董事长吴基滔、总经理林伯昌和安全生产主管人员吴升宪相应刑罚，取得了良好的法律效果和社会效果。

实践中，生产安全事故的发生原因比较复杂，相关案件的审理难度也相对较大，本案即为一例。对于本案中的三名被告人，公安机关最初以涉嫌犯重大责任事故罪为由采取监视居住措施，后又改为涉嫌犯重大劳动安全事故罪采取刑事拘留和逮捕强制措施，公诉机关指控的罪名和人民法院判决认定的罪名均是重大劳动安全事故罪，反映出司法机关内部对本案定性存在一定分歧。另外，人民法院在审理过程中，对于三被告人在引发事故方面所起作用以及各自应负刑事责任的大小，也存在一定争议。简要分析如下：

（一）重大责任事故罪与重大劳动安全事故罪的区分标准

根据刑法规定，重大责任事故罪，是指在生产、作业过程中违反有关安全管理的规定，因而发生重大伤亡事故或者造成其他严重后果的行为；重大劳动安全事故罪，是指安全生产设施或者安全生产条件不符合国家规定，因而发生重大伤亡事故或者造成其他严重后果的行为。重大责任事故罪和重大劳动安全事故罪均发生在生产经营活动领域，同属生产安全责任事故犯罪。实践中，在具体案处理过程中，对于重大责任事故罪和重大劳动安全事故罪的区分问题，往往会引起困惑，主要问题在于，刑法对于重大责任事故罪构成要件的规定比较原则，只要行为人在生产、作业过程中违反有关安全管理的规定，导致发生重大事故的，就可以认定为重大责任事故罪，而所谓安全管理规定的外延比较广泛，既可以包含具体的生产作业操作规程，也可以包含对安全生产设施和安全生产条件配备标准方面的规范性要求。换句话说，行为人明知安全生产设施或者安全生产条件不符合国家规定，仍然自己或者要求他人从事生产、作业活动的，也可以认为是违反了安全管理规定，对于此类行为到底应当认定为重大责任事故罪，还是应当认定为重大劳动安全事故罪，是司法机关需要审查认定的问题。

我们认为，综合考虑刑法和相关行政法律、法规的规定内容，对于重大责任事故罪和重大劳动安全事故罪的区分问题，实践中应当综合考虑以下两个方面因素：

首先，考察引发生产安全事故的直接原因是人的不安全行为还是物的不安全状态。

根据安全生产理论，人的不安全行为和物的不安全状态是生产安全事故隐患的两种具体表现形式，是调查机关为了在事故调查过程中正确分析事故原因、合理确定事故责任，对事故隐患所作的重要区分。根据《企业职工伤亡事故调查分析规则》（GB6442－86）等规范性文件的规定，所谓人的不安全行为，是指职工在职业活动过程中违反劳动纪律、操作程序和操作方法等具有危险性的行为，常见的人的不安全行为，包括操作失误、忽视安全、忽略警告、冒险进入危险场所等；所谓物的不安全状态，是指在生产、作业过程中机械、物料、生产对象以及其他生产要素等能量不正当释放所引起事故的状态，常见的物的不安全状态，包括设备和装置结构不良、材料强度不够、个人防护用品缺陷、安全防护装置失灵等。

可以发现，人的不安全行为和物的不安全状态这两个概念，基本上可以与刑法规定的重大责任事故犯罪和重大劳动安全事故犯罪这两种犯罪行为相互对应。也就是说，重大责任事故罪的惩罚对象主要是行为人个人违反安全管理规定、造成事故隐患的行为，规制重点是生产、作业者个人的不安全行为；重大劳动安全事故罪的惩罚对象主要是生产经营单位安全生产设施和安全生产条件不符合国家规定的危险状态，规制重点是安全生产设施和安全生产条件具有的物的不安全状态。实践中，应当重点考察引发事故的直接原因是人的不安全行为还是物的不安全状态，如果属于前者，对于实施不安全行为的个人，原则上应当认定为重大责任事故罪；如果属于后者，则对于造成物的不安全状态负有责任的生产经营单位中直接负责的主管人员和其他直接责任人员，原则上应当认定为重大劳动安全事故罪。诚然，物体本身并不会引发事故，预防生产安全事故的关键还是人的因素，对于生产、作业过程中物的要素来讲，其之所以会出现不安全状态，归根结底还是由于人的故意或者过失所致。因此，从一定意义上讲，造成物的不安全状态的根本原因还是人的不安全行为。但是，此处强调的重点是对引发生产安全事故的直接原因所做区分，不能将事故的因果关系链条无限延长，否则将导致罪名区分标准的模糊化。

其次，人的不安全行为和物的不安全状态共存情况下的罪名确定问题。

实践中，造成某一生产安全事故发生的原因往往是多方面的，可能出现人的不安全行为和物的不安全状态共存的情况。例如，某一生产经营单位的主管人员对该单位的安全生产设施和安全生产条件不符合国家规定负有直接责任，在投产后具体开展生产经营的过程中，该主管人员又违反安全管理规定，未对职工进行安全教育培训和消防逃生演练，导致职工安全生产意识淡薄，最终引起重大生产安全事故，造成严重伤亡后果。这种情况下，应当如何确定罪名，实践中往往出现争议。有意见认为，在此类案件中，行为人客观上实施了两个行为，主观上存在两个过失，原则上应当数罪并罚。但是，在两个过失行为共同造成同一个危害结果的情况下，将同一个危害结果同时作为两个过失犯罪的构成要件事实分别进行评价，属于法律上的重复评价，理论上难以成立。为避免法律上的重复评价，这种情况下仍以认定为一罪为宜，而具体适用哪一个罪名，则应当根据引发事故的主要原因确定，并将其他方面原因作为量刑因素进行考虑。具体而言，如果引发事故的主要原因是人的不安全行为，原则上应当认定为重大责任事故罪，并将安全生产设施和安全生产条件不符合国家规定的情况作为从重处罚情节予以考虑；如果引发事故的主要原因是物的不安全状态，则应认定为重大劳动安全事故罪，并将行为人在生产、作业过程中违反安全管理规定的行为作为从重处罚情节进行考虑。采用这种处理方式，可以有效避免对犯罪行为的法律评价不足或者对同一危害结果进行两次以上法律评价，做到罪责刑相适应。

本案中，根据国务院事故调查报告，中荣公司四号厂房除尘系统未设置泄爆装置，且较长时间未按规定清理堆积的粉尘，导致粉尘氧化发热，引起铝粉尘爆炸，是引发事故的直接原因，也是主要原因；中荣公司在生产经营过程中安全管理混乱，盲目组织生产，规章制度不落实，对引发事故也起到一定作用。根据相关行政法律、法规确定的区分标准，中荣公司除尘系统设计存在缺陷及使用过程中清理不及时，属于典型的物的不安全状态，由于物的不安全状态直接引发事故后果，对于直接负责的主管人员吴基滔和林伯昌，以及其他直接责任人员吴升宪，均应以重大劳动安全事故罪追究刑事责任。同时，三被告人在中荣公司的安全管理混乱和规章制度不落实方面的责任，应当作为从重处罚情节，在量刑时予以综合考虑。

（二）多因一果情况下如何合理确定各被告人的刑事责任

生产安全事故的发生是一个原因错综复杂、各种事故隐患不断积累演进的过程，其中涉及多方面因素的相互影响和综合作用。在一起生产安全事故的背后，往往隐藏着各个方面的因素，引发事故的多个原因可能涉及多个责任人的过失行为。在这种情况下，如何合理确定各犯罪人的刑事责任，是生产安全责任事故犯罪案件审理过程中长期存在的问题。

有观点认为，我国《刑法》第二十五条第二款规定："二人以上共同过失犯罪，不以共同犯罪论处；应当负刑事责任的，按照他们所犯的罪分别处罚。"该条并没有否认共同过失犯罪的存在，只是明确了在处罚原则上不以共同犯罪论处，采用分别处罚的原则。因此，在多因一果的生产安全事故犯罪案件中，对于因为过失共同造成同一危害结果的多个被告人，可以认定为共同过失犯罪，对全部危害结果共同承担刑事责任，并根据每个被告人的罪过程度和各自过失行为对危害结果所起原因力的大小，决定其应当承担的刑事责任。

我们认为，上述观点提出的确定各被告人刑事责任大小的方法总体比较合理，但认为各被告人构成过失共同犯罪的意见则难以成立。首先，《刑法》第二十五条的规定内容已经非常明确，共同犯罪仅指二人以上共同故意犯罪；二人以上共同过失犯罪的，不以共同犯罪论处，刑法实际上已经否定了共同过失犯罪的存在。其次，认定共同犯罪的目的，在于对各共同犯罪人合理区分地位作用，正确划分各自罪责，刑法对共同故意犯罪人明确规定了处罚原则，而对所谓共同过失犯罪则没有任何处罚原则方面的规定。这种情况下，认定共同引发某一生产安全事故结果的多个被告人成立共同过失犯罪，对案件处理并无过多实际意义。

我们认为，在多因一果的生产安全责任事故犯罪案件中，应当依据各被告人在生产经营活动中所承担的工作职责、过失行为在引发事故后果方面所起的作用大小，以及各被告人过失行为反映出的主观罪过程度，综合全案情况，依法确定其刑事责任。一般情况下，对于生产经营活动负有组织、指挥或者管理职责的生产经营单位的负责人、管理人员、实际控制人、投资人，违反有关安全管理的规定，对生产安全事故的发生起到决定性、关键性作用的，应当承担主要责任，判处较重的刑罚；在生产经营单位中对生产安全事故的发生仅起辅助性、次要性作用的管理人员和一线生产、作业者，则应当承担次要责任，判处较轻的刑罚。

本案中，被告人吴基滔作为中荣公司董事长和法定代表人，负责公司全面事务，亲自决定将事故车间内的除尘系统委托给无资质单位进行设计、制造和施工安装，且经事后调查，引发事故后果的直接原因正是除尘系统的设计缺陷所致，因此，吴基滔的过失行为在引发事故后果方面所起作用最大，所应承担的刑事责任最重。被告人林伯昌作为中荣公司总经理，全面负责公司日常生产经营管理活动，根据个人经验设计了事故车间的生产工艺和总体布局，经调查，事故车间生产工艺及布局未按规定进行规范设计，生产线布置过密，作业工位排列拥挤，也是引发事故的主要原因之一，因此，林伯昌也应承担较重的刑事责任。被告人吴升宪作为中荣公司经理兼安全生产主管，安全生产教育培训责任不落实，造成公司员工对铝粉尘爆炸危险缺乏充分认知，是引发严重事故后果的次要性、辅助性原因，罪责最轻，再考虑吴升宪归案后如实供述罪行、认罪悔罪等酌定从轻处罚情节，一审对其判处较轻的法定刑，量刑适当。

（撰稿：最高人民法院刑四庭　李加玺）

16. 非法储存硝酸铵导致发生安全事故的行为如何定罪以及非法储存危险物质罪如何量刑

——于学伟、董社轩、只峰等非法储存危险物质、非法经营、危险物品肇事、单位行贿案

一、基本案情

被告人于学伟，男，1974 年 5 月 15 日出生，天津东疆保税港区瑞海国际物流有限公司实际控制人。2015 年 9 月 21 日因涉嫌犯非法储存危险物质罪、非法经营罪、危险物品肇事罪被逮捕。

被告人董社轩，男，1982 年 4 月 18 日出生，瑞海国际物流有限公司实际控制人。2015 年 9 月 21 日因涉嫌犯非法储存危险物质罪、非法经营罪、危险物品肇事罪被逮捕。

被告人只峰，男，1972 年 8 月 4 日出生，瑞海国际物流有限公司总经理、法定代表人。2015 年 9 月 21 日因涉嫌犯非法储存危险物质罪、非法经营罪、危险物品肇事罪被逮捕。

被告人尚庆森，男，1983 年 6 月 28 日出生，瑞海国际物流有限公司副总经理。2015 年 9 月 21 日因涉嫌犯非法储存危险物质罪、非法经营罪、危险物品肇事罪被逮捕。

被告人曹海军，男，1971 年 9 月 12 日出生，瑞海国际物流有限公司副总经理。2015 年 9 月 21 日因涉嫌犯非法储存危险物质罪、非法经营罪、危险物品肇事罪被逮捕。

被告人郭向滨，男，1962 年 12 月 5 日出生，瑞海国际物流有限公司安保部部长。2015 年 9 月 21 日因涉嫌犯非法储存危险物质罪、非法经营罪、危险物品肇事罪被逮捕。

被告人刘振国，男，1983 年 10 月 22 日出生，瑞海国际物流有限公司副总经理。2015 年 9 月 21 日因涉嫌犯非法储存危险物质罪、非法经营罪被逮捕。

被告人宋齐，男，1969 年 2 月 23 日出生，瑞海国际物流有限公司财务总监。2015 年 9 月 21 日因涉嫌犯非法储存危险物质罪、非法经营罪被逮捕。

被告人李雅翔，男，1972 年 8 月 15 日出生，瑞海国际物流有限公司出口装箱部副经理。2015 年 9 月 21 日因涉嫌犯非法储存危险物质罪被逮捕。

被告人田旺，男，1983 年 11 月 13 日出生，瑞海国际物流有限公司副总经理。2015 年 9 月 21 日因涉嫌犯非法储存危险物质罪、非法经营罪被逮捕。

被告人杨默，男，1982 年 8 月 21 日出生，瑞海国际物流有限公司原办公室主任。2015 年 9 月 21 日因涉嫌犯非法储存危险物质罪、非法经营罪被逮捕。

被告人李亮，男，1981 年 4 月 19 日出生，瑞海国际物流有限公司原法定代表人。2015 年 9 月 21 日因涉嫌犯非法储存危险物质罪、非法经营罪被逮捕。

被告人周志刚，男，1986 年 6 月 25 日出生，瑞海国际物流有限公司操作部业务员。2015 年 9 月 21 日因涉嫌犯危险物品肇事罪被逮捕。

天津市人民检察院第二分院以被告人于学伟犯非法储存危险物质罪、非法经营罪、危险物品肇事罪、单位行贿罪，被告人董社轩、只峰、尚庆森、曹海军、郭向滨犯非法储存危险物质罪、非法经营罪、危险物品肇事罪，被告人刘振国、宋齐、李雅翔、田旺、杨默、李亮犯非法储存危险物质罪、非法经营罪，被告人周志刚犯危险物品肇事罪，向天津市第二中级人民法院提起公诉。

被告人于学伟、董社轩、只峰、尚庆森、曹海军、郭向滨、刘振国、宋齐、李雅翔、田旺、杨默、李亮、周志刚对公诉机关指控的犯罪事实及罪名均无异议，请求人民法院从轻处罚。

被告人于学伟的辩护人提出，于学伟所犯非法储存危险物质罪和单位行贿罪不属于情节严重，案发前表现良好，系初犯、偶犯，归案后如实供述自己及他人的全部罪行，认罪态度好，请求从轻或者减轻处罚。

被告人董社轩的辩护人提出，董社轩未参与瑞海国际物流有限公司（以下简称瑞海公司）经营管理，未实施弄虚作假行为，请求从轻处罚。

被告人只峰的辩护人提出，只峰对瑞海公司的日常经营管理活动无决策权和决定权，在单位犯罪中地位、作用较小，系初犯，案发后积极配合调查，认罪、悔罪，请求从轻处罚。

被告人尚庆森的辩护人提出，尚庆森处于次要地位，归案后如实供述罪行，请求从轻、减轻或者免除处罚。

被告人曹海军的辩护人提出，曹海军系从犯，应当从轻、减轻处罚。

被告人郭向滨的辩护人提出，郭向滨并非单位犯罪中直接负责的主管人员，在共同犯罪中所起作用较小，归案后如实供述主要犯罪事实，请求从轻处罚。

被告人刘振国的辩护人提出，刘振国在此次事故中所起作用较小，在非法经营共同犯罪中仅起次要和辅助作用，属于从犯，且认罪态度好，请求从轻处罚。

被告人宋齐的辩护人提出，宋齐作为瑞海公司财务总监，参与公司非法储存危险物质、非法经营犯罪行为的情节轻微，地位、作用较小，且自愿认罪，主观恶性和人身危险性较小，请求从轻处罚。

被告人李雅翔的辩护人提出，李雅翔不属于瑞海公司中的直接责任人员，属于从犯，应当比照直接负责的主管人员从轻处罚，案发后积极配合调查，当庭自愿认罪，请求从轻处罚。

被告人田旺的辩护人提出，田旺在瑞海公司经营过程中所起作用较小，归案后认罪、悔罪，请求从轻、减轻处罚。

被告人杨默的辩护人提出，杨默系瑞海公司一般员工，并非公司高级管理人员和直接经营人员，在共同犯罪中处于从属地位，且系初犯，归案后如实供述主要犯罪事实，请求依法从轻处罚。

被告人李亮的辩护人提出，李亮在单位犯罪中的情节较轻，属于从犯，请求从轻处罚。

被告人周志刚的辩护人提出，周志刚有坦白情节，依法可以减轻处罚。

天津市第二中级人民法院经审理查明：瑞海公司于 2012 年 11 月 28 日注册成立，地址位于天津东疆保税港区亚洲路 6975 号金融贸易中心南区 1 栋 1

门5012室-45，法定代表人为被告人李亮。被告人于学伟通过李亮隐名持股55%。被告人董社轩通过他人隐名持股45%。被告人只峰担任公司总经理。被告人尚庆森担任副总经理，主管安保部和运抵部。被告人曹海军担任副总经理，主管操作部。被告人郭向滨担任安保部部长。被告人刘振国担任副总经理，主管装箱部和危申部。被告人宋齐担任财务总监。被告人李雅翔担任装箱部副经理。被告人田旺担任副总经理，主管安保部，后于2014年年初离职。被告人杨默担任办公室主任，后于2014年年初离职。被告人周志刚担任操作部业务员。2013年1月，瑞海公司租赁位于天津市滨海新区天津港国际物流中心吉运二道95号的集装箱堆场作为危险品仓库。同年1月24日，瑞海公司办理工商营业执照变更登记，将经营范围由“仓储业务经营（危化品除外、港区内除外）”变更为“在港区内从事仓储业务经营（危化品除外）”。2015年1月29日，瑞海公司法定代表人由李亮变更为只峰。

2013年1月18日至2014年5月4日，被告人于学伟等人采用贿赂手段从天津市交通运输和港口管理局（2014年7月并入天津市交通运输委员会）非法取得多份临时港口危险化学品经营批复，此后又通过伪造环境影响评价公众参与调查表、提供虚假公示证明材料、瞒报危险化学品实际仓储面积等弄虚作假方式，通过了环境影响评价验收，并采取编造防爆叉车购买合同、临时码放集装箱充当防火墙、验收当天暂停作业等违法手段，通过了消防验收审核及安全验收评价，最终于2015年6月23日违法取得《港口经营许可证》和《港口危险货物作业附证》。2013年5月至2015年8月间，瑞海公司违反相关法律法规，在位于天津港国际物流中心吉运二道95号的危险品仓库内非法储存氰化钠、甲基磺酰氯等剧毒化学品共计49332.97吨，并非法经营和储存烧碱、电石、硝酸铵等其他危险化学品，经营数额达47805252.64元。

瑞海公司日常经营过程中，被告人于学伟等公司管理人员安全生产主体责任不落实，存在违规大量存放硝酸铵、严重超负荷经营、超量储存、违规混存、超高堆码危险货物以及违规开展拆箱、搬运、装卸等严重违反安全管理规定的问题。2015年8月12日22时许，瑞海公司危险品仓库运抵区南侧集装箱内的硝化棉由于湿润剂散失出现局部干燥，在高温天气等因素的作用下加速分解放热并积热自燃，引起相邻集装箱内的硝化棉和其他危险化学品长时间大面积燃烧，导致堆放于运抵区的硝酸铵等危险化学品发生爆炸，最终酿成特大火灾爆炸事故。被告人周志刚作为瑞海公司案发当晚的值班负责人，未履行相应职责，对爆炸事故负有直接责任。经国务院事故调查组调查认定，天津港“8·12”瑞海公司危险品仓库火灾爆炸事故是一起特别重大生产安全责任事故，共计造成165人死亡、8人失踪、798人受伤住院治疗，另有304幢建筑物、12428辆商品汽车、7533个集装箱受损，截至2015年12月10日，已核定直接经济损失68.66亿元。

2015年8月13日至同年9月9日，于学伟等13名被告人先后被抓获归案。于学伟归案后主动供述称，其为了瑞海公司违法取得港口危险货物经营资质，多次向时任天津市交通运输和港口管理局副局长的李志刚以及该局港口管理处处长冯刚（均另案处理）进行请托，送给李志刚现金1万元以及价值8.83万余元的高尔夫球杆、高尔夫测距仪、电视机、茅台酒、商场提货卡等财物，送给冯刚价值5.92万余元的高尔夫测距仪、茅台酒、购物卡等财物。以上财物共计价值15.75万元。2016年3月21日，瑞海公司被天津市滨海新区市场和质量监督管理局依法吊销营业执照。同年7月1日，瑞海公司违法取得的《港口经营许可证》和《港口危险货物作业附证》被依法吊销。

天津市第二中级人民法院认为，依照《中华人民共和国港口法》和《港口危险货物安全管理规定》等法律法规的规定，在港区内从事危险化学品经营活动的企业必须取得《港口经营许可证》和《港口危险货物作业附证》，需要试运行的，也需办理临时《港口经营许可证》，不得以批复代替。瑞海公司实际控制人被告人于学伟等人为达到让瑞海公司快速运营、尽快赢利的目的，通过赠送财物和出资邀请打高尔夫球等不正当手段，拉拢、腐蚀国家机关工作人员，违法获得多个经营危险货物的行政批复，无论是取得批复的手段、还是批复本身均不合法。于学伟等人还通过伪造材料、弄虚作假等手段违法通过环境影响评价、消防验收审核及安全验收评价，最终使得瑞海公司违法获得《港口经营许可证》和《港口危险货物作业附证》，实际上并不具备港口危险货物经营资质，辩护人关于瑞海公司在取得批复和“两证”期间应认定为合法储存危险物质和合法经营的辩护意见不予采纳。瑞海公司不具备港口和危险货物经营资质，采取欺骗、贿赂等手段违法取得行政许可批复和《港口经营许可证》及《港口危险货物作业附证》，置周边人民群众生命、财产安全于不顾，长期非法储存氰化钠等毒害性物质，数量巨大，情节严重；违法违规经营其他危险化学品，数额巨大，情节严重；违反危险物品管理规定，在危险物品储存过程中发生特大火灾爆炸事故，后果特别严重。涉案被告人中，被告人于学伟、董社轩、只峰属于主管公司全面业务的实际负责人和主要负责人，被告人尚庆森、曹海军、刘振国、宋齐属于公司领导层成员，被告人郭向滨、田旺、杨默、李雅翔、李亮明知瑞海公司不具备危险货物经营资质，仍然领导或者参与毒害性物质及其他危险化学品的储存、经营业务，对上述12名被告人均应以非法储存危险物质罪、非法经营罪定罪处罚。同时，于学伟、董社轩、只峰、尚庆森、曹海军、郭向滨明知瑞海公司日常经营过程中存在违规存放硝酸铵、严重超负荷经营、超量存储、违规混存、超高堆码危险货物等问题，为牟取暴利，置生产安全于不顾，大肆违规操作；被告人周志刚作为瑞海公司值班负责人，应对值班期间安全生产工作负责，其在事故发生当晚发现违规问题后未依法履职处置，上述7名被告人未履行安全生产主体责任，致使大量安全隐患长期存在，最终造成瑞海公司危险品仓库发生特大火灾爆炸事故，后果特别严重，均应以危险物品肇事罪定罪处罚。另外，于学伟为使瑞海公司违规获取危险货物经营资质，向国家机关工作人员行贿，应以单位行贿罪定罪处罚。公诉机关指控罪名成立，应予支持。在非法储存危险物质和非法经营共同犯罪中，于学伟、董社轩、只峰系主犯，依法应当按照其所参与的全部犯罪处罚；曹海军、尚庆森、刘振国、宋齐、郭向滨、李雅翔、田旺、杨默、李亮系从犯，根据各自地位作用、犯罪情节及参与程度，对曹海军、尚庆森从轻处罚，对刘振国、宋齐、郭向滨、李雅翔、田旺、杨默、李亮减轻处罚。在危险物品肇事罪中，依照各被告人所犯罪行分别予以处罚。其中，于学伟对所犯单位行贿罪构成自首，所犯非法储存危险物质罪性质恶劣，主观恶性深，社会危害性大，属于罪行极其严重的犯罪分子，依法应当判处死刑，鉴于其归案后如实供述罪行，认罪、悔罪，对其判处死刑，可不立即执行。据此，依照《中华人民共和国刑法》第一百二十五条、第一百三十六条、第二百二十五条第一项、第三百九十三条、第三百八十九条第一款、第三百九十条、第二十五条、第二十六条第一、四款、第二十七条、第三十一条、第五十二条、第五十三条、第五十五条第一款、第五十七条第一款、第六十七条第二、三款、第六十九条第一款、《最高人民法院关于处理自首和立功具体应用法律若干问题的解释》第二条、《中华人民共和国刑事诉讼法》第七十四条、第一百九十五条第一项和《最高人民法院关于适用〈中华人民共和国刑事诉讼法〉的解释》第二百四十一条第一款第一项之规定，判决如下：

1. 被告人于学伟犯非法储存危险物质罪，判处死刑，缓期二年执行，剥夺政治权利终身；犯非法经营罪，判处有期徒刑十二年，并处罚金人民币五十万元；犯危险物品肇事罪，判处有期徒刑七年；犯单位行贿罪，判处有期徒刑四年，并处罚金人民币二十万元，决定执行死刑，缓期二年执行，剥夺政治权利终身，并处罚金人民币七十万元。

2. 被告人董社轩犯非法储存危险物质罪，判处无期徒刑，剥夺政治权利终身；犯非法经营罪，判处有期徒刑十一年，并处罚金人民币五十万元；犯危险物品肇事罪，判处有期徒刑七年，决定执行无期徒刑，剥夺政治权利终身，并处罚金人民币五十万元。

3. 被告人只峰犯非法储存危险物质罪，判处无期徒刑，剥夺政治权利终身；犯非法经营罪，判处有期徒刑十一年，并处罚金人民币五十万元；犯危险物品肇事罪，判处有期徒刑七年，决定执行无期徒刑，剥夺政治权利终身，并处罚金人民币五十万元。

4. 被告人尚庆森犯非法储存危险物质罪，判处有期徒刑十年，剥夺政治权利三年；犯非法经营罪，判处有期徒刑六年，并处罚金人民币八万元；犯危险物品肇事罪，判处有期徒刑五年，决定执行有期徒刑十八年，剥夺政治权利三年，并处罚金人民币八万元。

5. 被告人曹海军犯非法储存危险物质罪，判处有期徒刑十年，剥夺政治权利三年；犯非法经营罪，判处有期徒刑六年，并处罚金人民币八万元；犯危险物品肇事罪，判处有期徒刑五年，决定执行有期徒刑十八年，剥夺政治权利三年，并处罚金人民币八万元。

6. 被告人郭向滨犯非法储存危险物质罪，判处有期徒刑八年；犯非法经营罪，判处有期徒刑五年，并处罚金人民币七万元；犯危险物品肇事罪，判处有期徒刑五年，决定执行有期徒刑十五年，并处罚金人民币七万元。

7. 被告人刘振国犯非法储存危险物质罪，判处有期徒刑八年；犯非法经营罪，判处有期徒刑五年，并处罚金人民币七万元，决定执行有期徒刑十年，并处罚金人民币七万元。

8. 被告人宋齐犯非法储存危险物质罪，判处有期徒刑六年；犯非法经营罪，判处有期徒刑四年，并处罚金人民币六万元，决定执行有期徒刑八年，并处罚金人民币六万元。

9. 被告人李雅翔犯非法储存危险物质罪，判处有期徒刑四年；犯非法经营罪，判处有期徒刑二年，并处罚金人民币三万元，决定执行有期徒刑五年，并处罚金人民币三万元。

10. 被告人田旺犯非法储存危险物质罪，判处有期徒刑三年；犯非法经营罪，判处有期徒刑二年，并处罚金人民币三万元，决定执行有期徒刑四年，并处罚金人民币三万元。

11. 被告人杨默犯非法储存危险物质罪，判处有期徒刑三年；犯非法经营罪，判处有期徒刑二年，并处罚金人民币三万元，决定执行有期徒刑四年，并处罚金人民币三万元。

12. 被告人李亮犯非法储存危险物质罪，判处有期徒刑三年；犯非法经营罪，判处有期徒刑一年，并处罚金人民币一万五千元，决定执行有期徒刑三年六个月，并处罚金人民币一万五千元。

13. 被告人周志刚犯危险物品肇事罪，判处有期徒刑三年。

宣判后，被告人于学伟、董社轩、只峰、尚庆森、曹海军、郭向滨、刘振国、宋齐、李雅翔、田旺、杨默、李亮、周志刚均服判不上诉，检察机关未抗诉。天津市第二中级人民法院依法将对于学伟的死缓判决部分报送天津市高级人民法院复核。

天津市高级人民法院经复核查明的事实与原审相同。

天津市高级人民法院经复核认为，原审判决认定的事实清楚，证据确实、充分，被告人于学伟的行为构成非法储存危险物质罪、非法经营罪、危险物品肇事罪和单位行贿罪，应依法数罪并罚。辩护人提出的于学伟归案后如实供述罪行、认罪态度好、所犯单位行贿罪构成自首的辩护意见，原审在量刑时均已充分考虑，量刑适当，审判程序合法。据此，依照《中华人民共和国刑事诉讼法》第二百三十七条和《最高人民法院关于适用〈中华人民共和国刑事诉讼法〉的解释》第二百四十五条、第二百四十九条第一款第一项之规定，裁定核准对被告人于学伟犯以非法储存危险物质罪判处死刑，缓期二年执行，剥夺政治权利终身；以非法经营罪判处有期徒刑十二年，并处罚金人民币五十万元；以危险物品肇事罪判处有期徒刑七年；以单位行贿罪判处有期徒刑四年，并处罚金人民币二十万元，决定执行死刑，缓期二年执行，剥夺政治权利终身，并处罚金人民币七十万元的刑事判决。

二、主要问题

1. 非法储存硝酸铵导致发生安全事故的行为应当如何定罪？
2. 非法储存危险物质罪应当如何量刑？

三、裁判理由

天津港“8·12”特大火灾爆炸事故是一起具有重大社会影响的生产安全

责任事故，党中央、国务院高度重视，社会反映十分强烈，社会舆论一致要求查明事故原因，依法严惩相关责任人员。2016 年 11 月 7 日至 9 日，天津法院对这一系列案件进行了一审集中审理和宣判，事故涉及的 1 个被告单位和 49 名被告人均服判不上诉，案件处理结果得到了社会的广泛认同，取得了良好效果。本案即为其中之一。

本案审理过程中，对涉案 13 名被告人的定罪量刑，司法机关内部存在一定分歧。其中，定罪方面的分歧在于，被告人于学伟等人在港区内非法储存硝酸铵，导致发生特大火灾爆炸事故的行为应当如何定性；量刑方面的分歧主要是对于学伟等人所犯非法储存危险物质罪应当如何量刑。简要分析如下：

（一）被告人在港区内非法储存硝酸铵，导致发生特大火灾爆炸事故的行为依法构成危险物品肇事罪

案件审理过程中，对于被告人于学伟等人在港区内非法大量储存硝酸铵，导致发生特大火灾爆炸事故，造成重大人员伤亡和巨额经济损失的行为应当如何定性，主要存在两种意见：

第一种意见认为，硝酸铵属于法律、行政法规规定的民用爆炸物品，被告人非法储存民用爆炸物品，依法构成非法储存爆炸物罪。

第二种意见认为，综合法律、行政法规的相关规定，对硝酸铵不宜一概认定为爆炸物，本案中的硝酸铵可燃物质含量较低，不属于爆炸物，应归入刑法规定的危险物品的范畴，被告人在危险物品储存过程中违反管理规定，导致发生重大事故，行为构成危险物品肇事罪。

我们同意第二种意见，被告人于学伟等人非法储存硝酸铵的行为构成危险物品肇事罪。理由如下：

第一，不能将硝酸铵不加区别的一律认定为刑法中的爆炸物。

非法储存爆炸物罪和危险物品肇事罪的主要区分标准之一，在于两罪的犯罪对象不同。根据刑法规定，非法储存爆炸物罪的犯罪对象为爆炸物，而危险物品肇事罪的犯罪对象为危险物品，其中包括爆炸性、易燃性、放射性、毒害性、腐蚀性物品等五类。刑法中的爆炸物属于特定概念，有特定的内涵和外延，且从解释论的角度来讲，刑法将爆炸物与枪支、弹药作并列规定，并配备完全相同的法定刑，说明立法机关认为非法制造、买卖、运输、邮寄、储存爆炸物行为与对枪支、弹药实施上述行为的社会危害性相同，因此，实践中，对刑法中爆炸物的范围应当进行严格限定，结合相关法律、行政法规的规定进行认定，不能随意扩大范围。另一方面，刑法对危险物品肇事罪犯

罪对象的表述为“爆炸性、易燃性、放射性、毒害性、腐蚀性物品”，强调的是物品的化学属性，因此，凡是具有爆炸可能性、且属于安全管理规定规制范围的物品，均可以认定为危险物品肇事罪犯罪对象中的爆炸性物品。从这个意义上讲，爆炸性物品的范围较广，属于爆炸物的上位概念。行为人非法储存的物品属于爆炸物的，应当认定为非法储存爆炸物罪，非法储存属于爆炸物之外的其他爆炸性物品并导致发生重大事故的，应当认定为危险物品肇事罪。

认为被告人的行为构成非法储存爆炸物罪的意见认为，2002 年《国务院办公厅关于进一步加强民用爆炸物品安全管理的通知》明确提出，自该通知发布之日起，硝酸铵列入《民用爆炸物品品名表》，硝酸铵的销售、购买和使用纳入民用爆炸物品管理。另外，国防科工委、公安部 2006 年联合制订的《民用爆炸物品品名表》也将硝酸铵列入其中。上述规定充分说明，硝酸铵属于法律、行政法规规定的民用爆炸物品。

我们认为，上述意见值得商榷。首先，硝酸铵在实践中的应用情况比较复杂，是否应当归入民用爆炸物品的范畴，需要具体分析。一方面，硝酸铵是制造民用爆炸物品的主要原料之一，极易被私自炒成炸药，严重危害公共安全，需要严格管理。另一方面，硝酸铵又是一种农用化肥，曾在一段时期内在农村地区被广泛使用，如果不加区别的一律认定为爆炸物，将不当扩大刑罚的打击面。其次，根据《国务院办公厅关于进一步加强民用爆炸物品安全管理的通知》的规定，硝酸铵的销售、购买和使用纳入民用爆炸物品管理，说明该通知规制的重点是硝酸铵的买卖和使用环节，并不涉及储存环节，不能简单得出处于储存环节的硝酸铵一律属于爆炸物的结论。再次，2006 年 9 月 1 日起施行的《民用爆炸物品安全管理条例》第二条第一款规定：“民用爆炸物品的生产、销售、购买、进出口、运输、爆破作业和储存以及硝酸铵的销售、购买，适用本条例。”《民用爆炸物品品名表》将硝酸铵列为可用于制造民用爆炸物品的原材料，但所做备注为“限于购买、销售审批管理”。可见，从规范意义上看，《民用爆炸物品安全管理条例》将硝酸铵和民用爆炸物品作并列规定，说明硝酸铵不属于狭义的民用爆炸物品的范畴；从实质意义上讲，鉴于硝酸铵的销售、购买与民用爆炸物品适用相同的管理规定，可以将处于非法销售、购买状态的硝酸铵认定为民用爆炸物品，但合法购买后处于储存状态的硝酸铵不属于民用爆炸物品。最后，2012 年 12 月 1 日实施的《危险货物品名表》（GB12268－2012）对硝酸铵作了进一步区分，将含可燃物质高于0.2%的硝酸铵归入爆炸品（类别代号1.1D），将含可燃物质总量不超过0.2%的硝酸铵归入氧化性物质的范畴（类别代号5.1）。

我们认为，综合上述行政法规的规定，判断硝酸铵是否属于爆炸物，应当着重考察其化学性能和来源两个方面。具体来讲：首先，考察硝酸铵的可燃物质含量是否超过0.2%。超过该标准的，说明其具有较强的爆炸性，一定条件下可以认定为爆炸物；未超过该标准的，说明爆炸性较小，不能认定为爆炸物。其次，考察硝酸铵的销售、购买活动是否合法。对于处于非法销售状态且可燃物质含量超过0.2%的硝酸铵，应当认定为爆炸物，根据刑法理论，明知他人非法销售可燃物质含量超过0.2%的硝酸铵而予以存储的，也应认定为非法储存爆炸物；合法销售、购买的硝酸铵，以及通过合法渠道购买后进行存储的硝酸铵，即使可燃物质含量超过0.2%，也不属于爆炸物，只能认定为刑法规定的爆炸性物品。

本案中，首先，根据国务院事故调查报告和在案其他证据，瑞海公司非法储存硝酸铵数百吨，根据《危险货物品名表》确定的危险性分类编号为5.1，即属于氧化性物质，说明其可燃物质含量未超过0.2%，爆炸性较小。其次，瑞海公司在港区内从事危险化学品仓储业务，不从事出售、购买活动，且根据查明的事实和证据，瑞海公司系受合法的危险化学品生产经营企业委托储存涉案硝酸铵。根据上述判断标准，本案中的硝酸铵不属于爆炸物，被告人于学伟等人在天津港区内非法储存涉案硝酸铵的行为，不构成非法储存爆炸物罪。

第二，被告人对事故后果持过失心态。

非法储存爆炸物罪属于故意犯罪，行为人对危害后果应至少持放任的间接故意心态，而危险物品肇事罪属于过失犯罪，行为人对在危险物品生产、储存、运输、使用过程中违反管理规定属于明知故犯，而对因此导致发生重大事故、造成严重后果则只能持过失心态。本案中，被告人于学伟等人在未取得合法资质的情况下，在港区内非法储存危险化学品，具有发生安全事故的危险性。但是，各被告人作为生产经营单位的管理人员和工作人员，从事危险化学品储存业务的目的是谋取经济利益，即使在生产经营过程中存在违法违规行为，并为取得危险化学品经营资质采取了行贿等不正当手段，但主观目的仍然是为了追逐高额利益。一旦发生安全事故，各被告人作为事故责任人员，依法需要承担巨额经济赔偿责任。因此，发生重大事故这一结果是完全超出各被告人主观意愿之外的，其对发生重大事故、造成严重后果持过失心态。原审法院和复核法院认定被告人于学伟等人在港区内非法储存硝酸铵，导致发生重大事故、造成严重后果的行为构成危险物品肇事罪，同时考虑到此次事故后果极其严重，对主要责任人于学伟、董社轩和只峰均顶格判处有期徒刑七年，另对其他4名被告人分别判处五年或者三年有期徒刑，定罪量刑适当。

（二）对被告人于学伟等人所犯非法储存危险物质罪不宜判处死刑立即执行

根据人民法院查明的事实，瑞海公司在港区内非法储存氰化钠数百吨、糠醇数十吨，根据《危险货物品名表》确定的分类，氰化钠和糠醇的危险性分类均为6.1，即均属于毒性物质，属于刑法规定的毒害性物质的范畴。被告人于学伟等人在不具备合法资质的情况下，非法储存氰化钠、糠醇等毒害性物质，行为构成非法储存危险物质罪，对此不存在争议。但是，对于被告人于学伟等人所犯非法储存危险物质罪应当如何量刑，审理过程中分歧较大。

有意见认为，根据国务院事故调查报告，导致此次事故发生的因果关系链条为：瑞海公司非法储存的易燃物硝化棉因为湿润剂散失导致积热自燃→糠醇、精萘、硫化钠、甲酸等多种危险化学品相继被引燃并介入燃烧→大量硝酸铵发生爆炸→造成特大人身伤亡结果和巨额经济损失。可以看出，糠醇不仅具有毒害性，而且具有可燃性，并实际介入了燃烧过程，成为引发硝酸铵爆炸、导致特大人身伤亡后果的原因。因此，此次事故造成的人身伤亡后果属于被告人所犯非法储存危险物质罪的危害后果，被告人非法存储危险物质，造成极其严重后果，应依法予以严惩，对其中的首要责任人，可以考虑判处死刑立即执行。

我们认为，上述意见值得商榷，不能将此次事故造成的人身伤亡后果认定为非法储存危险物质罪的危害结果。主要理由如下：

第一，根据国务院事故调查报告，瑞海公司危化品仓库中非法储存的硝化棉在高温下积热自燃，引燃糠醇等易燃物质，糠醇等易燃物质起火燃烧后又引爆硝酸铵，最终酿成此次事故。可以看出，糠醇等易燃物质燃烧与硝酸铵爆炸共同引发了此次事故。换句话说，被告人非法储存危险物质的行为与在危险物品储存过程中违反管理规定的行为共同导致了同一个危害结果，在已经将事故造成的人身伤亡后果作为被告人违反管理规定储存危险物品行为造成的危害结果，并据此认定其构成危险物品肇事罪的情况下，如果再将事故后果评价为被告人非法储存危险物质的危害后果，等于是将同一危害后果分别作为危险物品肇事罪和非法储存危险物质罪两个犯罪的构成要件进行了两次评价，明显违反了禁止双重评价原则。

第二，从引发事故的因果关系链条看，即使不存在糠醇的介入燃烧行为，在其他可燃物质的介入作用下，仍然存在引起硝酸铵爆炸，导致特大事故后果的可能性。因此，被告人非法储存糠醇等危险物质的行为并非导致事故后果发生的必要条件，行为与后果之间不存在刑法上的因果关系，不能将事故后果认定为被告人于学伟等人所犯非法储存危险物质罪的危害结果。在将此次事故造成的人身伤亡后果排除在非法储存危险物质罪造成的危害结果的前提下，不能要求被告人于学伟等人对人身伤亡结果承担故意犯罪的刑事责任，不宜判处死刑立即执行。原审法院和复核法院认定被告人于学伟等人长期非法储存氰化钠、糠醇等毒害性物质，数量巨大，且在爆炸事故发生后，毒害性物质发生泄露扩散，造成了环境污染的严重后果，情节严重，对首要责任人于学伟判处死缓，对主要责任人董社轩、只峰判处无期徒刑，另对其他9名责任人分别判处十年至三年不等的有期徒刑，充分体现了依法从严惩处和罪责刑相适应原则，量刑适当。

（撰稿：最高人民法院刑四庭　李加玺）

17. 爆破作业人员擅自销毁剩余爆炸物造成严重后果的行为如何定性

——张亚林、周良建、彭小明危险物品肇事案

一、基本案情

被告人张亚林，男，1964年12月5日出生，万州鸿坤伟业爆破工程有限公司安全员。2013年10月21日因涉嫌犯重大责任事故罪被逮捕。

被告人周良建，男，1972年2月18日出生，万州鸿坤伟业爆破工程有限公司爆破员。2013年10月21日因涉嫌犯重大责任事故罪被逮捕。

被告人彭小明，男，1978年6月28日出生，万州鸿坤伟业爆破工程有限公司爆破员。2013年10月21日因涉嫌犯重大责任事故罪被逮捕。

重庆市丰都县人民检察院以被告人张亚林、周良建、彭小明犯重大责任

事故罪，向丰都县人民法院提起公诉。

被告人张亚林对起诉书指控的犯罪事实和罪名未提出异议。

被告人周良建辩解称，自己未最先提议对剩余炸药进行销毁。其辩护人提出，周良建不是最先提议销毁剩余炸药的责任人，且无犯罪前科，归案后如实供述自己的罪行，现已得到受害人亲属谅解，请求从轻处罚。

被告人彭小明对起诉书指控的犯罪事实和罪名未提出异议。其辩护人提出，彭小明的行为依法应认定为危险物品肇事罪，系初犯，无犯罪前科，请求从轻处罚。

重庆市丰都县人民法院经审理查明：2013年6月13日，重庆市万州鸿坤伟业爆炸工程有限公司与河南省第一建筑工程集团有限责任公司，就重庆市丰都县丁庄物流园火车站南侧场平、纵二路、火车站站前广场的爆破工程签订土石方爆破工程协议，约定由万州鸿坤伟业爆炸工程有限公司制作爆破施工方案、提供满足施工要求的爆破人员、负责爆破飞石安全责任和超出爆破方案作业规定范围地震波引起的安全责任，严格按照爆破施工方案作业。协议达成后，万州鸿坤伟业爆炸工程有限公司派遣徐成伟担任该工程爆破现场负责人兼爆破员，被告人张亚林担任安全员，被告人周良建、彭小明和冯地云担任爆破员，后徐成伟又联系程启荣担任杂工。同年9月24日，该爆破工程纵二路爆破工地接收到二号乳化炸药80件、雷管530发，每件炸药重24千克。当日19时许，该工地剩余4件多炸药和23发雷管未使用。周良建与冯地云均提议将剩余炸药销毁，冯地云还自称会烧毁炸药，在场彭小明、张亚林及现场负责人徐成伟、施工方负责人吴建均同意烧毁剩余炸药。后冯地云主动提出由其负责烧毁炸药，并与程启荣将剩余炸药搬到工地一侧用火焚烧。其间，张亚林将散落在工地上的多枚雷管捡拾起来交给周良建，周良建与彭小明正准备到另外一个地方销毁雷管时，冯地云与程启荣焚烧的炸药发生爆炸,造成冯地云、程启荣当场死亡、徐成伟右眼受伤的重大生产安全责任事故。

事故发生后，河南省第一建筑工程集团有限责任公司分别与事故遇难人员冯地云、程启荣的亲属达成赔偿协议，并进行了经济赔偿。被告人张亚林、周良建、彭小明被公安机关传唤到案后，均如实供述了相关犯罪事实。

丰都县人民法院认为，被告人张亚林、周良建、彭小明违反爆炸性物品管理规定，在爆炸性物品使用过程中发生重大生产安全事故，致使两人死亡，三人行为均已构成危险物品肇事罪。公诉机关指控的犯罪事实成立，但指控三被告人犯重大责任事故罪的罪名不当，不予支持。张亚林、周良建、彭小明到案后均如实供述自己的犯罪事实，依法可以从轻处罚。据此，依照《中华人民共和国刑法》第一百三十六条、第六十七条第三款之规定，判决如下：

1. 被告人张亚林犯危险物品肇事罪，判处有期徒刑一年二个月。
2. 被告人周良建犯危险物品肇事罪，判处有期徒刑一年二个月。
3. 被告人彭小明犯危险物品肇事罪，判处有期徒刑十个月。

宣判后，三被告人均未上诉，检察机关亦未抗诉。判决已经发生法律效力。

二、主要问题

从事爆破作业的工作人员擅自销毁爆破作业剩余的爆炸物，并造成重大伤亡事故的，应当如何定性？

三、裁判理由

本案处理过程中，公安机关最初以重大责任事故罪对三被告人采取刑事强制措施，公诉机关也以三被告人构成重大责任事故罪为由提起公诉，一审法院最终以危险物品肇事罪作出判决，反映出司法机关内部对类似行为的定性问题存在争议。我们认为，一审判决结果是正确的，对于从事爆破作业的工作人员擅自销毁爆破作业剩余的爆炸物并造成重大伤亡事故的行为，应当依法认定为危险物品肇事罪。主要理由如下：

（一）重大责任事故罪和危险物品肇事罪的区别

根据刑法规定，重大责任事故罪，是指在生产、作业中违反有关安全管理的规定，因而发生重大伤亡事故或者造成其他严重后果的行为；危险物品肇事罪，是指违反爆炸性、易燃性、放射性、毒害性、腐蚀性物品的管理规定，在生产、储存、运输、使用中发生重大事故，造成严重后果的行为。危险物品肇事罪与重大责任事故罪均属于在生产经营过程中发生的过失犯罪，客观方面都要求造成了人身伤亡或者财产损失的严重后果，存在一定的相似之处，特定情况下可能难以区分。但是，两罪在犯罪构成要件上还是存在较大区别的。

首先，在侵犯客体方面，危险物品肇事罪侵犯的客体是危险物品的生产、储存、运输和使用安全，侵害的是特殊行业、领域中的生产安全，而重大责任事故罪侵犯的客体是生产经营单位的生产、作业安全，侵害的是一般性、普遍性的生产安全，对行业、领域没有特殊要求。

其次，在犯罪主体范围方面，危险物品肇事罪和重大责任事故罪虽然均属于一般主体，但实践中，危险物品肇事罪的犯罪主体主要是从事危险物品生产、运输、储存和使用活动的专业人员，而重大责任事故罪的犯罪主体则非常广泛，根据《关于办理危害生产安全刑事案件的解释》的规定，包括对生产、作业负有组织、指挥或管理职责的负责人、管理人员、实际控制人、投资人等人员，以及直接从事生产、作业的人员。

最后，危险物品肇事罪和重大责任事故罪的主要不同体现在客观方面的行为表现形式。危险物品肇事罪在客观方面表现为违反危险物品的管理规定，在生产、储存、运输、使用中发生重大事故，造成严重后果。所谓“危险物品”，是指因为其化学、物理或者毒性特性，在生产、储存、运输、使用过程中能够危及人身安全或财产安全的爆炸性、易燃性、放射性、毒害性、腐蚀性等五类物品。一般而言，爆炸性物品，是指受到火源、摩擦、撞击、震动等影响后，会在瞬间发生爆炸的物品，包括各类炸药、雷管、导火索、导爆索、起爆药、黑火药、爆破剂、烟火剂、民用信号弹、烟花爆竹，以及公安部门认为需要管理的其他爆炸性物品，本案中的乳化炸药和雷管就属于典型的爆炸性物品。构成危险物品肇事罪的行为，既可以发生在生产、使用危险物品的过程中，也可以发生在危险物品的储存、运输阶段。而重大责任事故罪的客观行为表现形式，是在生产、作业过程中违反相关的安全法则和规章制度，因而发生重大伤亡事故或者造成其他严重后果的行为。由于生产、作业这一概念的外延非常广泛，危险物品的生产、使用、运输、储存行为大多数情况下也可以归入生产、作业的范畴，认定为危险物品生产经营行业领域的生产、作业活动。与此同时，重大责任事故罪中的“有关安全管理的规定”的外延也非常广泛，行为人在危险物品的生产、使用、运输和储存过程中违反危险物品管理规定，同样可以认定为违反了危险物品行业领域中有关安全管理的规定。因此，行为人的行为在符合危险物品肇事罪构成要件的同时，同时也符合重大责任事故罪的构成要件。从某种意义上讲，重大责任事故罪属于生产安全责任事故犯罪中的一般性和兜底性罪名，危险物品肇事罪则属于发生在特殊行业领域中的特殊罪名。由于两罪的法定刑完全相同，在出现危险物品肇事罪和重大责任事故罪竞合的情况时，应当根据特别法条优于普通法条的原则，以危险物品肇事罪定罪处罚，不应再认定为重大责任事故罪。

（二）爆破作业行为人擅自销毁爆破作业剩余的爆炸物，并因此造成重大事故的，应当以危险物品肇事罪定罪处罚

《民用爆炸物品安全管理条例》第三十七条规定："爆破作业单位应当如实记载领取、发放民用爆炸物品的品种、数量、编号以及领取、发放人员姓名。领取民用爆炸物品的数量不得超过当班用量，作业后剩余的民用爆炸物品必须当班清退回库。爆破作业单位应当将领取、发放民用爆炸物品的原始记录保存2年备查。"第三十八条规定："实施爆破作业，应当遵守国家有关标准和规范，在安全距离以外设置警示标志并安排警戒人员，防止无关人员进入；爆破作业结束后应当及时检查、排除未引爆的民用爆炸物品。"第三十九条还规定："爆破作业单位不再使用民用爆炸物品时，应当将剩余的民用爆炸物品登记造册，报所在地县级人民政府公安机关组织监督销毁。发现、拣拾无主民用爆炸物品的，应当立即报告当地公安机关。"因此，爆炸作业行为人擅自销毁剩余爆炸物的行为，明显违反了国家对爆炸性物品的管理规定，因此造成严重后果的，应当依法认定为危险物品肇事罪。

本案中，被告人张亚林、周良建和彭小明擅自销毁爆破作业剩余爆炸物的行为，明显违反了我国现行的爆炸性物品法律、法规的规定。与此同时，万州鸿坤伟业爆炸工程有限公司也对爆炸性物品规定了专门的运输、储存、管理制度，要求每天使用的爆炸物需由相关人员根据需要量进行申报领取，运送到工地和未使用完的爆炸物由专门车辆进行运送，对于剩下未使用完的爆炸物要专车送回入库储存，等等。张亚林作为万州鸿坤伟业爆炸工程有限公司派遣到重庆市火车站爆破工程爆破现场的安全员，周良建、彭小明和死者冯地云作为该工程爆破现场的爆破员，伤者徐成伟是该工程爆破现场负责人兼爆破员，死者程启荣系杂工，六人均从事与爆破有关的工作，理应充分认识到擅自销毁炸药、雷管的危险性，严格遵守有关爆炸物品的管理规定生产、作业，将爆破作业后剩余的爆炸物品由专人专车运回公司入库储存，但六人却心存侥幸、贪图省事，擅自将剩余的爆炸物品违规销毁，最终造成二人死亡、一人受伤的严重后果，完全符合危险物品肇事罪的构成要件。

本案审理过程中，有意见提出，被告人张亚林、周良建和彭小明的行为在构成危险物品肇事罪的同时，还符合重大责任事故罪的构成要件，属于法条竞合，根据特别法条优于普通法条的原则，应当以特别法条即危险物品肇事罪定罪处罚。我们认为，上述意见得出的结论是正确的，但相关理由值得商榷。主要问题在于，重大责任事故罪的犯罪行为必须发在生产、作业过程

中，也就是说，必须发生在对物质资料和生产对象的加工、处理过程中。而在本案中，张亚林、周良建和彭小明与他人商议通过焚烧方式销毁剩余的炸药和雷管时，重庆市火车站爆破工程纵二路爆破工地的爆破作业已经完成，三被告人擅自销毁爆炸性物品的行为与爆破生产、作业之间存在着明确清晰的界限，不属于在生产、作业过程中由于违反安全管理规定造成重大生产安全事故的情况，不符合刑法规定的重大责任事故罪的构成要件。因此，本案并不存在重大责任事故罪和危险物品肇事罪的法条竞合问题，不应从法条竞合的角度认定三被告人的行为构成危险物品肇事罪。一审法院认为公诉机关指控三被告人犯重大责任事故罪不当，改为以危险物品肇事罪定罪量刑是正确的。

（撰稿：最高人民法院刑四庭　李莹莹）

18. 危险物品肇事罪的成立条件及多因一果情况下刑事责任的认定

——徐威、刘发国等危险物品肇事案

一、基本案情

被告人徐威，男，1959 年 9 月 19 日出生，中央电视台新台址建设工程办公室主任兼北京央视国金工程管理有限公司董事长及总经理、中央电视台新台址建设工程业主委员会安全生产领导小组组长。2009 年 3 月 13 日因涉嫌犯危险物品肇事罪被逮捕。

被告人刘发国，男，1971 年 2 月 5 日出生，湖南省浏阳市三湘烟花制造有限公司股东。2009 年 3 月 13 日因涉嫌犯危险物品肇事罪被逮捕。

被告人李小华，男，1960 年 2 月 18 日出生，清华同方股份有限公司政务系统科技公司副总经理。2009 年 3 月 13 日因涉嫌犯危险物品肇事罪被逮捕。

被告人宋哲元，男，1957 年 8 月 10 日出生，农民。2009 年 3 月 13 日因涉嫌犯危险物品肇事罪被逮捕。

被告人沙鹏，男，1975 年 12 月 3 日出生，北京大新恒太传媒科技发展有限公司总经理。2009年3月13日因涉嫌犯危险物品肇事罪被逮捕。

被告人曾旭，男，1984年2月15日出生，湖南省浏阳市巴湘烟花制造有限公司礼花线技术员。2009年3月13日因涉嫌犯危险物品肇事罪被逮捕。

被告人王世荣，男，1956年5月16日出生，中央电视台新台址建设工程办公室副主任兼北京央视国金工程管理有限公司副总经理、中央电视台新台址建设工程业主委员会安全生产领导小组副组长。2009年6月10日因涉嫌犯危险物品肇事罪被逮捕。

被告人高宏，男，1949年5月6日出生，北京央视国金工程管理有限公司副总经理兼总工程师、中央电视台新台址建设工程业主委员会安全生产领导小组成员、安全生产监督组组长。2009年6月10日因涉嫌犯危险物品肇事罪被逮捕。

被告人田可耕，男，1970年4月6日出生，中国建筑股份有限公司中央电视台新台址建设工程总承包项目部副经理。2009年3月16日因涉嫌犯危险物品肇事罪被逮捕。

被告人高耀寿，男，1969年7月6日出生，北京城建集团有限责任公司央视电视文化中心工程总承包部副经理。2009年3月16日因涉嫌犯危险物品肇事罪被逮捕。

被告人胡德斌，男，1965年8月21日出生，中央电视台新台址建设工程办公室工程处副处长兼北京央视国金工程管理有限公司工程部经理、中央电视台新台址建设工程业主委员会安全生产领导小组成员、安全生产监督组副组长。2009年3月16日因涉嫌犯危险物品肇事罪被逮捕。

被告人耿晓卫，男，1970年4月25日出生，中央电视台新台址建设工程办公室技术处副处长兼北京央视国金工程管理有限公司工艺技术部副经理。2009年6月10日因涉嫌犯危险物品肇事罪被逮捕。

被告人薛继伟，男，1976年5月21日出生，无业。2009年3月13日因涉嫌犯危险物品肇事罪被逮捕。

被告人邓炯慧，女，1971年1月20日出生，中央电视台新台址建设工程办公室综合业务处副处长兼北京央视国金工程管理有限公司行政管理部副经理、中央电视台新台址建设工程业主委员会安全生产领导小组成员。2009年3月13日因涉嫌犯危险物品肇事罪被逮捕。

被告人李俊义，男，1968年10月10日出生，中国建筑股份有限公司中央电视台新台址建设工程总承包项目部安全部副经理。2009年3月16日因涉嫌犯危险物品肇事罪被逮捕。

被告人刘军，男，1956 年 4 月 29 日出生，北京城建集团有限责任公司央视电视文化中心工程总承包部安保部负责人。2009 年 3 月 16 日因涉嫌犯危险物品肇事罪被逮捕。

被告人张炳建，男，1979 年 4 月 4 日出生，无业。2009 年 3 月 13 日因涉嫌犯危险物品肇事罪被逮捕。

被告人陈代义，男，1972 年 10 月 8 日出生，中国建筑股份有限公司中央电视台新台址建设工程总承包项目部装饰部副经理。2009 年 3 月 16 日因涉嫌犯危险物品肇事罪被逮捕。

被告人戴剑霄，男，1952 年 9 月 4 日出生，北京央视国金工程管理有限公司行政管理部安保主管。2009 年 3 月 13 日因涉嫌犯危险物品肇事罪被逮捕。

被告人刘桂兰，女，1956 年 1 月 27 日出生，河北省永清县供销社鞭炮日杂经营处法定代表人。2009 年 7 月 3 日因涉嫌犯危险物品肇事罪被逮捕。

被告人陈子俊，男，1962 年 7 月 1 日出生，北京城建集团有限责任公司央视电视文化中心工程总承包部安保部干部。2009 年 3 月 16 日因涉嫌犯危险物品肇事罪被逮捕。

北京市人民检察院第二分院以被告人徐威等二十一人犯危险物品肇事罪，向北京市第二中级人民法院提起公诉。

北京市第二中级人民法院经审理查明：被告人徐威在担任中央电视台新台址建设工程办公室（以下简称央视新址办）主任兼北京央视国金工程管理有限公司（以下简称央视国金公司）董事长和总经理期间，擅自决定于 2009 年 2 月 9 日晚在北京市朝阳区东三环中路 32 号中央电视台新址园区（以下简称央视新址）施工区内燃放烟花，并指派被告人邓炯慧等人负责燃放当晚相关活动的筹办工作。

2008 年 12 月至 2009 年 2 月间，被告人沙鹏在被告人徐威的授意下，与被告人刘发国、李小华、宋哲元共同商定，由湖南省浏阳市三湘烟花制造有限公司（以下简称三湘公司）负责设计、提供包括 A 级礼花弹（含六寸礼花弹）在内的烟花及燃放等工作。其间，刘发国、沙鹏、李小华、宋哲元等人由被告人耿晓卫带领，进入央视新址工地选择烟花燃放地点，并报经徐威同意后，确定在央视新址文化中心建筑西南侧燃放。后耿晓卫将刘发国等人要求的燃放所需材料告知了被告人胡德斌。胡德斌随即按照徐威的指示，通知被告人田可耕、陈代义协助完成燃放前的相关工作。

2009年2月初，被告人刘发国委托湖南省浏阳市三和物流有限公司，使用汽车将用于央视新址燃放的A级烟花及燃放设备从湖南省浏阳市运输至河北省永清县，存放于由被告人刘桂兰担任法定代表人、仅具备C级仓储资质的永清县供销社鞭炮日杂经营处仓库内。刘桂兰在发现该违规情况后，仍默许上述烟花及燃放设备在本公司的仓库内存放。

2009年2月6日，被告人刘发国、曾旭等人在被告人沙鹏的带领下，再次进入央视新址施工区工地查看燃放地点，并向被告人陈代义提出解决燃放烟花的相关问题。陈代义随即予以协助，并联系被告人李俊义安排烟花进入工地事宜。经李俊义同意后，刘发国伙同被告人宋哲元、薛继伟、张炳建，使用张炳建不具备烟花爆竹运输资质的厢式货车将拟用于在央视新址燃放的烟花及燃放设备于2月7日凌晨运输至央视新址燃放地点。当日，在刘发国的指挥下，被告人曾旭等七人在燃放地点进行烟花摆放、填药、连线、测试等工作。

2009年2月9日，被告人胡德斌按照被告人徐威的指示，通知被告人田可耕及高耀寿做好燃放烟花的准备工作。田可耕、高耀寿随即分别通知被告人李俊义及陈子俊安排当晚燃放活动的消防、保安工作。陈子俊向被告人刘军进行汇报后，刘军明知施工工地不能燃放烟花，仍未对燃放一事予以阻止。当日，被告人戴剑霄按照被告人邓炯慧的指示，为燃放活动布置了相应的准备工作。被告人高宏明知央视新址施工工地内不能燃放烟花，在得知相关人员要在央视新址工地内燃放烟花后，仍未予以制止。同日20时许，被告人王世荣明知央视新址施工工地内禁止燃放烟花，仍然在徐威的授意下，点火启动了烟花燃放活动。烟花燃放过程中，礼花弹爆炸后的高温星体落入央视新址文化中心主体建筑顶部擦窗机检修孔内，引燃检修通道内壁裸露的易燃材料，最终引发火灾。火灾造成1名消防队员因烟雾吸入性窒息死亡、8人受伤（其中包括6名消防队员、2名施工人员），建筑物过火过烟面积21333平方米（其中过火面积8490平方米），直接经济损失达人民币16383.93万元。

北京市第二中级人民法院认为，被告人徐威、刘发国、李小华、宋哲元、沙鹏、曾旭、王世荣、高宏、田可耕、高耀寿、胡德斌、耿晓卫、薛继伟、邓炯慧、李俊义、刘军、张炳建、陈代义、戴剑霄、刘桂兰、陈子俊违反爆炸性物品管理规定，未经相关部门批准，擅自在国家重点工程施工工地内燃放烟花，致使发生重大火灾事故，给人民群众生命、人身健康和国家财产造成严重危害，后果特别严重，上述二十一名被告人的行为均已构成危险物品肇事罪，均应依法惩处。鉴于沙鹏、张炳建协助公安机关抓获同案犯，有立功情节，可依法从轻处罚，陈代义、戴剑霄、刘桂兰在犯罪中所起作用较轻，归案后如实供述自己的罪行，真诚认罪、悔罪，不致再危害社会，可依法适用缓刑，陈子俊犯罪情节轻微，可免予刑事处罚。据此，依照《中华人民共和国刑法》第一百三十六条、第七十二条、第七十三条、第六十八条第一款、第三十七条、第六十一条、第六十四条和最高人民法院《关于处理自首和立功具体应用法律若干问题的解释》第五条之规定，判决如下：

1. 被告人徐威犯危险物品肇事罪，判处有期徒刑七年。
2. 被告人刘发国犯危险物品肇事罪，判处有期徒刑六年六个月。
3. 被告人李小华犯危险物品肇事罪，判处有期徒刑六年。
4. 被告人宋哲元犯危险物品肇事罪，判处有期徒刑六年。
5. 被告人沙鹏犯危险物品肇事罪，判处有期徒刑五年六个月。
6. 被告人曾旭犯危险物品肇事罪，判处有期徒刑五年。
7. 被告人王世荣犯危险物品肇事罪，判处有期徒刑四年六个月。
8. 被告人高宏犯危险物品肇事罪，判处有期徒刑四年六个月。
9. 被告人田可耕犯危险物品肇事罪，判处有期徒刑四年六个月。
10. 被告人高耀寿犯危险物品肇事罪，判处有期徒刑四年六个月。
11. 被告人胡德斌犯危险物品肇事罪，判处有期徒刑四年。
12. 被告人耿晓卫犯危险物品肇事罪，判处有期徒刑四年。
13. 被告人薛继伟犯危险物品肇事罪，判处有期徒刑四年。
14. 被告人邓炯慧犯危险物品肇事罪，判处有期徒刑三年六个月。
15. 被告人李俊义犯危险物品肇事罪，判处有期徒刑三年六个月。
16. 被告人刘军犯危险物品肇事罪，判处有期徒刑三年六个月。
17. 被告人张炳建犯危险物肇事罪，判处有期徒刑三年。
18. 被告人陈代义犯危险物品肇事罪，判处有期徒刑三年，缓刑五年。
19. 被告人戴剑霄犯危险物品肇事罪，判处有期徒刑三年，缓刑三年。
20. 被告人刘桂兰犯危险物品肇事罪，判处有期徒刑三年，缓刑三年。
21. 被告人陈子俊犯危险物品肇事罪，免予刑事处罚。

一审判决后，被告人徐威、刘发国、田可耕、薛继伟、陈代义、戴剑霄、刘桂兰、陈子俊等八名被告人服判，未提出上诉。被告人李小华、宋哲元、沙鹏、曾旭、王世荣、高宏、高耀寿、胡德斌、耿晓卫、邓炯慧、李俊义、刘军、张炳建等十三名被告人提出上诉。

被告人李小华上诉及其辩护人提出，一审判决认定事实不清，李小华不应对犯罪后果承担全部责任，李小华曾坚持合法燃放并主动退出非法燃放活动，且公安机关根据李小华指认的照片和住处才将宋哲元抓获归案，构成立功，原判量刑过重。

被告人宋哲元上诉提出，自己不是非法燃放活动的主要策划者和实施者，不应对火灾后果承担全部责任，原判量刑畸重。

被告人沙鹏上诉提出，自己不是非法燃放活动的策划者和实施者，不应承担全部责任，原判量刑过重。其辩护人提出，一审判决认定事实错误，沙鹏不应对犯罪后果承担全部责任，一审判决适用法律不当，且未体现立功情节，量刑过重。

被告人曾旭上诉提出，自己受公司指示工作，只负责安装燃放设施，属于间接责任人，且有自首情节，原判量刑过重。其辩护人提出，曾旭不是以烟花燃放师的身份出现在事故发生现场，仅实施了搬运、摆放、连接烟花及点火行为，不需承担烟花燃放师的责任，一审判决量刑畸重。

被告人王世荣上诉提出，自己不知道燃放的场地是工地，到达现场后曾对徐威实施劝阻，燃放时只点燃了一组烟花，一审判决量刑过重。其辩护人提出，一审判决认定事实不当，王世荣有积极救火行为，请求减轻处罚。

被告人高宏上诉及其辩护人提出，高宏对央视新址办组织的烟火晚会无监管职责，不应承担领导责任，一审判决认定其构成危险物品肇事罪事实不清，证据不足，且量刑畸重。

被告人高耀寿上诉及其辩护人提出，高耀寿未参与燃放烟花的过程，火灾发生区域不属于高耀寿任职并负有安全责任的范围，认定高耀寿应当对犯罪后果承担监督失察的责任缺乏法律依据，一审判决量刑过重。

被告人胡德斌上诉及其辩护人提出，胡德斌对失火大楼不负有安全监管职责，不是事故直接责任人。

被告人耿晓卫上诉及其辩护人提出，耿晓卫不负责施工范围管理工作，不清楚施工现场不准燃放烟花爆竹，不应对事故承担责任，行为不构成危险物品肇事罪，事故发生后在王世荣的通知下自动向公安机关投案，一审判决量刑过重。

被告人邓炯慧上诉及其辩护人提出，邓炯慧有自首情节，且行为与事故后果无直接因果关系，不是事故直接责任人，一审判决量刑过重。

被告人李俊义上诉及其辩护人提出，李俊义对非法燃放烟花并不知情，未发现、制止烟花燃放存在实际原因，李俊义的行为只是火灾发生的间接、次要原因，且有自首情节，一审判决量刑过重。

被告人刘军上诉及其辩护人提出，刘军不构成危险物品肇事罪，一审判决量刑过重。

被告人张炳建上诉及其辩护人提出，张炳建仅实施了共同犯罪中的帮助行为，行为与火灾没有法律上的因果关系，行为不构成犯罪，且有立功情节，一审判决量刑过重。

被告人田可耕的辩护人提出，一审判决未明确中建公司与城建公司分界线的问题，田可耕被动参与犯罪活动，所负过失责任较小，有自首情节，请求减轻处罚。

被告人陈代义的辩护人提出，陈代义的所负过失责任小，有自首情节，一审判决量刑过重。

北京市高级人民法院经审理查明的事实与一审判决相同。

北京市高级人民法院认为，被告人徐威、刘发国、李小华、宋哲元、沙鹏、曾旭、王世荣、高宏、田可耕、高耀寿、胡德斌、耿晓卫、薛继伟、邓炯慧、李俊义、刘军、张炳建、陈代义、戴剑霄、刘桂兰、陈子俊违反爆炸性物品管理规定，未经相关部门批准，擅自在国家重点工程施工工地内燃放烟花，致使发生重大火灾事故，给人民群众的生命、身体健康和国家财产造成严重危害，后果特别严重，其行为均已构成危险物品肇事罪，应依法惩处。相关上诉理由均不能成立。据此，依照《中华人民共和国刑事诉讼法》第一百八十九条第一项之规定，裁定驳回上诉，维持原判。

二、主要问题

1. 如何正确认定危险物品肇事罪？
2. 如何确定多因一果情况下各被告人的刑事责任？

三、裁判理由

2009年中央电视台新台址“2·9”火灾事故造成重大社会影响。相关案件审理过程中，对于各被告人的行为是否构成犯罪、构成何种犯罪，以及如何确定各被告人的刑事责任，存在较大争议。主要有以下几种意见：

第一种意见认为，本案各被告人的行为均构成危险物品肇事罪，且过失犯罪不以共同犯罪论处，应当根据各被告人的犯罪情节，以危险物品肇事罪分别定罪处罚。

第二种意见认为，本案各被告人确实存在未尽到注意义务的情形，但主观上缺乏对最终危害结果的共同过失，客观上各被告人各自的过失行为不足以导致本案的危害后果的发生，单个被告人的行为与危害后果之间缺乏闭合、独立、直接的因果关系，相关被告人均不构成危险物品肇事罪。

第三种意见认为，此次火灾事故属于消防安全事故，不属于生产安全责任事故，应由三湘烟花公司股东刘发国等具体负责消防安全的相关被告人承担消防责任事故罪的罪责，央视新台址建设工程业委会安全生产领导小组成员高宏等人仅负有安全生产监督管理职责，不负有监管危险物品职责，不存在未尽到注意义务的情况，不应承担刑事责任。

对于本案中存在的相关问题，简要分析如下：

（一）危险物品肇事罪的成立条件

根据《刑法》第一百三十六条的规定，行为人在生产、储存、运输、使用爆炸性、易燃性、放射性、毒害性、腐蚀性等危险物品的过程中，违反危险物品管理规定，发生重大事故，造成严重损失的，构成危险物品肇事罪。构成危险物品肇事罪，行为人首先应当违反危险物品的管理规定，并对危险物品导致的事故后果持有过失心态。在危险物品肇事过程中，如果有二人以上在生产、储存、运输、使用危险物品各个环节中存在分工、协作、依赖等关系，各行为人的行为相互结合、共同推进导致危险物品肇事结果的发生，均应以危险物品肇事定罪处罚。

按照惯常理解，在此次火灾事故案中，构成危险物品肇事罪的，在烟花生产、销售和储存环节，应该是那些具体实施了非法销售、运输、储存和燃放烟花的人员，在违规燃放烟花环节，应该是决定燃放烟花的负责人员、现场直接指挥烟花燃放活动的管理人员以及亲自实施烟花燃放行为的一线工作人员，对于不属于上述范围的其余人员，因为其行为与事故之间的联系较弱，因此不应认定为犯罪。但是，从本案案情看，有多名央视和施工单位管理人员，虽然没有直接参与烟花燃放活动，且有的涉罪行为的表现方式是不作为，但依法均被认定为危险物品肇事罪，原因在于：首先，从《刑法》第一百三十六条的规定内容看，并没有对危险物品肇事罪的犯罪主体做出特别限定，根据刑法规定，不仅燃放烟花的决定者、实施者可以构成危险物品肇事罪，负有监督管理职责或者在烟花燃放过程中起辅助作用的人员也属于危险物品肇事罪的主体犯罪，也可能构成本罪。其次，此次火灾事故是多人、多因共同引发的事故，多人的过失行为都对事故后果的产生起到了促进作用，存在刑法上的因果关系，实施了作为引发事故原因行为的相关人员都应对该事故后果承担法律责任。再次，在多人、多因共同引发的同一危险物品肇事犯罪中，每个人在犯罪中的具体行为表现可能存在较大差异，有的表现为积极的作为，如实施决策、指挥、运输、燃放等行为，有的则表现为不作为，即消极的放弃履行自己的职责，如负有监督管理职责的人员因为疏忽大意或过于自信的过失没有恪尽监管责任，最终导致事故结果未能避免。上述行为方式中，无论是作为还是不作为，都可以构成危险物品肇事罪。

具体到本案而言，《北京市烟花爆竹安全管理规定》《北京市消防安全重点单位界定标准》《烟花爆竹安全管理条例》《焰火晚会烟花爆竹燃放安全规程》《北京市烟花爆竹专营管理办法》等行政法律、法规均对烟花的买卖、运输、储存、燃放等行为作了具体规定和明确要求，为相关责任人设定了特定义务。上述法律、法规均已向社会公开发布，徐威等二十一名被告人对相关规定内容均应明知。央视新台址作为国家重点建设项目，对消防安全有更高要求，远离烟花尤其是A级礼花弹这类爆炸性、易燃性危险物品，是保证消防安全、避免发生火灾事故的前提条件。徐威作为央视新台址建设工程的主要责任人，违反危险物品管理规定，违法违规擅自作出燃放烟花的决定，与其他二十名被告人在烟花生产、储存、运输、燃放各个环节存在分工、协作关系。各被告人的行为相互结合，共同导致了央视新台址火灾事故的发生，造成人民群众生命财产巨大损失，相关被告人的行为均符合危险物品肇事罪的构成要件，应当分别以危险物品肇事罪定罪处罚。

（二）多因一果情况下各被告人刑事责任的确定

在多名过失犯罪被告人的行为相互配合，共同导致了危害后果发生的情况下，如何合理确定各被告人的刑事责任，存在一定的困难。本案即为其中一个典型案例。对于这个问题，理论上主要存在三种观点。

第一种观点可称为“共同过失犯罪犯罪肯定说”。这种观点认为，这种情况下，各被告人的行为构成共同过失犯罪，应当根据共同过失犯罪的理论确定各自刑事责任。肯定说最初是建立在行为共同说的共犯本质认识之上的一种学说。行为共同说的理论根基在于，共同犯罪中的“共同”是指行为的共同，即只要实施了行为人危险性格的外部行为即可，不要求行为人共同实施相同性质的危害行为，只要实施了具有构成要件符合性的行为，就可以成立共犯。由此理论出发，共同过失犯罪肯定说认为，纵然立法上规定行为人具备共同的故意是狭义的共同犯罪成立的必备条件，但就广义的共同犯罪成立要件而言，这并不是必要和绝对的。对于过失犯罪而言，由于共同实施了引发法益侵害结果的行为，各行为人一体地违反了具有相同内容的注意义务，由此引发了法益受到侵害的犯罪结果，理应就自己实施的部分行为对全部后果承担责任。

第二种观点可称为“共同过失犯罪否定说”。这种观点认为，根据犯罪共同说的立场，共同犯罪必须是数个行为人共同实施的具体而特定的刑法上的犯罪，或者说二个或者二个以上的行为人只能就在构成要件上完全一致的犯罪成立共同犯罪①。基于犯罪共同说的逻辑，就会得出否定共同过失犯罪的结论，因为要构成共同犯罪，行为人必须有共同实行相同构成要件内容的犯罪行为的意思，行为人需要对犯罪构成要件要素之一的危害结果有着较为明确的认知，即共同犯罪只限于共同故意犯罪。而对于危害结果持排斥和反对态度的过失犯罪而言，即便各行为人对共同实施的一般性的自然行为存在意思沟通，也不能成立共同犯罪，不能简单适用共同犯罪中“部分实行全部责任”的原则确定相关行为人的刑事责任。

第三种观点可称为“共同过失犯罪限制肯定说”。这种观点在肯定说和否定说的分歧基础上，在立场取向上走向了折衷，对共同过失犯罪既不是一概承认，也不一概否认，而是对共同过失犯罪予以有条件地承认。限制肯定说认为，在一般情况下，共同过失行为无法认定为共同犯罪，只有当行为人负有法律明确规定的特定注意义务，并且和其他行为人一起违反该种义务时，才能成立过失共同犯罪。例如，有学者认为，当对犯罪理论体系进行适应性的考察时，可以看到共同过失行为有能够按照共同犯罪处理的可能性，成立共同过失犯罪在本质上必须有两个或两个以上的共同进行的发生属于同一犯罪构成要件的侵害法益的结果，而且，在法律上承认共同过失犯罪，可以督促共同过失行为人负起共同防止危害结果发生的注意义务②。

通过比较可以发现，共同过失犯罪肯定说与否定说争论焦点在于理论依据不同，肯定说的理论依据为共同犯罪理论中的行为共同说，而否定说的理论依据为犯罪共同说，而行为共同说和犯罪共同说的主要分歧则在于对共同

---

① 参见张明偕：《刑法学》，法律出版社2011年版，第357页。

② 参见（日）大冢仁：《刑法概说》，冯军译，中国人民大学出版社2007年版，第128页。

犯罪人之间是否必须存在意思联络存在认识的不同。从实际效果上讲，肯定说侧重于关注刑法的防卫功能，是基于立法论的立场提出的意见，对于更好地维护现代社会的安全价值具有一定的现实意义，但是，肯定说片面强调犯罪主体之间的共同行为，不以行为人有共同的故意为成立共同犯罪的前提条件，容易导致扩大共犯成立的范围，有客观归罪之嫌，也违背了刑法的谦抑性，不符合刑法的价值追求和对人权的保护。否定说不承认共同过失犯罪，在限制处罚的不当扩张、维护公民的自由等方面具有积极意义。限制肯定说属于折中的学说，承认在一定情况下存在共同过失犯罪，实质上仍然属于肯定说的一种，因此也无法避免肯定说存在的弊端。

如何认识这一问题？我们认为，共同过失犯罪理论并非解决此类多因一果共同引发事故后果案件中被告人刑事责任的有效途径。现代社会中，随着社会经济的快速发展和社会成员之间关系密集度的不断增强，由于多人的共同过失行为引发的重大事故不断涌现，重大事故造成的生命、财产损失越来越引起了全社会的广泛关注，肯定共同过失犯罪的存在，可以进一步明确在此类案件中对各被告人的定罪量刑坚持共同犯罪中“部分实行全部责任”的原则，为案件的处理提供便利。因此，从立法论上讲，共同过失犯罪肯定说具有一定的合理性。但是，从解释论的立场出发，则只能得出否定共同过失犯罪的结论。我国《刑法》第二十五条第二款规定：“二人以上共同过失犯罪，不以共同犯罪论处；应当负刑事责任的，按照他们所犯的罪分别处罚”。上述规定的“共同过失犯罪”，实际上指的是各行为人分别实施的过失犯罪行为，并不能得出刑法承认共同过失犯罪的结论，因此，《刑法》第二十五条第二款规定实际上否定了共同过失犯罪成立的可能性。认为刑法承认共同过失犯罪，不是对现行刑法的合理解释结论，司法实践中，不应基于共同过失犯罪理论来处理具体案件。

在坚持不承认共同过失犯罪的情况下，需要解决的问题是如何确定多因一果情况下各行为人应负的刑事责任。在多种原因共同导致一个事故的情况下，事故造成的人身伤亡和经济损失结果作为一个整体难以作出区分，无法确定作为原因之一的某一行为人的行为直接引发了哪一部分事故后果。因此，单个行为人一般情况下应当对全部事故后果承担刑事责任，根据事故造成的伤亡人数和直接经济损失数额确定是否构成犯罪和适用哪个量刑幅度。同时，根据《刑法》第六十一条的规定，对于犯罪分子决定刑罚的时候，应当根据犯罪的事实、犯罪的性质、情节和对社会的危害程度，依照本法的有关规定判处。主客观相统一是我国刑法中的基本原则，在多因一果情况下，需要综合考察行为人的工作职责、履职情况、过错程度以及过失行为对引发事故结果所起原因力大小等各方面因素，坚持宽严相济刑事政策，合理确定其刑事责任和具体刑期。对于对事故结果的发生仅负次要责任的行为人，可以降档处刑，在事故结果对应的法定量刑幅度的下一个量刑幅度内判处刑罚。

在多人的共同过失行为导致引发事故的情况下，各行为人的行为方式可能存在过失共同作为、过失共同不作为以及部分过失作为与部分过失不作为等三种形式。本案中，各被告人在犯罪过程中的行为方式差异很大，有的表现为积极的作为，如作出决策、指挥操作、运输烟花、实地燃放等等，有的表现为消极的不作为，消极地放弃自己的法定职责，如负有法定监管职责的人员未恪尽监管责任，导致事故隐患未能消除，各被告人的过失行为相互结合，形成前后连续的整体，最终造成了央视大火案的严重危害结果，属于典型的部分过失作为与部分过失不作为共同引发事故后果的情况。但不论具体行为方式如何，均应根据主客观相统一原则，综合考虑各方面因素，合理确定各被告人的刑事责任和具体刑期。涉案二十一名被告人中，徐威、王世荣、高宏、胡德斌、耿晓卫、邓炯慧、田可耕、高耀寿、李俊义、刘军、戴剑霄、陈代义、陈子俊等十三人系央视新址办或者国金公司主要负责人以及工程承包部门或者安全保卫部门负责人，其中王世荣、高宏还是央视新台址安全生产小组领导或者成员，基于职责、职务的要求，负有保证央视新台址安全生产的特定义务；刘发国、沙鹏、李小华、宋哲元、曾旭等五人基于从事特定职业的业务要求，负有不得违规在施工工地内燃放烟花的特定义务；薛继伟、张炳建不具备运输烟花爆竹的合法资质，负有不能违规运输烟花爆竹的特定义务，依法更不得运输 A 级烟花和燃放设备；刘桂兰所有的仓库仅具有储存 C 级烟花资质，不具有违规储存 A 级烟花的特定义务。上述二十一名被告人基于各自职责、职务和身份，分别负有特定义务，各被告人积极实施违背义务的作为行为和消极的不履行义务的不作为行为相互结合，共同导致了央视新址重大火灾事故的发生，应依法对火灾造成的人员伤亡和财产损失结果承担相应的刑事责任，按照各自所犯之罪分别处罚。本案一审判决作出于 2010 年 5 月 10 日，二审裁定作出于 2010 年 7 月 6 日，当时《关于办理危害生产安全刑事案件的解释》尚未施行，一、二审法院参照当时有效的《关于办理危害矿山生产安全刑事案件的解释》规定的重大责任事故罪的定罪标准，认定此次事故造成直接经济损失 16383.93 万元，已经达到危险物品肇事罪后果特别严重的标准，对相关被告人原则上判处三年以上七年以下有期徒刑徒刑，同时对其中罪责较轻的被告人陈代义、戴剑霄、刘桂兰、适用缓刑，犯罪情节轻微的被告人陈子俊免予刑事处罚，量刑适当。

（撰稿：最高人民法院刑四庭　崔　慧）

19. 对危险物品道路运输交通事故承担次要责任的行为人可否构成危险物品肇事罪

——闪文全、张军危险物品肇事案

一、基本案情

被告人闪文全，男，1960年5月28日出生。2012年10月19日因涉嫌犯危险物品肇事罪被逮捕。

被告人张军，男，1969年8月9日出生。2012年10月19日因涉嫌犯危险物品肇事罪被逮捕。

陕西省安塞县人民检察院以被告人闪文全、张军犯危险物品肇事罪，向安塞县人民法院提起公诉。

被告人闪文全对起诉书指控的犯罪事实和罪名无异议，辩解称事故主要原因是追尾大客车司机的违规驾驶行为。其辩护人提出，闪文全驾驶危险物品运输车辆从高速公路匝道违法驶入高速公路并违法低速行驶的行为，只是违反了道路运输管理法规，未违反危险物品运输管理规定，不符合危险物品肇事罪的构成要件。

被告人张军辩解称，自己的行为应认定为交通肇事罪。其辩护人提出，事发当时张军担任危险物品运输车辆押运员，未纵容被告人闪文全违规驾驶，在犯罪过程中仅起次要作用，请求从轻、减轻处罚，适用缓刑。

安塞县人民法院经审理查明：2012年8月25日晚，被告人闪文全、张军驾驶河南省孟州市汽车运输有限责任公司名下的豫HD6962/豫H213A挂号解放牌新大威重型罐式半挂货车，超载运输甲醇35.22吨（核载重量33.5吨），从兖州煤业榆林能化有限公司运往陕西省韩城市昌顺化工厂。闪文全和张军均具有危险货物运输押运员和危险货物运输驾驶员从业资格证书，车辆行驶途中，二人轮换进行驾驶和押运。8月26日2时15分，张军驾驶该车进入包茂高速公路安塞服务区停车休息，更换闪文全担任驾驶员。2时29分，闪文全驾驶该车从安塞服务区驶出，违章越过服务区出口匝道导流线，驶入包茂高速公路第二车道，并以21千米/小时的速度违法低速行驶，张军在货车卧铺区躺卧休息。此时，大客车驾驶人陈强（已在事故中死亡）驾驶蒙AK1475号宇通牌大型卧铺客车沿包茂高速公路第二车道由北向南行驶至安塞服务区路段。2时31分，蒙AK1475号卧铺客车在未采取任何制动措施的情况下，与闪文全驾驶的豫HD6962号罐式半挂货车在包茂高速安塞段由北向南484千米+95米处发生追尾碰撞，卧铺客车前部与重型半挂货车罐体尾部铰合，客车右侧纵梁撞击货车罐体后部卸料管，造成卸料管竖向球阀外壳破碎，货车罐体内装载的大量甲醇泄漏。碰撞同时造成卧铺客车电气线路绝缘破损发生短路，产生的火花使甲醇蒸气和空气形成的爆炸性混合气体发生爆燃起火。大火迅速引燃卧铺客车整个车身和重型半挂货车后部，并沿甲醇泄漏方向蔓延至附近高速公路路面和涵洞。事故发生后，闪文全、张军委托他人拨打手机报警，并留在现场等候公安机关处置，但既未采取任何应急处置措施，也未对遇险人员进行施救。事故造成卧铺客车中包括驾驶人陈强在内的36名司乘人员死亡、3人受伤，大客车报废，重型半挂货车、高速公路路面和涵洞受损，直接经济损失3160.6万元。

经鉴定，豫HD6962号罐式半挂货车碰撞前行驶速度为21千米/小时，蒙AK1475号卧铺客车行驶速度为77.2千米/小时。经公安交管部门调查认定，蒙AK1475号卧铺客车驾驶人陈强因疲劳驾驶未采取安全措施，应承担事故主要责任，闪文全应承担事故次要责任。经国务院事故调查组调查认定，包茂高速陕西延安“8·26”特别重大道路交通事故是一起生产安全责任事故。导致事故发生的直接原因为：首先，卧铺大客车驾驶人陈强遇到重型半挂货车从匝道驶入高速公路时，本来能够采取安全措施避免事故发生，但因疲劳驾驶（事故发生前陈强已经连续驾驶4小时22分）而未采取安全措施，其违法行为在事故发生中起重要作用，是导致卧铺大客车追尾碰撞重型半挂货车的主要原因。其次，重型罐式半挂货车驾驶人闪文全从匝道违法驶入高速公路，在高速公路上违法低速行驶，其违法行为也在事故发生过程中起一定作用，是导致卧铺大客车追尾碰撞重型半挂货车的次要原因。

安塞县人民法院认为，被告人闪文全作为危险货物运输车辆驾驶员，违反危险货物道路运输管理规定，行车途中不遵守道路交通安全法律法规的相关规定，从服务区匝道违法驶入高速公路，并在高速公路上违法低速行驶；被告人张军作为危险货物运输押运员，违反危险货物道路运输管理规定，在押运期间未在指定位置对驾驶员的安全行车情况进行监督，致使发生危险货物运输重大事故，后果特别严重，二人行为均构成危险物品肇事罪。根据刑法规定，闪文全、张军的共同过失行为不以共同犯罪论处，应当按照他们所实施的犯罪行为分别承担刑事责任，二人在明知他人报警的情况下留在事故现场等待，公安人员抓捕时无拒捕行为，符合刑法规定的自动投案特征，且归案后如实供述自己的罪行，依法构成自首。据此，依照《中华人民共和国刑法》第一百三十六条、第六十七条第一款之规定，判决如下：

1. 被告人闪文全犯危险物品肇事罪，判处有期徒刑五年。

2. 被告人张军均犯危险物品肇事罪，判处有期徒刑四年。

一审宣判后，被告人闪文全、张军分别上诉提出，此次事故的发生原因系卧铺客车驾驶人陈强疲劳驾驶所致，自己对事故仅负有次要责任，一审判决未充分考虑案件的具体情节，量刑过重。

陕西省延安市中级人民法院经审理认为，一审认定的事实清楚，证据确实、充分。上诉人闪文全、张军违反危险化学品运输管理规定，超载运输易燃品甲醇；押运员张军未尽职责，纵容驾驶员闪文全违法从匝道驶入高速公路并低速行驶，致使卧铺客车追尾，造成甲醇泄露、卧铺客车燃爆，且事故发生后二人未采取应急处置措施和积极施救，致使造成36人死亡、3人受伤、直接经济损失3160.6万元的严重损失，后果特别严重，二人行为均构成危险物品肇事罪，依法应在三年以上七年以下有期徒刑的量刑幅度内量刑。鉴于二人有自首情节，依法可以从轻处罚。涉案卧铺客车驾驶人因疲劳驾驶而未采取安全措施，其违法行为在此次事故中起主要作用，二上诉人仅起次要作用，均可以酌情从轻处罚。一审判决对上诉人闪文全、张军的定罪准确，量刑适当。审判程序合法。据此，依照《中华人民共和国刑事诉讼法》第二百二十五条第一款第一项之规定，裁定驳回上诉，维持原判。

二、主要问题

危险物品运输车辆在道路运输过程中发生泄露、燃爆事故，车辆驾驶员和押运员对事故仅承担次要责任的，是否可以认定为危险物品肇事罪?

三、裁判理由

包茂高速陕西延安“8·26”特别重大道路交通事故，造成30余人死亡和3000余万元直接经济损失，事故后果严重，社会影响恶劣。案件审理过程中，对于危险物品运输车辆驾驶员闪文全和押运员张军的行为是否构成犯罪，形成了两种意见。

第一种意见认为，被告人闪文全、张军在驾驶机动车运输危险物品的过程中，应当遵守交通运输管理法规，二人违反交通运输管理法规，造成重大事故，可能构成交通肇事罪。但是，在事故发生过程中，被告人闪文全虽有过早并线、低速行驶等违法违规行为，但经公安机关鉴定，卧铺客车司机陈强应当承担此次事故的主要责任，闪文全仅承担事故次要责任。根据刑法和相关司法解释的规定，闪文全和张军不符合交通肇事罪的定罪条件，应当依法宣告二人无罪。

第二种意见认为，被告人闪文全、张军作为危险物品运输专用车辆的驾驶员和押运员，在危险物品道路运输过程中不仅应当遵守交通运输管理法规，同时也应遵守危险物品运输管理规定。二人在此次交通事故中仅承担次要责任，未达到交通肇事罪的定罪标准，但不能据此排除二人在违反危险物品管理规定方面的刑事责任，应依法认定二人构成危险物品肇事罪。

我们赞同第二种意见。在被告人闪文全、张军仅对危险物品道路交通事故承担次要责任的情况下，仍然可以依法认定二人构成危险物品肇事罪。主要理由如下：

（一）在危险物品道路运输过程中发生泄露、燃爆事故并造成严重后果的，一般应以危险物品肇事罪论处

根据刑法规定，交通肇事罪，是指违反交通运输管理法规，因而发生重大事故，致人重伤、死亡或者使公私财产遭受重大损失的行为。危险物品肇事罪，是指违反爆炸性、易燃性、放射性、毒害性、腐蚀性物品的管理规定，在生产、储存、运输、使用过程中发生重大事故，造成严重后果的行为。据此，交通肇事犯罪行为违反交通运输管理法规，而危险物品肇事犯罪行为违反的是危险物品管理规定，一般情况下，两罪的区别比较明显。但是，在行为人驾驶机动车通过公共道路运输危险物品，在运输途中发生交通事故，导致危险物品泄露、燃烧、爆炸并造成严重后果的情况下，依法应当认定为交通肇事罪，还是应当认定为危险物品肇事罪，一直以来存在诸多争议。具体来讲，根据交通运输部《道路危险货物运输管理规定》第四十三条的规定："道路危险货物运输企业或者单位应当要求驾驶人员和押运人员在运输危险货物时，严格遵守有关部门关于危险货物运输线路、时间、速度方面的有关规定，并遵守有关部门关于剧毒、爆炸危险品道路运输车辆在重大节假日通行高速公路的相关规定。"该规定第六十五条还规定："本规定对道路危险货物运输经营未作规定的，按照《道路货物运输及站场管理规定》执行；对非经营性道路危险货物运输未作规定的，参照《道路货物运输及站场管理规定》执行。"根据上述规定，危险物品运输车辆在公共交通道路行驶过程中，也应当与普通机动车一样，遵循同样的交通运输规则。行为人在驾驶机动车从事危险物品道路运输的过程中，在装载重量、行驶路线、行驶速度等方面，仍然需要遵守交通运输管理法规的规定。因此，危险物品运输车辆在公共交通道路行驶过程中，因为违反交通运输管理法规，导致发生交通事故，进而引起危险货物泄露、燃烧、爆炸，造成严重后果的情况下，其行为同时违反了交通运输管理法规和危险物品管理规定，在此情况下，到底应当认定为交通肇事罪，还是认定为危险物品肇事罪，就存在罪名选择的问题。

我们认为，行为人在驾驶机动车从事危险物品道路运输过程中，因为违反交通运输管理法规，导致发生重大事故的，行为同时符合刑法规定的交通肇事罪和危险物品肇事罪的构成要件。从逻辑上分析，危险物品道路运输是公共交通运输的一种特殊形式，发生在道路交通运输过程中的危险物品肇事犯罪，应当认定为普通交通肇事罪的特别情形，这种情况下，二者属于特别法条与普通法条的竞合关系。也就是说，危险物品肇事罪虽然在通常情况下与交通肇事罪不存在竞合，但是，发生在道路交通运输过程中的危险物品肇事犯罪行为，则可能产生与交通肇事罪的法条竞合。这种情况可称为交叉竞合关系。

根据刑法一般理论，在特别法条与一般法条竞合的情况下，原则上应当按照特别法条优于一般法条的原则处理，适用特别法条。因此，一般情况下，如果在道路交通运输过程中发生危险物品肇事行为的，原则上应当认定为危险物品肇事罪。但是，上述处理原则也可能出现例外。主要问题在于，刑法规定的危险物品肇事罪的法定最高刑为有期徒刑七年，而交通肇事罪中，在行为人因逃逸致人死亡的情况下，最高则可以判处七年以上有期徒刑。如果行为人驾驶危险物品运输车辆肇事后，又逃逸致人死亡，如果以危险物品肇事罪论处，最高只能判处有期徒刑七年，显然无法做到罪责刑相适应，而如果认定为交通肇事罪中的逃逸致人死亡情节，则可以判处七年以上有期徒刑。因此，这种情况下就应当依照处罚较重的规定定罪处罚，依法认定为交通肇事罪。

本案中，被告人闪文全、张军驾驶、押运危险物品运输车辆在高速公路行驶过程中，违反交通运输管理法规，导致发生车辆追尾事故，车辆罐体内装载的甲醇大量泄露并燃烧爆炸，造成重大人员伤亡和巨额经济损失，其行为同时违反了交通运输管理法规和危险物品运输管理规定，分别符合交通肇事罪和危险物品肇事罪的犯罪构成要件，根据特别法条优于一般法条的原则，应当依法认定为危险物品肇事罪。

（二）危险物品运输车辆驾驶员对交通事故仅承担次要责任的，不影响危险物品肇事罪的成立

有意见提出，行为人在驾驶危险物品运输车辆过程中发生交通事故的，其行为的可罚性基础实际上仍然是违反交通运输管理法规，只有在行为人对交通事故承担同等以上责任的情况下，才可能构成危险物品肇事罪。如果危险物品运输车辆驾驶员仅承担交通事故次要责任，说明其主观罪过程度和客观责任较轻，既不构成交通肇事罪，也不应认定为危险物品肇事罪。

我们认为，上述意见值得商榷。主要理由有以下几个方面：

首先，行为人在驾驶机动车运输危险货物过程中交通肇事的行为，同时违反了交通运输管理法规和危险物品道路运输管理规定，具有双重违法性和双重可罚性基础。具体来讲，如果行为人在驾驶危险货物运输车辆过程中违反交通运输管理法规，导致发生交通事故，且行为人对交通事故承担同等以上责任，根据刑法和相关司法解释的规定，其行为同时符合交通肇事罪和危险物品肇事罪的构成要件，根据特别法条优于一般法条的原则，原则上应以危险物品肇事罪定罪处罚。另一方面，如果行为人虽然违反了交通运输管理法规，但对交通事故仅承担次要责任，则其行为不符合交通肇事罪的构成要件，仅可能构成危险物品肇事罪，不会涉及法条选择的问题。需要注意的是，根据法律和司法解释的规定，行为人对交通事故承担同等以上责任，是构成交通肇事罪的必要条件，但并非构成危险物品肇事罪的必备要件。行为人在对交通事故承担次要责任的情况下，虽然不构成交通肇事罪，但仍然可能构成危险物品肇事罪。某一行为是否符合上述两个罪名的构成要件，需要独立的分别进行评价，相互之间互不影响。

其次，在行为人仅对交通事故承担次要责任的情况下，认定其行为构成

危险物品肇事罪，符合立法目的。危险物品生产经营活动属于风险极高的行业，特别是通过公共交通道路运输危险物品，极易发生重大泄露、燃爆事故，危险性高，必须严格规范、加强管理。因此，国家对危险物品运输经营者的要求非常严格，危险物品运输车辆的驾驶员和押运员应当承担比普通机动车驾驶员更高的注意义务和更加严格的责任，才能有效避免危险物品安全事故的发生。我国刑法在交通肇事罪以外，单独将违反危险物品管理规定，导致在运输过程中发生重大事故、造成严重后果的行为规定为危险物品肇事罪，也反映出立法机关对危险物品运输活动予以从严管理的立法意图。要求行为人必须在对交通事故承担同等以上责任的情况下才可以构成危险物品肇事罪，即无法律依据，也不利于依法惩治犯罪。当然，从严管理不等于无过错责任。如果经公安交管部门调查认定，危险物品运输车辆的驾驶员对事故不承担任何责任，就不宜认为其行为构成危险物品肇事罪，否则就不当扩大了刑罚处罚范围。

（三）危险物品运输车辆押运员不认真履行职责，对事故发生起到促进作用的，可以认定为危险物品肇事罪

为了提高危险物品道路运输活动的安全性，政府监管部门专门设立了危险货物运输车辆押运员制度。《道路危险货物运输管理规定》第三十八条规定："在道路危险货物运输过程中，除驾驶人员外，还应当在专用车辆上配备押运人员，确保危险货物处于押运人员监管之下。"根据有关规定，危险物品运输车辆押运员应当取得相应资质，并在车辆行驶过程中监督驾驶员遵守交通运输管理法规和危险物品管理规定，防止发生生产安全事故。如果押运员不认真履行自身职责，且其不认真履行职责的行为与生产安全事故的发生之间存在刑法上的因果关系，符合危险物品肇事罪的构成要件，依法应当以危险物品肇事罪论处。

本案中，被告人闪文全和张军轮流担任危险物品运输车辆的驾驶员和押运员。事故发生时，车辆由闪文全驾驶，张军担任押运员，本应认真履行押运监督职责，但张军置自身职责于不顾，擅自违规在货车卧铺区内躺卧休息，致使闪文全的违规驾驶行为未能得到及时监督和有效纠正，最终导致追尾事故的发生，造成严重事故后果。一、二审法院对闪文全、张军均以危险物品肇事罪定罪处罚，符合法律规定。

（撰稿：最高人民法院刑四庭　李加玺）

20. 危险物品仓库出租人是否属于危险物品肇事罪的犯罪主体

——胡美林危险物品肇事案

一、基本案情

被告人胡美林，女，1965 年 10 月 17 日出生，宁波市江北飞翔油漆化工有限公司法定代表人。2012 年 3 月 9 日因涉嫌犯危险物品肇事罪被逮捕。

浙江省宁波市江北区人民检察院以被告人胡美林犯危险物品肇事罪，向宁波市江北区人民法院提起公诉。

被告人胡美林否认神马公司事前曾与其协商过从其租用的仓库配电柜中接电，辩解称自己一直未同意接电。其辩护人提出，本案火灾事故的发生和是多种因素共同造成的，并非胡美林一人的责任，请求判处缓刑。

宁波市江北区人民法院审理查明：2006 年 3 月，宁波市江北飞翔油漆化工有限公司（以下简称飞翔油漆公司）法定代表人被告人胡美林为设立油漆仓库，承租位于宁波市江北区庄桥街道康庄南路（原育才北路）558 号的神马公司二幢厂房（面积约 2060 平方米），租期六年。之后，飞翔油漆公司将上述二幢厂房进行改造、分隔后，向安监、消防部门办理了相关审批手续，申领了危险化学品乙种经营许可证。飞翔油漆公司在厂房改造过程中，违反规定在仓库内保留处于通电状态的配电柜，将配电柜砌上砖墙，用于飞翔油漆公司门卫室、办公房的日常供电。同年 5 月 23 日，宁波市安监局向飞翔油漆公司核发了乙种危险化学品经营许可证，许可的储存面积为厂房二西侧 500 平方米（自备仓库），容留 5000 千克，有效期至 2009 年 5 月 22 日。2009 年 4 月，飞翔油漆公司因乙种危险化学品经营许可证有效期即将届满，又向宁波市安监局申请换领了新证，许可仓库面积仍为 500 平方米。

自 2008 年 6 月 1 日开始，飞翔油漆公司在将包括安监部门审批许可的 500 平方米仓库面积在内的 582.72 平方米仓库面积留作自用外，先后将其余未经合法审批许可的约 1560 平方米的仓库面积出租给宁波市江北发胜化工油漆有限公司、旭海化工有限公司、圣谊机电化工物资有限公司、德裕化工有限公司和龙祥化工有限公司，且在签订出租协议时和换领乙种危险化学品经营许可证新证后，均未明确告知上述五家公司所租用的仓库面积未获审批的事实。上述五家公司均将油漆等危险化学品储存在租用的仓库内。

2009年六七月份，神马公司开始在飞翔油漆公司承租的仓库前方空地建造综合楼。为解决工地用电的问题，工地施工负责人金从江叫来电工毛维祥（另案处理），从飞翔油漆公司仓库中违规保留的配电柜接出一根50方的铝线到施工工地，用于工地施工设备的供电，而在事前，金从江和神马公司法定代表人虞雅敏的丈夫周忠良（另案处理）曾与胡美林以及胡美林的丈夫顾华国协商从仓库配电柜内接电的事宜，胡美林及顾华国既未阻止，也未向有关部门进行反映。同年8月29日17时21分许，飞翔油漆公司承租的仓库发生火灾，造成二幢厂房及仓库内存放的油漆、稀释剂等物品被烧毁，共计损失人民币达4844866元以上。经调查，起火配电柜着火前承载的通往神马公司施工工地用电及通往办公房、门卫室用电均处于通电状态，起火点为该仓库内违规保留的配电柜，起火原因为配电柜内电气线路故障引燃周边可燃物蔓延所致。造成火灾的原因，系在爆炸和火灾危险场所内违规接电、用电，乙类火灾危险性仓库内储存甲类火灾危险性物品，导致火灾发生及蔓延，

宁波市江北区人民法院认为，被告人胡美林违反爆炸性、易燃性物品的管理规定，在危险物品储存过程中发生重大事故，造成特别严重后果，行为已构成危险物品肇事罪。胡美林在储存危险化学品的仓库中违规保留配电柜，明知他人从该配电柜中接电而未阻止，应对事故后果承担刑事责任，胡美林及其辩护人所提意见与事实和法律不符，不予采纳。据此，依照《中华人民共和国刑法》第一百三十六条之规定，判决如下：

被告人胡美林犯危险物品肇事罪，判处有期徒刑四年。

一审宣判后，被告人胡美林上诉提出，自己承租仓库后已经按照消防大队提出的整改意见，对仓库墙面进行了整修，租赁期间未使用过该配电柜，日常用电是出租人接好的，自己并不知道电线经过了仓库内的配电柜，自己和本公司员工均未使用过仓库内配电柜，配电柜通电是出租人强行更换门卫、背着承租人为建筑施工擅自所接，一审判决认定事实有误、量刑过重，请求从轻改判。其辩护人提出，本案因违规接电引起，应当追究接电行为人和直接责任人的刑事责任，胡美林不是危险物品存储经营行为人，发生危险物品肇事事故的责任主体不是胡美林，应当依法宣告无罪。

宁波市中级人民法院经审理认为，一审认定的事实清楚，证据确实、充

分。上诉人胡美林超过宁波市安监局审批的仓储面积违规出租仓库，在储存危险化学品的仓库中违规保留配电柜，明知他人从该配电柜中接电的危险性会危及该仓库中仓储的危险品、可能引发事故而未予阻止，最终造成特别巨大经济损失，依法应以危险物品肇事罪追究刑事责任，一审定罪准确。据此，依照《中华人民共和国刑事诉讼法》第二百二十五条第一款第一项之规定，裁定驳回上诉，维持原判。

二、主要问题

危险物品仓库出租人是否属于危险物品肇事罪的犯罪主体?

三、裁判理由

根据《刑法》第一百三十六条的规定，危险物品肇事罪，是指违反爆炸性、易燃性、放射性、毒害性、腐蚀性物品的管理规定，在生产、储存、运输、使用中发生重大事故，造成严重后果的行为。实践中，危险物品肇事罪的犯罪主体一般是直接从事危险物品生产、储存、运输、使用活动的行为人。而在本案中，被告人胡美林作为危险物品仓库出租人，并非直接在仓库中存储危险物品的行为人，能否成为危险物品肇事罪的犯罪主体，案件审理过程中存有一定争议，有必要进行认真研究。现简要分析如下：

（一）危险物品肇事罪的主体范围

《刑法》第一百三十六条并未明确规定危险物品肇事罪的犯罪主体是否仅限于从事危险物品生产、储存、运输、使用活动的人员，刑法理论界和司法实践中，对于危险物品肇事罪的主体范围，一直存在着不同认识。一种观点认为，危险物品肇事罪的主体是特殊主体，即直接从事危险物品生产、储存、运输、使用活动的生产经营单位职工。另一种观点认为，本罪主体应是一般主体，但实践中主要是从事生产、储存、运输、使用危险物品的生产经营单位职工，但是，从事生产、储存、运输、使用危险物品活动的职工以外的其他公民，一定情况下也可以成为危险物品肇事罪的犯罪主体。

我们认为，根据刑法的规定，危险物品肇事罪属于一般主体犯罪，犯罪主体并不局限于从事危险物品生产、储存、运输、使用活动的生产经营单位职工，还可以包括违反危险物品管理规定，导致在生产、储存、运输、使用危险物品过程中发生重大事故的其他人员。主要理由如下：

首先，需要正确理解特殊犯罪主体中特殊身份的含义。一般来讲，刑法规定以特殊身份作为要件的犯罪主体属于特殊主体，但应该特别注意的是，特殊身份必须是在犯罪行为开始实施以前就已经具有的特殊资格，或者已经形成的特殊地位和身份状态。行为人在开始实施犯罪行为后才形成的特殊地位，不应认定为特殊身份。《刑法》第一百三十六条规定的“在从事危险物品的生产、储存、运输、使用中发生重大事故，造成严重后果的”，只是对危险物品肇事罪客观方面要件的描述，并不能由此推定本罪的主体是特殊主体。当然，对危险物品进行生产、储存、运输、使用的行为人主要是与上述行为存在业务关系的职工，触犯危险物品肇事罪这一罪名的行为人，多数情况下是具有某种职业身份或者具有某种职务的人，但刑法并没有排除其他不具有特殊职业身份或者职务的人员构成本罪的可能性。

从刑法的修订过程来看，2006 年《刑法修正案（六）》将刑法原第一百三十四条规定的重大责任事故罪的犯罪主体由“工厂、矿山、林场、建筑企业或者其他企业、事业单位的职工”这一特殊主体修改为一般主体，凡是年满十六周岁、具有刑事责任能力的自然人都可以成为重大责任事故罪，不能根据《刑法》第一百三十四条第一款的规定，得出重大责任事故罪是仅有生产、作业人员才能构成的特殊主体犯罪。与之类似，也不能认定危险物品肇事罪属于特殊主体犯罪，凡是违反危险物品管理规定，导致发生重大安全事故的从事危险物品生产、储存、运输、使用活动的自然人，不论是危险物品生产经营单位的职工还是其他个人，都可以成为本罪主体。

其次，从行为的社会危害性来看，无论是专门从事危险物品生产、储存、运输、使用活动的生产经营单位职工，还是其他从事上述活动的人员和与上述活动相关的人员，违反危险物品管理规定，导致发生重大安全事故，造成严重后果，其行为性质是相同的，对社会的危害程度也大致相当，将后一类人员排除在危险物品肇事罪的主体范围之外，并无合理理由。

再次，无论是对危险物品的生产、储存、运输、使用活动进行指挥、管理，还是对与危险物品相关的设备设施进行管理、维护，均属于与危险物品生产、储存、运输、使用活动密切相关的行为。在发生危险物品安全事故、造成严重后果的情形下，危险物品生产、储存、运输、使用活动的指挥、管理者以及相关设备设施的管理、维护者，明知存在可能导致发生严重后果的事故隐患，不让直接从事危险物品生产作业的一线工作人员停止相关活动，不对安全设施进行必要的管理和维护，任由事故隐患存在，本身就属于违反危险物品管理规定的行为，可以评价为危险物品肇事行为。因此，对危险物品生产、储存、运输、使用活动负有指挥、管理职责的人员，以及对危险物品相关的设备设施负有安全保障义务和维护职责的人员，同样符合危险物品肇事罪的犯罪主体要件。

（二）危险物品仓库出租人对仓库和承租人负有监督管理义务，属于危险品肇事罪的犯罪主体

本案中，被告人胡美林作为危险物品仓储仓库的出租人，应当确保其提供的仓储场地适宜危险物品的存放，如果违反这种义务，不仅属于民事上的违约行为，同时也违反了刑法上的危险避免义务。胡美林未能尽到该义务，导致造成重大损失的，应当依法承担刑事责任。这种情况下，对行为人追究刑事责任的合法性依据主要来源于监督过失理论。

监督过失是大陆法系刑法中用于划定过失责任人范围的一个概念。对于监督过失的内涵和外延，在刑法理论上存在不同的理解，可大致分为狭义的监督过失与广义的监督过失两种。狭义的监督过失，是指监督者，亦即自己不亲自从事危险事务，但对担当者负有监督责任者，在担当者的过失行为引起结果时应当承担的过失责任，主要是指由于监督者对被监督者没有进行有效的监督、指挥，从而使被监督者的过失行为导致危害结果的责任；广义的监督过失，是指由于管理人所管理的物的设备、机构、人的体制等不完备本身与结果发生具有直接联系的过失。可以看出，所谓广义的监督过失，实质上同时包含了狭义的监督过失和管理过失，而所谓监督，是指监督人对整个事态的监督，其中包括对相关事态的静态和动态运行状况的监督。其中，静态监督是对事态本身，如对从业主体的人事、体制、物等可以防止危害结果发生的规章制度和具体措施的设置等方面的监督与管理；动态监督是指对事态发展变化状况的监督。

管理过失与指挥、监督被监督者不妥适所产生的狭义的监督过失不同。管理过失的着重点在于管理者未适当管理以回避结果发生的不作为，而且更加重视确立安全管理体制的义务，因此，必须从不纯正的不作为犯的成立要件，特别是从确定管理者的保障人地位出发来理解管理过失。狭义的监督过失是对于人的指挥、监督不当所成立的过失，而管理过失并不以从业人员的行为为媒介，而是由于管理者对物的设备、机构、人的体制等管理不完善本身所构成的过失。在没有确立安全管理体制情况下的管理过失中，行为人可能因为自己的过失，没有采取必要的防范措施，或者没有指示他人采取防范措施等行为导致危害结果的发生，也可能由于自然原因或者第三者的意外行

为导致结果发生。管理过失行为本身和结果的发生之间一般具有直接因果关系，并未介入被监督人的行为这一中间事项。从行为构成模式上看，狭义的监督过失的行为构成模式为“监督过失行为→直接行为人的行为→危害结果”，而管理过失的行为构成模式为“管理过失行为→不完善的制度→危害结果”。因此，在存在管理过失的场合，要求监督管理者承担监督过失责任，其理论依据比狭义的监督过失更为牢固。

借鉴广义的监督过失概念，特别是其中的管理过失理论，对于本案的处理具有重要的意义。本案中，被告人胡美林虽然并非危险物品储存仓库中违规接电行为的直接实施人，也并非涉案危险物品的直接存储人，但是，胡美林是危险物品储存仓库的出租人，根据出租合同协议以及《危险化学品安全管理条例》等法律、法规的规定，仓库出租人负有对危险物品专用存储仓库的安全监管义务。胡美林所在的飞翔油漆公司与神马公司签订的《房屋（场地）租赁协议》明确约定，神马公司协助飞翔油漆公司办理危险品仓库认证事宜，飞翔油漆公司对使用房屋的安全负全部责任。之后，胡美林对仓库进行了改造、分隔，并向安监、消防部门办理了相关审批手续，申领了危险化学品乙种经营许可证。但是，胡美林在仓库改造过程中，违规保留了处于通电状态的配电柜用于飞翔公司门卫室、办公房日常用电，明显未尽到对危险物品仓库完全、合法整改的监督管理义务。其后，胡美林将未经政府监管部门审批的仓库面积对外出租给他人，用于违规存储甲类火灾危险性物品、对他人从仓库内违规接电行为未尽到有效的阻止义务。根据事故调查结论，此次事故危害结果的发生，与胡美林违反危险物品管理规定、未尽管理义务存在因果关系。胡美林的行为符合危险物品肇事罪的构成要件，一、二审法院对其以危险物品肇事罪定罪处罚，符合法律规定。

（撰稿：最高人民法院刑四庭　崔　慧）

21. 如何区分以危险方法危害公共安全罪和危险物品肇事罪

——杨立论等以危险方法危害公共安全案

一、基本案情

被告人杨立论，男，1973年6月11日出生，山东省淄博市汇昌石化助剂有限公司驾驶员。2011年8月31日因涉嫌犯危险物品肇事罪被逮捕。

被告人杨立良，男，1971年8月24日出生，山东省淄博市汇昌石化助剂有限公司法人代表、淄博市佳泽化工有限公司实际控制人。2011年8月31日因涉嫌犯以危险方法危害公共安全罪被逮捕。

被告人邹建洲，男，1965年12月31日出生，山东省威海交通运输集团有限公司第二分公司驾驶员。2011年8月21日因涉嫌犯重大责任事故罪被逮捕。

被告人王恩典，女，1976年2月5日出生，山东省威海交通运输集团有限公司第二分公司营运车辆承包人。2011年7月31日因涉嫌犯重大责任事故罪被逮捕。

被告人李晓东，男，1970年12月8日出生，山东省威海市交通运输有限公司第二分公司安全科科长。2011年8月31日因涉嫌犯重大责任事故罪被逮捕。

被告人赵中华，男，1976年8月9日出生，山东省威海市交通运输有限公司第二分公司副经理。2011年8月31日因涉嫌犯重大责任事故罪被逮捕。

被告人刘昌珍，男，1955年2月27日出生，山东省威海市交通运输有限公司第二分公司经理。2011年9月9日因涉嫌犯重大责任事故罪被取保候审。

河南省信阳市人民检察院以被告人杨立论、杨立良犯以危险方法危害公共安全罪，被告人邹建洲、王恩典、李晓东、赵中华、刘昌珍犯重大责任事故罪，向信阳市人民法院提起公诉。

信阳市人民法院经审理查明：山东省淄博市汇昌石化助剂有限责任公司（以下简称汇昌公司）和山东省淄博市佳泽化工有限公司（以下简称佳泽公

司）两个公司一套人马，生产、销售危险化学品偶氮二异庚腈，由被告人杨立良实际控股并负责生产经营管理。两公司在生产、销售偶氮二异庚腈过程中，长期违反《危险化学品安全管理条例》的有关规定，在部分产品上不粘贴危险化学品专用标签，部分产品未委托有资质车辆进行运输，甚至采用火车、大巴、快递等严重危害公共安全的运输方式运输危险化学品。

鲁 K08596 号大客车系山东省威海交通运输集团有限公司（以下简称威海交运集团）所有、调拨至威海交运集团第二分公司（以下简称威海交运集团二分公司）管理的营运车辆，经批准经营威海汽车站——长沙汽车南站线路的客运业务。威海交运集团二分公司经理被告人刘昌珍将鲁 K08596 号大客车承包给被告人王恩典经营，王恩典又将该车交给李刚（已在事故中死亡）负责日常经营管理。鲁 K08596 号大客车在运营过程中长期存在不报班发车、擅自改变运行路线、在高速公路上违规上下客、站外拉客等违规行为。王恩典、刘昌珍以及威海交运集团二分公司安全科科长被告人李晓东、威海交运集团二分公司分管安全生产工作的副经理被告人赵中华等人疏于对该车经营管理人和驾驶员的安全管理工作，对该车运营过程中存在的上述问题未采取有效措施进行整改。

2011 年 7 月 7 日，汇昌公司工作人员张辉（已在事故中死亡）与湖南株洲化工集团诚信有限公司（以下简称诚信公司）业务员王沙各自以本单位名义，签订了两吨偶氮二异庚腈产品的购销合同，约定由汇昌公司用冷藏车运至诚信公司指定地点验货后付款。因汇昌公司当时正在开展出口产品业务，国内供货货源不足，至同月 12 日，汇昌公司使用冷藏车先向诚信公司送货 1 吨。同月 19 日，王沙电话要求张辉继续履行合同，张辉遂找到汇昌公司仓库保管员米建忠，要求米建忠为其预留了 5 箱偶氮二异庚腈，每箱重 20 公斤，5 箱共计重 100 公斤，后又找到汇昌公司负责销售工作的业务员王忠朋（另案处理）帮忙，从山东省威海拓展纤维有限公司（以下简称拓展公司）拆借了 10 箱共计 200 公斤偶氮二异庚腈。拓展公司系汇昌公司客户，所供偶氮二异庚腈系之前从汇昌公司购得，均未粘贴危险化学品专用标签。同月 20 日 15 时许，拓展公司将 10 箱偶氮二异庚腈送至威海长峰基础有限公司（以下简称长峰公司）院内一食堂，交给前来威海接货的张辉。

2011 年 7 月 21 日 10 时许，威海交运集团二分公司鲁 K08596 号大客车驾驶员孙常芹（已在事故中死亡）和同班驾驶员被告人邹建州在报班未经威海汽车站批准、车辆未载有其他乘客的情况下，直接将客车开进长峰公司院内。

李刚上车后，张辉将10箱未粘贴危险化学品专用标志的偶氮二异庚腈装入该车行李箱。行驶途中，为给后续上车乘客携带的海鲜腾出位置，李刚、邹建州等人又将该10箱偶氮二异庚腈移至车厢内紧挨客车尾部发动机的卫生间中。当日16时许，张辉在客车上电话通知汇昌公司驾驶员被告人杨立论，前往汇昌公司仓库找保管员米建忠拿取预留的5箱偶氮二异庚腈。杨立论将未粘贴危险化学品专用标签的5箱偶氮二异庚腈提出后，用面包车运送至约定的高速路段，在鲁K08596号大客车到达时交给张辉，一同堆放在客车车厢内卫生间旁边。次日3时40分许，鲁K08596号大客车行驶至河南省信阳市平桥区境内京港澳高速938千米+115米处时，车厢后部堆放的偶氮二异庚腈因在不符合危险品包装、运输的环境中受到长时间挤压、摩擦，受热分解并发生燃烧爆炸，造成客车整车烧毁，导致包括张辉、李刚在内的司乘人员共计41人当场死亡，邹建州等6人不同程度烧伤，另一被害人凌诗铭被送往医院救治34天后，经抢救无效死亡。

经国务院事故调查组调查认定，京珠高速河南信阳“7·22”特大卧铺大客车燃烧事故是一起生产安全责任事故，造成事故的直接原因是鲁K08596号大型卧铺客车违规运输15箱共计300公斤危险化学品偶氮二异庚腈并堆放在客车舱后部，偶氮二异庚腈在挤压、摩擦、发动机放热等综合因素作用下受热分解并发生爆燃。

信阳市中级人民法院认为，被告人杨立论作为危险化学品公司的司机，明知偶氮二异庚腈是危险化学品，必须按照规定采取低温冷藏的方式运输，却应公司员工张辉的要求，违反《危险化学品安全管理条例》等法律规定，将偶氮二异庚腈从仓库提出运送至约定的高速路段，再由张辉带上公共汽车；被告人杨立良作为危险化学品公司主要负责人，放任公司员工违规采用快递、公共汽车托运等严重危害公共安全的方式运输偶氮二异庚腈，二人放任并最终导致危害公共安全结果的发生，行为均已构成以危险方法危害公共安全罪。被告人邹建州作为鲁K08569号大客车驾驶员，不履行“三品”检查职责，被告人王恩典作为该车承包经营者，被告人李晓东、赵中华、刘昌珍作为该车所属公司安全科科长、分管安全工作的副经理和经理，不履行或疏于履行对该车的监管义务，致使发生特别重大事故，情节特别恶劣，五人行为均已构成重大责任事故罪。刘昌珍对事故仅承担次要责任，可以从宽处罚。据此，依照《中华人民共和国刑法》第一百一十五条第一款、第一百三十四条第一款、第三十六条第一款、第五十七条第一款、第六十一条、第六十二条、第六十三条第一款、第六十七条第一款，《最高人民法院关于适用〈中华人民共和国刑事诉讼法〉的解释》第一百五十一条、第一百五十五条第一、二款、第一百五十七条之规定，判决如下：

1. 被告人杨立论犯以危险方法危害公共安全罪，判处无期徒刑，剥夺政治权利终身。

2. 被告人杨立良犯以危险方法危害公共安全罪，判处无期徒刑，剥夺政治权利终身。

3. 被告人王恩典犯重大责任事故罪，判处有期徒刑六年。

4. 被告人邹建州犯重大责任事故罪，判处有期徒刑五年。

5. 被告人李晓东犯重大责任事故罪，判处有期徒刑四年。

6. 被告人赵中华犯重大责任事故罪，判处有期徒刑四年。

7. 被告人刘昌珍犯重大责任事故罪，判处有期徒刑二年。

一审宣判后，七被告人均提出上诉。

被告人杨立论、杨立良上诉及其辩护人提出，一审判决定性错误，二人行为构成危险物品肇事罪，且均有自首情节，一审判决量刑过重，请求从轻改判。

被告人王恩典、邹建洲、李晓东、赵中华、刘昌珍上诉及其辩护人提出，王恩典不是事故车辆承包经营者，邹建洲有自首情节和重大立功情节，刘昌珍的行为与危害后果不存在刑法上的因果关系，一审判决量刑过重，请求从轻改判。

河南省高级人民法院经审理认为，一审认定的事实清楚，适用法律正确，定罪准确，量刑适当。审判程序合法，各上诉人的上诉理由及辩护人的辩护意见均不能成立，据此，依照《中华人民共和国刑事诉讼法》第二百二十五条第一款第一项之规定，裁定驳回上诉，维持原判。

二、主要问题

如何区分以危险方法危害公共安全罪和危险物品肇事罪?

三、裁判理由

本案审理过程中，被告人杨立论、杨立良非法使用公共客运车辆运输危险化学品，导致发生危险化学品燃烧事故的行为应当认定为以危险方法危害公共安全罪还是危险物品肇事罪，存在较大争议，分析如下：

（一）以危险方法危害公共安全罪与危险物品肇事罪的区别

根据刑法的规定，以危险方法危害公共安全罪，是指故意以放火、决水、爆炸、投放危险物质以外并与之相当的危险方法，危害公共安全的行为；危险物品肇事罪，是指违反爆炸性、易燃性、放射性、毒害性、腐蚀性物品的管理规定，在生产、储存、运输、使用中发生重大事故，造成严重后果的行为。

以危险方法危害公共安全罪和危险物品肇事罪均属于危害公共安全犯罪，犯罪主体都是一般主体，侵害客体都是公共安全。但是，二者在犯罪构成上存在着重大差别，主要表现在以下几个方面：

第一，侵害的犯罪对象不同。危险物品肇事罪的犯罪对象是特定的，即能够引发重大事故，导致人员重伤、死亡或者公私财产遭受重大损失的危险物品。危险物品一般具有双重属性，一方面可以造福人类，事实上其中很大一部分已被用于国防建设、经济建设和人民的日常生活，如爆炸性物品广泛用于筑路、采矿、军工事业，易燃性物品多用于交通和能源方面，放射性物品可用于发电和医疗卫生事业，毒害性物品广泛用于农业、林业杀虫，腐蚀性物品是重要的化工原料等，并且随着社会主义现代化建设事业的发展，危险物品的使用范围将更加广阔，用途也将更加多种多样。另一方面，由于危险物品本身固有的危险属性，如果在生产、储存、运输、使用中稍有不当，极易发生重大事故，损害不特定多数人的生命、健康和重大公私财产的安全。以危险方法危害公共安全罪侵害的犯罪对象是不特定多数人的生命、健康、重大公私财产或者其他重大公共利益。行为人实施的危害行为虽然造成了重大财产损失，但如果上述财产属于某个个人或者某些特定人，也不宜认定为以危险方法危害公共安全罪。

第二，客观方面的行为表现形式不同。危险物品肇事罪在客观方面主要表现为，行为人违反了易燃性、放射性、爆炸性、毒害性、腐蚀性等危险物品管理规定，在生产、运输、储存和使用中发生重大事故，并且造成严重的危害后果。具体而言，认定为危险物品肇事犯罪行为，必须同时满足以下几个条件：首先，行为人违反了有关危险物品的管理规定。其次，行为人必须是在危险物品的生产、运输、储存和使用过程中违反危险物品管理规定，如果行为人违反危险物品管理规定的行为不是发生在生产、运输、储存和使用过程中，一般不能以危险物品肇事罪论处。再次，行为人因为违反危险物品管理规定导致重大事故的发生，并且造成了严重的危害后果。最后，行为人违反危险物品管理规定的行为必须与发生的重大事故、造成的严重危害后果具有刑法上的因果关系。以危险方法危害公共安全罪在客观方面表现为，行为人实施放火、决水、爆炸、投放危险物质以外并与之相当的其他危险方法，且足以危害公共安全中的行为。具体来讲，首先，“其他危险方法”是指与放火、决水、爆炸、投放危险物质行为的危险性相当、足以危害公共安全的其他危险方法，不能泛指所有具有危害公共安全性质的方法，且并不限于具体的某个过程，这一点与危险肇事罪要求行为发生在危险物品生产、运输、储存和使用过程中不同。以危险方法危害公共安全罪中的“其他危险方法”，必须是现行刑法未明确规定的危险方法，如果某种行为符合其他犯罪的构成要件，并且已经明确纳入刑法规范，就应按照罪刑法定原则尽量认定为其他犯罪，直接适用相应条款，不宜认定为以危险方法危害公共安全罪，以免造成本罪适用范围的任意扩大。其次，以危险方法危害公共安全罪属于具体的危险犯，不要求发生危害社会的实害结果，但需要在个案中进行是否存在现实性的具体的危险性的判断，如果行为单纯造成多数人的心理恐慌，不足以造成具体的公共危险或者侵害结果的可能性，就不宜认定为以危险方法危害公共安全罪。

第三，犯罪的主观方面不同。这是危险物品肇事罪与以危险方法危害公共安全罪最主要的区别。具体而言，危险物品肇事罪是过失犯罪，主观方面表现为过失，而以危险方法危害公共安全罪是故意犯罪，主观方面表现为故意。

根据刑法规定，犯罪故意包括直接故意和间接故意两种，犯罪过失包括疏忽大意的过失和过于自信的过失两种形式。司法实践中容易混淆的，主要是以危险方法危害公共安全罪中的间接故意和危险物品肇事罪中的过于自信的过失，两者确实存在诸多相似之处。例如，间接故意和过于自信的过失行为人都已经认识到危害结果发生的可能性，主观上都不希望危害结果的发生。但是，间接故意和过于自信的过失之间的区别也很明显。根据我国刑法的规定，间接故意反映的是行为人对刑法所保护的法律秩序的积极蔑视态度，而过于自信的过失则反映了行为人对这种法律秩序的消极不保护或者说保护不力，这种差别又通过各自的认识因素和意志因素得以体现。但是，刑法理论上的区分虽然清楚，实践中的具体区分标准如何确定，仍然存在困难，形成了“盖然说”和“容认说”两种观点①。其中，“盖然说”认为，凡是认识到结果发生有较大的可能性，并且又实施了该行为的，就属于间接故意；凡是认识到危害结果发生的可能较小，而实施相应行为的，就属于有认识的过失，即过于自信的过失。“容认说”认为，行为人对结果发生的可能性存在认识，而且对该结果的发生持容认态度的，属于间接故意；行为人确信自己的技能或者出于侥幸避免的意思状态，认为能够防止或者避免危害结果发生的，就属于过于自信的过失。

我们认为，“盖然说”单纯以对结果发生可能性的认识程度作为区分标准，存在不足之处；“容认说”一定程度上弥补了“盖然说”的不足，但其全然不顾间接故意与过于自信的过失在认识因素方面存在的差异，将行为人是否容认行为发生危害结果的主观态度作为关键区分标准，也有失偏颇。尽管弗兰克公式②为“容认说”在实现结果的意思存在与否的判断上提出了一个具体的量化标准，仍然未能从根本上弥补“容认说”的不足。上述两种观点都仅注意到了罪过形态认识因素和意思因素中的其中一个方面，同时忽视了另外一个方面，均不可采。从根本上讲，区分间接故意和过于自信的过失心态，应当以我国的刑法规定为基础，从认识因素和意志因素两个方面进行考察。司法实践中，对间接故意和过于自信的过失进行区分，可以从以下两个方面入手：首先，考察行为人的认识因素。如果在行为人看来，行为造成的危害结果的发生是势属必然，则根本无过于自信的过失存在的余地，这种情况下，应当根据行为人的意志因素是希望或是放任，分情况认定为直接故意或间接故意。其次，如果行为人认为自己的行为存在引发危害结果的偶然性可能，就需要进一步审查下面几个方面因素：行为人是否同时认识到了阻碍结果发生的主客观条件；行为人是否有实际的根据和理由认为这些条件是存在的；行为人在事先和事中是否有利用这些条件积极阻止结果发生的倾向作为；当结果发生时行为人是否感到意外，并及时采取措施防止危害结果进一步扩大。如果同时具备上述条件，就属于过于自信的过失，反之，如果不

---

① 参见甘雨沛等著：《犯罪与刑罚新论》，北京大学出版社1991年版，第150页。

② 弗兰克公式是德国著名刑法学家P. 弗兰克提出的一个假定，其内容是：假设显示出可能性的结果确实要发生，那么此时本人可能会采取什么举动，如果是间接故意，就会在意思上反映出“尽管如此仍然实施行为”的态度；如果是过于自信的过失，在意思上则会反映出“如果是那样的话就中止实施行为”的态度。此说的缺陷，仍然是忽视了行为人的认识因素作用，而且是站在第三人的角度以事先的假定来推断。

能同时满足上述四个条件，一般应当认定为间接故意。

（二）被告人杨立论、杨立良利用公共营运客车非法运输危险化学品的行为应当认定为以危险方法危害公共安全罪

根据上述判断标准，首先，在本案中，被告人杨立论作为参加过专业运输安全培训、持安全生产上岗证上岗的危险化学品生产经营单位驾驶员，其对于偶氮二异庚腈属于易燃危险化学品、需委托有资质车辆采用低温冷藏运输方式才能保证运输安全等问题，主观上是明知的，其能够认识到违规将偶氮二异庚腈从仓库中提出，通过客运公共交通工具运输可能造成危害结果势属必然，但杨立论仍然违规提取、违规交付送运危险化学品，主观上对危害结果的发生持放纵、容忍心态，属于刑法规定的间接故意。被告人杨立良作为专业生产、销售偶氮二异庚腈的公司负责人，对危险物品须遵守的包装标准、标识标明要求、运输保障措施及严禁客货混装等安全生产管理制度等内容均应明知，应当对偶氮二异庚腈这一化学物品的危害性有清楚的认识，且在本案发生之前，杨立良经营的公司曾因违法运输偶氮二异戊腈行为被有关部门处罚过，说明杨立良对于纵容公司业务员采用火车、快递、公共汽车等公共运输方式违规运输偶氮二异戊造成危害公共安全结果的必然性是明知的。杨立良虽无积极追求危害公共安全后果发生的主观心态，但其因非法运输危险化学品偶氮二异庚腈被有关部门行政处罚后，非但不认真吸取教训，未采取任何预防和补救措施，未履行监督管理职责，反而再次违规利用公共客运班车运输偶氮二异庚腈，放任危害公共安全后果的发生，主观方面存在间接故意的心态。

其次，从犯罪客观方面分析，被告人杨立论、杨立良违规利用本应用来载人的公共客运汽车运输易燃危险化学品，这种运输方式足以严重危害公共安全，且危险性与放火、决水、爆炸、投放危险物质等行为的危险性相当，且实际上最终导致了严重危害结果的发生，符合以危险方法危害公共安全罪的构成要件。一、二审法院认定杨立论、杨立良构成以危险方法危害公共安全罪，定罪准确。

另外，本案其余五名被告人邹建洲、王恩典、李晓东、赵中华、刘昌珍中，有的是直接从事长途公共客运业务的驾驶员，有的属于对长途公共客运安全负有组织、指挥或者管理职责的承包经营人、实际负责人和安全管理人，不属于从事危险化学品生产经营活动的专业人员，对涉案危险化学品偶氮二异庚腈的危险性缺乏明确认知，难以认定其主观上对危害结果的发生具有间

接故意心态。五被告人在从事公共客运运输的过程中，违反有关长途客运的安全管理规定，导致发生42人死亡的重大伤亡事故，符合重大责任事故罪的构成要件。一、二审法院以重大责任事故罪对五被告人定罪处罚，符合法律规定。

（撰稿：最高人民法院刑四庭　崔　慧）

22. 如何区分危险物品肇事罪和非法运输危险物质罪

——周添、周未荣等危险物品肇事案

一、基本案情

被告人周添，男，1987年10月14日出生，湖南省长沙大承化工有限公司法定代表人。2014年8月26日因涉嫌犯危险物品肇事罪被逮捕。

被告人周未荣，女，1964年1月6日出生，货车登记所有人。2014年8月26日因涉嫌犯危险物品肇事罪被逮捕。

被告人李齐平，男，1973年12月20日出生，湖南省长沙市新鸿胜化工原料有限公司法定代表人、土桥仓库安全员。2014年8月26日因涉嫌犯危险物品肇事罪被逮捕。

被告人杨正湘，男，1950年11月7日出生，新鸿胜化工原料有限公司仓储部经理、土桥仓库负责人。2014年8月26日因涉嫌犯危险物品肇事罪被逮捕，同年11月10日被取保候审。

被告人唐石友，男，1964年3月18日出生，新鸿胜化工原料有限公司土桥仓库装卸工。2014年8月26日因涉嫌犯危险物品肇事罪被逮捕。

湖南省隆回县人民检察院以被告人周添、周未荣、李齐平、杨正湘、唐石友犯危险物品肇事罪，向隆回县人民法院提起公诉。

被告人周添、周未荣、李齐平、杨正湘、唐石友对公诉机关指控的犯罪事实及罪名均无异议，请求人民法院从轻处罚。

被告人周添的辩护人提出，公诉机关指控周添雇佣周斌驾车运输乙醇的证据不足，周添经公安机关口头通知后主动到案，如实供述犯罪事实，依法构成自首，且此次事实由多种原因造成，应从轻或者减轻处罚。

被告人周未荣的辩护人提出，周未荣虽系肇事轻型货车登记所有人，但该车由刘斌实际控制，周未荣未参与车辆非法改装和具体运营，犯罪情节轻微，有自首情节，依法应减轻处罚。

被告人李齐平的辩护人提出，此次事故的直接原因是驾驶员刘斌违反交通规则所致，李齐平过失程度较小，有自首情节，依法应当减轻处罚。

被告人杨正湘的辩护人提出，杨正湘在工作职责范围内存在疏忽大意和管理不到位，但其行为与此次事故之间不存在直接因果关系，主观恶性较小，有自首情节，依法应当减轻处罚。

被告人唐石友的辩护人提出，唐石友作为新鸿胜化工原料有限公司底层员工，仅根据上级指令为运输车辆充装乙醇，主观过错体现为未拒绝为无运输资质车辆充装乙醇，此次事故由多方面原因造成，唐石友参与度极小，并非直接责任人，且在公安机关采取强制措施前自动到案，如实供述犯罪事实，依法构成自首，应当减轻处罚。

隆回县人民法院经审理查明：2009 年 8 月，被告人周添注册成立湖南省长沙大承化工有限公司（以下简称大承公司），经营范围为化工产品销售，并取得了《危险化学品经营许可证》，周添任法定代表人。2013 年初，周添聘用刘斌（已在事故中死亡）担任大承公司货车司机，聘用张善春（已在事故中死亡）担任公司业务员。同年 3 月，周添的母亲被告人周未荣与刘斌共同出资购买湘 A3ZT46 号福田牌轻型货车，登记所有人为周未荣，由刘斌实际驾驶使用。该轻型货车核定载货量 1.58 吨，核定用途为普通货运，未取得危险货物道路运输资格，刘斌亦不具备危险货物道路运输从业资格。为从事危险货物运输业务牟利，刘斌伙同周添对该轻型货车进行非法改装，加装了车厢和聚丙烯材质方形罐体，并在车厢外部喷绘“洞庭渔业”字样以逃避检查。2013 年 3 月至 2014 年 7 月间，周添长期雇佣刘斌驾驶湘 A3ZT46 号轻型货车前往湖南省长沙市新鸿胜化工原料有限公司（以下简称新鸿胜公司）充装运输乙醇。被告人李齐平作为新鸿胜公司法定代表人、安全员，违反相关行政法律法规和公司岗位职责要求，明知湘 A3ZT46 号轻型货车系非法改装的非危险货物运输专用车辆，且新鸿胜公司员工长期违法为该车超量充装乙醇，仍对相关违规行为不予制止，亦未采取整改措施。被告人杨正湘作为新鸿胜公司仓储部经理、土桥仓库负责人，违反有关行政法律法规和公司岗位职责要求，默许违规车辆进入土桥仓库装运乙醇。被告人唐石友作为新鸿胜公司土桥仓库装卸工，不履行公司岗位职责要求，明知湘A3ZT46号轻型货车系非法改装的非危险货物运输专用车辆，仍不查验驾驶员和押运员资质，违规为该轻型货车超量充装乙醇。

2014年7月18日，大承公司业务员海勇联系被告人周添，称湖南省武冈湛大泰康药业有限公司准备购进一批乙醇。周添与新鸿胜公司业务员联系谈妥购买乙醇事宜后，安排刘斌驾驶湘A3ZT46号轻型货车前往新鸿胜公司土桥仓库装运乙醇，安排张善春担任随车押运员。当日17时许，刘斌驾驶湘A3ZT46号轻型货车进入新鸿胜公司土桥仓库灌装区，被告人唐石友为该车超量充装乙醇6.52吨后，刘斌驾车离开土桥仓库前往武冈湛大泰康药业有限公司。次日2时57分，刘斌驾驶湘A3ZT46号轻型货车自东向西行驶至沪昆高速公路邵阳市隆回县境内1609千米+33米处时，与前方排队等候的由驾驶员贾安奎（已在事故中死亡）驾驶的闽BY2508号大客车发生追尾碰撞，致使轻型货车装运的乙醇泄露燃烧，引燃大客车、轻型货车及附近3辆机动车，造成54人死亡、6人受伤（其中4人后经抢救无效死亡）、直接经济损失5300余万元的特大事故。

经国务院事故调查组调查认定，沪昆高速公路湖南邵阳段"7·19"特大道路交通危化品燃爆事故是一起生产安全责任事故。湘A3ZT46号轻型货车与闽BY2508号大客车追尾碰撞的原因为，刘斌驾驶严重超载的轻型货车，未按操作规范安全驾驶，忽视交警现场示警，未注意观察和及时发现停在前方排队等候的大客车，未采取制动措施，致使轻型货车以每小时85公里的速度撞上大客车，其违法行为是导致车辆追尾碰撞的主要原因；贾安奎驾驶大客车未按交通标志指示在规定车道通行，遇前方车辆停车排队等候时，作为本车道最末车辆未按规定开启危险报警闪光灯，其违法行为是导致车辆追尾碰撞的次要原因。起火燃烧和造成大量人员伤亡的原因为，轻型货车高速撞上前方停车排队等候的大客车尾部，车厢内装载乙醇的聚丙烯材质罐体受到剧烈冲击，导致焊缝大面积开裂，乙醇瞬间大量泄漏并迅速向大客车底部和周边弥漫，轻型货车车头右前部由于碰撞变形造成电线短路产生火花，引燃泄漏的乙醇，火焰迅速沿地面向大客车底部和周围蔓延将大客车包围。另外，大承公司和新鸿胜公司违法运输和充装乙醇，属于引发事故的间接原因之一。大承公司违反《危险化学品安全管理条例》规定，从2013年3月以来一直使用非法改装的无危险货物道路运输许可证的肇事轻型货车运输乙醇；新鸿胜公司违反《危险化学品安全管理条例》规定，安全管理制度不落实，未查验承运危险货物的车辆及驾驶员和押运员的资质，多次为肇事轻型货车充装乙醇。

另查明，“7·19”特大事故发生后，湖南省长沙县公安局于2014年7月19日立案侦查，被告人周添、周未荣、李齐平、杨正湘、唐石友同日经长沙县公安局口头通知，自动到案接受调查，并如实供述了各自所犯罪行。

隆回县人民法院认为，被告人周添作为危险物品经营者，雇佣未取得危险货物道路运输从业资质人员驾驶非法改装的无危险货物道路运输资格车辆超载运输乙醇；被告人周未荣明知其出资购买的车辆用于运输危险物品，仍然同意无资质人员驾驶该车运输乙醇；被告人李齐平、杨正湘违反公司岗位职责要求，明知公司员工长期为无资质非专用车辆充装乙醇而不予制止，亦未采取整改措施；被告人唐石友违反公司岗位职责要求，不查验危险物品运输车辆及驾驶员、押运员资质，为该车违规超量充装乙醇，五被告人的行为均违反了危险物品管理规定，均系导致特大事故发生的原因，行为均已构成危险物品肇事罪，且后果特别严重。引发此次事故发生的原因中包括直接原因和多个间接原因，大承公司和新鸿胜公司违法运输和充装乙醇的行为属于引发事故的间接原因之一，应从事故原因、危害后果、主体职责、过错大小等多个因素进行综合考虑，做到罪责刑相适应。五被告人案发后经公安机关口头通知即自动到案接受调查，并如实供述所犯罪行，均构成自首，综合全案情况，依法对周添从轻处罚，对周未荣、李齐平、杨正湘、唐石友减轻处罚。鉴于杨正湘有悔罪表现，无再犯罪危险，宣告缓刑对其所居住社区无重大不良影响，社区矫正机构亦建议对杨正湘实行社区矫正并愿意进行监管，可依法适用缓刑。据此，依照《中华人民共和国刑法》第一百三十六条、第六十七条第一款、第七十二条第一款、第七十三条第二、三款之规定，判决如下：

1. 被告人周添犯危险物品肇事罪，判处有期徒刑三年。

2. 被告人周未荣犯危险物品肇事罪，判处有期徒刑一年二个月。

3. 被告人李齐平犯危险物品肇事罪，判处有期徒刑一年二个月。

4. 被告人唐石友犯危险物品肇事罪，判处有期徒刑一年二个月。

5. 被告人杨正湘犯危险物品肇事罪，判处有期徒刑一年六个月，缓刑三年。

宣判后，被告人周添、周未荣、李齐平、杨正湘、唐石友均服判不上诉，检察机关亦未抗诉。判决已经发生法律效力。

二、主要问题

如何区分危险物品肇事罪和非法运输危险物质罪?

三、裁判理由

沪昆高速公路湖南邵阳段“7・19”特大道路交通危化品燃爆事故，是一起典型的由于危险物品生产经营者长期非法、违法生产经营导致的生产安全责任事故，造成重大人员伤亡和巨额经济损失，社会影响十分恶劣。2015 年 8 月至 2017 年 11 月，人民法院陆续对此次事故涉及的多起刑事案件作出判决，依法对 20 余名事故责任人和相关职务犯罪被告人判处刑罚。本案即为系列案件其中之一。

本案审理过程中，对于涉案五名被告人行为的定性，存在两种意见。

第一种意见认为，五被告人违反危险物品管理规定，在危险物品运输过程中发生安全事故，造成特别严重后果，行为构成危险物品肇事罪。

第二种意见认为，被告人周添、周未荣故意使用不符合国家规定的经过非法改装的非专用车辆运输易燃物品乙醇，雇用无资质人员担任危险物品运输车辆驾驶员和押运员，极易发生泄露爆炸事故，严重危害公共安全，行为构成非法运输危险物质罪；被告人李齐平、杨正湘、唐石友明知周添、周未荣使用非专用车辆运输乙醇，仍为其进行充装，且充装数量远远超出该车核定载货质量，属于共同犯罪，亦应以非法运输危险物质罪定罪处罚。

我们同意第一种意见，被告人周添、周未荣、李齐平、杨正湘、唐石友的行为依法构成危险物品肇事罪。

根据刑法规定，危险物品肇事罪，是指违反爆炸性、易燃性、放射性、毒害性、腐蚀性物品的管理规定，在生产、储存、运输、使用中发生重大事故，造成严重后果的行为；非法运输危险物质罪，是指违反法律规定，非法运输毒害性、放射性、传染病病原体等物质，危害公共安全的行为。危险物品肇事罪属于过失犯罪，行为人对自己行为导致的重大事故后果持过失心态，而非法运输危险物质罪属于故意犯罪，行为人对行为导致的危害公共安全的危害后果持故意心态，两罪在理论上的区别比较明显。但是，实践中，危险物品肇事行为人一般对危害后果持过于自信的过失心态，而非法运输危险物质行为人对危害后果多持间接故意心态，过于自信的过失与间接故意应当如何区分，理论和实践中均存在较大争议。另外，虽然刑法对危险物品肇事罪和非法运输危险物质罪的犯罪对象作出了明确列举，分别规定为爆炸性、易燃性、放射性、毒害性、腐蚀性危险物品和毒害性、放射性、传染病病原体等危险物质，但理论上一般认为，《刑法》第一百二十五条第二款关于非法运输危险物质罪的规定中，对危险物质范围的列举属于不完全列举，除了该条明确列举的毒害性、放射性和传染病病原体外，爆炸性、易燃性、腐蚀性物品也可能危害公共安全，也应当认定为《刑法》第一百二十五条第二款规定的危险物质。因此，危险物品肇事罪的犯罪对象实际上是包含在非法运输危险物质罪的犯罪对象范围之内的。这种情况下，行为人违反相关法律法规的规定运输危险物品并造成严重后果的行为，应当认定为危险物品肇事罪还是非法运输危险物质罪，容易引发争议。

我们认为，根据犯罪构成要件理论，判断行为人违法违规运输危险物品并造成严重后果的行为构成危险物品肇事罪还是非法运输危险物质罪，主要标准是考察行为人的主观心态：持过失心态的，依法构成危险物品肇事罪；持故意心态的，依法认定为非法运输危险物质罪。但是，主观心态属于个人的内在心理活动，缺乏明确的判断标准，区分起来相当困难，且如果一味强调依据行为人的主观心态确定其所实施行为的法律定性，可能导致单纯根据行为人的供述认定犯罪的不当结果。根据刑法中征表主义的观点，实践结构上的主观在存在论的意义上是客观的，行为人的主观心态必定通过其客观行为外向化和客观化。因此，判断行为人的主观心理状态，必须坚持从客观到主观的认识顺序，以查明的案件客观事实为前提判断行为人的主观心理状态，而不能简单地以客观危害后果逆推行为人的主观心态，尤其应当避免因为行为造成的危害后果特别严重，即推定行为人对该后果具有犯罪故意，进而对其认定为故意犯罪和判处重刑的做法。根据上述原则，判处行为人违法违规运输危险物品并造成严重后果的行为构成危险物品肇事罪还是非法运输危险物质罪，应当坚持客观的判断标准，重点考察以下两个方面因素：

（一）行为人是否具有运输危险物品的合法资质和正常的生产经营目的

从立法论上讲，刑法规定危险物品肇事罪的目的，在于依法惩治非法、违法生产经营行为，预防生产安全责任事故罪的发生，而规定非法运输危险物质罪的主要目的，在于从源头上预防恐怖活动犯罪和其他严重暴力犯罪。近些年，世界各国中发生的恐怖活动的一个特点就是使用或者威胁使用毒害性、放射性、传染病病原体等危险物质发动恐怖袭击，严重危害公共安全，容易造成重大人员伤亡和财产损失，由于毒害性、放射性、传染病病原体等物质本身具有高度危险性，一旦管控不严，落入恐怖分子之手，将会对公共安全造成严重威胁，我国及世界各国对此都给予严格管理和控制，基于以上考虑，《刑法修正案（三）》将刑法规定的非法买卖、运输核材料罪修改为非法制造、买卖、运输、储存危险物质罪[①]。据此，刑法实际上是将非法制造、买卖、运输、储存危险物质罪视为恐怖活动犯罪和其他严重暴力犯罪的预备犯，将为恐怖活动犯罪和其他严重暴力犯罪准备犯罪工具的预备行为规定为独立的罪名，以加大刑罚打击力度。对于已经取得合法资质的危险物品运输从业者，以及出于生产经营的目的运输危险物品的行为人，其主观上并无实施或者协助他人实施恐怖活动犯罪和其他严重暴力犯罪的目的，社会危害性相对较小，一般不宜认定为非法运输危险物质罪。

有意见认为，危险物品肇事罪和非法运输危险物质罪的主要区别，在于危险物品肇事行为人运输危险物品的行为本身是合法的，只是在运输过程中未遵守运输危险物品的有关规定，而非法运输危险物质行为人运输危险物质这一行为本身就是非法的[②]。我们认为，上述意见的主要观点正确，但要具体应用于实践，尚须明确以下三个方面问题：

首先，判断运输危险物品行为本身是否合法，应当主要考察行为人是否具有从事危险物品运输活动的合法资质。对于行为人本身具有从事危险物品运输活动的合法资质，依法取得相应的行政许可证件，但在具体运输活动过程中违反相关行政法律法规规定的行为，如使用不合格的非专用车辆运输危险物品、超载超量运输危险物品等，不应认定为刑法规定的非法运输危险物质行为。

其次，对于行为人是否具有从事危险物品运输活动的合法资质，应当从整体上进行综合判断。对于承运危险物品的生产经营单位具有合法资质、但在实际运输过程中违法雇用不具备相应资质的人员担任危险物品运输车辆驾驶员或者押运员的，不应认定为非法运输危险物质行为。

最后，对于虽然不具有从事危险物品运输活动的合法资质，但行为人确因正常生产、生活需要，或者因为从事生产经营活动的需要而运输危险物品的，由于其运输危险物品的目的是获取经济利润，不具有危害公共安全的主观目的，也不应认定为非法运输危险物质行为。

---

① 参见黄太云：《刑罚修正案解读全编——根据〈刑法修正案（九）〉全新阐释》，人民法院出版社2015年版，第336－337页。

② 参见熊选国主编：《刑法罪名疑难问题精析》（第一卷），人民法院出版社2007年版，第307页。

（二）作为犯罪对象的危险物品来源是否合法

《刑法》第一百二十五条第二款规定的非法买卖、运输、储存危险物质罪是选择性罪名。根据罪责刑相适应原则，立法机关将非法买卖、运输、储存危险物质三种行为在同一条文中作并列规定，并适用完全相同的法定刑，就要求上述行为的社会危害性应当总体相当，且具有一定的内在逻辑联系。从立法论的角度分析，刑法规定非法买卖、运输、储存危险物质罪这一罪名的目的，是为了严格控制危险物质在社会中的分布和扩散范围，防止发生泄露、中毒和传染等事故，或者被他人利用实施恐怖活动犯罪及其他严重暴力犯罪，造成危害社会的严重后果。在上述三种类型的行为中，非法买卖危险物质属于上游行为，应当作为首要惩治目标予以严厉打击。与此同时，为了严密刑事法网，刑法还将后续流通环节中的运输、储存行为也明确规定为犯罪。据此，要成立非法运输危险物质罪，需要行为人明知运输对象是他人非法买卖的危险物质，即应当要求运输者对危险物质来源的非法性存在主观明知的心态。对于有合法资质的生产经营者合法生产和通过正当途径出售的危险物质，行为人违反行政法律法规的规定进行运输的行为，社会危害性较小，不应认定为刑法规定的非法运输危险物质行为。在发生重大事故、造成严重后果的情况下，可能构成危险物品肇事罪。

本案中，肇事轻型货车驾驶员刘斌和押运员张善春均未取得危险化学品道路运输驾驶员和押运员资质。但是，涉案乙醇的承运人大承公司系合法注册成立的危险化学品生产经营企业，已经获得行政机关核发的《危险化学品经营许可证》，属于具有合法资质的危险物品承运人，不属于非法运输危险物质罪的犯罪主体范围。大承公司违反行政法律法规的规定，长期使用经过非法改装的非专用车辆运输乙醇，雇用不具有合法资质的人员担任车辆驾驶员和押运员，违反了危险物品运输管理规定，并因此导致发生重大事故，造成特别严重后果。周添作为大承公司法定代表人，周未荣作为肇事车辆登记所有人，均应对大承公司的违法违规行为承担刑事责任。李齐平、杨正湘、唐石友作为涉案乙醇出售单位工作人员，明知大承公司用于装运乙醇的车辆和驾驶人员、押运人员不符合法律法规规定的条件，仍然长期为该车充装乙醇，且充装质量远远超出该车核定载重质量，违反了危险物品管理规定，亦应承担相应刑事责任。一审判决认定周添、周未荣、李齐平、杨正湘、唐石友的行为均构成危险物品肇事罪，定罪准确。

（撰稿：最高人民法院刑四庭　李加玺）

23. 如何正确认定危险物品肇事罪以及逃逸后向司法机关主动投案的是否构成自首

——康兆永、王刚危险物品肇事案

一、基本案情

被告人康兆永，男，1975 年 7 月 2 日出生，山东省济宁市远达石化有限公司驾驶员。2005 年 4 月 9 日因涉嫌犯以危险方法危害公共安全罪被逮捕。

被告人王刚，男，1967 年 8 月 4 日出生，山东省济宁市远达石化有限公司驾驶员。2005 年 4 月 9 日因涉嫌犯以危险方法危害公共安全罪被逮捕。

江苏省淮安市人民检察院以被告人康兆永、王刚康兆永、王刚犯危险物品肇事罪，且均具有自首情节，向淮安市中级人民法院提起公诉。

被告人康兆永对起诉书指控的犯罪事实未作辩解。其辩护人提出，在案尸体鉴定意见未确定死者死亡时间，无法证实 29 名死者是在此次事故中死亡；淮安市人民政府出具的情况说明中确定的经济损失是估算数字，不能作为认定此次事故经济损失的依据，认定康兆永的行为造成特别严重后果证据不足；公安机关处警人员在事故发生后未问清引发事故的具体原因，导致无法及时有效开展救助工作，事故处理过程中又引发液氯二次泄漏，由此造成的特别严重后果不应由康兆永承担责任，不属于危险物品肇事后果特别严重；康兆永离开现场后次日向公安机关投案自首，不应认定为肇事后逃逸，依法应判处有期徒刑三年以下刑罚。

被告人王刚对起诉书指控的犯罪事实未作辩解。其辩护人提出，王刚在事故发生后及时拨打电话报警，客观上减轻了犯罪的社会危害性，事故后次日即向公安机关投案自首，且归案后认罪、悔罪，请求减轻处罚。

淮安市中级人民法院经审理查明：被告人康兆永、王刚均系山东省济宁市远达石化有限公司（以下简称远达公司）雇佣的驾驶员，二人均取得了危险货物运输从业资格证和道路危险货物运输操作证，具备从事危险货物运输的专业资质。远达公司从事化工产品和原料批发、零售生产经营活动，但不具备危险货物运输资质。为开展危险货物运输经营，远达公司与济宁市科迪化学危险货物运输中心（以下简称科迪中心）签订委托管理合同，将远达公司所有的危险货物运输专用车辆和驾驶人员挂靠到科迪中心名下，从而取得了危险货物运输资质，但相关车辆和驾驶人员的日常管理仍然由远达公司经理马建国（另案处理）实际负责。

2005 年 3 月 28 日，根据马建国的指令，远达公司驻南京车队队长张凤哲安排被告人康兆永、王刚驾驶鲁 H00099 号牵引车，牵引鲁 LJ0065 号拖挂罐体车前往山东省临沂市沂州化工有限公司（以下简称沂州化工公司）装运远达公司销售给江苏省钟山石化有限公司的液氯。次日上午，王刚到沂州化工公司申请装货，沂州化工公司负责销售工作的销售二部经理刘超和公司副总经理朱书平（均另案处理）违反鲁 LJ0065 号拖挂罐体车的核定载重量，批准为该车超载充装 40.44 吨液氯。装车完成后，康兆永担任驾驶员、王刚担任押运员，驾驶鲁 H00099 号牵引车和鲁 LJ0065 号拖挂罐体车组成的铰接列车沿京沪高速公路由北向南行驶。当日 18 时 40 分许，该车行至江苏省淮安市境内京沪高速公路沂淮段 103 千米 +525 米处时，因严重超载及使用不符合安全标准的报废轮胎，导致左前轮使用的报废轮胎突然爆裂，车辆方向失控，撞毁公路中间隔离护栏，冲入对向行车道，鲁 LJ0065 号拖挂罐体车与鲁 H00099 号牵引车脱离后向左侧翻在道路上。此时，山东临沂籍驾驶员马建军驾驶鲁 Q08477 号半挂车沿京沪高速公路由南向北正常行驶至事故路段，紧急避让未成功，车辆左侧与侧翻的鲁 LJ0065 号拖挂罐体车顶部发生刮碰，导致该拖挂罐体车顶部液相阀和气相阀脱落，罐内液氯大量泄漏。康兆永、王刚发现液氯泄漏后，害怕中毒，立即下车越过高速公路西边护网，沿逆风方向逃至附近麦田内。逃跑过程中，王刚使用手机拨打 110 电话，报警称有一辆装载危险品液氯的拖挂罐体车在京沪高速公路淮阴北出口 15 公里处翻车，但未进一步说明液氯数量和危害、可能造成的后果和与对面车辆相撞等情况。之后，康兆永、王刚躲藏在附近麦田中，看到有警车、救护车、消防车赶来开展抢救，但一直未参与事故抢救，亦未露面向警方说明详细情况，其间，二人又将事故情况电话报告了远达公司经理马建国等人。康兆永、王刚观望约两个小时后潜逃至淮安市区住宿，3 月 30 日日乘车潜逃至远达公司位于南京市的临时住处，下午共同向南京市公安机关投案自首。此次液氯泄漏事故导致鲁 Q08477 号半挂车驾驶员马建军、副驾驶员马宇以及事故现场周边的淮安市淮阴区、涟水县大量群众氯气中毒，造成 29 人因氯气中毒死亡，400 余人住院治疗，1800 余人门诊留治，1 万余名村民被迫疏散转移，并造成数千头（只）家畜、家禽死亡，大面积农作物绝收或者受损，大量树木、鱼塘和村民的食用粮、家用电器受到污染和腐蚀。

经公安部道路交通管理科学研究所鉴定，确定鲁 H00099/鲁 LJ0065 号铰接列车长期在超载情况下行驶，轮胎气压高于标准压力，使轮胎刚性增大，胎冠中间部位凸出，形成众多裂纹，由于超载引起轮胎过度变形和轮胎气压升高，在行驶中随着轮胎内部温度的升高，轮胎帘线过度伸张，橡胶复合材料的物理特性连续遭到破坏，加上轮胎胎冠原有裂纹处应力集中，在交变载荷的重复作用下，应力超过材料的强度极限，开裂处产生逐渐扩大的破坏，形成帘线与橡胶间的黏着失效，胎肩与胎冠处产生部分脱空现象，行驶中脱空部位温度过高，帘线负荷能力下降，导致帘布层折断，胎冠和胎肩爆裂。经检查，左前轮紧贴爆裂胎冠及胎肩的帘布层断裂的端头较为整齐，属于突然爆裂所致，而其余帘布层帘线的断裂端头均发黏、发毛且卷曲，呈明显碾压所致。另外，该车使用的左右前轮、第二、第三轴左后轮的轮胎花纹深度以及磨损程度，均不符合 GB7258－2004 国家标准，且未达到同一轴轮胎规格和花纹相同的要求，该车使用存在严重交通隐患的报废轮胎，行驶中发生爆胎是必然现象。淮安市公安局交通巡逻警察支队京沪高速公路大队经调查认定，被告人康兆永驾驶机件不符合安全技术标准的车辆运输剧毒化学品且严重超载，导致左前轮爆胎，罐车侧翻，液氯泄漏，是造成此次事故的直接原因。王刚作为驾驶员兼押运员，对运输剧毒化学品的车辆安全行驶负有重要监管职责，却纵容安全机件不符合技术标准且严重超载的剧毒化学危险品车辆上路行驶，是导致此次事故发生的又一重要原因，事故发生后，康兆永、王刚逃离现场，应共同负事故的全部责任。

淮安市中级人民法院认为，被告人康兆永、王刚作为经过国家交通运输管理部门特别许可、具有从事危险物品运输专业资质的驾驶员和押运员，明知违反国家安全管理规定运输高度危险的剧毒化学品液氯有可能引发事故并危害公共安全，却轻信能够避免，驾驶、押运具有安全隐患的车辆超载、超限运输液氯，致使行驶过程中发生交通事故、引起液氯泄漏，造成不特定多数人中毒伤亡和公私财产巨额损失，二人行为均已构成危险物品肇事罪，且属于后果特别严重，依法应予严惩。二被告人违反国家安全规定运输剧毒化学品，发生交通事故后引起液氯泄漏，在极短时间内衍化成重大突发性公共灾难事件，造成事故现场周边众多人员中毒和巨额财产损失的严重后果，其中 29 名死亡被害人经鉴定证实死因为氯气中毒，虽然未作死亡时间认定，但基于本案的特定前因事件，足以证实29名被害人死亡的结果是由于二被告人运输液氯肇事行为所致。液氯泄漏事故发生后，事故发生地的淮安市人民政府依法履行指挥和领导职责，立即采取必要措施营救受害人员，对事故受害群众人身及财产受损情况进行了调查，组织相关方面专业人员进行损失评估，所作情况说明是依法定职责对事故损失情况进行调查的结果，且经法庭核实，情况说明反映的众多人员中毒和巨额财产损失事实是客观存在的，但对于事故直接经济损失的具体数额，公诉机关未能提供相关证据，对指控认定的具体经济数额不予认定。康兆永、王刚均供认自己在事故发生后为逃避法律处罚迅速弃车逃离现场，行为属于逃逸性质，辩护人关于二人不构成肇事逃逸的辩护意见不能成立。王刚虽然及时拨打电话报警，希望通过警方的处置行为避免严重后果的发生，但其报警时未说明液氯泄漏的数量、可能造成的危害后果以及发生交通事故时现场车辆情况，也未设置现场警示标识和采取救助措施，二被告人逃离现场、不履行法定义务的行为是造成特别严重后果的重要原因，均应酌情从重处罚。康兆永、王刚在事故发生后次日向公安机关自动投案，归案后对所犯罪行坦白认罪，依法构成自首，可以从轻处罚，但二人故意违反危险物品运输安全管理规定，在危险物品肇事后不全面履行法定义务，最终造成特别严重危害后果和极其恶劣社会影响，对辩护人提出的请求减轻处罚、判处三年以下有期徒刑的辩护意见不予采纳。据此，依照《中华人民共和国刑法》第一百三十六条、第三十五条第二款、第六十七条第一款之规定，判决如下：

1. 被告人康兆永犯危险物品肇事罪，判处有期徒刑六年六个月。

2. 被告人王刚犯危险物品肇事罪，判处有期徒刑六年六个月。

宣判后，被告人康兆永、王刚均服判不上诉，检察机关亦未抗诉。判决已经发生法律效力。

二、主要问题

1. 驾驶机动车通过公共道路运输危险物品过程中发生交通事故，导致发生重大危化品泄漏事故的行为应当如何定性？

2. 在安全事故发生后逃离现场，后又主动向司法机关投案并如实供述罪行的，是否构成自首？

三、裁判理由

京沪高速公路淮安段“3·29”重大液氯泄漏事故，造成现场周围大量人员中毒和巨额财产损失，社会影响十分恶劣，特别是肇事车辆驾驶员康兆永和押运员王刚在事故发生后擅自逃离现场，严重影响事故抢救，对二人的责任追究引发社会广泛关注。本案处理过程中，涉及的问题主要体现在两个方面，即康兆永、王刚的行为定性，以及二人于逃离现场后的次日向公安机关主动投案的行为是否构成自首。对于上述问题，简要分析如下：

（一）驾驶机动车通过公共道路运输危险物品过程中发生交通事故，导致发生危化品泄漏事故的，应当根据法条竞合的处理原则确定罪名

本案审理过程中，对于涉事车辆驾驶员康兆永和押运员王刚驾驶机动车通过公共道路运输危险物品的过程中发生交通事故，导致发生危化品泄漏重大事故的行为应当如何定性，主要存在构成以危险方法危害公共安全罪、构成交通肇事罪和构成危险物品肇事罪三种意见。

认为构成以危险方法危害公共安全罪的意见认为，康兆永、王刚驾驶不符合国家安全技术标准的机动车，严重超限超载运输危险化学品液氯，极易发生泄漏事故，而液氯一旦泄漏，必将严重危及人民群众生命财产安全，二人违规驾车运输液氯的行为与放火、爆炸、投放危险物质等行为的社会危害性相当，特别是康兆永、王刚在事故发生后逃逸，未采取任何应急处理措施，放任危害结果的发生，具有间接故意的主观心态，行为符合以危险方法危害公共安全罪的构成要件。

我们认为，上述意见值得商榷。以危险方法危害公共安全罪属于故意犯罪，行为人的主观心态包括直接故意和间接故意两种。根据上述意见，本案被告人康兆永、王刚实施犯罪行为时的主观心态为间接故意，即明知自己的行为会发生危害社会的结果，并且放任这种结果的发生。对于如何确定行为人主观上是否具有间接故意心态，特别是如何正确区分间接故意心态和过于自信的过失心态，司法实践中一直存在争议，刑法理论上也形成了多种学说。一般认为，对于间接故意和过于自信的过失的区别，应当从认识因素和意志因素两个方面进行把握。在认识因素方面，过于自信的过失是行为人预见到自己的行为具有引发危害结果的可能性，而间接故意则要求行为人预见到自己的行为具有引发危害结果的高度盖然性；在意志因素方面，间接故意行为人主观上放任危害结果的发生，发生危害结果不违背其主观意愿，而过于自

信的过失行为人主观上希望结果不发生，危害结果的发生违背行为人的本来意愿，因此在危害结果发生后，持有过于自信的过失心态的行为人往往会采取措施防止危害结果进一步扩大。

根据上述判断标准，可以看出，认定被告人康兆永、王刚具有间接故意心态、行为构成以危险方法危害公共安全罪的观点难以成立。首先，从认识因素看，康兆永、王刚从事的是危险物品运输生产经营活动，二人采用危险化学品运输罐式专用车辆盛装液氨，除车辆本身的相关安全技术条件和载重量不符合国家安全技术标准之外，其他方面基本均按照国家标准的要求执行，虽然最终发生了液氨泄漏事故，但从案件具体情况看，液氨之所以泄漏，是因为对向车道驶来的车辆躲避不及，将侧翻的罐车顶部阀门撞脱所致，液氨泄漏结果的发生具有一定的偶然性，难以认定康兆永、王刚的行为具有导致危害结果发生的高度盖然性。其次，从意志因素看，驾驶机动车运输危险化学品本身就具有一定的危险性，行为人驾驶不符合安全技术标准的机动车运输危险化学品，不仅会对他人的生命财产安全带来威胁，对行为人本身的生命健康也会造成现实的危险，因此，行为人出于自身人身安全的考虑，通常不会拿自己的生命去冒险，除非其同时追求其他更加重要的目的，才有可能不顾个人安危实施危险驾驶行为，并放任危害不特定多数人生命财产安全的危险后果的发生。而从本案证据来看，康兆永、王刚从事危险物品运输生产经营活动的主观目的是为了谋取经济利益，一旦发生液氨泄漏事故，二人将首当其冲陷于危险境地，因此并不值得为了追逐经济利益而冒生命危险。特别是在液氨泄漏事故发生后，王刚第一时间拨打110电话报警，如实报告了事故发生的详细地点和发生泄漏的危险化学品种类，说明康兆永、王刚主观上排斥液氯泄漏事故的发生，希望公安机关和相关政府部门及时介入，依靠政府救援力量阻止危害结果进一步扩大。不能因为液氨泄漏事故实际上造成了重大人员伤亡和巨额经济损失，就逆向推导认定康兆永、王刚具有放任危害结果发生的间接故意心态。

在肯定康兆永、王刚对危害结果持过于自信的过失心态的情况下，还需要进一步分析二被告人的行为到底构成交通肇事罪还是危险物品肇事罪。根据刑法规定，交通肇事罪，是指违反交通运输管理法规，因而发生重大交通事故，致人重伤、死亡或者使公私财产遭受重大损失的行为；危险物品肇事罪，是指违反爆炸性、易燃性、放射性、毒害性、腐蚀性物品的管理规定，在生产、储存、运输使用中发生重大事故，造成严重后果的行为。交通肇事罪发生在公共交通领域，行为人违反交通运输管理法规，而危险物品肇事罪发生在危险物品生产经营领域，行为人违反的是危险化学品管理法规，两个罪名一般情况下不存在竞合关系。但是，行为人驾驶机动车利用公共道路运输危险化学品，同样需要遵守交通运输管理法规关于行车规则、车辆安全技术标准、车辆载重限制等方面的规定，在此基础上，还应遵守《危险化学品安全管理条例》《道路危险货物运输管理规定》等行政法律、法规中有关危险化学品运输方面的特殊规定。从这个意义上讲，在危险货物道路交通运输领域中，交通运输管理法规规制所有类型的车辆，属于一般法规，而危险化学品管理法规规制危险货物运输专用车辆，规定内容比交通运输管理法规更加严格，属于特别法规。行为人驾驶机动车利用公共道路运输危险化学品，因为违反相关规定导致发生重大安全事故的，同时符合交通肇事罪和危险物品肇事罪的构成要件。在此情况下，交通肇事罪和危险物品肇事罪构成法条交叉竞合关系，对于此类行为的罪名选择，应当按照法条竞合的原则进行处理。

根据通行刑法理论，在法条竞合的情况下，如果存在特别法条与一般法条，应当按照特别法条优于一般法条的原则处理。在利用公共道路运输危险化学品的情况下，刑法关于交通肇事罪的规定属于一般法条，而关于危险物品肇事罪的规定属于特别法条，按照特别法条优于一般法条的原则，一般情况下应当以危险物品肇事罪定罪处罚。但是，刑法规定的危险物品肇事罪的法定最高刑为有期徒刑七年，而在具有逃逸致人死亡情节的情况下，交通肇事罪可以判处七年以上有期徒刑，如果仍然按照特别法条优于一般法条的原则处理，一律认定为危险物品肇事罪，就难以对行为人逃逸致人死亡的行为作出法律评价，从而造成处刑过轻。这种情况下，为了做到罪责刑相适应，应当择一重罪论处，适用一般法条，认定为交通肇事罪。

本案中，康兆永、王刚在事故发生后擅自弃车逃离现场，拨打电话报警后隐藏在附近麦田中，观望一段时间后潜逃，是否可以认定为交通肇事罪中的逃逸致人死亡呢？我们认为，刑法规定的交通肇事罪中的逃逸致人死亡，具有特定的涵义，不能随意进行扩张解释。根据《最高人民法院关于审理交通肇事刑事案件具体应用法律若干问题的解释》第五条的规定，“因逃逸致人死亡”，是指行为人在交通肇事后为逃避法律追究而逃跑，致使被害人因得不到救助而死亡的情形。据此，成立交通肇事罪中的因逃逸致人死亡，需要认定被害人的死亡结果与行为人的逃逸行为之间存在直接因果关系。而从本案证据看，康兆永、王刚在事故发生后因为害怕承担责任，先躲藏在附近麦田中，后又潜逃至外地，属于交通肇事后的逃逸行为。但是，根据尸体鉴定意见，29 名死亡被害人均是因为氯气中毒死亡，死亡结果均系因液氯泄漏直接引发。王刚在事故发生后通过手机向公安机关报告了大致情况，公安、消防、卫生等部门接报后及时赶到现场，对氯气中毒人员尽力进行抢救，相关人员得到了及时的医疗救治。因此，无任何证据证实有被害人因未能及时得到救助而死亡，无法证实康兆永、王刚的逃逸行为与部分被害人的死亡结果之间存在直接因果关系，不能认定二人具有因逃逸致人死亡的情节。康兆永、王刚驾驶机动车交通肇事，共同负事故的全部责任，致使 29 人死亡，符合交通肇事罪的构成要件，且应当认定为具有其他特别恶劣情节，对应法定刑为三年以上七年以下有期徒刑。与此同时，康兆永、王刚的行为还符合危险物品肇事罪的构成要件。本案一审判决作出时，《关于办理危害矿山生产安全刑事案件的解释》和《关于办理危害生产安全刑事案件的解释》均未生效，一审法院经综合考虑，认定此次危险物品肇事事故造成的后果特别严重，对应法定刑亦为三年以上七年以下有期徒刑。在交通肇事罪和危险物品肇事罪的量刑幅度完全相同的情况下，一审法院根据特别法条优于一般法条的处理原则，对康兆永、王刚均以危险物品肇事罪论处，定罪准确。

（二）行为人在安全事故发生后逃离现场，后又主动向司法机关投案并如实供述罪行的，应当认定为自首

根据相关行政法律、法规的规定，危险物品安全事故的责任人在安全事故发生后，具有向有关部门如实报告事故情况和留在现场采取应急处置措施的法定义务。《安全生产法》第八十条规定，生产经营单位发生生产安全事故后，事故现场有关人员应当立即报告本单位负责人。单位负责人接到事故报告后，应当迅速采取有效措施，组织抢救，防止事故扩大，减少人员伤亡和财产损失，并按照国家有关规定立即如实报告当地负有安全生产监督管理职责的部门，不得隐瞒不报、谎报或者迟报，不得故意破坏事故现场、毁灭有关证据。《危险化学品安全管理条例》第五十一条规定，剧毒化学品、易制爆危险化学品在道路运输途中丢失、被盗、被抢或者出现流散、泄漏等情况的，驾驶人员、押运人员应当立即采取相应的警示措施和安全措施，并向当地公安机关报告。《道路危险货物运输管理规定》第五十一条规定，在危险货物运输过程中发生燃烧、爆炸、污染、中毒或者被盗、丢失、流散、泄漏等事故，驾驶人员、押运人员应当立即根据应急预案和道路运输危险货物安全卡的要

求采取应急处置措施，并向事故发生地公安部门、交通运输主管部门和本运输企业或者单位报告。另外，2006 年 6 月施行的《刑法修正案（六）》增设了不报、谎报安全事故罪，规定在安全事故发生后，负有报告职责的人员不报或者谎报安全事故，贻误事故抢救，情节严重的，应当依法承担刑事责任。本案发生时，《刑法修正案（六）》尚未生效，危险物品安全事故责任人在事故发生后不报告事故情况、擅自逃离现场的行为不构成犯罪，但仍应当根据行政法律、法规的规定，承担相应的法律责任。

对于事故责任人在安全事故发生后不履行如实报告和采取应急处置措施的法定义务，擅自逃离事故现场，后又主动向司法机关投案并如实供述犯罪事实的，是否可以认定为自首，一段时期内曾经引起理论和实务界的较大争议。在一些交通肇事刑事案件中，对于交通肇事逃逸后又自动投案的犯罪人是否认定为自首，不同地区的司法机关作出的裁判结果不尽相同，经过新闻媒体报道后，引起了社会广泛关注。近年来，司法实务界逐渐达成共识，认为对此类情况原则上应当认定为自首，主要理由有以下几个方面：

首先，事故责任人的事后如实报告和应急处置义务与自动投案并不矛盾。自首情节属于刑法总则规定的内容，其效力应当及于刑法分则规定的所有犯罪，交通肇事罪、危险物品肇事罪等罪名也能不例外。行政法律、法规定责任人的事后如实报告和应急处置义务，与刑法规定自首制度的目的并不相同。前者是为了在安全事故发生后正确确定相关人员责任和及时抢救遇害人员，最大限度降低事故造成的损失，并且有利于顺利开展后续事故调查工作，而刑法规定自首制度的目的在于鼓励犯罪人积极认罪、悔罪，减轻司法机关侦办刑事案件的难度，节约司法资源。承认事故责任人具有行政法上事后如实报告和应急处置义务，并不能否定自首的成立。

其次，事故责任人在安全事故发生后逃离现场，后又主动投案并如实供述罪行的，符合刑法规定的自首条件。根据刑法规定，犯罪以后自动投案，如实供述自己的罪行的，是自首。可以看出，刑法条文对自动投案行为仅有时间上的限制，即要求“犯罪以后”，此外并无其他方面要求。《最高人民法院关于处理自首和立功具体应用法律若干问题的解释》对刑法规定的自动投案做了进一步解释，明确，自动投案，是指犯罪事实或者犯罪嫌疑人未被司法机关发觉，或者虽被发觉，但犯罪嫌疑尚未受到讯问、未被采取强制措施时，主动、直接向公安机关、人民检察院或者人民法院投案。在已经发生安全事故的情况下，事故责任人擅自逃离现场，可能存在两种情况：要么司法机关不掌握事故和责任人的具体情况，导致无法及时锁定犯罪嫌疑人；要么司法机关通过其他渠道掌握了事故和责任人的具体情况，锁定了犯罪嫌疑人，但由于责任人已经逃离现场，导致无法对其进行讯问和采取强制措施。无论是上述哪种情况，责任人选择主动向司法机关投案，明显具有投案的主动性和自愿性，符合刑法和司法解释规定的自动投案条件，归案后如实供述自己的罪行的，应当依法认定为自首。

最后，认定事故责任人在逃离现场后主动投案并如实供述罪行的行为构成自首，是对相关司法解释进行当然解释的结果。根据《最高人民法院关于处理自首和立功若干具体问题的意见》的规定，交通肇事逃逸后自动投案，如实供述自己罪行的，应当认定为自首，但应依法以较重的法定刑为基准，视情决定对其是否从宽处罚以及从宽处罚的幅度。交通肇事罪与危害生产安全罪同属过失犯罪，犯罪嫌疑人在事故发生后均负有留在现场采取应急处置措施的义务，在事故发生后逃离现场均属于违法行为，上述意见关于交通肇事逃逸后自动投案可以成立自首的规定，对包括危险物品肇事罪在内的生产安全责任事故犯罪可以同样适用。另外，《最高人民法院关于处理自首和立功具体应用法律若干问题的解释》还规定，犯罪后逃跑，在被通缉、追捕过程中，主动投案的，应当视为自动投案。根据上述规定，犯罪嫌疑人在尚未被司法机关实际控制、具有选择机会和意志自由的情况下，主动选择向司法机关投案的，均可以认定为自动投案和成立自首。将安全事故责任人逃离现场后主动投案的行为排除在自首之外，无法定依据。

在认定事故责任人逃逸后主动投案并如实供述自己的罪行构成自首的情况下，需要在量刑时与普通情况下的自首区别对待，严格把握从宽幅度。行政法律、法规规定相关责任人在事故发生后应当尽快如实报告事故情况，并留在现场采取应急处置措施，目的在于第一时间防止事故的危害范围扩大，并且有利于相关部门及时赶到现场开展事故抢救，最大限度减少事故损失。上述规定在危险物品肇事事故中尤为重要。危险物品的潜在危害极大，一旦发生泄漏扩散事故，后果难以预料，且危险物品种类繁多，化学特性复杂，开展事故抢救需要专业机构采取专业方法进行。实践中，危险物品肇事事故发生后，第一时间接处警赶到现场的往往是公安消防人员，公安消防人员并不具备危险物品处置专业知识，贸然开展事故抢救，危险性极高，需要事故责任人如实报告发生事故的危险物品种类、化学特性、可能造成的危害后果以及应当采取的应对措施等情况。如果危险物品安全事故责任人在事故发生后擅自逃逸，将导致参与现场抢救的人员无法获取有效信息，从而置身于危险境地，后果不可预知。事故责任人逃逸后又主动投案后，虽然表明其具有愿意将自己置于司法机关控制之下、自愿接受国家法律制裁的主观意愿，但其之前的逃逸行为已经对事故的抢救工作造成重大危害。在此情况下，应当根据《最高人民法院关于处理自首和立功若干具体问题的意见》的规定，依法以较重的法定刑为基准，对相关责任人员是否可以从宽处罚进行认真考量，综合全案情况，可以从宽处罚的，从宽幅度也应当从严把握。

本案中，被告人康兆永、王刚在危险物品运输专用车辆爆胎侧翻、液氯大量泄漏的情况，为确保自身安全和逃避承担责任，置事故现场人员和周边人民群众的人身安危于不顾，第一时间弃车逃离现场，其间，虽由王刚拨打电话向公安机关报告了事故地点和泄漏的危险物品种类，但并未进一步说明泄漏数量、化学特性和可能造成的危害等详细信息。二被告人在事故现场附近麦田中观望多时，始终未出面参与抢救，反而继续潜逃至外地，其逃逸行为直接影响事故救援工作的顺利开展，引发液氨二次泄漏的危险性极高。康兆永、王刚于事故发生后的次日下午主动向公安机关投案，如实供述自己所犯罪行，依法构成自首。但鉴于二被告人的逃逸行为对事故抢救工作已经产生明显不利影响，量刑时从宽幅度应当严格从严把握。一审法院综合考虑全案情况，对康兆永、王刚均以危险物品肇事罪判处有期徒刑六年六个月，接近法定最高刑，充分体现了从严惩处原则，量刑适当。

（撰稿：最高人民法院刑四庭　李加玺）

24. 无资质施工队能否成为工程重大安全事故罪的犯罪主体

——范花枝、冯春杰等工程重大安全事故、重大责任事故案

一、基本案情

被告人范花枝，女，1965 年 2 月 20 日出生，河南省鲁山县康乐园老年公寓法定代表人、院长。2015 年 6 月 10 日因涉嫌犯重大责任事故罪被逮捕。

被告人冯春杰，男，1971 年 4 月 15 日出生，河南省鲁山县通达卷闸门彩钢瓦门店个体业主。2015 年 6 月 10 日因涉嫌犯重大责任事故罪被逮捕。

被告人刘秧，女，1963 年 1 月 14 日出生，鲁山县康乐园老年公寓副院长、消防安全领导小组副组长。2015 年 6 月 10 日因涉嫌犯重大责任事故罪被逮捕。

被告人马爱卿，女，1976 年 10 月 2 日出生，鲁山县康乐园老年公寓副院长、消防安全领导小组成员。2015 年 6 月 10 日因涉嫌犯重大责任事故罪被逮捕。

被告人孔繁阳，男，1984 年 1 月 15 日出生，鲁山县康乐园老年公寓消防安全专干、消防安全领导小组成员。2015 年 6 月 10 日因涉嫌犯重大责任事故罪被逮捕。

被告人翟会廷，男，1983 年 4 月 17 日出生，鲁山县康乐园老年公寓电工、消防安全领导小组成员。2015 年 6 月 10 日因涉嫌犯重大责任事故罪被逮捕。

河南省鲁山县人民检察院以被告人范花枝、冯春杰、刘秧、马爱卿、孔繁阳、翟会廷犯重大责任事故罪，且情节特别恶劣，向鲁山县人民法院提起公诉。

被告人范花枝、冯春杰、刘秧、马爱卿、孔繁阳、翟会廷均当庭自愿认罪，对公诉机关指控的犯罪事实无异议，请求从轻处罚。

被告人范花枝的辩护人提出，范花枝的行为构成重大责任事故罪，但此次事故由多种原因造成，不属于后果特别严重；范花枝在事故发生后积极组织实施抢救，并向公安机关自动投案，如实供述罪行，构成自首，应当从轻、减轻处罚。

被告人冯春杰的辩护人提出，冯春杰和范花枝之间属于加工承揽关系，冯春杰在犯罪过程中所起所用较小，属于从犯，且有自首情节，请求减轻处罚。

被告人刘秧的辩护人提出，刘秧所起所用和主观恶性较小，事故发生后留在现场积极抢救受伤人员，后被处警赶到现场的公安人员抓获，归案后如实供述犯罪事实，构成自首，请求从轻处罚。

被告人马爱卿的辩护人提出，此次事故属于多因一果，马爱卿对康乐园老年公寓消防工作不具有直接管理职责，事故发生后留在现场实施抢救过程中被抓获，归案后如实供述罪行，构成自首，请求从轻或者减轻处罚。

被告人孔繁阳的辩护人提出，此次事故属于多因一果，孔繁阳仅是公寓中下级工作人员，所起所用较小；事故发生后主动参加事故抢救，在事故现场被公安人员抓获，归案后如实供述罪行，构成自首，请求从轻、减轻处罚。

被告人翟会廷的辩护人提出，翟会廷在康乐园老年公寓从事的只是兼职性工作，不属于专业电工，不具备检查电气线路的专业能力和知识，留在事故现场实施抢救时被抓获，归案后如实供述罪行，构成自首，请求从轻、减轻处罚。

鲁山县人民法院经审理查明：河南省鲁山县康乐园老年公寓属于民办养老机构，2010 年 12 月 14 日经河南省平顶山市民政局批准设立，取得该局核发的《社会福利机构设置批准证书》，有效期至 2013 年 12 月 14 日，经营范围为养老、托老，兼业为康复、医疗，2012 年 11 月 20 日取得鲁山县民政局核发的《民办非企业单位登记证书》，有效期至 2016 年 11 月 20 日。2014 年 1 月 1 日，康乐园老年公寓取得鲁山县民政局换发的《养老机构设立许可证》，有效期至 2019 年 3 月 1 日，经营范围为老年人生活照料、康复护理、精神慰藉、文化娱乐等。申请设立过程中，被告人范花枝采用涂改证照内容等方式，伪造申请材料，使得康乐园老年公寓得以顺利设立。康乐园老年公寓投入运营后，范花枝担任院长、法定代表人，被告人刘秧、马爱卿担任副院长，被告人翟会廷任电工。2014 年，康乐园老年公寓成立消防安全领导小组，范花枝任组长，刘秧任副组长，马爱卿、翟会廷及被告人孔繁阳任消防安全领导小组成员，其中孔繁阳为消防安全专干，具体负责公寓的消防安全工作。

2013 年 3 月，因入园老人数量增加，被告人范花枝决定扩大康乐园老年公寓规模，新建一栋彩钢板房。之后，范花枝与鲁山县通达卷闸门彩钢瓦门店个体业主被告人冯春杰达成协议，由冯春杰以包工包料的方式为公寓建设一栋彩钢板房。冯春杰在明知自己无合法建筑施工资质、所建房屋用于入园老人居住的情况下，仍然自行组织工人组成施工队，按照范花枝的要求，违规使用易燃材料聚苯乙烯夹芯彩钢板建设彩钢板房，并使用不合格电线对该彩钢板房进行排线架电。彩钢板房建成后，范花枝将其划定为不能自理区，安排生活不能自理的入园老人入住，未按照国家标准要求在床头设置呼叫对讲系统，且配置的护工数量不足。公寓经营过程中，范花枝、刘秧、马爱卿、孔繁阳、翟会廷未认真对彩钢板房芯材易燃、用电线路接触不良等消防安全隐患进行排查治理，未建立相应的消防安全组织和消防防火制度，未制定消防安全应急预案，未对员工进行应急演练和消防安全培训教育，导致火灾安全隐患长期存在。至2015年5月事故发生前，康乐园老年公寓共有常住老人130人左右，工作人员25人，其中不能自理区共住有老人52人、护工4人。

2015年5月25日19时30分许，康乐园老年公寓不能自理区彩钢板房发生火灾，造成39名入园老人死亡、6人受伤，直接经济损失人民币2064.5万元。经国务院事故调查组调查认定，康乐园老年公寓"5·25"特大火灾事故是一起生产安全责任事故。导致事故的直接原因为，康乐园老年公寓不能自理区西北角房间西墙及其对应吊顶内给电视机供电的电器线路接触不良发热，高温引燃周围的电线绝缘层、聚苯乙烯泡沫、吊顶木龙骨等易燃可燃材料，造成火灾；造成火势迅速蔓延和重大人员伤亡的主要原因，是建筑物大量使用聚苯乙烯夹芯彩钢板（聚苯乙烯夹芯材料燃烧的滴落物具有引燃性），且吊顶空间整体贯通，加剧火势迅速蔓延并猛烈燃烧，导致整体建筑短时间内垮塌损毁，不能自理区老人无自主活动能力，无法及时自救造成重大人员伤亡。导致事故发生的间接原因之一，是康乐园老年公寓违规建设运营，管理不规范，安全隐患长期存在。首先，违法违规建设、运营。康乐园老年公寓发生火灾的建筑未经过规划、立项、设计、审批、验收，使用无资质施工队，违规使用聚苯乙烯夹芯彩钢板、不合格电器电线，未按照国家强制性行业标准《老年人建筑设计规范》（JGJ122－99）要求在床头设置呼叫对讲系统，不能自理区配置护工不足。其次，日常管理不规范，消防安全防范意识淡薄。康乐园老年公寓日常管理不规范，未建立相应的消防安全组织和消防制度，未制定消防应急预案，未组织员工进行应急演练和消防安全培训教育，员工对消防法律法规不熟悉、不掌握，消防安全知识匮乏。

另查明，2015年5月25日火灾事故发生后，被告人范花枝主动向公安机关投案自首；被告人冯春杰于同年5月29日接到鲁山县公安局电话通知后，自行赶到公安机关接受调查；被告人刘秧、马爱卿、翟会廷得知发生火灾事故后，立即返回现场进行抢救；被告人孔繁阳在事故发生后主动拨打火警电话，并积极参与事故抢救。

鲁山县人民法院认为，被告人范花枝作为建设单位康乐园老年公寓的法定代表人和实际控制人，在公寓建设项目、建筑设施不符合国家相关标准的情况下非法扩建，违规采用易燃、可燃材料为芯材的彩钢板建设耐火等级低的住房，供生活不能自理的老人居住；被告人冯春杰不具备从事建筑施工活动的从业资格以及相应的安全生产条件和能力，仍然违规承包建筑工程，非法从事建筑施工活动，在明知所建房屋用于入园老人居住的情况下，仍然在建设彩钢板房的过程中违章施工，违规使用聚苯乙烯夹芯彩钢板以及不合格电器电线，范花枝和冯春杰为降低工程成本，压缩工程造价，故意降低工程质量标准，造成特别重大安全事故，后果特别严重，二人行为均构成工程重大安全事故罪。被告人刘秧、马爱卿作为康乐园老年公寓副院长，协助院长管理公寓日常工作，被告人孔繁阳作为公寓消防专干，被告人翟会廷作为公寓电工，负责管理消防安全及线路安全检修工作，均属于公寓管理人员，上述四被告人在生产经营过程中消防责任落实不到位，用火、用电管理不规范，消防隐患排查治理不及时，导致发生特别重大安全事故，情节特别恶劣，行为均已构成重大责任事故罪。公诉机关指控刘秧、马爱卿、孔繁阳、翟会廷犯重大责任事故罪的事实及罪名成立，指控范花枝、冯春杰犯的犯罪事实成立，但指控二人构成重大责任事故罪不当，应予纠正。范花枝、冯春杰案发后自动投案，如实供述自己的罪行，依法构成自首，可以从轻处罚；刘秧、马爱卿、孔繁阳、翟会廷均无自动投案行为，依法不构成自首，但四人在事故发生后积极主动参与抢救，均可以从轻处罚。据此，依照《中华人民共和国刑法》第一百三十七条、第一百三十四条第一款、第三十条、第六十七条第一款、第五十二条、第五十三条之规定，判决如下：

1. 被告人范花枝犯工程重大安全事故罪，判处有期徒刑九年，并处罚金人民币五十万元。

2. 被告人冯春杰犯工程重大安全事故罪，判处有期徒刑六年六个月，并处罚金人民币十万元。

3. 被告人刘秧犯重大责任事故罪，判处有期徒刑五年。

4. 被告人马爱卿犯重大责任事故罪，判处有期徒刑四年。

5. 被告人孔繁阳犯重大责任事故罪，判处有期徒刑四年。

6. 被告人翟会廷犯重大责任事故罪，判处有期徒刑三年六个月。

宣判后，被告人范花枝、冯春杰、刘秧、马爱卿、孔繁阳、翟会廷均服判不上诉，检察机关亦未抗诉。判决已经发生法律效力。

二、主要问题

1. 无资质施工队是否可以成为工程重大安全事故罪的犯罪主体？

2. 重大责任事故罪和工程重大安全事故罪竞合的情况下应当如何处理？

三、裁判理由

河南平顶山康乐园老年公寓“5·25”特大火灾事故造成重大人员伤亡和巨额经济损失，引发社会广泛关注。2017年12月7日，河南省平顶山市新华区人民法院、鲁山县人民法院和叶县人民法院对此次事故涉及的12起刑事案件中的6名事故责任人员和15名相关职务犯罪被告人进行一审公开宣判，对各被告人以工程重大安全事故罪、重大责任事故罪、滥用职权罪、玩忽职守罪等罪名，分别判处九年至二年六个月有期徒刑。本案即为其中之一。

本案审理过程中，司法机关内部对法律适用等方面问题存在一定争议，主要体现在以下两个方面：首先，鲁山县通达卷闸门彩钢瓦门店个体业主冯春杰私自组织无合法资质施工队违规建设公寓不能自理区彩钢板房，是否符合工程重大安全事故罪的主体要件？其次，康乐园老年公寓法定代表人、院长范花枝在公寓不能自理区彩钢板房建设过程中违规降低工程质量标准，在公寓运营过程中安全主体责任不落实，行为同时符合重大责任事故罪和工程重大安全事故罪的构成要件，应当如何定罪处罚？对于上述两个问题，现分析如下：

（一）无资质施工队可以成为工程重大安全事故罪的犯罪主体

关于无资质施工队是否可以成为工程重大安全事故罪的犯罪主体，主要存在以下两种意见：

第一种意见认为，《刑法》第一百三十七条并未将工程重大安全事故罪的犯罪主体限定为合法设立、具有相应资质的建设单位、设计单位、施工单位和工程监理单位，将无资质施工队认定为工程重大安全事故罪的犯罪主体，不违反刑法规定。

第二种意见认为，根据《刑法》第一百三十七条的规定，工程重大安全事故罪属于单位犯罪，个人不能构成本罪，而无资质施工队不属于依法设立的单位，不符合刑法规定的单位犯罪的构成条件，不能成为工程重大安全事故罪的犯罪主体。

我们同意第一种意见。无资质施工队可以成为工程重大安全事故罪的犯罪主体。理由有以下几个方面：

首先，将无资质施工队认定为工程重大安全事故罪的犯罪主体，符合刑法规定。从《刑法》第一百三十七条的条文规定来看，并未要求建设单位、设计单位、施工单位、工程监理单位必须是依法登记设立和具有相应资质的合法单位，只要其实际上从事了相关的工程建设活动，符合工程重大安全事故罪的构成要件，就可以认定为本罪。另外，1979 年刑法并未规定工程重大安全事故罪，在 1997 年刑法修改之前，司法实践中，对于建设单位、设计单位、施工单位、工程监理单位违反国家规定，降低工程质量标准，造成重大安全事故的行为，对直接责任人员均以重大责任事故罪追究刑事责任。根据 1988 年 3 月 16 日《最高人民法院关于无照施工经营者能否构成重大责任事故罪主体的批复》的规定，无照施工经营者在施工过中强令从业人员违章冒险作业，造成重大伤亡事故的，可以构成重大责任事故罪的犯罪主体。1997 年刑法将工程重大安全事故罪从重大责任事故罪中分离出来之后，仍然可参照上述批复的规定精神，将不具备合法资质的施工队纳入工程重大安全事故罪的主体范畴。

其次，将无资质施工队认定为工程重大安全事故罪的犯罪主体，具有现实的必要性。为了确保建筑工程的质量安全，我国相关政府监管部门对建设单位、设计单位、施工单位、工程监理单位规定了严格的准入标准和监管条件。根据《建筑法》第十三条的规定，从事建筑活动的建筑施工企业、勘察单位、设计单位和工程监理单位，按照其拥有的注册资本、专业技术人员、技术装备和已完成的建筑工程业绩等资质条件，划分为不同的资质等级，经资质审查合格，取得相应等级的资质证书后，方可在其资质等级许可的范围内从事建筑活动。但是，实践中，在某些中小型建筑项目的建设过程中，相当一部分施工工作任务由未经合法登记设立、不具备相应资质的个体施工队承担。这些无资质施工队为获取经济利益，违法违规从事工程建设活动，相关政府监管部门更加难以对其实施有效监管，引发重特大生产安全事故的危险性更高，应当依法从严惩处。如果将无资质施工队排除在工程重大安全事故罪的主体范围之外，则对其违反国家规定、降低工程质量标准的行为，一般只能以重大责任事故罪定罪处罚，最高仅能判处七年有期徒刑，法定刑明显过低，且不利于揭示事故的本质特征。而合法登记设立、具有相应资质的施工单位实施上述行为，依法可以认定为工程重大安全事故罪，最高可以判处十年有期徒刑，并处罚金。两相比较，对无资质施工队的刑事处罚明显过轻，难以起到从严惩处的实际效果。

再次，将无资质施工队认定为工程重大安全事故罪的犯罪主体，有利于与相关行政法律、法规的规定内容保持协调一致。国家安监总局政策法规司 2007 年作出的《关于生产安全事故认定若干问题的函》（政法函［2007］39 号）指出，安全生产法所称的生产经营单位，既包括合法的基本单元，也包括非法的基本单元；无证照或者证照不全的生产经营单位擅自从事生产经营活动，发生造成人身伤亡或者直接经济损失的事故的，属于生产安全事故。将无资质施工队认定为《刑法》第一百三十七条规定的施工单位，与相关行政法律、法规关于此问题的规定精神是一致的。

最后，反对意见提出，根据《最高人民法院关于审理单位犯罪案件具体应用法律有关问题的解释》的规定，个人为进行违法犯罪活动而设立的公司、企业、事业单位实施犯罪的，或者公司、企业、事业单位设立后，以实施犯罪为主要活动的，不以单位犯罪论处。根据上述规定，无资质施工队成立的目的就是为了进行违法犯罪活动，不应以单位犯罪论处，而工程重大安全事故罪属于纯正的单位犯罪，故无资质施工队不应包含在工程重大安全事故罪的主体范畴之内。我们认为，上述意见值得商榷。对于个人为实施诈骗、非法集资等违法犯罪行为成立的公司、企业、事业单位，该公司、企业、事业单位不以从事正常的生产经营活动为目的，仅为相关自然人实施违法犯罪活动提供掩护，一般不应以单位犯罪论处，应当直接认定为自然人共同犯罪。但是，工程重大安全事故罪属于过失犯罪，其构成要件具有一定的特殊性。无资质施工队从事建筑施工活动，目的仍然是为了通过从事生产经营活动获取经济利益。如果无资质施工队在从事建筑施工活动的过程中严格遵守工程质量标准要求，没有偷工减料等行为，就不应受到刑法上的否定评价和刑罚处罚。只有在无资质施工队故意违反国家规定，降低工程质量标准，并因此导致发生工程重大安全事故的情况下，才应受到刑罚处罚。因此，对于无资质施工队从事建筑施工活动这一行为本身，不宜直接认定为司法解释规定的违法犯罪活动，也不能以此为理由否定无资质施工队符合刑法规定的单位犯罪的成立条件。

本案中，被告人冯春杰作为无合法建筑施工资质的卷闸门彩钢瓦门店个体业主，接受建设单位负责人范花枝的委托，组织个体施工队违法违规从事建筑施工活动，建造康乐园老年公寓不能自理区彩钢板房，应当认定为《刑法》第一百三十七条规定的施工单位。施工队在建筑施工过程中违反国家规定，使用不符合防火安全标准的聚苯乙烯彩钢板建造不能自理区彩钢板房，降低工程质量标准，最终酿成工程重大安全事故，冯春杰作为直接责任人员，应当依法承担刑事责任。一审判决认定冯春杰构成工程重大安全事故罪，判处其有期徒刑六年六个月，并处罚金人民币十万元，定罪量刑正确。

（二）在重大责任事故罪和工程重大安全事故罪竞合情况下，应当从一重罪处罚，以工程重大安全事故罪论处

根据一审判决查明的事实，被告人范花枝的犯罪行为主要包括两个方面：首先，在建设康乐园老年公寓不能自理区房屋的过程中，为压缩成本，指使无资质施工人员冯春杰违规使用易燃材料聚苯乙烯夹芯彩钢板建设彩钢板房，并使用不合格电线对该彩钢板房进行排线架电，严重降低工程质量标准，造成重大安全隐患；其次，作为康乐园老年公寓安全生产第一责任人，在公寓经营过程中主体责任不落实，日常管理不规范，消防安全防范意识淡薄。上述两方面因素相互结合，共同导致了此次特大火灾事故的发生。有意见提出，范花枝实施的第一方面行为符合工程重大安全事故罪的构成要件，第二方面行为符合重大责任事故罪的构成要件，应当依法数罪并罚。

我们认为，主张数罪并罚的意见不符合刑法中禁止重复评价的原则要求，难以做到罪责刑相适应。刑法中所谓的评价，是指在对一个犯罪事件的司法认定过程中，针对行为人的行为以及该行为导致的结果所进行的构成犯罪和应受刑罚处罚的判断和宣告。而禁止重复评价，是指在定罪量刑时禁止对同一犯罪构成事实予以两次或两次以上的法律评价。禁止重复评价是刑法公正性的基本要求，是刑法中“一行为一罪一罚”原则的具体体现，也是确保罪责刑相适应的前提条件。根据这一原则，在行为人仅实施了一个行为的情况下，原则上仅应认定为一个犯罪。想象竞合犯即为典型例证。

想象竞合犯理论仅适用于故意犯罪领域，而生产安全责任事故犯罪属于过失犯罪，情况有所不同。具体来讲，想象竞合犯一般属于一行为造成数个危害结果的情况，而在类似本案情形中，行为人实施了两个行为，但仅引发了一起事故，对于事故造成的人身伤亡结果和直接经济损失，无法进一步区分哪一部分事故后果具体是由哪个行为直接引发，因此属于数行为造成一个危害结果。生产安全责任事故犯罪均属于结果犯，均要求发生实害结果才能以犯罪论处，也就是说，在生产安全责任事故犯罪中，行为人的行为和行为导致的后果均属于必备的犯罪构成事实。在数行为造成一个危害结果的情况下，如果对行为人实行数罪并罚，实际上是将同一个危害结果作为数个犯罪的构成事实进行了多次评价，明显违反了禁止重复评价原则。为避免造成重复评价，对行为人应当坚持从一重罪处罚的原则，以一罪论处，同时将其实施的其他行为作为从重处罚因素，在量刑时进行综合考量。

本案中，被告人范花枝同时实施了降低工程质量标准和在生产、作业过

程中违反安全管理规定两个行为，两个行为共同导致了同一个火灾事故后果，根据禁止重复评价原则，对其应当从一重罪处罚，即以工程重大安全事故罪定罪处罚。一审法院认定范花枝的行为构成工程重大安全事故罪，同时考虑到其作为安全生产第一责任人，在康乐园老年公寓日常经营过程中主体责任不落实，也是引发事故的重要原因，对其从重判处有期徒刑九年，并处罚金人民币五十万元，定罪量刑适当。

（撰稿：最高人民法院刑四庭　李加玺）

25. 明知校车存在安全隐患而不采取措施导致发生重大事故的行为如何定性

——高知先、乔永杰教育设施重大安全事故、交通肇事案

一、基本案情

被告人高知先，男，23 岁，河南省郑州市中原区大岗刘乡石羊寺村月亮船幼儿园园长。2002 年 6 月 28 日因涉嫌犯过失致人死亡罪被逮捕。

被告人乔永杰，男，19 岁，郑州市中原区大岗刘乡石羊寺村月亮船幼儿园校车司机。2002 年 6 月 28 日因涉嫌犯过失致人死亡罪被逮捕。

河南省郑州市中原区人民检察院以被告人高知先、乔永杰犯过失致人死亡罪，其中高知先有自首情节，向郑州市中原区人民法院提起公诉。

被告人高知先辩解称，事发当日面包车发生故障后，自己没有让被告人乔永杰继续驾驶该车运送幼儿。其辩护人提出，高知先不可能预见到涉案面包车会发生汽油起火并造成乘员人身伤亡的危害结果，主观上不存在轻信能够避免这种危害结果发生的过失心理状态，涉案面包车车况不佳与致人伤亡的危害后果之间不存在因果关系，高知先的行为不构成过失致人死亡罪。

被告人乔永杰辩称，自己遵照园长高知先的命令驾驶存在故障的涉案面包车运送幼儿，行为不构成犯罪。其辩护人提出，乔永杰作为受雇佣人员，只能执行园长的命令，行为即使构成犯罪，也只能是重大责任事故罪，且应比照高知先的罪行从轻处罚。

郑州市中原区人民法院经审理查明：2002 年 6 月 2 日，被告人高知先接管郑州市中原区大岗刘乡石羊寺村月亮船幼儿园，担任该园园长，负责幼儿园全面工作，被告人乔永杰系该幼儿园雇佣的校车驾驶员。担任园长期间，高知先明知该幼儿园用于接送幼儿的豫 A55345 号松花江牌面包车车况不佳，油路不畅，急需检修，仍然要求乔永杰驾驶该车接送幼儿。同年 6 月 14 日 19 时许，乔永杰在驾驶该面包车运送第一批幼儿回家途中，车辆出现故障无法正常启动，乔永杰拨打电话将相关情况报告给高知先。高知先接到报告后，与该幼儿园另外一名员工孟辉军驾驶摩托车赶到现场。高知先见车辆故障无法及时排除，且时间较晚，遂在附近租赁一辆汽车，将留置在故障面包车内的幼儿全部接走，并要求乔永杰和孟辉军继续修车，将车修好后运送园内其他幼儿回家。其后，乔永杰和孟辉军对豫 A55345 号面包车进行简单维修后，驾驶该车返回幼儿园运送第二批幼儿回家。行驶途中，因面包车油路不畅，乔永杰让孟辉军用手扶着塑料油壶，采取用油壶直接向面包车汽化器内供油的违规操作方法使该车继续行驶。行至郑州市中原区须水镇宋庄村五队附近时，因汽化器回火引起面包车着火，车上 3 名幼儿被当场烧死，孟辉军被严重烧伤，经送医院抢救无效死亡，另有 2 名幼儿被烧成重伤，面包车被当场烧毁。乔永杰在事故发生后逃离现场，后被群众扭送给处警赶到现场的公安人员。高知先得知面包车发生火灾事故后，与事发当晚逃往外地，后于同年 6 月 17 日向公安机关投案自首。

郑州市中原区人民法院认为，根据刑法规定，过失致人死亡的，处三年以上七年以下有期徒刑；情节较轻的，处三年以下有期徒刑；刑法另有规定的，依照规定。被告人高知先、乔永杰对豫 A55345 号面包车起火烧死 4 人、烧伤 2 人这一严重后果虽均具有过失，但刑法对二人过失行为的定性均另有规定，二被告人的行为不构成过失致人死亡罪。公诉机关指控的犯罪事实清楚，证据确实、充分，但对二被告人行为的定性不妥，应予纠正。涉案面包车起火时位于农村村口处道路上，属于公共交通管理的范围，本案属于交通工具起火后造成人身伤亡危害后果的重大交通事故，乔永杰作为月亮船幼儿园雇佣的司机，明知涉案面包车存在严重安全隐患，不符合上路要求，仍然驾驶该车上路行驶，车辆发生故障后，乔永杰又违反交通运输管理法规的规定，采用直接为汽化器供油的办法继续行驶，导致造成车毁人亡的严重后果；高知先作为月亮船幼儿园管理者和涉案面包车使用者，在已被告知该车存在严重安全问题、急需修理才能正常使用的情况下，仍然指使乔永杰驾驶该车接送幼儿，以致引发车毁人亡的严重后果，二被告人的行为均构成交通肇事罪，且情节特别恶劣，应依法惩处。1997年刑法规定的重大责任事故罪侵犯的客体是工厂、矿山、林场、建筑企业或者其他企业、事业单位的生产安全，客观方面表现为不服管理、违反规章制度，或者强令工人违章冒险作业，因而发生重大伤亡事故或者造成其他严重后果的行为，乔永杰在驾驶机动车行驶过程中违反交通运输管理法规，导致在公共道路上发生车毁人亡的事故后果，侵犯的客体是交通运输安全而非生产安全，对辩护人提出的乔永杰的行为构成重大责任事故罪的辩护意见不予采纳。据此，依照《中华人民共和国刑法》第一百三十三条和《最高人民法院关于审理交通肇事刑事案件具体应用法律若干问题的解释》第四条、第七条之规定，对被告人高知先、乔永杰均以交通肇事罪判处有期徒刑五年。

一审宣判后，被告人乔永杰服判不上诉。被告人高知先上诉提出，自己不懂驾驶，没有实际驾驶涉案面包车，在得知该车存在故障后，明确要求司机乔永杰去修车，没有强令乔永杰违章驾驶，发生起火事故完全是乔永杰违章操作所致，行为不构成交通肇事罪，且即使认定构成犯罪，自己有自首情节，应当从轻、减轻处罚，一审量刑过重。

郑州市中级人民法院经审理认为，一审认定的事实清楚，证据确实、充分，对原审被告人乔永杰的定性准确。根据司法解释的规定，单位主管人员以及肇事车辆管理人和所有人指使、强令他人违章驾驶造成重大交通事故的，应当以交通肇事罪定罪处罚。上诉人高知先既非此次交通事故的直接肇事者，在案证据也不能证明其有指使、强令乔永杰违章驾驶的行为，但可以证明在得知车辆出现故障后，高知先及时租用其他车辆将车上幼儿运走，并告知乔永杰修理故障车辆，一审认定高知先指使乔永杰违章驾驶缺乏证据支持，高知先的行为不构成交通肇事罪。根据法律规定，幼儿园属于实施幼儿教育的教育机构，涉案面包车作为幼儿园专门用于接送幼儿的交通工具，属于教育教学设施，高知先作为幼儿园园长，对教育教学设施的安全负有直接责任，其明知涉案面包车油路堵塞、急需维修，不履行职责，未及时将该车交给专业人员检修以排除危险，却指使司机乔永杰继续使用已确定存在安全隐患的面包车接送幼儿，最终导致重大事故。乔永杰违反交通运输管理法规的行为属于引发事故后果的直接原因，但该事故后果与高知先不履行安全管理职责的行为之间也存在因果关系，对高知先应以教育设施重大安全事故罪追究刑事责任。一审判决对乔永杰的定罪准确，量刑适当，审判程序合法，对高知先的定罪量刑不当，应予纠正。据此，依照1996年修订的《中华人民共和国刑事诉讼法》第一百八十九条第二项之规定，判决如下：

1. 维持一审判决中对原审被告人乔永杰的定罪量刑部分。

2. 撤销一审判决中对上诉人高知先的定罪量刑部分。

3. 上诉人高知先犯教育设施重大安全事故罪，判处有期徒刑四年。

二、主要问题

1. 如何正确理解单位主管人员、机动车辆所有人和承包人构成交通肇事罪的条件？

2. 明知校车存在安全隐患而不采取措施，导致发生重大事故的行为应当如何定性？

三、裁判理由

（一）不直接驾驶机动车的单位主管人员、机动车辆所有人和承包人，只有在指使、强令他人违章驾驶，导致造成重大交通事故的情况下才构成交通肇事罪

交通肇事罪，是指从事交通运输的人员违反交通运输管理法规，因而发生重大事故，致人重伤、死亡或者使公私财产遭受重大损失的行为。交通肇事罪侵犯的客体是交通运输的正常秩序和安全，仅适用于在公共交通领域内发生的交通事故。对于驾驶机动车或者使用其他交通工具在公共交通领域范围之外发生交通事故，导致人员伤亡或者致使公共财产、他人财产遭受重大损失，构成犯罪的行为，应当以重大责任事故罪、重大劳动安全事故罪或者过失致人死亡罪等罪名定罪处罚。

本案中，被告人乔永杰作为月亮船幼儿园雇佣的校车驾驶员，负责驾驶豫A55345号面包车运送幼儿，属于从事交通运输的人员，符合交通肇事罪的主体要件。乔永杰在驾驶面包车通过乡村公路运送幼儿的过程中发生事故，属于在公共交通领域内发生的交通事故，应当以交通肇事罪定罪处罚，不构成重大责任事故罪、重大劳动安全事故罪或者过失致人死亡罪等罪名。根据《中华人民共和国道路交通安全法》第二十一条的规定，驾驶人驾驶机动车上道路行驶前，应当对机动车的安全技术性能进行认真检查，不得驾驶安全设施不全或者机件不符合技术标准等具有安全隐患的机动车。乔永杰在此次事故发生前，明知涉案面包车车况不佳、油路不畅，需要进行维修后才能正常

行驶，仍然驾驶该车带病上路行驶，且在驾驶过程中指使他人实施油壶直接向汽车汽化器供油的违章操作，明显违反交通运输管理法规，最终导致车辆起火，造成4人死亡、2人重伤的严重后果。根据《最高人民法院关于审理交通肇事刑事案件具体应用法律若干问题的解释》（以下简称《交通肇事司法解释》）第四条的规定，交通肇事导致死亡2人以上或者重伤5人以上，负事故全部或者主要责任的，应当认定为“有其他特别恶劣情节”，处三年以上七年以下有期徒刑。一、二审法院认定乔永杰的行为构成交通肇事罪，判处有期徒刑五年，定罪量刑适当。

值得研究的是涉案月亮船幼儿园园长高知先的行为是否构成交通肇事罪。实践中，某些单位的主管人员、私营企业主、机动车所有人和承包人为了追逐高额经济利益，在“多拉快跑”等思想的影响下，指使或者强令下属、雇工实施疲劳驾驶、超载运输、超速行驶、强行超车等违规行为，构成引发重大恶性交通事故的重要原因。在此类案件中，如果仅仅处罚直接驾驶车辆的肇事人，实际上等于放纵了幕后犯罪人，难以真正起到刑罚的惩罚和预防效果。为了减少因为上述原因引发的道路交通事故，《交通肇事司法解释》第七条专门作出规定，单位主管人员、机动车辆所有人或者机动车辆承包人指使、强令他人违章驾驶造成重大交通事故，达到司法解释规定的定罪量刑标准的，以交通肇事罪定罪处罚。上述规定对如何依法追究不直接驾驶车辆的单位主管人员、机动车所有人和承包人的刑事责任，提供了明确的规范依据，其中包含了以下三个要件：首先，犯罪主体限于机动车所在单位的主管人员以及机动车所有人或者承包人。其次，上述人员实施了指使、强令机动车驾驶人违章驾驶的行为。再次，指使、强令他人违章驾驶的行为与重大交通事故之间存在刑法上的因果关系。实践中，根据《交通肇事司法解释》第七条的规定追究相关人员的刑事责任，必须根据上述条件进行认真审查，不应随意作扩大解释。

本案中，一审法院认为被告人高知先作为月亮船幼儿园的园长，属于肇事面包车所在单位的主管人员，其明知该车存在故障，仍然指使机动车驾驶人乔永杰驾驶该车接送幼儿，导致发生重大交通事故，符合《交通肇事司法解释》第七条的规定，构成交通肇事罪。但是，根据在案证据，在涉案面包车第一次发生故障后，高知先及时安排其他车辆将面包车上的幼儿全部转移，并要求驾驶员乔永杰继续修车，将面包车修好后再运送园内其他幼儿回家。可以看出，高知先的真实意思是要求乔永杰在排除车辆故障后再驾驶面包车运送其他幼儿，其并未指使乔永杰违章驾驶车辆。驾驶员乔永杰之后采用油壶直接给面包车汽化器供油的违章操作方式驾驶车辆，完全超出了高知先的主观意图，不应由高知先承担责任。一审法院认定高知先指使乔永杰违章驾驶，并无确切事实依据，二审法院认为在案证据不能证明高知先存在指使、强令乔永杰违章驾驶的行为，行为不构成交通肇事罪，事实认定和适用法律正确。

（二）明知校车存在安全隐患而不采取措施，导致发生重大事故的行为构成教育设施重大安全事故罪

教育设施重大安全事故罪，是指明知校舍或者教育教学设施有危险，而不采取措施或者不及时报告，致使发生重大伤亡事故的行为。教育设施重大安全事故罪属于特殊主体犯罪，犯罪主体仅限于学校和其他教育机构中对校舍和教育教学设施安全负有领导、管理职责的人员，客观方面表现为明知校舍或者教育教学设施存在危险而不采取措施或者不及时报告，致使发生重大伤亡事故。其中，校舍是指各类学校和其他教育机构的教室、教学楼、行政办公楼、学生宿舍、图书馆、阅览室、体育场馆，等等；教育教学设施是指用于教育教学的各类设施和设备，常见的如实验室、实验设备、体育器材，等等；不采取措施或者不及时报告，是指在明知校舍或者其他教育教学设施存在危险和安全隐患的情况下，不履行相应领导、管理职责，不积极采取及时、有效的预防和补救措施排除隐患，或者不向单位领导、有关主管部门报告。实践中，对于已知的安全隐患应当采取补救措施，还是应当及时报告单位领导和有关主管部门，应当根据具体情况具体分析。一般来讲，如果自身有能力采取有效预防和补救措施的，应当及时采取有效措施排除安全隐患。只有在凭借自己的能力无法及时有效消除安全隐患的，才可以采取向单位领导和有关主管部门报告的方式解决。对于有能力采取预防和补救措施而拒不采取相关措施的，不能以自己已向单位领导和有关主管部门进行报告为由免除责任。

《教育法》第十七条第一款规定："国家实行学前教育、初等教育、中等教育、高等教育的学校教育制度。"本案中，月亮船幼儿园承担学前教育职能，属于教育教学机构的范畴。值得研究的是幼儿园用于运送幼儿的面包车是否属于刑法规定的教育教学设施。校车是用于运送学生往返学校的交通工具，对于保障学生人身安全、保证学生正常开展学习活动，具有重要意义。《校车安全管理条例》第二条第一款规定："本法所称校车，是指依照本条例

取得使用许可，用于接送接受义务教育的学生上下学的 7 座以上的载客汽车。”第六十条第二款规定：“入园幼儿应当由监护人或者其委托的成年人接送。对确因特殊情况不能由监护人或者其委托的成年人接送，需要使用车辆集中接送的，应当使用按照专用校车国家标准设计和制造的幼儿专用校车，遵守本条例校车安全管理的规定。”《校车安全管理条例》还规定，县级以上地方人民政府教育、公安、交通运输、安全生产监督管理等有关部门依照本条例以及本级人民政府的规定，履行校车安全管理的相关职责。根据以上规定，校车在上路行驶期间应当遵守交通运输管理法规，同时，校车作为保障教育教学机构正常教学秩序的交通工具，也应当遵守教育法律法规的相关规定，应当纳入教育教学设施的范畴进行管理。无论是符合相关安全技术标准的专用校车，还是不符合安全技术标准、但实际用于接送学生、作为校车使用的非专用车辆，均应纳入校车的范畴进行统一管理。

本案中，被告人高知先作为月亮船幼儿园的园长，对该园用于接送幼儿的面包车安全负有领导和管理职责；乔永杰作为该面包车的驾驶员，对车辆安全负有直接管理职责。在明知该面包车车况不佳、油路不畅的情况下，高知先和乔永杰均负有消除车辆安全隐患的职责，但所负职责的具体内容则不尽相同。其中，乔永杰作为驾驶员，没有能力独自采取预防和补救措施消除车辆安全隐患，在此情况下，乔永杰及时将车辆存在安全隐患的情况报告给幼儿园领导高知先，应当认为乔永杰已经履行了报告职责，其行为不符合教育设施重大安全事故罪的构成要件。在此之后，乔永杰在面包车油路不畅的情况下，实施油壶直接向汽化器供油的违章操作行为，属于违法交通运输管理法规的行为，行为构成交通肇事罪。高知先作为幼儿园负责人，明知接送幼儿的面包车存在安全隐患，有能力采取预防和补救措施及时消除安全隐患，却未采取有效措施排除隐患，置幼儿人身安全于不顾，指使乔永杰驾驶该车继续带病上路行驶，最终造成 4 人死亡、2 人重伤的特别严重后果，依法应当认定为教育设施重大安全事故罪。考虑到乔永杰在驾驶面包车的过程中实施的油壶直接向汽化器供油的违章操作方式属于引发车辆起火燃烧的直接原因，罪责重大，而高知先明知该面包车存在安全隐患而不采取措施的行为属于引发事故后果的管理原因和间接原因，罪责相对较轻，且有自首情节，依法可以从轻处罚，二审法院认定高知先构成教育设施重大安全事故罪，将所判刑期由有期徒刑五年从轻改判为有期徒刑四年，定罪量刑适当。

（撰稿：最高人民法院刑四庭　李加玺）

26. 如何认定不报、谎报安全事故罪的共同犯罪

——韩成录、孙羽等谎报安全事故案

一、基本案情

被告人韩成录，男，1964年12月25日出生，吉林省吉林八宝煤业有限责任公司总经理。2013年4月27日因涉嫌犯重大责任事故罪被逮捕。

被告人孙羽，男，1969年11月9日出生，吉林八宝煤业有限责任公司总工程师。2013年4月27日因涉嫌犯不报、谎报安全事故罪被逮捕。

被告人赵显文，男，1954年11月18日出生，吉林省通化矿业（集团）有限责任公司董事长兼总经理。2013年7月7月18日因涉嫌犯不报、谎报安全事故罪被逮捕。

被告人刘军，男，1964年1月4日出生，吉林八宝煤业有限责任公司副经理。2013年4月27日因涉嫌犯不报、谎报安全事故罪被逮捕。

被告人陈毅，男，1953年9月30日出生，个体工商户。2013年6月7日因涉嫌不报、谎报安全事故罪被逮捕，2014年3月1日被取保候审。

被告人林科，男，1958年6月5日出生，吉林省白山市江源区人民医院医生。2013年6月6日因涉嫌犯不报、谎报安全事故罪被逮捕，2014年3月12日被取保候审。

被告人张玉莲，男，1964年4月8日出生，个体工商户。2013年5月6日因涉嫌犯不报、谎报安全事故罪被逮捕，2014年3月1日被取保候审。

吉林省白山市江源区人民检察院以被告人韩成录、孙羽犯重大责任事故罪、谎报安全事故罪，被告人赵显文、刘军、陈毅、林科、张玉莲犯谎报安全事故罪，向白山市江源区人民法院提起公诉。

被告人韩成录、孙羽、赵显文、刘军、陈毅、林科、张玉莲对起诉书指控的犯罪事实均未提出异议。

被告人韩成录辩解称，自己在谎报安全事故前已经请示过赵显文。其辩护人提出，韩成录对所犯重大责任事故罪成立自首，在谎报安全事故犯罪中系从犯，事故发生后积极组织抢救，平时表现良好，请求从轻处罚。

被告人孙羽辩解称，自己不是八宝煤业“一通三防”工作管理人员，仅负责在事故发生后做遇难矿工家属工作，瞒报死亡人数是后来才知道的。其辩护人提出，此次事故的发生和孙羽的行为不存在直接因果关系，谎报安全事故中不具有贻误事故抢救的情节，孙羽有积极参与事故抢救的情节，且系自首，请求从轻处罚。

被告人赵显文、刘军及其辩护人提出，谎报安全事故中不具有贻误事故抢救的情节，且系自首，请求从轻处罚。

被告人陈毅的辩护人提出，陈毅认罪态度好，请求从轻处罚。

被告人林科的辩护人提出，林科系自首，依法应当从轻、减轻处罚。

白山市江源区人民法院经审理查明：

（一）关于重大责任事故事实

被告人韩成录系吉林省吉林八宝煤业有限责任公司（以下简称八宝煤业公司）总经理、安全生产第一责任人，对该矿的安全生产工作负有全面领导责任；王新江（另案处理）系八宝煤业公司副总经理，负责该矿的安全管理工作，对重大事故隐患具有研究防范措施、组织实施的职责；被告人孙羽系八宝煤业公司通风副总工程师，负有组织“一通三防”专项工程、设施竣工验收、对“一通三防”技术管理工作进行把关的职责。八宝煤业公司防灭火设计中要求，-416 采区回采前，要在 -380 入风石门和 -315 回风石门预先构筑防火门墙。三被告人在工作中对井下采空区的防灭火措施不落实，管理不得力，未根据采空区内气体变化情况及时补充氮气，在该采区于 2013 年 3 月 25 日开始回采时，未按规定在预定位置构筑防火门墙，由于煤层倾角过大，留设的 8 米宽区段隔离煤柱在工作面回采后即跨落，不能起到有效隔离采空区的作用，导致上下区段采空区相通。同年 3 月 28 日 16 时许，该矿 -416 采区附近采空区发生瓦斯爆炸后，未按有关规定上报。3 月 29 日 14 点 55 分，-416 采区附近采空区发生第二次瓦斯爆炸。八宝煤业公司所属的吉林省通化矿业（集团）有限责任公司（以下简称通化矿业集团公司）总工程师宁连江、副总工程师陈维良接到八宝煤业公司报告后赶赴现场，经与韩成录研究决定，在 -315、-380 石门及东一、东二、东三分层顺槽施工五处密闭。同日 16 时 59 分，宁连江、陈维良带领救护队员和工人到 -416 采区进行密闭作业。19 时 30 分左右，-416 采区附近采空区发生第三次瓦斯爆炸，作业人员慌乱撤至井底，但现场指挥人员未按规定上报并撤出作业人员。21 时左右，现场指挥人员强令施工人员继续实施密闭施工作业。21 时 56 分，采空区发生第四次瓦斯爆炸，造成36人死亡，12人受伤，直接经济损失4708.9万元。

“3·29”事故发生后，吉林省人民政府要求吉林省煤业集团公司聘请省内外专家，对八宝煤业公司井下灾情制定安全可靠的灭火方案，并决定未经吉林省人民政府同意，任何人不得下井作业。通化矿业集团公司常务副总经理王升宇（另案处理）在明知这一指令且井下依然存在安全隐患的情况下，于2013年4月1日9时20分许，擅自安排人员到八宝煤业公司井下－400大巷和－315石门实施挂风障措施。通化矿业集团公司副总经理王立（另案处理）在明知吉林省人民政府不允许任何人入井作业的情况下，在王升宇安排人员实施挂风障措施时，积极联系加工风障事宜。4月1日10时12分，八宝煤业公司井下再次发生瓦斯爆炸事故，造成挂风障的作业人员17人死亡、4人受伤，直接经济损失1986.5万元。

经国务院事故调查组组织调查，八宝煤业公司“3·29”特别重大瓦斯爆炸事故属于特大生产安全责任事故，引发事故的直接原因是八宝煤业公司忽视防灭火管理工作，措施严重不落实，－416东水采工作面上区段采空区漏风，煤炭自然发火，引起采空区瓦斯爆炸，爆炸后产生的冲击波和大量有毒有害气体造成人员伤亡；间接原因是企业安全生产主体责任不落实，严重违章指挥、违规作业，在连续三次发生瓦斯爆炸的情况下，违规施工密闭。八宝煤业公司“4·1”事故的发生原因是通化矿业集团公司违抗吉林省政府关于严禁一切人员下井作业的指令，擅自决定并组织人员下井冒险作业。

（二）关于谎报安全事故事实

八宝煤业公司“3·29”事故发生后，初步统计井下有28人遇难。随着事故抢险、搜救工作的进展，陆续又发现7名遇难者，按照相关规定本应立即上报，但通化矿业集团公司董事长兼总经理被告人赵显文决定予以瞒报，并指令被告人韩成录具体办理，后韩成录召集被告人孙羽、刘军等人，研究在35个死亡名单中选出7人予以瞒报。为尽快将选定的7名遇难矿工遗体火化，韩成录找到被告人张玉莲，由张玉莲帮助联系遇难矿工尸体的火化事宜，张玉莲找到白山市江源区人民医院太平间经营者被告人陈毅，陈毅又找到该院放射科工作人员被告人林科，让林科帮忙开具7名遇难矿工的虚假死亡证明。林科通过从该院门诊偷取空白死亡证明、填写虚假死亡原因、偷盖医院公章等方式，为陈毅办理了7名遇难者因病死亡的虚假死亡证明，上述7具被瞒报的矿工遗体后被火化。

白山市江源区人民法院认为，被告人韩成录、孙羽的行为同时构成重大责任事故罪和谎报安全事故罪，应依法予以并罚；被告人赵显文、刘军、陈毅、林科、张玉莲的行为均构成谎报安全事故罪。韩成录在谎报安全事故共同犯罪中，指令他人做被瞒报遇难者家属工作，积极联络处理被瞒报人员尸体，起主要作用，系主犯；孙羽在谎报安全事故共同犯罪中起辅助作用，系从犯；赵显文作为通化矿业集团公司总经理，在下属企业发生安全事故后，负有如实上报事故情况的职责，却决定并指使他人谎报事故遇难者人数，降低事故处理等级，在谎报安全事故共同犯罪中起主要作用，系主犯；刘军起辅助作用，系从犯；陈毅、林科、张玉莲对韩成录谎报"3·29"事故遇难者人数起帮助作用，均系从犯。韩成录、孙羽在事故发生后积极组织、参与事故抢救，可以酌情从轻处罚。各被告人均系被传唤到案或被公安机关抓获到案，不属于自动投案，依法不构成自首，但韩成录、孙羽、赵显文、刘军、陈毅到案后如实供述自己的犯罪事实，系坦白，依法可以从轻处罚。各被告人谎报死亡人数的行为客观上导致八宝煤业公司"3·29"事故的处理等级降低，应视为属于谎报安全事故贻误事故抢救。据此，依照《中华人民共和国刑法》第一百三十四条第一款、第一百三十九条之一、第六十九条第一款之规定，判决如下：

1. 被告人韩成录犯重大责任事故罪，判处有期徒刑四年；犯谎报安全事故罪，判处有期徒刑一年，决定执行有期徒刑五年。

2. 被告人孙羽犯重大责任事故罪，判处有期徒刑三年；犯谎报安全事故罪，判处有期徒刑十个月，决定执行有期徒刑三年六个月。

3. 被告人赵显文犯谎报安全事故罪，判处有期徒刑一年。

4. 被告人刘军犯谎报安全事故罪，判处有期徒刑十个月。

5. 被告人陈毅犯谎报安全事故罪，判处有期徒刑十个月。

6. 被告人林科犯谎报安全事故罪，判处有期徒刑十个月。

7. 被告人张玉莲犯谎报安全事故罪，判处有期徒刑十个月。

一审宣判后，被告人赵显文、刘军、陈毅、张玉莲服判不上诉。被告人韩成录、孙羽、林科提出上诉。

被告人韩成录上诉及其辩护人提出：韩成录有自首情节，在谎报安全事故共同犯罪中系从犯，请求从轻改判。

被告人孙羽上诉及其辩护人提出：八宝煤业公司"3·29"事故的发生与孙羽的行为之间不存在直接因果关系，孙羽对重大责任事故罪构成自首，在谎报安全事故罪中系从犯。

被告人林科上诉提出，一审判决量刑过重，请求依法免予刑事处罚。

白山市中级人民法院经审理认为，一审认定的事实清楚，证据确实、充分。关于上诉人韩成录、孙羽及辩护人提出的有自首情节的意见，经查，韩成录、孙羽均系公安机关在掌握其涉案事实的情况下被传唤到案，依法不构成自首。关于韩成录及其辩护人提出在谎报安全事故共同犯罪中系从犯的意见，经查，现有证据证实韩成录召集他人研究瞒报遇难人员事宜，指令同案人做拟瞒报遇难人员家属的工作，积极联络同案被告人处理被瞒报人员尸体火化事宜，在共同犯罪中起主要作用，系主犯。关于孙羽及其辩护人提出的“3·29”事故的发生与孙羽的行为没有直接因果关系、的意见，经查，在案证据足以证实孙羽未正确履职的行为与“3·29”事故的发生存在直接因果关系，一审判决已经认定孙羽在谎报安全事故共同犯罪中属于从犯，但各被告人共同瞒报7名遇难矿工，孙羽参与瞒报遇难矿工的筛选工作，负责做被瞒报遇难矿工家属的工作，不能认定为情节显著轻微。一审判决根据林科的犯罪事实、犯罪性质、情节和社会危害程度，依照刑法有关规定判处有期徒刑十个月并无不当。据此，依照《中华人民共和国刑事诉讼法》第二百二十五条第一款第一项之规定，裁定驳回上诉，维持原判。

二、主要问题

如何正确认定不报、谎报安全事故罪的共同犯罪？

三、裁判理由

不报、谎报安全事故罪是2006年施行的《刑法修正案（六）》新增加的罪名。对于本罪的构成要件、定罪量刑标准、共同犯罪的认定等问题，实践中存在一定争议。现结合本案的具体情况，对不报、谎报安全事故罪中在共同犯罪认定方面的几个问题进行简要分析。

（一）不报、谎报安全事故罪的主观罪过形式

我国刑法只承认故意共同犯罪。因此，要研究不报、谎报安全事故罪共同犯罪的成立条件，首先需要解决的问题是本罪是故意犯罪还是过失犯罪。

对于不报、谎报安全事故罪的罪过形式，刑法理论界存在争议，主要有三种观点。

第一种观点可称为过失说，认为不报、谎报安全事故罪的主观罪过形式是过失，即行为人应当预见到自己不报、谎报安全事故情况的行为可能贻误

事故抢救，导致事故后果进一步扩大，因为疏忽大意而没有预见，或者虽然预见但轻信能够避免，以致造成事故后果进一步扩大。且本罪在刑法中被安排在十一个过失犯罪之后，法定刑与大部分过失犯罪罪名相同，如果认定为故意犯罪，法定刑明显过轻。

第二种观点可称为故意说，认为行为人对危害后果的发生持故意心态。其中，又有意见将本罪的罪过形式限定为直接故意，也有意见以《关于办理危害矿山生产安全刑事案件的解释》和《关于办理危害生产安全刑事案件的解释》的规定内容为依据，认为行为人对导致“事故后果扩大”的构成要件内容持间接故意，对“致使不能及时有效开展事故抢救”的构成要件内容持直接故意。

第三种观点可称为复合说，认为本罪的罪过形式可以是过失，包括疏忽大意的过失和过于自信的过失，也可以是间接故意甚至是直接故意。

我们同意上述第二种观点，不报、谎报安全事故罪是故意犯罪。理由有以下几个方面：

首先，判断行为人主观罪过的标准应当是其对自己的行为造成的危害后果所持心态，而确定作为某一犯罪构成要件的危害后果，应当根据刑法的规定进行。根据刑法第一百三十九条之一的规定，不报、谎报安全事故罪的危害后果是贻误事故抢救。负有报告职责的人员在安全事故发生后不报或者谎报事故情况，对该行为可能导致的贻误事故抢救的危害后果至少持有放任的主观心态，属于刑法规定的间接故意。

其次，《关于办理危害矿山生产安全刑事案件的解释》规定，在矿山生产安全事故发生后，帮助负有报告职责的人员不报或者谎报事故情况，贻误事故抢救的，对组织者或者积极参加者，以共犯论处。《关于办理危害生产安全刑事案件的解释》规定，在安全事故发生后，与负有报告职责的人员串通，不报或者谎报事故情况，贻误事故抢救，情节严重的，依照《刑法》第一百三十九条之一的规定，以共犯论处。我国刑法不承认过失共同犯罪，司法解释的上述规定实际上已经认可不报、谎报安全事故罪属于故意犯罪。

最后，我国刑法并不排斥在同一章节甚至同一条文中同时规定故意犯罪和过失犯罪，或者对故意犯罪和过失犯罪设置相同的法定刑。例如，《刑法》第三百九十八条同时规定了故意泄漏国家秘密罪和过失泄漏国家秘密罪，且法定刑完全相同。故意犯罪和过失犯罪的法定刑也不能进行简单的比较，特别是在危害公共安全犯罪中，部分过失犯罪的社会危害性和适用的刑罚并不一定低于故意犯罪。根据刑法的体例和结构不能得出本罪属于过失犯罪的结论。认定不报、谎报安全事故罪属于故意犯罪，符合刑法规定。

（二）无报告职责人员是否可以构成不报、谎报安全事故罪的共同犯罪

根据刑法规定，不报、谎报安全事故罪的犯罪主体是特殊主体，即对安全事故情况负有报告职责的人员，对安全事故情况不负有报告职责人员不能单独构成不报、谎报安全事故罪。存在争议的是，无身份者，即对安全事故情况不负有报告职责的人员是否可以与有身份者构成共同犯罪，成为有身份者实施的不报、谎报安全事故罪的教唆犯、帮助犯或者共同实行犯？

我们认为，根据刑法理论，无身份者可以构成有身份者实施的不报、谎报安全事故罪的教唆犯、帮助犯或者共同实行犯。根据刑法规定，行为人具有特定的身份，是不报、谎报安全事故罪的必备构成条件，不具有特定身份则不能成立犯罪，其法理依据在于，只有特定身份者才能够对本罪保护的法益造成实质侵害，而无身份者由于不具有这一特定身份，故不能单独对本罪客体造成侵害，进而无法构成本罪。但是，刑法对本罪特殊主体要件的规定只是针对单独犯罪而言的，并不意味着无身份者不能通过和有身份者故意共同实施侵害法益的行为，使共同犯罪中身份犯的主体得到扩张，使无身份者成为本罪的共犯。根据我国刑法总则中共同犯罪的规定，完全可以得出一般主体与特殊主体共同故意实施以特殊身份为要件的犯罪可以成立共同犯罪的结论，刑法学界和实务界对此问题也已经形成共识。因此，对安全事故情况不具有报告职责的人员在安全事故发生后，与负有报告职责的人员相互串通，共同不报、谎报事故情况，贻误事故抢救，情节严重的完全符合不报、谎报安全事故罪的构成要件，应当以不报、谎报安全事故罪的共犯论处。

本案中，被告人孙羽辩解称，自己不是八宝煤业公司“一通三防”工作的负责人员，特大瓦斯爆炸事故的发生与其行为不存在直接因果关系，事故发生后负责开展遇难矿工家属的安抚工作，不负有事故报告职责，不应认定为谎报安全事故罪；被告人陈毅、林科、张玉莲当庭提出，自己不是八宝煤业公司工作人员，不符合谎报安全事故罪的主体要件，行为不构成犯罪。一、二审法院认为，孙羽在明知韩成录等人拟瞒报“3·29”瓦斯爆炸事故实际遇难人数的情况下，与韩成录等人共同实施瞒报事故遇难人数的行为；陈毅、林科、张玉莲虽然不是八宝煤业公司施工，不属于负有事故报告职责的人员，但三人行为对韩成录等人瞒报事故遇难人数均起到了帮助作用，据此认定四被告人均构成谎报安全事故罪，定罪准确。

（三）不报、谎报安全事故罪的共同犯罪是否仅限于实行犯和帮助犯

实行犯是指直接、亲自实施犯罪行为的人。实行犯当然可以构成不报、谎报安全事故罪，需要研究的是，除了实行犯之外，是否只有帮助犯才可能成为本罪的共犯。本案一审判决作出日期为2014年1月27日，二审裁定作出日期为2014年4月10日，根据当时有效的《关于办理危害矿山生产安全刑事案件的解释》第七条的规定，在矿山生产安全事故发生后，帮助负有报告职责的人员不报或者谎报事故情况，贻误事故抢救的，对组织者或者积极参加者，以共犯论处。司法解释的上述规定，使帮助犯从刑法理论术语成为司法解释中的规范性用语，同时也使得司法实务中对于是否应当将不报、谎报安全事故罪共犯的成立范围限定为帮助行为产生了一定争议。

我们认为，根据《关于办理危害矿山生产安全刑事案件的解释》第七条的规定，并不能得出将不报、谎报安全事故罪共犯的成立范围限定为帮助行为的结论。我国刑法将共同犯罪人划分未为主犯、从犯、协从犯和教唆犯，并规定有相应的处罚原则。帮助犯一般情况下属于刑法规定的从犯，刑法未将不报、谎报安全事故中的共犯限定为帮助犯，司法解释也无权作出限制性解释。实际上，《关于办理危害矿山生产安全刑事案件的解释》只是规定帮助不报、谎报安全事故的行为可以以共犯论处，并未排除其他不报、谎报事故共同犯罪人存在的可能性，将《关于办理危害矿山生产安全刑事案件的解释》的规定理解为仅对帮助犯中的组织者或者积极参加者以共犯论处，并无充分的法理基础。从司法实践中的情况看，将本罪共犯的成立范围限定为帮助行为，也不符合客观情况。以本案为例，被告人赵显文作为八宝煤业公司上级集团公司的总经理，指使、命令负有报告职责的人员谎报事故情况，并不属于帮助犯，但明显属于谎报安全事故罪的共同犯罪人，而且可能构成主犯。因此，行为人与负有报告职责的人员串通，不报、谎报安全事故情况，只要符合刑法规定的共同犯罪成立条件，均应当依法认定为共同犯罪。为避免司法实践中可能存在的误解，2015年出台的《关于办理危害生产安全刑事案件适用法律若干问题的解释》对《关于办理危害矿山生产安全刑事案件的解释》的相关规定内容作出适当修改，在第九条中规定："在安全事故发生后，与负有报告职责的人员串通，不报或者谎报事故情况，贻误事故抢救，情节严重的，依照《刑法》第一百三十九条之一的规定，以共犯论处"。上述规定内容更加符合刑法的规定内容和相关刑法理论，为更加准确的认定不报、谎报安全事故共同犯罪，提供了明确依据。

本案中，在安全事故发生后，被告人赵显文决定谎报事故遇难人数，并安排、授意他人具体实施谎报行为；被告人韩成录、孙羽、刘军具体实施毁匿部分遇难人员尸体的谎报行为；被告人张玉莲、陈毅、林科根据韩成录的指使，各自利用自己的身份和职务便利，伪造部分遇难人员死因并违法火化尸体。上述被告人中，韩成录、孙羽、刘军属于谎报安全事故的实行犯，张玉莲、陈毅和林科属于帮助犯，赵显文既不属于实行犯，亦不属于帮助犯，但其系此次谎报安全事故行为的提议者，与韩成录等人的行为相互结合，共同导致了贻误事故抢救的结果，符合谎报安全事故共同犯罪的构成要件，且应依法认定为主犯。一、二审法院认定七被告人构成谎报安全事故罪的共同犯罪，并根据各被告人的地位、作用区分主犯、从犯，确定各自刑事责任，符合法律规定。

（撰稿：最高人民法院刑四庭　杨　军）

27. 与生产安全事故相关的生产、销售不符合安全标准产品行为如何定罪处罚

——唐谷云生产、销售不符合安全标准的产品案

一、基本案情

被告人唐谷云，男，1969 年 4 月 21 日出生，湖南省长沙市振兴塑料厂业主。2014 年 8 月 28 日因涉嫌犯生产、销售不符合安全标准的产品罪被逮捕。

湖南省隆回县人民检察院以被告人唐谷云犯生产、销售不符合安全标准的产品罪，向隆回县人民法院提起公诉。

被告人唐谷云对公诉机关指控的犯罪事实及罪名无异议，请求从轻处罚。其辩护人提出，唐谷云在事故发生后自动投案，如实供述自己的罪行，应当认定为自首，请求减轻处罚。

隆回县人民法院经审理查明：被告人唐谷云自 2011 年起在湖南省长沙市无证经营振兴塑料厂，从事环保除雾塔、聚丙烯塑料罐体等化学容器的生产制作活动。2013 年 4 月，长沙大承化工有限公司法定代表人周添（另案处

理）找到唐谷云，要求唐谷云为其使用的湘A3ZT46号轻型货车加装一个用于装运乙醇的容器，唐谷云表示同意，双方商定交易价格为1.5万元。之后，唐谷云在自己经营的振兴塑料厂内以聚丙烯为原料，为周添制作了一个长约3.5米、宽1.8米、高1.5米的塑料容器罐加装在湘A3ZT46号轻型货车上，并对该容器罐进行了加固。2014年7月19日2时57分，司机刘斌（已在事故中死亡）驾驶湘A3ZT46号轻型货车装载乙醇自东向西行驶至沪昆高速公路邵阳市隆回县境内1609千米+33米处时，与前方排队等候的由司机贾安奎（已在事故中死亡）驾驶的闽BY2508号大客车发生追尾碰撞，致使轻型货车装运的乙醇泄漏燃烧，引燃大客车、轻型货车及附近的3辆机动车，造成54人死亡、6人受伤（其中4人后经抢救无效死亡），直接经济损失5300余万元。同年8月4日，被告人唐谷云向长沙市公安机关自动投案，如实供述了自己的犯罪事实。

经国务院事故调查组调查认定，沪昆高速公路湖南邵阳段"7·19"特别重大道路交通危化品燃爆事故是一起生产安全责任事故。湘A3ZT46号轻型货车与闽BY2508号大客车追尾碰撞的原因为，刘斌驾驶严重超载的轻型货车，未按操作规范安全驾驶，忽视交警现场示警，未注意观察和及时发现停在前方排队等候的大客车，未采取制动措施，致使轻型货车以每小时85公里的速度撞上大客车，其违法行为是导致车辆追尾碰撞的主要原因；贾安奎驾驶大客车未按交通标志指示在规定车道通行，遇前方车辆停车排队等候时，作为本车道最末车辆未按规定开启危险报警闪光灯，其违法行为是导致车辆追尾碰撞的次要原因。起火燃烧和造成大量人员伤亡的原因为，轻型货车高速撞上前方停车排队等候的大客车尾部，车厢内装载乙醇的聚丙烯材质罐体受到剧烈冲击，导致焊缝大面积开裂，乙醇瞬间大量泄漏并迅速向大客车底部和周边弥漫，轻型货车车头右前部由于碰撞变形造成电线短路产生火花，引燃泄漏的乙醇，火焰迅速沿地面向大客车底部和周围蔓延将大客车包围。经鉴定，唐谷云制作的塑料容器罐不符合国家强制标准GB10343－2008《食用酒精》的有关规定，不能用于食品乙醇的包装及运输，振兴塑料厂非法从事车辆改装和罐体加装，明知湘A3ZT46号轻型货车车主有意使用塑料罐体运输乙醇的情况下，仍为该货车制作和加装了聚丙烯材质方形罐体，是造成事故发生的间接原因之一。

隆回县人民法院认为，被告人唐谷云生产、销售不符合保障人身、财产安全国家标准的产品，其行为已构成生产、销售不符合安全标准的产品罪。

唐谷云在事故发生后主动向公安机关投案，如实供述自己的罪行，依法构成自首，可以从轻、减轻处罚。“7·19”特大事故造成54人死亡、2人受伤，直接经济损失5300余万元，后果特别严重，但唐谷云为肇事轻型货车非法制作和加装聚丙烯材质方形罐体的行为，只是导致此次事故发生的多个间接原因中的一个，不应对危害后果承担全部责任，应当结合事故原因、危害后果、被告人过错大小等多个因素进行综合考虑，做到罪责刑相适应。据此，依照《中华人民共和国刑法》第一百四十六条、第六十七条第一款、第五十二条、第五十三条之规定，判决如下：

被告人唐谷云犯生产、销售不符合安全标准的产品罪，判处有期徒刑二年，并处罚金人民币二万元。

宣判后，被告人唐谷云服判不上诉，检察机关亦未抗诉。判决已经发生法律效力。

二、主要问题

对于与生产安全事故相关的生产、销售不符合安全标准的产品行为应当如何定罪处罚？

三、裁判理由

（一）生产、销售不符合安全标准的产品，构成引发生产安全事故间接原因的，应当按照从一重罪处罚的原则，以生产、销售伪劣产品罪或者生产、销售不符合安全标准的产品罪论处

实践中，生产安全事故一般是由多种原因共同交织、相互作用所引发，其中既有生产、经营者违规操作的原因，也有可能涉及安全生产设施、安全防护用品不合格等方面因素。在危险物品生产经营领域，上述问题表现得尤为明显。由于危险物品具有爆炸性、易燃性、放射性、毒害性、腐蚀性等特点，生产经营过程中一旦发生泄漏扩散，极易引发严重事故后果，必须采取各种措施加以特殊保护。世界各国针对危险物品的生产、运输、储存、使用等环节，均规定了严格的安全标准和操作规程。我国《安全生产法》第三十四条规定：“生产经营单位使用的危险物品的容器、运输工具，以及涉及人身安全、危险性较大的海洋石油开采特种设备和矿山井下特种设备，必须按照国家有关规定，由专业生产单位生产，并经具有专业资质的检测、检验机构检测、检验合格，取得安全使用证或者安全标志，方可投入使用……”但是，

实践中，部分不具备相应资质的单位和个人，为牟取非法利润，故意生产不符合国家标准、行业标准的危险物品容器或者运输工具；有的单位和个人明知道危险物品容器或者运输工具不符合国家标准、行业标准而故意进行销售，导致不合格危险物品容器或者运输工具流入生产经营单位，用于危险物品生产、储存和运输，最终造成重特大生产安全事故。对于此类行为，必须进行严厉惩治，对于其中构成犯罪的，应当依法追究刑事责任。

《刑法》第一百四十条规定，生产者、销售者在产品中掺杂、掺假，以假充真，以次充好或者以不合格产品冒充合格产品，销售金额五万元以上的，构成生产、销售伪劣产品罪。第一百四十六条规定，生产不符合保障人身、财产安全的国家标准、行业标准的电器、压力容器、易燃易爆产品或者其他不符合保障人身、财产安全的国家标准、行业标准的产品，或者销售明知是以上不符合保障人身、财产安全的国家标准、行业标准的产品，造成严重后果的，构成生产、销售不符合安全标准的产品罪。据此，生产、销售不符合国家标准、行业标准的产品的行为，可能同时符合生产、销售伪劣产品罪和生产、销售不符合安全标准的产品罪的构成要件，成立法条竞合关系。在法条竞合的情况下，原则上应当根据从一重罪处罚的原则进行处理。根据《刑法》第一百四十九条规定，生产、销售《刑法》第一百四十一条至第一百四十八条所列产品，不构成各该条规定的犯罪，但是销售金额在五万元以上的，依照刑法第一百四十条的规定定罪处罚；生产、销售第一百四十一条至第一百四十八条所列产品，构成各该条规定的犯罪，同时又构成第一百四十条规定之罪的，依照处罚较重的规定定罪处罚。另外，《关于办理危害生产安全刑事案件的解释》第十一条规定："生产不符合保障人身、财产安全的国家标准、行业标准的安全设备，或者明知安全设备不符合保障人身、财产安全的国家标准、行业标准而进行销售，致使发生安全事故，造成严重后果的，依照《刑法》第一百四十六条的规定，以生产、销售不符合安全标准的产品罪定罪处罚。"该解释条文虽然仅规定此类行为可能构成生产、销售不符合安全标准的产品罪，但相关规定内容实质上属于提示性规定，具体适用过程中仍应根据刑法第一百四十九条的规定，按照从一重罪处罚的原则，分别认定为生产、销售伪劣产品罪或者生产、销售不符合安全标准的产品罪。

本案中，被告人唐谷云明知长沙大承化工有限公司法定代表人周添定做的容器用于装运易燃易爆危险化学品乙醇，仍然接受周添的委托，使用聚丙烯材料为其制作了不符合国家标准的方形塑料容器罐体并违规加装在轻型货车上，导致周添使用的轻型货车与其他机动车发生追尾事故后，容器焊缝发生大面积开裂，引发内装乙醇泄漏并发生燃烧爆炸，造成特大人员伤亡和巨额经济损失，已经达到刑法规定的生产、销售不符合安全标准的产品罪的定罪标准，其行为构成生产、销售不符合安全标准的产品罪。唐谷云销售不合格聚丙烯塑料容器罐体的价格为 1.5 万元，未达到刑法规定的生产、销售伪劣产品罪的定罪标准，行为不构成生产、销售伪劣产品罪。一审判决认定唐谷云的行为构成生产、销售不符合安全标准的产品罪，定罪准确。

（二）综合考虑生产、销售不符合安全标准的产品行为与生产安全事故之间的因果联系，正确确定刑罚

刑法对生产、销售不符合安全标准的产品罪规定了两个量刑幅度：造成严重后果的，处五年以下有期徒刑，并处销售金额百分之五十以上二倍以下罚金；后果特别严重的，处五年以上有期徒刑，并处销售金额百分之五十以上二倍以下罚金。《最高人民检察院、公安部关于公安机关管辖的刑事案件立案追诉标准的规定（一）》规定："实施生产、销售不符合安全标准的产品行为，涉嫌下列情形的，应予立案追诉：（一）造成人员重伤或者死亡的；（二）造成直接经济损失十万元以上的；（三）其他造成严重后果的情形。"实践中，司法机关可以参照上述规定内容，对于符合以上三种情形之一的，可以依法认定为《刑法》第一百四十六条规定的"造成严重后果"。但对于何谓《刑法》第一百四十六条规定的"后果特别严重"，目前尚无司法解释或者规范性文件作出明确规定。我们认为，参照其他相关司法解释和规范性文件的规定，生产、销售不符合安全标准的产品，直接造成三人以上死亡，或者十人以上重伤，或者造成直接经济损失五十万元以上的，原则上可以认定为"后果特别严重"。

本案中，根据国务院事故调查报告，引发"7·19"特大事故的间接原因多达十一个方面。其中，唐谷云在明知涉案轻型货车车主周添有意使用塑料罐体运输乙醇的情况下，仍为该轻型货车制作加装聚丙烯材质方形罐体，属于事故的间接原因之一。从此次事故发生的具体过程来看，引发事故的直接原因是涉案轻型货车严重超载，严重影响车辆制动性能，且驾驶员刘斌不按操作规范安全驾驶，忽视交警的现场示警，未及时采取制动措施，导致追尾前方排队等候的大货车，发生车辆追尾碰撞。综合来看，涉案轻型货车司机和货车车主应对此次事故承担最主要责任。唐谷云为轻型货车加装不符合国家标准的聚丙烯材质罐体，与事故后果之间的因果链条较长，对引发事故所

起作用较弱，对事故所引发的54人死亡的严重后果不应承担全部责任，不宜认定为生产、销售不符合安全标准的产品罪中的“后果特别严重”。另一方面，涉案轻型货车车主周添非法改装车辆，委托无资质私营业主为名下轻型货车制作加装聚丙烯材质塑料罐体，故意使用非专用车辆和不合格塑料罐体运输危险物品，行为构成危险物品肇事罪，造成严重后果，法定最高刑为七年有期徒刑。唐谷云的罪责明显小于周添，如果认定唐谷云属于生产、销售不符合安全标准的产品罪中的“后果特别严重”，对应法定刑为五年以上有期徒刑，与周添相比，刑罚明显不平衡。一审法院考虑到唐谷云的行为与事故后果仅存在间接因果关系，且唐谷云有自首情节，以生产、销售不符合安全标准的产品罪判处其有期徒刑二年，并处罚金人民币二万元，量刑适当。

（撰稿：最高人民法院刑四庭　李加玺）

28. 机动车检测机构工作人员因不负责任违规出具不实检测报告的行为如何定性

——赵公文、范万涛、高琦出具证明文件重大失实案

一、基本案情

被告人赵公文，男，1976年8月29日出生，陕西省铜川鹏瑞交通设施工程有限公司授权签字人、质量负责人。2016年12月14日因涉嫌犯玩忽职守罪被逮捕。

被告人范万涛，男，1973年3月21日出生，陕西省铜川鹏瑞交通设施工程有限公司检测科科长、质量监督员。2016年12月14日因涉嫌犯玩忽职守罪被逮捕。

被告人高琦，男，1977年2月9日出生，陕西省铜川鹏瑞交通设施工程有限公司总经理。2016年12月14日因涉嫌犯玩忽职守罪被逮捕。

陕西省铜川市王益区人民检察院以被告人赵公文、范万涛、高琦琦犯玩忽职守罪，向铜川市王益区人民法院提起公诉。

被告人赵公文及其辩护人提出，赵公文并非国家机关工作人员，开展机

动车检测业务不属于行使国家行政管理职权，不符合渎职罪的主体要件，且范万涛作为鹏瑞交通设施工程有限公司授权签字人和质量负责人，对涉案机动车检测过程中存在的舞弊行为即不知情、也无法控制，不构成玩忽职守罪。

被告人范万涛及其辩护人提出，范万涛不具有国家机关工作人员身份，在公司中身兼多职，不可能对机动车检测活动的全过程进行监督，涉案大客车进行检验时范万涛不在现场，不可能发现引车员和涉案大客车车主的串通作弊行为，不存在渎职行为，且此次事故是多种原因共同造成的，范万涛的行为与事故后果不存在因果关系，公诉机关指控构成玩忽职守罪不能成立。

被告人高琦及其辩护人提出，鹏瑞交通设施工程有限公司系民营企业，高琦作为公司总经理，不具备玩忽职守罪的主体资格，且高琦作为公司管理人员，无法预见涉事大客车车主与他人相互串通、在机动车检测过程中违规造假，主观上不存在过失，客观行为与事故后果不存在刑法上的因果关系，不构成玩忽职守罪。

铜川市王益区人民法院经审理查明：陕西省铜川鹏瑞交通设施工程有限公司（以下简称鹏瑞公司）于2011年8月25日成立，公司性质为自然人独资有限责任公司，经营范围为机动车安全性能检测、机动车综合性能检测和机动车尾气检测，被告人高琦任总经理。2015年3月17日，鹏瑞公司获得陕西省质量技术监督局颁发的《机动车安全技术检验机构检验资格许可证》，次日获得计量认证资质认定证书。鹏瑞公司经陕西省公安厅交警总队备案审批后，于同年4月17日与铜川市公安局交警支队机动车监管信息平台联网，正式开展机动车安全技术检验业务。高琦任命被告人赵公文担任公司授权签字人和质量负责人，任命被告人范万涛担任公司检测科科长、质量监督员。其中，赵公文在申请授权签字人资质过程中弄虚作假，在不具备相关职称的情况下，提供了虚假的工程师资质证书，违规获得了授权签字人资质。

2015年5月5日，陕B23938号大客车车主师东安（另案处理）与司机王钢（另案处理）一起驾驶该车前往鹏瑞公司进行车辆安全技术检验。为确保通过检验，师东安事先找到非法车托刘保社（另案处理）帮助办理车辆检验手续，并支付给刘保社费用600元，其中车辆违章罚款100元、车辆检验费145元、其他费用35元，其余320元为支付给刘保社的好处费。进行第一次车辆检验后，陕B23938号大客车因制动系统不合格，未能通过检验。刘保社为让该车在下午复检时顺利通过，找到鹏瑞公司引车员张勇（另案处理）帮忙，张勇表示同意。刘保社指使师东安拔掉陕B23938号大客车的刹车尾灯保险，师东安遂让王钢在车上配合踩刹车，自己将刹车尾灯拔掉。当日下午复检时，王钢告知张勇称车辆后刹车灯已被拔掉。复检过程中，张勇驾驶陕B23938号大客车检验制动系统时，脚刹、手刹并用以增强制动性能。被告人范万涛作为质量监督员，未发现陕B23938号大客车违规检测、相关人员采取舞弊手段虚构检测数据等情况。被告人赵公文作为授权签字人，对该车复检过程中存在的舞弊行为失察，并签署了最后的检测合格意见，使得陕B23938号大客车顺利通过检验，获得了《机动车安全技术检验报告》合格结论，进而从公安机关交通管理部门取得了机动车定期检验合格标志。

陕B23938号大客车违规通过安全技术检验后，车主师东安及司机王钢均未对车辆制动系统进行有效维修，继续驾驶该车从事非法运营活动。2015年5月14日，陕西省伊诺相伴生活馆租用包括陕B23938号大客车在内的多辆非法营运车辆，搭载193人前往陕西省淳化县仲山森林公园开展旅游促销活动。次日15时许，旅游促销活动结束，王钢驾驶陕B23938号大客车搭载部分客户返回西安市。行至淳化县淳卜公路1千米+450米处下坡左转弯处时，陕B23938号大客车失控，由道路右侧冲出路面坠入山谷，造成36人死亡、10人受伤、直接经济损失2300余万元的特大道路交通事故。

经国务院事故调查组调查认定，陕西咸阳“5·15”特别重大道路交通事故是一起生产安全责任事故。引发事故发生的直接原因为，王钢驾驶制动系统技术状况严重不良的大客车，行经下陡坡、连续急弯路段时，因制动力不足造成车速过快，行至发生事故的急弯路段时车速达到59公里/小时，在离心力作用下出现侧滑，失控冲出路面翻坠至崖下。大客车坠崖后车头猛烈撞击地面，冲击力造成乘客向前翻倒，由于大客车座椅与车身连接强度不足，事故发生时70%的座椅发生脱落，砸压车内乘客，进一步加重了事故伤亡后果。引起事故发生的间接原因之一，为鹏瑞公司机动车安全技术性能检验工作管理混乱。鹏瑞公司在申请机动车检验资质时提供的授权签字人学历、职称造假，编造虚假材料骗取资质；公司对发动机等必检项目未提出查验要求，普遍存在漏检、少检现象；安排不具备大客车驾驶资质的引车员张勇进行检验；事故大客车制动系统复检时，检验人员与车主、非法中介人员合谋弄虚作假，导致严重不符合安全技术标准的事故大客车获得检验合格证明。

铜川市王益区人民法院认为，鹏瑞公司属于依法承担机动车安全技术检验职能的社会中介组织，被告人赵公文作为公司授权签字人、质量负责人，被告人范万涛作为公司检测科科长、质量监督员，被告人高琦作为公司总经理，三人对工作严重不负责任，致使出具的机动车技术检验报告存在重大失实，使严重不符合安全技术标准的大客车取得合格检测报告并取得机动车定期检验合格证明，得以继续上路行驶，最终导致特大道路交通事故的发生，造成严重后果，三人行为均构成出具证明文件重大失实罪。关于公诉机关指控三被告人构成玩忽职守罪的意见，经查，三被告人作为社会中介组织工作人员，不符合玩忽职守罪的主体要件，公诉机关指控罪名不当，应予纠正。关于三被告人及辩护人提出的无失职行为、行为与事故后果之间不存在因果关系、不构成犯罪的诉辩意见，经查，鹏瑞公司对机动车安全技术性能检验工作管理混乱，编造虚假材料骗取检验资质，出具机动车安全技术检验报告重大失实，致使严重不符合安全技术标准的大客车获得检验合格证明，得以长期带病上路行驶，属于事故发生的间接原因，三被告人的行为与事故后果存在刑法上的因果关系，符合出具证明文件重大失实罪的构成要件。据此，依照《中华人民共和国刑法》第二百二十九条第三款、第五十二条、第五十三条之规定，判决如下：

1. 被告人赵公文犯出具证明文件重大失实罪，判处有期徒刑三年，并处罚金人民币一万元。

2. 被告人范万涛犯出具证明文件重大失实罪，判处有期徒刑二年，并处罚金人民币五千元。

3. 被告人高琦犯出具证明文件重大失实罪，判处有期徒刑一年，并处罚金人民币三千元。

一审宣判后，被告人赵公文、范万涛、高琦不服，上诉提出：鹏瑞公司属于向社会出具数据报告的检验机构，不属于社会中介组织；本人不是具体承担机动车安全技术检测职责的工作人员，对涉案大客车进行检验时三人均未在场，该车违规通过检验系他人故意串通弄虚作假所致，三人行为与事故后果不存在刑法上的因果关系，不符合出具证明文件重大失实罪的构成要件，请求改判无罪。

铜川市中级人民法院经审理认为，一审认定的事实清楚，证据确实、充分。鹏瑞公司是经许可具有开展机动车安全技术检验资格的检验机构，有权向社会出具具有证明作用的机动车检测数据和结果，其出具的机动车安全技术检验报告是公安机关车辆管理部门核发机动车检验合格标志的主要依据，属于提供数据、结果、结论等方面报告的中介组织。上诉人赵公文、范万涛和高琦均未认真履行公司《质量手册》规定的相关工作职责，致使鹏瑞公司违规开展检测业务，出具的机动车安全技术检验报告严重失实，使不符合安全技术标准的大客车获得检验合格证明，为该车带病上路行驶提供了条件，三上诉人严重不负责任的行为与事故后果之间具有刑法上的因果关系，行为均构成出具证明文件重大失实罪。一审定罪准确，量刑适当，审判程序合法。据此，依照《中华人民共和国刑事诉讼法》第二百二十五条第一款第一项之规定，裁定驳回上诉，维持原判。

二、主要问题

机动车检测机构工作人员因严重不负责任，违规出具不实检测报告的行为应当如何定性?

三、裁判理由

陕西咸阳"5·15"特大道路交通事故发生后，国务院事故调查组认定20名责任人员的行为涉嫌犯罪，其中，对承担涉案陕B23938号大客车安全性能检验职责的鹏瑞公司工作人员赵公文、范万涛和高琦，均以玩忽职守罪立案侦查，公诉机关以三人涉嫌玩忽职守罪为由起诉至人民法院。

本案一、二审过程中，对于被告人赵公文、范万涛和高琦因为严重不负责任，违规出具不实机动车安全技术检验报告行为的定性问题争议较大，主要存在以下两种意见：

第一种意见认为，机动车安全技术检验行为属于国家行政管理行为的延伸，鹏瑞公司经陕西省公安厅交警总队备案审批和铜川市交警支队公告后，对外开展机动车检验业务，并由当地公安机关交通管理部门通过远程网络监控手段对检验过程进行实时监督，应当认定鹏瑞公司是受国家机关委托行使行政管理职权的组织。被告人赵公文、范万涛、高琦作为鹏瑞公司工作人员，行使机动车安全技术检验职责，符合渎职罪的主体要件，三人行为构成玩忽职守罪。

第二种意见认为，对机动车进行安全技术检验不属于行政管理行为，鹏瑞公司属于经国家质量监督管理部门认证的依法独立行使机动车安全技术检验职能的社会中介组织。被告人赵公文、范万涛、高琦作为社会中介组织工作人员，工作中严重不负责任，违规出具机动车安全技术检验报告的行为构成出具证明文件重大失实罪。

我们同意第二种意见。被告人赵公文、范万涛、高琦属于社会中介组织工作人员，不符合玩忽职守罪的构成要件，三人行为依法构成出具证明文件重大失实罪。主要理由如下：

（一）被告人赵公文、范万涛、高琦的行为不符合玩忽职守罪的构成要件

玩忽职守罪，是指国家机关工作人员玩忽职守，致使公共财产、国家和人民利益遭受重大损失的行为。构成玩忽职守罪，至少需要满足两个条件：首先，犯罪客观方面表现为不履行或者不正确履行行政管理职权；其次，犯罪主体是国家机关工作人员或者其他符合规定的人员。从上述两个条件分析，赵公文、范万涛、高琦均不符合。

第一，机动车安全技术检验机构工作人员对机动车进行安全技术检验的行为，不属于行使行政管理职权。《中华人民共和国道路交通安全法》第十三条第一款规定："……对提供机动车行驶证和机动车第三者责任强制保险单的，机动车安全技术检验机构应当予以检验，任何单位不得附加其他条件。对符合机动车国家安全技术标准的，公安机关交通管理部门应当发给检验合格标志。"再结合其他相关行政法律、法规的规定，可以看出，机动车要获得检验合格标志，需要经过两个程序：首先，由机动车安全技术检验机构对车辆进行安全技术性能检验，检验合格后，取得《机动车安全技术检验报告》；其次，机动车所有人或其委托的人持《机动车安全技术检验报告》向公安机关交通管理部门申请核发检验合格标志。上述两个程序中，公安机关交通管理部门核发检验合格标志属于典型的行政许可行为，系代表国家履行行政管理职责的行为，而机动车安全技术检验机构接受机动车所有人的委托，开展机动车安全技术性能检验并出具检验报告，是公安机关交通管理部门实施行政许可的条件之一，只是对机动车各项安全技术性能是否符合国家标准出具证明的行为，不具备强制性，不符合行政管理行为的特征，不属于行使行政管理职权。

有意见提出，《中华人民共和国道路交通安全法》虽然对机动车申请检验合格标志的程序作出了明确规定，但实践中相关规定内容并未得到彻底贯彻实施，部分机动车安全检验机构尚未完全实现社会化改革，仍然在承担部分行政管理职责。本案中，铜川市公安局交警支队通过远程视频监控手段，对鹏瑞公司的检验行为进行实时监控，说明鹏瑞公司的检验行为与公安机关交通管理部门之间存在一定联系，并未完全实行社会化，仍然在行使部分行政管理职权。我们认为，这种观点值得商榷。2011年修订的《中华人民共和国道路交通安全法》确定对机动车安全技术检验工作实行社会化改革后，实践

中，部分地区的公安机关交通管理部门为了方便人民群众、减少工作环节，实现当场检验、当场核发机动车检验合格标志，采取了在机动车安全技术检验机构实地派驻民警办公的工作方式，但同时也造成了一些问题。2014 年，公安部与国家质检总局联合发布了《关于加强和改进机动车检验工作的意见》，要求驻检验机构民警全部撤回，全面推行公安机关交通管理部门与检验机构信息数据联网，远程核发机动车检验合格标志。可以看出，无论是采用实地派员还是远程网络监控手段，目的均是为了对机动车安全技术检验机构的检验行为进行有效监督管理，防止出现检验数据造假，确保检验结果的公正性，同时加快机动车检验合格标志的发放流程，达到便民、利民的目的，不能据此认为机动车安全技术检验机构行使了部分行政管理职权。

第二，机动车安全技术检验机构工作人员不符合玩忽职守罪的主体要件。刑法规定的玩忽职守罪的犯罪主体仅限于国家机关工作人员。另外，根据2012 年《全国人民代表大会常务委员会关于〈中华人民共和国刑法〉第九章渎职罪主体适用问题的解释》的规定，在依照法律、法规行使国家行政管理职权的组织中从事公务的人员，或者在受国家机关委托代表国家机关行使职权的组织中从事公务的人员，在代表国家行使职权时，有渎职行为，构成犯罪的，依照刑法关于渎职罪的规定追究刑事责任。根据全国人大常委会法工委刑法室负责人的解读，首先，依照法律、法规行使国家行政管理职权的组织，必须有明确的法律、法规授权，如证监会、银保监会等，机动车安全技术检验机构明显不属于此类。其次，根据行政处罚法、行政许可法等法律、法规的规定，行政机关依照法律、法规或者规章的规定，可以在其法定权限内委托给符合法定条件的组织实施行政处罚和行政许可，受委托组织在委托范围内、以委托行政机关的名义实施行政处罚和行政许可，实践中常见的，如卫生防疫站接受卫生行政部门的委托发放卫生许可证，文化市场管理办公室接受文化局的委托负责文化娱乐场所审批，等等，上述情况下，接受委托的组织均应当以委托行政机关的名义实施行政处罚或者行政许可。[①] 机动车安全技术检验机构以自己的名义出具机动车安全技术检验报告，并独立承担检验责任，不符合受国家机关委托行使行政管理职权组织的特征。另外，公安机关交通管理部门依法对辖区内机动车安全技术检验机构进行审批备案，并

① 参见《〈关于中华人民共和国刑法第九章渎职罪主体适用问题的解释〉的理解与适用》，载黄太云著：《刑事立法的理解与适用》，中国人民公安大学出版社 2014 年版，第 280－282 页。

向社会公告其地址和联系方式，目的是为了加强机动车检验机构的规范管理，发放机动车检验合格标志的行政管理职权仍由公安机关交通管理部门行使，并未委托给机动车安全技术检验机构。据此，被告人赵公文、范万涛、高琦作为机动车安全技术检验机构工作人员，既不是国家机关工作人员，也不属于在依照法律、法规行使国家行政管理职权或者在受国家机关委托代表国家机关行使职权的组织中从事公务的人员，不符合玩忽职守罪的犯罪的主体要件。

（二）机动车安全技术检验机构工作人员因严重不负责任出具不实检验报告的行为，符合出具证明文件重大失实罪的构成要件

根据《刑法》第二百二十九条的规定，承担资产评估、验资、验证、会计、审计、法律服务等职责的中介组织的人员严重不负责任，出具的证明文件有重大失实，造成严重后果的行为，构成出具证明文件重大失实罪。

现行多项行政法律、法规对机动车安全技术检验机构的性质作出了明确规定。《中华人民共和国道路交通安全法》第十三条第二款规定："对机动车的安全技术检验实行社会化。具体办法由国务院规定。"《中华人民共和国道路交通安全法实施条例》第十五条第一款规定："机动车安全技术检验由机动车安全技术检验机构实施。机动车安全技术检验机构应当按照国家机动车安全技术检验标准对机动车进行检验，对检验结果承担法律责任。"国家质检总局《机动车安全技术检验机构监督管理办法》① 第二条第三款规定："本办法所称安检机构，是指在中华人民共和国境内，根据《中华人民共和国道路交通安全法》及其实施条例的规定，按照机动车国家安全技术标准等要求，对上道路行驶的机动车进行检验，并向社会出具公证数据的检验机构。"公安部、国家质检总局 2014 年 4 月发布的《关于加强和改进机动车检验工作的意见》明确提出，要正确处理政府与市场的关系，全面推进检验机构社会化。根据以上规定可以看出，机动车安全技术检验机构的性质属于社会中介组织，是社会化的企业法人，国家对其实行资格管理和计量认证管理。机动车安全技术检验机构按照规定收取相关费用，开展检验工作后以自己的名义出具机动车安全技术检验报告，并对出具的检验结果独立承担法律责任，行使的是不具备强制效力的验证职责。

本案中，鹏瑞公司作为具有合法资质的机动车安全技术检验机构，被告人

---

① 该办法已失效。2018 年 2 月 23 日国家质量监督检验检疫总局局务会议通过的《关于废止和修改部分规章的决定》明确废止了该文件。

赵公文、范万涛、高琦作为鹏瑞公司工作人员，依法行使机动车安全技术检验职责，符合出具证明文件重大失实罪的主体要件。国务院事故调查报告认定，鹏瑞公司工作人员的违规检验行为是导致“5·15”特大道路交通事故的间接原因，结合其他证据，足以认定三被告人不正确履行职责的行为与严重事故后果之间存在刑法上的因果关系，行为均构成出具证明文件重大失实罪。一、二审法院以出具证明文件重大失实罪对三被告人判处相应刑罚，符合刑法规定。

（撰稿：最高人民法院刑四庭　李加玺）

29. 未办理租赁经营手续从事汽车租赁经营活动的行为是否构成非法经营罪

——志远汽车租赁公司、杨延杰非法经营案

一、基本案情

被告单位拉萨志远汽车租赁有限公司，组织机构代码 78350526－6，住所地西藏自治区拉萨市城关区中和国际城太阳岛 1 路 9 号。

法定代表人暨被告人杨延杰，男，1971 年 8 月 11 日出生。2014 年 9 月 19 日因涉嫌犯非法经营罪被逮捕。

西藏自治区拉萨市城关区人民检察院以被告单位拉萨志远汽车租赁有限公司（以下简称志远汽车租赁公司）、被告人杨延杰犯非法经营罪，向拉萨市城关区人民法院提起公诉。

拉萨市城关区人民检察院指控：被告单位志远汽车租赁公司于 2006 年 4 月 19 日在西藏自治区拉萨市登记设立，法定代表人为被告人杨延杰，核定经营范围为客运汽车租赁、汽车美容和汽车代驾业务。根据西藏自治区人大常委会制定的《西藏自治区道路运输条例》的规定，汽车租赁经营者应当对所属车辆办理租赁经营手续，未办理租赁经营手续的车辆不得用于租赁经营活动。但志远汽车租赁公司在成立之后，违反《西藏自治区道路运输条例》的规定，将大量未办理租赁经营手续的私家汽车的户主变更登记于本公司名下，公司从实际车主处收取每车每年 3 千元至 1 万元不等的管理费用，如果志远汽车租赁公司将挂靠的私家汽车出租出去，再另外收取每车每次20%的租金提成。此外，志远汽车租赁公司还将大量未办理租赁经营手续的私家汽车挂靠在本公司名下，以公司名义将户主登记在个人名下的无营运资格的私家汽车进行对外出租，并收取每车每次20%的租金提成。2012年5月至2014年8月，志远汽车租赁公司采取上述方式，对外出租未办理租赁经营手续的私家汽车的合同总额达404.5万元，实际获取租金71.4万元。

2014年7月29日，内蒙古自治区赤峰市人白聪聪与朋友包罕力等人到西藏自治区游玩，由包罕力出面，向志远汽车租赁公司租赁车辆。被告人杨延杰遂将自己名下未办理租赁经营手续的藏AX9272号丰田越野车以志远汽车租赁公司名义出租给包罕力，约定租赁期限至2014年8月15日。同年8月9日，白聪聪驾驶该丰田越野车，搭载包罕力等三人从拉萨市前往日喀则市。行至拉萨市尼木县318国道4740千米+237米处左转弯下坡路段时，白聪聪驾车违法越过道路中心线，与对向行驶的董超（另按处理）驾驶的藏AL1869号大客车发生正面相撞。藏AL1869号大客车遭受碰撞后失控向右前方冲出，撞断道路南侧波形防护栏后，仰翻坠入11米深山崖，大客车顶部坠地后受挤压严重变形，造成车内42人死亡、8人受伤。藏AX9272号越野车在撞车后逆时针旋转180度回到原车道，又与后方同向行驶的渝FC2027号长城牌轻型普通货车发生剐撞，导致越野车内司机白聪聪及1名乘客死亡，另外两名乘客受伤，渝FC2027号皮卡车内1人受伤。事故共计造成44人死亡、11人受伤、两辆汽车严重损坏，直接经济损失3900余万元。

经国务院事故调查组调查认定，西藏拉萨“8·9”特大道路交通事故是一起生产安全责任事故。造成事故发生的直接原因为：首先，藏AL1869号大客车制动性能不合格、超速行驶。其次，藏AL1869号大客车在会车时未安全驾驶，未采取处置措施。最后，藏AX9272号越野车超速行驶、违法占道。藏AX9272号越野车在上坡路段超速行驶，在会车时违法占道，是导致事故的重要原因；藏AL1869号大客车安全性能不符合国家标准，存在严重安全隐患，在下坡路段严重超速行驶，会车时发现对方车辆违法占道时未采取减速、警示、停车或者避让等措施，也是导致事故的重要原因。导致事故发生的间接原因之一，为志远汽车租赁公司安全管理规章制度缺失，安全责任制不落实，长期利用未办理租赁手续的车辆非法营运。

被告单位志远汽车租赁公司对指控的犯罪事实没有提出异议，提出公司经营处于亏损状态，无力承担高额罚金。

被告人杨延杰对起诉书指控的犯罪无异议。其辩护人提出，杨延杰认罪态度好，系初犯、偶犯，且在公安机关采取措施前主动交代非法从事汽车租赁经营活动的事实，应当认定为自首。

拉萨市城关区人民法院经审理认为，根据刑法规定，成立非法经营罪以行为违反国家规定为前提，但现有国家规定中并无不得将未办理租赁经营手续的汽车出租给他人的禁止性规定。公诉机关指控被告单位志远汽车租赁公司和被告人杨延杰犯非法经营罪不能成立，建议撤回起诉。

2015 年 10 月 15 日，拉萨市城关区人民检察院提出撤回起诉申请。同年 10 月 22 日，拉萨市城关区人民法院裁定准予撤回起诉。

二、主要问题

将未办理租赁经营手续的汽车租赁给他人的行为是否构成非法经营罪?

三、裁判理由

西藏拉萨“8・9”特别重大道路交通事故，国务院事故调查组认定为一起特大生产安全责任事故。事故造成重大人员伤亡结果和巨额经济损失，社会影响十分恶劣。本案是该事故涉及的系列刑事案件之一。

本案审理过程中，对于被告单位志远汽车租赁公司和被告人杨延杰的行为是否构成犯罪，形成了两种意见：

第一种意见认为，《中华人民共和国道路运输条例》第二条规定：“从事道路运输经营以及道路运输相关业务的，应当遵守本条例。”该规定并未明确排除适用于汽车租赁行为。从理论上讲，汽车租赁行为本身就是一种经营活动，是从事道路运输经营的一种具体形式，属于《中华人民共和国道路运输条例》的调整范围。西藏自治区人大常委会制定的《西藏自治区道路运输条例》也明确将汽车租赁经营纳入其规范调整范围，要求未办理租赁经营手续的车辆不得用于租赁经营。《西藏自治区道路运输条例》属于对《中华人民共和国道路运输条例》的具体贯彻落实，具有明确的上位法依据，应当将《中华人民共和国道路运输条例》和《西藏自治区道路运输条例》结合在一起，作为一个整体看待。因此，应当认定被告单位志远汽车租赁公司和被告人杨延杰利用未办理租赁经营手续的汽车从事租赁营运活动的行为属于道路运输经营行为，违反了国家规定，依法应当以非法经营罪定罪处罚。

第二种意见认为，现阶段并无国家规定将汽车租赁经营纳入规范调整范围，《西藏自治区道路运输条例》虽然将汽车租赁经营业务纳入自身的调整范围之内，但该条例属于地方性法规，并不属于刑法规定的国家规定。志远汽车租赁公司和被告人杨延杰将未办理租赁经营手续的汽车用于租赁运营，并未违反国家规定，不构成非法经营罪，应依法判决无罪或者由检察机关撤回起诉。

我们同意第二种意见，被告单位志远汽车租赁公司和被告人杨延杰的行为不构成非法经营罪。主要理由如下：

（一）应当正确界定《刑法》第二百二十五条规定的“国家规定”的范围

根据《刑法》第二百二十五条的规定，非法经营罪，是指自然人或者单位故意违反国家规定从事非法经营行为，扰乱市场秩序，情节严重的行为。根据上述规定，违反国家规定是行为构成非法经营罪的必备构成条件。因此，正确界定刑法规定的“国家规定”的范围，对于正确认定非法经营罪，具有重要意义。

对于何谓“国家规定”，《刑法》第九十六条作出了明确规定。该条规定：“刑法所称违反国家规定，是指违反全国人民代表大会及其常务委员会制定的法律和决定，国务院制定的行政法规、规定的行政措施、发布的决定和命令。”2011 年出台的《最高人民法院关于准确理解和适用刑法中“国家规定”的有关问题的通知》进一步明确，“国务院规定的行政措施”应当由国务院决定，通常以行政法规或者国务院制发文件的形式加以规定；以国务院办公厅名义制发的文件，符合以下条件的，亦应视为刑法中的“国家规定”：（1）有明确的法律依据或者同相关行政法规不相抵触；（2）经国务院常务会议讨论通过或者经国务院批准；（3）在国务院公报上公开发布；对于违反地方性法规、部门规章的行为，不得认定为“违反国家规定”。该通知还进一步明确，对于违反地方性法规、部门规章的行为，不得认定为“违反国家规定”。据此，区分某项规范性文件是否属于“国家规定”，主要判断依据之一，在于其制定机关是否是全国人大、全国人大常委会、国务院或者国务院办公厅。地方人大、人大常委会以及地方人民政府制定的地方性法规、地方政府规章等，不应纳入刑法规定的“国家规定”的范畴。

（二）对于将未办理租赁经营手续的汽车用于租赁经营活动的行为，在国家规定范围中并无相关的禁止性规定

第一，汽车租赁行为不属于《中华人民共和国道路运输条例》的调整范围。

有意见提出，根据《中华人民共和国道路运输条例》第二条的规定：“从

事道路运输经营以及道路运输相关业务的，应当遵守本条例。前款所称道路运输经营包括道路旅客运输经营（简称客运经营）和道路货物运输经营（简称货运经营）；道路运输相关业务包括站（场）经营、机动车维修经营、机动车驾驶员培训。”《中华人民共和国道路运输条例》第十条还规定，申请从事客运经营的，应当按照相关规定，向道路运输管理机构提出申请，取得许可后方可从事客运经营。汽车租赁业务属于客运经营的一种，因此，依照《中华人民共和国道路运输条例》的规定，未经道路运输管理机构许可从事汽车租赁经营，应当认定为刑法中的违反国家规定。

我们认为，上述意见值得商榷。认定汽车租赁业务是否属于客运经营，重点是正确理解《中华人民共和国道路运输条例》规定的“客运经营”的含义。根据《中华人民共和国道路运输条例》第八条的规定，申请从事客运经营，应当具备合格车辆和符合条件的驾驶人员；第八十二条还规定，出租车客运和城市公共汽车客运的管理办法由国务院另行规定。根据以上规定可以看出，《中华人民共和国道路运输条例》所称的客运经营，是指同时提供客运汽车和驾驶劳务的运营活动，经营者与旅客之间成立的是客运服务合同，主要包括客运班线和包车客运两种形式；出租车客运和城市公共汽车客运虽然也属于客运经营活动的一种，但由于自身的特殊性，不归《中华人民共和国道路运输条例》调整，由国务院另行出台文件进行规定。而在类似本案被告单位志远汽车租赁公司从事的汽车租赁经营活动中，汽车出租方和承租方之间订立的是车辆租赁合同，出租方不提供驾驶劳务，实质上属于民法上的财产出租行为，不属于《中华人民共和国道路运输条例》的调整范围，更无须根据该条例的规定，向道路运输管理机构提出申请。

第二，《西藏自治区道路运输条例》以及西藏自治区出台的相关规范性文件均不属于刑法所称“国家规定”。

《西藏自治区道路运输条例》第五十二条第一款规定：“汽车租赁经营者应当对所属车辆办理租赁经营手续，未办理租赁经营手续的车辆不得用于租赁经营。”根据上述规定，被告单位志远汽车租赁公司和被告人杨延杰在西藏自治区内从事汽车租赁经营活动，应当对所属车辆办理租赁经营手续。但是，《西藏自治区道路运输条例》的制定机关是西藏自治区人大常委会，根据《中华人民共和国立法法》的规定，属于地方性法规，不属于刑法第九十六条规定的“国家规定”的范畴。本案被告单位志远汽车租赁公司和被告人杨延杰未办理租赁经营手续从事汽车租赁经营活动，虽然属于违反地方性法规的行为，可能受到行政处罚，但并不违反国家规定，依法不构成非法经营罪。

（三）即使在国务院制定的部门规章中，也没有要求从事汽车租赁经营活动需要取得行政许可的相关规定

在有关汽车租赁经营问题的现行有效和曾经有效的规范性文件中，效力范围最广且层级最高的，是原交通部和原国家计委1998年联合制定的《汽车租赁业管理暂行规定》（交通部令1998年第4号）。根据《汽车租赁业管理暂行规定》第七条和第十六条的规定，经营汽车租赁业必须办理《道路运输经营许可证》，并为出租运营车辆办理《道路运输证》；凡不是租赁经营人所属车辆、未办理汽车租赁业合法经营手续的车辆，一律不得用于租赁。但是，2007年《交通部关于废止47件交通规章的决定》已经明确对《汽车租赁业管理暂行规定》予以废止。原交通部在2007年12月20日所作《关于为什么要废止〈汽车租赁业管理暂行规定〉以及废止以后的后续管理工作如何进行的公开答复》中表示："《汽车租赁业管理暂行规定》（交通部令1998年第4号，以下简称4号令）的核心管理制度是对汽车租赁企业设立的行政许可制度，但是《行政许可法》颁布实施后，这一许可制度因为缺乏法律和行政法规依据，不再具有合法性，因此我部决定将其废止。4号令废止后，关于汽车租赁企业的管理工作是否需要纳入交通行业管理以及如何管理，应当依据地方性法规或者政府规章执行，如果所在地方尚未制定相关地方性法规或者政府规章，则应当尽快转变交通主管部门的相关管理职能，将管理切入点由资格准入转变为对经营性运输车辆的管理。"根据原交通部的上述答复，现阶段在国家层面上，并无汽车租赁经营方面的行政许可制度，但是，各省、区、市可以根据地方的实际情况，保留已有地方性法规或者政府规章中有关汽车租赁经营行政许可方面的内容。实践中，在保留汽车租赁经营行政许可的省、区、市中，未办理租赁经营手续即从事汽车租赁经营活动的行为，可能会被当地政府管理部门认定为行政违法行为并给予行政处罚，但是，上述行为并未违反国家规定，因此不能认为构成非法经营罪。一审法院经审理认为被告单位志远汽车租赁公司和被告人杨延杰均不构成非法经营罪，建议公诉机关撤回起诉，公诉机关经研究后申请撤回起诉，一审法院裁定准予撤诉，处理方式是适当的。

（撰稿：最高人民法院刑四庭　李加玺）

30. 国家工作人员以合办公司名义非法获取利润的行为是否构成受贿罪

——王天祯滥用职权、受贿案

一、基本案情

被告人王天祯，男，1966 年 12 月 22 日出生，原系河南省焦作市质量技术监督局计量科科长。2014 年 4 月 23 日因涉嫌犯滥用职权罪、受贿罪被逮捕。

河南省孟州市人民检察院以被告人王天祯犯滥用职权罪和受贿罪，向孟州市人民法院提起公诉。

被告人王天祯辩解称，自己的行为不构成滥用职罪，从正拓公司总经理苏保钢处得到的款项系投资正拓公司所得分红，不构成受贿罪。其辩护人亦提出了相同的辩护意见。

孟州市人民法院经审理查明：2012 年四五月份，私营企业主苏保钢和时任河南省焦作市质量技术监督局特种设备科副科长高春宝（均另案处理）为获取非法利益，先后找到被告人王天祯和时任焦作市道路运输管理局货运管理科科长岳劲涛（另案处理），商定由苏保钢出资 100 万元注册成立正拓公司，开展危险货物运输罐式专用车辆检验业务，王天祯、岳劲涛、高春宝各自出资 1 万元作为公司前期开办费用。公司注册过程中，高春宝负责总体协调，王天祯负责办理公司资质认证事宜，岳劲涛负责正拓公司出具的计量认证报告通过焦作市道路运输管理局的审查，公司成立后，王天祯、岳劲涛、高春宝不参与实际经营管理工作。

2012 年 6 月，被告人王天祯担任河南省质量技术监督局评审组成员，在对正拓公司申请实验室资质认证事项进行评审时，明知正拓公司提交的评审材料中的两份工程师证件系伪造、不符合实验室资质认证要求，仍然违反相关规定，滥用职权帮助正拓公司取得了实验室资质认证证书，获得了计量认证资质。根据相关规定，正拓公司没有取得产品质量检验审查认证资质，不具备向社会出具产品质量检验报告的资格。之后，正拓公司正式开展危险货物运输罐式专用车辆检验业务。至 2014 年 1 月底，苏保钢以分配利润的名义，先后向王天祯、岳劲涛及高春宝支付现金共计35.5万元，其中王天祯收取10.5万元。

正拓公司经营过程中，在被告人王天祯和高春宝、苏保钢的共同教唆下，岳劲涛明知危险货物运输罐式专用车辆年度审验需要提供罐体质量检验报告，仍然指使焦作市道路运输管理局货运管理科危险货物运输管理员肖维（另案处理）等人将正拓公司出具的计量认证报告当作质量检验报告使用，违规办理年度审验合格手续，致使659台次危险货物运输罐式专用车辆违规通过了年度审验。其间，豫HC2923/豫H085J挂号危险货物运输罐式专用车辆所有人汤保才（另案处理）于2013年5月3日持正拓公司出具的计量认证报告，向焦作市道路运输管理局申请办理车辆年度审验手续，肖维依据岳劲涛的指示，依据正拓公司出具的计量认证报告，为该车违规办理了年度审验合格手续，致使该车得以继续上路行驶。2014年3月1日14时45分许，豫HC2923/豫H085J挂号危险货物运输罐式专用车辆行至晋济高速公路山西晋城段岩后隧道内时，遭到后车追尾碰撞，造成该车罐体尾部卸料管断裂、甲醇泄漏燃烧，发生特大燃爆事故，造成40人死亡、12人受伤和42辆车烧毁，直接经济损失8197万元。

经国务院事故调查组调查认定，晋济高速公路山西晋城段岩后隧道“3·1”特别重大道路交通危化品燃爆事故是一起生产安全责任事故。导致事故发生的部分间接原因为：首先，焦作市交通运输管理部门和孟州市政府及其交通运输管理部门对危险货物道路运输安全监管不到位。其中，焦作市道路运输管理局对孟州市公路运输管理所业务指导不到位，对危险货物运输企业申请材料办理把关不严，督促检查不到位。其次，正拓公司为豫HC2923/豫H085J挂号危险货物运输罐式专用车辆使用罐体出具了“允许使用”的年度检验报告，该车使用罐体未安装紧急切断阀，且罐体壁厚为4.5毫米，不符合GB18564.1－2006标准的要求。

孟州市人民法院认为，被告人王天祯身为国家机关工作人员，伙同他人共同滥用职权，致使公共财产、国家和人民利益遭受重大损失，情节特别严重，其行为已构成滥用职权罪；身为国家工作人员，利用职务上的便利，非法收受他人财物，为他人谋取利益，致使公共财产、国家和人民利益遭受损失，具有其他严重情节，其行为又构成受贿罪，应依法数罪并罚。公诉机关指控王天祯犯滥用职权罪、受贿罪的事实和罪名成立，但指控其所犯滥用职权罪具有徇私舞弊情节不当。王天祯及其辩护人提出的王天祯的行为不构成滥用职权罪的辩解和辩护意见不能成立。王天祯虽然事先给付正拓公司总经理苏保钢1万元，但根据正拓公司成立的背景和公司成立过程中王天祯所起所用分析，王天祯事后获取的回报远远超出正常投资应得的利润比例，不属于正常投资行为，符合受贿罪权钱交易的本质，王天祯及其辩护人提出的所得款项系正常生产经营分红、不构成受贿罪的辩解和辩护意见不予采纳。据此，依照《中华人民共和国刑法》第三百九十七条第一款、第三百八十五条第一款、第三百八十六条、第三百八十三条第一款第二项、第二十五条第一款、第五十二条、第五十三条、第六十四条、第六十九条和《最高人民法院、最高人民检察院关于办理贪污贿赂刑事案件适用法律若干问题的解释》第一条第三款第二项、第二条第三款、第十八条、第十九条之规定，判决如下：

1. 被告人王天祯犯滥用职权罪，判处有期徒刑三年六个月；犯受贿罪，判处有期徒刑五年六个月，并处罚金人民币二十万元，决定执行有期徒刑八年六个月，并处罚金人民币二十万元。

2. 对被告人王天祯的非法所得依法予以追缴。

一审宣判后，被告人王天祯不服，上诉提出，正拓公司接受委托在计量认证资质范围内出具计量认证报告，报告内容符合国家标准，是否采用正拓公司出具的计量认证报告作为危险物品运输罐式专用车辆进行年度审验依据，依法应由焦作市道路运输管理局决定，不属于王天祯的职权范围，此次道路交通危化品燃爆事故与正拓公司的检验行为以及王天祯的工作职责不存在刑法上的因果关系，王天祯的行为不构成滥用职权罪；王天祯以自有资金和他人合伙开办公司获取收益，属于合法的民事投资入股生产经营行为，据此获取利润，行为不构成受贿罪。其辩护人提出，王天祯事先向正拓公司投资1万元，事后分得利润10.5万元，计算受贿数额时应当扣除投资金额1万元，认定王天祯受贿所得数额为9.5万元，以受贿罪判处有期徒刑三年以下刑罚。

河南省焦作市中级人民法院经审理认为，一审认定的事实清楚，证据确实、充分。根据上诉人王天祯的供述和高春宝、苏保钢、岳劲涛的证言，高春宝、苏保钢得知焦作市质量技术监督局下属的锅检院不再对危险化学品运输专用罐体进行质量检测后，找到王天祯商量合伙成立公司从事罐体检测业务，王天祯表示同意后，三人又找到岳劲涛唆使其一起开办公司、事后平分利润，四人为谋取不正当利益，在正拓公司成立及业务开展过程中分工配合、密切合作，由王天祯滥用职权帮助正拓公司取得河南省计量认证资质，由岳劲涛将正拓公司出具的计量认证报告当作质量检验报告使用，导致不合格车辆违规通过年度审验，王天祯的滥用职权行为与事故后果存在刑法上的因果关系，行为符合滥用职权罪的构成要件，王天祯关于自己行为不构成滥用职权罪的上诉理由不能成立。王天祯在实施滥用职权犯罪过程中，利用职务上的便利非法收受正拓公司总经理苏保钢给付的现金 10.5 万元，为苏保钢谋取非法利益，行为已构成受贿罪，苏宝钢成立公司是为了谋取不正当利益，不以正常生产经营为目的，王天祯给付苏保钢现金 1 万元不属于正常投资，王天祯关于自己的行为不构成受贿罪和其辩护人提出的王天祯向正拓公司投资的 1 万元应从受贿所得数额中扣除的辩护意见不予采纳。一审判决综合考虑王天祯的犯罪事实、行为性质、犯罪情节以及对社会危害程度，依照刑法和相关司法解释的规定对王天祯作出判决，认定的事实清楚，证据确实、充分，定罪准确，量刑适当。审判程序合法。据此，依照《中华人民共和国刑事诉讼法》第二百二十五条第一款第二项之规定，裁定驳回上诉，维持原判。

二、主要问题

国家工作人员利用职务上的便利为他人谋取利益，与请托人合作开办公司并分配利润，但未实际出资和参与经营管理的，是否构成受贿罪？

三、裁判理由

（一）国家工作人员利用职务上的便利为他人谋取利益，与请托人合作开办公司并分配利润，但未实际出资和参与经营管理的，应当依法以受贿罪论处

近年来，随着我国经济社会的快速发展和反腐力度的不断加大，贪污贿赂案件出现了一些新情况和新问题，贪污受贿犯罪分子的犯罪手段不断翻新，隐蔽性越来越强，给司法机关依法查处案件、正确适用法律带来了一定困难。表现在受贿案件中，有的犯罪人采取低价购买房产、汽车等财物的方式从请托人处获取非法利益，有的犯罪人在担任公职期间为他人谋取利益、约定退休或者辞去公职后再收取请托人财物，还有的犯罪人采取与请托人合伙开办公司或者合作从事生产经营活动、不实际出资而获取经营利润的方式掩盖受贿事实等。

对于国家工作人员利用职务上的便利为他人谋取利益，采取与请托人合作开办公司或者合作从事其他形式的生产经营活动并获得分配利润，但国家工作人员未实际出资和实际参与经营管理的，是否应当认定为受贿罪，实践中存在一定争议。我们认为，认定此类行为是否构成受贿罪，关键在于看其

是否符合受贿罪权钱交易的本质。受贿罪的犯罪客体是国家工作人员职务行为的廉洁性和不可收买性。在受贿犯罪中，请托人自愿给予国家工作人员财物，目的在于以财物作为交换，换取国家工作人员为其谋取不正当利益，国家工作人员则利用自己的职务便利为请托人谋取利益，以此换得请托人给付的财物。在这种权钱交易中，关键环节是国家工作人员的职务便利。请托人之所以在不负有任何法定给付义务的情况下自愿给予国家工作人员以财物，看中的正是国家工作人员的职务可以为自己带来利益。因此，在国家工作人员未实际出资和实际参与经营管理的情况下，其从合作开办的公司和其他形式的经济实体中获取利润，不具有任何法定依据和正当合理的理由，实际上是打着合作开办公司和从事生产经营活动的旗号行收受贿赂之实，与直接从请托人手中收受财物的受贿行为并不存在本质上的区别，依法应当认定为受贿罪。

为了明确此类行为的法律后果，2007 年《最高人民法院、最高人民检察院关于办理受贿刑事案件适用法律若干问题的意见》作出了专门规定。该《意见》第三条规定，国家工作人员利用职务上的便利为请托人谋取利益，以合作开办公司或者其他合作投资的名义获取“利润”，没有实际出资和参与管理、经营的，以受贿罪论处。上述《意见》将未实际出资和未参与管理、经营作并列规定，规定为构成受贿罪的两个必要条件，但是，在实践中，管理、经营行为在一定情况下可以成立一种特殊的出资方式，因此，是否参与管理、经营，实际上是判断行为人是否存在实际出资行为的一个重要因素。判断是否属于受贿行为，关键在于考察国家工作人员是否有实际出资行为。如果国家工作人员确有实际出资，即使其未实际参与公司的经营管理，也不宜认定为受贿罪。

本案中，被告人王天祯辩解称，自己事先向正拓公司出资 1 万元，存在实际出资行为，行为不构成受贿罪。我们认为，判断类似行为是否属于实际出资，应当全面考虑行为人是否属于公司股东、是否需要实际承担经营风险等各方面因素，进行综合判断。根据公诉机关提供的正拓公司设立登记申请书、验资报告等证据，正拓公司注册资金共计 100 万元，股东为苏保钢和卜五七，其中苏保钢货币出资 95 万元、占股 95%，卜五七货币出资 5 万元、持股比例 5%，王天祯、岳劲涛和高春宝均不在股东之列；苏保钢证实，王天祯、岳劲涛、高春宝在公司开办过程中每人各出 1 万元，只是象征性的表示一下，不是实际出资，也不是真正的合作，公司所有工作都由苏保钢开展、风险由苏宝钢独立承担，之所以分配给王天祯等人利润，是因为苏保钢想利用他们手中的权力。可以看出，王天祯只要给付苏保钢1万元，即可在不参与经营管理、不承担任何经营风险的情况下获取高额利益回报，收益和投资明显不成比例，根本不属于正常的投资行为，在案证据足以证实该1万元只是王天祯等人为掩盖犯罪事实所做虚假出资，不能认定为实际出资。一、二审法院认定王天祯利用职务上的便利为苏保钢在取得正拓公司计量认证资质等方面提供帮助，在没有实际出资的情况下以合作开办公司的名义分配利润，依法以受贿罪论处，定罪准确。

（二）本案需要研究的其他问题

首先，关于如何确定被告人王天祯的受贿所得数额。其中又包含以下两个方面问题：第一，在正拓公司总经理苏保钢以分配利润的名义向王天祯、岳劲涛和高春宝三人共计支付现金35.5万元的情况下，王天祯应对全部35.5万元承担刑事责任，还是仅应对自己收到的10.5万元承担刑事责任？第二，王天祯事先给付苏保钢的1万元所谓出资款是否应当从受贿所得数额中扣除？

对于第一个问题。被告人王天祯与苏保钢、岳劲涛、高春宝经事先预谋后，商定合伙成立正拓公司从事危险货物运输罐式专用车辆检测业务谋利，由王天祯、岳劲涛各自利用自己职务形成的便利，为正拓公司取得计量认证资质、出具的计量认证报告通过当地道路交通运输管理部门审查的提供帮助，苏保钢向其三人以分配利润的名义支付贿赂，四人行为构成滥用职权罪的共同犯罪，其中王天祯、岳劲涛和高春宝还构成受贿罪的共同犯罪。根据《刑法》第二十六条的规定，在共同犯罪中，对组织、领导犯罪集团的首要分子，按照集团所犯的全部罪行处罚，对于其他主犯，应当按照其所参与的或者组织、指挥的全部犯罪处罚。据此，有观点认为，对于共同受贿犯罪中的主犯，应当按照“部分实行全部责任”的原则，以其参与或者组织、指挥的全部受贿数额定罪处罚。我们认为，对于这个问题需要具体分析，不宜一概而论。首先，《最高人民法院研究室关于共同受贿案件中受贿数额认定问题的研究意见》指出，对于共同受贿犯罪，被告人“受贿所得数额”原则上应当以其参与或者组织、指挥的共同受贿数额认定。但在难以区分主从犯的共同受贿案件中，行贿人的贿赂款分别或者明确送给多人，且按照各被告人实际所得数额处罚更能实现罪刑相适应的，依法按照被告人实际所得数额，并考虑共同受贿犯罪情况予以处罚。该意见不属于正式的司法解释，但相关规定内容对具体案件的处理具有重要参考价值。其次，主客观相统一原则是我国刑法中的基本原则，根据主客观相统一原则的要求，行为人不应当对其主观上没有认识和无法认识的客观行为及危害后果承担刑事责任。在共同受贿犯罪中，对全部犯罪过程起组织、指挥作用，收取全部贿赂款并主持分配的犯罪分子，其对共同受贿数额具有明确、充分的主观认识，依法应当对全部受贿数额承担刑事责任。但本案中，各被告人分别利用自己职务上的便利为请托人谋取利益，请托人分别给予各犯罪人数额不一的贿赂，各被告人仅知道自己所得贿赂的数额，对于请托人给予其他共同被告人的贿赂数额即无从知晓、也无法控制。在此情况下，不宜要求单个受贿被告人对全部受贿数额承担刑事责任，原则上应当按照其实际所得数额定罪处罚。

对于第二个问题。根据《最高人民法院、最高人民检察院关于办理受贿刑事案件适用法律若干问题的意见》的规定精神，在国家工作人员既未实际出资、也未参与经营管理，以合作开办公司或者进行其他合作生产经营活动的名义获取利润的情况下，其获取利润的全部数额应当认定为受贿所得数额。本案中，被告人王天祯事前给予请托人苏保钢现金 1 万元，名为投资款，实为掩盖其罪行的工具。王天祯之所以可以从苏保钢处获得高额回报，原因在于其利用自己职务上的便利为苏保钢谋取利益，而非王天祯之前支付的 1 万元现金所产生的孳息，因此，不能将该 1 万元视为王天祯事后取得财物所付出的成本。根据刑法第六十四条的规定，违禁品和供犯罪所用的本人财物，应当予以没收。王天祯用于掩盖自己罪行的 1 万元所谓投资款应当由司法机关依法予以没收，辩护人提出的应从王天祯受贿所得数额中扣除 1 万元的辩护意见不能成立。一、二审法院认定王天祯受贿所得数额为 10.5 万元，适用法律正确。

其次，关于王天祯所犯受贿罪的量刑。王天祯实施受贿犯罪的时间为 2014 年 1 月，当时《刑法修正案（九）》尚未施行，而一审判决的作出日期为 2016 年 9 月，此时《刑法修正案（九）》已经出台实施。《刑法修正案（九）》对 1997 年刑法规定的受贿罪的法定刑作出了重大修改，取消了条文中对贪污罪和受贿罪定罪量刑的具体数额标准，改为以贪污受贿数额和犯罪情节相结合的方式确定定罪量刑幅度，同时增设了罚金刑，2016 年 4 月施行的《最高人民法院、最高人民检察院关于办理贪污贿赂刑事案件适用法律若干问题的解释》对贪污罪和受贿罪中的定罪量刑数额标准作了较大幅度的提高。根据行为时法即 1997 年刑法的规定，王天祯受贿所得数额 10.5 万元，对应法定刑为十年以上有期徒刑或者无期徒刑，可以并处没收财产；根据裁判时法即经《刑法修正案（九）》修改的刑法和司法解释的规定，王天祯受贿数额在十万元以上不满二十万元，且为他人谋取不正当利益，致使公共财产、国家和人民利益遭受损失，应当认定为刑法规定的“其他严重情节”，对应法定刑为三年以上十年以下有期徒刑，并处罚金或者没收财产。根据从旧兼从轻原则，对王天祯所犯受贿罪应当适用经《刑法修正案（九）》修改的刑法，判处三年以上十年以下有期徒刑，并处罚金或者没收财产。另外，根据《关于办理危害生产安全刑事案件的解释》第十四条的规定，国家工作人员的贪污、受贿犯罪行为与安全事故发生存在关联性的，从重处罚。一、二审法院综合考虑王天祯的受贿所得数额以及行为造成的危害后果，在法定量刑幅度内对其从重判处有期徒刑五年六个月，并处罚金人民币二十万元，量刑适当。

（撰稿：最高人民法院刑四庭　李加玺）

31. 如何正确认定负有安全监管职责的国家机关工作人员的刑事责任

——陈正平玩忽职守、受贿案

一、基本案情

被告人陈正平，男，1963 年 5 月 14 日出生，原系福建省上杭县安监局局长。2011 年 1 月 13 日因涉嫌犯受贿罪被逮捕。

福建省连城县人民检察院以被告人陈正平犯受贿罪，向连城县人民法院提起公诉，后又追加指控陈正平犯玩忽职守罪。

被告人陈正平对公诉机关指控其犯受贿罪的事实和罪名未提出异议，辩解称自己已经认真履行了监管职责，采取的监督措施落实到位，导致紫金山金铜矿“7·3”重大污染事故发生的不是安全生产设施而是环保设施，行为不构成玩忽职守罪。其辩护人提出：1. 造成“7·3”事故的原因包括多方面因素，属于多因一果；2. 联合事故调查组和法院生效判决均认定“7·3”事故属于重大环境污染事故，肇事企业排洪洞和观测井被非法打通的行为被法院生效判决认定为故意改变环保设施，肇事企业喷淋池、萃取池、污水池等溶液池设施属于环保设施，属于应由环保部门设计、验收的“三同时”项目，属于环保部门的监管职责范围，上杭县安监局不具有监管职责；3. 根据福建省环保厅文件和龙岩市政府办公室文件，肇事企业存在的9项整改任务中，有7项属于环保部门负责的整改问题，上杭县政府也将上述7项任务指定由上杭县环保局担任监管单位，陈正平对肇事企业安全设施已经履行了监督管理职责，不存在玩忽职守行为，行为不构成玩忽职守罪。

连城县人民法院经审理查明：被告人陈正平于2002年6月担任福建省上杭县安监局局长，依法负有对本行政区域内安全生产工作实施综合监督管理，监督检查生产经营单位安全生产事故隐患排查治理，指导、协调和督促有关部门履行安全生产监督管理等方面的职责。陈正平在任职期间，对辖区内重点监控企业紫金山金铜矿铜湿法厂长期不认真履行安全监管职责，对安全生产事故隐患没有及时发现和纠正，且对安全事故隐患专项整改工作未监督落实到位，导致紫金山金铜矿铜湿法厂2010年7月3日发生含铜酸性废水泄漏事故，致使汀江流域水质受到严重污染。经福建省水产研究所海洋与渔业司法鉴定中心鉴定，“7·3”事故造成上杭县紫金山铜矿区同康沟至永定县棉花滩库区汀江河水流域受到铜、锌、镉、铅、砷等重金属污染，污染源是紫金山金铜矿铜湿法厂泄漏排放的铜矿废水，事故造成养殖鱼类死亡370.1万斤，经济损失共计人民币2220.6万元。同时，为确保网箱养殖鱼类的安全，当地政府部门还采取破网入库措施，放生鱼类3084.44万斤。陈正平渎职行为的具体事实如下：

一、未认真履行对紫金山金铜矿铜湿法厂安全生产事故隐患排查治理的监管职责。紫金山金铜矿铜湿法厂是紫金山金铜矿联合开发项目中一个采用生物堆浸、萃取、电积等工艺的铜冶炼厂，该厂喷淋池、萃取池、污水池等溶液池存贮的均是可循环利用的含铜液体。自2006年投产试运行以来，各个溶液池长期存在渗漏现象。为解决溶液池库容不足问题，紫金山金铜矿擅自进行增容，导致各个溶液池的防渗措施长期超负荷运行，为“7·3”事故的发生埋下安全生产隐患。被告人陈正平身为上杭县安监局局长，既没有组织人员对紫金山金铜矿铜湿法厂的事故隐患排查治理进行监督检查，也没有指导、协调、督促相关部门对该厂事故隐患排查治理工作进行监督检查，致使该厂长期存在的安全隐患未得到及时有效的治理。

二、对安全事故隐患专项整改工作未监督落实到位。2009年11月27日，上杭县人民政府收到龙岩市人民政府办公室印发的龙政办〔2009〕231号

《关于认真落实汀江流域紫金山矿区河段环境安全工作的通知》及其附件《汀江流域紫金山矿区河段环境安全隐患整改方案》，要求对紫金山金铜矿存在的铜湿法厂6号观测井所在涵洞与雨水排洪洞连通，铜湿法厂污水池渗透的废水在暴雨季节回流6号观测井后回抽不及时，会连同雨水一并排入汀江，造成汀江水质严重污染等9项安全隐患进行整改，并将上杭县人民政府列为该9项安全隐患整改的责任单位。上杭县人民政府于同年11月30日将该文件转给上杭县安监局。被告人陈正平作为上杭县安监局局长，收到上杭县人民政府转发的文件后，仅对方案中上杭县安监局直接负责监管的尾矿库、北排土场的安全隐患进行了监督，对于方案中提及的其他问题没有落实，亦未协调、跟踪、督促紫金山金铜矿铜湿法厂及上杭县环保局进行整改，且在实际工作中未成立工作领导小组，未制定工作方案，未积极配合上杭县环保局对可能因安全生产事故导致突发性环境污染隐患的问题加强安全监管，反而在向上杭县人民政府及龙岩市安监局作出的汇报材料中，虚假报告称已经开展此项工作。

另查明，被告人陈正平在担任上杭县安监局局长期间，还利用职务上的便利，在自己家中或办公室等地点，收受辖区内紫金矿业公司等生产经营单位为与其搞好关系和得到关照给付的财物，共计价值人民币17.85万元。

连城县人民法院认为，被告人陈正平身为国家机关工作人员，不认真履行职责，致使公共财产遭受重大损失，情节特别严重，其行为已构成玩忽职守罪；身为国家工作人员，利用职务便利收受他人贿赂，为他人谋取利益，其行为又构成受贿罪，依法应予以并罚。公诉机关指控的犯罪事实和罪名成立。本案证据不足以证明陈正平因为收受紫金矿业公司的贿赂而未履行监管职责，其收受紫金矿业公司贿赂的行为与其未履行监管职责之间不存在牵连关系，不应认定其具有徇私舞弊情节。陈正平在案发后主动投案，如实供述玩忽职守和受贿犯罪事实，对所犯玩忽职守罪和受贿罪均构成自首，可以从轻或者减轻处罚，案发后主动退清赃款，可以酌情从轻处罚。鉴于“7·3”事故造成的危害后果系多因一果所致，可以酌情对陈正平从轻处罚。综合全案，对陈正平所犯受贿罪和玩忽职守罪均予以减轻处罚。据此，依照《中华人民共和国刑法》第三百八十五条第一款、第三百八十三条第一款第一项、第三百八十六条、第三百九十七条第一款、第十二条第一款、第六十四条、第六十七条第一款、第六十九条之规定，判决如下：

1. 被告人陈正平犯受贿罪，判处有期徒刑七年，并处没收财产人民币二万元；犯玩忽职守罪，判处有期徒刑二年，决定执行有期徒刑八年，并处没收财产人民币二万元。

2. 受贿所得赃款人民币 17.85 万元依法予以追缴。

一审宣判后，被告人陈正平未上诉，检察机关亦未抗诉。判决已经发生法律效力。

二、主要问题

1. 如何正确认定导致生产安全事故发生的原因?
2. 如何确定具有多项功能的生产设备的监管责任?
3. 如何正确认定负有安全监管职责的国家机关工作人员的刑事责任?

三、裁判理由

（一）在认定导致生产安全事故发生的原因时，应当坚持全面客观、密切关联的原则

生产安全事故的发生机制十分复杂，大多数情况下是多种因素综合作用、相互影响共同导致危害后果的发生，即所谓多因一果。在生产安全事故的调查处理和相关刑事案件的处理过程中，要正确确定导致事故发生的诸多原因，首先应当彻底查明导致事故发生的所有可能存在的因素，全面客观地梳理与事故有关的各种自然或者人为的影响因素，避免遗漏。其次，根据科学法则，判断各种因素和事故后果之间因果关系的有无以及原因与事故后果之间距离的远近，科学判定事故中的因果联系是否属于多因一果。最后，分析各种原因在引发事故后果方面所起的作用大小，区分直接原因和间接原因、主要原因和次要原因，为追究相关责任人员的刑事责任提供事实依据。由于生产安全事故的调查工作涉及多个行业领域的专业知识，专业性极强，司法机关一般难以独立完成，因此，实践中司法机关一般需要认真审查行政机关作出的事故调查报告的相关认定内容，再结合在案其他证据进行综合判断，依法认定各被告人的行为在引发事故后果方面所起作用大小。

本案中，根据联合事故调查组作出的紫金山金铜矿铜湿法厂污水池泄漏事件的调查报告，导致“7·3”事故发生的诸多原因中，既有直接原因，也有间接原因。其中，直接原因包括：一是企业的严重渗漏问题为突发环境事件的发生埋下了隐患；二是 6 号渗漏井与排洪洞之间的间隔被人为打通，为此次事故提供了直接通往汀江的通道；三是事故当日污水池防渗膜再次突然

发生破裂渗漏，致使污水大量渗入地下，通过6号渗漏观察井与排污沟之间的非法通道直接溢至汀江。间接原因包括：一是企业瞒报了此次事故的最佳处置时间；二是汀江自动在线监测设备损坏且未及时修复，致使相关部门在污染事故发生后没有及时发现水质变化的情况。由此可见，此次事故的发生属于典型的多因一果的情形，不仅有企业自身长期非法违法生产经营、相关政府监管部门监管工作不到位等主观原因，也有案发当日汀江自动在线检测设备损坏等客观原因。其中，就政府监管部门监管工作不到位这一事故原因而言，被告人陈正平作为当地安监部门一把手领导，负有对辖区内生产经营单位的安全生产工作进行监督检查的法定职责，其在工作过程中怠于履行职责，属于导致事故发生的原因之一，应当依法承担相应刑事责任。

（二）对于功能复合型的生产设备设施，应当严格落实相关监管部门的监管责任

不同的政府职能部门所承担的监管职责各不相同，作为被监管对象的生产经营单位，在日常生产经营活动过程中，对不同部门提出的各个方面的监管决定和要求，均需要认真落实。另外，生产经营单位中的一些生产设备设施也往往兼具多种功能，例如，有的生产设备设施既具有安全生产保护功能，同时又具有环境保护功能；有的生产设备设施既具有生产功能，同时又具有防火功能；等等。对于这些同时具有多项功能的生产设备设施而言，相关政府监管部门应当坚持各负其责、分别监管的原则，严格落实各自的监管责任，在发生生产安全事故的情况下，应当分别在各自的职责范围内承担相应责任。不能因为一个监管部门已经履行了监管责任，其余负有监管职责的部门就不再开展监督管理工作。

以本案为例，辩护人提出，紫金山金铜矿铜湿法厂的废水防治设施属于环保项目，“7·3”事故被整体定性为环境污染事件。但是，根据相关规定，紫金山金铜矿铜湿法厂的喷淋池、萃取池、污水池等溶液池设施既属于环保设备设施，同时也属于该厂生产环节中必不可少的生产设施，一旦发生故障、造成泄漏，极有可能造成人身伤亡事故和巨大经济损失。可见，上述设备设施不仅属于环保设施，同时也属于安全生产设施，上杭县安监局依法对上述设施负有综合监管职责。且根据在案证据，按照当地政府的安排，上杭县安监局属于对紫金山金铜矿铜湿法厂存在的事故隐患进行专项整改活动的牵头单位，被告人陈正平作为上杭县安监局局长，不仅怠于履行安全监管职责，还向上级政府部门作虚假汇报，明显属于履行监管职责不力。辩护人提出的

紫金山金铜矿铜湿法厂相关溶液池仅属于环保设施、上杭县安监局对上述设施不具有监管职责的辩护理由不能成立。

（三）认定负有安全监管职责的国家机关工作人员的刑事责任，应当重点审查其所负监管职责的范围，以及是否有效履行了监管职责

实践中，几乎每一起重特大生产安全事故的背后，都存在着负有安全监管职责的国家机关工作人员监管缺位和监管不力等方面问题。但是，不能就此简单得出结论，只要发生重特大生产安全事故，就必须追究安全监管国家机关工作人员的刑事责任。在具体案件处理过程中，司法机关既要坚持严格司法、依法严惩，也要坚持罪刑法定、刑责自负，避免追责范围的不当扩大化。在认定负有安全监管职责的国家机关工作人员的刑事责任时，必须在全面剖析事故原因、客观界定监管职责、准确认定责任大小的基础上，重点审查其是否对引发事故的原因负有监管职责，以及其是否有效履行了该监管职责。只有在安全监管国家机关工作人员对引发事故的原因负有法定监管职责，且在工作过程中违反规定未有效履行监管职责的情况下，才能以渎职犯罪追究其刑事责任。反之，如果该安全监管国家机关工作人员对引发事故的原因根本不负有监管职责，或者虽然负有监管职责，但其已经实际履行了监管职责，就不能认定其行为与事故后果之间存在因果关系，也不能追究其刑事责任，否则就属于客观归罪，违反罪责刑相适应原则。

本案中，根据国家安监总局发布的《安全生产事故隐患排查治理暂行规定》《关于进一步加强安全生产综合监管工作的指导意见》《安全生产监管监察职责和行政执法责任追究的暂行规定》，以及福建省人民政府印发的《政府及有关部门安全生产监督管理职能暂行规定》、福建省人民政府办公厅印发的《福建省安全生产事故隐患排查治理和监督管理暂行规定》、上杭县委办公室印发的《上杭县安监局职能配置、内设机构和人员编制规定》等规范性文件的规定，上杭县安监局对辖区内的生产经营单位具有安全生产综合监督管理职能。被告人陈正平作为上杭县安监局一把手领导，对紫金山金铜矿铜湿法厂排查治理事故隐患的工作依法负有综合监管职责，但陈正平未认真履行对该厂存在的多项安全隐患进行监管整改的职责，属于导致“7·3”事故发生的原因之一。一审法院考虑陈正平有自首等从宽情节，依法对其予以减轻处罚，以玩忽职守罪判处有期徒刑二年，定罪量刑适当。

（撰稿：最高人民法院刑四庭　汪　雷）

32. 收受财物后滥用职权为他人谋取不正当利益的行为应当如何定罪量刑

——冯刚滥用职权、受贿案

一、基本案情

被告人冯刚，男，1969 年 9 月 12 日出生，原系天津交通运输委员会港口管理处处长。2015 年 9 月 10 日因涉嫌犯滥用职权罪、受贿罪被逮捕。

天津市滨海新区人民检察院以被告人冯刚犯滥用职权罪和受贿罪，向天津市滨海新区人民法院提起公诉。

被告人冯刚对起诉书指控其犯滥用职权罪无异议，辩解称自己不构成受贿罪。其辩护人提出，在瑞海公司相关行政批复的审批过程中，冯刚仅履行中间的签字环节，在渎职犯罪中处于从属地位，仅应承担次要责任；冯刚在天津港“8·12”事故发生后第一时间赶到事故现场参与抢救，积极配合调查，在工作岗位上被司法机关带走开展调查，到案后主动交代履职过程中存在的渎职问题，应认定具有自首情节；认定冯刚犯受贿罪的证据不足，依法不构成受贿罪。

天津市滨海新区人民法院经审理查明：自 2008 年起，被告人冯刚先后担任原天津市交通委员会和原天津市交通运输和港口管理局（以下简称天津市交港局）港口管理处副处长，2013 年 3 月起担任原天津市交港局港口管理处处长。2014 年 7 月，天津市交通运输委员会成立，不再保留原天津市交港局，冯刚担任天津市交通运输委员会港口管理处处长。担任上述职务期间，冯刚负责天津市辖区内港口经营许可审核、发证和管理、港口危险货物作业场所（含新建、改建、扩建项目）监管、货主码头业务经营范围审批，并负责港口危险品经营企业危险货物作业资质以及港口危险货物人员资质管理、港口安全评价管理、港口危险货物作业安全评价和监督等方面工作。

2013 年 1 月，瑞海国际物流有限公司（以下简称瑞海公司）向原天津市交港局港口管理处提交拟筹建危险化学品集装箱堆场的申请。同年 1 月 18 日，被告人冯刚超越职权，违法签批《关于对瑞海国际物流有限公司拟筹建危险化学品集装箱堆场的批复》，同意瑞海公司筹建危险化学品集装箱堆场。瑞海公司取得上述批复后，在危险化学品集装箱堆场改建工程未通过安全条件审查的情况下，于同年3月违规开工建设，并于同年7月建设完工。同年4月7日、6月5日、7月23日和10月11日，瑞海公司又先后四次向原天津市交港局港口管理处提交申请，申请从事港口危险货物作业业务，其中前三次申请期间堆场改建工程尚未建设完工，第四次申请时堆场改建工程虽已竣工，但尚未取得安全设施专项验收合格证明。依照行政法律、法规的规定，瑞海公司并不具备取得危险货物港口经营资质的条件，但冯刚先后于4月8日、7月11日、7月24日和10月11日先后四次以批复形式替代法律规定的《港口经营许可证》和《港口危险货物作业附证》（以下简称“两证”），违法违规许可瑞海公司取得危险货物港口经营人资质，允许其在2013年4月至2014年1月11日期间从事2－6类和8－9类港口危险货物作业。上述批复期限届满后，冯刚又于2014年4月1日签批了后补日期为同年1月20日的《关于天津东疆保税港区瑞海国际物流有限公司申请港口危险货物作业延期的批复》，同意将瑞海公司的经营有效期延伸至5月11日，导致瑞海公司的违法经营状态持续存在。4月29日，瑞海公司向原天津市交港局港口管理处提交《关于天津东疆保税港区瑞海国际物流有限公司港口经营资质的请示》。5月4日，冯刚在瑞海公司未取得安全设施专项验收合格证明的情况下，违法违规签批了《天津市交通运输和港口管理局关于天津东疆保税港区瑞海国际物流有限公司试运营期间港口经营资质的批复》（以下简称《59号批复》），批准瑞海公司港口危险货物经营试运营资质，但未同时核发“两证”，并违规将试运营时间提前至4月16日，批复同意瑞海公司于2014年4月16日至同年10月16日试运营期间开展2－6类和8－9类危险化学品港口经营业务。瑞海公司先后以上述行政批复为依据，向海关、海事部门和工商行政管理部门等单位进行申报并最终获得了行政许可审批。2015年6月23日，天津市交通运输委员会港口管理处副处长董建韡（另案处理）以《59号批复》为依据，向瑞海公司违法发放了“两证”，导致瑞海公司经营过程中存在的安全隐患不断累积扩大。

根据《59号批复》，瑞海公司取得的港口危险化学品试运营资质于2014年10月16日到期，至2015年6月23日取得“两证”之前，瑞海公司在长达8个月的时间内长期处于无证违法经营状态。被告人冯刚明知瑞海公司无证违法经营，未依法对该行为进行查处，未严格落实港口重大危险源管理制度，督促瑞海公司按照相关规定进行重大危险源备案，且疏于日常安全监督检查，未发现瑞海公司经营过程中存在的超高码放、超量存放危险货物集装箱、货品混存等问题，特别是未发现瑞海公司在港区内违法存放法律禁止存放的硝酸铵类货物等问题，导致上述重大安全隐患长期未能得到纠正。

2015 年 8 月 12 日 22 时许，瑞海公司位于天津市滨海新区吉运二道 95 号的危险品仓库运抵区南侧集装箱内的硝化棉积热自燃，引起相邻集装箱内的硝化棉和其他危险化学品长时间大面积燃烧，导致堆放于运抵区的硝酸铵等危险化学品发生燃烧爆炸，造成 165 人死亡、8 人失踪、798 人受伤，截至 2015 年 12 月 10 日，共计造成直接经济损失 68.66 亿元。经国务院事故调查组调查认定，此次事故是一起特大生产安全责任事故，天津市交通运输委员会（原天津市交港局）滥用职权，违法违规实施行政许可和项目审批，玩忽职守，日常监管严重缺失，是引发事故的重要原因。

另查明，被告人冯刚利用担任原天津市交通委员会、原天津市交港局、天津市交通运输委员会港口管理处负责人的职务便利，在对瑞海公司实施行政许可的过程中，于 2013 年下半年先后多次收受该公司实际控制人于学伟（另案处理）给予的商场购物卡、茅台酒、高尔夫测距仪等财物共计价值 59250 元。2008 年至 2014 年间，冯刚还利用职务上的便利，多次收受具有行政管理关系的多名被管理人给予的银行卡、购物卡、加油卡、提货单、高尔夫球具等财物共计价值 25100 元。以上收受财物共计 84350 元。

天津市滨海新区人民法院认为，被告人冯刚身为原天津市交港局和天津市交通运输委员会港口管理处的部门负责人，明知瑞海公司不具备从事港口危险货物经营的法定条件，滥用职权，违法违规实施审批许可，同时对瑞海公司违法经营危险货物行为的日常监管严重缺失，致使公共财产、国家和人民利益遭受重大损失，其行为已构成滥用职权罪，且情节特别严重；冯刚身为国家工作人员，利用职务上的便利，非法收受瑞海公司实际控制人于学伟和其他具有行政管理关系的被管理人的财物，为他人谋取利益，受贿数额累计达到 8 万余元，属于数额较大，其行为又构成受贿罪，应依法数罪并罚。冯刚签批的对瑞海公司所做批复虽由他人起草、上级领导签发，但其作为港口管理处部门负责人，在批复审批过程中的地位和作用最为关键，并非仅起到次要作用；冯刚在被检察机关认定涉嫌渎职犯罪后，经依法传唤到案，到案行为不具有主动性，依法不构成自首；冯刚收受被管理人财物的行为与其职务行为存在具体关联，本质上是一种权钱交易，并非正常人情往来，依法应认定为受贿，且只要行为人实施了权钱交易行为，无论其是否为请托人实际谋取利益、为请托人谋取的利益是合法还是非法，均不影响受贿行为的认定，相关辩解和辩护意见均不予采纳。据此，依照《中华人民共和国刑法》第三百九十七条第一款、第三百八十五条第一款、第三百八十六条、第三百八十三条、第六十一条第一款、第三款、第六十四条、《最高人民法院、最高人民检察院关于办理渎职刑事案件适用法律若干问题的解释（一）》第一条、第三条和《最高人民法院、最高人民检察院关于办理贪污贿赂刑事案件适用法律若干问题的解释》第一条第一项、第十三条、第十五条第一款、第十七条、第十八条、第十九条第一款之规定，判决如下：

被告人冯刚犯滥用职权罪，判处有期徒刑七年；犯受贿罪，判处有期徒刑三年，并处罚金人民币十万元，决定执行有期徒刑九年，并处罚金人民币十万元。

宣判后，被告人冯刚未上诉，检察机关未抗诉。判决已经发生法律效力。

二、主要问题

对于收受财物后滥用职权为他人谋取不正当利益的行为应当如何定罪量刑?

三、裁判理由

本案系天津港"8·12"瑞海公司危险品仓库特别重大火灾爆炸事故涉及的国家公职人员职务犯罪案件之一。被告人冯刚以权谋私，收取瑞海公司管理人员给予的财物后滥用职权，违法违规实施行政许可，导致瑞海公司得以在港区内长期违法违规从事危化品经营业务，最终酿成特大事故。案件处理过程中，对于冯刚收受财物后滥用职权为他人谋取不正当利益的行为应当如何处理，存在以下两种意见：

第一种意见认为，被告人冯刚的行为属于典型的徇私舞弊滥用职权行为，应依法认定为滥用职权罪，同时认定其有徇私舞弊情节，且情节特别严重，在五年以上十年以下有期徒刑的量刑幅度内确定刑罚，并与其所犯受贿罪数罪并罚。

第二种意见认为，在认定被告人冯刚收受瑞海公司管理人员财物的行为构成受贿罪的情况下，不宜再认定其具有滥用职权罪中的徇私舞弊情节，对冯刚应以滥用职权罪判处三到七年有期徒刑，并与其所犯受贿罪数罪并罚。

我们赞同第二种意见。主要理由如下：

（一）行为人收受财物后滥用职权，为他人谋取不正当利益，同时符合受贿罪和滥用职权罪构成要件的，原则上应当数罪并罚

对于行为人收受他人财物后滥用职权，为他人谋取不正当利益，行为同时符合受贿罪和滥用职权罪构成要件的情况下，应当如何处理，理论和实务界曾经长期存在分歧。有意见认为，根据刑法的规定，国家工作人员利用职务上的便利，索取他人财物的，或者非法收受他人财物，为他人谋取利益的，构成受贿罪。据此，在不具备索贿情形的受贿罪中，为他人谋取利益是成立受贿罪的必备要件，在将行为人为他人谋取利益作为受贿罪的定罪要件进行评价后，对于行为人因为滥用职权、为他人谋取利益致使公共财产、国家和人民利益遭受重大损失的行为，就不能再评价为滥用职权罪，否则属于重复评价。另外，根据《刑法》第三百九十九条第四款的规定，司法工作人员收受贿赂，有徇私枉法、民事、行政枉法裁判、执行判决、裁定滥用职权等犯罪行为，同时又构成受贿罪的，依照处罚较重的犯罪定罪处罚。2010 年《最高人民法院、最高人民检察院关于办理国家出资企业中职务犯罪案件具体应用法律若干问题的意见》也规定，国有公司、企业工作人员实施刑法分则第三章规定的渎职犯罪并收受贿赂的，应当择一重罪处理，充分说明刑法和相关司法解释已经认可这种情况下应当择一重罪处罚。也有意见认为，刑法第三百九十九条第四款的规定不具有普遍适用的效力，在上述情况，由于行为人实施了两个独立的行为，原则上应当数罪并罚，才能做到罪责刑相适应。

近年来，随着刑法理论和司法实践的发展，主张数罪并罚已经逐渐成为通行观点，理由有以下几个方面：首先，受贿罪并不以为行为人实际为他人谋取利益为必备要件，更不以行为人滥用职权、为他人谋取不正当利益为必备要件，在认定行为人收受财物的行为构成受贿罪的情况下，再将其滥用职权为他人谋取不正当利益的行为认定为滥用职权罪，并不属于法律上的重复评价。根据 2016 年《最高人民法院、最高人民检察院关于办理贪污贿赂刑事案件适用法律若干问题的解释》第十三条的规定，实际或者承诺为他人谋取利益，明知他人有具体请托事项，或者履职时未被请托、但事后基于该履职事由收受他人财物的，均应当认定为受贿罪中的"为他人谋取利益"，司法解释的上述规定清楚表明构成受贿罪不以实际为他人谋取利益为必备要件。其次，应当将《刑法》第三百九十九条第四款关于择一重罪处罚的规定视为特别规定，不能简单适用于该条规定范围之外的其他罪名。最后，近年来出台

的多个司法解释均采纳了数罪并罚的观点。2013 年《最高人民法院、最高人民检察院关于办理渎职刑事案件适用法律若干问题的解释（一）》第三条规定，国家机关工作人员实施渎职犯罪并收受贿赂，同时构成受贿罪的，除刑法另有规定外，以渎职犯罪和受贿罪数罪并罚；2016 年《最高人民法院、最高人民检察院关于办理贪污贿赂刑事案件适用法律若干问题的解释》第十七条规定，国家工作人员利用职务上的便利，收受他人财物，为他人谋取利益，同时构成受贿罪和刑法分则第三章第三节、第九章规定的渎职犯罪的，除刑法另有规定外，以受贿罪和渎职犯罪数罪并罚。据此，本案被告人冯刚收受瑞海公司实际控制人于学伟给付的财物后，滥用职权为瑞海公司谋取不正当利益，致使公共财产、国家和人民利益遭受重大损失，应当以受贿罪和滥用职权罪数罪并罚。

（二）在认定行为人收受财物的行为构成受贿罪的情况下，不宜再认定其具有滥用职权罪中的徇私舞弊情节

关于在认定行为人收受财物的行为构成受贿罪的情况下，是否可以将该行为认定为滥用职权罪中的徇私舞弊行为，理论和实践中存在不同认识。有意见认为，根据相关司法解释的规定，滥用职权罪中的徇私舞弊，是指徇个人之私、谋取个人私利。行为人收取他人财物后滥用职权，为他人谋取不正当利益，属于典型的借职务之便徇个人之私，符合司法解释关于徇私舞弊的界定。另外，如果对行为人收受财物后滥用职权的行为一律不认定为滥用职权罪的徇私舞弊情节，以滥用职权罪和受贿罪数罪并罚，由于新的司法解释大幅提高了受贿罪的定罪量刑数额标准，实践中可能出现数罪并罚后决定执行的刑罚反倒低于认定为徇私舞弊犯滥用职权罪判处的刑罚的情况，不利于从严惩处犯罪人。

我们认为，上述意见值得商榷。行为人收受他人财物后滥用职权，为他人谋取不正当利益，客观上看确实属于典型的徇个人之私，但是，是否可以认定为滥用职权罪中的徇私舞弊，还需要具体分析。在对行为人收受他人财物的行为以受贿罪定罪处罚的情况下，如果再认定其具有滥用职权罪中的徇私舞弊情节，实际上等于将收受财物行为先作为受贿罪的定罪要件评价了一次，又作为滥用职权罪的加重量刑要件评价了一次，属于典型的重复评价，是不恰当的做法。为避免造成重复评价，应当对滥用职权罪中徇私舞弊情节的成立条件作适当限定，对于行为人收受他人财物、谋取个人私利的行为构成受贿罪等其他犯罪的，原则上就不应再认定为滥用职权罪中的徇私舞弊情

节。在具体量刑时，由于行为人不仅实施了受贿犯罪行为，同时还滥用职权为他人谋取不正当利益，致使公共财产、国家和人民利益遭受重大损失，故对其所犯受贿罪可以从重处罚，并适当提高与滥用职权罪并罚后决定执行的刑罚，以避免造成最终判处的刑期低于认定为徇私舞弊犯滥用职权罪判处刑期的不合理情况。

本案中，被告人冯刚在对瑞海公司进行行政审批、实施行政许可的过程中，利用职务便利收受瑞海公司实际控制人于学伟给付的财物共计 59250 元，已经达到受贿罪的定罪标准。冯刚收受财物后滥用职权，为瑞海公司谋取不正当利益，非法作出多个行政许可批复，导致瑞海公司长期在港区内违法违规从事危险化学品经营业务，最终酿成特大生产安全责任事故，致使公共财产、国家和人民利益遭受重大损失，行为又符合滥用职权罪的构成要件，根据相关司法解释的规定，应当以受贿罪和滥用职权罪数罪并罚。原审法院定罪准确。

具体量刑方面，被告人冯刚收受于学伟财物的行为发生在 2013 年，彼时《刑法修正案（九）》尚未施行；一审判决作出日期为 2016 年 11 月 9 日，此时《刑法修正案（九）》和《最高人民法院、最高人民检察院关于办理贪污贿赂刑事案件适用法律若干问题的解释》均已施行，《刑法修正案（九）》对受贿罪的定罪量刑要件作出了重大修改，司法解释大幅提高了受贿罪的定罪量刑数额标准。按照行为时刑法的规定，冯刚所犯受贿罪应判处五年以上有期徒刑，可以并处没收财产，情节特别严重的判处无期徒刑，并处没收财产，而按照审判时刑法和司法解释的规定，冯刚所犯受贿罪应当判处三年以下有期徒刑或者拘役，并处罚金。原审法院认定冯刚受贿后滥用职权，为他人谋取不正当利益，造成特别严重后果，予以从重处罚，以受贿罪顶格判处其有期徒刑三年，并处罚金人民币十万元。根据禁止重复评价原则，冯刚收受于学伟财物的行为不宜再认定为徇私舞弊，但其实施的滥用职权犯罪行为是引发天津港“8・12”特大事故的重要原因，社会危害特别严重，亦应从重处罚。原审法院对冯刚以滥用职权罪顶格判处有期徒刑七年，与受贿罪并罚，决定执行有期徒刑九年，并处罚金人民币十万元，充分体现了依法从严惩处和罪责刑相适应原则，量刑适当。

（撰稿：最高人民法院刑四庭　李加玺）

33. 如何正确理解选择适用作为行政犯处罚根据的行政法律法规时的从旧兼从轻原则

——岳劲涛滥用职权、受贿案

一、基本案情

被告人岳劲涛，男，1971 年 8 月 11 日出生，原系河南省焦作市道路运输管理局货运管理科科长。2014 年 4 月 14 日因涉嫌犯滥用职权罪、受贿罪被逮捕。

河南省孟州市人民检察院以被告人岳劲涛犯滥用职权罪和受贿罪，向孟州市人民法院提起公诉。

被告人岳劲涛辩解称，自己所收款项属于经营公司企业所得分红，公诉机关指控其犯受贿罪不能成立。其辩护人提出，事故涉及的危险货物运输罐式专用车辆取得了出厂合格证书，各项检测手续齐全，岳劲涛经检验认定该车质量合格、允许其通过年度审验符合规定，公诉机关指控犯滥用职权罪不能成立。

孟州市人民法院经审理查明：2012 年四五月份，苏保钢和时任河南省焦作市质量技术监督局特种设备科副科长高春宝（均另案处理）为获取非法利益，先后找到时任焦作市质量技术监督局计量科科长王天祯（另案处理）和时任焦作市道路运输管理局货运科科长的被告人岳劲涛，商定由王天祯、岳劲涛、高春宝各自出资 1 万元作为前期开办费用，苏保钢出资 100 万元，注册成立河南省正拓罐车检测服务有限公司（以下简称正拓公司）。公司注册过程中，高春宝负责总体协调，王天祯负责办理公司资质认证事宜，岳劲涛负责公司出具的计量认证报告通过焦作市道路运输管理局的审查，公司成立后，王天祯、岳劲涛、高春宝不参与实际经营管理工作。

2012 年 6 月，王天祯担任河南省质量技术监督局评审组成员，在对正拓公司申请实验室资质认定事项进行评审时，明知正拓公司提交的评审材料中的两份工程师证件系伪造、不符合实验室资质认证的要求，仍然帮助正拓公司取得了实验室资质认证证书，获得了计量认证资质。但根据相关规定，正拓公司没有产品质量检验审查认证资质，不具备向社会出具产品质量检验报告的资格。之后，正拓公司正式开展危险货物运输罐式专用车辆检验业务。至2014年1月底，苏保钢以分配利润的名义，先后向王天祯、岳劲涛及高春宝支付现金共计35.5万元，其中岳劲涛收取15万元。

根据2011年1月1施行的《道路危险货物运输管理规定》（交通运输部令2010年第5号）的规定，设区的市级道路运输管理机构应当定期对危险货物运输罐式专用车辆进行审验，每年审验一次，审验项目包括罐式专用车辆使用罐体的质量检验情况。在王天祯、高春宝、苏保钢的共同教唆下，被告人岳劲涛明知危险货物运输罐式专用车辆年度审验需要提供罐体质量检验报告，仍然指使焦作市道路运输管理局货运管理科危险货物运输管理员肖维（另案处理）等人，将正拓公司出具的计量认证报告当作质量检验报告使用，违规办理年度审验合格手续，致使659台次危险货物运输罐式专用车辆违规通过了年度审验。其间，豫HC2923/豫H085J挂号危险货物运输罐式专用车辆所有人汤保才（另案处理）于2013年5月3日持正拓公司出具的计量认证报告，向焦作市道路运输管理局申请办理车辆年度审验手续，肖维依据岳劲涛的指示，依据正拓公司出具的计量认证报告，为该车违规办理了年度审验合格手续，致使该车得以继续上路行驶。2014年3月1日14时45分许，豫HC2923/豫H085J挂号危险货物运输罐式专用车辆行至晋济高速公路山西晋城段岩后隧道内时，遭到后车追尾碰撞，造成该车罐体尾部卸料管断裂、甲醇泄漏燃烧，发生特大燃爆事故，造成40人死亡、12人受伤和42辆车烧毁，直接经济损失8197万元。

经国务院事故调查组调查认定，晋济高速公路山西晋城段岩后隧道“3·1”特别重大道路交通危化品燃爆事故是一起生产安全责任事故。在导致事故的各项直接原因中，车辆起火燃烧的原因为，两车追尾造成豫HC2923/豫H085J挂号危险货物运输罐式专用车辆使用罐体的下方卸料管与罐体焊接处撕裂，该罐体未按国家标准规定安装紧急切断阀，造成甲醇泄漏，后车发动机舱内的高压油泵向后位移，启动机正极多股铜芯线绝缘层破损，导线输油泵输油管管头空心螺栓发生电器短路，引燃该导线绝缘层及周围可燃物，进而引燃泄漏的甲醇。造成事故的部分间接原因为：首先，焦作市交通运输管理部门和孟州市政府及其交通运输管理部门对危险货物道路运输安全监管不到位。其中，焦作市道路运输管理局对孟州市公路运输管理所业务指导不到位，对危险货物运输企业申请材料办理把关不严，督促检查不到位。其次，正拓公司为豫 HC2923/豫 H085J 挂号危险货物运输罐式专用车辆使用罐体出具了“允许使用”的年度检验报告，该车使用罐体未安装紧急切断阀，且罐体壁厚为4.5毫米，不符合 GB18564.1－2006 标准的要求。

孟州市人民法院认为，被告人岳劲涛身为国家机关工作人员，伙同他人共同滥用职权，致使公共财产、国家和人民利益遭受重大损失，情节特别严重，其行为已构成滥用职权罪；身为国家工作人员，利用职权上的便利，非法收受他人财物，为他人谋取利益，致使公共财产、国家和人民利益遭受损失，具有其他严重情节，其行为又构成受贿罪，应依法予以并罚。公诉机关指控岳劲涛犯滥用职权罪、受贿罪的事实和罪名成立，但指控其所犯滥用职权罪具有徇私舞弊情节不当，辩护人提出的岳劲涛的行为不构成滥用职权罪的辩护意见不能成立。岳劲涛虽然事先给付苏保钢1万元，但其所谓出资金额与所得回报相比，远远超出正常投资应得的利润比例，不属于正常投资行为，符合受贿罪权钱交易的本质，岳劲涛及其辩护人提出的岳劲涛所得款项系正常生产经营分红、不构成受贿罪的诉辩意见不予采纳。据此，依照《中华人民共和国刑法》第三百九十七条第一款、第三百八十五条第一款、第三百八十六条、第三百八十三条第一款第二项、第二十五条第一款、第五十二条、第五十三条、第六十四条、第六十九条和《最高人民法院、最高人民检察院关于办理贪污贿赂刑事案件适用法律若干问题的解释》第一条第三款第二项、第二条第三款、第十八条、第十九条之规定，判决如下：

1. 被告人岳劲涛犯滥用职权罪，判处有期徒刑四年；犯受贿罪，判处有期徒刑六年，并处罚金人民币二十五万元，决定执行有期徒刑九年六个月，并处罚金人民币二十五万元。

2. 对被告人岳劲涛的非法所得依法予以追缴。

一审宣判后，被告人岳劲涛不服，上诉提出，一审对所犯滥用职权罪量刑过重，自己与他人共同出资成立正拓公司开展机动车质量检验业务，实际参与公司生产经营，分配利润的行为不构成受贿罪。其辩护人提出，一审判决将计量检验和质量检验混为一谈，认定事实不清；根据2013年1月施行的《道路危险货物运输管理规定》，自2013年7月1日开始，焦作市道路运输管理局不再负责对危险货物运输罐式专用车辆使用罐体的质量进行审验，此次特大危化品燃爆事故发生在2014年3月1日，公安机关立案侦查和检察机关审查起诉、人民法院进行审理等诉讼活动均在事故发生之后进行，根据从旧兼从轻原则，岳劲涛为涉事车辆办理年度审验手续不应认定为违法行为，一审适用法律错误。

河南省焦作市中级人民法院经审理认为，一审认定的事实清楚，证据确实、充分。关于计量检验和质量检验的区别问题，在案证据证实正拓公司通过提供虚假的工程师资质证书，取得了河南省质量技术监督局核发的计量认证证书，依照规定只能对金属常压罐体的外观质量、外形尺寸、接地电阻进行检验，且依照相关规定，只有经国务院质检部门认可的检验机构才有权对罐体壁厚、紧急切断装置等内容进行检验和出具质量检验报告，计量检验和质量检验从审核认证部门到具体检验内容均不相同。道路运输管理局对危险货物运输罐式专用车辆使用罐体进行年度审验时，依据的是当时有效的行政法律法规，该行政行为已经作出并依照法定程序送达，已经发生法律效力，应当依据当时的行政法律法规进行评价。上诉人岳劲涛和苏保钢、高春宝、王天祯等人成立正拓公司的目的不是为了开展正常生产经营，而是为了谋取不正当利益，岳劲涛在正拓公司成立前给付苏保钢1万元的行为不属于正常投资，其利用职务上的便利，非法收受苏保钢现金15万元，为苏保钢谋取非法利益，行为已构成受贿罪，应与所犯滥用职权罪数罪并罚，岳劲涛及其辩护人提出的一审认定事实不清、适用法律错误的上诉理由和辩护意见不能成立。一审认定事实清楚，证据确实、充分，定罪准确，量刑适当。审判程序合法。据此，依照《中华人民共和国刑事诉讼法》第二百二十五条第一款第二项之规定，裁定驳回上诉，维持原判。

二、主要问题

如何正确理解选择适用作为刑法中行政犯处罚根据的行政法律法规时的从旧兼从轻原则?

三、裁判理由

晋济高速公路山西晋城段岩后隧道“3·1”特别重大道路交通危化品燃爆事故造成重大人员伤亡和巨额经济损失。国务院事故调查组在事故调查过程中，认定33名责任人员的行为涉嫌构成犯罪，由司法机关采取了刑事强制措施，其中归属河南省焦作市司法机关管辖的有10人。岳劲涛滥用职权、受贿案即为其中之一。

本案审理过程中存在争议的问题，是被告人岳劲涛将计量认证报告当作质量检验报告使用，为危险货物运输专用车辆办理年度审验合格手续的行为是否构成犯罪，争议原因在于岳劲涛行为时与本案处理时相关行政法律法规对危险货物运输专用车辆年审合格条件的规定内容不同。根据2011年1月1日施行的《道路危险货物运输管理规定》（交通运输部令2010年第5号）第二十二条的规定，设区的市级道路运输管理机构应当定期对道路危险货物运输专用车辆进行审验，每年审验一次。审验按照《道路货物运输及站场管理规定》进行，并增加以下审验项目：（一）专用车辆投保危险货物承运人责任险情况；（二）罐式专用车辆罐体质量检验情况；（三）必需的应急处理器材和安全防护设施设备的配备情况。根据该条规定要求，各省、区、市先后出台规定，要求道路危险货物运输专用车辆所有人在向道路运输管理机构申请进行年度审验时，需持有专业质量检验机构出具的罐体质量检验报告。2012年12月31日，交通运输部对《道路危险货物运输管理规定》进行了修改，修改后的《道路危险货物运输管理规定》在道路危险货物运输专用车辆年度审验项目中删除了专用车辆罐体质量检验情况的内容，改为要求道路危险货物运输企业或者单位对重复使用的危险货物包装物、容器在重复使用前进行检查，发现存在安全隐患的，应当维修或者更换。修改后的《道路危险货物运输管理规定》于2013年1月23日以交通运输部令2013年第2号公布，并自同年7月1日起施行。

本案中，被告人岳劲涛作为焦作市道路运输管理局货运管理科科长，负有对辖区内的道路危险货物运输专用车辆进行年度审验的职责，并于2013年5月3日对涉事的豫HC2923/豫H085J挂号危险货物运输专用车辆进行了年度审验，为该车办理了年度审验合格手续。公诉机关认为，依据开展年度审验时有效的《道路危险货物运输管理规定》（交通运输部令2010年第5号）第二十二条的规定要求，岳劲涛在涉事车辆所有人提交的计量认证报告不符合国家规定的情况下为该车办理年度审验合格手续，违反行政法律法规和刑法的规定，其行为构成滥用职权罪。其辩护人提出，根据人民法院审判时有效的行政法律法规，即2013年7月1日施行的《道路危险货物运输管理规定》（交通运输部令2013年第2号）的规定，岳劲涛无需对该车使用罐体的质量检验情况进行审验，车辆所有人提交的计量认证报告是否符合国家规定，已经不属于岳劲涛的审验范围，在根据行为时法构成犯罪、根据裁判时法不构成犯罪的情况下，应当依据从旧兼从轻原则，依法认定岳劲涛的行为不构成滥用职权罪。

我们认为，要确定被告人岳劲涛为涉事危险货物运输专用车辆办理年度审验手续的行为是否构成犯罪，关键在于正确理解刑法中从旧兼从轻原则的理论内涵，其中又涉及刑法中行政犯的违法性判断问题。现对相关问题简要分析如下：

（一）刑法中行政犯的违法性判断根据

自然犯（又称刑事犯）和行政犯（又称法定犯）是理论上对刑法规定的犯罪的一种重要分类方式。关于自然犯和行政犯的区分标准，刑法理论界存在多种观点。例如，有的观点认为，自然犯是侵害或者威胁法益的犯罪，行政犯是纯粹或者单纯不服从法规的犯罪。有的观点认为，同时包含形式要素与实质要素的是自然犯，只具备形式要素的是行政犯。还有的观点认为，同时违反法规范和文化规范的是自然犯，只违反法规范的是行政犯，等等。在英美法系国家中，对犯罪行为存在"本质的恶"和"禁止的恶"的区分，其中，"本质的恶"是指行为就其自身性质而言就是不法的，在普通法上必须给予处罚，基本上等同于大陆法系国家所称的自然犯；"禁止的恶"则是指行为违反制定法的作为与不作为，基本上等同于大陆法系国家所称的行政犯。上述观点虽然存在差异，但一般均认为刑法中的行政犯具有以下几个方面的特点：

首先，行政犯是一种严重破坏行政管理秩序的犯罪，本质在于行为人不履行或者不正确履行行政法上的义务，而且情节严重。构成行政犯的行为在义务违反性上表现为对行政法义务的背离，应当承担行政法上的责任。同时，由于其违反法律的严重程度已经超越了行政不法的量的限制性，单纯处以行政法上的制裁已经不能达到行为与责任的相匹配性和有效阻止不法行为的目的，因此有必要被处以刑事处罚，从而具有了刑事不法的性质，完成了从量变到质变的转换过程。

其次，行政犯违反社会伦理的程度相对较弱。与故意杀人、抢劫、强奸等自然犯悠久的历史沿革相比，行政犯是近代刑法理论和刑事立法发展的产物，是出于近现代以来国家加强社会管理、维护社会秩序的需要，在刑法中增设的犯罪类型。行政犯是因为行为人不履行或者不正确履行行政法上的义务而成立的犯罪，虽然也会侵犯到一般的社会伦理道德，但这并不是其足以成为犯罪的根本。从本质上来讲，行政犯是一种危害性相对较小的犯罪，属于准犯罪的范畴，只是基于罪刑法定主义、基于法律的规定而成为犯罪。也正因为如此，自从行政犯形成之日开始，就一直处于非犯罪化和刑罚轻缓化的思想浪潮之中。

再次，行政犯具有双重违法性。行政犯是因为违反行政法上的义务而被规定为犯罪的行为，成立行政犯的行为既违反了行政法律法规，又违反了刑事法律，因此在犯罪成立条件的认定上，除了要满足刑事法上的一般要求之外，还必须同时满足行政法上的判断标准，即考察该行为是否违反了行政法上的义务。也就是说，某一行为要成立行政犯，首先必须是行政法律法规规定的行政违法行为，依法应当给予行政制裁，其次还必须是刑法规定的犯罪行为，依法应当承担刑事责任。当然，根据一事不二罚的法律原则，为了避免对单一行为科以双重处罚，一般在处以刑事处罚后，就不再给予其行政制裁。

最后，刑法关于行政犯的规定方式具有一定的特殊性。现代人类社会生活的发展变革极为迅速，这就决定了行政法律法规具有极大的变异性，制定、修改活动相对频繁，而根据罪刑法定原则的要求，刑法需要最大限度地保持其稳定性。如果在刑法中明确规定行为违反的行政法律法规的具体内容，在行政法规法律不断变化的情况下，必将严重影响刑法的稳定性，从而影响社会公众的行为预期。为了解决这个问题，刑法对行政犯的规定一般采取空白罪状或者简单罪状的方式。所谓空白罪状，是指不具体说明某一犯罪的构成特征，仅指明必须参照的其他法律法规，典型的如“违反国家规定”、“违反有关安全管理的有关规定”，等等；所谓简单罪状，是指仅写出犯罪名称而不具体表述犯罪行为的具体特征，如在条文中仅规定“故意杀人”或者“过失致人死亡”，等等。从理论上讲，刑法采用简单罪状的形式一般有两种原因，一种原因是仅根据社会通行观念即可确定某一犯罪行为的主要行为特征，如“故意杀人”“过失致人死亡”等，在社会公众看来一般不会存在争议；另一种原因在于，某种犯罪行为的违法性判断依据涉及多方面的法律规范，难以作出简明表述，故在刑法条文中仅写明犯罪名称，以避免条文冗长，某种行为是否可以认定为该罪名，还需根据其他法律规范进行具体判断。刑法的这种规定方式，决定了行政犯的构成要件具有开放性，刑法条文并未将行政犯的全部构成要件完整的揭示出来，单凭刑法规定难以确定行政犯构成要件的全部要素，还需援引行政法律法规进行补充和说明。

根据上述标准判断，滥用职权罪属于典型的行政犯。根据《刑法》第三百九十七条的规定，国家机关工作人员滥用职权，致使公共财产、国家和人民利益遭受重大损失的，处三年以下有期徒刑或者拘役；情节特别严重的，处三年以上七年以下有期徒刑。本条文虽然写明了滥用职权罪的主体范围和结果要件，但对本罪的行为方式，即什么属于滥用职权行为，刑法并未作出明确的界定，因此仍然属于简单罪状。根据行政犯双重违法性的要求，判处某一行为是否构成滥用职权罪，需要进行行政法和刑法两个层面的考察，行为必须同时满足行政违法性和刑事违法性的要求，才能被认定为滥用职权罪。

（二）正确理解和把握选择适用作为行政犯处罚根据的行政法律法规时的从旧兼从轻原则

实践中，在行为时法与裁判时法规定内容不同的情况下，如何选择适用法律，对行为人的行为进行正确的法律评价，是需要重点研究解决的问题。对于刑事法律规范的选择适用问题，刑法作出了明确规定。刑法第十二条规定，中华人民共和国成立以后刑法施行以前的行为，如果当时的法律不认为是犯罪的，适用当时的法律；如果当时的法律认为是犯罪的，依照刑法总则第四章第八节的规定应当追诉的，按照当时的法律追究刑事责任，但是如果本法不认为是犯罪或者处刑较轻的，适用刑法。根据该条规定，刑法对新旧刑法规范的选择适用问题采取的是从旧兼从轻原则，也就是说，对某一特定行为的法律评价原则上应当按照行为发生时的刑法规范为根据进行判断，但是，如果根据裁判时刑法的规定，该行为不构成犯罪，或者裁判时刑法规定的处罚结果比行为时刑法更轻，则应当按照裁判时刑法的规定内容确定对该行为的法律评价。理论上也将从旧兼从轻原则称为相对的行为时法主义。

行政犯双重违法性的特征，决定了行政犯的处罚根据除了刑法规范之外，还包括行政法律规范。在某一行为涉嫌构成刑法规定的行政犯罪名的情况下，如果行为时刑法规范与裁判时刑法规范的规定内容不同，当然应当根据刑法第十二条的规定，适用从旧兼从轻原则选择适用刑法规范。问题在于，如果行为时的行政法律法规和裁判时的行政法律法规的规定内容不同，应当采取什么样的原则进行规范选择呢？这个问题直接关系到某种行为是否可以被认定为犯罪、是否应当受到刑罚处罚，值得认真研究。特别是在现阶段我国经济社会快速发展的时期，相关行政法律法规的制定、修改活动比较活跃，行政法律法规的选择适用直接影响到刑法规定的行政犯构成要件的认定。明确作为行政犯处罚根据的行政法律法规的选择适用原则，具有重要的理论和实践意义。

有意见认为，在对作为刑法规定的行政犯处罚根据的行政法律法规进行选择适用时，同样应当坚持从旧兼从轻原则。也就是说，如果根据行为发生时的行政法律法规的规定，某一行为属于行政法上的违法行为，而根据裁判时行政法律法规的规定，该行为并不违反行政法，则应当从有利于行为人的角度考虑，选择适用裁判时的行政法律法规，认定该行为不具有行政违法性，进而不认定为行政违法行为和刑事犯罪行为。本案中，根据被告人岳劲涛对涉事危险货物运输专用车辆进行年度审验时有效的行政法律法规，即 2011 年 1 月 1 施行的《道路危险货物运输管理规定》（交通运输部令 2010 年第 5 号）的规定，道路运输管理机构对危险货物运输专用车辆进行年度审验时需要审查罐体的质量检验情况，岳劲涛在车辆所有人提供的质量检验报告不符合国家规定的情况下，为该车办理年度审验合格手续，属于行政违法行为。但是，本案一审判决作出日期为 2016 年 9 月 27 日，根据裁判时有效的行政法律法规，即 2013 年 7 月 1 日起施行的、根据交通运输部令 2013 年第 2 号令修改的《道路危险货物运输管理规定》的规定，道路运输管理机构对危险货物运输专用车辆进行年度审验时无须审查罐体的质量检验情况，岳劲涛在车辆所有人提供的质量检验报告不符合国家规定的情况下办理年度审验合格手续，不再属于行政违法行为，根据从旧兼从轻原则，应当适用裁判时有效的行政法律法规，认定岳劲涛的行为不属于行政违法行为，进而不构成滥用职权罪。

我们认为，上述意见对于从旧兼从轻原则理论内涵的理解存在不当之处，从而得出了错误结论。

法律不仅是裁判规范，也是行为规范。法律规范应当为社会公众提供明确的行为指引和未来预期，不能对行为人施以其实施行为时无法知晓和难以预见的责任后果，否则不利于对公民权益的保护和良好法秩序的形成，这是行为时法主义蕴含的内在法理要求。从这个意义上讲，行为时法主义应当是所有部门法都应当坚持的基本原则。当然，行为时法主义仅是指实体法而言的。由于程序法仅提供法律救济及实现权利的方法和途径，不创设新的实体意义上的权利和义务，程序法的变动一般也不会影响到行为人的实体权利义务关系，而且一般来讲，新程序法的制度设计更加合理，能够为程序参与人提供更加明确高效的行为指引，对私权利主体更为有利，适用新程序法处理尚未审结的案件，更加有利于及时有效化解纠纷。因此，在程序法的选择方面，一般应当坚持裁判时法主义，这也是法谚“实体从旧，程序从新”的理论内涵所在。

另一方面，现代法律越来越强调对公民个人权益的保护，坚持行为时法主义，固然有利于维护良好的法秩序，但在某些情况下却有可能产生不利于保护公民合法权益的后果。例如，如果行为时法律规范规定某种行为应当承担不利的法律后果，而根据裁判时的法律规范规定，该行为不应承担不利法律后果，或者仅应承担相对较轻的不利法律后果，这种情况下，如果坚持绝对的行为时法主义，则应当依据行为时法律规范的规定，对作出该行为的行为人处以该相对较重的不利法律后果。这种处理方式明显不利于保护公民权益，也不符合社会公众的普遍心理预期。正是由于绝对的行为时法主义存在的上述弊端，理论和实践中才提出了相对的行为时法主义。相对的行为时法主义认为，对某一行为原则上应当按照行为时的法律规范进行评价，但是，如果裁判时法律规范规定的处罚轻于行为时法律规范时，则应当按照裁判时法律规范的规定进行评价和处罚。也就是说，根据相对的行为时法主义的要求，原则上仍然应当适用行为时法，除非基于人道主义的考虑，适用裁判时法更加有利于行为人时，才可以突破适用行为时法的限制。相对的行为时法主义的典型表现，就是刑法中的从旧兼从轻原则，从旧兼从轻原则属于对相对的行为时法主义的形象阐述。

相对的行为时法主义和从旧兼从轻原则并不是刑法特有的法律规范选择适用原则，同样可以适用于其他部门法。《立法法》第九十三条规定："法律、行政法规、地方性法规、自治条例和单行条例、规章不溯及既往，但为了更好地保护公民、法人和其他组织的权利和利益而作的特别规定除外。"本条规定在立法层面上确立了从旧兼从轻原则，因此，从理论上讲，相对的行为时法主义和从旧兼从轻原则同样应当适用于作为行政犯处罚根据的行政法律法规的选择适用问题。但需要特别注意的是，在行政法领域中，一般存在两个方面的法律行为主体，即作出行政行为的行政机关及其工作人员，以及作为行政管理对象的行政相对人。那么根据从旧兼从轻原则的要求，所谓的更加有利于行为人时应当适用裁判时法，该行为人是指行政机关工作人员，还是指行政相对人，抑或两者均是呢？我们认为，《立法法》第九十三条规定的"公民、法人和其他组织的权利和利益"，明显是指私权利主体而非公权力主体。行政机关的工作人员在自然意义上虽然也是个人，但其在作出行政行为时代表的是行政机关，属于公权力的行使主体，不应纳入从旧兼从轻原则考虑的对象。在行政法领域中，行政机关以及行政机关工作人员往往和行政相对人存在利益冲突，如果认为只要有利于行政机关和行政机关工作人员就可以选择适用裁判时法，极有可能损害行政相对人和其他公民、法人、社会组织的权利，违背立法法的立法本意。

2004 年《最高人民法院关于审理行政案件适用法律规范问题的座谈会纪

要》（法〔2004〕96 号）第三条规定："根据行政审判中的普遍认识和做法，行政相对人的行为发生在新法施行以前，具体行政行为作出在新法施行以后，人民法院审查具体行政行为的合法性时，实体问题适用旧法规定，程序问题适用新法规定，但下列情形除外：……（二）适用新法对保护行政相对人的合法权益更为有利的……"该条是对行政相对人行为时的行政法规范与行政行为作出时的行政法律规范不一致时的规范选择适用问题所做规定，但相关精神同样可以适用于本文讨论的问题。可以看出，在新旧行政法律规范的选择上，同样应当坚持从旧兼从轻原则，而其中是否有利于行为人，指的是是否有利于作为行政相对人的公民、法人和其他组织，并不包括行使国家公权力作出具体行政行为的行政机关工作人员。根据行政法中的程序法定原则，行政机关工作人员在作出某一具体行政行为时，必须依据当时有效的行政法律法规的规定执行，否则就属于行政违法行为，应当承担相应的法律责任。

本案中，被告人岳劲涛在 2013 年 5 月对涉事车辆进行年审时，根据交通运输部 2013 第 2 号令修改的《道路危险货物运输管理规定》已经公布但尚未施行，岳劲涛仍然应当严格依照当时有效的《道路危险货物运输管理规定》（交通运输部令 2010 年第 5 号）的相关规定执行，认真审查车辆所有人提交的危险化学品运输专用车辆使用罐体的质量检验报告是否符合国家规定。岳劲涛在明知该车罐体质量检验报告不符合国家规定的情况下，出于个人私利，违规为该车办理年度审验合格手续，违反了当时有效的行政法律法规的规定，属于行政违法行为，同时亦满足《刑法》第三百九十七条规定的犯罪构成要件，符合行政犯双重违法性的要求。一、二审法院依法认定岳劲涛的行为构成滥用职权罪，适用法律正确。另一方面，交通运输部以 2013 第 2 号令对《道路危险货物运输管理规定》作出重要修改，取消了道路运输管理部门在年度审验过程中对危险货物运输专用车辆的罐体质量检验情况进行审验的职责，这一修改反映出国家对道路运输管理部门监管职责认识的重大变化，明显减轻了道路运输管理部门的审查责任。岳劲涛在修改后的《道路危险货物运输管理规定》已经向全社会公布但尚未施行的情况下实施的行政许可行为，虽然仍应被认定为行政违法和刑事犯罪行为，但该行为的社会危害性和岳劲涛的主观恶性均相对减弱，量刑时应当酌情予以考虑。一、二审法院以滥用职权罪从轻判处岳劲涛有期徒刑四年，量刑适当。

（撰稿：最高人民法院刑四庭　李加玺）

34. 介入第三人犯罪行为情况下如何认定安全监管国家机关工作人员玩忽职守行为与事故后果之间的因果关系

——庄新颖、欧阳象玩忽职守案

一、基本案情

被告人庄新颖，男，1977 年 1 月 1 日出生，原系福建省莆田市秀屿区公安消防大队正连职参谋。2009 年 12 月 28 日因涉嫌犯玩忽职守罪被逮捕。

被告人欧阳象，男，1982 年 6 月 1 日出生，原系莆田市公安局秀屿区笏石派出所民警。2008 年 2 月 27 日因涉嫌犯玩忽职守罪被逮捕，2009 年 7 月 28 日被取保候审。

福建省莆田市秀屿区人民检察院以被告人庄新颖、欧阳象犯玩忽职守罪，向莆田市秀屿区人民法院提起公诉。

被告人庄新颖辩解称，只出具过一份《消防监督检查记录》，负有清点员工职责的是莆田市秀屿区笏石派出所，登记造册、建立台账是派出所和乡镇政府职责，对事故单位飞达鞋面加工场负有监督检查职责的是笏石派出所，飞达鞋面加工场应由笏石派出所负责整治，行为不构成玩忽职守罪。其辩护人提出，导致“10·21”特大火灾事故发生的原因是飞达鞋面加工场员工陈添福的失火行为和飞达鞋面加工场业主黄淑滨、陈宗飞未能及时消除火灾隐患，与庄新颖的行为无直接因果关系，笏石派出所对飞达鞋面加工场负有消防监督检查职责，庄新颖对飞达鞋面加工场不负消防安全监督检查及人员清点职责，事故发生前庄新颖已经按照秀屿消防大队大队长吴永奇的指示对飞达鞋面加工场进行了消防监督检查，并安排笏石派出所下发了《责令限期改正通知书》，笏石派出所对应由该所下发《责令限期改正通知书》、责令飞达鞋面加工场整改也无异议，庄新颖还曾按照上级指示两次拨打电话督促笏石派出所发文整治，行为不构成玩忽职守罪。

被告人欧阳象辩解称，排查“三合一”场所的工作职责由各乡镇人民政府承担，飞达鞋面加工场应由秀屿消防大队负责检查整治，此次特大火灾事故的发生与自己的行为之间不存在因果关系，不构成玩忽职守罪。其辩护人提出，“10·21”特大火灾事故与欧阳象的行为不存在必然因果关系，欧阳象不存在不履行或者不正确履行职责的行为，行为不构成玩忽职守罪，

莆田市秀屿区人民法院经审理查明：被告人庄新颖原为福建省莆田市秀屿区消防大队正连职参谋，2007 年起负责属于莆田市秀屿区消防大队管辖的笏石镇、东峤镇、埭头镇、平海镇、南日镇的消防监督检查工作。被告人欧阳象原为莆田市秀屿区笏石派出所责任区民警，2007 年 7 月 24 日起负责北埔片区（包括北埔村、四新村、西田村、笏石居民委员会）的消防监督检查工作。2003 年 12 月 4 日，黄淑滨（另案处理）在莆田市秀屿区工商行政管理局办理个体工商户营业执照，注册成立飞达鞋面加工场。2006 年 11 月 26 日，黄淑滨与丈夫陈宗飞（另案处理）擅自将飞达鞋面加工场从登记经营场所莆田市秀屿区笏石镇坝津村违规迁至该镇北埔村的自有住宅内开展生产，该住宅集生产、储存、居住为一体，仓库设在一楼。

2007 年 5 月 16 日，莆田市秀屿区人民政府开展区内“三合一”建筑（指集生产、储存、经营场所与居住为一体的两种或两种以上用途的在用地上建筑）消防安全综合整治活动，时间为 2007 年 5 月至同年年底，要求各乡镇人民政府对“三合一”建筑进行排查后报区消防大队审核，制定整改方案。同年 7 月 3 日，莆田市公安局在全市公安机关开展“三合一”场所火灾隐患排查整治活动，时间从 2007 年 7 月 3 日至同年 9 月 30 日，要求将所有隐患和单位全部排查出来，分类登记造册，并于同年 8 月 30 日前将“三合一”场所花名册报所在区消防大队备案，同时规定，辖区派出所每月坚持对辖区“三合一”场所检查一次，每月向所在区消防大队通报一次“三合一”场所整治工作情况，人员 50 人以上（含 50 人）的“三合一”场所由辖区行政（边防）派出所上报所在区消防大队，由区消防大队联合相关部门牵头负责整治；50 人以下的“三合一”场所由辖区行政（边防）派出所负责整治，责任民警要对责任区的“三合一”场所负责排查摸底。至 2007 年 9 月 13 日，被告人欧阳象并没有排查出飞达鞋面加工场属于“三合一”场所。

2007 年 9 月 14 日，被告人庄新颖与莆田市秀屿区公安消防大队副连职参谋阮建新受该消防大队大队长吴永奇（另案处理）的指派，会同笏石派出所一起对飞达鞋面加工场进行检查。当时因被告人欧阳象另有公务，笏石派出所分管消防的副所长林建凡指派民警黄双腾（另案处理）参加检查。庄新颖、

阮建新、黄双腾等人在检查过程中，发现飞达鞋面加工场属于“三合一”场所后，既没有对该场所的在场员工进行认真清点，也没有核对员工花名册。检查完毕后，庄新颖当场填写了《消防监督检查记录》二份，由自己和阮建新、黄双腾在消防监督检查员栏上签名，业主黄淑滨在被检查单位主管人员栏处签名后，分别交给黄淑滨、黄双腾各一份。同日，庄新颖向吴永奇汇报称，飞达鞋面加工场属于“三合一”建筑，该场所归属笏石派出所整治，已将《消防监督检查记录》交给笏石派出所。吴永奇听取汇报后，要求庄新颖督促笏石派出所及时进行整治。后庄新颖两次给黄双腾拨打电话，但并未将相关工作落实到位。同年9月17日，黄双腾将检查情况向林建凡进行了汇报，并出示了《消防监督检查记录》，说明了飞达鞋面加工场属于“三合一”场所及现场处理情况。林建凡听取汇报后，要求黄双腾待欧阳象公务出差结束回所后，将消防检查情况告知欧阳象，并将《消防监督检查记录》移交给欧阳象。同月20日，欧阳象公务出差结束回所，黄双腾将《消防监督检查记录》移交给欧阳象，并告诉欧阳象称飞达鞋面加工场属于“三合一”场所等消防监督检查情况。欧阳象听取介绍后，在得知黄双腾判断飞达鞋面加工场的员工有六七十人系仅根据目测得出的结论、并未对员工人数进行认真清点的情况下，未到飞达鞋面加工场进行实地清点、核实员工人数，也没有上报该加工场开展整治工作的情况。

2007年10月21日，飞达鞋面加工场发生特大火灾事故，造成37人死亡、21受伤、直接财产损失人民币301338.2元的严重后果。经调查，引发“10·21”火灾事故的直接原因系该加工场机修工人黄添福在一楼仓库内违规用火，同时，该加工场擅自改变建筑使用功能、存在“三合一”现象、消防安全管理混乱等消防安全隐患，也是造成火灾群死群伤后果的重要原因。

莆田市秀屿区人民法院认为，被告人庄新颖、欧阳象身为国家机关工作人员，分别负有其各自所在单位赋予的消防监督检查职责，工作中不认真履行职责，导致飞达鞋面加工场发生特大火灾事故，造成37人死亡、21人受伤、直接经济损失人民币301338.2元的严重后果，情节特别严重，行为均已构成玩忽职守罪。公诉机关指控二被告人犯玩忽职守罪成立。“10·21”特大火灾事故属于多因一果，主要原因是飞达鞋面加工场员工陈添福的失火行为所致，但加工场业主擅自将自有住宅的建筑功能改变为工业场所，在消防执法人员指出存在“三合一”消防安全隐患后未及时消除隐患，导致消防安全隐患长期存在，也是造成群死群伤结果的重要因素。庄新颖的失职行为属于造成特大火灾事故群死群伤结果的次要原因，其错误认为笏石派出所会发文整治飞达鞋面加工场的“三合一”消防安全隐患，还曾两次向派出所拨打电话核实工作开展情况，根据其犯罪情节，依法可以从轻处罚；欧阳象未按规定按月对“三合一”场所进行排查，且未排查出飞达鞋面加工场属于“三合一”场所，但因庄新颖等人已经对该加工场开展过检查，并确认其属于“三合一”场所，故欧阳象的失职行为对此次特大火灾事故发生的影响轻微，不需要判处刑罚，依法可以免予刑事处罚。据此，依照《中华人民共和国刑法》第三百九十七条第一款、第三十七条之规定，判决如下：

1. 被告人庄新颖犯玩忽职守罪，判处有期徒刑三年。

2. 被告人欧阳象犯玩忽职守罪，免予刑事处罚。

宣判后，莆田市秀屿区人民检察院以一审量刑畸轻为由提出抗诉，后在二审过程中申请撤回抗诉。被告人欧阳象以自己行为不构成犯罪为由提出上诉，后在二审过程中申请撤回上诉。

被告人庄新颖上诉提出，一审判决认定事实不清、证据不足，对飞达鞋面加工场负有监督检查职责的是笏石派出所而非秀屿区消防大队，自己不存在不认真履行职责的行为，行为不构成玩忽职守罪，请求撤销原判、改判无罪。其辩护人提出，庄新颖的行为与此次特大火灾事故的发生及造成的事故后果之间不存在因果关系，清点加工场员工人数是派出所的职责，庄新颖在检查中发现飞达鞋面加工场存在“三合一”情况后，立即通知该加工场负责人进行整改，并及时向领导进行了汇报，不存在对火灾隐患不管不问的问题，行为不构成玩忽职守罪，一审判决适用法律错误。

莆田市中级人民法院经审理认为，一审认定的事实清楚，证据确实、充分。上诉人庄新颖、欧阳象身为国家机关工作人员，分别负有消防监督检查法定职责，却不认真履行职责，导致人民利益遭受重大损失，行为均已构成玩忽职守罪。庄新颖身为秀屿区消防大队消防参谋，发现飞达鞋面加工场存在“三合一”消防隐患的情况后，未在现场认真清点人员，回单位后未按领导要求抓落实、督促，仅停留在电话查询上，未认真落实具体措施，导致此次特大火灾事故的发生，造成重大伤亡结果和巨额财产损失，其行为与危害后果之间存在刑法上的因果关系。庄新颖及其辩护人提出的不构成玩忽职守罪的诉辩意见不能成立。莆田市秀屿区人民检察院和上诉人欧阳象在二审审理过程中分别申请撤回抗诉和上诉，符合法律规定，依法予以准许。据此，依照1996年修订的《中华人民共和国刑事诉讼法》第一百八十九条第一项、

《最高人民法院关于执行〈中华人民共和国刑事诉讼法〉若干问题解释》第二百三十九条、第二百四十一条、第二百四十四条之规定，裁定如下：

1. 准许莆田市人民检察院撤回抗诉。
2. 准许上诉人欧阳象撤回上诉。
3. 驳回上诉人庄新颖的上诉，维持原判。

二、主要问题

1. 如何确定消防监管机构中国家机关工作人员的监管责任？

2. 消防监管机构国家机关工作人员不认真履行职责，导致火灾隐患未能及时消除，后因他人失火犯罪行为引发火灾事故的，能否认定国家机关工作人员的玩忽职守行为与事故后果之间存在因果关系？

三、裁判理由

与其他生产安全责任事故相比，福建莆田飞达鞋面加工场“10·21”特大火灾事故具有一定的特殊性。根据事故调查报告，造成此次事故的直接原因是事故单位员工的失火犯罪行为，由此引发了对事故因果关系如何认定的争议。本案一、二审过程中，围绕着被告人庄新颖、欧阳象是否存在渎职行为、二人行为与事故后果之间是否存在刑法上的因果关系，控辩双方意见不一，审判机关内部也存在明显分歧。主要存在两种意见：

第一种意见认为，被告人庄新颖、欧阳象作为消防监督机构中的国家机关工作人员，已经对飞达鞋面加工场履行了一定的监督检查工作职责，且根据事故调查组的调查报告，导致“10·21”特大火灾事故的直接原因是第三人的失火犯罪行为，二被告人的行为与火灾事故之间的因果关系已被中断，依法不应承担刑事责任。

第二种意见认为，被告人庄新颖、欧阳象在从事消防监督检查工作过程中职责不落实，导致飞达鞋面加工场存在的火灾隐患长期未得到整改，在第三人违规用火引燃周围可燃物的情况下，火势迅速蔓延失去控制，最终造成重大人员伤亡和经济损失，二人行为与事故后果之间存在刑法上的因果关系，依法构成玩忽职守罪。

我们同意第二种意见。理由简要分析如下：

（一）如何确定消防监管机构国家机关工作人员的监管职责

《中华人民共和国消防法》第五十三条第一款规定，公安机关消防机构应当对机关、团体、企业、事业等单位遵守消防法律、法规的情况依法进行监督检查；公安派出所可以负责日常消防监督检查、开展消防宣传教育，具体办法由国务院公安部门规定。可以看出，消防法对公安消防机构和公安派出所在消防监督检查方面的工作职责作出了明确区分。具体来讲，消防监督检查职责原则上由公安机关消防机构（包括公安消防总队、支队、大队和中队等层级）承担，日常消防监督工作和消防宣传教育工作也可以由公安派出所实施开展。实践中，公安机关往往综合考虑被监管单位的规模大小、员工数量、开展消防监督检查的难易程度等因素，对被监管对象进行分级，分别划归公安机关消防机构和公安派出所进行列管，实行分级分类监管。

本案中，莆田市秀屿区人民政府和莆田市公安局分别发文要求对辖区内“三合一”场所进行排查摸底，并根据“三合一”场所的人数进行分级分类，将人数在50人以上的“三合一”场所归入县区消防大队的整治范围，将人数在50人以下的“三合一”场所列入公安派出所的整治范围，体现了消防法确立的分级分类监管的原则。但是，在实际排查摸底开展过程中，参与排查摸底的消防监管人员没有实地清点被监管单位的员工人数，仅凭主观感觉就当场认定员工人数在50人以下，进而将其列入派出所的整治范围。实际上，根据在案证据，飞达鞋面加工场的员工人数远超50人，依法应由区消防大队负责开展排查整治工作，由此导致区消防大队和派出所均认为对方负有对飞达鞋面加工场进行排查整治的职责，被告人庄新颖、欧阳象据此提出，自己不负有对飞达鞋面加工场进行排查整治的职责，行为不构成玩忽职守罪。

我们认为，本案中，根据在案证据和相关法律法规的规定，被告人庄新颖和欧阳象均负有对飞达鞋面加工场进行排查整治的职责，实际工作中均存在玩忽职守行为。理由在于：首先，根据在案证据，事故单位飞达鞋面加工场的员工人员实际上已经超过50人，根据莆田市秀屿区人民政府和莆田市公安局的工作要求，应当由区消防大队承担排查整治职责。被告人庄新颖作为区消防大队正连职参谋，在带队对飞达鞋面加工场进行实地排查的过程中，既没有对在场员工人数进行清点，也没有认真核对员工花名册，就违规将其列为派出所排查整治的范围，存在明显的玩忽职守行为。其次，笏石派出所民警在会同区消防大队领导对飞达鞋面加工场进行实地排查过程中，也未对员工数量进行认真核实，在区消防大队将该加工场交给派出所负责排查整治之后，具体负责辖区消防工作的被告人欧阳象既未实地核实员工人数、及时提出调整管辖分工的意见，也未按照区消防大队的要求认真开展和及时上报排查整治工作，也存在玩忽职守行为，应当依法承担相应责任。

（二）在介入他人犯罪行为的情况下，如何正确认定消防监管国家机关工作人员的渎职行为与事故后果之间的因果关系

根据《刑法》第三百九十七条的规定，国家机关工作人员玩忽职守，致使公共财产、国家和人民利益遭受重大损失的，以玩忽职守罪定罪处罚。根据犯罪构成理论，国家机关工作人员的玩忽职守行为与危害后果之间必须存在刑法上的因果关系，才能将特定的危害后果归责于行为人。实践中，玩忽职守罪中的因果关系往往具有不作为性、多因一果性、间接性等特点，导致在认定相关行为是否构成玩忽职守罪时，进行因果关系的判断相对比较困难。

根据刑法理论，与生产安全责任事故犯罪相关的玩忽职守罪的因果关系链条表现为“国家机关工作人员的玩忽职守行为——生产经营者的违法违规生产经营行为——事故结果”。也就是说，国家机关工作人员的玩忽职守行为一般不直接引发事故结果，中间介入了生产经营者的违法违规生产经营行为。实践中的情况可能更为复杂，在上述因果关系链条中，除了存在生产经营者的违法违规生产经营行为之外，还有可能介入第三人的违法犯罪行为。例如，在本案中，造成“10·21”火灾事故发生的直接原因是飞达鞋面加工厂员工的失火犯罪行为，与此同时，飞达鞋面加工场擅自改变建筑物的使用功能、存在“三合一”现象、生产经营过程中消防安全管理混乱等，也是造成群死群伤火灾事故后果的重要因素。因此，本案因果关系链条表现为“被告人的玩忽职守行为——飞达鞋面加工场生产经营者的违法违规生产经营行为——员工的失火犯罪行为——火灾事故后果”。在这种情况下，是否可以认定国家机关工作人员的玩忽职守行为与事故后果之间存在因果关系，值得认真研究。

我们认为，上述问题实际包含以下两个层次的内容：首先，在介入第三人失火犯罪行为的情况下，生产经营者的违法违规生产经营行为与火灾事故后果之间是否存在因果关系。这个问题是认定消防监管机构国家机关工作人员构成玩忽职守罪的前提，如果生产经营者的违法违规行为与火灾事故后果之间不存在因果关系，将直接导致因果关系链条的中断，生产经营者与消防监管机构国家机关工作人员均不应对事故后果承担刑事责任。其次，消防监管机构国家机关工作人员的玩忽职守行为与火灾事故之间是否存在因果关系。

要回答第一个问题，关键在于正确认识生产安全责任事故犯罪中的因果

关系。实践中，一般采用条件说来判断特定行为人的业务过失行为与事故后果之间的因果关系。也就是说，如果行为人的业务过失行为属于导致事故后果发生的必要条件，则就可以认定二者之间存在因果关系，可以将该事故后果归责于行为人。但是，在因果关系发展的过程中，有可能介入他人的犯罪行为或者自然因素的影响，在此情况下，不宜简单认定因果关系已经中断，应当综合考虑行为人的业务过失行为与介入因素对引发危害后果所起的作用大小，以及介入因素的可预见程度，判断行为人的业务过失行为与危害结果之间是否存在因果关系。如果该犯罪行为或者自然因素并未超出一般人的可预见范围，或者行为人的业务过失行为造成危害结果进一步扩大，则仍然可以认定该过失行为与危害结果之间存在因果关系。本案中，飞达鞋面加工厂员工陈添福的失火犯罪行为直接引发火灾事故，但是，该厂生产经营者黄淑滨等人的违法违规生产经营、拒不整改火灾事故隐患等行为同时也是导致火灾事故发生的重要原因。根据事故调查报告，如果不存在黄淑滨等人的违法违规行为，陈添福的失火犯罪行为引发的火灾就不会快速蔓延，在场人员就有可能快速扑灭初期火灾或者尽快逃离火场，从而避免造成重大人员伤亡和巨额经济损失。因此，足以认定飞达鞋面加工场生产经营者的违法违规生产经营行为属于导致事故后果发生的必要条件，二者之间存在因果关系。

第二个问题涉及玩忽职守罪等渎职犯罪中因果关系的判断问题。玩忽职守罪属于不作为犯罪，因果关系相对复杂。有学者将行为人的不作为行为对危害结果所起原因力区分为两种情况，即“起果性”和“防果破坏性”①。在第一种情况下，行为人的不作为行为本身包含有导致危害结果发生的主要根据，对危害结果的发生起到决定性、根本性作用。例如，负有危险化学品生产经营许可证审核发证职责的国家机关工作人员，在工作过程中玩忽职守、违规发证，导致本不具备危险化学品生产经营条件的生产经营单位违法取得危险化学品生产经营许可证，导致该单位在从事危险化学品生产经营活动过程中发生重大安全事故；在第二种情况下，导致危害结果发生的主要根据不存在于行为人的不作为行为中，而是存在于其他事物中，但是，行为人的不作为行为可以巩固和增强导致危害结果发生的这种根据。无论是上面哪种情况，都可以认定行为人的不作为行为与危害结果之间存在因果关系。问题在

---

① 参见侯国云、梁志敏：《论不作为犯罪的因果关系》，载《法律科学》2001年第1期。

于，如果即使玩忽职守行为人履行了特定的作为义务，危害结果仍然有可能发生，能否认为该玩忽职守行为与危害结果之间不存在因果关系呢？我们认为，答案是否定的。原因在于，法律为具有特定职务身份的行为人设定特定的作为义务的目的是为了防止危害结果的发生，在实际情况中，行为人如果履行了作为义务，可能并不能必然的防止危害结果的发生，但是，如果其履行了作为义务，则危害结果发生的概率或严重程度必然会比其不履行作为义务的情况明显降低，这种情况下，可以认定行为人不履行作为义务的行为与危害结果之间存在刑法上的因果关系。换句话说，只要行为人不履行作为义务的行为增大了危害结果发生的概率或者可能导致危害结果的进一步扩大，就可以认定该行为与危害结果之间存在刑法上的因果关系，而不论该行为是否属于导致危害结果发生的必要条件。

本案中，根据在案证据，如果被告人庄新颖、欧阳象认真履行了对飞达鞋面加工场的消防监督检查和安全隐患整治职责，督促该加工场相关负责人员切实采取有效措施消除火灾隐患，那么在第三人的失火犯罪行为引发火情后，就有可能使火情不会迅速蔓延，火情发生初期即被他人及时发现予以扑灭，也有可能在火灾发生后由于消防通道顺畅、消防设施齐备而使在场人员迅速逃离，从而将损失降到最低，不致造成37人死亡、21人受伤的重大人员伤亡结果。因此，二被告人的玩忽职守行为明显增大了危害结果发生的概率，并有可能导致危害结果进一步扩大。一、二审法院认定二被告人的行为与事故后果之间存在因果关系，对二人以玩忽职守罪定罪处罚，适用法律正确。同时，考虑到本案确实属于多因一果，庄新颖的玩忽职守行为属于引发事故后果的次要原因，根据其犯罪情节，可以依法从轻处罚；欧阳象的玩忽职守行为对火灾后果的发生所起作用力较小，犯罪情节轻微，依法可以免予刑事处罚。一、二审法院以玩忽职守罪分别对庄新颖判处有期徒刑三年、对欧阳象免予刑事处罚，量刑适当。

（撰稿：最高人民法院刑四庭　李　伟）

第三编

刑事司法解释理解与适用及规范性文件

中华人民共和国最高人民法院
中华人民共和国最高人民检察院
公　告

《最高人民法院、最高人民检察院关于办理危害生产安全刑事案件适用法律若干问题的解释》已于2015年11月9日由最高人民法院审判委员会第1665次会议、2015年12月9日由最高人民检察院第十二届检察委员会第44次会议通过，现予公布，自2015年12月16日起施行。

最高人民法院　最高人民检察院

2015年12月14日

1. 最高人民法院、最高人民检察院关于办理危害生产安全刑事案件适用法律若干问题的解释

（2015年11月9日最高人民法院审判委员会第1665次会议、2015年12月9日最高人民检察院第十二届检察委员会第44次会议通过　法释〔2015〕22号）

为依法惩治危害生产安全犯罪，根据刑法有关规定，现就办理此类刑事案件适用法律的若干问题解释如下：

第一条　刑法第一百三十四条第一款规定的犯罪主体，包括对生产、作业负有组织、指挥或者管理职责的负责人、管理人员、实际控制人、投资人等人员，以及直接从事生产、作业的人员。

第二条　刑法第一百三十四条第二款规定的犯罪主体，包括对生产、作业负有组织、指挥或者管理职责的负责人、管理人员、实际控制人、投资人等人员。

第三条　刑法第一百三十五条规定的“直接负责的主管人员和其他直接

责任人员”，是指对安全生产设施或者安全生产条件不符合国家规定负有直接责任的生产经营单位负责人、管理人员、实际控制人、投资人，以及其他对安全生产设施或者安全生产条件负有管理、维护职责的人员。

第四条 刑法第一百三十九条之一规定的“负有报告职责的人员”，是指负有组织、指挥或者管理职责的负责人、管理人员、实际控制人、投资人，以及其他负有报告职责的人员。

第五条 明知存在事故隐患、继续作业存在危险，仍然违反有关安全管理的规定，实施下列行为之一的，应当认定为刑法第一百三十四条第二款规定的“强令他人违章冒险作业”：

（一）利用组织、指挥、管理职权，强制他人违章作业的；

（二）采取威逼、胁迫、恐吓等手段，强制他人违章作业的；

（三）故意掩盖事故隐患，组织他人违章作业的；

（四）其他强令他人违章作业的行为。

第六条 实施刑法第一百三十二条、第一百三十四条第一款、第一百三十五条、第一百三十五条之一、第一百三十六条、第一百三十九条规定的行为，因而发生安全事故，具有下列情形之一的，应当认定为“造成严重后果”或者“发生重大伤亡事故或者造成其他严重后果”，对相关责任人员，处三年以下有期徒刑或者拘役：

（一）造成死亡一人以上，或者重伤三人以上的；

（二）造成直接经济损失一百万元以上的；

（三）其他造成严重后果或者重大安全事故的情形。

实施刑法第一百三十四条第二款规定的行为，因而发生安全事故，具有本条第一款规定情形的，应当认定为“发生重大伤亡事故或者造成其他严重后果”，对相关责任人员，处五年以下有期徒刑或者拘役。

实施刑法第一百三十七条规定的行为，因而发生安全事故，具有本条第一款规定情形的，应当认定为“造成重大安全事故”，对直接责任人员，处五年以下有期徒刑或者拘役，并处罚金。

实施刑法第一百三十八条规定的行为，因而发生安全事故，具有本条第一款第一项规定情形的，应当认定为“发生重大伤亡事故”，对直接责任人员，处三年以下有期徒刑或者拘役。

第七条 实施刑法第一百三十二条、第一百三十四条第一款、第一百三十五条、第一百三十五条之一、第一百三十六条、第一百三十九条规定的行为，因而发生安全事故，具有下列情形之一的，对相关责任人员，处三年以上七年以下有期徒刑：

（一）造成死亡三人以上或者重伤十人以上，负事故主要责任的；

（二）造成直接经济损失五百万元以上，负事故主要责任的；

（三）其他造成特别严重后果、情节特别恶劣或者后果特别严重的情形。

实施刑法第一百三十四条第二款规定的行为，因而发生安全事故，具有本条第一款规定情形的，对相关责任人员，处五年以上有期徒刑。

实施刑法第一百三十七条规定的行为，因而发生安全事故，具有本条第一款规定情形的，对直接责任人员，处五年以上十年以下有期徒刑，并处罚金。

实施刑法第一百三十八条规定的行为，因而发生安全事故，具有下列情形之一的，对直接责任人员，处三年以上七年以下有期徒刑：

（一）造成死亡三人以上或者重伤十人以上，负事故主要责任的；

（二）具有本解释第六条第一款第一项规定情形，同时造成直接经济损失五百万元以上并负事故主要责任的，或者同时造成恶劣社会影响的。

第八条 在安全事故发生后，负有报告职责的人员不报或者谎报事故情况，贻误事故抢救，具有下列情形之一的，应当认定为刑法第一百三十九条之一规定的"情节严重"：

（一）导致事故后果扩大，增加死亡一人以上，或者增加重伤三人以上，或者增加直接经济损失一百万元以上的；

（二）实施下列行为之一，致使不能及时有效开展事故抢救的：

1. 决定不报、迟报、谎报事故情况或者指使、串通有关人员不报、迟报、谎报事故情况的；

2. 在事故抢救期间擅离职守或者逃匿的；

3. 伪造、破坏事故现场，或者转移、藏匿、毁灭遇难人员尸体，或者转移、藏匿受伤人员的；

4. 毁灭、伪造、隐匿与事故有关的图纸、记录、计算机数据等资料以及其他证据的；

（三）其他情节严重的情形。

具有下列情形之一的，应当认定为刑法第一百三十九条之一规定的"情节特别严重"：

（一）导致事故后果扩大，增加死亡三人以上，或者增加重伤十人以上，或者增加直接经济损失五百万元以上的；

（二）采用暴力、胁迫、命令等方式阻止他人报告事故情况，导致事故后果扩大的；

（三）其他情节特别严重的情形。

第九条 在安全事故发生后，与负有报告职责的人员串通，不报或者谎报事故情况，贻误事故抢救，情节严重的，依照刑法第一百三十九条之一的规定，以共犯论处。

第十条 在安全事故发生后，直接负责的主管人员和其他直接责任人员故意阻挠开展抢救，导致人员死亡或者重伤，或者为了逃避法律追究，对被害人进行隐藏、遗弃，致使被害人因无法得到救助而死亡或者重度残疾的，分别依照刑法第二百三十二条、第二百三十四条的规定，以故意杀人罪或者故意伤害罪定罪处罚。

第十一条 生产不符合保障人身、财产安全的国家标准、行业标准的安全设备，或者明知安全设备不符合保障人身、财产安全的国家标准、行业标准而进行销售，致使发生安全事故，造成严重后果的，依照刑法第一百四十六条的规定，以生产、销售不符合安全标准的产品罪定罪处罚。

第十二条 实施刑法第一百三十二条、第一百三十四条至第一百三十九条之一规定的犯罪行为，具有下列情形之一的，从重处罚：

（一）未依法取得安全许可证件或者安全许可证件过期、被暂扣、吊销、注销后从事生产经营活动的；

（二）关闭、破坏必要的安全监控和报警设备的；

（三）已经发现事故隐患，经有关部门或者个人提出后，仍不采取措施的；

（四）一年内曾因危害生产安全违法犯罪活动受过行政处罚或者刑事处罚的；

（五）采取弄虚作假、行贿等手段，故意逃避、阻挠负有安全监督管理职责的部门实施监督检查的；

（六）安全事故发生后转移财产意图逃避承担责任的；

（七）其他从重处罚的情形。

实施前款第五项规定的行为，同时构成刑法第三百八十九条规定的犯罪的，依照数罪并罚的规定处罚。

第十三条 实施刑法第一百三十二条、第一百三十四条至第一百三十九条之一规定的犯罪行为，在安全事故发生后积极组织、参与事故抢救，或者积极配合调查、主动赔偿损失的，可以酌情从轻处罚。

第十四条 国家工作人员违反规定投资入股生产经营，构成本解释规定的有关犯罪的，或者国家工作人员的贪污、受贿犯罪行为与安全事故发生存在关联性的，从重处罚；同时构成贪污、受贿犯罪和危害生产安全犯罪的，依照数罪并罚的规定处罚。

第十五条 国家机关工作人员在履行安全监督管理职责时滥用职权、玩忽职守，致使公共财产、国家和人民利益遭受重大损失的，或者徇私舞弊，对发现的刑事案件依法应当移交司法机关追究刑事责任而不移交，情节严重的，分别依照刑法第三百九十七条、第四百零二条的规定，以滥用职权罪、玩忽职守罪或者徇私舞弊不移交刑事案件罪定罪处罚。

公司、企业、事业单位的工作人员在依法或者受委托行使安全监督管理职责时滥用职权或者玩忽职守，构成犯罪的，应当依照《全国人民代表大会常务委员会关于〈中华人民共和国刑法〉第九章渎职罪主体适用问题的解释》的规定，适用渎职罪的规定追究刑事责任。

第十六条 对于实施危害生产安全犯罪适用缓刑的犯罪分子，可以根据犯罪情况，禁止其在缓刑考验期限内从事与安全生产相关联的特定活动；对于被判处刑罚的犯罪分子，可以根据犯罪情况和预防再犯罪的需要，禁止其自刑罚执行完毕之日或者假释之日起三年至五年内从事与安全生产相关的职业。

第十七条 本解释自2015年12月16日起施行。本解释施行后，《最高人民法院、最高人民检察院关于办理危害矿山生产安全刑事案件具体应用法律若干问题的解释》（法释〔2007〕5号）同时废止。最高人民法院、最高人民检察院此前发布的司法解释和规范性文件与本解释不一致的，以本解释为准。

《关于办理危害生产安全刑事案件适用法律若干问题的解释》的理解与适用

2015年11月9日最高人民法院审判委员会第1665次会议、2015年12月9日最高人民检察院第十二届检察委员会第44次会议通过了《最高人民法院、最高人民检察院关于办理危害生产安全刑事案件适用法律若干问题的解释》（以下简称《解释》），自 2015 年 12 月 16 日起施行。《解释》的出台，对于切实保障生产安全，保护人民群众生命财产安全，推动安全生产形势持续稳定好转具有重要意义。为便于实践理解和适用，现就《解释》的制定背景、起草过程中的主要考虑和主要内容说明如下。

一、《解释》的制定背景

安全生产工作关系人民群众生命财产安全，关系改革、发展和稳定大局。当前，全国安全生产形势呈现总体稳定、持续好转的态势，但形势依然严峻，造成群死群伤的重特大生产安全事故仍然时有发生。其中，2015 年 8 月 12 日发生的天津港瑞海公司危险化学品仓库爆炸事故造成近 150 人死亡、大批房屋损毁和巨额经济损失，社会影响十分恶劣。习近平总书记、李克强总理多次作出重要批示，强调发展不能以牺牲人的生命为代价。党的十八届五中全会强调指出，实现“十三五”时期发展目标，破解发展难题，厚植发展优势，必须牢固树立并切实贯彻创新、协调、绿色、开放、共享的“五位一体”发展理念，改变过去发展中不平衡、不协调、不可持续、发展方式粗放等方面问题，转入经济增长速度适宜、结构优化、社会和谐的新状态。贯彻落实“五位一体”发展理念，必须坚决遏制经济社会建设活动中生产安全事故易发、高发的态势。最高人民法院 2015 年 8 月印发的《关于充分发挥审判职能作用切实维护公共安全的若干意见》提出，人民法院要切实履行起惩治危害生产安全犯罪，促进安全生产形势根本好转，切实维护公共安全的职能。依法维护生产安全，司法机关责无旁贷。

危害生产安全犯罪涉及行业领域广泛，行为方式复杂多样。司法机关办理危害生产安全刑事案件时，在罪名确定、责任划分以及刑事政策具体把握等方面，存在许多问题亟待解决。2007 年 2 月，最高人民法院、最高人民检察院联合出台了《关于办理危害矿山生产安全刑事案件的解释》，对于依法惩治矿山生产安全犯罪，保障矿山生产安全，具有重要意义，但该解释的规制对象仅限于矿山生产经营领域内发生的部分类型刑事犯罪案件，涉及罪名和适用范围均较为有限。

2010 年 8 月，最高人民法院、最高人民检察院会同公安部、监察部、国家安监总局等九部委联合组成检查组，对全国 15 个省市的安全生产事故责任追究落实情况进行了专项检查，并根据检查过程中发现的问题，总结相关案件审判经验，于2011年底出台了《关于进一步加强危害生产安全刑事案件审判工作的意见》，对此类案件的审判原则、法律适用标准、刑事政策把握以及缓刑、免予刑事处罚措施的具体应用等问题作出了明确规定，施行效果良好。但部分地方法院以及行政主管部门反映，《关于进一步加强危害生产安全刑事案件审判工作的意见》强制效力不够，社会知晓度偏低，对危害生产安全犯罪震慑力有限。

2013年10月，国家安监总局分别致函最高人民法院和最高人民检察院，建议"两高"联合出台办理危害生产安全刑事案件司法解释。最高人民法院、最高人民检察院经共同研究，认为现阶段确有制定司法解释的必要性和可行性，经共同认真深入调研，广泛听取立法机关、行政机关和专家学者等方面意见，制定了本解释。

二、《解释》起草过程中的主要考虑

（一）关于危害生产安全犯罪的范围

关于哪些罪名属于危害生产安全犯罪的范畴，《解释》在制定过程中曾存在争议。经多次研究，形成了较为一致的意见。危害生产安全犯罪是指在现代社会生产经营活动领域中发生的责任事故类刑事犯罪活动，均属业务过失犯罪，罪名涉及《刑法》第一百三十一条规定的重大飞行事故罪、第一百三十二条规定的铁路运营安全事故罪、第一百三十四条规定的重大责任事故罪和强令违章冒险作业罪、第一百三十五条规定的重大劳动安全事故罪、第一百三十六条规定的危险物品肇事罪、第一百三十七条规定的工程重大安全事故罪、第一百三十九条规定的消防责任事故罪和第一百三十九条之一规定的不报、谎报安全事故罪等共计9个罪名。上述罪名中，除《关于办理危害矿山生产安全刑事案件的解释》涉及的重大责任事故罪、强令违章冒险作业罪、重大劳动安全事故罪和不报、谎报安全事故罪外，其余几个罪名，包括近年来多发、频发的危险物品肇事罪、消防责任事故罪等，均无明确的定罪量刑标准，实践中难以把握。《解释》在广泛调研的基础上，对上述罪名的定罪量刑标准作出了明确规定。其中，重大飞行事故罪虽属危害生产安全犯罪的范畴，但在本《解释》中未予涉及，主要考虑是，实践中以重大飞行事故罪定罪处罚的案件极少，难以对审判规律进行归纳总结，且飞行事故涉及的专业技术问题极为复杂，现阶段通过司法解释进行规制的可行性不高。实践中如有需要，可通过个案答复的方式解决。

另外，《刑法》第一百三十五条之一规定的大型群众性活动重大安全事故罪和第一百三十八条规定的教育设施重大安全事故罪不发生在生产经营领域，严格来讲，不属于危害生产安全犯罪的范畴，但亦一并在本《解释》中作出了规定。主要考虑在于：首先，上述两罪名均属于业务活动中发生的责任事故类犯罪，犯罪行为方式、法定刑结构、案件总体处理原则等均与危害生产安全犯罪类似，且在刑法典中的条文位置亦与危害生产安全犯罪相邻，在同一司法解释中作出规定具有可行性。其次，根据通行理论观点，《刑法》第一百三十九条之一规定的不报、谎报安全事故罪中的“安全事故”，不仅包括生产安全事故，也包括大型群众性活动重大安全事故和教育设施重大安全事故。本《解释》既然对故意不报、谎报大型群众性活动重大安全事故和教育设施重大安全事故行为的定罪处罚作出了规定，对导致上述两种事故的行为本身的定罪处罚问题亦以同时作出规定为宜。

（二）关于与《关于办理危害矿山生产安全刑事案件的解释》的关系

关于如何妥善处理与《关于办理危害矿山生产安全刑事案件的解释》的关系，《解释》制定过程中存在争议。有意见认为，《关于办理危害矿山生产安全刑事案件的解释》对于打击矿山生产安全犯罪、维护矿山生产经营秩序稳定发挥了积极作用，特别是其中有关犯罪主体方面的规定仍有实践指导意义，建议予以保留；在时间效力方面，《解释》发布实施后，《关于办理危害矿山生产安全刑事案件的解释》可仍然有效，与《解释》不一致的内容，以《解释》为准即可。

经研究认为，由于《解释》和《关于办理危害矿山生产安全刑事案件的解释》的内容存在诸多交叉，且部分内容的规定不尽一致，如果同时有效，可能造成法律适用方面的严重冲突。将《关于办理危害矿山生产安全刑事案件的解释》的主要内容吸收进《解释》中并进行必要的修改完善，在《解释》发布实施后，《关于办理危害矿山生产安全刑事案件的解释》同时废止，是较为稳妥的做法。具体处理方式方面，鉴于《关于办理危害矿山生产安全刑事案件的解释》为解决出台当时实践中存在的突出问题，设专条对相关罪名的主体范围等问题进行了规定，特别明确单位幕后出资人、实际控制人也应纳入犯罪主体范围，起到了严密刑事法网的积极作用，上述规定在现阶段仍具有重要意义，确有必要予以保留。《解释》吸收《关于办理危害矿山生产安全刑事案件的解释》中有关犯罪主体范围认定、定罪处罚标准以及刑事政策具体把握等方面的规定，并结合法律规定和实践需要作了进一步的修改完善。为突出打击重点、避免条文繁芜，《解释》对于《关于办理危害矿山生产安全刑事案件的解释》中的一些提示性规定未再沿用；对于《关于办理危害矿山生产安全刑事案件的解释》规定的非法采矿罪的定罪处罚问题，拟留待将来出台的专门司法解释进行统一规定，《解释》不再涉及。

三、《解释》的主要内容

《解释》共计17条，内容涵盖相关罪名主体范围、定罪量刑标准、宽严相济刑事政策具体把握、相关公职人员贪污贿赂以及渎职犯罪的认定处理等法律适用方面的多个问题。择要说明如下：

（一）关于犯罪主体范围

《关于办理危害矿山生产安全刑事案件的解释》对重大责任事故罪、强令违章冒险作业罪、重大劳动安全事故罪和不报、谎报安全事故罪四个罪名的主体范围作出了明确规定。《解释》吸收《关于办理危害矿山生产安全刑事案件的解释》的规定内容，并根据司法实践的需要，将适用范围由原来的矿山领域扩大到一般生产经营领域。具体适用过程中，应明确以下问题：

1. 关于扩大适用范围领域的合理性。《关于办理危害矿山生产安全刑事案件的解释》对相关罪名犯罪主体范围的规定仅限于矿山生产经营领域，《解释》取消上述限制，是否会导致解释内容与实践具体情况不相适应？经研究认为，《解释》扩大适用范围领域具有合理性，主要考虑如下：首先，2007年《关于办理危害矿山生产安全刑事案件的解释》制定过程中，就有意见提出删除标题中的“矿山”二字，使该解释的适用范围扩大到所有危害生产安全犯罪，但当时考虑到在不同行业领域中发生安全生产事故的情况不尽相同，涉及的罪名较多，在一个司法解释中一并解决不利于突出打击重点，故对上述意见未予采纳，但不采纳上述意见，并不意味着否认危害矿山生产安全犯罪与其他领域中的危害生产安全犯罪在某些方面存在共性。《关于进一步加强危害生产安全刑事案件审判工作的意见》也规定，非矿山生产安全事故中，认定相关行为人的犯罪主体资格，可以参照《关于办理危害矿山生产安全刑事案件的解释》的相关规定。经过司法实践长期检验证明，《关于办理危害矿山生产安全刑事案件的解释》关于犯罪主体范围的规定适用于非矿山领域，适用效果良好。其次，在市场经济条件下，相关生产经营单位的经营结构相对类似，普遍存在一线职工与单位管理层的区别，而管理层中不外乎单位负责人、管理人员、幕后实际控制人、投资人等类别。扩大《关于办理危害矿山生产安全刑事案件的解释》相关规定的适用范围，并不存在理论和实践上的障碍。

2. 关于实际控制人与投资人的具体认定。《解释》将对生产、作业负有组织、指挥或者管理职责的负责人、管理人员等具有生产经营单位管理者身份和职务的人员纳入相关犯罪的犯罪主体范围，由于单位负责人、管理人员的业务过失行为与事故后果之间的因果关系一般较为明显，逻辑上容易理解，实践中较好把握，司法实践中大部分案件的处罚对象也主要是上述人员。除此之外，《解释》还明确将单位实际控制人、投资人纳入刑事追究的范围，但实践中对于实际控制人、投资人的范围界定问题，一直存在争议，需要进一步明确。

首先，根据公司法的规定，实际控制人，是指虽不是公司股东，但通过投资关系、协议或者其他安排，能够实际支配公司行为的人。实践中比较常见的实际控制人是所谓“隐名持股人”，即某些国家机关工作人员或者具有特定职务身份的公司、企业管理人员，为了规避法律、法规关于国家机关工作人员不得投资入股生产经营企业，或者公司、企业管理人员不得违规从事与所任职公司、企业同类业务等方面的禁止性规定，以他人名义投资入股公司、企业，从而达到隐藏自己股东身份的目的。上述人员通过他人代持公司、企业股份，自己隐藏在幕后的真实目的，在于一方面可以行使对公司、企业生产经营、人事任免等重大事项的决定权，另一方面可以逃避承担股东依法应当承担的生产经营责任和安全生产责任。从理论上讲，实际控制人作为对生产经营单位的生产经营活动起实际支配作用的人员，如果其在行使组织、指挥、管理职权过程中违反安全管理规定，进而引发安全事故，理应认定为犯罪，否则就是放纵真正犯罪人，亦无法达到从源头上预防事故发生的实际效果。

其次，投资人是指从事投资活动、具有一定资金来源、享有投资收益的权、责、利的统一体，是生产经营单位资金的参与者和经营收益的分享者。根据安全生产法的规定，生产经营单位应当具备的安全生产条件所必需的资金投入，由生产经营单位的决策机构、主要负责人或者个人经营的投资人予以保证，并对由于安全生产所必需的资金投入不足导致的后果承担责任，不按规定保证资金投入的，依法承担相应责任。此处规定的主要是个人经营企业投资人的安全生产资金投入义务。在有限责任公司、股份有限公司等类型的生产经营实体中，投资人是指享有投资权益、对公司经营方针和投资计划享有管理权或决策权的股东。因投资人的行为导致生产经营单位安全生产资金投入不足，或者投资人在生产经营活动违反安全管理规定，进而导致发生安全事故的，应当依法追究其刑事责任。但是，由于市场经济条件下所有权与经营权相分离的情况大量存在，投资人参与公司、企业经营管理的程度大小不一，特别是通过股市交易方式购买上市公司少量股票的小股东，一般不参与公司的经营管理决策活动，追究其对公司安全生产方面的刑事责任，明显不符合权责一致原则。因此，《解释》将作为相关犯罪主体的投资人限定为“对生产、作业负有组织、指挥或者管理职责的投资人”。

3. 关于强令违章冒险作业罪的犯罪主体。《解释》起草过程中，有观点提出，《刑法修正案（六）》将强令违章冒险作业罪从原重大责任事故罪中剥离出来，两罪名同在一个刑法条文中，且均属责任事故过失类犯罪，主体范围应当一致，且从司法实践看，与被强令者处于同等地位的主体也存在作出强令行为的可能性。比如，资格较老的员工要求刚刚参加工作的新员工从事冒险作业，造成严重后果的，也可认定为强令违章冒险作业罪。

经研究认为：首先，《刑法修正案（六）》增设强令违章冒险作业罪的立法本意在于，考虑到实践中某些从事生产经营活动的单位和个体业主为追求经济利益，不顾安全管理规定的限制，采用各种手段强令一线生产、作业者违章冒险作业，最终导致重特大安全事故，造成重大人员伤亡和巨大经济损失，上述行为比一般违章生产、作业行为的社会危害性更大，应处以更重的法定刑，故强令违章冒险作业罪的打击重点是生产经营单位的管理层，而非一线生产、作业者；其次，强令他人违章冒险作业行为的本质在于，强令行为本身具有迫使他人必须执行的效力，达到了使一线生产、作业者不得不违背个人意志从事违章冒险作业的心理强制程度，而不具有职务隶属关系的一线生产、作业者之间的所谓“强令”，一般难以达到上述心理强制程度，不宜认定为强令违章冒险作业，造成严重后果的，可以重大责任事故罪定罪处罚。基于以上理由，《解释》将强令违章冒险作业罪的主体范围确定为对生产、作业负有组织、指挥或者管理职责的负责人、管理人员、实际控制人、投资人等，不包括直接从事生产作业的人员。

（二）关于定罪标准

《解释》原则上以造成死亡一人以上，或者重伤三人以上，或者造成直接经济损失一百万元以上作为危害生产安全犯罪相关罪名的定罪标准。但是，根据《刑法》第一百三十八条的规定，教育设施重大安全事故罪的定罪标准为“致使发生重大伤亡事故”，故该罪的定罪标准仅限定为人员伤亡结果，具体伤亡人数采用与其他危害生产安全犯罪罪名相同的标准。

《解释》制定过程中，曾考虑根据近年来出台的多个司法解释的一般作法，在定罪人身伤亡标准中增加轻伤结果，对死亡、重伤和轻伤结果依次按照三倍的比例进行折算，并将经济损失标准中的“直接经济损失”修改为“经济损失”，将部分间接经济损失纳入定罪标准之中。征求意见过程中，多个部门提出：（1）国务院制定的《生产安全事故报告和调查处理条例》未将轻伤结果和间接经济损失作为事故等级分类标准，行政监管部门出具的事故调查报告一般不统计轻伤人数和间接经济损失。实践中，生产安全事故发生后，一般先由行政监管部门组成事故调查组开展调查，形成调查报告后再移送公安、检察机关作进一步侦查，不经行政机关调查、由司法机关直接介入处理的案件极少，这种情况下，司法解释规定的定罪量刑标准以与行政机关事故调查报告相关内容保持一致为宜，否则可能造成案件处理的不协调，增加司法机关办案难度。（2）一般情况下，危害生产安全犯罪案件导致的死亡、重伤人数众多，事故影响时间较长，往往涉及被害人后期伤病救治费用以及亲属赡养、抚养等问题，损失计算和费用支付情况较为复杂，如规定为“经济损失”，可能引发认识分歧，不利于案件处理。经研究认为，上述意见具有合理性，未将轻伤人数和间接经济损失数额纳入定罪量刑标准。

部分行政主管部门提出，刑法规定的危害生产安全犯罪的定罪量刑标准应分别与国务院《生产安全事故报告和调查处理条例》以及《铁路交通事故应急救援和调查处理条例》规定的重大事故、特别重大事故认定标准相对应，以死亡十人以上或重伤五十人以上作为定罪标准，以死亡三十人以上或重伤一百人以上作为处第二档法定刑的标准。经研究认为，上述意见涉及的问题由来已久，在《关于办理危害矿山生产安全刑事案件的解释》起草过程中既已存在，并曾引发激烈争论。经慎重考虑，《解释》未采纳上述意见，主要理由在于，行政机关关于生产安全事故等级的分类是依据事故的危害程度、社会影响、处理效果以及事故调查权限等标准划分的，与刑法规定的相关犯罪定罪量刑标准涵义不同，如果按照行政机关关于事故等级的划分标准确定相关犯罪的定罪量刑，将导致现有的定罪量刑标准大幅提高，之前大量可被认定为犯罪或处第二档法定刑的行为，将无法被归入犯罪范畴或仅能处以较低的法定刑，既不利于严惩犯罪，也无法与玩忽职守罪、滥用职权罪等其他相关犯罪的追诉标准保持平衡。

（三）关于量刑标准

《关于办理危害矿山生产安全刑事案件的解释》规定的处第二档法定刑的标准为事故造成的人身伤亡结果和直接经济损失数额，即主要以事故后果的严重程度确定刑罚。但是，上述标准在实践中适用效果不佳，并造成了一些消极后果，主要体现在以下几个方面：（1）唯事故结果量刑，导致轻罪重罚，重刑聚集。危害生产安全犯罪均属过失犯罪，对于过失犯罪中因果关系的确定，司法实践中的做法接近于条件说，过失行为与事故结果之间具有条件因果关系的行为人，均有可能被认定为犯罪嫌疑人和被告人。同时，我国刑法不承认过失共同犯罪，对于危害生产安全犯罪中处于同一因果链条上的多个犯罪人，无法适用共同犯罪从犯、胁从犯减轻、免除处罚的规定。实践中，某一生产安全事故发生后，对事故负有责任的人员众多，其中既有直接责任人和主要责任人，也有间接责任人和次要责任人，均需对同一事故结果承担刑事责任，适用同一档法定刑。根据《关于办理危害矿山生产安全刑事案件的解释》的规定，只要事故后果达到一定程度，对该事故承担责任的相关人员均需处以第二档法定刑，在案众多被告人的量刑幅度无法拉开，特别是对于事故次要责任人的处刑明显过重。（2）引起法律适用方面的连锁反应。部分案件中，由于对某些负次要责任的被告人无法降档处刑，有的法院为追求个案量刑的合理性，将不具备法定自首条件的被告人认定为自首，导致自首情节认定过多，引起认定标准的混乱；有的则直接对被告人适用免予刑事处罚措施，导致免予刑事处罚措施适用过滥，造成不良社会影响。（3）不利于突出打击重点，预防再次犯罪。从刑事政策的角度考虑，刑法打击重点应当是对安全事故的发生起最直接作用、负最主要责任的犯罪人。对众多事故次要责任人课以重刑，对于预防犯罪人再次犯罪、防止事故再次发生并无太大意义，且处刑范围过广、判决刑期过重，甚至可能引发案件当事人和社会公众对安全生产工作的抵触心理。

经研究认为，对于危害生产安全犯罪处第二档法定刑的条件，应当坚持实事求是的态度，改变现阶段唯事故结果论罚的不利局面。从理论上讲，安全事故造成的危害后果是客观存在的，但是，行为人的行为对引发事故结果所起的原因力是不同的。各被告人应负的刑事责任是主客观相统一的结果，对于同一事故后果，主要责任人和次要责任人应负责任大小不一，理应在量刑幅度上有所体现，而不应一律处以第二档法定刑，这是现代刑法罪责刑相适应原则的当然要求。

经慎重考虑、反复研究，《解释》对第二档法定刑量刑标准采取了“事故结果＋责任大小”的规定方式，即原则上安全事故造成的后果达到一定程度，同时行为人又对事故承担主要责任的，才处以第二档法定刑；对于事故仅负次要责任的被告人，即使事故后果达到了一定的严重程度，原则上也不应处以第二档法定刑。理解《解释》的上述规定，应注意以下问题：

首先，关于事故后果标准。《关于办理危害矿山生产安全刑事案件的解释》对于处第二档法定刑的事故后果标准，采用了三倍于定罪标准的方式予以认定。经研究认为，在当前安全生产形势依然严峻的情况下，社会公众对动辄造成群死群伤的安全事故的反映依然强烈，以人为本、生命至上的理念必须始终坚持。与数年前相比，社会心理对于人身伤亡结果的容忍度并未发生根本性转变，故对于人身伤亡标准不宜更改。但是，《关于办理危害矿山生产安全刑事案件的解释》出台已经八年，其间我国的人均 GDP 翻了一番，对于事故造成的某一直接经济损失数额，人民群众在 2007 年和在 2015 年的心理感受是不同的。从严惩危害生产安全犯罪的角度出发，对于定罪的直接经济损失标准可不作更改，但是，在保持定罪标准不变的情况下，根据经济社会发展的实际情况，适当提高处第二档法定刑的直接经济损失标准是合理可行的。基于以上考虑，《解释》按照近年来司法解释的通常作法，对于处第二档法定刑的直接经济损失数额标准作了适当提高，按照定罪标准的五倍确定。另外，关于教育设施重大安全事故罪处第二档法定刑的条件，刑法第 138 条规定为“后果特别严重”。为与定罪标准相协调，《解释》初期拟仅将其限定为人身伤亡结果。征求意见过程中，有部门提出，为严密刑事法网，建议在考虑造成的人员伤亡结果的同时，考虑经济损失、造成恶劣社会影响等因素。经研究，采纳了该意见，规定教育设施安全事故达到定罪人身伤亡标准，同时造成直接经济损失五百万元以上，或者同时造成恶劣社会影响的，也可认定为达到了处第二档法定刑的事故后果标准。

其次，关于事故责任标准。《解释》将处第二档法定刑的犯罪人原则上限定为对事故负主要责任的人员。如何认定主要责任人，在案件审判过程中就变得至关重要。由于具体案情千差万别，在诸多被告人中如何区分主要责任人和次要责任人，难以在《解释》中作出明确规定，需要在个案中由司法工作人员具体把握。基本原则是，应当以犯罪人所承担的工作职责为基础，考察其过失行为在引发事故发生的因果链条中所起原因力大小，以及过失行为反映出的个人主观罪过程度，综合全案情况，正确划分责任。具体划分标准，可以按照《关于进一步加强危害生产安全刑事案件审判工作的意见》第八条的相关规定内容处理。

危害生产安全犯罪案件具体情况千差万别。在某些案件中，是否可能出现绝大多数被告人均被认定为次要责任人，进而导致全案量刑偏轻的情况呢？经研究认为，对于上述问题，首先，应当严格裁判标准，坚持事故责任划分原则，切实防止将主要责任降格认定为次要责任、将主要责任人错误认定为次要责任人的情况；其次，对于部分次要责任人不处以第二档法定刑难以做到罪责刑相适应、不利于全案量刑平衡且可能造成不良社会影响的情况，可以考虑适用兜底条款，认定为“其他造成特别严重后果、情节特别恶劣或者后果特别严重”的情形。

另外需要注意的是，根据刑法规定，重大劳动安全事故罪、大型群众性活动重大安全事故罪的犯罪主体为“直接负责的主管人员和其他直接责任人员”，工程重大安全事故罪、教育设施安全事故罪和消防责任事故罪的犯罪主体均为“直接责任人员”。对于上述罪名，是否所有的被告人均可以认定为主要责任人呢？研究认为，恐怕无法作出这种简单判断。根据《企业职工伤亡事故调查分析规则》（GB6442－86）等的规定，在进行事故责任分析时，应当通过对直接原因和间接原因的分析，确定事故直接责任者和领导责任者；在直接责任者和领导责任者中，还应根据其在事故发生过程中的作用，确定主要责任者。据此，对于直接责任者，应进一步分析其在事故发生过程中所起的作用大小，区分主要责任和次要责任，不能将直接责任简单等同于主要责任。

（四）关于强令违章冒险作业罪的认定

《刑法修正案（六）》增设强令违章冒险作业罪，法定最高刑为有期徒刑十五年，属于过失犯罪中的重罪，但实践中司法机关对本罪名的适用率偏低。经调研发现，问题主要在于两个方面。一方面，错误认定行为人对危害结果所持主观心态，将某些强令违章冒险作业行为认定为以危险方法危害公共安全罪等故意犯罪，导致处刑过重；另一方面，对“强令”一词理解不当，将某些强令违章冒险作业行为认定为普通的违规生产、作业行为，错误认定为重大责任事故罪，导致处刑过低。为指导各级法院正确适用本罪名，《解释》第五条对如何理解“强令违章冒险作业”作出了专门规定，内容包括以下几个方面：

1. 关于刑法规定的“违章”的涵义。此处的“违章”，是指违反有关安全管理的规定。关于安全管理规定的具体范围，《意见》第七条规定："认定相关人员是否违反有关安全管理规定，应当根据相关法律、行政法规，参照地方性法规、规章及国家标准、行业标准，必要时可参考公认的惯例和生产经营单位制定的安全生产规章制度、操作规程。"

2. 关于刑法规定的"冒险"一词的内涵。《解释》制定过程中，有意见提出，从根本上讲，所有安全生产管理制度均具有防范安全风险和安全事故发生的基本属性。一般情况下，行为人违反安全管理规章制度的行为本身就应视为冒险行为。刑法罪状中之所以出现"冒险"一词，是为了强调违章行为通常所造成或引发的状态。因此，被强令者的违章作业行为本身即应被视为冒险行为，无须再对作业环境是否存在现实危险进行具体判断，故解释无需再对"冒险"一词作出具体解释。经研究认为，刑法条文将"违章"和"冒险"两词并列规定，没有理由认为"冒险"一词无具体涵义，且安全管理规定种类繁多，违反其中一些规定，并不一定意味着作业一定会冒较大风险。据此，《解释》在第五条句首部分将"冒险"解释为"明知存在事故隐患、继续作业存在危险"。

3. 关于"强令"的具体行为方式。（1）《解释》第五条第一、二项规定"强令"的两种常见行为方式。首先，采取威逼、胁迫、恐吓等强制性手段强制他人违章作业，如采取威胁实施罚款、降低工资待遇、解除劳动关系等强制手段，均系强令违章冒险作业的典型行为方式，也是"强令"一词的核心含义，一般争议不大。其次，生产经营单位管理者利用自身享有的组织、指挥、管理职权，强制他人违章作业，这种行为方式的强制性特征不太明显，但由于管理者与一线作业者之间存在领导与被领导、管理与被管理的权属关系，管理者作出的安排或者下达的指令自然带有一线作业者必须服从的权威，从而在客观上对一线作业者形成一种心理压力。因此，管理者利用自身组织、指挥、管理职权提出的指令和要求，足以对一线作业者的心理意志产生强制效力，也应认定为"强令"。（2）第三项规定强令违章冒险作业的其他行为方式。实践中，有的生产经营单位管理人员在明知存在事故隐患、继续作业存在危险的情况下，采用关闭、破坏相关的安全监控和报警设备等方式，故意掩盖工作环境中存在事故隐患的事实，使一线作业者放松心理戒备，进行违章作业。如2009年发生的河南平顶山新华区四矿"9·8"特大瓦斯爆炸事故一案中，新华区四矿矿长助理明知矿井下瓦斯超标、生产作业存在重大隐患，为达到继续开展生产的目的，故意指使瓦斯检查员将瓦斯探头电源拔脱，或者将瓦斯探头置于风筒新鲜风流中，并伪造虚假的瓦斯报表数据，造成井下瓦斯浓度合格的假象，然后组织工人下矿井作业，最终造成瓦斯爆炸事故，导致重大人员伤亡。上述行为的社会危险性极大，以重大责任事故罪论处无法做到罪责刑相适应。经研究认为，这种情况下，一线作业者开展作业看似未受强制和胁迫，但其如果了解事实真相，绝不肯违章冒险作业。管理者故意掩盖事故隐患，直接影响了一线作业者的心理选择，实质上与采用强制手段或者利用自身职务身份要求他人违章冒险作业的行为没有根本性区别，也应认定为“强令”。（3）第四项系兜底条款。司法解释难以对实践中存在的各种情况进行毫无遗漏的列举式规定。除前三项规定的三种强令违章冒险作业情形外，对于未来实践中可能出现的其他强令违章冒险作业的行为，可依法归入第四项的规定范围处理。

（五）关于不报、谎报安全事故罪的构成条件和共犯认定

关于不报、谎报安全事故罪的构成条件，《解释》制定过程中曾有过争论，规定内容也数易其稿。争论的主要问题在于，从《刑法》第一百三十九条之一规定的字面理解，“贻误事故抢救”和“情节严重”是罪与非罪的重要界限，必须同时具备上述两个条件，才能构成不报、谎报安全事故罪。《关于办理危害矿山生产安全刑事案件的解释》也将“贻误事故抢救”这一要件规定在居首部分。根据该规定，所有的不报、谎报行为只有造成贻误事故抢救的后果，才可能构成本罪。但是，实践中大量存在的情况是，事故抢救工作基本结束后，行为人为降低认定事故等级、避免上级机关介入事故调查，故意伪造、破坏事故现场或转移、藏匿遇难者尸体，上述行为社会影响恶劣、危害性大，但往往并不足以导致贻误事故抢救的后果，依据《关于办理危害矿山生产安全刑事案件的解释》的规定，可能难以定罪。据此，有意见提出，可将“贻误事故抢救”解释为不报、谎报行为的当然结果，即只要行为人实施了不报、谎报行为，就应认定其造成了“贻误事故抢救”的危险性结果，同时符合“情节严重”标准的，就应以不报、谎报安全事故罪定罪处罚。

经反复慎重研究，考虑到刑法条文明确将“贻误事故抢救”规定为不报、谎报安全事故罪的构成条件，如果在《解释》中明确将“贻误事故抢救”解释为不报、谎报事故行为的当然结果，不具有明确的法律依据，且可能导致打击面过广，故对上述意见未予采纳，《解释》原则上保留了《关于办理危害矿山生产安全刑事案件的解释》的规定方式。但是，上述意见提出的问题值得重视。在具体案件审判过程中，对于刑法第一百三十九条之一规定的“贻

误事故抢救”，以及《关于办理危害矿山生产安全刑事案件的解释》第六条第一款第二项规定的“致使不能及时有效开展事故抢救”两个条件，不宜作过于严格的限定。另外，《解释》将不报、谎报安全事故“情节特别严重”的直接经济损失标准由三百万元提高至五百万元，与《解释》第七条的规定保持协调一致，并在不报、谎报的具体行为方式中增加了“迟报”，以进一步严密刑事法网。根据国务院《生产安全事故报告和调查处理条例》的规定，安全事故发生后，事故现场有关人员应当立即向本单位负责人报告，单位负责人接到报告后，应于一小时内向事故发生地县级以上人民政府安监部门和负有安全生产监管职责的有关部门报告，迟报或者漏报事故的处以行政罚款，构成犯罪的，依法追究刑事责任。据此，《解释》规定的“迟报”，是指未按法律法规规定的时限及时报告，可以理解为广义的“不报”行为的一种。

《解释》还对不报、谎报安全事故罪的共犯认定问题作出了规定。《关于办理危害矿山生产安全刑事案件的解释》第七条规定：“在矿山生产安全事故发生后，实施本解释第六条规定的相关行为，帮助负有报告职责的人员不报或者谎报事故情况，贻误事故抢救的，对组织者或者积极参加者，依照刑法第一百三十九条之一的规定，以共犯论处。”该条规定内容有以下两个方面的问题：首先，将共犯的成立范围局限为帮助行为，实际上认为无身份之人只可能构成帮助犯和从犯，但实践中，对于组织、指使、强令负有报告职责的人员不报、谎报事故情况的，也可以认定为共犯，并可能构成主犯；其次，仅对帮助犯中的组织者或者积极参加者以共犯论处，不当缩小了共犯的成立范围，并无明确的理论基础，且在仅有一名帮助犯的情况下，由于不存在参照对象，难以认定为组织者或者积极参加者，这种情况下是否应当认定为共犯，实践中存在争议。经研究，《解释》删去了《关于办理危害矿山生产安全刑事案件的解释》中仅对帮助犯中的组织者和积极参加者认定为共犯的规定，明确与负有报告职责的人员串通，不报或者谎报安全事故情况的，要符合刑法规定的共犯成立条件，即可认定为共犯。

（六）关于安全生产领域中故意杀人、故意伤害罪的认定

实践中，某些黑煤窑、矿山个体业主在安全事故发生后，为掩盖事故事实、逃避法律追究，不仅不组织实施抢救和向相关政府部门报告，反而故意隐匿、遗弃事故受伤人员，甚至作出堵塞出事矿井、掩盖事故发生的恶劣行为，导致被困人员因无法脱离险境而死亡或重伤，或者导致被隐匿、遗弃受伤人员因无法得到及时救治而死亡或者重度残疾。按照刑法规定，上述情况

理应按照故意杀人罪或者故意伤害罪处理，但因相关司法解释无明确规定，导致某些司法机关心存顾虑，不敢或不愿认定为故意犯罪，一定程度上助长了犯罪分子的侥幸心理。为解决上述问题，《解释》设专条对上述行为如何定罪处罚作出了明确规定。

（七）关于故意生产、销售不合格安全设备行为的定罪处罚问题

《刑法》第一百三十五条规定的重大劳动安全事故罪的惩处对象，是故意不使用合格安全生产设施或者配备合格安全生产条件，或者明知安全生产设施、安全生产条件不符合规定而拒不采取措施的生产经营单位直接负责的主管人员和其他责任人员。实践中发现，有的单位或者个人故意生产不合格安全生产设施或者安全防护用品；有的单位或者个人明知安全生产设施或者安全防护用品不合格而故意进行销售，导致不合格安全生产设施或者安全防护用品流入生产经营企业，造成重大安全事故。对上述生产者、销售者如何定罪处罚，需要进一步明确。

安全设备是安全生产法规定的一个概念，包括检测报警设备、安全防护设备、紧急处理设备、防火防爆设备、应急救援设备、逃生设备以及劳动防护用品等多个门类，其外延涵盖了《刑法》第一百三十五条规定的安全生产设施，以及属于安全生产条件范畴的劳动防护用品。根据《解释》的规定，对于生产、销售不合格安全设备导致发生安全事故、造成严重后果的单位和个人，应以生产、销售不符合安全标准的产品罪定罪处罚；对于明知安全设备不符合国家规定而予以使用，或者明知安全设备存在安全隐患而拒不采取措施的生产经营单位相关责任人员，应以重大劳动安全事故罪定罪处罚。

（八）关于从重及从轻处罚情节

现阶段，我国安全生产形势依然严峻，司法机关应当继续坚持依法从严惩处危害生产安全刑事犯罪活动的基本政策，切实保护人民群众生命财产安全，促进安全生产形势持续稳定好转，这是回应社会关切、践行司法为民的需要，也是《解释》的总体基调。《解释》第十二条对危害生产安全犯罪中多种从重处罚情节作出了专门规定。

首先，根据2014年修订的安全生产法的立法精神，我国的安全生产监管工作将总体上从以结果控制为主转变为过程控制和结果控制并重，进一步加大对无证生产经营、拒不履行安全监管决定等非法、违法生产经营行为的处罚力度，以达到处罚关口前移、减少事故隐患的效果。《解释》制定过程中，我们经调研发现，大部分生产安全事故的背后，均隐藏着相关责任人员事前

长时间的非法、违法生产经营行为，事故隐患长期得不到纠正，最终导致重特大事故发生。对于此类行为，必须加大惩处力度，处以较重的法定刑，以警示其他潜在犯罪分子，达到防患于未然的效果。

《解释》第十二条第一项至第三项的规定内容属于实践中较为常见的典型非法、违法生产经营行为。对于上述规定，适用中应注意以下几点：（1）第一项规定的“安全许可证件”是一类证件的总称，其中即包括在矿山企业、建筑施工企业和危险化学品、烟花爆竹、民用爆破器材生产等行业领域中适用的安全生产许可证，也包括仅适用于特定生产经营领域的其他安全许可证件，如危险化学品生产经营领域中的危险化学品安全使用许可证和经营许可证、大型群众性活动领域中由公安机关作出的安全许可，等等。行为人未取得上述安全许可证件，或者在安全许可证件过期、被暂扣、吊销、注销后仍然从事生产经营活动，表明其不具备基本的安全生产经营条件，存在严重事故隐患，因此发生安全事故的，应当从重处罚。（2）第二项规定的系在生产经营活动中采取各种手段故意掩盖事故隐患的行为，第三项规定内容为经有关部门或者个人提出后，仍然拒不采取措施消除事故隐患的行为。上述行为的实质，是行为人为追求生产经营利润，无视事故隐患的存在和一线生产、作业者的生命财产安全，盲目组织、开展生产作业，因此发生安全事故的，表明行为人一贯不遵守安全管理规定，主观恶性较深，应处以较重的法定刑。

其次，危害生产安全犯罪均系过失犯罪，不适用刑法关于累犯从重处罚的规定。但是，行为人因实施危害生产安全违法犯罪行为受到行政处罚或者刑事处罚后拒不悔改，事后又因业务过失行为构成危害生产安全犯罪的，表明其藐视法律规范，再犯可能性较大，理应从重处罚。解释第十二条第四项对此作出了规定。为避免打击面过大，《解释》将受到行政或者刑事处罚的期间限定在一年之内。

最后，根据安全生产法的规定，安全生产监督管理部门和其他负有安全生产监管管理职责的部门依法开展安全生产行政执法工作，对生产经营单位执行有关安全生产的法律、法规和国家标准或者行业标准的情况进行监督检查；生产经营单位对负有安全生产监督管理职责的部门的监督检查人员依法履行监督检查职责，应当予以配合，不得拒绝、阻挠；拒绝、阻碍监督检查的，可处以罚款。根据以上规定，生产经营单位采取伪造生产经营数据、安全监测报表等手段弄虚作假，故意逃避、阻挠安全监管，或者直接采取向安全监管人员行贿的手段逃避监管、通过行贿手段非法获取相关生产经营资质等行为，均属严重违反安全生产法的行为，应从重处罚，《解释》第十二条第五项对此作出了规定，其中，行贿行为构成犯罪的，应依法数罪并罚。根据《解释》第十二条第六项的规定，犯罪人在事故发生后故意转移个人财产，意图逃避承担民事赔偿责任和行政处罚责任的，从重处罚。第七项系兜底条款。

宽严相济刑事政策是我国的基本刑事政策，是刑事立法活动和刑事司法工作中均应当遵循的基本准则。有效惩治危害生产安全犯罪，确保案件审判取得良好效果，司法机关在坚持从严惩处原则的同时，也须在审判过程中切实贯彻落实宽严相济刑事政策的基本要求，做到严之有度，以宽济严。《解释》为具体体现宽严相济刑事政策，树立正确的行为导向，鼓励犯罪人在事故发生后积极采取有力措施，最大限度减小事故损失，尽快查明事故原因，专门对两种从轻处罚情节作出了明确规定。首先，犯罪人在安全事故发生后积极组织、参与事故抢救的，可以酌情从轻处罚，此规定来源于《矿山司法解释》，未作实质性修改。其次，犯罪人在安全事故发生后积极配合调查、主动赔偿损失的，表明其确有悔罪之意，且愿意通过经济赔偿弥补其犯罪行为造成的人身伤害、公私财产损失，亦可酌情从轻处罚。

（九）关于相关公职人员犯罪的认定和处理

根据安全生产法等行政法律、法规的规定，安全生产工作应当坚持安全第一、预防为主、综合治理的方针，建立生产经营单位负责、职工参与、政府监管、行业自律和社会监督的机制。在安全生产工作机制中，生产经营单位是安全生产主体，对安全生产工作承担主体责任。但是，生产经营单位从事生产经营活动的目的是追逐高额利润，在经济利益的驱使下，可能作出漠视职工合法权益、违反安全管理规定的行为，特别是在现阶段经济增长模式尚未完全转变、社会诚信体系尚不完善的情况下，上述情况更加明显。负有安全监督管理职责的部门依法对生产经营单位的安全生产工作实施监督管理，对于督促生产经营单位贯彻落实安全生产法律法规，防止安全事故发生，具有重要意义。实践中，承担安全监管职责的公职人员在实施监管检查过程中失职、渎职，或者收受监管对象贿赂，故意不履行或者因过失不认真履行监管职能，导致生产经营单位安全隐患长期得不到纠正，往往构成重特大安全事故发生的重要原因。有的国家工作人员还投资入股生产经营企业，由于其兼具生产经营者和安全监管者双重身份，从自身经济利益考量出发，难以依法严格实施监管，甚至可能利用自身职权为企业的非法、违法生产经营行为充当保护伞。实践证明，众多重特大生产安全事故的背后，均隐藏着公职人员的贪污受贿或者失职、渎职行为，人民群众对此反应强烈。司法机关在严惩危害生产安全犯罪的同时，更要从严惩治隐藏在这些犯罪背后的公职人员贪污贿赂犯罪和渎职犯罪。

《解释》第十四条针对危害生产安全犯罪可能涉及的公职人员犯罪行为，规定了两种从重处罚情形：（1）国家工作人员违反相关规定投资入股生产经营，既当裁判员，又当运动员，构成危害生产安全犯罪的，应当从重处罚。该规定来源于《关于办理危害矿山生产安全刑事案件的解释》，未作实质性修改。参照《中国共产党纪律处分条例》《中共中央、国务院关于进一步制止党政机关和党政干部经商、办企业的规定》和《关于清理纠正国家机关工作人员和国有企业负责人投资入股煤矿问题的通知》等法律法规、政策性文件的规定，此处所称的国家工作人员，主要是指国家机关工作人员和国有企业负责人。（2）《安全生产法》第二十条规定，生产经营单位应当具备的安全生产条件所必需的资金投入，由生产经营单位的决策机构、主要负责人或者个人经营的投资人予以保证，并对由于安全生产所必需的资金投入不足导致的后果承担责任。相关生产经营单位中的国家工作人员利用职务之便贪污公款，导致该单位安全生产投入不足，进而发生安全事故的，对该国家工作人员应从重处罚。另一方面，现阶段危害生产安全犯罪易发、多发，与安全监管部门监督管理不力有很大关系，负有安全监督管理职责的国家工作人员在对生产经营单位实施监督检查过程中收受被监管对象贿赂，导致事故隐患得不到及时整改，最终酿成事故的，亦应依法严惩。上述行为同时构成贪污、受贿犯罪和危害生产安全犯罪的，应当依法数罪并罚。

《解释》制定过程中，有关部门提出，为进一步加强安全生产领域的行政监管工作，建议在《解释》中对相关渎职犯罪的认定作出专门规定。经研究，《解释》第十五条对承担安全监管职责的国家机关工作人员可能涉及的滥用职权罪、玩忽职守罪和徇私舞弊不移交刑事案件罪的认定，以及依法或受委托行使安全监管职责的公司、企业、事业单位工作人员是否可以认定为渎职犯罪主体等问题作出了明确规定。

（十）关于禁止令和职业禁止措施的适用

为了维护社会稳定，保护公民人身安全，同时帮助适用缓刑的犯罪分子改过自新，防止其再次犯罪，《刑法修正案（八）》增加了对宣告缓刑的犯罪分子可以附加禁止令的规定，禁止犯罪分子在缓刑考验期限内从事特定活动，进入特定区域、场所，接触特定的人。基于防止犯罪人再次犯罪的立法目的，

《刑法修正案（九）》又增加规定了犯罪分子刑罚执行完毕后的职业禁止措施，规定因利用职业便利实施犯罪，或者实施违背职业要求的特定义务的犯罪被判处刑罚的，人民法院可以根据犯罪情况和预防再犯罪的需要，禁止其自刑罚执行完毕之日或者假释之日起从事相关职业，期限为三年至五年。

危害生产安全犯罪系生产经营业务活动领域中发生的责任过失类犯罪，犯罪人均系负有一定职业义务、具有特定职务身份的人员，其违背职业要求，疏于履行特定义务，最终引发严重事故后果，完全符合刑法规定的职业禁止措施的适用条件。为防止危害生产安全犯罪分子在缓刑考验期限间再次重操旧业引发事故，亦有必要对其适用禁止令。《解释》第十六条明确规定，对于被依法适用缓刑的危害生产安全犯罪分子，可以依法适用禁止令；对于被判处刑罚的犯罪分子，可以禁止其在一定时间内从事特定职业。实践中，对危害生产安全犯罪分子适用禁止令和职业禁止措施，应注意以下几个方面问题：

首先，关于禁止令和职业禁止措施的具体内容。为起到预防再犯的积极效果，禁止令及职业禁止措施的内容应当具有针对性。其中，刑法规定的禁止令包括三种类别，即特定活动禁止令、特定区域场所禁止令和特定人禁止令。其中，特定区域场所禁止令中的区域和场所，一般是指犯罪人原实施犯罪活动的区域、场所或者诱发其走上犯罪道路的场所、区域；特定人禁止令中的特定人，一般是指与原犯罪相关联、犯罪分子可能侵害的人员，或者可能对犯罪分子产生不良影响、诱发其再次犯罪的人员。可以看出，特定区域场所禁止令和特定人禁止令一般是针对故意犯罪而言的，对于危害生产安全犯罪分子，通常情况下适用特定活动禁止令即可。《最高人民法院、最高人民检察院、公安部、司法部关于对判处管制、宣告缓刑的犯罪分子适用禁止令有关问题的规定（试行）》第三条规定："人民法院可以根据犯罪情况，禁止判处管制、宣告缓刑的犯罪分子在管制执行期间、缓刑考验期限内从事以下一项或者几项活动：……（三）利用从事特定生产经营活动实施犯罪的，禁止从事相关生产经营活动……"据此，对于实施危害生产安全犯罪适用缓刑的犯罪分子，可以根据犯罪情况，禁止其在缓刑考验期限内从事与安全生产相关联的特定活动。此处所称"与安全生产相关联的特定活动"，是指与犯罪分子实施犯罪时所从事的职业活动属于同一行业的生产经营活动，而非禁止其从事所有类别的生产经营活动；禁止从事"与安全生产相关联的特定活动"，是指禁止犯罪分子直接从事一线生产、作业活动，或者担任相关生产经营单位的负责人、管理人员、实际控制人、投资人等职务。刑罚执行完毕后职业禁止措施的内容，亦可参照禁止令的内容确定。

其次，关于刑法规定的职业禁止措施与行政法规中职业限制规定的关系。《刑法修正案（九）》增设立的《刑法》第三十七条之一第三款规定："其他法律、行政法规对其从事相关职业另有禁止或者限制性规定的，从其规定。"安全生产法对生产经营单位主要负责人的职业限制作出了明确规定，上述人员未履行安全生产管理职责，受到刑事处罚或者撤职处分的，自刑罚执行完毕或者受处分之日起，五年内不得担任任何生产经营单位的主要负责人；对重大、特别重大生产安全事故负有责任的，终身不得担任本行业生产经营单位的主要负责人。根据以上规定，对于生产经营单位主要负责人的职业限制和禁止问题，安全生产法作出了与刑法不一致的规定，且规定内容比刑法更加严格。对于生产经营单位的主要负责人构成危害生产安全犯罪的，直接适用安全生产法的规定即可。

最高人民法院印发《关于进一步加强危害生产安全刑事案件审判工作的意见》的通知

法发〔2011〕20 号

各省、自治区、直辖市高级人民法院，解放军军事法院，新疆维吾尔自治区高级人民法院生产建设兵团分院：

现将最高人民法院《关于进一步加强危害生产安全刑事案件审判工作的意见》印发给你们，请认真贯彻执行。本意见贯彻执行中遇到的问题，请及时报告最高人民法院。

最高人民法院

2011 年 12 月 30 日

2. 关于进一步加强危害生产安全刑事案件审判工作的意见

为依法惩治危害生产安全犯罪，促进全国安全生产形势持续稳定好转，保护人民群众生命财产安全，现就进一步加强危害生产安全刑事案件审判工作，制定如下意见。

一、高度重视危害生产安全刑事案件审判工作

1. 充分发挥刑事审判职能作用，依法惩治危害生产安全犯罪，是人民法院为大局服务、为人民司法的必然要求。安全生产关系到人民群众生命财产安全，事关改革、发展和稳定的大局。当前，全国安全生产状况呈现总体稳定、持续好转的发展态势，但形势依然严峻，企业安全生产基础依然薄弱；非法、违法生产，忽视生产安全的现象仍然十分突出；重特大生产安全责任事故时有发生，个别地方和行业重特大责任事故上升。一些重特大生产安全责任事故举国关注，相关案件处理不好，不仅起不到应有的警示作用，不利于生产安全责任事故的防范，也损害党和国家形象，影响社会和谐稳定。各级人民法院要从政治和全局的高度，充分认识审理好危害生产安全刑事案件的重要意义，切实增强工作责任感，严格依法、积极稳妥地审理相关案件，进一步发挥刑事审判工作在创造良好安全生产环境、促进经济平稳较快发展方面的积极作用。

2. 采取有力措施解决存在的问题，切实加强危害生产安全刑事案件审判工作。近年来，各级人民法院依法审理危害生产安全刑事案件，一批严重危害生产安全的犯罪分子及相关职务犯罪分子受到法律制裁，对全国安全生产形势持续稳定好转发挥了积极促进作用。2010 年，监察部、国家安全生产监督管理总局会同最高人民法院等部门对部分省市重特大生产安全事故责任追究落实情况开展了专项检查。从检查的情况来看，审判工作总体情况是好的，但仍有个别案件在法律适用或者宽严相济刑事政策具体把握上存在问题，需要切实加强指导。各级人民法院要高度重视，确保相关案件审判工作取得良好的法律效果和社会效果。

二、危害生产安全刑事案件审判工作的原则

3. 严格依法，从严惩处。对严重危害生产安全犯罪，尤其是相关职务犯罪，必须始终坚持严格依法、从严惩处。对于人民群众广泛关注、社会反映强烈的案件要及时审结，回应人民群众关切，维护社会和谐稳定。

4. 区分责任，均衡量刑。危害生产安全犯罪，往往涉案人员较多，犯罪主体复杂，既包括直接从事生产、作业的人员，也包括对生产、作业负有组织、指挥或者管理职责的负责人、管理人员、实际控制人、投资人等，有的还涉及国家机关工作人员渎职犯罪。对相关责任人的处理，要根据事故原因、危害后果、主体职责、过错大小等因素，综合考虑全案，正确划分责任，做到罪责刑相适应。

5. 主体平等，确保公正。审理危害生产安全刑事案件，对于所有责任主体，都必须严格落实法律面前人人平等的刑法原则，确保刑罚适用公正，确保裁判效果良好。

三、正确确定责任

6. 审理危害生产安全刑事案件，政府或相关职能部门依法对事故原因、损失大小、责任划分作出的调查认定，经庭审质证后，结合其他证据，可作为责任认定的依据。

7. 认定相关人员是否违反有关安全管理规定，应当根据相关法律、行政法规，参照地方性法规、规章及国家标准、行业标准，必要时可参考公认的惯例和生产经营单位制定的安全生产规章制度、操作规程。

8. 多个原因行为导致生产安全事故发生的，在区分直接原因与间接原因的同时，应当根据原因行为在引发事故中所具作用的大小，分清主要原因与次要原因，确认主要责任和次要责任，合理确定罪责。

一般情况下，对生产、作业负有组织、指挥或者管理职责的负责人、管理人员、实际控制人、投资人，违反有关安全生产管理规定，对重大生产安全事故的发生起决定性、关键性作用的，应当承担主要责任。

对于直接从事生产、作业的人员违反安全管理规定，发生重大生产安全事故的，要综合考虑行为人的从业资格、从业时间、接受安全生产教育培训情况、现场条件、是否受到他人强令作业、生产经营单位执行安全生产规章制度的情况等因素认定责任，不能将直接责任简单等同于主要责任。

对于负有安全生产管理、监督职责的工作人员，应根据其岗位职责、履职依据、履职时间等，综合考察工作职责、监管条件、履职能力、履职情况等，合理确定罪责。

四、准确适用法律

9. 严格把握危害生产安全犯罪与以其他危险方法危害公共安全罪的界限，不应将生产经营中违章违规的故意不加区别地视为对危害后果发生的故意。

10. 以行贿方式逃避安全生产监督管理，或者非法、违法生产、作业，导致发生重大生产安全事故，构成数罪的，依照数罪并罚的规定处罚。

违反安全生产管理规定，非法采矿、破坏性采矿或排放、倾倒、处置有害物质严重污染环境，造成重大伤亡事故或者其他严重后果，同时构成危害生产安全犯罪和破坏环境资源保护犯罪的，依照数罪并罚的规定处罚。

11. 安全事故发生后，负有报告职责的国家工作人员不报或者谎报事故情况，贻误事故抢救，情节严重，构成不报、谎报安全事故罪，同时构成职务犯罪或其他危害生产安全犯罪的，依照数罪并罚的规定处罚。

12. 非矿山生产安全事故中，认定“直接负责的主管人员和其他直接责任人员”、“负有报告职责的人员”的主体资格，认定构成“重大伤亡事故或者其他严重后果”、“情节特别恶劣”，不报、谎报事故情况，贻误事故抢救，“情节严重”、“情节特别严重”等，可参照最高人民法院、最高人民检察院《关于办理危害矿山生产安全刑事案件具体应用法律若干问题的解释》的相关规定。

五、准确把握宽严相济刑事政策

13. 审理危害生产安全刑事案件，应综合考虑生产安全事故所造成的伤亡人数、经济损失、环境污染、社会影响、事故原因与被告人职责的关联程度、被告人主观过错大小、事故发生后被告人的施救表现、履行赔偿责任情况等，正确适用刑罚，确保裁判法律效果和社会效果相统一。

14. 造成《关于办理危害矿山生产安全刑事案件具体应用法律若干问题的解释》第四条规定的“重大伤亡事故或者其他严重后果”，同时具有下列情形之一的，也可以认定为刑法第一百三十四条、第一百三十五条规定的“情节特别恶劣”：

（一）非法、违法生产的；

（二）无基本劳动安全设施或未向生产、作业人员提供必要的劳动防护用品，生产、作业人员劳动安全无保障的；

（三）曾因安全生产设施或者安全生产条件不符合国家规定，被监督管理部门处罚或责令改正，一年内再次违规生产致使发生重大生产安全事故的；

（四）关闭、故意破坏必要安全警示设备的；

（五）已发现事故隐患，未采取有效措施，导致发生重大事故的；

（六）事故发生后不积极抢救人员，或者毁灭、伪造、隐藏影响事故调查的证据，或者转移财产逃避责任的；

（七）其他特别恶劣的情节。

15. 相关犯罪中，具有以下情形之一的，依法从重处罚：

（一）国家工作人员违反规定投资入股生产经营企业，构成危害生产安全犯罪的；

（二）贪污贿赂行为与事故发生存在关联性的；

（三）国家工作人员的职务犯罪与事故存在直接因果关系的；

（四）以行贿方式逃避安全生产监督管理，或者非法、违法生产、作业的；

（五）生产安全事故发生后，负有报告职责的国家工作人员不报或者谎报事故情况，贻误事故抢救，尚未构成不报、谎报安全事故罪的；

（六）事故发生后，采取转移、藏匿、毁灭遇难人员尸体，或者毁灭、伪造、隐藏影响事故调查的证据，或者转移财产，逃避责任的；

（七）曾因安全生产设施或者安全生产条件不符合国家规定，被监督管理部门处罚或责令改正，一年内再次违规生产致使发生重大生产安全事故的。

16. 对于事故发生后，积极施救，努力挽回事故损失，有效避免损失扩大；积极配合调查，赔偿受害人损失的，可依法从宽处罚。

六、依法正确适用缓刑和减刑、假释

17. 对于危害后果较轻，在责任事故中不负主要责任，符合法律有关缓刑适用条件的，可以依法适用缓刑，但应注意根据案件具体情况，区别对待，严格控制，避免适用不当造成的负面影响。

18. 对于具有下列情形的被告人，原则上不适用缓刑：

（一）具有本意见第 14 条、第 15 条所规定的情形的；

（二）数罪并罚的。

19. 宣告缓刑，可以根据犯罪情况，同时禁止犯罪分子在缓刑考验期限内从事与安全生产有关的特定活动。

20. 办理与危害生产安全犯罪相关的减刑、假释案件，要严格执行刑法、刑事诉讼法和有关司法解释规定。是否决定减刑、假释，既要看罪犯服刑期间的悔改表现，还要充分考虑原判认定的犯罪事实、性质、情节、社会危害程度等情况。

七、加强组织领导，注意协调配合

21. 对于重大、敏感案件，合议庭成员要充分做好庭审前期准备工作，全面、客观掌握案情，确保案件开庭审理稳妥顺利、依法公正。

22. 审理危害生产安全刑事案件，涉及专业技术问题的，应有相关权威部门出具的咨询意见或者司法鉴定意见；可以依法邀请具有相关专业知识的人民陪审员参加合议庭。

23. 对于审判工作中发现的安全生产事故背后的渎职、贪污贿赂等违法犯罪线索，应当依法移送有关部门处理。对于情节轻微，免予刑事处罚的被告人，人民法院可建议有关部门依法给予行政处罚或纪律处分。

24. 被告人具有国家工作人员身份的，案件审结后，人民法院应当及时将生效的裁判文书送达行政监察机关和其他相关部门。

25. 对于造成重大伤亡后果的案件，要充分运用财产保全等法定措施，切实维护被害人依法获得赔偿的权利。对于被告人没有赔偿能力的案件，应当依靠地方党委和政府做好善后安抚工作。

26. 积极参与安全生产综合治理工作。对于审判中发现的安全生产管理方面的突出问题，应当发出司法建议，促使有关部门强化安全生产意识和制度建设，完善事故预防机制，杜绝同类事故发生。

27. 重视做好宣传工作。对于社会关注的典型案件，要重视做好审判情况的宣传报道，规范裁判信息发布，及时回应社会的关切，充分发挥重大、典型案件的教育警示作用。

28. 各级人民法院要在依法履行审判职责的同时，及时总结审判经验，深入开展调查研究，推动审判工作水平不断提高。上级法院要以辖区内发生的重大生产安全责任事故案件为重点，加强对下级法院危害生产安全刑事案件审判工作的监督和指导，适时检查此类案件的审判情况，提出有针对性的指导意见。

《关于进一步加强危害生产安全刑事案件审判工作的意见》的理解与适用

2012年1月9日，最高人民法院公布《关于进一步加强危害生产安全刑事案件审判工作的意见》（以下简称《意见》），对相关案件审理中，正确确定被告人责任，准确适用法律，较好把握宽严相济刑事政策，依法适用缓刑、减刑、假释等重要问题作出规定。这是最高人民法院坚持能动司法、服务经济社会发展大局的一项重要举措。现就《意见》出台背景、主要内容介绍如下。

一、《意见》出台背景

安全生产事关人民群众生命财产安全，事关科学发展和社会和谐稳定。《国务院关于坚持科学发展安全发展促进安全生产形势持续稳定好转的意见》（国发［2011］40号）指出，"十一五"期间，生产安全事故总量和重特大事故大幅度下降，全国各类事故死亡人数年均减少约1万人，反映安全生产状况的各项指标显著改善，安全生产形势持续稳定好转。我国正处于工业化、城镇化快速发展进程中，处于生产安全事故易发多发的高峰期，安全基础仍然比较薄弱，重特大事故尚未得到有效遏制，非法违法生产经营建设行为屡禁不止，安全责任不落实、防范和监督管理不到位等问题在一些地方和企业还比较突出，安全生产形势依然严峻。

近年来，各级人民法院坚持"为大局服务、为人民司法"工作主题，充分发挥刑事审判职能作用，依法审理危害生产安全刑事案件，一批严重危害生产安全的犯罪分子及与之相关的职务犯罪分子受到法律制裁。据统计，2008年以来，人民法院共审结危害生产安全刑事案件6103件，判决发生法律效力的犯罪分子8118人，为促进安全生产形势持续稳定好转提供了有力司法保障。其中，2008年共审结1591件，生效判决人数2048人；2009年共审结1525件，生效判决人数1948人；2010年共审结1506件，生效判决人数2059人；2011年1—11月审结1481件，生效判决人数2063人。

2010年8月，监察部、国家安全生产监督管理总局会同最高人民法院、最高人民检察院、公安部等九部委联合组成检查组对15个省市的安全生产事故责任追究落实情况进行了检查。从检查的情况看，惩处危害生产安全犯罪的总体情况是好的，但由于危害生产安全犯罪具有特殊性，在法律适用或者宽严相济政策把握方面仍存在一些疑难问题：其一，危害生产安全犯罪涉及不同的行业，涉及的罪名多种多样，主要有重大责任事故罪、重大劳动安全事故罪、强令违章冒险作业罪、铁路运营安全事故罪、危险物品肇事罪、工程重大安全事故罪、教育设施重大安全事故罪、消防责任事故罪、不报、谎报安全事故罪等。还涉及相关的职务犯罪、贿赂犯罪等。其二，危害生产安全犯罪案件往往主体复杂，既包括直接从事生产、作业的人员，也包括对生产、作业负有组织、指挥或者管理职责的负责人、管理人员、实际控制人、投资人等，有的还涉及国家机关工作人员。其三，事故原因复杂，许多事故系多因一果导致，既有直接原因，也有间接原因，有的案件原因与结果关联性强，有的则相对弱一点。由此带来责任认定困难较大。其四，这类案件涉及许多行业的专门知识，专业性强。

正是由于危害生产安全犯罪涉及罪名多，犯罪主体复杂，情况多样，专业性强，而各地法院遇到的这类案件总量并不多，需要在实践中不断总结审判经验，目前尚不具备出台司法解释的条件。已公布的《意见》除对法律适用进行规范外，更多的是政策把握和工作层面的具体要求，为此采取了指导性文件的形式。《意见》制定过程中，广泛征求了最高人民检察院、公安部、监察部、司法部、国家安全生产监督管理总局等相关部门以及地方法院，尤其是审理危害生产安全刑事案件较多法院的意见和建议，反复修改，数易其稿，力求准确、务实，解决实际问题。

二、《意见》主要内容及实施中应当注意的问题

一是首次明确了审判危害生产安全刑事案件的三项原则。《意见》针对相关案件特点，明确了严格依法、从严惩处，区分责任、均衡量刑，主体平等、确保公正三项审判工作应当坚持的原则。强调对严重危害生产安全犯罪，尤其是生产安全事故背后的权钱交易和渎职犯罪，必须始终坚持严格依法、从严惩处。对相关责任人的处理，要根据事故原因、后果大小、主体职责、过错大小等因素，综合考虑全案，正确划分责任，做到罪责刑相适应。对于所有责任主体，都必须严格落实法律面前人人平等的刑法原则，确保刑罚适用公正，确保裁判效果良好。

二是对审理相关案件时如何正确认定责任提出了原则性要求。危害生产安全犯罪，涉案人员往往较多，犯罪主体复杂，事故原因错综复杂，有直接原因，又有间接原因，原因行为与危害后果之间的关联程度也存在差异，如何坚持实事求是，正确区分责任，确保罪责刑相适应，是审理此类案件的难点。《意见》指出，政府或相关职能部门依法对事故原因、损失大小、责任划分作出的调查认定，经庭审质证后，结合其他证据，可作为责任认定的依据。对于多个原因行为导致生产安全事故发生的，在区分直接原因与间接原因的同时，应当根据原因行为在引发事故中所具作用的大小，分清主要原因与次要原因，确认主要责任和次要责任，合理确定罪责。一般情况下，对生产、作业负有组织、指挥或者管理职责的负责人、管理人员、实际控制人、投资人，违反有关安全生产管理规定，对重大生产安全事故的发生起决定性、关键性作用的，应当承担主要责任。对于直接从事生产、作业的人员违反安全管理规定，发生重大生产安全事故的，要综合考虑行为人的从业资格、从业时间、接受安全生产教育培训情况、现场条件、是否受到他人强令作业、生产经营单位执行安全生产规章制度的情况等因素认定责任，不能将直接责任简单等同于主要责任。对于负有安全生产管理、监督职责的工作人员，应根据其岗位职责、履职依据、履职时间等，综合考察工作职责、监管条件、履职能力、履职情况等合理确定罪责。

三是进一步明确了相关案件中宽严相济刑事政策的把握尺度。一方面，《意见》明确了实践中对安全生产危害严重，社会反响强烈，应当特别强调予以从严的若干情形，规定具有这些情形的原则上不得适用缓刑，其中包括：非法、违法生产的；曾因安全生产设施或者安全生产条件不符合国家规定，被监督管理部门处罚或责令改正，一年内再次违规生产致使发生重大生产安全事故的；关闭、故意破坏必要安全警示设备的；已发现事故隐患，未采取有效措施，导致发生重大事故的；国家工作人员违反规定投资入股生产经营企业，构成危害生产安全犯罪的；贪污贿赂行为与事故发生存在关联性的；国家工作人员的职务犯罪与事故存在直接因果关系的；以行贿方式逃避安全生产监督管理的；无基本劳动安全设施或未向生产、作业人员提供必要的劳动防护用品，生产、作业人员劳动安全无保障的；事故发生后，负有报告职责的国家工作人员不报或谎报事故情况，贻误事故抢救，尚未构成不报、谎报安全事故罪的；事故发生后不积极抢救人员，采取转移、藏匿、毁灭遇难人员尸体，或者毁灭、伪造、隐藏影响事故调查的证据，或者转移财产逃避责任的。同时规定刑罚执行过程中适用减刑、假释，不仅要看罪犯服刑期间的悔改表现，还要充分考虑原判认定的犯罪事实、性质、情节、社会危害程度等，从严掌握。另一方面，《意见》规定了对于事故发生后，积极施救，努力挽回事故损失，有效避免损失扩大；积极配合调查，赔偿受害人损失的，可以依法从宽处罚，确保宽严并用、罚当其罪。

四是对危害生产安全犯罪案件中正确适用缓刑提出了指导意见。关于缓刑适用的标准，《刑法》第七十二条规定，对犯罪情节较轻，有悔罪表现，没有再犯罪危险，宣告缓刑对所居住社区没有重大不良影响的，可以宣告缓刑。危害生产安全犯罪绝大多数都是过失犯罪，有别于故意犯罪，除个别罪名最高刑可判十年以上有期徒刑外，绝大多数罪名的法定最高刑都在有期徒刑七年以下，很多被告人符合法律规定的缓刑适用条件。但在是否缓刑适用问题上，人民法院还要贯彻罪责刑相适应原则，确保刑罚的轻重与犯罪分子所犯罪行相适应。危害生产安全犯罪基本上都是结果犯，整个案件判处的刑罚应当充分考虑危害后果的大小以及应当承担的责任，不能不加区别地适用缓刑。其次，要切实体现宽严相济刑事政策，对于危害后果较轻，在事故中不负主要责任的犯罪分子，可以依法适用缓刑。《意见》第十八条对缓刑适用作出了严格限定，实践中应注意根据案件具体情况，区别对待，严格控制，确保缓刑适用取得良好法律效果和社会效果。

五是对人民法院积极参与安全生产综合治理工作提出了明确要求。为加强与相关部门的协调配合，共同促进安全生产形势持续稳定好转，切实维护人民群众合法权益，《意见》强调，人民法院要积极参与安全生产综合治理工作。对于审判中发现的安全生产管理方面的突出问题，应当发出司法建议，促使有关部门强化安全生产意识和制度建设，完善事故预防机制。对于造成重大伤亡后果的案件，要充分运用财产保全等法定措施，切实维护被害人依法获得赔偿的权利。被告人没有赔偿能力的案件，要依靠地方党委和政府做好善后安抚工作。对于社会关注的典型案件，要重视做好审判情况的宣传报道，规范裁判信息发布，及时回应社会关切，充分发挥重大、典型案件的教育警示作用。

3. 最高人民法院、最高人民检察院、公安部、监察部、国家安全生产监督管理总局关于严格依法及时办理危害生产安全刑事案件的通知

（2008 年 6 月 6 日　高检会〔2008〕5 号）

各省、自治区、直辖市高级人民法院、人民检察院、公安厅（局）、监察厅（局）、安全生产监督管理局，新疆维吾尔自治区高级人民法院生产建设兵团分院、新疆生产建设兵团人民检察院、公安局、监察局、安全生产监督管理局，各省级煤矿安全监察机构：

为充分发挥刑事诉讼活动对预防重大生产安全责任事故的重要作用，维护法律权威，保障人民群众生命财产安全，促进社会和谐稳定，推动经济社会又好又快发展，根据中华人民共和国刑法、刑事诉讼法、安全生产法、《最高人民法院、最高人民检察院关于办理危害矿山生产安全刑事案件具体应用法律若干问题的解释》和国务院《生产安全事故报告和调查处理条例》等法律法规的规定，现就严格依法及时办理危害生产安全刑事案件的有关事项通知如下：

一、进一步提高对办理危害生产安全刑事案件重要性的认识。各级人民法院、人民检察院、公安机关、监察机关、安全生产监督管理部门和煤矿安全监察机构要从维护法律权威，促进在全社会实现公平正义的高度，充分认识及时、严肃、认真办理危害生产安全刑事案件的重要性和紧迫性，采取更加有效的措施，加大工作力度，提高办案质量和效率，促进生产安全形势持续稳定好转，实现办案的法律效果与社会效果的有机统一。

二、安全生产监督管理部门、煤矿安全监察机构和负有安全生产监督管理职责的有关部门接到事故报告后，应当按规定及时通知公安机关、监察机关、工会和人民检察院。

有关单位和人员要严格履行保护现场和重要痕迹、物证的义务。因抢救人员、防止事故扩大以及疏通交通等原因，需要移动事故现场物件的，应当做出标志，绘制现场简图并做出书面记录，妥善保存现场重要痕迹、物证。任何单位和个人不得破坏事故现场、毁灭相关证据。

相关单位、部门要在事故调查组的统一组织协调下开展调查取证、现场

勘验、技术鉴定等工作，查明事故发生的经过、原因、人员伤亡情况及直接经济损失，认定事故的性质和事故责任，在法定期限内完成事故调查处理工作，并将处理意见抄送有关单位、部门。

事故调查过程中，发现涉嫌犯罪的，事故调查组应当及时将有关材料或者复印件移交公安机关、检察机关。

三、公安机关、人民检察院根据事故的性质和造成的危害后果，对涉嫌构成犯罪的，应当按照案件管辖规定，及时立案侦查，采取强制措施和侦查措施。犯罪嫌疑人逃匿的，公安机关应当迅速开展追捕工作。要全面收集证明犯罪嫌疑人有罪无罪以及犯罪情节轻重的证据材料。对容易灭失的痕迹、物证应当首先采取措施提取、固定。

需要有关部门进行鉴定的，公安机关、检察机关应当及时建议事故调查组组织鉴定，也可以自行组织鉴定。事故调查组组织鉴定、或者委托有关部门鉴定、或者公安机关、检察机关自行组织鉴定的，鉴定报告原则上应当自委托或者决定之日起二十日内作出。不涉及机械、电气、瓦斯、化学、有毒有害物（气）体、锅炉压力容器、起重机械、地质勘察、工程设计与施工质量、火灾以及非法开采、破坏矿产资源量认定等专业技术问题的，不需要进行鉴定，相关事实和证据符合法定条件的，可以逮捕、公诉和审判。

四、人民法院、人民检察院、公安机关在办理危害生产安全刑事案件中应当分工负责，互相配合、互相制约。公安机关对已经被刑事拘留的犯罪嫌疑人，在提请批准逮捕前可以先行通知检察机关，听取检察机关对收集、固定证据和开展技术鉴定工作的意见、建议。检察机关应当加强与公安机关的联系配合，认真做好审查批准逮捕工作。公安机关办理的危害生产安全案件中被采取强制措施的犯罪嫌疑人，如系人民检察院办理的渎职等职务犯罪案件的证人或者同案犯，人民检察院需要对其进行询问或者讯问的，可商公安机关予以配合，公安机关应当予以配合。公安机关办理危害生产安全刑事案件涉及渎职等职务犯罪案件的，如果涉嫌主罪属于公安机关管辖的，由公安机关为主侦查，人民检察院予以配合；如果涉嫌主罪属于人民检察院管辖的，由人民检察院为主侦查，公安机关予以配合。

人民法院、人民检察院和公安机关要坚持以事实为根据，以法律为准绳，贯彻宽严相济的刑事政策，依法从快侦查、审查批准逮捕、审查起诉和审判，尽可能提高办案效率。证明案件事实、性质、危害后果以及犯罪嫌疑人刑事责任的证据具备的，应当提起公诉和审判。不能以变更监视居住、取保候审为名压案不办。

五、加强业务指导和案件督办。上级公安机关、人民检察院对危害生产安全的重特大刑事案件可以直接组织办理，获取主要证据后，指定下级公安机关、人民检察院侦查终结，也可以采取挂牌督办、派员参办等方法，专人负责，全程跟踪。上级公安机关、人民检察院要支持下级机关依法办案，帮助他们排除干扰和阻力，研究解决办案过程中遇到的重大疑难问题。对发案地人民法院、人民检察院、公安机关办理确有困难的案件，上级人民法院、人民检察院、公安机关可以指定管辖、异地交办。

六、人民法院、人民检察院、公安机关、监察机关、安全生产监督管理部门、煤矿安全监察机构，对生产安全责任事故刑事案件的事实、性质认定、证据采信、法律适用以及责任追究有意见分歧的，应当加强协调沟通。协调后意见仍然不一致的，各自向上级机关（部门）报告，由上级机关（部门）协调解决。

公安机关、人民检察院对危害生产安全刑事案件的犯罪嫌疑人采取拘留、逮捕等强制措施的，人民法院作出判决的，应当及时通报事故调查组或者相关职能部门。在案件办理过程中，由于事实、证据或者案件性质发生变化，需要改变原处理决定的，也应当及时通报事故调查组或者相关职能部门。

七、严肃查办谎报瞒报事故行为。对有关单位和个人故意干扰、阻碍办案，或者毁灭、伪造证据、转移藏匿物证书证，或者拒不提供证据资料等违纪违法行为，监察机关要追究直接责任人和有关领导的责任；违反治安管理的，由公安机关进行治安管理处罚；构成犯罪的，依法追究刑事责任。对国家机关工作人员徇私枉法、帮助犯罪分子逃避处罚以及滥用职权、玩忽职守的，检察机关、监察机关要严肃查处；构成犯罪的，依法追究刑事责任。

八、提高工作透明度，主动接受社会监督。生产安全领域刑事案件的调查、判决情况要及时向社会公布，以取信于民。

九、本通知所提出的各项要求适用于《生产安全事故报告和调查处理条例》规定的生产经营活动中发生的造成人身伤亡或者直接经济损失的生产安全事故的报告、调查处理和侦查、公诉、审判工作。环境污染事故、核设施事故、国防科研生产事故的报告、调查处理以及侦查、公诉、审判工作不适用本通知。

2008 年 6 月 6 日

4. 最高人民法院、最高人民检察院、公安部、国家安全监管总局关于依法加强对涉嫌犯罪的非法生产经营烟花爆竹行为刑事责任追究的通知

（2012年9月6日　安监总管三〔2012〕116号）

各省、自治区、直辖市高级人民法院、人民检察院、公安厅（局）、安全生产监督管理局，新疆维吾尔自治区高级人民法院生产建设兵团分院，新疆生产建设兵团人民检察院、公安局、安全生产监督管理局：

近年来，一些地区非法生产、经营烟花爆竹问题十分突出，由此引发的事故时有发生，给人民群众生命财产安全造成严重危害。为依法严惩非法生产、经营烟花爆竹违法犯罪行为，现就依法加强对涉嫌犯罪的非法生产、经营烟花爆竹行为刑事责任追究有关要求通知如下：

一、非法生产、经营烟花爆竹及相关行为涉及非法制造、买卖、运输、邮寄、储存黑火药、烟火药，构成非法制造、买卖、运输、邮寄、储存爆炸物罪的，应当依照刑法第一百二十五条的规定定罪处罚；非法生产、经营烟花爆竹及相关行为涉及生产、销售伪劣产品或不符合安全标准产品，构成生产、销售伪劣产品罪或生产、销售不符合安全标准产品罪的，应当依照刑法第一百四十条、第一百四十六条的规定定罪处罚；非法生产、经营烟花爆竹及相关行为构成非法经营罪的，应当依照刑法第二百二十五条的规定定罪处罚。上述非法生产经营烟花爆竹行为的定罪量刑和立案追诉标准，分别按照《最高人民法院关于审理非法制造、买卖、运输枪支、弹药、爆炸物等刑事案件具体应用法律若干问题的解释》（法释〔2009〕18号）、《最高人民法院最高人民检察院关于办理生产、销售伪劣商品刑事案件具体应用法律若干问题的解释》（法释〔2001〕10号）、《最高人民检察院、公安部关于公安机关管辖的刑事案件立案追诉标准的规定（一）》（公通字〔2008〕36号）、《最高人民检察院、公安部关于公安机关管辖的刑事案件立案追诉标准的规定（二）》（公通字〔2010〕23号）等有关规定执行。

二、各相关行政执法部门在查处非法生产、经营烟花爆竹行为过程中，发现涉嫌犯罪，依法需要追究刑事责任的，应当依照《行政执法机关移送涉

嫌犯罪案件的规定》（国务院令第310号）向公安机关移送，并配合公安机关做好立案侦查工作。公安机关应当依法对相关行政执法部门移送的涉嫌犯罪案件进行审查，认为有犯罪事实，需要追究刑事责任的，应当依法立案，并书面通知移送案件的部门；认为不需要追究刑事责任的，应当说明理由，并书面通知移送案件的部门。公安机关在治安管理工作中，发现非法生产、经营烟花爆竹行为涉嫌犯罪的，应当依法立案侦查。

三、检察机关对于公安机关提请批准逮捕、移送审查起诉的上述涉嫌犯罪的案件，对符合逮捕和提起公诉法定条件的，要依法予以批捕、起诉；要加强对移送、立案案件的监督，对应当移送而不移送、应当立案而不立案的，要及时监督。人民法院对于起诉到法院的上述涉嫌犯罪的案件，要按照宽严相济的政策，依法从快审判，对同时构成多项犯罪或屡次违法犯罪的，要从重处罚；上级人民法院要加强对下级人民法院审判工作的指导，保障依法及时审判。要坚持“以事实为根据，以法律为准绳”的原则，严把案件的事实关、证据关、程序关和适用法律关，切实做到事实清楚，证据确凿，定性准确，量刑适当。人民法院、人民检察院、公安机关、安全生产监督管理部门要积极沟通、相互配合，充分发挥联动机制功能，加大对相关犯罪案件查处、审判情况的宣传，充分发挥刑事审判和处罚的震慑作用，教育群众自觉抵制、检举揭发相关违法犯罪活动。

最高人民法院
最高人民检察院
公　　安　　部
国家安全监管总局
2012年9月6日

第四编

法律、行政法规、
部门规章及相关文件

1. 中华人民共和国安全生产法

（2002 年 6 月 29 日第九届全国人民代表大会常务委员会第二十八次会议通过　根据2009 年 8 月 27 日第十一届全国人民代表大会常务委员会第十次会议《关于修改部分法律的决定》第一次修正　根据2014 年 8 月 31 日第十二届全国人民代表大会常务委员会第十次会议《关于修改〈中华人民共和国安全生产法〉的决定》第二次修正）

第一章　总　　则

第一条　为了加强安全生产工作，防止和减少生产安全事故，保障人民群众生命和财产安全，促进经济社会持续健康发展，制定本法。

第二条　在中华人民共和国领域内从事生产经营活动的单位（以下统称生产经营单位）的安全生产，适用本法；有关法律、行政法规对消防安全和道路交通安全、铁路交通安全、水上交通安全、民用航空安全以及核与辐射安全、特种设备安全另有规定的，适用其规定。

第三条　安全生产工作应当以人为本，坚持安全发展，坚持安全第一、预防为主、综合治理的方针，强化和落实生产经营单位的主体责任，建立生产经营单位负责、职工参与、政府监管、行业自律和社会监督的机制。

第四条　生产经营单位必须遵守本法和其他有关安全生产的法律、法规，加强安全生产管理，建立、健全安全生产责任制和安全生产规章制度，改善安全生产条件，推进安全生产标准化建设，提高安全生产水平，确保安全生产。

第五条　生产经营单位的主要负责人对本单位的安全生产工作全面负责。

第六条　生产经营单位的从业人员有依法获得安全生产保障的权利，并应当依法履行安全生产方面的义务。

第七条　工会依法对安全生产工作进行监督。

生产经营单位的工会依法组织职工参加本单位安全生产工作的民主管理和民主监督，维护职工在安全生产方面的合法权益。生产经营单位制定或者修改有关安全生产的规章制度，应当听取工会的意见。

第八条 国务院和县级以上地方各级人民政府应当根据国民经济和社会发展规划制定安全生产规划，并组织实施。安全生产规划应当与城乡规划相衔接。

国务院和县级以上地方各级人民政府应当加强对安全生产工作的领导，支持、督促各有关部门依法履行安全生产监督管理职责，建立健全安全生产工作协调机制，及时协调、解决安全生产监督管理中存在的重大问题。

乡、镇人民政府以及街道办事处、开发区管理机构等地方人民政府的派出机关应当按照职责，加强对本行政区域内生产经营单位安全生产状况的监督检查，协助上级人民政府有关部门依法履行安全生产监督管理职责。

第九条 国务院安全生产监督管理部门依照本法，对全国安全生产工作实施综合监督管理；县级以上地方各级人民政府安全生产监督管理部门依照本法，对本行政区域内安全生产工作实施综合监督管理。

国务院有关部门依照本法和其他有关法律、行政法规的规定，在各自的职责范围内对有关行业、领域的安全生产工作实施监督管理；县级以上地方各级人民政府有关部门依照本法和其他有关法律、法规的规定，在各自的职责范围内对有关行业、领域的安全生产工作实施监督管理。

安全生产监督管理部门和对有关行业、领域的安全生产工作实施监督管理的部门，统称负有安全生产监督管理职责的部门。

第十条 国务院有关部门应当按照保障安全生产的要求，依法及时制定有关的国家标准或者行业标准，并根据科技进步和经济发展适时修订。

生产经营单位必须执行依法制定的保障安全生产的国家标准或者行业标准。

第十一条 各级人民政府及其有关部门应当采取多种形式，加强对有关安全生产的法律、法规和安全生产知识的宣传，增强全社会的安全生产意识。

第十二条 有关协会组织依照法律、行政法规和章程，为生产经营单位提供安全生产方面的信息、培训等服务，发挥自律作用，促进生产经营单位加强安全生产管理。

第十三条 依法设立的为安全生产提供技术、管理服务的机构，依照法律、行政法规和执业准则，接受生产经营单位的委托为其安全生产工作提供技术、管理服务。

生产经营单位委托前款规定的机构提供安全生产技术、管理服务的，保证安全生产的责任仍由本单位负责。

第十四条　国家实行生产安全事故责任追究制度，依照本法和有关法律、法规的规定，追究生产安全事故责任人员的法律责任。

第十五条　国家鼓励和支持安全生产科学技术研究和安全生产先进技术的推广应用，提高安全生产水平。

第十六条　国家对在改善安全生产条件、防止生产安全事故、参加抢险救护等方面取得显著成绩的单位和个人，给予奖励。

第二章　生产经营单位的安全生产保障

第十七条　生产经营单位应当具备本法和有关法律、行政法规和国家标准或者行业标准规定的安全生产条件；不具备安全生产条件的，不得从事生产经营活动。

第十八条　生产经营单位的主要负责人对本单位安全生产工作负有下列职责：

（一）建立、健全本单位安全生产责任制；

（二）组织制定本单位安全生产规章制度和操作规程；

（三）组织制定并实施本单位安全生产教育和培训计划；

（四）保证本单位安全生产投入的有效实施；

（五）督促、检查本单位的安全生产工作，及时消除生产安全事故隐患；

（六）组织制定并实施本单位的生产安全事故应急救援预案；

（七）及时、如实报告生产安全事故。

第十九条　生产经营单位的安全生产责任制应当明确各岗位的责任人员、责任范围和考核标准等内容。

生产经营单位应当建立相应的机制，加强对安全生产责任制落实情况的监督考核，保证安全生产责任制的落实。

第二十条　生产经营单位应当具备的安全生产条件所必需的资金投入，由生产经营单位的决策机构、主要负责人或者个人经营的投资人予以保证，并对由于安全生产所必需的资金投入不足导致的后果承担责任。

有关生产经营单位应当按照规定提取和使用安全生产费用，专门用于改善安全生产条件。安全生产费用在成本中据实列支。安全生产费用提取、使用和监督管理的具体办法由国务院财政部门会同国务院安全生产监督管理部门征求国务院有关部门意见后制定。

第二十一条 矿山、金属冶炼、建筑施工、道路运输单位和危险物品的生产、经营、储存单位，应当设置安全生产管理机构或者配备专职安全生产管理人员。

前款规定以外的其他生产经营单位，从业人员超过一百人的，应当设置安全生产管理机构或者配备专职安全生产管理人员；从业人员在一百人以下的，应当配备专职或者兼职的安全生产管理人员。

第二十二条 生产经营单位的安全生产管理机构以及安全生产管理人员履行下列职责：

（一）组织或者参与拟订本单位安全生产规章制度、操作规程和生产安全事故应急救援预案；

（二）组织或者参与本单位安全生产教育和培训，如实记录安全生产教育和培训情况；

（三）督促落实本单位重大危险源的安全管理措施；

（四）组织或者参与本单位应急救援演练；

（五）检查本单位的安全生产状况，及时排查生产安全事故隐患，提出改进安全生产管理的建议；

（六）制止和纠正违章指挥、强令冒险作业、违反操作规程的行为；

（七）督促落实本单位安全生产整改措施。

第二十三条 生产经营单位的安全生产管理机构以及安全生产管理人员应当恪尽职守，依法履行职责。

生产经营单位作出涉及安全生产的经营决策，应当听取安全生产管理机构以及安全生产管理人员的意见。

生产经营单位不得因安全生产管理人员依法履行职责而降低其工资、福利等待遇或者解除与其订立的劳动合同。

危险物品的生产、储存单位以及矿山、金属冶炼单位的安全生产管理人员的任免，应当告知主管的负有安全生产监督管理职责的部门。

第二十四条 生产经营单位的主要负责人和安全生产管理人员必须具备与本单位所从事的生产经营活动相应的安全生产知识和管理能力。

危险物品的生产、经营、储存单位以及矿山、金属冶炼、建筑施工、道路运输单位的主要负责人和安全生产管理人员，应当由主管的负有安全生产监督管理职责的部门对其安全生产知识和管理能力考核合格。考核不得收费。

危险物品的生产、储存单位以及矿山、金属冶炼单位应当有注册安全工程师从事安全生产管理工作。鼓励其他生产经营单位聘用注册安全工程师从事安全生产管理工作。注册安全工程师按专业分类管理，具体办法由国务院人力资源和社会保障部门、国务院安全生产监督管理部门会同国务院有关部门制定。

第二十五条　生产经营单位应当对从业人员进行安全生产教育和培训，保证从业人员具备必要的安全生产知识，熟悉有关的安全生产规章制度和安全操作规程，掌握本岗位的安全操作技能，了解事故应急处理措施，知悉自身在安全生产方面的权利和义务。未经安全生产教育和培训合格的从业人员，不得上岗作业。

生产经营单位使用被派遣劳动者的，应当将被派遣劳动者纳入本单位从业人员统一管理，对被派遣劳动者进行岗位安全操作规程和安全操作技能的教育和培训。劳务派遣单位应当对被派遣劳动者进行必要的安全生产教育和培训。

生产经营单位接收中等职业学校、高等学校学生实习的，应当对实习学生进行相应的安全生产教育和培训，提供必要的劳动防护用品。学校应当协助生产经营单位对实习学生进行安全生产教育和培训。

生产经营单位应当建立安全生产教育和培训档案，如实记录安全生产教育和培训的时间、内容、参加人员以及考核结果等情况。

第二十六条　生产经营单位采用新工艺、新技术、新材料或者使用新设备，必须了解、掌握其安全技术特性，采取有效的安全防护措施，并对从业人员进行专门的安全生产教育和培训。

第二十七条　生产经营单位的特种作业人员必须按照国家有关规定经专门的安全作业培训，取得相应资格，方可上岗作业。

特种作业人员的范围由国务院安全生产监督管理部门会同国务院有关部门确定。

第二十八条　生产经营单位新建、改建、扩建工程项目（以下统称建设项目）的安全设施，必须与主体工程同时设计、同时施工、同时投入生产和使用。安全设施投资应当纳入建设项目概算。

第二十九条　矿山、金属冶炼建设项目和用于生产、储存、装卸危险物品的建设项目，应当按照国家有关规定进行安全评价。

第三十条　建设项目安全设施的设计人、设计单位应当对安全设施设计负责。

矿山、金属冶炼建设项目和用于生产、储存、装卸危险物品的建设项目的安全设施设计应当按照国家有关规定报经有关部门审查，审查部门及其负责审查的人员对审查结果负责。

第三十一条 矿山、金属冶炼建设项目和用于生产、储存、装卸危险物品的建设项目的施工单位必须按照批准的安全设施设计施工，并对安全设施的工程质量负责。

矿山、金属冶炼建设项目和用于生产、储存危险物品的建设项目竣工投入生产或者使用前，应当由建设单位负责组织对安全设施进行验收；验收合格后，方可投入生产和使用。安全生产监督管理部门应当加强对建设单位验收活动和验收结果的监督核查。

第三十二条 生产经营单位应当在有较大危险因素的生产经营场所和有关设施、设备上，设置明显的安全警示标志。

第三十三条 安全设备的设计、制造、安装、使用、检测、维修、改造和报废，应当符合国家标准或者行业标准。

生产经营单位必须对安全设备进行经常性维护、保养，并定期检测，保证正常运转。维护、保养、检测应当作好记录，并由有关人员签字。

第三十四条 生产经营单位使用的危险物品的容器、运输工具，以及涉及人身安全、危险性较大的海洋石油开采特种设备和矿山井下特种设备，必须按照国家有关规定，由专业生产单位生产，并经具有专业资质的检测、检验机构检测、检验合格，取得安全使用证或者安全标志，方可投入使用。检测、检验机构对检测、检验结果负责。

第三十五条 国家对严重危及生产安全的工艺、设备实行淘汰制度，具体目录由国务院安全生产监督管理部门会同国务院有关部门制定并公布。法律、行政法规对目录的制定另有规定的，适用其规定。

省、自治区、直辖市人民政府可以根据本地区实际情况制定并公布具体目录，对前款规定以外的危及生产安全的工艺、设备予以淘汰。

生产经营单位不得使用应当淘汰的危及生产安全的工艺、设备。

第三十六条 生产、经营、运输、储存、使用危险物品或者处置废弃危险物品的，由有关主管部门依照有关法律、法规的规定和国家标准或者行业标准审批并实施监督管理。

生产经营单位生产、经营、运输、储存、使用危险物品或者处置废弃危险物品，必须执行有关法律、法规和国家标准或者行业标准，建立专门的安全管理制度，采取可靠的安全措施，接受有关主管部门依法实施的监督管理。

第三十七条　生产经营单位对重大危险源应当登记建档，进行定期检测、评估、监控，并制定应急预案，告知从业人员和相关人员在紧急情况下应当采取的应急措施。

生产经营单位应当按照国家有关规定将本单位重大危险源及有关安全措施、应急措施报有关地方人民政府安全生产监督管理部门和有关部门备案。

第三十八条　生产经营单位应当建立健全生产安全事故隐患排查治理制度，采取技术、管理措施，及时发现并消除事故隐患。事故隐患排查治理情况应当如实记录，并向从业人员通报。

县级以上地方各级人民政府负有安全生产监督管理职责的部门应当建立健全重大事故隐患治理督办制度，督促生产经营单位消除重大事故隐患。

第三十九条　生产、经营、储存、使用危险物品的车间、商店、仓库不得与员工宿舍在同一座建筑物内，并应当与员工宿舍保持安全距离。

生产经营场所和员工宿舍应当设有符合紧急疏散要求、标志明显、保持畅通的出口。禁止锁闭、封堵生产经营场所或者员工宿舍的出口。

第四十条　生产经营单位进行爆破、吊装以及国务院安全生产监督管理部门会同国务院有关部门规定的其他危险作业，应当安排专门人员进行现场安全管理，确保操作规程的遵守和安全措施的落实。

第四十一条　生产经营单位应当教育和督促从业人员严格执行本单位的安全生产规章制度和安全操作规程；并向从业人员如实告知作业场所和工作岗位存在的危险因素、防范措施以及事故应急措施。

第四十二条　生产经营单位必须为从业人员提供符合国家标准或者行业标准的劳动防护用品，并监督、教育从业人员按照使用规则佩戴、使用。

第四十三条　生产经营单位的安全生产管理人员应当根据本单位的生产经营特点，对安全生产状况进行经常性检查；对检查中发现的安全问题，应当立即处理；不能处理的，应当及时报告本单位有关负责人，有关负责人应当及时处理。检查及处理情况应当如实记录在案。

生产经营单位的安全生产管理人员在检查中发现重大事故隐患，依照前款规定向本单位有关负责人报告，有关负责人不及时处理的，安全生产管理人员可以向主管的负有安全生产监督管理职责的部门报告，接到报告的部门应当依法及时处理。

第四十四条 生产经营单位应当安排用于配备劳动防护用品、进行安全生产培训的经费。

第四十五条 两个以上生产经营单位在同一作业区域内进行生产经营活动，可能危及对方生产安全的，应当签订安全生产管理协议，明确各自的安全生产管理职责和应当采取的安全措施，并指定专职安全生产管理人员进行安全检查与协调。

第四十六条 生产经营单位不得将生产经营项目、场所、设备发包或者出租给不具备安全生产条件或者相应资质的单位或者个人。

生产经营项目、场所发包或者出租给其他单位的，生产经营单位应当与承包单位、承租单位签订专门的安全生产管理协议，或者在承包合同、租赁合同中约定各自的安全生产管理职责；生产经营单位对承包单位、承租单位的安全生产工作统一协调、管理，定期进行安全检查，发现安全问题的，应当及时督促整改。

第四十七条 生产经营单位发生生产安全事故时，单位的主要负责人应当立即组织抢救，并不得在事故调查处理期间擅离职守。

第四十八条 生产经营单位必须依法参加工伤保险，为从业人员缴纳保险费。

国家鼓励生产经营单位投保安全生产责任保险。

第三章 从业人员的安全生产权利义务

第四十九条 生产经营单位与从业人员订立的劳动合同，应当载明有关保障从业人员劳动安全、防止职业危害的事项，以及依法为从业人员办理工伤保险的事项。

生产经营单位不得以任何形式与从业人员订立协议，免除或者减轻其对从业人员因生产安全事故伤亡依法应承担的责任。

第五十条 生产经营单位的从业人员有权了解其作业场所和工作岗位存在的危险因素、防范措施及事故应急措施，有权对本单位的安全生产工作提出建议。

第五十一条 从业人员有权对本单位安全生产工作中存在的问题提出批评、检举、控告；有权拒绝违章指挥和强令冒险作业。

生产经营单位不得因从业人员对本单位安全生产工作提出批评、检举、控告或者拒绝违章指挥、强令冒险作业而降低其工资、福利等待遇或者解除与其订立的劳动合同。

第五十二条 从业人员发现直接危及人身安全的紧急情况时，有权停止作业或者在采取可能的应急措施后撤离作业场所。

生产经营单位不得因从业人员在前款紧急情况下停止作业或者采取紧急撤离措施而降低其工资、福利等待遇或者解除与其订立的劳动合同。

第五十三条 因生产安全事故受到损害的从业人员，除依法享有工伤保险外，依照有关民事法律尚有获得赔偿的权利的，有权向本单位提出赔偿要求。

第五十四条 从业人员在作业过程中，应当严格遵守本单位的安全生产规章制度和操作规程，服从管理，正确佩戴和使用劳动防护用品。

第五十五条 从业人员应当接受安全生产教育和培训，掌握本职工作所需的安全生产知识，提高安全生产技能，增强事故预防和应急处理能力。

第五十六条 从业人员发现事故隐患或者其他不安全因素，应当立即向现场安全生产管理人员或者本单位负责人报告；接到报告的人员应当及时予以处理。

第五十七条 工会有权对建设项目的安全设施与主体工程同时设计、同时施工、同时投入生产和使用进行监督，提出意见。

工会对生产经营单位违反安全生产法律、法规，侵犯从业人员合法权益的行为，有权要求纠正；发现生产经营单位违章指挥、强令冒险作业或者发现事故隐患时，有权提出解决的建议，生产经营单位应当及时研究答复；发现危及从业人员生命安全的情况时，有权向生产经营单位建议组织从业人员撤离危险场所，生产经营单位必须立即作出处理。

工会有权依法参加事故调查，向有关部门提出处理意见，并要求追究有关人员的责任。

第五十八条 生产经营单位使用被派遣劳动者的，被派遣劳动者享有本法规定的从业人员的权利，并应当履行本法规定的从业人员的义务。

第四章 安全生产的监督管理

第五十九条 县级以上地方各级人民政府应当根据本行政区域内的安全生产状况，组织有关部门按照职责分工，对本行政区域内容易发生重大生产安全事故的生产经营单位进行严格检查。

安全生产监督管理部门应当按照分类分级监督管理的要求，制定安全生产年度监督检查计划，并按照年度监督检查计划进行监督检查，发现事故隐患，应当及时处理。

第六十条 负有安全生产监督管理职责的部门依照有关法律、法规的规定，对涉及安全生产的事项需要审查批准（包括批准、核准、许可、注册、认证、颁发证照等，下同）或者验收的，必须严格依照有关法律、法规和国家标准或者行业标准规定的安全生产条件和程序进行审查；不符合有关法律、法规和国家标准或者行业标准规定的安全生产条件的，不得批准或者验收通过。对未依法取得批准或者验收合格的单位擅自从事有关活动的，负责行政审批的部门发现或者接到举报后应当立即予以取缔，并依法予以处理。对已经依法取得批准的单位，负责行政审批的部门发现其不再具备安全生产条件的，应当撤销原批准。

第六十一条 负有安全生产监督管理职责的部门对涉及安全生产的事项进行审查、验收，不得收取费用；不得要求接受审查、验收的单位购买其指定品牌或者指定生产、销售单位的安全设备、器材或者其他产品。

第六十二条 安全生产监督管理部门和其他负有安全生产监督管理职责的部门依法开展安全生产行政执法工作，对生产经营单位执行有关安全生产的法律、法规和国家标准或者行业标准的情况进行监督检查，行使以下职权：

（一）进入生产经营单位进行检查，调阅有关资料，向有关单位和人员了解情况；

（二）对检查中发现的安全生产违法行为，当场予以纠正或者要求限期改正；对依法应当给予行政处罚的行为，依照本法和其他有关法律、行政法规的规定作出行政处罚决定；

（三）对检查中发现的事故隐患，应当责令立即排除；重大事故隐患排除前或者排除过程中无法保证安全的，应当责令从危险区域内撤出作业人员，责令暂时停产停业或者停止使用相关设施、设备；重大事故隐患排除后，经审查同意，方可恢复生产经营和使用；

（四）对有根据认为不符合保障安全生产的国家标准或者行业标准的设施、设备、器材以及违法生产、储存、使用、经营、运输的危险物品予以查封或者扣押，对违法生产、储存、使用、经营危险物品的作业场所予以查封，并依法作出处理决定。

监督检查不得影响被检查单位的正常生产经营活动。

第六十三条 生产经营单位对负有安全生产监督管理职责的部门的监督检查人员（以下统称安全生产监督检查人员）依法履行监督检查职责，应当予以配合，不得拒绝、阻挠。

第六十四条 安全生产监督检查人员应当忠于职守，坚持原则，秉公执法。

安全生产监督检查人员执行监督检查任务时，必须出示有效的监督执法证件；对涉及被检查单位的技术秘密和业务秘密，应当为其保密。

第六十五条 安全生产监督检查人员应当将检查的时间、地点、内容、发现的问题及其处理情况，作出书面记录，并由检查人员和被检查单位的负责人签字；被检查单位的负责人拒绝签字的，检查人员应当将情况记录在案，并向负有安全生产监督管理职责的部门报告。

第六十六条 负有安全生产监督管理职责的部门在监督检查中，应当互相配合，实行联合检查；确需分别进行检查的，应当互通情况，发现存在的安全问题应当由其他有关部门进行处理的，应当及时移送其他有关部门并形成记录备查，接受移送的部门应当及时进行处理。

第六十七条 负有安全生产监督管理职责的部门依法对存在重大事故隐患的生产经营单位作出停产停业、停止施工、停止使用相关设施或者设备的决定，生产经营单位应当依法执行，及时消除事故隐患。生产经营单位拒不执行，有发生生产安全事故的现实危险的，在保证安全的前提下，经本部门主要负责人批准，负有安全生产监督管理职责的部门可以采取通知有关单位停止供电、停止供应民用爆炸物品等措施，强制生产经营单位履行决定。通知应当采用书面形式，有关单位应当予以配合。

负有安全生产监督管理职责的部门依照前款规定采取停止供电措施，除有危及生产安全的紧急情形外，应当提前二十四小时通知生产经营单位。生产经营单位依法履行行政决定、采取相应措施消除事故隐患的，负有安全生产监督管理职责的部门应当及时解除前款规定的措施。

第六十八条 监察机关依照行政监察法的规定，对负有安全生产监督管理职责的部门及其工作人员履行安全生产监督管理职责实施监察。

第六十九条 承担安全评价、认证、检测、检验的机构应当具备国家规定的资质条件，并对其作出的安全评价、认证、检测、检验的结果负责。

第七十条 负有安全生产监督管理职责的部门应当建立举报制度，公开举报电话、信箱或者电子邮件地址，受理有关安全生产的举报；受理的举报事项经调查核实后，应当形成书面材料；需要落实整改措施的，报经有关负责人签字并督促落实。

第七十一条 任何单位或者个人对事故隐患或者安全生产违法行为，均有权向负有安全生产监督管理职责的部门报告或者举报。

第七十二条 居民委员会、村民委员会发现其所在区域内的生产经营单位存在事故隐患或者安全生产违法行为时，应当向当地人民政府或者有关部门报告。

第七十三条 县级以上各级人民政府及其有关部门对报告重大事故隐患或者举报安全生产违法行为的有功人员，给予奖励。具体奖励办法由国务院安全生产监督管理部门会同国务院财政部门制定。

第七十四条 新闻、出版、广播、电影、电视等单位有进行安全生产公益宣传教育的义务，有对违反安全生产法律、法规的行为进行舆论监督的权利。

第七十五条 负有安全生产监督管理职责的部门应当建立安全生产违法行为信息库，如实记录生产经营单位的安全生产违法行为信息；对违法行为情节严重的生产经营单位，应当向社会公告，并通报行业主管部门、投资主管部门、国土资源主管部门、证券监督管理机构以及有关金融机构。

第五章 生产安全事故的应急救援与调查处理

第七十六条 国家加强生产安全事故应急能力建设，在重点行业、领域建立应急救援基地和应急救援队伍，鼓励生产经营单位和其他社会力量建立应急救援队伍，配备相应的应急救援装备和物资，提高应急救援的专业化水平。

国务院安全生产监督管理部门建立全国统一的生产安全事故应急救援信息系统，国务院有关部门建立健全相关行业、领域的生产安全事故应急救援信息系统。

第七十七条 县级以上地方各级人民政府应当组织有关部门制定本行政区域内生产安全事故应急救援预案，建立应急救援体系。

第七十八条 生产经营单位应当制定本单位生产安全事故应急救援预案，与所在地县级以上地方人民政府组织制定的生产安全事故应急救援预案相衔接，并定期组织演练。

第七十九条　危险物品的生产、经营、储存单位以及矿山、金属冶炼、城市轨道交通运营、建筑施工单位应当建立应急救援组织；生产经营规模较小的，可以不建立应急救援组织，但应当指定兼职的应急救援人员。

危险物品的生产、经营、储存、运输单位以及矿山、金属冶炼、城市轨道交通运营、建筑施工单位应当配备必要的应急救援器材、设备和物资，并进行经常性维护、保养，保证正常运转。

第八十条　生产经营单位发生生产安全事故后，事故现场有关人员应当立即报告本单位负责人。

单位负责人接到事故报告后，应当迅速采取有效措施，组织抢救，防止事故扩大，减少人员伤亡和财产损失，并按照国家有关规定立即如实报告当地负有安全生产监督管理职责的部门，不得隐瞒不报、谎报或者迟报，不得故意破坏事故现场、毁灭有关证据。

第八十一条　负有安全生产监督管理职责的部门接到事故报告后，应当立即按照国家有关规定上报事故情况。负有安全生产监督管理职责的部门和有关地方人民政府对事故情况不得隐瞒不报、谎报或者迟报。

第八十二条　有关地方人民政府和负有安全生产监督管理职责的部门的负责人接到生产安全事故报告后，应当按照生产安全事故应急救援预案的要求立即赶到事故现场，组织事故抢救。

参与事故抢救的部门和单位应当服从统一指挥，加强协同联动，采取有效的应急救援措施，并根据事故救援的需要采取警戒、疏散等措施，防止事故扩大和次生灾害的发生，减少人员伤亡和财产损失。

事故抢救过程中应当采取必要措施，避免或者减少对环境造成的危害。

任何单位和个人都应当支持、配合事故抢救，并提供一切便利条件。

第八十三条　事故调查处理应当按照科学严谨、依法依规、实事求是、注重实效的原则，及时、准确地查清事故原因，查明事故性质和责任，总结事故教训，提出整改措施，并对事故责任者提出处理意见。事故调查报告应当依法及时向社会公布。事故调查和处理的具体办法由国务院制定。

事故发生单位应当及时全面落实整改措施，负有安全生产监督管理职责的部门应当加强监督检查。

第八十四条　生产经营单位发生生产安全事故，经调查确定为责任事故的，除了应当查明事故单位的责任并依法予以追究外，还应当查明对安全生产的有关事项负有审查批准和监督职责的行政部门的责任，对有失职、渎职行为的，依照本法第八十七条的规定追究法律责任。

第八十五条 任何单位和个人不得阻挠和干涉对事故的依法调查处理。

第八十六条 县级以上地方各级人民政府安全生产监督管理部门应当定期统计分析本行政区域内发生生产安全事故的情况，并定期向社会公布。

第六章 法律责任

第八十七条 负有安全生产监督管理职责的部门的工作人员，有下列行为之一的，给予降级或者撤职的处分；构成犯罪的，依照刑法有关规定追究刑事责任：

（一）对不符合法定安全生产条件的涉及安全生产的事项予以批准或者验收通过的；

（二）发现未依法取得批准、验收的单位擅自从事有关活动或者接到举报后不予取缔或者不依法予以处理的；

（三）对已经依法取得批准的单位不履行监督管理职责，发现其不再具备安全生产条件而不撤销原批准或者发现安全生产违法行为不予查处的；

（四）在监督检查中发现重大事故隐患，不依法及时处理的。

负有安全生产监督管理职责的部门的工作人员有前款规定以外的滥用职权、玩忽职守、徇私舞弊行为的，依法给予处分；构成犯罪的，依照刑法有关规定追究刑事责任。

第八十八条 负有安全生产监督管理职责的部门，要求被审查、验收的单位购买其指定的安全设备、器材或者其他产品的，在对安全生产事项的审查、验收中收取费用的，由其上级机关或者监察机关责令改正，责令退还收取的费用；情节严重的，对直接负责的主管人员和其他直接责任人员依法给予处分。

第八十九条 承担安全评价、认证、检测、检验工作的机构，出具虚假证明的，没收违法所得；违法所得在十万元以上的，并处违法所得二倍以上五倍以下的罚款；没有违法所得或者违法所得不足十万元的，单处或者并处十万元以上二十万元以下的罚款；对其直接负责的主管人员和其他直接责任人员处二万元以上五万元以下的罚款；给他人造成损害的，与生产经营单位承担连带赔偿责任；构成犯罪的，依照刑法有关规定追究刑事责任。

对有前款违法行为的机构，吊销其相应资质。

第九十条　生产经营单位的决策机构、主要负责人或者个人经营的投资人不依照本法规定保证安全生产所必需的资金投入，致使生产经营单位不具备安全生产条件的，责令限期改正，提供必需的资金；逾期未改正的，责令生产经营单位停产停业整顿。

有前款违法行为，导致发生生产安全事故的，对生产经营单位的主要负责人给予撤职处分，对个人经营的投资人处二万元以上二十万元以下的罚款；构成犯罪的，依照刑法有关规定追究刑事责任。

第九十一条　生产经营单位的主要负责人未履行本法规定的安全生产管理职责的，责令限期改正；逾期未改正的，处二万元以上五万元以下的罚款，责令生产经营单位停产停业整顿。

生产经营单位的主要负责人有前款违法行为，导致发生生产安全事故的，给予撤职处分；构成犯罪的，依照刑法有关规定追究刑事责任。

生产经营单位的主要负责人依照前款规定受刑事处罚或者撤职处分的，自刑罚执行完毕或者受处分之日起，五年内不得担任任何生产经营单位的主要负责人；对重大、特别重大生产安全事故负有责任的，终身不得担任本行业生产经营单位的主要负责人。

第九十二条　生产经营单位的主要负责人未履行本法规定的安全生产管理职责，导致发生生产安全事故的，由安全生产监督管理部门依照下列规定处以罚款：

（一）发生一般事故的，处上一年年收入百分之三十的罚款；

（二）发生较大事故的，处上一年年收入百分之四十的罚款；

（三）发生重大事故的，处上一年年收入百分之六十的罚款；

（四）发生特别重大事故的，处上一年年收入百分之八十的罚款。

第九十三条　生产经营单位的安全生产管理人员未履行本法规定的安全生产管理职责的，责令限期改正；导致发生生产安全事故的，暂停或者撤销其与安全生产有关的资格；构成犯罪的，依照刑法有关规定追究刑事责任。

第九十四条　生产经营单位有下列行为之一的，责令限期改正，可以处五万元以下的罚款；逾期未改正的，责令停产停业整顿，并处五万元以上十万元以下的罚款，对其直接负责的主管人员和其他直接责任人员处一万元以上二万元以下的罚款：

（一）未按照规定设置安全生产管理机构或者配备安全生产管理人员的；

（二）危险物品的生产、经营、储存单位以及矿山、金属冶炼、建筑施工、道路运输单位的主要负责人和安全生产管理人员未按照规定经考核合格的；

（三）未按照规定对从业人员、被派遣劳动者、实习学生进行安全生产教育和培训，或者未按照规定如实告知有关的安全生产事项的；

（四）未如实记录安全生产教育和培训情况的；

（五）未将事故隐患排查治理情况如实记录或者未向从业人员通报的；

（六）未按照规定制定生产安全事故应急救援预案或者未定期组织演练的；

（七）特种作业人员未按照规定经专门的安全作业培训并取得相应资格，上岗作业的。

第九十五条 生产经营单位有下列行为之一的，责令停止建设或者停产停业整顿，限期改正；逾期未改正的，处五十万元以上一百万元以下的罚款，对其直接负责的主管人员和其他直接责任人员处二万元以上五万元以下的罚款；构成犯罪的，依照刑法有关规定追究刑事责任：

（一）未按照规定对矿山、金属冶炼建设项目或者用于生产、储存、装卸危险物品的建设项目进行安全评价的；

（二）矿山、金属冶炼建设项目或者用于生产、储存、装卸危险物品的建设项目没有安全设施设计或者安全设施设计未按照规定报经有关部门审查同意的；

（三）矿山、金属冶炼建设项目或者用于生产、储存、装卸危险物品的建设项目的施工单位未按照批准的安全设施设计施工的；

（四）矿山、金属冶炼建设项目或者用于生产、储存危险物品的建设项目竣工投入生产或者使用前，安全设施未经验收合格的。

第九十六条 生产经营单位有下列行为之一的，责令限期改正，可以处五万元以下的罚款；逾期未改正的，处五万元以上二十万元以下的罚款，对其直接负责的主管人员和其他直接责任人员处一万元以上二万元以下的罚款；情节严重的，责令停产停业整顿；构成犯罪的，依照刑法有关规定追究刑事责任：

（一）未在有较大危险因素的生产经营场所和有关设施、设备上设置明显的安全警示标志的；

（二）安全设备的安装、使用、检测、改造和报废不符合国家标准或者行业标准的；

（三）未对安全设备进行经常性维护、保养和定期检测的；

（四）未为从业人员提供符合国家标准或者行业标准的劳动防护用品的；

（五）危险物品的容器、运输工具，以及涉及人身安全、危险性较大的海洋石油开采特种设备和矿山井下特种设备未经具有专业资质的机构检测、检验合格，取得安全使用证或者安全标志，投入使用的；

（六）使用应当淘汰的危及生产安全的工艺、设备的。

第九十七条 未经依法批准，擅自生产、经营、运输、储存、使用危险物品或者处置废弃危险物品的，依照有关危险物品安全管理的法律、行政法规的规定予以处罚；构成犯罪的，依照刑法有关规定追究刑事责任。

第九十八条 生产经营单位有下列行为之一的，责令限期改正，可以处十万元以下的罚款；逾期未改正的，责令停产停业整顿，并处十万元以上二十万元以下的罚款，对其直接负责的主管人员和其他直接责任人员处二万元以上五万元以下的罚款；构成犯罪的，依照刑法有关规定追究刑事责任：

（一）生产、经营、运输、储存、使用危险物品或者处置废弃危险物品，未建立专门安全管理制度、未采取可靠的安全措施的；

（二）对重大危险源未登记建档，或者未进行评估、监控，或者未制定应急预案的；

（三）进行爆破、吊装以及国务院安全生产监督管理部门会同国务院有关部门规定的其他危险作业，未安排专门人员进行现场安全管理的；

（四）未建立事故隐患排查治理制度的。

第九十九条 生产经营单位未采取措施消除事故隐患的，责令立即消除或者限期消除；生产经营单位拒不执行的，责令停产停业整顿，并处十万元以上五十万元以下的罚款，对其直接负责的主管人员和其他直接责任人员处二万元以上五万元以下的罚款。

第一百条 生产经营单位将生产经营项目、场所、设备发包或者出租给不具备安全生产条件或者相应资质的单位或者个人的，责令限期改正，没收违法所得；违法所得十万元以上的，并处违法所得二倍以上五倍以下的罚款；没有违法所得或者违法所得不足十万元的，单处或者并处十万元以上二十万元以下的罚款；对其直接负责的主管人员和其他直接责任人员处一万元以上二万元以下的罚款；导致发生生产安全事故给他人造成损害的，与承包方、承租方承担连带赔偿责任。

生产经营单位未与承包单位、承租单位签订专门的安全生产管理协议或者未在承包合同、租赁合同中明确各自的安全生产管理职责，或者未对承包单位、承租单位的安全生产统一协调、管理的，责令限期改正，可以处五万元以下的罚款，对其直接负责的主管人员和其他直接责任人员可以处一万元以下的罚款；逾期未改正的，责令停产停业整顿。

第一百零一条 两个以上生产经营单位在同一作业区域内进行可能危及对方安全生产的生产经营活动，未签订安全生产管理协议或者未指定专职安全生产管理人员进行安全检查与协调的，责令限期改正，可以处五万元以下的罚款，对其直接负责的主管人员和其他直接责任人员可以处一万元以下的罚款；逾期未改正的，责令停产停业。

第一百零二条 生产经营单位有下列行为之一的，责令限期改正，可以处五万元以下的罚款，对其直接负责的主管人员和其他直接责任人员可以处一万元以下的罚款；逾期未改正的，责令停产停业整顿；构成犯罪的，依照刑法有关规定追究刑事责任：

（一）生产、经营、储存、使用危险物品的车间、商店、仓库与员工宿舍在同一座建筑内，或者与员工宿舍的距离不符合安全要求的；

（二）生产经营场所和员工宿舍未设有符合紧急疏散需要、标志明显、保持畅通的出口，或者锁闭、封堵生产经营场所或者员工宿舍出口的。

第一百零三条 生产经营单位与从业人员订立协议，免除或者减轻其对从业人员因生产安全事故伤亡依法应承担的责任的，该协议无效；对生产经营单位的主要负责人、个人经营的投资人处二万元以上十万元以下的罚款。

第一百零四条 生产经营单位的从业人员不服从管理，违反安全生产规章制度或者操作规程的，由生产经营单位给予批评教育，依照有关规章制度给予处分；构成犯罪的，依照刑法有关规定追究刑事责任。

第一百零五条 违反本法规定，生产经营单位拒绝、阻碍负有安全生产监督管理职责的部门依法实施监督检查的，责令改正；拒不改正的，处二万元以上二十万元以下的罚款；对其直接负责的主管人员和其他直接责任人员处一万元以上二万元以下的罚款；构成犯罪的，依照刑法有关规定追究刑事责任。

第一百零六条 生产经营单位的主要负责人在本单位发生生产安全事故时，不立即组织抢救或者在事故调查处理期间擅离职守或者逃匿的，给予降级、撤职的处分，并由安全生产监督管理部门处上一年年收入百分之六十至百分之一百的罚款；对逃匿的处十五日以下拘留；构成犯罪的，依照刑法有关规定追究刑事责任。

生产经营单位的主要负责人对生产安全事故隐瞒不报、谎报或者迟报的，依照前款规定处罚。

第一百零七条　有关地方人民政府、负有安全生产监督管理职责的部门，对生产安全事故隐瞒不报、谎报或者迟报的，对直接负责的主管人员和其他直接责任人员依法给予处分；构成犯罪的，依照刑法有关规定追究刑事责任。

第一百零八条　生产经营单位不具备本法和其他有关法律、行政法规和国家标准或者行业标准规定的安全生产条件，经停产停业整顿仍不具备安全生产条件的，予以关闭；有关部门应当依法吊销其有关证照。

第一百零九条　发生生产安全事故，对负有责任的生产经营单位除要求其依法承担相应的赔偿等责任外，由安全生产监督管理部门依照下列规定处以罚款：

（一）发生一般事故的，处二十万元以上五十万元以下的罚款；

（二）发生较大事故的，处五十万元以上一百万元以下的罚款；

（三）发生重大事故的，处一百万元以上五百万元以下的罚款；

（四）发生特别重大事故的，处五百万元以上一千万元以下的罚款；情节特别严重的，处一千万元以上二千万元以下的罚款。

第一百一十条　本法规定的行政处罚，由安全生产监督管理部门和其他负有安全生产监督管理职责的部门按照职责分工决定。予以关闭的行政处罚由负有安全生产监督管理职责的部门报请县级以上人民政府按照国务院规定的权限决定；给予拘留的行政处罚由公安机关依照治安管理处罚法的规定决定。

第一百一十一条　生产经营单位发生生产安全事故造成人员伤亡、他人财产损失的，应当依法承担赔偿责任；拒不承担或者其负责人逃匿的，由人民法院依法强制执行。

生产安全事故的责任人未依法承担赔偿责任，经人民法院依法采取执行措施后，仍不能对受害人给予足额赔偿的，应当继续履行赔偿义务；受害人发现责任人有其他财产的，可以随时请求人民法院执行。

第七章 附 则

第一百一十二条 本法下列用语的含义：

危险物品，是指易燃易爆物品、危险化学品、放射性物品等能够危及人身安全和财产安全的物品。

重大危险源，是指长期地或者临时地生产、搬运、使用或者储存危险物品，且危险物品的数量等于或者超过临界量的单元（包括场所和设施）。

第一百一十三条 本法规定的生产安全一般事故、较大事故、重大事故、特别重大事故的划分标准由国务院规定。

国务院安全生产监督管理部门和其他负有安全生产监督管理职责的部门应当根据各自的职责分工，制定相关行业、领域重大事故隐患的判定标准。

第一百一十四条 本法自2002年11月1日起施行。

2. 中华人民共和国矿山安全法

（1992年11月7日第七届全国人民代表大会常务委员会第二十八次会议通过 根据2009年8月27日第十一届全国人民代表大会常务委员会第十次会议《关于修改部分法律的决定》修正）

第一章 总 则

第一条 为了保障矿山生产安全，防止矿山事故，保护矿山职工人身安全，促进采矿业的发展，制定本法。

第二条 在中华人民共和国领域和中华人民共和国管辖的其他海域从事矿产资源开采活动，必须遵守本法。

第三条 矿山企业必须具有保障安全生产的设施，建立、健全安全管理制度，采取有效措施改善职工劳动条件，加强矿山安全管理工作，保证安全生产。

第四条 国务院劳动行政主管部门对全国矿山安全工作实施统一监督。

县级以上地方各级人民政府劳动行政主管部门对本行政区域内的矿山安全工作实施统一监督。

县级以上人民政府管理矿山企业的主管部门对矿山安全工作进行管理。

第五条　国家鼓励矿山安全科学技术研究，推广先进技术，改进安全设施，提高矿山安全生产水平。

第六条　对坚持矿山安全生产，防止矿山事故，参加矿山抢险救护，进行矿山安全科学技术研究等方面取得显著成绩的单位和个人，给予奖励。

第二章　矿山建设的安全保障

第七条　矿山建设工程的安全设施必须和主体工程同时设计、同时施工、同时投入生产和使用。

第八条　矿山建设工程的设计文件，必须符合矿山安全规程和行业技术规范，并按照国家规定经管理矿山企业的主管部门批准；不符合矿山安全规程和行业技术规范的，不得批准。

矿山建设工程安全设施的设计必须有劳动行政主管部门参加审查。

矿山安全规程和行业技术规范，由国务院管理矿山企业的主管部门制定。

第九条　矿山设计下列项目必须符合矿山安全规程和行业技术规范：

（一）矿井的通风系统和供风量、风质、风速；

（二）露天矿的边坡角和台阶的宽度、高度；

（三）供电系统；

（四）提升、运输系统；

（五）防水、排水系统和防火、灭火系统；

（六）防瓦斯系统和防尘系统；

（七）有关矿山安全的其他项目。

第十条　每个矿井必须有两个以上能行人的安全出口，出口之间的直线水平距离必须符合矿山安全规程和行业技术规范。

第十一条　矿山必须有与外界相通的、符合安全要求的运输和通讯设施。

第十二条　矿山建设工程必须按照管理矿山企业的主管部门批准的设计文件施工。

矿山建设工程安全设施竣工后，由管理矿山企业的主管部门验收，并须有劳动行政主管部门参加；不符合矿山安全规程和行业技术规范的，不得验收，不得投入生产。

第三章　矿山开采的安全保障

第十三条　矿山开采必须具备保障安全生产的条件，执行开采不同矿种的矿山安全规程和行业技术规范。

第十四条　矿山设计规定保留的矿柱、岩柱，在规定的期限内，应当予以保护，不得开采或者毁坏。

第十五条　矿山使用的有特殊安全要求的设备、器材、防护用品和安全检测仪器，必须符合国家安全标准或者行业安全标准；不符合国家安全标准或者行业安全标准的，不得使用。

第十六条　矿山企业必须对机电设备及其防护装置、安全检测仪器，定期检查、维修，保证使用安全。

第十七条　矿山企业必须对作业场所中的有毒有害物质和井下空气含氧量进行检测，保证符合安全要求。

第十八条　矿山企业必须对下列危害安全的事故隐患采取预防措施：

（一）冒顶、片帮、边坡滑落和地表塌陷；

（二）瓦斯爆炸、煤尘爆炸；

（三）冲击地压、瓦斯突出、井喷；

（四）地面和井下的火灾、水害；

（五）爆破器材和爆破作业发生的危害；

（六）粉尘、有毒有害气体、放射性物质和其他有害物质引起的危害；

（七）其他危害。

第十九条　矿山企业对使用机械、电气设备，排土场矸石山、尾矿库和矿山闭坑后可能引起的危害，应当采取预防措施。

第四章　矿山企业的安全管理

第二十条　矿山企业必须建立、健全安全生产责任制。

矿长对本企业的安全生产工作负责。

第二十一条　矿长应当定期向职工代表大会或者职工大会报告安全生产工作，发挥职工代表大会的监督作用。

第二十二条　矿山企业职工必须遵守有关矿山安全的法律、法规和企业规章制度。

矿山企业职工有权对危害安全的行为，提出批评、检举和控告。

第二十三条　矿山企业工会依法维护职工生产安全的合法权益，组织职工对矿山安全工作进行监督。

第二十四条　矿山企业违反有关安全的法律、法规，工会有权要求企业行政方面或者有关部门认真处理。

矿山企业召开讨论有关安全生产的会议，应当有工会代表参加，工会有权提出意见和建议。

第二十五条　矿山企业工会发现企业行政方面违章指挥、强令工人冒险作业或者生产过程中发现明显重大事故隐患和职业危害，有权提出解决的建议；发现危及职工生命安全的情况时，有权向矿山企业行政方面建议组织职工撤离危险现场，矿山企业行政方面必须及时作出处理决定。

第二十六条　矿山企业必须对职工进行安全教育、培训；未经安全教育、培训的，不得上岗作业。

矿山企业安全生产的特种作业人员必须接受专门培训，经考核合格取得操作资格证书的，方可上岗作业。

第二十七条　矿长必须经过考核，具备安全专业知识，具有领导安全生产和处理矿山事故的能力。

矿山企业安全工作人员必须具备必要的安全专业知识和矿山安全工作经验。

第二十八条　矿山企业必须向职工发放保障安全生产所需的劳动防护用品。

第二十九条　矿山企业不得录用未成年人从事矿山井下劳动。

矿山企业对女职工按照国家规定实行特殊劳动保护，不得分配女职工从事矿山井下劳动。

第三十条　矿山企业必须制定矿山事故防范措施，并组织落实。

第三十一条　矿山企业应当建立由专职或者兼职人员组成的救护和医疗急救组织，配备必要的装备、器材和药物。

第三十二条　矿山企业必须从矿产品销售额中按照国家规定提取安全技术措施专项费用。安全技术措施专项费用必须全部用于改善矿山安全生产条件，不得挪作他用。

第五章　矿山安全的监督和管理

第三十三条　县级以上各级人民政府劳动行政主管部门对矿山安全工作行使下列监督职责：

（一）检查矿山企业和管理矿山企业的主管部门贯彻执行矿山安全法律、法规的情况；

（二）参加矿山建设工程安全设施的设计审查和竣工验收；

（三）检查矿山劳动条件和安全状况；

（四）检查矿山企业职工安全教育、培训工作；

（五）监督矿山企业提取和使用安全技术措施专项费用的情况；

（六）参加并监督矿山事故的调查和处理；

（七）法律、行政法规规定的其他监督职责。

第三十四条　县级以上人民政府管理矿山企业的主管部门对矿山安全工作行使下列管理职责：

（一）检查矿山企业贯彻执行矿山安全法律、法规的情况；

（二）审查批准矿山建设工程安全设施的设计；

（三）负责矿山建设工程安全设施的竣工验收；

（四）组织矿长和矿山企业安全工作人员的培训工作；

（五）调查和处理重大矿山事故；

（六）法律、行政法规规定的其他管理职责。

第三十五条　劳动行政主管部门的矿山安全监督人员有权进入矿山企业，在现场检查安全状况；发现有危及职工安全的紧急险情时，应当要求矿山企业立即处理。

第六章　矿山事故处理

第三十六条　发生矿山事故，矿山企业必须立即组织抢救，防止事故扩大，减少人员伤亡和财产损失，对伤亡事故必须立即如实报告劳动行政主管部门和管理矿山企业的主管部门。

第三十七条　发生一般矿山事故，由矿山企业负责调查和处理。

发生重大矿山事故，由政府及其有关部门、工会和矿山企业按照行政法规的规定进行调查和处理。

第三十八条 矿山企业对矿山事故中伤亡的职工按照国家规定给予抚恤或者补偿。

第三十九条 矿山事故发生后，应当尽快消除现场危险，查明事故原因，提出防范措施。现场危险消除后，方可恢复生产。

第七章 法律责任

第四十条 违反本法规定，有下列行为之一的，由劳动行政主管部门责令改正，可以并处罚款；情节严重的，提请县级以上人民政府决定责令停产整顿；对主管人员和直接责任人员由其所在单位或者上级主管机关给予行政处分：

（一）未对职工进行安全教育、培训，分配职工上岗作业的；

（二）使用不符合国家安全标准或者行业安全标准的设备、器材、防护用品、安全检测仪器的；

（三）未按照规定提取或者使用安全技术措施专项费用的；

（四）拒绝矿山安全监督人员现场检查或者在被检查时隐瞒事故隐患、不如实反映情况的；

（五）未按照规定及时、如实报告矿山事故的。

第四十一条 矿长不具备安全专业知识的，安全生产的特种作业人员未取得操作资格证书上岗作业的，由劳动行政主管部门责令限期改正；逾期不改正的，提请县级以上人民政府决定责令停产，调整配备合格人员后，方可恢复生产。

第四十二条 矿山建设工程安全设施的设计未经批准擅自施工的，由管理矿山企业的主管部门责令停止施工；拒不执行的，由管理矿山企业的主管部门提请县级以上人民政府决定由有关主管部门吊销其采矿许可证和营业执照。

第四十三条 矿山建设工程的安全设施未经验收或者验收不合格擅自投入生产的，由劳动行政主管部门会同管理矿山企业的主管部门责令停止生产，并由劳动行政主管部门处以罚款；拒不停止生产的，由劳动行政主管部门提请县级以上人民政府决定由有关主管部门吊销其采矿许可证和营业执照。

第四十四条 已经投入生产的矿山企业，不具备安全生产条件而强行开采的，由劳动行政主管部门会同管理矿山企业的主管部门责令限期改进；逾期仍不具备安全生产条件的，由劳动行政主管部门提请县级以上人民政府决定责令停产整顿或者由有关主管部门吊销其采矿许可证和营业执照。

第四十五条 当事人对行政处罚决定不服的，可以在接到处罚决定通知之日起15日内向作出处罚决定的机关的上一级机关申请复议；当事人也可以在接到处罚决定通知之日起15日内直接向人民法院起诉。

复议机关应当在接到复议申请之日起60日内作出复议决定。当事人对复议决定不服的，可以在接到复议决定之日起15日内向人民法院起诉。复议机关逾期不作出复议决定的，当事人可以在复议期满之日起15日内向人民法院起诉。

当事人逾期不申请复议也不向人民法院起诉、又不履行处罚决定的，作出处罚决定的机关可以申请人民法院强制执行。

第四十六条 矿山企业主管人员违章指挥、强令工人冒险作业，因而发生重大伤亡事故的，依照刑法有关规定追究刑事责任。

第四十七条 矿山企业主管人员对矿山事故隐患不采取措施，因而发生重大伤亡事故的，依照刑法有关规定追究刑事责任。

第四十八条 矿山安全监督人员和安全管理人员滥用职权、玩忽职守、徇私舞弊，构成犯罪的，依法追究刑事责任；不构成犯罪的，给予行政处分。

第八章 附 则

第四十九条 国务院劳动行政主管部门根据本法制定实施条例，报国务院批准施行。

省、自治区、直辖市人民代表大会常务委员会可以根据本法和本地区的实际情况，制定实施办法。

第五十条 本法自1993年5月1日起施行。

3. 中华人民共和国铁路法

（1990 年 9 月 7 日第七届全国人民代表大会常务委员会第十五次会议通过　根据 2009 年 8 月 27 日第十一届全国人民代表大会常务委员会第十次会议《关于修改部分法律的决定》第一次修正　根据 2015 年 4 月 24 日第十二届全国人民代表大会常务委员会第十四次会议《关于修改〈中华人民共和国义务教育法〉等五部法律的决定》第二次修正）

第一章　总　　则

第一条　为了保障铁路运输和铁路建设的顺利进行，适应社会主义现代化建设和人民生活的需要，制定本法。

第二条　本法所称铁路，包括国家铁路、地方铁路、专用铁路和铁路专用线。

国家铁路是指由国务院铁路主管部门管理的铁路。

地方铁路是指由地方人民政府管理的铁路。

专用铁路是指由企业或者其他单位管理，专为本企业或者本单位内部提供运输服务的铁路。

铁路专用线是指由企业或者其他单位管理的与国家铁路或者其他铁路线路接轨的岔线。

第三条　国务院铁路主管部门主管全国铁路工作，对国家铁路实行高度集中、统一指挥的运输管理体制，对地方铁路、专用铁路和铁路专用线进行指导、协调、监督和帮助。

国家铁路运输企业行使法律、行政法规授予的行政管理职能。

第四条　国家重点发展国家铁路，大力扶持地方铁路的发展。

第五条　铁路运输企业必须坚持社会主义经营方向和为人民服务的宗旨，改善经营管理，切实改进路风，提高运输服务质量。

第六条　公民有爱护铁路设施的义务。禁止任何人破坏铁路设施，扰乱铁路运输的正常秩序。

第七条　铁路沿线各级地方人民政府应当协助铁路运输企业保证铁路运

输安全畅通，车站、列车秩序良好，铁路设施完好和铁路建设顺利进行。

第八条 国家铁路的技术管理规程，由国务院铁路主管部门制定，地方铁路、专用铁路的技术管理办法，参照国家铁路的技术管理规程制定。

第九条 国家鼓励铁路科学技术研究，提高铁路科学技术水平。对在铁路科学技术研究中有显著成绩的单位和个人给予奖励。

第二章 铁路运输营业

第十条 铁路运输企业应当保证旅客和货物运输的安全，做到列车正点到达。

第十一条 铁路运输合同是明确铁路运输企业与旅客、托运人之间权利义务关系的协议。

旅客车票、行李票、包裹票和货物运单是合同或者合同的组成部分。

第十二条 铁路运输企业应当保证旅客按车票载明的日期、车次乘车，并到达目的站。因铁路运输企业的责任造成旅客不能按车票载明的日期、车次乘车的，铁路运输企业应当按照旅客的要求，退还全部票款或者安排改乘到达相同目的站的其他列车。

第十三条 铁路运输企业应当采取有效措施做好旅客运输服务工作，做到文明礼貌、热情周到，保持车站和车厢内的清洁卫生，提供饮用开水，做好列车上的饮食供应工作。

铁路运输企业应当采取措施，防止对铁路沿线环境的污染。

第十四条 旅客乘车应当持有效车票。对无票乘车或者持失效车票乘车的，应当补收票款，并按照规定加收票款；拒不交付的，铁路运输企业可以责令下车。

第十五条 国家铁路和地方铁路根据发展生产、搞活流通的原则，安排货物运输计划。

对抢险救灾物资和国家规定需要优先运输的其他物资，应予优先运输。

地方铁路运输的物资需要经由国家铁路运输的，其运输计划应当纳入国家铁路的运输计划。

第十六条 铁路运输企业应当按照合同约定的期限或者国务院铁路主管部门规定的期限，将货物、包裹、行李运到目的站；逾期运到的，铁路运输企业应当支付违约金。

铁路运输企业逾期三十日仍未将货物、包裹、行李交付收货人或者旅客的，托运人、收货人或者旅客有权按货物、包裹、行李灭失向铁路运输企业要求赔偿。

第十七条 铁路运输企业应当对承运的货物、包裹、行李自接受承运时起到交付时止发生的灭失、短少、变质、污染或者损坏，承担赔偿责任：

（一）托运人或者旅客根据自愿申请办理保价运输的，按照实际损失赔偿，但最高不超过保价额。

（二）未按保价运输承运的，按照实际损失赔偿，但最高不超过国务院铁路主管部门规定的赔偿限额；如果损失是由于铁路运输企业的故意或者重大过失造成的，不适用赔偿限额的规定，按照实际损失赔偿。

托运人或者旅客根据自愿可以向保险公司办理货物运输保险，保险公司按照保险合同的约定承担赔偿责任。

托运人或者旅客根据自愿，可以办理保价运输，也可以办理货物运输保险；还可以既不办理保价运输，也不办理货物运输保险。不得以任何方式强迫办理保价运输或者货物运输保险。

第十八条 由于下列原因造成的货物、包裹、行李损失的，铁路运输企业不承担赔偿责任：

（一）不可抗力。

（二）货物或者包裹、行李中的物品本身的自然属性，或者合理损耗。

（三）托运人、收货人或者旅客的过错。

第十九条 托运人应当如实填报托运单，铁路运输企业有权对填报的货物和包裹的品名、重量、数量进行检查。经检查，申报与实际不符的，检查费用由托运人承担；申报与实际相符的，检查费用由铁路运输企业承担，因检查对货物和包裹中的物品造成的损坏由铁路运输企业赔偿。

托运人因申报不实而少交的运费和其他费用应当补交，铁路运输企业按照国务院铁路主管部门的规定加收运费和其他费用。

第二十条 托运货物需要包装的，托运人应当按照国家包装标准或者行业包装标准包装；没有国家包装标准或者行业包装标准的，应当妥善包装，使货物在运输途中不因包装原因而受损坏。

铁路运输企业对承运的容易腐烂变质的货物和活动物，应当按照国务院铁路主管部门的规定和合同的约定，采取有效的保护措施。

第二十一条 货物、包裹、行李到站后，收货人或者旅客应当按照国务院铁路主管部门规定的期限及时领取，并支付托运人未付或者少付的运费和其他费用；逾期领取的，收货人或者旅客应当按照规定交付保管费。

第二十二条 自铁路运输企业发出领取货物通知之日起满三十日仍无人领取的货物，或者收货人书面通知铁路运输企业拒绝领取的货物，铁路运输企业应当通知托运人，托运人自接到通知之日起满三十日未作答复的，由铁路运输企业变卖；所得价款在扣除保管等费用后尚有余款的，应当退还托运人，无法退还、自变卖之日起一百八十日内托运人又未领回的，上缴国库。

自铁路运输企业发出领取通知之日起满九十日仍无人领取的包裹或者到站后满九十日仍无人领取的行李，铁路运输企业应当公告，公告满九十日仍无人领取的，可以变卖；所得价款在扣除保管等费用后尚有余款的，托运人、收货人或者旅客可以自变卖之日起一百八十日内领回，逾期不领回的，上缴国库。

对危险物品和规定限制运输的物品，应当移交公安机关或者有关部门处理，不得自行变卖。

对不宜长期保存的物品，可以按照国务院铁路主管部门的规定缩短处理期限。

第二十三条 因旅客、托运人或者收货人的责任给铁路运输企业造成财产损失的，由旅客、托运人或者收货人承担赔偿责任。

第二十四条 国家鼓励专用铁路兼办公共旅客、货物运输营业；提倡铁路专用线与有关单位按照协议共用。

专用铁路兼办公共旅客、货物运输营业的，应当报经省、自治区、直辖市人民政府批准。

专用铁路兼办公共旅客、货物运输营业的，适用本法关于铁路运输企业的规定。

第二十五条 铁路的旅客票价率和货物、行李的运价率实行政府指导价或者政府定价，竞争性领域实行市场调节价。政府指导价、政府定价的定价权限和具体适用范围以中央政府和地方政府的定价目录为依据。铁路旅客、货物运输杂费的收费项目和收费标准，以及铁路包裹运价率由铁路运输企业自主制定。

第二十六条 铁路的旅客票价，货物、包裹、行李的运价，旅客和货物运输杂费的收费项目和收费标准，必须公告；未公告的不得实施。

第二十七条 国家铁路、地方铁路和专用铁路印制使用的旅客、货物运输票证，禁止伪造和变造。

禁止倒卖旅客车票和其他铁路运输票证。

第二十八条　托运、承运货物、包裹、行李，必须遵守国家关于禁止或者限制运输物品的规定。

第二十九条　铁路运输企业与公路、航空或者水上运输企业相互间实行国内旅客、货物联运，依照国家有关规定办理；国家没有规定的，依照有关各方的协议办理。

第三十条　国家铁路、地方铁路参加国际联运，必须经国务院批准。

第三十一条　铁路军事运输依照国家有关规定办理。

第三十二条　发生铁路运输合同争议的，铁路运输企业和托运人、收货人或者旅客可以通过调解解决；不愿意调解解决或者调解不成的，可以依据合同中的仲裁条款或者事后达成的书面仲裁协议，向国家规定的仲裁机构申请仲裁。

当事人一方在规定的期限内不履行仲裁机构的仲裁决定的，另一方可以申请人民法院强制执行。

当事人没有在合同中订立仲裁条款，事后又没有达成书面仲裁协议的，可以向人民法院起诉。

第三章　铁路建设

第三十三条　铁路发展规划应当依据国民经济和社会发展以及国防建设的需要制定，并与其他方式的交通运输发展规划相协调。

第三十四条　地方铁路、专用铁路、铁路专用线的建设计划必须符合全国铁路发展规划，并征得国务院铁路主管部门或者国务院铁路主管部门授权的机构的同意。

第三十五条　在城市规划区范围内，铁路的线路、车站、枢纽以及其他有关设施的规划，应当纳入所在城市的总体规划。

铁路建设用地规划，应当纳入土地利用总体规划。为远期扩建、新建铁路需要的土地，由县级以上人民政府在土地利用总体规划中安排。

第三十六条　铁路建设用地，依照有关法律、行政法规的规定办理。

有关地方人民政府应当支持铁路建设，协助铁路运输企业做好铁路建设征收土地工作和拆迁安置工作。

第三十七条 已经取得使用权的铁路建设用地，应当依照批准的用途使用，不得擅自改作他用；其他单位或者个人不得侵占。

侵占铁路建设用地的，由县级以上地方人民政府土地管理部门责令停止侵占、赔偿损失。

第三十八条 铁路的标准轨距为1435毫米。新建国家铁路必须采用标准轨距。

窄轨铁路的轨距为 762 毫米或者 1000 毫米。

新建和改建铁路的其他技术要求应当符合国家标准或者行业标准。

第三十九条 铁路建成后，必须依照国家基本建设程序的规定，经验收合格，方能交付正式运行。

第四十条 铁路与道路交叉处，应当优先考虑设置立体交叉；未设立体交叉的，可以根据国家有关规定设置平交道口或者人行过道。在城市规划区内设置平交道口或者人行过道，由铁路运输企业或者建有专用铁路、铁路专用线的企业或者其他单位和城市规划主管部门共同决定。

拆除已经设置的平交道口或者人行过道，由铁路运输企业或者建有专用铁路、铁路专用线的企业或者其他单位和当地人民政府商定。

第四十一条 修建跨越河流的铁路桥梁，应当符合国家规定的防洪、通航和水流的要求。

第四章　铁路安全与保护

第四十二条 铁路运输企业必须加强对铁路的管理和保护，定期检查、维修铁路运输设施，保证铁路运输设施完好，保障旅客和货物运输安全。

第四十三条 铁路公安机关和地方公安机关分工负责共同维护铁路治安秩序。车站和列车内的治安秩序，由铁路公安机关负责维护；铁路沿线的治安秩序，由地方公安机关和铁路公安机关共同负责维护，以地方公安机关为主。

第四十四条 电力主管部门应当保证铁路牵引用电以及铁路运营用电中重要负荷的电力供应。铁路运营用电中重要负荷的供应范围由国务院铁路主管部门和国务院电力主管部门商定。

第四十五条 铁路线路两侧地界以外的山坡地由当地人民政府作为水土保持的重点进行整治。铁路隧道顶上的山坡地由铁路运输企业协助当地人民政府进行整治。铁路地界以内的山坡地由铁路运输企业进行整治。

第四十六条 在铁路线路和铁路桥梁、涵洞两侧一定距离内，修建山塘、水库、堤坝，开挖河道、干渠，采石挖砂，打井取水，影响铁路路基稳定或者危害铁路桥梁、涵洞安全的，由县级以上地方人民政府责令停止建设或者采挖、打井等活动，限期恢复原状或者责令采取必要的安全防护措施。

在铁路线路上架设电力、通讯线路，埋置电缆、管道设施，穿凿通过铁路路基的地下坑道，必须经铁路运输企业同意，并采取安全防护措施。

在铁路弯道内侧、平交道口和人行过道附近，不得修建妨碍行车瞭望的建筑物和种植妨碍行车瞭望的树木。修建妨碍行车瞭望的建筑物的，由县级以上地方人民政府责令限期拆除。种植妨碍行车瞭望的树木的，由县级以上地方人民政府责令有关单位或者个人限期迁移或者修剪、砍伐。

违反前三款的规定，给铁路运输企业造成损失的单位或者个人，应当赔偿损失。

第四十七条 禁止擅自在铁路线路上铺设平交道口和人行过道。

平交道口和人行过道必须按照规定设置必要的标志和防护设施。

行人和车辆通过铁路平交道口和人行过道时，必须遵守有关通行的规定。

第四十八条 运输危险品必须按照国务院铁路主管部门的规定办理，禁止以非危险品品名托运危险品。

禁止旅客携带危险品进站上车。铁路公安人员和国务院铁路主管部门规定的铁路职工，有权对旅客携带的物品进行运输安全检查。实施运输安全检查的铁路职工应当佩戴执勤标志。

危险品的品名由国务院铁路主管部门规定并公布。

第四十九条 对损毁、移动铁路信号装置及其他行车设施或者在铁路线路上放置障碍物的，铁路职工有权制止，可以扭送公安机关处理。

第五十条 禁止偷乘货车、攀附行进中的列车或者击打列车。对偷乘货车、攀附行进中的列车或者击打列车的，铁路职工有权制止。

第五十一条 禁止在铁路线路上行走、坐卧。对在铁路线路上行走、坐卧的，铁路职工有权制止。

第五十二条 禁止在铁路线路两侧二十米以内或者铁路防护林地内放牧。对在铁路线路两侧二十米以内或者铁路防护林地内放牧的，铁路职工有权制止。

第五十三条 对聚众拦截列车或者聚众冲击铁路行车调度机构的，铁路职工有权制止；不听制止的，公安人员现场负责人有权命令解散；拒不解散的，公安人员现场负责人有权依照国家有关规定决定采取必要手段强行驱散，并对拒不服从的人员强行带离现场或者予以拘留。

第五十四条 对哄抢铁路运输物资的，铁路职工有权制止，可以扭送公安机关处理；现场公安人员可以予以拘留。

第五十五条 在列车内，寻衅滋事，扰乱公共秩序，危害旅客人身、财产安全的，铁路职工有权制止，铁路公安人员可以予以拘留。

第五十六条 在车站和旅客列车内，发生法律规定需要检疫的传染病时，由铁路卫生检疫机构进行检疫；根据铁路卫生检疫机构的请求，地方卫生检疫机构应予协助。

货物运输的检疫，依照国家规定办理。

第五十七条 发生铁路交通事故，铁路运输企业应当依照国务院和国务院有关主管部门关于事故调查处理的规定办理，并及时恢复正常行车，任何单位和个人不得阻碍铁路线路开通和列车运行。

第五十八条 因铁路行车事故及其他铁路运营事故造成人身伤亡的，铁路运输企业应当承担赔偿责任；如果人身伤亡是因不可抗力或者由于受害人自身的原因造成的，铁路运输企业不承担赔偿责任。

违章通过平交道口或者人行过道，或者在铁路线路上行走、坐卧造成的人身伤亡，属于受害人自身的原因造成的人身伤亡。

第五十九条 国家铁路的重要桥梁和隧道，由中国人民武装警察部队负责守卫。

第五章 法律责任

第六十条 违反本法规定，携带危险品进站上车或者以非危险品品名托运危险品，导致发生重大事故的，依照刑法有关规定追究刑事责任。企业事业单位、国家机关、社会团体犯本款罪的，处以罚金，对其主管人员和直接责任人员依法追究刑事责任。

携带炸药、雷管或者非法携带枪支子弹、管制刀具进站上车的，依照刑法有关规定追究刑事责任。

第六十一条 故意损毁、移动铁路行车信号装置或者在铁路线路上放置足以使列车倾覆的障碍物的，依照刑法有关规定追究刑事责任。

第六十二条　盗窃铁路线路上行车设施的零件、部件或者铁路线路上的器材，危及行车安全的，依照刑法有关规定追究刑事责任。

第六十三条　聚众拦截列车、冲击铁路行车调度机构不听制止的，对首要分子和骨干分子依照刑法有关规定追究刑事责任。

第六十四条　聚众哄抢铁路运输物资的，对首要分子和骨干分子依照刑法有关规定追究刑事责任。

铁路职工与其他人员勾结犯前款罪的，从重处罚。

第六十五条　在列车内，抢劫旅客财物，伤害旅客的，依照刑法有关规定从重处罚。

在列车内，寻衅滋事，侮辱妇女，情节恶劣的，依照刑法有关规定追究刑事责任；敲诈勒索旅客财物的，依照刑法有关规定追究刑事责任。

第六十六条　倒卖旅客车票，构成犯罪的，依照刑法有关规定追究刑事责任。铁路职工倒卖旅客车票或者与其他人员勾结倒卖旅客车票的，依照刑法有关规定追究刑事责任。

第六十七条　违反本法规定，尚不够刑事处罚，应当给予治安管理处罚的，依照治安管理处罚法的规定处罚。

第六十八条　擅自在铁路线路上铺设平交道口、人行过道的，由铁路公安机关或者地方公安机关责令限期拆除，可以并处罚款。

第六十九条　铁路运输企业违反本法规定，多收运费、票款或者旅客、货物运输杂费的，必须将多收的费用退还付款人，无法退还的上缴国库。将多收的费用据为己有或者侵吞私分的，依照刑法有关规定追究刑事责任。

第七十条　铁路职工利用职务之便走私的，或者与其他人员勾结走私的，依照刑法有关规定追究刑事责任。

第七十一条　铁路职工玩忽职守、违反规章制度造成铁路运营事故的，滥用职权、利用办理运输业务之便谋取私利的，给予行政处分；情节严重、构成犯罪的，依照刑法有关规定追究刑事责任。

第六章　附　　则

第七十二条　本法所称国家铁路运输企业是指铁路局和铁路分局。

第七十三条　国务院根据本法制定实施条例。

第七十四条　本法自 1991 年 5 月 1 日起施行。

4. 中华人民共和国道路交通安全法

（2003年10月28日第十届全国人民代表大会常务委员会第五次会议通过　根据2007年12月29日第十届全国人民代表大会常务委员会第三十一次会议《关于修改〈中华人民共和国道路交通安全法〉的决定》第一次修正　根据2011年4月22日第十一届全国人民代表大会常务委员会第二十次会议《关于修改〈中华人民共和国道路交通安全法〉的决定》第二次修正）

第一章　总　　则

第一条　为了维护道路交通秩序，预防和减少交通事故，保护人身安全，保护公民、法人和其他组织的财产安全及其他合法权益，提高通行效率，制定本法。

第二条　中华人民共和国境内的车辆驾驶人、行人、乘车人以及与道路交通活动有关的单位和个人，都应当遵守本法。

第三条　道路交通安全工作，应当遵循依法管理、方便群众的原则，保障道路交通有序、安全、畅通。

第四条　各级人民政府应当保障道路交通安全管理工作与经济建设和社会发展相适应。

县级以上地方各级人民政府应当适应道路交通发展的需要，依据道路交通安全法律、法规和国家有关政策，制定道路交通安全管理规划，并组织实施。

第五条　国务院公安部门负责全国道路交通安全管理工作。县级以上地方各级人民政府公安机关交通管理部门负责本行政区域内的道路交通安全管理工作。

县级以上各级人民政府交通、建设管理部门依据各自职责，负责有关的道路交通工作。

第六条　各级人民政府应当经常进行道路交通安全教育，提高公民的道路交通安全意识。

公安机关交通管理部门及其交通警察执行职务时，应当加强道路交通安全法律、法规的宣传，并模范遵守道路交通安全法律、法规。

机关、部队、企业事业单位、社会团体以及其他组织，应当对本单位的人员进行道路交通安全教育。

教育行政部门、学校应当将道路交通安全教育纳入法制教育的内容。

新闻、出版、广播、电视等有关单位，有进行道路交通安全教育的义务。

第七条　对道路交通安全管理工作，应当加强科学研究，推广、使用先进的管理方法、技术、设备。

第二章　车辆和驾驶人

第一节　机动车、非机动车

第八条　国家对机动车实行登记制度。机动车经公安机关交通管理部门登记后，方可上道路行驶。尚未登记的机动车，需要临时上道路行驶的，应当取得临时通行牌证。

第九条　申请机动车登记，应当提交以下证明、凭证：

（一）机动车所有人的身份证明；

（二）机动车来历证明；

（三）机动车整车出厂合格证明或者进口机动车进口凭证；

（四）车辆购置税的完税证明或者免税凭证；

（五）法律、行政法规规定应当在机动车登记时提交的其他证明、凭证。

公安机关交通管理部门应当自受理申请之日起五个工作日内完成机动车登记审查工作，对符合前款规定条件的，应当发放机动车登记证书、号牌和行驶证；对不符合前款规定条件的，应当向申请人说明不予登记的理由。

公安机关交通管理部门以外的任何单位或者个人不得发放机动车号牌或者要求机动车悬挂其他号牌，本法另有规定的除外。

机动车登记证书、号牌、行驶证的式样由国务院公安部门规定并监制。

第十条　准予登记的机动车应当符合机动车国家安全技术标准。申请机动车登记时，应当接受对该机动车的安全技术检验。但是，经国家机动车产品主管部门依据机动车国家安全技术标准认定的企业生产的机动车型，该车型的新车在出厂时经检验符合机动车国家安全技术标准，获得检验合格证的，免予安全技术检验。

第十一条 驾驶机动车上道路行驶，应当悬挂机动车号牌，放置检验合格标志、保险标志，并随车携带机动车行驶证。

机动车号牌应当按照规定悬挂并保持清晰、完整，不得故意遮挡、污损。

任何单位和个人不得收缴、扣留机动车号牌。

第十二条 有下列情形之一的，应当办理相应的登记：

（一）机动车所有权发生转移的；

（二）机动车登记内容变更的；

（三）机动车用作抵押的；

（四）机动车报废的。

第十三条 对登记后上道路行驶的机动车，应当依照法律、行政法规的规定，根据车辆用途、载客载货数量、使用年限等不同情况，定期进行安全技术检验。对提供机动车行驶证和机动车第三者责任强制保险单的，机动车安全技术检验机构应当予以检验，任何单位不得附加其他条件。对符合机动车国家安全技术标准的，公安机关交通管理部门应当发给检验合格标志。

对机动车的安全技术检验实行社会化。具体办法由国务院规定。

机动车安全技术检验实行社会化的地方，任何单位不得要求机动车到指定的场所进行检验。

公安机关交通管理部门、机动车安全技术检验机构不得要求机动车到指定的场所进行维修、保养。

机动车安全技术检验机构对机动车检验收取费用，应当严格执行国务院价格主管部门核定的收费标准。

第十四条 国家实行机动车强制报废制度，根据机动车的安全技术状况和不同用途，规定不同的报废标准。

应当报废的机动车必须及时办理注销登记。

达到报废标准的机动车不得上道路行驶。报废的大型客、货车及其他营运车辆应当在公安机关交通管理部门的监督下解体。

第十五条 警车、消防车、救护车、工程救险车应当按照规定喷涂标志图案，安装警报器、标志灯具。其他机动车不得喷涂、安装、使用上述车辆专用的或者与其相类似的标志图案、警报器或者标志灯具。

警车、消防车、救护车、工程救险车应当严格按照规定的用途和条件使用。

公路监督检查的专用车辆，应当依照公路法的规定，设置统一的标志和示警灯。

第十六条　任何单位或者个人不得有下列行为：

（一）拼装机动车或者擅自改变机动车已登记的结构、构造或者特征；

（二）改变机动车型号、发动机号、车架号或者车辆识别代号；

（三）伪造、变造或者使用伪造、变造的机动车登记证书、号牌、行驶证、检验合格标志、保险标志；

（四）使用其他机动车的登记证书、号牌、行驶证、检验合格标志、保险标志。

第十七条　国家实行机动车第三者责任强制保险制度，设立道路交通事故社会救助基金。具体办法由国务院规定。

第十八条　依法应当登记的非机动车，经公安机关交通管理部门登记后，方可上道路行驶。

依法应当登记的非机动车的种类，由省、自治区、直辖市人民政府根据当地实际情况规定。

非机动车的外形尺寸、质量、制动器、车铃和夜间反光装置，应当符合非机动车安全技术标准。

第二节　机动车驾驶人

第十九条　驾驶机动车，应当依法取得机动车驾驶证。

申请机动车驾驶证，应当符合国务院公安部门规定的驾驶许可条件；经考试合格后，由公安机关交通管理部门发给相应类别的机动车驾驶证。

持有境外机动车驾驶证的人，符合国务院公安部门规定的驾驶许可条件，经公安机关交通管理部门考核合格的，可以发给中国的机动车驾驶证。

驾驶人应当按照驾驶证载明的准驾车型驾驶机动车；驾驶机动车时，应当随身携带机动车驾驶证。

公安机关交通管理部门以外的任何单位或者个人，不得收缴、扣留机动车驾驶证。

第二十条　机动车的驾驶培训实行社会化，由交通主管部门对驾驶培训学校、驾驶培训班实行资格管理，其中专门的拖拉机驾驶培训学校、驾驶培训班由农业（农业机械）主管部门实行资格管理。

驾驶培训学校、驾驶培训班应当严格按照国家有关规定，对学员进行道路交通安全法律、法规、驾驶技能的培训，确保培训质量。

任何国家机关以及驾驶培训和考试主管部门不得举办或者参与举办驾驶培训学校、驾驶培训班。

第二十一条 驾驶人驾驶机动车上道路行驶前，应当对机动车的安全技术性能进行认真检查；不得驾驶安全设施不全或者机件不符合技术标准等具有安全隐患的机动车。

第二十二条 机动车驾驶人应当遵守道路交通安全法律、法规的规定，按照操作规范安全驾驶、文明驾驶。

饮酒、服用国家管制的精神药品或者麻醉药品，或者患有妨碍安全驾驶机动车的疾病，或者过度疲劳影响安全驾驶的，不得驾驶机动车。

任何人不得强迫、指使、纵容驾驶人违反道路交通安全法律、法规和机动车安全驾驶要求驾驶机动车。

第二十三条 公安机关交通管理部门依照法律、行政法规的规定，定期对机动车驾驶证实施审验。

第二十四条 公安机关交通管理部门对机动车驾驶人违反道路交通安全法律、法规的行为，除依法给予行政处罚外，实行累积记分制度。公安机关交通管理部门对累积记分达到规定分值的机动车驾驶人，扣留机动车驾驶证，对其进行道路交通安全法律、法规教育，重新考试；考试合格的，发还其机动车驾驶证。

对遵守道路交通安全法律、法规，在一年内无累积记分的机动车驾驶人，可以延长机动车驾驶证的审验期。具体办法由国务院公安部门规定。

第三章 道路通行条件

第二十五条 全国实行统一的道路交通信号。

交通信号包括交通信号灯、交通标志、交通标线和交通警察的指挥。

交通信号灯、交通标志、交通标线的设置应当符合道路交通安全、畅通的要求和国家标准，并保持清晰、醒目、准确、完好。

根据通行需要，应当及时增设、调换、更新道路交通信号。增设、调换、更新限制性的道路交通信号，应当提前向社会公告，广泛进行宣传。

第二十六条 交通信号灯由红灯、绿灯、黄灯组成。红灯表示禁止通行，绿灯表示准许通行，黄灯表示警示。

第二十七条 铁路与道路平面交叉的道口，应当设置警示灯、警示标志或者安全防护设施。无人看守的铁路道口，应当在距道口一定距离处设置警示标志。

第二十八条　任何单位和个人不得擅自设置、移动、占用、损毁交通信号灯、交通标志、交通标线。

道路两侧及隔离带上种植的树木或者其他植物，设置的广告牌、管线等，应当与交通设施保持必要的距离，不得遮挡路灯、交通信号灯、交通标志，不得妨碍安全视距，不得影响通行。

第二十九条　道路、停车场和道路配套设施的规划、设计、建设，应当符合道路交通安全、畅通的要求，并根据交通需求及时调整。

公安机关交通管理部门发现已经投入使用的道路存在交通事故频发路段，或者停车场、道路配套设施存在交通安全严重隐患的，应当及时向当地人民政府报告，并提出防范交通事故、消除隐患的建议，当地人民政府应当及时作出处理决定。

第三十条　道路出现坍塌、坑漕、水毁、隆起等损毁或者交通信号灯、交通标志、交通标线等交通设施损毁、灭失的，道路、交通设施的养护部门或者管理部门应当设置警示标志并及时修复。

公安机关交通管理部门发现前款情形，危及交通安全，尚未设置警示标志的，应当及时采取安全措施，疏导交通，并通知道路、交通设施的养护部门或者管理部门。

第三十一条　未经许可，任何单位和个人不得占用道路从事非交通活动。

第三十二条　因工程建设需要占用、挖掘道路，或者跨越、穿越道路架设、增设管线设施，应当事先征得道路主管部门的同意；影响交通安全的，还应当征得公安机关交通管理部门的同意。

施工作业单位应当在经批准的路段和时间内施工作业，并在距离施工作业地点来车方向安全距离处设置明显的安全警示标志，采取防护措施；施工作业完毕，应当迅速清除道路上的障碍物，消除安全隐患，经道路主管部门和公安机关交通管理部门验收合格，符合通行要求后，方可恢复通行。

对未中断交通的施工作业道路，公安机关交通管理部门应当加强交通安全监督检查，维护道路交通秩序。

第三十三条　新建、改建、扩建的公共建筑、商业街区、居住区、大（中）型建筑等，应当配建、增建停车场；停车泊位不足的，应当及时改建或者扩建；投入使用的停车场不得擅自停止使用或者改作他用。

在城市道路范围内，在不影响行人、车辆通行的情况下，政府有关部门可以施划停车泊位。

第三十四条 学校、幼儿园、医院、养老院门前的道路没有行人过街设施的，应当施划人行横道线，设置提示标志。

城市主要道路的人行道，应当按照规划设置盲道。盲道的设置应当符合国家标准。

第四章 道路通行规定

第一节 一般规定

第三十五条 机动车、非机动车实行右侧通行。

第三十六条 根据道路条件和通行需要，道路划分为机动车道、非机动车道和人行道的，机动车、非机动车、行人实行分道通行。没有划分机动车道、非机动车道和人行道的，机动车在道路中间通行，非机动车和行人在道路两侧通行。

第三十七条 道路划设专用车道的，在专用车道内，只准许规定的车辆通行，其他车辆不得进入专用车道内行驶。

第三十八条 车辆、行人应当按照交通信号通行；遇有交通警察现场指挥时，应当按照交通警察的指挥通行；在没有交通信号的道路上，应当在确保安全、畅通的原则下通行。

第三十九条 公安机关交通管理部门根据道路和交通流量的具体情况，可以对机动车、非机动车、行人采取疏导、限制通行、禁止通行等措施。遇有大型群众性活动、大范围施工等情况，需要采取限制交通的措施，或者作出与公众的道路交通活动直接有关的决定，应当提前向社会公告。

第四十条 遇有自然灾害、恶劣气象条件或者重大交通事故等严重影响交通安全的情形，采取其他措施难以保证交通安全时，公安机关交通管理部门可以实行交通管制。

第四十一条 有关道路通行的其他具体规定，由国务院规定。

第二节 机动车通行规定

第四十二条 机动车上道路行驶，不得超过限速标志标明的最高时速。

在没有限速标志的路段，应当保持安全车速。

夜间行驶或者在容易发生危险的路段行驶，以及遇有沙尘、冰雹、雨、雪、雾、结冰等气象条件时，应当降低行驶速度。

第四十三条　同车道行驶的机动车，后车应当与前车保持足以采取紧急制动措施的安全距离。有下列情形之一的，不得超车：

（一）前车正在左转弯、掉头、超车的；

（二）与对面来车有会车可能的；

（三）前车为执行紧急任务的警车、消防车、救护车、工程救险车的；

（四）行经铁路道口、交叉路口、窄桥、弯道、陡坡、隧道、人行横道、市区交通流量大的路段等没有超车条件的。

第四十四条　机动车通过交叉路口，应当按照交通信号灯、交通标志、交通标线或者交通警察的指挥通过；通过没有交通信号灯、交通标志、交通标线或者交通警察指挥的交叉路口时，应当减速慢行，并让行人和优先通行的车辆先行。

第四十五条　机动车遇有前方车辆停车排队等候或者缓慢行驶时，不得借道超车或者占用对面车道，不得穿插等候的车辆。

在车道减少的路段、路口，或者在没有交通信号灯、交通标志、交通标线或者交通警察指挥的交叉路口遇到停车排队等候或者缓慢行驶时，机动车应当依次交替通行。

第四十六条　机动车通过铁路道口时，应当按照交通信号或者管理人员的指挥通行；没有交通信号或者管理人员的，应当减速或者停车，在确认安全后通过。

第四十七条　机动车行经人行横道时，应当减速行驶；遇行人正在通过人行横道，应当停车让行。

机动车行经没有交通信号的道路时，遇行人横过道路，应当避让。

第四十八条　机动车载物应当符合核定的载质量，严禁超载；载物的长、宽、高不得违反装载要求，不得遗洒、飘散载运物。

机动车运载超限的不可解体的物品，影响交通安全的，应当按照公安机关交通管理部门指定的时间、路线、速度行驶，悬挂明显标志。在公路上运载超限的不可解体的物品，并应当依照公路法的规定执行。

机动车载运爆炸物品、易燃易爆化学物品以及剧毒、放射性等危险物品，应当经公安机关批准后，按指定的时间、路线、速度行驶，悬挂警示标志并采取必要的安全措施。

第四十九条 机动车载人不得超过核定的人数，客运机动车不得违反规定载货。

第五十条 禁止货运机动车载客。

货运机动车需要附载作业人员的，应当设置保护作业人员的安全措施。

第五十一条 机动车行驶时，驾驶人、乘坐人员应当按规定使用安全带，摩托车驾驶人及乘坐人员应当按规定戴安全头盔。

第五十二条 机动车在道路上发生故障，需要停车排除故障时，驾驶人应当立即开启危险报警闪光灯，将机动车移至不妨碍交通的地方停放；难以移动的，应当持续开启危险报警闪光灯，并在来车方向设置警告标志等措施扩大示警距离，必要时迅速报警。

第五十三条 警车、消防车、救护车、工程救险车执行紧急任务时，可以使用警报器、标志灯具；在确保安全的前提下，不受行驶路线、行驶方向、行驶速度和信号灯的限制，其他车辆和行人应当让行。

警车、消防车、救护车、工程救险车非执行紧急任务时，不得使用警报器、标志灯具，不享有前款规定的道路优先通行权。

第五十四条 道路养护车辆、工程作业车进行作业时，在不影响过往车辆通行的前提下，其行驶路线和方向不受交通标志、标线限制，过往车辆和人员应当注意避让。

洒水车、清扫车等机动车应当按照安全作业标准作业；在不影响其他车辆通行的情况下，可以不受车辆分道行驶的限制，但是不得逆向行驶。

第五十五条 高速公路、大中城市中心城区内的道路，禁止拖拉机通行。其他禁止拖拉机通行的道路，由省、自治区、直辖市人民政府根据当地实际情况规定。

在允许拖拉机通行的道路上，拖拉机可以从事货运，但是不得用于载人。

第五十六条 机动车应当在规定地点停放。禁止在人行道上停放机动车；但是，依照本法第三十三条规定施划的停车泊位除外。

在道路上临时停车的，不得妨碍其他车辆和行人通行。

第三节　非机动车通行规定

第五十七条 驾驶非机动车在道路上行驶应当遵守有关交通安全的规定。非机动车应当在非机动车道内行驶；在没有非机动车道的道路上，应当靠车行道的右侧行驶。

第五十八条　残疾人机动轮椅车、电动自行车在非机动车道内行驶时，最高时速不得超过十五公里。

第五十九条　非机动车应当在规定地点停放。未设停放地点的，非机动车停放不得妨碍其他车辆和行人通行。

第六十条　驾驭畜力车，应当使用驯服的牲畜；驾驭畜力车横过道路时，驾驭人应当下车牵引牲畜；驾驭人离开车辆时，应当拴系牲畜。

第四节　行人和乘车人通行规定

第六十一条　行人应当在人行道内行走，没有人行道的靠路边行走。

第六十二条　行人通过路口或者横过道路，应当走人行横道或者过街设施；通过有交通信号灯的人行横道，应当按照交通信号灯指示通行；通过没有交通信号灯、人行横道的路口，或者在没有过街设施的路段横过道路，应当在确认安全后通过。

第六十三条　行人不得跨越、倚坐道路隔离设施，不得扒车、强行拦车或者实施妨碍道路交通安全的其他行为。

第六十四条　学龄前儿童以及不能辨认或者不能控制自己行为的精神疾病患者、智力障碍者在道路上通行，应当由其监护人、监护人委托的人或者对其负有管理、保护职责的人带领。

盲人在道路上通行，应当使用盲杖或者采取其他导盲手段，车辆应当避让盲人。

第六十五条　行人通过铁路道口时，应当按照交通信号或者管理人员的指挥通行；没有交通信号和管理人员的，应当在确认无火车驶临后，迅速通过。

第六十六条　乘车人不得携带易燃易爆等危险物品，不得向车外抛洒物品，不得有影响驾驶人安全驾驶的行为。

第五节　高速公路的特别规定

第六十七条　行人、非机动车、拖拉机、轮式专用机械车、铰接式客车、全挂拖斗车以及其他设计最高时速低于七十公里的机动车，不得进入高速公路。高速公路限速标志标明的最高时速不得超过一百二十公里。

第六十八条　机动车在高速公路上发生故障时，应当依照本法第五十二条的有关规定办理；但是，警告标志应当设置在故障车来车方向一百五十米以外，车上人员应当迅速转移到右侧路肩上或者应急车道内，并且迅速报警。

机动车在高速公路上发生故障或者交通事故，无法正常行驶的，应当由救援车、清障车拖曳、牵引。

第六十九条 任何单位、个人不得在高速公路上拦截检查行驶的车辆，公安机关的人民警察依法执行紧急公务除外。

第五章 交通事故处理

第七十条 在道路上发生交通事故，车辆驾驶人应当立即停车，保护现场；造成人身伤亡的，车辆驾驶人应当立即抢救受伤人员，并迅速报告执勤的交通警察或者公安机关交通管理部门。因抢救受伤人员变动现场的，应当标明位置。乘车人、过往车辆驾驶人、过往行人应当予以协助。

在道路上发生交通事故，未造成人身伤亡，当事人对事实及成因无争议的，可以即行撤离现场，恢复交通，自行协商处理损害赔偿事宜；不即行撤离现场的，应当迅速报告执勤的交通警察或者公安机关交通管理部门。

在道路上发生交通事故，仅造成轻微财产损失，并且基本事实清楚的，当事人应当先撤离现场再进行协商处理。

第七十一条 车辆发生交通事故后逃逸的，事故现场目击人员和其他知情人员应当向公安机关交通管理部门或者交通警察举报。举报属实的，公安机关交通管理部门应当给予奖励。

第七十二条 公安机关交通管理部门接到交通事故报警后，应当立即派交通警察赶赴现场，先组织抢救受伤人员，并采取措施，尽快恢复交通。

交通警察应当对交通事故现场进行勘验、检查，收集证据；因收集证据的需要，可以扣留事故车辆，但是应当妥善保管，以备核查。

对当事人的生理、精神状况等专业性较强的检验，公安机关交通管理部门应当委托专门机构进行鉴定。鉴定结论应当由鉴定人签名。

第七十三条 公安机关交通管理部门应当根据交通事故现场勘验、检查、调查情况和有关的检验、鉴定结论，及时制作交通事故认定书，作为处理交通事故的证据。交通事故认定书应当载明交通事故的基本事实、成因和当事人的责任，并送达当事人。

第七十四条 对交通事故损害赔偿的争议，当事人可以请求公安机关交通管理部门调解，也可以直接向人民法院提起民事诉讼。

经公安机关交通管理部门调解，当事人未达成协议或者调解书生效后不履行的，当事人可以向人民法院提起民事诉讼。

第七十五条　医疗机构对交通事故中的受伤人员应当及时抢救，不得因抢救费用未及时支付而拖延救治。肇事车辆参加机动车第三者责任强制保险的，由保险公司在责任限额范围内支付抢救费用；抢救费用超过责任限额的，未参加机动车第三者责任强制保险或者肇事后逃逸的，由道路交通事故社会救助基金先行垫付部分或者全部抢救费用，道路交通事故社会救助基金管理机构有权向交通事故责任人追偿。

第七十六条　机动车发生交通事故造成人身伤亡、财产损失的，由保险公司在机动车第三者责任强制保险责任限额范围内予以赔偿；不足的部分，按照下列规定承担赔偿责任：

（一）机动车之间发生交通事故的，由有过错的一方承担赔偿责任；双方都有过错的，按照各自过错的比例分担责任。

（二）机动车与非机动车驾驶人、行人之间发生交通事故，非机动车驾驶人、行人没有过错的，由机动车一方承担赔偿责任；有证据证明非机动车驾驶人、行人有过错的，根据过错程度适当减轻机动车一方的赔偿责任；机动车一方没有过错的，承担不超过百分之十的赔偿责任。

交通事故的损失是由非机动车驾驶人、行人故意碰撞机动车造成的，机动车一方不承担赔偿责任。

第七十七条　车辆在道路以外通行时发生的事故，公安机关交通管理部门接到报案的，参照本法有关规定办理。

第六章　执法监督

第七十八条　公安机关交通管理部门应当加强对交通警察的管理，提高交通警察的素质和管理道路交通的水平。

公安机关交通管理部门应当对交通警察进行法制和交通安全管理业务培训、考核。交通警察经考核不合格的，不得上岗执行职务。

第七十九条　公安机关交通管理部门及其交通警察实施道路交通安全管理，应当依据法定的职权和程序，简化办事手续，做到公正、严格、文明、高效。

第八十条 交通警察执行职务时，应当按照规定着装，佩带人民警察标志，持有人民警察证件，保持警容严整，举止端庄，指挥规范。

第八十一条 依照本法发放牌证等收取工本费，应当严格执行国务院价格主管部门核定的收费标准，并全部上缴国库。

第八十二条 公安机关交通管理部门依法实施罚款的行政处罚，应当依照有关法律、行政法规的规定，实施罚款决定与罚款收缴分离；收缴的罚款以及依法没收的违法所得，应当全部上缴国库。

第八十三条 交通警察调查处理道路交通安全违法行为和交通事故，有下列情形之一的，应当回避：

（一）是本案的当事人或者当事人的近亲属；

（二）本人或者其近亲属与本案有利害关系；

（三）与本案当事人有其他关系，可能影响案件的公正处理。

第八十四条 公安机关交通管理部门及其交通警察的行政执法活动，应当接受行政监察机关依法实施的监督。

公安机关督察部门应当对公安机关交通管理部门及其交通警察执行法律、法规和遵守纪律的情况依法进行监督。

上级公安机关交通管理部门应当对下级公安机关交通管理部门的执法活动进行监督。

第八十五条 公安机关交通管理部门及其交通警察执行职务，应当自觉接受社会和公民的监督。

任何单位和个人都有权对公安机关交通管理部门及其交通警察不严格执法以及违法违纪行为进行检举、控告。收到检举、控告的机关，应当依据职责及时查处。

第八十六条 任何单位不得给公安机关交通管理部门下达或者变相下达罚款指标；公安机关交通管理部门不得以罚款数额作为考核交通警察的标准。

公安机关交通管理部门及其交通警察对超越法律、法规规定的指令，有权拒绝执行，并同时向上级机关报告。

第七章 法律责任

第八十七条 公安机关交通管理部门及其交通警察对道路交通安全违法行为，应当及时纠正。

公安机关交通管理部门及其交通警察应当依据事实和本法的有关规定对道路交通安全违法行为予以处罚。对于情节轻微，未影响道路通行的，指出违法行为，给予口头警告后放行。

第八十八条　对道路交通安全违法行为的处罚种类包括：警告、罚款、暂扣或者吊销机动车驾驶证、拘留。

第八十九条　行人、乘车人、非机动车驾驶人违反道路交通安全法律、法规关于道路通行规定的，处警告或者五元以上五十元以下罚款；非机动车驾驶人拒绝接受罚款处罚的，可以扣留其非机动车。

第九十条　机动车驾驶人违反道路交通安全法律、法规关于道路通行规定的，处警告或者二十元以上二百元以下罚款。本法另有规定的，依照规定处罚。

第九十一条　饮酒后驾驶机动车的，处暂扣六个月机动车驾驶证，并处一千元以上二千元以下罚款。因饮酒后驾驶机动车被处罚，再次饮酒后驾驶机动车的，处十日以下拘留，并处一千元以上二千元以下罚款，吊销机动车驾驶证。

醉酒驾驶机动车的，由公安机关交通管理部门约束至酒醒，吊销机动车驾驶证，依法追究刑事责任；五年内不得重新取得机动车驾驶证。

饮酒后驾驶营运机动车的，处十五日拘留，并处五千元罚款，吊销机动车驾驶证，五年内不得重新取得机动车驾驶证。

醉酒驾驶营运机动车的，由公安机关交通管理部门约束至酒醒，吊销机动车驾驶证，依法追究刑事责任；十年内不得重新取得机动车驾驶证，重新取得机动车驾驶证后，不得驾驶营运机动车。

饮酒后或者醉酒驾驶机动车发生重大交通事故，构成犯罪的，依法追究刑事责任，并由公安机关交通管理部门吊销机动车驾驶证，终生不得重新取得机动车驾驶证。

第九十二条　公路客运车辆载客超过额定乘员的，处二百元以上五百元以下罚款；超过额定乘员百分之二十或者违反规定载货的，处五百元以上二千元以下罚款。

货运机动车超过核定载质量的，处二百元以上五百元以下罚款；超过核定载质量百分之三十或者违反规定载客的，处五百元以上二千元以下罚款。

有前两款行为的，由公安机关交通管理部门扣留机动车至违法状态消除。

运输单位的车辆有本条第一款、第二款规定的情形，经处罚不改的，对直接负责的主管人员处二千元以上五千元以下罚款。

第九十三条 对违反道路交通安全法律、法规关于机动车停放、临时停车规定的，可以指出违法行为，并予以口头警告，令其立即驶离。

机动车驾驶人不在现场或者虽在现场但拒绝立即驶离，妨碍其他车辆、行人通行的，处二十元以上二百元以下罚款，并可以将该机动车拖移至不妨碍交通的地点或者公安机关交通管理部门指定的地点停放。公安机关交通管理部门拖车不得向当事人收取费用，并应当及时告知当事人停放地点。

因采取不正确的方法拖车造成机动车损坏的，应当依法承担补偿责任。

第九十四条 机动车安全技术检验机构实施机动车安全技术检验超过国务院价格主管部门核定的收费标准收取费用的，退还多收取的费用，并由价格主管部门依照《中华人民共和国价格法》的有关规定给予处罚。

机动车安全技术检验机构不按照机动车国家安全技术标准进行检验，出具虚假检验结果的，由公安机关交通管理部门处所收检验费用五倍以上十倍以下罚款，并依法撤销其检验资格；构成犯罪的，依法追究刑事责任。

第九十五条 上道路行驶的机动车未悬挂机动车号牌，未放置检验合格标志、保险标志，或者未随车携带行驶证、驾驶证的，公安机关交通管理部门应当扣留机动车，通知当事人提供相应的牌证、标志或者补办相应手续，并可以依照本法第九十条的规定予以处罚。当事人提供相应的牌证、标志或者补办相应手续的，应当及时退还机动车。

故意遮挡、污损或者不按规定安装机动车号牌的，依照本法第九十条的规定予以处罚。

第九十六条 伪造、变造或者使用伪造、变造的机动车登记证书、号牌、行驶证、驾驶证的，由公安机关交通管理部门予以收缴，扣留该机动车，处十五日以下拘留，并处二千元以上五千元以下罚款；构成犯罪的，依法追究刑事责任。

伪造、变造或者使用伪造、变造的检验合格标志、保险标志的，由公安机关交通管理部门予以收缴，扣留该机动车，处十日以下拘留，并处一千元以上三千元以下罚款；构成犯罪的，依法追究刑事责任。

使用其他车辆的机动车登记证书、号牌、行驶证、检验合格标志、保险标志的，由公安机关交通管理部门予以收缴，扣留该机动车，处二千元以上五千元以下罚款。

当事人提供相应的合法证明或者补办相应手续的，应当及时退还机动车。

第九十七条　非法安装警报器、标志灯具的，由公安机关交通管理部门强制拆除，予以收缴，并处二百元以上二千元以下罚款。

第九十八条　机动车所有人、管理人未按照国家规定投保机动车第三者责任强制保险的，由公安机关交通管理部门扣留车辆至依照规定投保后，并处依照规定投保最低责任限额应缴纳的保险费的二倍罚款。

依照前款缴纳的罚款全部纳入道路交通事故社会救助基金。具体办法由国务院规定。

第九十九条　有下列行为之一的，由公安机关交通管理部门处二百元以上二千元以下罚款：

（一）未取得机动车驾驶证、机动车驾驶证被吊销或者机动车驾驶证被暂扣期间驾驶机动车的；

（二）将机动车交由未取得机动车驾驶证或者机动车驾驶证被吊销、暂扣的人驾驶的；

（三）造成交通事故后逃逸，尚不构成犯罪的；

（四）机动车行驶超过规定时速百分之五十的；

（五）强迫机动车驾驶人违反道路交通安全法律、法规和机动车安全驾驶要求驾驶机动车，造成交通事故，尚不构成犯罪的；

（六）违反交通管制的规定强行通行，不听劝阻的；

（七）故意损毁、移动、涂改交通设施，造成危害后果，尚不构成犯罪的；

（八）非法拦截、扣留机动车辆，不听劝阻，造成交通严重阻塞或者较大财产损失的。

行为人有前款第二项、第四项情形之一的，可以并处吊销机动车驾驶证；有第一项、第三项、第五项至第八项情形之一的，可以并处十五日以下拘留。

第一百条　驾驶拼装的机动车或者已达到报废标准的机动车上道路行驶的，公安机关交通管理部门应当予以收缴，强制报废。

对驾驶前款所列机动车上道路行驶的驾驶人，处二百元以上二千元以下罚款，并吊销机动车驾驶证。

出售已达到报废标准的机动车的，没收违法所得，处销售金额等额的罚款，对该机动车依照本条第一款的规定处理。

第一百零一条　违反道路交通安全法律、法规的规定，发生重大交通事故，构成犯罪的，依法追究刑事责任，并由公安机关交通管理部门吊销机动车驾驶证。

造成交通事故后逃逸的，由公安机关交通管理部门吊销机动车驾驶证，且终生不得重新取得机动车驾驶证。

第一百零二条 对六个月内发生二次以上特大交通事故负有主要责任或者全部责任的专业运输单位，由公安机关交通管理部门责令消除安全隐患，未消除安全隐患的机动车，禁止上道路行驶。

第一百零三条 国家机动车产品主管部门未按照机动车国家安全技术标准严格审查，许可不合格机动车型投入生产的，对负有责任的主管人员和其他直接责任人员给予降级或者撤职的行政处分。

机动车生产企业经国家机动车产品主管部门许可生产的机动车型，不执行机动车国家安全技术标准或者不严格进行机动车成品质量检验，致使质量不合格的机动车出厂销售的，由质量技术监督部门依照《中华人民共和国产品质量法》的有关规定给予处罚。

擅自生产、销售未经国家机动车产品主管部门许可生产的机动车型的，没收非法生产、销售的机动车成品及配件，可以并处非法产品价值三倍以上五倍以下罚款；有营业执照的，由工商行政管理部门吊销营业执照，没有营业执照的，予以查封。

生产、销售拼装的机动车或者生产、销售擅自改装的机动车的，依照本条第三款的规定处罚。

有本条第二款、第三款、第四款所列违法行为，生产或者销售不符合机动车国家安全技术标准的机动车，构成犯罪的，依法追究刑事责任。

第一百零四条 未经批准，擅自挖掘道路、占用道路施工或者从事其他影响道路交通安全活动的，由道路主管部门责令停止违法行为，并恢复原状，可以依法给予罚款；致使通行的人员、车辆及其他财产遭受损失的，依法承担赔偿责任。

有前款行为，影响道路交通安全活动的，公安机关交通管理部门可以责令停止违法行为，迅速恢复交通。

第一百零五条 道路施工作业或者道路出现损毁，未及时设置警示标志、未采取防护措施，或者应当设置交通信号灯、交通标志、交通标线而没有设置或者应当及时变更交通信号灯、交通标志、交通标线而没有及时变更，致使通行的人员、车辆及其他财产遭受损失的，负有相关职责的单位应当依法承担赔偿责任。

第一百零六条　在道路两侧及隔离带上种植树木、其他植物或者设置广告牌、管线等，遮挡路灯、交通信号灯、交通标志，妨碍安全视距的，由公安机关交通管理部门责令行为人排除妨碍；拒不执行的，处二百元以上二千元以下罚款，并强制排除妨碍，所需费用由行为人负担。

第一百零七条　对道路交通违法行为人予以警告、二百元以下罚款，交通警察可以当场作出行政处罚决定，并出具行政处罚决定书。

行政处罚决定书应当载明当事人的违法事实、行政处罚的依据、处罚内容、时间、地点以及处罚机关名称，并由执法人员签名或者盖章。

第一百零八条　当事人应当自收到罚款的行政处罚决定书之日起十五日内，到指定的银行缴纳罚款。

对行人、乘车人和非机动车驾驶人的罚款，当事人无异议的，可以当场予以收缴罚款。

罚款应当开具省、自治区、直辖市财政部门统一制发的罚款收据；不出具财政部门统一制发的罚款收据的，当事人有权拒绝缴纳罚款。

第一百零九条　当事人逾期不履行行政处罚决定的，作出行政处罚决定的行政机关可以采取下列措施：

（一）到期不缴纳罚款的，每日按罚款数额的百分之三加处罚款；

（二）申请人民法院强制执行。

第一百一十条　执行职务的交通警察认为应当对道路交通违法行为人给予暂扣或者吊销机动车驾驶证处罚的，可以先予扣留机动车驾驶证，并在二十四小时内将案件移交公安机关交通管理部门处理。

道路交通违法行为人应当在十五日内到公安机关交通管理部门接受处理。无正当理由逾期未接受处理的，吊销机动车驾驶证。

公安机关交通管理部门暂扣或者吊销机动车驾驶证的，应当出具行政处罚决定书。

第一百一十一条　对违反本法规定予以拘留的行政处罚，由县、市公安局、公安分局或者相当于县一级的公安机关裁决。

第一百一十二条　公安机关交通管理部门扣留机动车、非机动车，应当当场出具凭证，并告知当事人在规定期限内到公安机关交通管理部门接受处理。

公安机关交通管理部门对被扣留的车辆应当妥善保管，不得使用。

逾期不来接受处理，并且经公告三个月仍不来接受处理的，对扣留的车辆依法处理。

第一百一十三条 暂扣机动车驾驶证的期限从处罚决定生效之日起计算；处罚决定生效前先予扣留机动车驾驶证的，扣留一日折抵暂扣期限一日。

吊销机动车驾驶证后重新申请领取机动车驾驶证的期限，按照机动车驾驶证管理规定办理。

第一百一十四条 公安机关交通管理部门根据交通技术监控记录资料，可以对违法的机动车所有人或者管理人依法予以处罚。对能够确定驾驶人的，可以依照本法的规定依法予以处罚。

第一百一十五条 交通警察有下列行为之一的，依法给予行政处分：

（一）为不符合法定条件的机动车发放机动车登记证书、号牌、行驶证、检验合格标志的；

（二）批准不符合法定条件的机动车安装、使用警车、消防车、救护车、工程救险车的警报器、标志灯具，喷涂标志图案的；

（三）为不符合驾驶许可条件、未经考试或者考试不合格人员发放机动车驾驶证的；

（四）不执行罚款决定与罚款收缴分离制度或者不按规定将依法收取的费用、收缴的罚款及没收的违法所得全部上缴国库的；

（五）举办或者参与举办驾驶学校或者驾驶培训班、机动车修理厂或者收费停车场等经营活动的；

（六）利用职务上的便利收受他人财物或者谋取其他利益的；

（七）违法扣留车辆、机动车行驶证、驾驶证、车辆号牌的；

（八）使用依法扣留的车辆的；

（九）当场收取罚款不开具罚款收据或者不如实填写罚款额的；

（十）徇私舞弊，不公正处理交通事故的；

（十一）故意刁难，拖延办理机动车牌证的；

（十二）非执行紧急任务时使用警报器、标志灯具的；

（十三）违反规定拦截、检查正常行驶的车辆的；

（十四）非执行紧急公务时拦截搭乘机动车的；

（十五）不履行法定职责的。

公安机关交通管理部门有前款所列行为之一的，对直接负责的主管人员和其他直接责任人员给予相应的行政处分。

第一百一十六条 依照本法第一百一十五条的规定，给予交通警察行政处分的，在作出行政处分决定前，可以停止其执行职务；必要时，可以予以禁闭。

依照本法第一百一十五条的规定，交通警察受到降级或者撤职行政处分的，可以予以辞退。

交通警察受到开除处分或者被辞退的，应当取消警衔；受到撤职以下行政处分的交通警察，应当降低警衔。

第一百一十七条　交通警察利用职权非法占有公共财物，索取、收受贿赂，或者滥用职权、玩忽职守，构成犯罪的，依法追究刑事责任。

第一百一十八条　公安机关交通管理部门及其交通警察有本法第一百一十五条所列行为之一，给当事人造成损失的，应当依法承担赔偿责任。

第八章　附　　则

第一百一十九条　本法中下列用语的含义：

（一）“道路”，是指公路、城市道路和虽在单位管辖范围但允许社会机动车通行的地方，包括广场、公共停车场等用于公众通行的场所。

（二）“车辆”，是指机动车和非机动车。

（三）“机动车”，是指以动力装置驱动或者牵引，上道路行驶的供人员乘用或者用于运送物品以及进行工程专项作业的轮式车辆。

（四）“非机动车”，是指以人力或者畜力驱动，上道路行驶的交通工具，以及虽有动力装置驱动但设计最高时速、空车质量、外形尺寸符合有关国家标准的残疾人机动轮椅车、电动自行车等交通工具。

（五）“交通事故”，是指车辆在道路上因过错或者意外造成的人身伤亡或者财产损失的事件。

第一百二十条　中国人民解放军和中国人民武装警察部队在编机动车牌证、在编机动车检验以及机动车驾驶人考核工作，由中国人民解放军、中国人民武装警察部队有关部门负责。

第一百二十一条　对上道路行驶的拖拉机，由农业（农业机械）主管部门行使本法第八条、第九条、第十三条、第十九条、第二十三条规定的公安机关交通管理部门的管理职权。

农业（农业机械）主管部门依照前款规定行使职权，应当遵守本法有关规定，并接受公安机关交通管理部门的监督；对违反规定的，依照本法有关规定追究法律责任。

本法施行前由农业（农业机械）主管部门发放的机动车牌证，在本法施行后继续有效。

第一百二十二条 国家对入境的境外机动车的道路交通安全实施统一管理。

第一百二十三条 省、自治区、直辖市人民代表大会常务委员会可以根据本地区的实际情况，在本法规定的罚款幅度内，规定具体的执行标准。

第一百二十四条 本法自2004年5月1日起施行。

5. 中华人民共和国消防法

（1998年4月29日第九届全国人民代表大会常务委员会第二次会议通过　2008年10月28日第十一届全国人民代表大会常务委员会第五次会议修订　2008年10月28日中华人民共和国主席令第6号公布　自2009年5月1日起施行）

第一章　总　　则

第一条 为了预防火灾和减少火灾危害，加强应急救援工作，保护人身、财产安全，维护公共安全，制定本法。

第二条 消防工作贯彻预防为主、防消结合的方针，按照政府统一领导、部门依法监管、单位全面负责、公民积极参与的原则，实行消防安全责任制，建立健全社会化的消防工作网络。

第三条 国务院领导全国的消防工作。地方各级人民政府负责本行政区域内的消防工作。

各级人民政府应当将消防工作纳入国民经济和社会发展计划，保障消防工作与经济社会发展相适应。

第四条 国务院公安部门对全国的消防工作实施监督管理。县级以上地方人民政府公安机关对本行政区域内的消防工作实施监督管理，并由本级人民政府公安机关消防机构负责实施。军事设施的消防工作，由其主管单位监督管理，公安机关消防机构协助；矿井地下部分、核电厂、海上石油天然气设施的消防工作，由其主管单位监督管理。

县级以上人民政府其他有关部门在各自的职责范围内，依照本法和其他相关法律、法规的规定做好消防工作。

法律、行政法规对森林、草原的消防工作另有规定的，从其规定。

第五条　任何单位和个人都有维护消防安全、保护消防设施、预防火灾、报告火警的义务。任何单位和成年人都有参加有组织的灭火工作的义务。

第六条　各级人民政府应当组织开展经常性的消防宣传教育，提高公民的消防安全意识。

机关、团体、企业、事业等单位，应当加强对本单位人员的消防宣传教育。

公安机关及其消防机构应当加强消防法律、法规的宣传，并督促、指导、协助有关单位做好消防宣传教育工作。

教育、人力资源行政主管部门和学校、有关职业培训机构应当将消防知识纳入教育、教学、培训的内容。

新闻、广播、电视等有关单位，应当有针对性地面向社会进行消防宣传教育。

工会、共产主义青年团、妇女联合会等团体应当结合各自工作对象的特点，组织开展消防宣传教育。

村民委员会、居民委员会应当协助人民政府以及公安机关等部门，加强消防宣传教育。

第七条　国家鼓励、支持消防科学研究和技术创新，推广使用先进的消防和应急救援技术、设备；鼓励、支持社会力量开展消防公益活动。

对在消防工作中有突出贡献的单位和个人，应当按照国家有关规定给予表彰和奖励。

第二章　火灾预防

第八条　地方各级人民政府应当将包括消防安全布局、消防站、消防供水、消防通信、消防车通道、消防装备等内容的消防规划纳入城乡规划，并负责组织实施。

城乡消防安全布局不符合消防安全要求的，应当调整、完善；公共消防设施、消防装备不足或者不适应实际需要的，应当增建、改建、配置或者进行技术改造。

第九条 建设工程的消防设计、施工必须符合国家工程建设消防技术标准。建设、设计、施工、工程监理等单位依法对建设工程的消防设计、施工质量负责。

第十条 按照国家工程建设消防技术标准需要进行消防设计的建设工程，除本法第十一条另有规定的外，建设单位应当自依法取得施工许可之日起七个工作日内，将消防设计文件报公安机关消防机构备案，公安机关消防机构应当进行抽查。

第十一条 国务院公安部门规定的大型的人员密集场所和其他特殊建设工程，建设单位应当将消防设计文件报送公安机关消防机构审核。公安机关消防机构依法对审核的结果负责。

第十二条 依法应当经公安机关消防机构进行消防设计审核的建设工程，未经依法审核或者审核不合格的，负责审批该工程施工许可的部门不得给予施工许可，建设单位、施工单位不得施工；其他建设工程取得施工许可后经依法抽查不合格的，应当停止施工。

第十三条 按照国家工程建设消防技术标准需要进行消防设计的建设工程竣工，依照下列规定进行消防验收、备案：

（一）本法第十一条规定的建设工程，建设单位应当向公安机关消防机构申请消防验收；

（二）其他建设工程，建设单位在验收后应当报公安机关消防机构备案，公安机关消防机构应当进行抽查。

依法应当进行消防验收的建设工程，未经消防验收或者消防验收不合格的，禁止投入使用；其他建设工程经依法抽查不合格的，应当停止使用。

第十四条 建设工程消防设计审核、消防验收、备案和抽查的具体办法，由国务院公安部门规定。

第十五条 公众聚集场所在投入使用、营业前，建设单位或者使用单位应当向场所所在地的县级以上地方人民政府公安机关消防机构申请消防安全检查。

公安机关消防机构应当自受理申请之日起十个工作日内，根据消防技术标准和管理规定，对该场所进行消防安全检查。未经消防安全检查或者经检查不符合消防安全要求的，不得投入使用、营业。

第十六条 机关、团体、企业、事业等单位应当履行下列消防安全职责：

（一）落实消防安全责任制，制定本单位的消防安全制度、消防安全操作规程，制定灭火和应急疏散预案；

（二）按照国家标准、行业标准配置消防设施、器材，设置消防安全标志，并定期组织检验、维修，确保完好有效；

（三）对建筑消防设施每年至少进行一次全面检测，确保完好有效，检测记录应当完整准确，存档备查；

（四）保障疏散通道、安全出口、消防车通道畅通，保证防火防烟分区、防火间距符合消防技术标准；

（五）组织防火检查，及时消除火灾隐患；

（六）组织进行有针对性的消防演练；

（七）法律、法规规定的其他消防安全职责。

单位的主要负责人是本单位的消防安全责任人。

第十七条 县级以上地方人民政府公安机关消防机构应当将发生火灾可能性较大以及发生火灾可能造成重大的人身伤亡或者财产损失的单位，确定为本行政区域内的消防安全重点单位，并由公安机关报本级人民政府备案。

消防安全重点单位除应当履行本法第十六条规定的职责外，还应当履行下列消防安全职责：

（一）确定消防安全管理人，组织实施本单位的消防安全管理工作；

（二）建立消防档案，确定消防安全重点部位，设置防火标志，实行严格管理；

（三）实行每日防火巡查，并建立巡查记录；

（四）对职工进行岗前消防安全培训，定期组织消防安全培训和消防演练。

第十八条 同一建筑物由两个以上单位管理或者使用的，应当明确各方的消防安全责任，并确定责任人对共用的疏散通道、安全出口、建筑消防设施和消防车通道进行统一管理。

住宅区的物业服务企业应当对管理区域内的共用消防设施进行维护管理，提供消防安全防范服务。

第十九条 生产、储存、经营易燃易爆危险品的场所不得与居住场所设置在同一建筑物内，并应当与居住场所保持安全距离。

生产、储存、经营其他物品的场所与居住场所设置在同一建筑物内的，应当符合国家工程建设消防技术标准。

第二十条 举办大型群众性活动，承办人应当依法向公安机关申请安全许可，制定灭火和应急疏散预案并组织演练，明确消防安全责任分工，确定消防安全管理人员，保持消防设施和消防器材配置齐全、完好有效，保证疏散通道、安全出口、疏散指示标志、应急照明和消防车通道符合消防技术标准和管理规定。

第二十一条 禁止在具有火灾、爆炸危险的场所吸烟、使用明火。因施工等特殊情况需要使用明火作业的，应当按照规定事先办理审批手续，采取相应的消防安全措施；作业人员应当遵守消防安全规定。

进行电焊、气焊等具有火灾危险作业的人员和自动消防系统的操作人员，必须持证上岗，并遵守消防安全操作规程。

第二十二条 生产、储存、装卸易燃易爆危险品的工厂、仓库和专用车站、码头的设置，应当符合消防技术标准。易燃易爆气体和液体的充装站、供应站、调压站，应当设置在符合消防安全要求的位置，并符合防火防爆要求。

已经设置的生产、储存、装卸易燃易爆危险品的工厂、仓库和专用车站、码头，易燃易爆气体和液体的充装站、供应站、调压站，不再符合前款规定的，地方人民政府应当组织、协调有关部门、单位限期解决，消除安全隐患。

第二十三条 生产、储存、运输、销售、使用、销毁易燃易爆危险品，必须执行消防技术标准和管理规定。

进入生产、储存易燃易爆危险品的场所，必须执行消防安全规定。禁止非法携带易燃易爆危险品进入公共场所或者乘坐公共交通工具。

储存可燃物资仓库的管理，必须执行消防技术标准和管理规定。

第二十四条 消防产品必须符合国家标准；没有国家标准的，必须符合行业标准。禁止生产、销售或者使用不合格的消防产品以及国家明令淘汰的消防产品。

依法实行强制性产品认证的消防产品，由具有法定资质的认证机构按照国家标准、行业标准的强制性要求认证合格后，方可生产、销售、使用。实行强制性产品认证的消防产品目录，由国务院产品质量监督部门会同国务院公安部门制定并公布。

新研制的尚未制定国家标准、行业标准的消防产品，应当按照国务院产品质量监督部门会同国务院公安部门规定的办法，经技术鉴定符合消防安全要求的，方可生产、销售、使用。

依照本条规定经强制性产品认证合格或者技术鉴定合格的消防产品，国务院公安部门消防机构应当予以公布。

第二十五条 产品质量监督部门、工商行政管理部门、公安机关消防机构应当按照各自职责加强对消防产品质量的监督检查。

第二十六条 建筑构件、建筑材料和室内装修、装饰材料的防火性能必须符合国家标准；没有国家标准的，必须符合行业标准。

人员密集场所室内装修、装饰，应当按照消防技术标准的要求，使用不燃、难燃材料。

第二十七条 电器产品、燃气用具的产品标准，应当符合消防安全的要求。

电器产品、燃气用具的安装、使用及其线路、管路的设计、敷设、维护保养、检测，必须符合消防技术标准和管理规定。

第二十八条 任何单位、个人不得损坏、挪用或者擅自拆除、停用消防设施、器材，不得埋压、圈占、遮挡消火栓或者占用防火间距，不得占用、堵塞、封闭疏散通道、安全出口、消防车通道。人员密集场所的门窗不得设置影响逃生和灭火救援的障碍物。

第二十九条 负责公共消防设施维护管理的单位，应当保持消防供水、消防通信、消防车通道等公共消防设施的完好有效。在修建道路以及停电、停水、截断通信线路时有可能影响消防队灭火救援的，有关单位必须事先通知当地公安机关消防机构。

第三十条 地方各级人民政府应当加强对农村消防工作的领导，采取措施加强公共消防设施建设，组织建立和督促落实消防安全责任制。

第三十一条 在农业收获季节、森林和草原防火期间、重大节假日期间以及火灾多发季节，地方各级人民政府应当组织开展有针对性的消防宣传教育，采取防火措施，进行消防安全检查。

第三十二条 乡镇人民政府、城市街道办事处应当指导、支持和帮助村民委员会、居民委员会开展群众性的消防工作。村民委员会、居民委员会应当确定消防安全管理人，组织制定防火安全公约，进行防火安全检查。

第三十三条 国家鼓励、引导公众聚集场所和生产、储存、运输、销售易燃易爆危险品的企业投保火灾公众责任保险；鼓励保险公司承保火灾公众责任保险。

第三十四条 消防产品质量认证、消防设施检测、消防安全监测等消防技术服务机构和执业人员，应当依法获得相应的资质、资格；依照法律、行政法规、国家标准、行业标准和执业准则，接受委托提供消防技术服务，并对服务质量负责。

第三章 消防组织

第三十五条 各级人民政府应当加强消防组织建设，根据经济社会发展的需要，建立多种形式的消防组织，加强消防技术人才培养，增强火灾预防、扑救和应急救援的能力。

第三十六条 县级以上地方人民政府应当按照国家规定建立公安消防队、专职消防队，并按照国家标准配备消防装备，承担火灾扑救工作。

乡镇人民政府应当根据当地经济发展和消防工作的需要，建立专职消防队、志愿消防队，承担火灾扑救工作。

第三十七条 公安消防队、专职消防队按照国家规定承担重大灾害事故和其他以抢救人员生命为主的应急救援工作。

第三十八条 公安消防队、专职消防队应当充分发挥火灾扑救和应急救援专业力量的骨干作用；按照国家规定，组织实施专业技能训练，配备并维护保养装备器材，提高火灾扑救和应急救援的能力。

第三十九条 下列单位应当建立单位专职消防队，承担本单位的火灾扑救工作：

（一）大型核设施单位、大型发电厂、民用机场、主要港口；

（二）生产、储存易燃易爆危险品的大型企业；

（三）储备可燃的重要物资的大型仓库、基地；

（四）第一项、第二项、第三项规定以外的火灾危险性较大、距离公安消防队较远的其他大型企业；

（五）距离公安消防队较远、被列为全国重点文物保护单位的古建筑群的管理单位。

第四十条 专职消防队的建立，应当符合国家有关规定，并报当地公安机关消防机构验收。

专职消防队的队员依法享受社会保险和福利待遇。

第四十一条 机关、团体、企业、事业等单位以及村民委员会、居民委员会根据需要，建立志愿消防队等多种形式的消防组织，开展群众性自防自救工作。

第四十二条　公安机关消防机构应当对专职消防队、志愿消防队等消防组织进行业务指导；根据扑救火灾的需要，可以调动指挥专职消防队参加火灾扑救工作。

第四章　灭火救援

第四十三条　县级以上地方人民政府应当组织有关部门针对本行政区域内的火灾特点制定应急预案，建立应急反应和处置机制，为火灾扑救和应急救援工作提供人员、装备等保障。

第四十四条　任何人发现火灾都应当立即报警。任何单位、个人都应当无偿为报警提供便利，不得阻拦报警。严禁谎报火警。

人员密集场所发生火灾，该场所的现场工作人员应当立即组织、引导在场人员疏散。

任何单位发生火灾，必须立即组织力量扑救。邻近单位应当给予支援。

消防队接到火警，必须立即赶赴火灾现场，救助遇险人员，排除险情，扑灭火灾。

第四十五条　公安机关消防机构统一组织和指挥火灾现场扑救，应当优先保障遇险人员的生命安全。

火灾现场总指挥根据扑救火灾的需要，有权决定下列事项：

（一）使用各种水源；

（二）截断电力、可燃气体和可燃液体的输送，限制用火用电；

（三）划定警戒区，实行局部交通管制；

（四）利用临近建筑物和有关设施；

（五）为了抢救人员和重要物资，防止火势蔓延，拆除或者破损毗邻火灾现场的建筑物、构筑物或者设施等；

（六）调动供水、供电、供气、通信、医疗救护、交通运输、环境保护等有关单位协助灭火救援。

根据扑救火灾的紧急需要，有关地方人民政府应当组织人员、调集所需物资支援灭火。

第四十六条　公安消防队、专职消防队参加火灾以外的其他重大灾害事故的应急救援工作，由县级以上人民政府统一领导。

第四十七条　消防车、消防艇前往执行火灾扑救或者应急救援任务，在确保安全的前提下，不受行驶速度、行驶路线、行驶方向和指挥信号的限制，其他车辆、船舶以及行人应当让行，不得穿插超越；收费公路、桥梁免收车辆通行费。交通管理指挥人员应当保证消防车、消防艇迅速通行。

赶赴火灾现场或者应急救援现场的消防人员和调集的消防装备、物资，需要铁路、水路或者航空运输的，有关单位应当优先运输。

第四十八条 消防车、消防艇以及消防器材、装备和设施，不得用于与消防和应急救援工作无关的事项。

第四十九条 公安消防队、专职消防队扑救火灾、应急救援，不得收取任何费用。

单位专职消防队、志愿消防队参加扑救外单位火灾所损耗的燃料、灭火剂和器材、装备等，由火灾发生地的人民政府给予补偿。

第五十条 对因参加扑救火灾或者应急救援受伤、致残或者死亡的人员，按照国家有关规定给予医疗、抚恤。

第五十一条 公安机关消防机构有权根据需要封闭火灾现场，负责调查火灾原因，统计火灾损失。

火灾扑灭后，发生火灾的单位和相关人员应当按照公安机关消防机构的要求保护现场，接受事故调查，如实提供与火灾有关的情况。

公安机关消防机构根据火灾现场勘验、调查情况和有关的检验、鉴定意见，及时制作火灾事故认定书，作为处理火灾事故的证据。

第五章 监督检查

第五十二条 地方各级人民政府应当落实消防工作责任制，对本级人民政府有关部门履行消防安全职责的情况进行监督检查。

县级以上地方人民政府有关部门应当根据本系统的特点，有针对性地开展消防安全检查，及时督促整改火灾隐患。

第五十三条 公安机关消防机构应当对机关、团体、企业、事业等单位遵守消防法律、法规的情况依法进行监督检查。公安派出所可以负责日常消防监督检查、开展消防宣传教育，具体办法由国务院公安部门规定。

公安机关消防机构、公安派出所的工作人员进行消防监督检查，应当出示证件。

第五十四条 公安机关消防机构在消防监督检查中发现火灾隐患的，应当通知有关单位或者个人立即采取措施消除隐患；不及时消除隐患可能严重威胁公共安全的，公安机关消防机构应当依照规定对危险部位或者场所采取临时查封措施。

第五十五条　公安机关消防机构在消防监督检查中发现城乡消防安全布局、公共消防设施不符合消防安全要求，或者发现本地区存在影响公共安全的重大火灾隐患的，应当由公安机关书面报告本级人民政府。

接到报告的人民政府应当及时核实情况，组织或者责成有关部门、单位采取措施，予以整改。

第五十六条　公安机关消防机构及其工作人员应当按照法定的职权和程序进行消防设计审核、消防验收和消防安全检查，做到公正、严格、文明、高效。

公安机关消防机构及其工作人员进行消防设计审核、消防验收和消防安全检查等，不得收取费用，不得利用消防设计审核、消防验收和消防安全检查谋取利益。公安机关消防机构及其工作人员不得利用职务为用户、建设单位指定或者变相指定消防产品的品牌、销售单位或者消防技术服务机构、消防设施施工单位。

第五十七条　公安机关消防机构及其工作人员执行职务，应当自觉接受社会和公民的监督。

任何单位和个人都有权对公安机关消防机构及其工作人员在执法中的违法行为进行检举、控告。收到检举、控告的机关，应当按照职责及时查处。

第六章　法律责任

第五十八条　违反本法规定，有下列行为之一的，责令停止施工、停止使用或者停产停业，并处三万元以上三十万元以下罚款：

（一）依法应当经公安机关消防机构进行消防设计审核的建设工程，未经依法审核或者审核不合格，擅自施工的；

（二）消防设计经公安机关消防机构依法抽查不合格，不停止施工的；

（三）依法应当进行消防验收的建设工程，未经消防验收或者消防验收不合格，擅自投入使用的；

（四）建设工程投入使用后经公安机关消防机构依法抽查不合格，不停止使用的；

（五）公众聚集场所未经消防安全检查或者经检查不符合消防安全要求，擅自投入使用、营业的。

建设单位未依照本法规定将消防设计文件报公安机关消防机构备案，或者在竣工后未依照本法规定报公安机关消防机构备案的，责令限期改正，处五千元以下罚款。

第五十九条 违反本法规定，有下列行为之一的，责令改正或者停止施工，并处一万元以上十万元以下罚款：

（一）建设单位要求建筑设计单位或者建筑施工企业降低消防技术标准设计、施工的；

（二）建筑设计单位不按照消防技术标准强制性要求进行消防设计的；

（三）建筑施工企业不按照消防设计文件和消防技术标准施工，降低消防施工质量的；

（四）工程监理单位与建设单位或者建筑施工企业串通，弄虚作假，降低消防施工质量的。

第六十条 单位违反本法规定，有下列行为之一的，责令改正，处五千元以上五万元以下罚款：

（一）消防设施、器材或者消防安全标志的配置、设置不符合国家标准、行业标准，或者未保持完好有效的；

（二）损坏、挪用或者擅自拆除、停用消防设施、器材的；

（三）占用、堵塞、封闭疏散通道、安全出口或者有其他妨碍安全疏散行为的；

（四）埋压、圈占、遮挡消火栓或者占用防火间距的；

（五）占用、堵塞、封闭消防车通道，妨碍消防车通行的；

（六）人员密集场所在门窗上设置影响逃生和灭火救援的障碍物的；

（七）对火灾隐患经公安机关消防机构通知后不及时采取措施消除的。

个人有前款第二项、第三项、第四项、第五项行为之一的，处警告或者五百元以下罚款。

有本条第一款第三项、第四项、第五项、第六项行为，经责令改正拒不改正的，强制执行，所需费用由违法行为人承担。

第六十一条 生产、储存、经营易燃易爆危险品的场所与居住场所设置在同一建筑物内，或者未与居住场所保持安全距离的，责令停产停业，并处五千元以上五万元以下罚款。

生产、储存、经营其他物品的场所与居住场所设置在同一建筑物内，不符合消防技术标准的，依照前款规定处罚。

第六十二条 有下列行为之一的，依照《中华人民共和国治安管理处罚法》的规定处罚：

（一）违反有关消防技术标准和管理规定生产、储存、运输、销售、使用、销毁易燃易爆危险品的；

（二）非法携带易燃易爆危险品进入公共场所或者乘坐公共交通工具的；

（三）谎报火警的；

（四）阻碍消防车、消防艇执行任务的；

（五）阻碍公安机关消防机构的工作人员依法执行职务的。

第六十三条 违反本法规定，有下列行为之一的，处警告或者五百元以下罚款；情节严重的，处五日以下拘留：

（一）违反消防安全规定进入生产、储存易燃易爆危险品场所的；

（二）违反规定使用明火作业或者在具有火灾、爆炸危险的场所吸烟、使用明火的。

第六十四条 违反本法规定，有下列行为之一，尚不构成犯罪的，处十日以上十五日以下拘留，可以并处五百元以下罚款；情节较轻的，处警告或者五百元以下罚款：

（一）指使或者强令他人违反消防安全规定，冒险作业的；

（二）过失引起火灾的；

（三）在火灾发生后阻拦报警，或者负有报告职责的人员不及时报警的；

（四）扰乱火灾现场秩序，或者拒不执行火灾现场指挥员指挥，影响灭火救援的；

（五）故意破坏或者伪造火灾现场的；

（六）擅自拆封或者使用被公安机关消防机构查封的场所、部位的。

第六十五条 违反本法规定，生产、销售不合格的消防产品或者国家明令淘汰的消防产品的，由产品质量监督部门或者工商行政管理部门依照《中华人民共和国产品质量法》的规定从重处罚。

人员密集场所使用不合格的消防产品或者国家明令淘汰的消防产品的，责令限期改正；逾期不改正的，处五千元以上五万元以下罚款，并对其直接负责的主管人员和其他直接责任人员处五百元以上二千元以下罚款；情节严重的，责令停产停业。

公安机关消防机构对于本条第二款规定的情形，除依法对使用者予以处罚外，应当将发现不合格的消防产品和国家明令淘汰的消防产品的情况通报产品质量监督部门、工商行政管理部门。产品质量监督部门、工商行政管理部门应当对生产者、销售者依法及时查处。

第六十六条 电器产品、燃气用具的安装、使用及其线路、管路的设计、敷设、维护保养、检测不符合消防技术标准和管理规定的，责令限期改正；逾期不改正的，责令停止使用，可以并处一千元以上五千元以下罚款。

第六十七条 机关、团体、企业、事业等单位违反本法第十六条、第十七条、第十八条、第二十一条第二款规定的，责令限期改正；逾期不改正的，对其直接负责的主管人员和其他直接责任人员依法给予处分或者给予警告处罚。

第六十八条 人员密集场所发生火灾，该场所的现场工作人员不履行组织、引导在场人员疏散的义务，情节严重，尚不构成犯罪的，处五日以上十日以下拘留。

第六十九条 消防产品质量认证、消防设施检测等消防技术服务机构出具虚假文件的，责令改正，处五万元以上十万元以下罚款，并对直接负责的主管人员和其他直接责任人员处一万元以上五万元以下罚款；有违法所得的，并处没收违法所得；给他人造成损失的，依法承担赔偿责任；情节严重的，由原许可机关依法责令停止执业或者吊销相应资质、资格。

前款规定的机构出具失实文件，给他人造成损失的，依法承担赔偿责任；造成重大损失的，由原许可机关依法责令停止执业或者吊销相应资质、资格。

第七十条 本法规定的行政处罚，除本法另有规定的外，由公安机关消防机构决定；其中拘留处罚由县级以上公安机关依照《中华人民共和国治安管理处罚法》的有关规定决定。

公安机关消防机构需要传唤消防安全违法行为人的，依照《中华人民共和国治安管理处罚法》的有关规定执行。

被责令停止施工、停止使用、停产停业的，应当在整改后向公安机关消防机构报告，经公安机关消防机构检查合格，方可恢复施工、使用、生产、经营。

当事人逾期不执行停产停业、停止使用、停止施工决定的，由作出决定的公安机关消防机构强制执行。

责令停产停业，对经济和社会生活影响较大的，由公安机关消防机构提出意见，并由公安机关报请本级人民政府依法决定。本级人民政府组织公安机关等部门实施。

第七十一条　公安机关消防机构的工作人员滥用职权、玩忽职守、徇私舞弊，有下列行为之一，尚不构成犯罪的，依法给予处分：

（一）对不符合消防安全要求的消防设计文件、建设工程、场所准予审核合格、消防验收合格、消防安全检查合格的；

（二）无故拖延消防设计审核、消防验收、消防安全检查，不在法定期限内履行职责的；

（三）发现火灾隐患不及时通知有关单位或者个人整改的；

（四）利用职务为用户、建设单位指定或者变相指定消防产品的品牌、销售单位或者消防技术服务机构、消防设施施工单位的；

（五）将消防车、消防艇以及消防器材、装备和设施用于与消防和应急救援无关的事项的；

（六）其他滥用职权、玩忽职守、徇私舞弊的行为。

建设、产品质量监督、工商行政管理等其他有关行政主管部门的工作人员在消防工作中滥用职权、玩忽职守、徇私舞弊，尚不构成犯罪的，依法给予处分。

第七十二条　违反本法规定，构成犯罪的，依法追究刑事责任。

第七章　附　　则

第七十三条　本法下列用语的含义：

（一）消防设施，是指火灾自动报警系统、自动灭火系统、消火栓系统、防烟排烟系统以及应急广播和应急照明、安全疏散设施等。

（二）消防产品，是指专门用于火灾预防、灭火救援和火灾防护、避难、逃生的产品。

（三）公众聚集场所，是指宾馆、饭店、商场、集贸市场、客运车站候车室、客运码头候船厅、民用机场航站楼、体育场馆、会堂以及公共娱乐场所等。

（四）人员密集场所，是指公众聚集场所，医院的门诊楼、病房楼，学校的教学楼、图书馆、食堂和集体宿舍，养老院，福利院，托儿所，幼儿园，公共图书馆的阅览室，公共展览馆、博物馆的展示厅，劳动密集型企业的生产加工车间和员工集体宿舍，旅游、宗教活动场所等。

第七十四条 本法自2009年5月1日起施行。

6. 铁路安全管理条例

（2013年7月24日国务院第18次常务会议通过 2013年8月17日中华人民共和国国务院令第639号公布 自2014年1月1日起施行）

第一章 总 则

第一条 为了加强铁路安全管理，保障铁路运输安全和畅通，保护人身安全和财产安全，制定本条例。

第二条 铁路安全管理坚持安全第一、预防为主、综合治理的方针。

第三条 国务院铁路行业监督管理部门负责全国铁路安全监督管理工作，国务院铁路行业监督管理部门设立的铁路监督管理机构负责辖区内的铁路安全监督管理工作。国务院铁路行业监督管理部门和铁路监督管理机构统称铁路监管部门。

国务院有关部门依照法律和国务院规定的职责，负责铁路安全管理的有关工作。

第四条 铁路沿线地方各级人民政府和县级以上地方人民政府有关部门应当按照各自职责，加强保障铁路安全的教育，落实护路联防责任制，防范和制止危害铁路安全的行为，协调和处理保障铁路安全的有关事项，做好保障铁路安全的有关工作。

第五条 从事铁路建设、运输、设备制造维修的单位应当加强安全管理，建立健全安全生产管理制度，落实企业安全生产主体责任，设置安全管理机构或者配备安全管理人员，执行保障生产安全和产品质量安全的国家标准、行业标准，加强对从业人员的安全教育培训，保证安全生产所必需的资金投入。

铁路建设、运输、设备制造维修单位的工作人员应当严格执行规章制度，实行标准化作业，保证铁路安全。

第六条 铁路监管部门、铁路运输企业等单位应当按照国家有关规定制定突发事件应急预案，并组织应急演练。

第七条　禁止扰乱铁路建设、运输秩序。禁止损坏或者非法占用铁路设施设备、铁路标志和铁路用地。

任何单位或者个人发现损坏或者非法占用铁路设施设备、铁路标志、铁路用地以及其他影响铁路安全的行为，有权报告铁路运输企业，或者向铁路监管部门、公安机关或者其他有关部门举报。接到报告的铁路运输企业、接到举报的部门应当根据各自职责及时处理。

对维护铁路安全作出突出贡献的单位或者个人，按照国家有关规定给予表彰奖励。

第二章　铁路建设质量安全

第八条　铁路建设工程的勘察、设计、施工、监理以及建设物资、设备的采购，应当依法进行招标。

第九条　从事铁路建设工程勘察、设计、施工、监理活动的单位应当依法取得相应资质，并在其资质等级许可的范围内从事铁路工程建设活动。

第十条　铁路建设单位应当选择具备相应资质等级的勘察、设计、施工、监理单位进行工程建设，并对建设工程的质量安全进行监督检查，制作检查记录留存备查。

第十一条　铁路建设工程的勘察、设计、施工、监理应当遵守法律、行政法规关于建设工程质量和安全管理的规定，执行国家标准、行业标准和技术规范。

铁路建设工程的勘察、设计、施工单位依法对勘察、设计、施工的质量负责，监理单位依法对施工质量承担监理责任。

高速铁路和地质构造复杂的铁路建设工程实行工程地质勘察监理制度。

第十二条　铁路建设工程的安全设施应当与主体工程同时设计、同时施工、同时投入使用。安全设施投资应当纳入建设项目概算。

第十三条　铁路建设工程使用的材料、构件、设备等产品，应当符合有关产品质量的强制性国家标准、行业标准。

第十四条　铁路建设工程的建设工期，应当根据工程地质条件、技术复杂程度等因素，按照国家标准、行业标准和技术规范合理确定、调整。

任何单位和个人不得违反前款规定要求铁路建设、设计、施工单位压缩建设工期。

第十五条 铁路建设工程竣工，应当按照国家有关规定组织验收，并由铁路运输企业进行运营安全评估。经验收、评估合格，符合运营安全要求的，方可投入运营。

第十六条 在铁路线路及其邻近区域进行铁路建设工程施工，应当执行铁路营业线施工安全管理规定。铁路建设单位应当会同相关铁路运输企业和工程设计、施工单位制定安全施工方案，按照方案进行施工。施工完毕应当及时清理现场，不得影响铁路运营安全。

第十七条 新建、改建设计开行时速120公里以上列车的铁路或者设计运输量达到国务院铁路行业监督管理部门规定的较大运输量标准的铁路，需要与道路交叉的，应当设置立体交叉设施。

新建、改建高速公路、一级公路或者城市道路中的快速路，需要与铁路交叉的，应当设置立体交叉设施，并优先选择下穿铁路的方案。

已建成的属于前两款规定情形的铁路、道路为平面交叉的，应当逐步改造为立体交叉。

新建、改建高速铁路需要与普通铁路、道路、渡槽、管线等设施交叉的，应当优先选择高速铁路上跨方案。

第十八条 设置铁路与道路立体交叉设施及其附属安全设施所需费用的承担，按照下列原则确定：

（一）新建、改建铁路与既有道路交叉的，由铁路方承担建设费用；道路方要求超过既有道路建设标准建设所增加的费用，由道路方承担；

（二）新建、改建道路与既有铁路交叉的，由道路方承担建设费用；铁路方要求超过既有铁路线路建设标准建设所增加的费用，由铁路方承担；

（三）同步建设的铁路和道路需要设置立体交叉设施以及既有铁路道口改造为立体交叉的，由铁路方和道路方按照公平合理的原则分担建设费用。

第十九条 铁路与道路立体交叉设施及其附属安全设施竣工验收合格后，应当按照国家有关规定移交有关单位管理、维护。

第二十条 专用铁路、铁路专用线需要与公用铁路网接轨的，应当符合国家有关铁路建设、运输的安全管理规定。

第三章　铁路专用设备质量安全

第二十一条　设计、制造、维修或者进口新型铁路机车车辆，应当符合国家标准、行业标准，并分别向国务院铁路行业监督管理部门申请领取型号合格证、制造许可证、维修许可证或者进口许可证，具体办法由国务院铁路行业监督管理部门制定。

铁路机车车辆的制造、维修、使用单位应当遵守有关产品质量的法律、行政法规以及国家其他有关规定，确保投入使用的机车车辆符合安全运营要求。

第二十二条　生产铁路道岔及其转辙设备、铁路信号控制软件和控制设备、铁路通信设备、铁路牵引供电设备的企业，应当符合下列条件并经国务院铁路行业监督管理部门依法审查批准：

（一）有按照国家标准、行业标准检测、检验合格的专业生产设备；

（二）有相应的专业技术人员；

（三）有完善的产品质量保证体系和安全管理制度；

（四）法律、行政法规规定的其他条件。

第二十三条　铁路机车车辆以外的直接影响铁路运输安全的铁路专用设备，依法应当进行产品认证的，经认证合格方可出厂、销售、进口、使用。

第二十四条　用于危险化学品和放射性物品运输的铁路罐车、专用车辆以及其他容器的生产和检测、检验，依照有关法律、行政法规的规定执行。

第二十五条　用于铁路运输的安全检测、监控、防护设施设备，集装箱和集装化用具等运输器具，专用装卸机械、索具、篷布、装载加固材料或者装置，以及运输包装、货物装载加固等，应当符合国家标准、行业标准和技术规范。

第二十六条　铁路机车车辆以及其他铁路专用设备存在缺陷，即由于设计、制造、标识等原因导致同一批次、型号或者类别的铁路专用设备普遍存在不符合保障人身、财产安全的国家标准、行业标准的情形或者其他危及人身、财产安全的不合理危险的，应当立即停止生产、销售、进口、使用；设备制造者应当召回缺陷产品，采取措施消除缺陷。具体办法由国务院铁路行业监督管理部门制定。

第四章　铁路线路安全

第二十七条　铁路线路两侧应当设立铁路线路安全保护区。铁路线路安全保护区的范围，从铁路线路路堤坡脚、路堑坡顶或者铁路桥梁（含铁路、道路两用桥，下同）外侧起向外的距离分别为：

（一）城市市区高速铁路为 10 米，其他铁路为 8 米；

（二）城市郊区居民居住区高速铁路为 12 米，其他铁路为 10 米；

（三）村镇居民居住区高速铁路为 15 米，其他铁路为 12 米；

（四）其他地区高速铁路为 20 米，其他铁路为 15 米。

前款规定距离不能满足铁路运输安全保护需要的，由铁路建设单位或者铁路运输企业提出方案，铁路监督管理机构或者县级以上地方人民政府依照本条第三款规定程序划定。

在铁路用地范围内划定铁路线路安全保护区的，由铁路监督管理机构组织铁路建设单位或者铁路运输企业划定并公告。在铁路用地范围外划定铁路线路安全保护区的，由县级以上地方人民政府根据保障铁路运输安全和节约用地的原则，组织有关铁路监督管理机构、县级以上地方人民政府国土资源等部门划定并公告。

铁路线路安全保护区与公路建筑控制区、河道管理范围、水利工程管理和保护范围、航道保护范围或者石油、电力以及其他重要设施保护区重叠的，由县级以上地方人民政府组织有关部门依照法律、行政法规的规定协商划定并公告。

新建、改建铁路的铁路线路安全保护区范围，应当自铁路建设工程初步设计批准之日起 30 日内，由县级以上地方人民政府依照本条例的规定划定并公告。铁路建设单位或者铁路运输企业应当根据工程竣工资料进行勘界，绘制铁路线路安全保护区平面图，并根据平面图设立标桩。

第二十八条　设计开行时速 120 公里以上列车的铁路应当实行全封闭管理。铁路建设单位或者铁路运输企业应当按照国务院铁路行业监督管理部门的规定在铁路用地范围内设置封闭设施和警示标志。

第二十九条　禁止在铁路线路安全保护区内烧荒、放养牲畜、种植影响铁路线路安全和行车瞭望的树木等植物。

禁止向铁路线路安全保护区排污、倾倒垃圾以及其他危害铁路安全的物质。

第三十条 在铁路线路安全保护区内建造建筑物、构筑物等设施，取土、挖砂、挖沟、采空作业或者堆放、悬挂物品，应当征得铁路运输企业同意并签订安全协议，遵守保证铁路安全的国家标准、行业标准和施工安全规范，采取措施防止影响铁路运输安全。铁路运输企业应当派员对施工现场实行安全监督。

第三十一条 铁路线路安全保护区内既有的建筑物、构筑物危及铁路运输安全的，应当采取必要的安全防护措施；采取安全防护措施后仍不能保证安全的，依照有关法律的规定拆除。

拆除铁路线路安全保护区内的建筑物、构筑物，清理铁路线路安全保护区内的植物，或者对他人在铁路线路安全保护区内已依法取得的采矿权等合法权利予以限制，给他人造成损失的，应当依法给予补偿或者采取必要的补救措施。但是，拆除非法建设的建筑物、构筑物的除外。

第三十二条 在铁路线路安全保护区及其邻近区域建造或者设置的建筑物、构筑物、设备等，不得进入国家规定的铁路建筑限界。

第三十三条 在铁路线路两侧建造、设立生产、加工、储存或者销售易燃、易爆或者放射性物品等危险物品的场所、仓库，应当符合国家标准、行业标准规定的安全防护距离。

第三十四条 在铁路线路两侧从事采矿、采石或者爆破作业，应当遵守有关采矿和民用爆破的法律法规，符合国家标准、行业标准和铁路安全保护要求。

在铁路线路路堤坡脚、路堑坡顶、铁路桥梁外侧起向外各 1000 米范围内，以及在铁路隧道上方中心线两侧各 1000 米范围内，确需从事露天采矿、采石或者爆破作业的，应当与铁路运输企业协商一致，依照有关法律法规的规定报县级以上地方人民政府有关部门批准，采取安全防护措施后方可进行。

第三十五条 高速铁路线路路堤坡脚、路堑坡顶或者铁路桥梁外侧起向外各 200 米范围内禁止抽取地下水。

在前款规定范围外，高速铁路线路经过的区域属于地面沉降区域，抽取地下水危及高速铁路安全的，应当设置地下水禁止开采区或者限制开采区，具体范围由铁路监督管理机构会同县级以上地方人民政府水行政主管部门提出方案，报省、自治区、直辖市人民政府批准并公告。

第三十六条 在电气化铁路附近从事排放粉尘、烟尘及腐蚀性气体的生产活动，超过国家规定的排放标准，危及铁路运输安全的，由县级以上地方人民政府有关部门依法责令整改，消除安全隐患。

第三十七条 任何单位和个人不得擅自在铁路桥梁跨越处河道上下游各1000米范围内围垦造田、拦河筑坝、架设浮桥或者修建其他影响铁路桥梁安全的设施。

因特殊原因确需在前款规定的范围内进行围垦造田、拦河筑坝、架设浮桥等活动的，应当进行安全论证，负责审批的机关在批准前应当征求有关铁路运输企业的意见。

第三十八条 禁止在铁路桥梁跨越处河道上下游的下列范围内采砂、淘金：

（一）跨河桥长500米以上的铁路桥梁，河道上游500米，下游3000米；

（二）跨河桥长100米以上不足500米的铁路桥梁，河道上游500米，下游2000米；

（三）跨河桥长不足100米的铁路桥梁，河道上游500米，下游1000米。

有关部门依法在铁路桥梁跨越处河道上下游划定的禁采范围大于前款规定的禁采范围的，按照划定的禁采范围执行。

县级以上地方人民政府水行政主管部门、国土资源主管部门应当按照各自职责划定禁采区域、设置禁采标志，制止非法采砂、淘金行为。

第三十九条 在铁路桥梁跨越处河道上下游各500米范围内进行疏浚作业，应当进行安全技术评价，有关河道、航道管理部门应当征求铁路运输企业的意见，确认安全或者采取安全技术措施后，方可批准进行疏浚作业。但是，依法进行河道、航道日常养护、疏浚作业的除外。

第四十条 铁路、道路两用桥由所在地铁路运输企业和道路管理部门或者道路经营企业定期检查、共同维护，保证桥梁处于安全的技术状态。

铁路、道路两用桥的墩、梁等共用部分的检测、维修由铁路运输企业和道路管理部门或者道路经营企业共同负责，所需费用按照公平合理的原则分担。

第四十一条 铁路的重要桥梁和隧道按照国家有关规定由中国人民武装警察部队负责守卫。

第四十二条 船舶通过铁路桥梁应当符合桥梁的通航净空高度并遵守航行规则。

桥区航标中的桥梁航标、桥柱标、桥梁水尺标由铁路运输企业负责设置、维护，水面航标由铁路运输企业负责设置，航道管理部门负责维护。

第四十三条　下穿铁路桥梁、涵洞的道路应当按照国家标准设置车辆通过限高、限宽标志和限高防护架。城市道路的限高、限宽标志由当地人民政府指定的部门设置并维护，公路的限高、限宽标志由公路管理部门设置并维护。限高防护架在铁路桥梁、涵洞、道路建设时设置，由铁路运输企业负责维护。

机动车通过下穿铁路桥梁、涵洞的道路，应当遵守限高、限宽规定。

下穿铁路涵洞的管理单位负责涵洞的日常管理、维护，防止淤塞、积水。

第四十四条　铁路线路安全保护区内的道路和铁路线路路堑上的道路、跨越铁路线路的道路桥梁，应当按照国家有关规定设置防止车辆以及其他物体进入、坠入铁路线路的安全防护设施和警示标志，并由道路管理部门或者道路经营企业维护、管理。

第四十五条　架设、铺设铁路信号和通信线路、杆塔应当符合国家标准、行业标准和铁路安全防护要求。铁路运输企业、为铁路运输提供服务的电信企业应当加强对铁路信号和通信线路、杆塔的维护和管理。

第四十六条　设置或者拓宽铁路道口、铁路人行过道，应当征得铁路运输企业的同意。

第四十七条　铁路与道路交叉的无人看守道口应当按照国家标准设置警示标志；有人看守道口应当设置移动栏杆、列车接近报警装置、警示灯、警示标志、铁路道口路段标线等安全防护设施。

道口移动栏杆、列车接近报警装置、警示灯等安全防护设施由铁路运输企业设置、维护；警示标志、铁路道口路段标线由铁路道口所在地的道路管理部门设置、维护。

第四十八条　机动车或者非机动车在铁路道口内发生故障或者装载物掉落的，应当立即将故障车辆或者掉落的装载物移至铁路道口停止线以外或者铁路线路最外侧钢轨 5 米以外的安全地点。无法立即移至安全地点的，应当立即报告铁路道口看守人员；在无人看守道口，应当立即在道口两端采取措施拦停列车，并就近通知铁路车站或者公安机关。

第四十九条　履带车辆等可能损坏铁路设施设备的车辆、物体通过铁路道口，应当提前通知铁路道口管理单位，在其协助、指导下通过，并采取相应的安全防护措施。

第五十条　在下列地点，铁路运输企业应当按照国家标准、行业标准设置易于识别的警示、保护标志：

（一）铁路桥梁、隧道的两端；

（二）铁路信号、通信光（电）缆的埋设、铺设地点；

（三）电气化铁路接触网、自动闭塞供电线路和电力贯通线路等电力设施附近易发生危险的地点。

第五十一条 禁止毁坏铁路线路、站台等设施设备和铁路路基、护坡、排水沟、防护林木、护坡草坪、铁路线路封闭网及其他铁路防护设施。

第五十二条 禁止实施下列危及铁路通信、信号设施安全的行为：

（一）在埋有地下光（电）缆设施的地面上方进行钻探，堆放重物、垃圾，焚烧物品，倾倒腐蚀性物质；

（二）在地下光（电）缆两侧各1米的范围内建造、搭建建筑物、构筑物等设施；

（三）在地下光（电）缆两侧各1米的范围内挖砂、取土；

（四）在过河光（电）缆两侧各100米的范围内挖砂、抛锚或者进行其他危及光（电）缆安全的作业。

第五十三条 禁止实施下列危害电气化铁路设施的行为：

（一）向电气化铁路接触网抛掷物品；

（二）在铁路电力线路导线两侧各500米的范围内升放风筝、气球等低空飘浮物体；

（三）攀登铁路电力线路杆塔或者在杆塔上架设、安装其他设施设备；

（四）在铁路电力线路杆塔、拉线周围20米范围内取土、打桩、钻探或者倾倒有害化学物品；

（五）触碰电气化铁路接触网。

第五十四条 县级以上各级人民政府及其有关部门、铁路运输企业应当依照地质灾害防治法律法规的规定，加强铁路沿线地质灾害的预防、治理和应急处理等工作。

第五十五条 铁路运输企业应当对铁路线路、铁路防护设施和警示标志进行经常性巡查和维护；对巡查中发现的安全问题应当立即处理，不能立即处理的应当及时报告铁路监督管理机构。巡查和处理情况应当记录留存。

第五章 铁路运营安全

第五十六条 铁路运输企业应当依照法律、行政法规和国务院铁路行业监督管理部门的规定，制定铁路运输安全管理制度，完善相关作业程序，保障铁路旅客和货物运输安全。

第五十七条 铁路机车车辆的驾驶人员应当参加国务院铁路行业监督管理部门组织的考试，考试合格方可上岗。具体办法由国务院铁路行业监督管理部门制定。

第五十八条 铁路运输企业应当加强铁路专业技术岗位和主要行车工种岗位从业人员的业务培训和安全培训，提高从业人员的业务技能和安全意识。

第五十九条 铁路运输企业应当加强运输过程中的安全防护，使用的运输工具、装载加固设备以及其他专用设施设备应当符合国家标准、行业标准和安全要求。

第六十条 铁路运输企业应当建立健全铁路设施设备的检查防护制度，加强对铁路设施设备的日常维护检修，确保铁路设施设备性能完好和安全运行。

铁路运输企业的从业人员应当按照操作规程使用、管理铁路设施设备。

第六十一条 在法定假日和传统节日等铁路运输高峰期或者恶劣气象条件下，铁路运输企业应当采取必要的安全应急管理措施，加强铁路运输安全检查，确保运输安全。

第六十二条 铁路运输企业应当在列车、车站等场所公告旅客、列车工作人员以及其他进站人员遵守的安全管理规定。

第六十二条 公安机关应当按照职责分工，维护车站、列车等铁路场所和铁路沿线的治安秩序。

第六十四条 铁路运输企业应当按照国务院铁路行业监督管理部门的规定实施火车票实名购买、查验制度。

实施火车票实名购买、查验制度的，旅客应当凭有效身份证件购票乘车；对车票所记载身份信息与所持身份证件或者真实身份不符的持票人，铁路运输企业有权拒绝其进站乘车。

铁路运输企业应当采取有效措施为旅客实名购票、乘车提供便利，并加强对旅客身份信息的保护。铁路运输企业工作人员不得窃取、泄露旅客身份信息。

第六十五条 铁路运输企业应当依照法律、行政法规和国务院铁路行业监督管理部门的规定，对旅客及其随身携带、托运的行李物品进行安全检查。

从事安全检查的工作人员应当佩戴安全检查标志，依法履行安全检查职责，并有权拒绝不接受安全检查的旅客进站乘车和托运行李物品。

第六十六条 旅客应当接受并配合铁路运输企业在车站、列车实施的安全检查，不得违法携带、夹带管制器具，不得违法携带、托运烟花爆竹、枪支弹药等危险物品或者其他违禁物品。

禁止或者限制携带的物品种类及其数量由国务院铁路行业监督管理部门会同公安机关规定，并在车站、列车等场所公布。

第六十七条 铁路运输托运人托运货物、行李、包裹，不得有下列行为：

（一）匿报、谎报货物品名、性质、重量；

（二）在普通货物中夹带危险货物，或者在危险货物中夹带禁止配装的货物；

（三）装车、装箱超过规定重量。

第六十八条 铁路运输企业应当对承运的货物进行安全检查，并不得有下列行为：

（一）在非危险货物办理站办理危险货物承运手续；

（二）承运未接受安全检查的货物；

（三）承运不符合安全规定、可能危害铁路运输安全的货物。

第六十九条 运输危险货物应当依照法律法规和国家其他有关规定使用专用的设施设备，托运人应当配备必要的押运人员和应急处理器材、设备以及防护用品，并使危险货物始终处于押运人员的监管之下；危险货物发生被盗、丢失、泄漏等情况，应当按照国家有关规定及时报告。

第七十条 办理危险货物运输业务的工作人员和装卸人员、押运人员，应当掌握危险货物的性质、危害特性、包装容器的使用特性和发生意外的应急措施。

第七十一条 铁路运输企业和托运人应当按照操作规程包装、装卸、运输危险货物，防止危险货物泄漏、爆炸。

第七十二条 铁路运输企业和托运人应当依照法律法规和国家其他有关规定包装、装载、押运特殊药品，防止特殊药品在运输过程中被盗、被劫或者发生丢失。

第七十三条 铁路管理信息系统及其设施的建设和使用，应当符合法律法规和国家其他有关规定的安全技术要求。

铁路运输企业应当建立网络与信息安全应急保障体系，并配备相应的专业技术人员负责网络和信息系统的安全管理工作。

第七十四条　禁止使用无线电台（站）以及其他仪器、装置干扰铁路运营指挥调度无线电频率的正常使用。

铁路运营指挥调度无线电频率受到干扰的，铁路运输企业应当立即采取排查措施并报告无线电管理机构、铁路监管部门；无线电管理机构、铁路监管部门应当依法排除干扰。

第七十五条　电力企业应当依法保障铁路运输所需电力的持续供应，并保证供电质量。

铁路运输企业应当加强用电安全管理，合理配置供电电源和应急自备电源。

遇有特殊情况影响铁路电力供应的，电力企业和铁路运输企业应当按照各自职责及时组织抢修，尽快恢复正常供电。

第七十六条　铁路运输企业应当加强铁路运营食品安全管理，遵守有关食品安全管理的法律法规和国家其他有关规定，保证食品安全。

第七十七条　禁止实施下列危害铁路安全的行为：

（一）非法拦截列车、阻断铁路运输；

（二）扰乱铁路运输指挥调度机构以及车站、列车的正常秩序；

（三）在铁路线路上放置、遗弃障碍物；

（四）击打列车；

（五）擅自移动铁路线路上的机车车辆，或者擅自开启列车车门、违规操纵列车紧急制动设备；

（六）拆盗、损毁或者擅自移动铁路设施设备、机车车辆配件、标桩、防护设施和安全标志；

（七）在铁路线路上行走、坐卧或者在未设道口、人行过道的铁路线路上通过；

（八）擅自进入铁路线路封闭区域或者在未设置行人通道的铁路桥梁、隧道通行；

（九）擅自开启、关闭列车的货车阀、盖或者破坏施封状态；

（十）擅自开启列车中的集装箱箱门，破坏箱体、阀、盖或者施封状态；

（十一）擅自松动、拆解、移动列车中的货物装载加固材料、装置和设备；

（十二）钻车、扒车、跳车；

（十三）从列车上抛扔杂物；

（十四）在动车组列车上吸烟或者在其他列车的禁烟区域吸烟；

（十五）强行登乘或者以拒绝下车等方式强占列车；

（十六）冲击、堵塞、占用进出站通道或者候车区、站台。

第六章 监督检查

第七十八条 铁路监管部门应当对从事铁路建设、运输、设备制造维修的企业执行本条例的情况实施监督检查，依法查处违反本条例规定的行为，依法组织或者参与铁路安全事故的调查处理。

铁路监管部门应当建立企业违法行为记录和公告制度，对违反本条例被依法追究法律责任的从事铁路建设、运输、设备制造维修的企业予以公布。

第七十九条 铁路监管部门应当加强对铁路运输高峰期和恶劣气象条件下运输安全的监督管理，加强对铁路运输的关键环节、重要设施设备的安全状况以及铁路运输突发事件应急预案的建立和落实情况的监督检查。

第八十条 铁路监管部门和县级以上人民政府安全生产监督管理部门应当建立信息通报制度和运输安全生产协调机制。发现重大安全隐患，铁路运输企业难以自行排除的，应当及时向铁路监管部门和有关地方人民政府报告。地方人民政府获悉铁路沿线有危及铁路运输安全的重要情况，应当及时通报有关的铁路运输企业和铁路监管部门。

第八十一条 铁路监管部门发现安全隐患，应当责令有关单位立即排除。重大安全隐患排除前或者排除过程中无法保证安全的，应当责令从危险区域内撤出人员、设备，停止作业；重大安全隐患排除后方可恢复作业。

第八十二条 实施铁路安全监督检查的人员执行监督检查任务时，应当佩戴标志或者出示证件。任何单位和个人不得阻碍、干扰安全监督检查人员依法履行安全检查职责。

第七章 法律责任

第八十三条 铁路建设单位和铁路建设的勘察、设计、施工、监理单位违反本条例关于铁路建设质量安全管理的规定的，由铁路监管部门依照有关工程建设、招标投标管理的法律、行政法规的规定处罚。

第八十四条 铁路建设单位未对高速铁路和地质构造复杂的铁路建设工

程实行工程地质勘察监理，或者在铁路线路及其邻近区域进行铁路建设工程施工不执行铁路营业线施工安全管理规定，影响铁路运营安全的，由铁路监管部门责令改正，处10万元以上50万元以下的罚款。

第八十五条 依法应当进行产品认证的铁路专用设备未经认证合格，擅自出厂、销售、进口、使用的，依照《中华人民共和国认证认可条例》的规定处罚。

第八十六条 铁路机车车辆以及其他专用设备制造者未按规定召回缺陷产品，采取措施消除缺陷的，由国务院铁路行业监督管理部门责令改正；拒不改正的，处缺陷产品货值金额1%以上10%以下的罚款；情节严重的，由国务院铁路行业监督管理部门吊销相应的许可证件。

第八十七条 有下列情形之一的，由铁路监督管理机构责令改正，处2万元以上10万元以下的罚款：

（一）用于铁路运输的安全检测、监控、防护设施设备，集装箱和集装化用具等运输器具、专用装卸机械、索具、篷布、装载加固材料或者装置、运输包装、货物装载加固等，不符合国家标准、行业标准和技术规范；

（二）不按照国家有关规定和标准设置、维护铁路封闭设施、安全防护设施；

（三）架设、铺设铁路信号和通信线路、杆塔不符合国家标准、行业标准和铁路安全防护要求，或者未对铁路信号和通信线路、杆塔进行维护和管理；

（四）运输危险货物不依照法律法规和国家其他有关规定使用专用的设施设备。

第八十八条 在铁路线路安全保护区内烧荒、放养牲畜、种植影响铁路线路安全和行车瞭望的树木等植物，或者向铁路线路安全保护区排污、倾倒垃圾以及其他危害铁路安全的物质的，由铁路监督管理机构责令改正，对单位可以处5万元以下的罚款，对个人可以处2000元以下的罚款。

第八十九条 未经铁路运输企业同意或者未签订安全协议，在铁路线路安全保护区内建造建筑物、构筑物等设施，取土、挖砂、挖沟、采空作业或者堆放、悬挂物品，或者违反保证铁路安全的国家标准、行业标准和施工安全规范，影响铁路运输安全的，由铁路监督管理机构责令改正，可以处10万元以下的罚款。

铁路运输企业未派员对铁路线路安全保护区内施工现场进行安全监督的，由铁路监督管理机构责令改正，可以处3万元以下的罚款。

第九十条 在铁路线路安全保护区及其邻近区域建造或者设置的建筑物、构筑物、设备等进入国家规定的铁路建筑限界，或者在铁路线路两侧建造、设立生产、加工、储存或者销售易燃、易爆或者放射性物品等危险物品的场所、仓库不符合国家标准、行业标准规定的安全防护距离的，由铁路监督管理机构责令改正，对单位处5万元以上20万元以下的罚款，对个人处1万元以上5万元以下的罚款。

第九十一条 有下列行为之一的，分别由铁路沿线所在地县级以上地方人民政府水行政主管部门、国土资源主管部门或者无线电管理机构等依照有关水资源管理、矿产资源管理、无线电管理等法律、行政法规的规定处罚：

（一）未经批准在铁路线路两侧各1000米范围内从事露天采矿、采石或者爆破作业；

（二）在地下水禁止开采区或者限制开采区抽取地下水；

（三）在铁路桥梁跨越处河道上下游各1000米范围内围垦造田、拦河筑坝、架设浮桥或者修建其他影响铁路桥梁安全的设施；

（四）在铁路桥梁跨越处河道上下游禁止采砂、淘金的范围内采砂、淘金；

（五）干扰铁路运营指挥调度无线电频率正常使用。

第九十二条 铁路运输企业、道路管理部门或者道路经营企业未履行铁路、道路两用桥检查、维护职责的，由铁路监督管理机构或者上级道路管理部门责令改正；拒不改正的，由铁路监督管理机构或者上级道路管理部门指定其他单位进行养护和维修，养护和维修费用由拒不履行义务的铁路运输企业、道路管理部门或者道路经营企业承担。

第九十三条 机动车通过下穿铁路桥梁、涵洞的道路未遵守限高、限宽规定的，由公安机关依照道路交通安全管理法律、行政法规的规定处罚。

第九十四条 违反本条例第四十八条、第四十九条关于铁路道口安全管理的规定的，由铁路监督管理机构责令改正，处1000元以上5000元以下的罚款。

第九十五条 违反本条例第五十一条、第五十二条、第五十三条、第七十七条规定的，由公安机关责令改正，对单位处1万元以上5万元以下的罚款，对个人处500元以上2000元以下的罚款。

第九十六条 铁路运输托运人托运货物、行李、包裹时匿报、谎报货物品名、性质、重量，或者装车、装箱超过规定重量的，由铁路监督管理机构责令改正，可以处2000元以下的罚款；情节较重的，处2000元以上2万元以下的罚款；将危险化学品谎报或者匿报为普通货物托运的，处10万元以上20万元以下的罚款。

铁路运输托运人在普通货物中夹带危险货物，或者在危险货物中夹带禁止配装的货物的，由铁路监督管理机构责令改正，处3万元以上20万元以下的罚款。

第九十七条　铁路运输托运人运输危险货物未配备必要的应急处理器材、设备、防护用品，或者未按照操作规程包装、装卸、运输危险货物的，由铁路监督管理机构责令改正，处1万元以上5万元以下的罚款。

第九十八条　铁路运输托运人运输危险货物不按照规定配备必要的押运人员，或者发生危险货物被盗、丢失、泄漏等情况不按照规定及时报告的，由公安机关责令改正，处1万元以上5万元以下的罚款。

第九十九条　旅客违法携带、夹带管制器具或者违法携带、托运烟花爆竹、枪支弹药等危险物品或者其他违禁物品的，由公安机关依法给予治安管理处罚。

第一百条　铁路运输企业有下列情形之一的，由铁路监管部门责令改正，处2万元以上10万元以下的罚款：

（一）在非危险货物办理站办理危险货物承运手续；

（二）承运未接受安全检查的货物；

（三）承运不符合安全规定、可能危害铁路运输安全的货物；

（四）未按照操作规程包装、装卸、运输危险货物。

第一百零一条　铁路监管部门及其工作人员应当严格按照本条例规定的处罚种类和幅度，根据违法行为的性质和具体情节行使行政处罚权，具体办法由国务院铁路行业监督管理部门制定。

第一百零二条　铁路运输企业工作人员窃取、泄露旅客身份信息的，由公安机关依法处罚。

第一百零三条　从事铁路建设、运输、设备制造维修的单位违反本条例规定，对直接负责的主管人员和其他直接责任人员依法给予处分。

第一百零四条　铁路监管部门及其工作人员不依照本条例规定履行职责的，对负有责任的领导人员和直接责任人员依法给予处分。

第一百零五条　违反本条例规定，给铁路运输企业或者其他单位、个人财产造成损失的，依法承担民事责任。

违反本条例规定，构成违反治安管理行为的，由公安机关依法给予治安管理处罚；构成犯罪的，依法追究刑事责任。

第八章　附　　则

第一百零六条　专用铁路、铁路专用线的安全管理参照本条例的规定执行。

第一百零七条　本条例所称高速铁路，是指设计开行时速250公里以上（含预留），并且初期运营时速200公里以上的客运列车专线铁路。

第一百零八条　本条例自2014年1月1日起施行。2004年12月27日国务院公布的《铁路运输安全保护条例》同时废止。

7. 中华人民共和国道路运输条例

（2004年4月30日中华人民共和国国务院令第406号公布　根据2012年11月9日《国务院关于修改和废止部分行政法规的决定》第一次修订　根据2016年2月6日《国务院关于修改部分行政法规的决定》第二次修订）

第一章　总　　则

第一条　为了维护道路运输市场秩序，保障道路运输安全，保护道路运输有关各方当事人的合法权益，促进道路运输业的健康发展，制定本条例。

第二条　从事道路运输经营以及道路运输相关业务的，应当遵守本条例。

前款所称道路运输经营包括道路旅客运输经营（以下简称客运经营）和道路货物运输经营（以下简称货运经营）；道路运输相关业务包括站（场）经营、机动车维修经营、机动车驾驶员培训。

第三条　从事道路运输经营以及道路运输相关业务，应当依法经营，诚实信用，公平竞争。

第四条　道路运输管理，应当公平、公正、公开和便民。

第五条　国家鼓励发展乡村道路运输，并采取必要的措施提高乡镇和行政村的通班车率，满足广大农民的生活和生产需要。

第六条　国家鼓励道路运输企业实行规模化、集约化经营。任何单位和个人不得封锁或者垄断道路运输市场。

第七条　国务院交通主管部门主管全国道路运输管理工作。

县级以上地方人民政府交通主管部门负责组织领导本行政区域的道路运输管理工作。

县级以上道路运输管理机构负责具体实施道路运输管理工作。

第二章　道路运输经营

第一节　客　　运

第八条　申请从事客运经营的，应当具备下列条件：

（一）有与其经营业务相适应并经检测合格的车辆；

（二）有符合本条例第九条规定条件的驾驶人员；

（三）有健全的安全生产管理制度。

申请从事班线客运经营的，还应当有明确的线路和站点方案。

第九条　从事客运经营的驾驶人员，应当符合下列条件：

（一）取得相应的机动车驾驶证；

（二）年龄不超过60周岁；

（三）3年内无重大以上交通责任事故记录；

（四）经设区的市级道路运输管理机构对有关客运法律法规、机动车维修和旅客急救基本知识考试合格。

第十条　申请从事客运经营的，应当依法向工商行政管理机关办理有关登记手续后，按照下列规定提出申请并提交符合本条例第八条规定条件的相关材料：

（一）从事县级行政区域内客运经营的，向县级道路运输管理机构提出申请；

（二）从事省、自治区、直辖市行政区域内跨2个县级以上行政区域客运经营的，向其共同的上一级道路运输管理机构提出申请；

（三）从事跨省、自治区、直辖市行政区域客运经营的，向所在地的省、自治区、直辖市道路运输管理机构提出申请。

依照前款规定收到申请的道路运输管理机构，应当自受理申请之日起20

日内审查完毕，作出许可或者不予许可的决定。予以许可的，向申请人颁发道路运输经营许可证，并向申请人投入运输的车辆配发车辆营运证；不予许可的，应当书面通知申请人并说明理由。

对从事跨省、自治区、直辖市行政区域客运经营的申请，有关省、自治区、直辖市道路运输管理机构依照本条第二款规定颁发道路运输经营许可证前，应当与运输线路目的地的省、自治区、直辖市道路运输管理机构协商；协商不成的，应当报国务院交通主管部门决定。

第十一条 取得道路运输经营许可证的客运经营者，需要增加客运班线的，应当依照本条例第十条的规定办理有关手续。

第十二条 县级以上道路运输管理机构在审查客运申请时，应当考虑客运市场的供求状况、普遍服务和方便群众等因素。

同一线路有3个以上申请人时，可以通过招标的形式作出许可决定。

第十三条 县级以上道路运输管理机构应当定期公布客运市场供求状况。

第十四条 客运班线的经营期限为4年到8年。经营期限届满需要延续客运班线经营许可的，应当重新提出申请。

第十五条 客运经营者需要终止客运经营的，应当在终止前30日内告知原许可机关。

第十六条 客运经营者应当为旅客提供良好的乘车环境，保持车辆清洁、卫生，并采取必要的措施防止在运输过程中发生侵害旅客人身、财产安全的违法行为。

第十七条 旅客应当持有效客票乘车，遵守乘车秩序，讲究文明卫生，不得携带国家规定的危险物品及其他禁止携带的物品乘车。

第十八条 班线客运经营者取得道路运输经营许可证后，应当向公众连续提供运输服务，不得擅自暂停、终止或者转让班线运输。

第十九条 从事包车客运的，应当按照约定的起始地、目的地和线路运输。

从事旅游客运的，应当在旅游区域按照旅游线路运输。

第二十条 客运经营者不得强迫旅客乘车，不得甩客、敲诈旅客；不得擅自更换运输车辆。

第二节 货　　运

第二十一条 申请从事货运经营的，应当具备下列条件：

（一）有与其经营业务相适应并经检测合格的车辆；

（二）有符合本条例第二十二条规定条件的驾驶人员；

（三）有健全的安全生产管理制度。

第二十二条　从事货运经营的驾驶人员，应当符合下列条件：

（一）取得相应的机动车驾驶证；

（二）年龄不超过60周岁；

（三）经设区的市级道路运输管理机构对有关货运法律法规、机动车维修和货物装载保管基本知识考试合格。

第二十三条　申请从事危险货物运输经营的，还应当具备下列条件：

（一）有5辆以上经检测合格的危险货物运输专用车辆、设备；

（二）有经所在地设区的市级人民政府交通主管部门考试合格，取得上岗资格证的驾驶人员、装卸管理人员、押运人员；

（三）危险货物运输专用车辆配有必要的通讯工具；

（四）有健全的安全生产管理制度。

第二十四条　申请从事货运经营的，应当依法向工商行政管理机关办理有关登记手续后，按照下列规定提出申请并分别提交符合本条例第二十一条、第二十三条规定条件的相关材料：

（一）从事危险货物运输经营以外的货运经营的，向县级道路运输管理机构提出申请；

（二）从事危险货物运输经营的，向设区的市级道路运输管理机构提出申请。

依照前款规定收到申请的道路运输管理机构，应当自受理申请之日起20日内审查完毕，作出许可或者不予许可的决定。予以许可的，向申请人颁发道路运输经营许可证，并向申请人投入运输的车辆配发车辆营运证；不予许可的，应当书面通知申请人并说明理由。

第二十五条　货运经营者不得运输法律、行政法规禁止运输的货物。

法律、行政法规规定必须办理有关手续后方可运输的货物，货运经营者应当查验有关手续。

第二十六条　国家鼓励货运经营者实行封闭式运输，保证环境卫生和货物运输安全。

货运经营者应当采取必要措施，防止货物脱落、扬撒等。

运输危险货物应当采取必要措施，防止危险货物燃烧、爆炸、辐射、泄漏等。

第二十七条 运输危险货物应当配备必要的押运人员，保证危险货物处于押运人员的监管之下，并悬挂明显的危险货物运输标志。

托运危险货物的，应当向货运经营者说明危险货物的品名、性质、应急处置方法等情况，并严格按照国家有关规定包装，设置明显标志。

第三节 客运和货运的共同规定

第二十八条 客运经营者、货运经营者应当加强对从业人员的安全教育、职业道德教育，确保道路运输安全。

道路运输从业人员应当遵守道路运输操作规程，不得违章作业。驾驶人员连续驾驶时间不得超过4个小时。

第二十九条 生产（改装）客运车辆、货运车辆的企业应当按照国家规定标定车辆的核定人数或者载重量，严禁多标或者少标车辆的核定人数或者载重量。

客运经营者、货运经营者应当使用符合国家规定标准的车辆从事道路运输经营。

第三十条 客运经营者、货运经营者应当加强对车辆的维护和检测，确保车辆符合国家规定的技术标准；不得使用报废的、擅自改装的和其他不符合国家规定的车辆从事道路运输经营。

第三十一条 客运经营者、货运经营者应当制定有关交通事故、自然灾害以及其他突发事件的道路运输应急预案。应急预案应当包括报告程序、应急指挥、应急车辆和设备的储备以及处置措施等内容。

第三十二条 发生交通事故、自然灾害以及其他突发事件，客运经营者和货运经营者应当服从县级以上人民政府或者有关部门的统一调度、指挥。

第三十三条 道路运输车辆应当随车携带车辆营运证，不得转让、出租。

第三十四条 道路运输车辆运输旅客的，不得超过核定的人数，不得违反规定载货；运输货物的，不得运输旅客，运输的货物应当符合核定的载重量，严禁超载；载物的长、宽、高不得违反装载要求。

违反前款规定的，由公安机关交通管理部门依照《中华人民共和国道路交通安全法》的有关规定进行处罚。

第三十五条 客运经营者、危险货物运输经营者应当分别为旅客或者危险货物投保承运人责任险。

第三章　道路运输相关业务

第三十六条　申请从事道路运输站（场）经营的，应当具备下列条件：
（一）有经验收合格的运输站（场）；
（二）有相应的专业人员和管理人员；
（三）有相应的设备、设施；
（四）有健全的业务操作规程和安全管理制度。
第三十七条　申请从事机动车维修经营的，应当具备下列条件：
（一）有相应的机动车维修场地；
（二）有必要的设备、设施和技术人员；
（三）有健全的机动车维修管理制度；
（四）有必要的环境保护措施。
第三十八条　申请从事机动车驾驶员培训的，应当具备下列条件：
（一）取得企业法人资格；
（二）有健全的培训机构和管理制度；
（三）有与培训业务相适应的教学人员、管理人员；
（四）有必要的教学车辆和其他教学设施、设备、场地。

第三十九条　申请从事道路运输站（场）经营、机动车维修经营和机动车驾驶员培训业务的，应当在依法向工商行政管理机关办理有关登记手续后，向所在地县级道路运输管理机构提出申请，并分别附送符合本条例第三十六条、第三十七条、第三十八条规定条件的相关材料。县级道路运输管理机构应当自受理申请之日起15日内审查完毕，作出许可或者不予许可的决定，并书面通知申请人。

第四十条　道路运输站（场）经营者应当对出站的车辆进行安全检查，禁止无证经营的车辆进站从事经营活动，防止超载车辆或者未经安全检查的车辆出站。

道路运输站（场）经营者应当公平对待使用站（场）的客运经营者和货运经营者，无正当理由不得拒绝道路运输车辆进站从事经营活动。

道路运输站（场）经营者应当向旅客和货主提供安全、便捷、优质的服务；保持站（场）卫生、清洁；不得随意改变站（场）用途和服务功能。

第四十一条　道路旅客运输站（场）经营者应当为客运经营者合理安排

班次，公布其运输线路、起止经停站点、运输班次、始发时间、票价，调度车辆进站、发车，疏导旅客，维持上下车秩序。

道路旅客运输站（场）经营者应当设置旅客购票、候车、行李寄存和托运等服务设施，按照车辆核定载客限额售票，并采取措施防止携带危险品的人员进站乘车。

第四十二条 道路货物运输站（场）经营者应当按照国务院交通主管部门规定的业务操作规程装卸、储存、保管货物。

第四十三条 机动车维修经营者应当按照国家有关技术规范对机动车进行维修，保证维修质量，不得使用假冒伪劣配件维修机动车。

机动车维修经营者应当公布机动车维修工时定额和收费标准，合理收取费用。

第四十四条 机动车维修经营者对机动车进行二级维护、总成修理或者整车修理的，应当进行维修质量检验。检验合格的，维修质量检验人员应当签发机动车维修合格证。

机动车维修实行质量保证期制度。质量保证期内因维修质量原因造成机动车无法正常使用的，机动车维修经营者应当无偿返修。

机动车维修质量保证期制度的具体办法，由国务院交通主管部门制定。

第四十五条 机动车维修经营者不得承修已报废的机动车，不得擅自改装机动车。

第四十六条 机动车驾驶员培训机构应当按照国务院交通主管部门规定的教学大纲进行培训，确保培训质量。培训结业的，应当向参加培训的人员颁发培训结业证书。

第四章　国际道路运输

第四十七条 国务院交通主管部门应当及时向社会公布中国政府与有关国家政府签署的双边或者多边道路运输协定确定的国际道路运输线路。

第四十八条 申请从事国际道路运输经营的，应当具备下列条件：

（一）依照本条例第十条、第二十四条规定取得道路运输经营许可证的企业法人；

（二）在国内从事道路运输经营满 3 年，且未发生重大以上道路交通责任事故。

第四十九条　申请从事国际道路运输的，应当向省、自治区、直辖市道路运输管理机构提出申请并提交符合本条例第四十八条规定条件的相关材料。省、自治区、直辖市道路运输管理机构应当自受理申请之日起20日内审查完毕，作出批准或者不予批准的决定。予以批准的，应当向国务院交通主管部门备案；不予批准的，应当向当事人说明理由。

国际道路运输经营者应当持批准文件依法向有关部门办理相关手续。

第五十条　中国国际道路运输经营者应当在其投入运输车辆的显著位置，标明中国国籍识别标志。

外国国际道路运输经营者的车辆在中国境内运输，应当标明本国国籍识别标志，并按照规定的运输线路行驶；不得擅自改变运输线路，不得从事起止地都在中国境内的道路运输经营。

第五十一条　在口岸设立的国际道路运输管理机构应当加强对出入口岸的国际道路运输的监督管理。

第五十二条　外国国际道路运输经营者依法在中国境内设立的常驻代表机构不得从事经营活动。

第五章　执法监督

第五十三条　县级以上人民政府交通主管部门应当加强对道路运输管理机构实施道路运输管理工作的指导监督。

第五十四条　道路运输管理机构应当加强执法队伍建设，提高其工作人员的法制、业务素质。

道路运输管理机构的工作人员应当接受法制和道路运输管理业务培训、考核，考核不合格的，不得上岗执行职务。

第五十五条　上级道路运输管理机构应当对下级道路运输管理机构的执法活动进行监督。

道路运输管理机构应当建立健全内部监督制度，对其工作人员执法情况进行监督检查。

第五十六条　道路运输管理机构及其工作人员执行职务时，应当自觉接受社会和公民的监督。

第五十七条　道路运输管理机构应当建立道路运输举报制度，公开举报电话号码、通信地址或者电子邮件信箱。

任何单位和个人都有权对道路运输管理机构的工作人员滥用职权、徇私舞弊的行为进行举报。交通主管部门、道路运输管理机构及其他有关部门收到举报后，应当依法及时查处。

第五十八条 道路运输管理机构的工作人员应当严格按照职责权限和程序进行监督检查，不得乱设卡、乱收费、乱罚款。

道路运输管理机构的工作人员应当重点在道路运输及相关业务经营场所、客货集散地进行监督检查。

道路运输管理机构的工作人员在公路路口进行监督检查时，不得随意拦截正常行驶的道路运输车辆。

第五十九条 道路运输管理机构的工作人员实施监督检查时，应当有2名以上人员参加，并向当事人出示执法证件。

第六十条 道路运输管理机构的工作人员实施监督检查时，可以向有关单位和个人了解情况，查阅、复制有关资料。但是，应当保守被调查单位和个人的商业秘密。

被监督检查的单位和个人应当接受依法实施的监督检查，如实提供有关资料或者情况。

第六十一条 道路运输管理机构的工作人员在实施道路运输监督检查过程中，发现车辆超载行为的，应当立即予以制止，并采取相应措施安排旅客改乘或者强制卸货。

第六十二条 道路运输管理机构的工作人员在实施道路运输监督检查过程中，对没有车辆营运证又无法当场提供其他有效证明的车辆予以暂扣的，应当妥善保管，不得使用，不得收取或者变相收取保管费用。

第六章 法律责任

第六十三条 违反本条例的规定，未取得道路运输经营许可，擅自从事道路运输经营的，由县级以上道路运输管理机构责令停止经营；有违法所得的，没收违法所得，处违法所得2倍以上10倍以下的罚款；没有违法所得或者违法所得不足2万元的，处3万元以上10万元以下的罚款；构成犯罪的，依法追究刑事责任。

第六十四条 不符合本条例第九条、第二十二条规定条件的人员驾驶道路运输经营车辆的，由县级以上道路运输管理机构责令改正，处200元以上

2000 元以下的罚款；构成犯罪的，依法追究刑事责任。

第六十五条　违反本条例的规定，未经许可擅自从事道路运输站（场）经营、机动车维修经营、机动车驾驶员培训的，由县级以上道路运输管理机构责令停止经营；有违法所得的，没收违法所得，处违法所得 2 倍以上 10 倍以下的罚款；没有违法所得或者违法所得不足 1 万元的，处 2 万元以上 5 万元以下的罚款；构成犯罪的，依法追究刑事责任。

第六十六条　违反本条例的规定，客运经营者、货运经营者、道路运输相关业务经营者非法转让、出租道路运输许可证件的，由县级以上道路运输管理机构责令停止违法行为，收缴有关证件，处 2000 元以上 1 万元以下的罚款；有违法所得的，没收违法所得。

第六十七条　违反本条例的规定，客运经营者、危险货物运输经营者未按规定投保承运人责任险的，由县级以上道路运输管理机构责令限期投保；拒不投保的，由原许可机关吊销道路运输经营许可证。

第六十八条　违反本条例的规定，客运经营者、货运经营者不按照规定携带车辆营运证的，由县级以上道路运输管理机构责令改正，处警告或者 20 元以上 200 元以下的罚款。

第六十九条　违反本条例的规定，客运经营者、货运经营者有下列情形之一的，由县级以上道路运输管理机构责令改正，处 1000 元以上 3000 元以下的罚款；情节严重的，由原许可机关吊销道路运输经营许可证：

（一）不按批准的客运站点停靠或者不按规定的线路、公布的班次行驶的；

（二）强行招揽旅客、货物的；

（三）在旅客运输途中擅自变更运输车辆或者将旅客移交他人运输的；

（四）未报告原许可机关，擅自终止客运经营的；

（五）没有采取必要措施防止货物脱落、扬撒等的。

第七十条　违反本条例的规定，客运经营者、货运经营者不按规定维护和检测运输车辆的，由县级以上道路运输管理机构责令改正，处 1000 元以上 5000 元以下的罚款。

违反本条例的规定，客运经营者、货运经营者擅自改装已取得车辆营运证的车辆的，由县级以上道路运输管理机构责令改正，处 5000 元以上 2 万元以下的罚款。

第七十一条　违反本条例的规定，道路运输站（场）经营者允许无证经营的车辆进站从事经营活动以及超载车辆、未经安全检查的车辆出站或者无正当理由拒绝道路运输车辆进站从事经营活动的，由县级以上道路运输管理机构责令改正，处1万元以上3万元以下的罚款。

违反本条例的规定，道路运输站（场）经营者擅自改变道路运输站（场）的用途和服务功能，或者不公布运输线路、起止经停站点、运输班次、始发时间、票价的，由县级以上道路运输管理机构责令改正；拒不改正的，处3000元的罚款；有违法所得的，没收违法所得。

第七十二条 违反本条例的规定，机动车维修经营者使用假冒伪劣配件维修机动车，承修已报废的机动车或者擅自改装机动车的，由县级以上道路运输管理机构责令改正；有违法所得的，没收违法所得，处违法所得2倍以上10倍以下的罚款；没有违法所得或者违法所得不足1万元的，处2万元以上5万元以下的罚款，没收假冒伪劣配件及报废车辆；情节严重的，由原许可机关吊销其经营许可；构成犯罪的，依法追究刑事责任。

第七十三条 违反本条例的规定，机动车维修经营者签发虚假的机动车维修合格证，由县级以上道路运输管理机构责令改正；有违法所得的，没收违法所得，处违法所得2倍以上10倍以下的罚款；没有违法所得或者违法所得不足3000元的，处5000元以上2万元以下的罚款；情节严重的，由原许可机关吊销其经营许可；构成犯罪的，依法追究刑事责任。

第七十四条 违反本条例的规定，机动车驾驶员培训机构不严格按照规定进行培训或者在培训结业证书发放时弄虚作假的，由县级以上道路运输管理机构责令改正；拒不改正的，由原许可机关吊销其经营许可。

第七十五条 违反本条例的规定，外国国际道路运输经营者未按照规定的线路运输，擅自从事中国境内道路运输或者未标明国籍识别标志的，由省、自治区、直辖市道路运输管理机构责令停止运输；有违法所得的，没收违法所得，处违法所得2倍以上10倍以下的罚款；没有违法所得或者违法所得不足1万元的，处3万元以上6万元以下的罚款。

第七十六条 违反本条例的规定，道路运输管理机构的工作人员有下列情形之一的，依法给予行政处分；构成犯罪的，依法追究刑事责任：

（一）不依照本条例规定的条件、程序和期限实施行政许可的；

（二）参与或者变相参与道路运输经营以及道路运输相关业务的；

（三）发现违法行为不及时查处的；

（四）违反规定拦截、检查正常行驶的道路运输车辆的；

（五）违法扣留运输车辆、车辆营运证的；

（六）索取、收受他人财物，或者谋取其他利益的；

（七）其他违法行为。

第七章　附　　则

第七十七条　内地与香港特别行政区、澳门特别行政区之间的道路运输，参照本条例的有关规定执行。

第七十八条　外商可以依照有关法律、行政法规和国家有关规定，在中华人民共和国境内采用中外合资、中外合作、独资形式投资有关的道路运输经营以及道路运输相关业务。

第七十九条　从事非经营性危险货物运输的，应当遵守本条例有关规定。

第八十条　道路运输管理机构依照本条例发放经营许可证件和车辆营运证，可以收取工本费。工本费的具体收费标准由省、自治区、直辖市人民政府财政部门、价格主管部门会同同级交通主管部门核定。

第八十一条　出租车客运和城市公共汽车客运的管理办法由国务院另行规定。

第八十二条　本条例自2004年7月1日起施行。

8. 道路危险货物运输管理规定

（2013年1月23日交通运输部发布　根据2016年4月11日《交通运输部关于修改〈道路危险货物运输管理规定〉的决定》修正）

第一章　总　　则

第一条　为规范道路危险货物运输市场秩序，保障人民生命财产安全，保护环境，维护道路危险货物运输各方当事人的合法权益，根据《中华人民共和国道路运输条例》和《危险化学品安全管理条例》等有关法律、行政法规，制定本规定。

第二条　从事道路危险货物运输活动，应当遵守本规定。军事危险货物运输除外。

法律、行政法规对民用爆炸物品、烟花爆竹、放射性物品等特定种类危险货物的道路运输另有规定的，从其规定。

第三条 本规定所称危险货物，是指具有爆炸、易燃、毒害、感染、腐蚀等危险特性，在生产、经营、运输、储存、使用和处置中，容易造成人身伤亡、财产损毁或者环境污染而需要特别防护的物质和物品。危险货物以列入国家标准《危险货物品名表》（GB12268）的为准，未列入《危险货物品名表》的，以有关法律、行政法规的规定或者国务院有关部门公布的结果为准。

本规定所称道路危险货物运输，是指使用载货汽车通过道路运输危险货物的作业全过程。

本规定所称道路危险货物运输车辆，是指满足特定技术条件和要求，从事道路危险货物运输的载货汽车（以下简称专用车辆）。

第四条 危险货物的分类、分项、品名和品名编号应当按照国家标准《危险货物分类和品名编号》（GB6944）、《危险货物品名表》（GB12268）执行。危险货物的危险程度依据国家标准《危险货物运输包装通用技术条件》（GB12463），分为Ⅰ、Ⅱ、Ⅲ等级。

第五条 从事道路危险货物运输应当保障安全，依法运输，诚实信用。

第六条 国家鼓励技术力量雄厚、设备和运输条件好的大型专业危险化学品生产企业从事道路危险货物运输，鼓励道路危险货物运输企业实行集约化、专业化经营，鼓励使用厢式、罐式和集装箱等专用车辆运输危险货物。

第七条 交通运输部主管全国道路危险货物运输管理工作。

县级以上地方人民政府交通运输主管部门负责组织领导本行政区域的道路危险货物运输管理工作。

县级以上道路运输管理机构负责具体实施道路危险货物运输管理工作。

第二章 道路危险货物运输许可

第八条 申请从事道路危险货物运输经营，应当具备下列条件：

（一）有符合下列要求的专用车辆及设备：

1. 自有专用车辆（挂车除外）5 辆以上；运输剧毒化学品、爆炸品的，自有专用车辆（挂车除外）10 辆以上。

2. 专用车辆的技术要求应当符合《道路运输车辆技术管理规定》有关规定。

3．配备有效的通讯工具。

4．专用车辆应当安装具有行驶记录功能的卫星定位装置。

5．运输剧毒化学品、爆炸品、易制爆危险化学品的，应当配备罐式、厢式专用车辆或者压力容器等专用容器。

6．罐式专用车辆的罐体应当经质量检验部门检验合格，且罐体载货后总质量与专用车辆核定载质量相匹配。运输爆炸品、强腐蚀性危险货物的罐式专用车辆的罐体容积不得超过20立方米，运输剧毒化学品的罐式专用车辆的罐体容积不得超过10立方米，但符合国家有关标准的罐式集装箱除外。

7．运输剧毒化学品、爆炸品、强腐蚀性危险货物的非罐式专用车辆，核定载质量不得超过10吨，但符合国家有关标准的集装箱运输专用车辆除外。

8．配备与运输的危险货物性质相适应的安全防护、环境保护和消防设施设备。

（二）有符合下列要求的停车场地：

1．自有或者租借期限为3年以上，且与经营范围、规模相适应的停车场地，停车场地应当位于企业注册地市级行政区域内。

2．运输剧毒化学品、爆炸品专用车辆以及罐式专用车辆，数量为20辆（含）以下的，停车场地面积不低于车辆正投影面积的1．5倍，数量为20辆以上的，超过部分，每辆车的停车场地面积不低于车辆正投影面积；运输其他危险货物的，专用车辆数量为10辆（含）以下的，停车场地面积不低于车辆正投影面积的1．5倍；数量为10辆以上的，超过部分，每辆车的停车场地面积不低于车辆正投影面积。

3．停车场地应当封闭并设立明显标志，不得妨碍居民生活和威胁公共安全。

（三）有符合下列要求的从业人员和安全管理人员：

1．专用车辆的驾驶人员取得相应机动车驾驶证，年龄不超过60周岁。

2．从事道路危险货物运输的驾驶人员、装卸管理人员、押运人员应当经所在地设区的市级人民政府交通运输主管部门考试合格，并取得相应的从业资格证；从事剧毒化学品、爆炸品道路运输的驾驶人员、装卸管理人员、押运人员，应当经考试合格，取得注明为“剧毒化学品运输”或者“爆炸品运输”类别的从业资格证。

3．企业应当配备专职安全管理人员。

（四）有健全的安全生产管理制度：

1．企业主要负责人、安全管理部门负责人、专职安全管理人员安全生产责任制度。

2．从业人员安全生产责任制度。

3．安全生产监督检查制度。

4．安全生产教育培训制度。

5．从业人员、专用车辆、设备及停车场地安全管理制度。

6．应急救援预案制度。

7．安全生产作业规程。

8．安全生产考核与奖惩制度。

9．安全事故报告、统计与处理制度。

第九条　符合下列条件的企事业单位，可以使用自备专用车辆从事为本单位服务的非经营性道路危险货物运输：

（一）属于下列企事业单位之一：

1．省级以上安全生产监督管理部门批准设立的生产、使用、储存危险化学品的企业。

2．有特殊需求的科研、军工等企事业单位。

（二）具备第八条规定的条件，但自有专用车辆（挂车除外）的数量可以少于5辆。

第十条　申请从事道路危险货物运输经营的企业，应当依法向工商行政管理机关办理有关登记手续后，向所在地设区的市级道路运输管理机构提出申请，并提交以下材料：

（一）《道路危险货物运输经营申请表》，包括申请人基本信息、申请运输的危险货物范围（类别、项别或品名，如果为剧毒化学品应当标注“剧毒”）等内容。

（二）拟担任企业法定代表人的投资人或者负责人的身份证明及其复印件，经办人身份证明及其复印件和书面委托书。

（三）企业章程文本。

（四）证明专用车辆、设备情况的材料，包括：

1．未购置专用车辆、设备的，应当提交拟投入专用车辆、设备承诺书。承诺书内容应当包括车辆数量、类型、技术等级、总质量、核定载质量、车轴数以及车辆外廓尺寸；通讯工具和卫星定位装置配备情况；罐式专用车辆的罐体容积；罐式专用车辆罐体载货后的总质量与车辆核定载质量相匹配情况；运输剧毒化学品、爆炸品、易制爆危险化学品的专用车辆核定载质量等有关情况。承诺期限不得超过 1 年。

2. 已购置专用车辆、设备的，应当提供车辆行驶证、车辆技术等级评定结论；通讯工具和卫星定位装置配备；罐式专用车辆的罐体检测合格证或者检测报告及复印件等有关材料。

（五）拟聘用专职安全管理人员、驾驶人员、装卸管理人员、押运人员的，应当提交拟聘用承诺书，承诺期限不得超过 1 年；已聘用的应当提交从业资格证及其复印件以及驾驶证及其复印件。

（六）停车场地的土地使用证、租借合同、场地平面图等材料。

（七）相关安全防护、环境保护、消防设施设备的配备情况清单。

（八）有关安全生产管理制度文本。

第十一条　申请从事非经营性道路危险货物运输的单位，向所在地设区的市级道路运输管理机构提出申请时，除提交第十条第（四）项至第（八）项规定的材料外，还应当提交以下材料：

（一）《道路危险货物运输申请表》，包括申请人基本信息、申请运输的物品范围（类别、项别或品名，如果为剧毒化学品应当标注“剧毒”）等内容。

（二）下列形式之一的单位基本情况证明：

1. 省级以上安全生产监督管理部门颁发的危险化学品生产、使用等证明。

2. 能证明科研、军工等企事业单位性质或者业务范围的有关材料。

（三）特殊运输需求的说明材料。

（四）经办人的身份证明及其复印件以及书面委托书。

第十二条　设区的市级道路运输管理机构应当按照《中华人民共和国道路运输条例》和《交通行政许可实施程序规定》，以及本规定所明确的程序和时限实施道路危险货物运输行政许可，并进行实地核查。

决定准予许可的，应当向被许可人出具《道路危险货物运输行政许可决定书》，注明许可事项，具体内容应当包括运输危险货物的范围（类别、项别或品名，如果为剧毒化学品应当标注“剧毒”），专用车辆数量、要求以及运输性质，并在 10 日内向道路危险货物运输经营申请人发放《道路运输经营许可证》，向非经营性道路危险货物运输申请人发放《道路危险货物运输许可证》。

市级道路运输管理机构应当将准予许可的企业或单位的许可事项等，及时以书面形式告知县级道路运输管理机构。

决定不予许可的，应当向申请人出具《不予交通行政许可决定书》。

第十三条 被许可人已获得其他道路运输经营许可的，设区的市级道路运输管理机构应当为其换发《道路运输经营许可证》，并在经营范围中加注新许可的事项。如果原《道路运输经营许可证》是由省级道路运输管理机构发放的，由原许可机关按照上述要求予以换发。

第十四条 被许可人应当按照承诺期限落实拟投入的专用车辆、设备。

原许可机关应当对被许可人落实的专用车辆、设备予以核实，对符合许可条件的专用车辆配发《道路运输证》，并在《道路运输证》经营范围栏内注明允许运输的危险货物类别、项别或者品名，如果为剧毒化学品应标注“剧毒”；对从事非经营性道路危险货物运输的车辆，还应当加盖“非经营性危险货物运输专用章”。

被许可人未在承诺期限内落实专用车辆、设备的，原许可机关应当撤销许可决定，并收回已核发的许可证明文件。

第十五条 被许可人应当按照承诺期限落实拟聘用的专职安全管理人员、驾驶人员、装卸管理人员和押运人员。

被许可人未在承诺期限内按照承诺聘用专职安全管理人员、驾驶人员、装卸管理人员和押运人员的，原许可机关应当撤销许可决定，并收回已核发的许可证明文件。

第十六条 道路运输管理机构不得许可一次性、临时性的道路危险货物运输。

第十七条 中外合资、中外合作、外商独资形式投资道路危险货物运输的，应当同时遵守《外商投资道路运输业管理规定》。

第十八条 道路危险货物运输企业设立子公司从事道路危险货物运输的，应当向子公司注册地设区的市级道路运输管理机构申请运输许可。设立分公司的，应当向分公司注册地设区的市级道路运输管理机构备案。

第十九条 道路危险货物运输企业或者单位需要变更许可事项的，应当向原许可机关提出申请，按照本章有关许可的规定办理。

道路危险货物运输企业或者单位变更法定代表人、名称、地址等工商登记事项的，应当在30日内向原许可机关备案。

第二十条 道路危险货物运输企业或者单位终止危险货物运输业务的，

应当在终止之日的30日前告知原许可机关，并在停业后10日内将《道路运输经营许可证》或者《道路危险货物运输许可证》以及《道路运输证》交回原许可机关。

第三章　专用车辆、设备管理

第二十一条　道路危险货物运输企业或者单位应当按照《道路运输车辆技术管理规定》中有关车辆管理的规定，维护、检测、使用和管理专用车辆，确保专用车辆技术状况良好。

第二十二条　设区的市级道路运输管理机构应当定期对专用车辆进行审验，每年审验一次。审验按照《道路运输车辆技术管理规定》进行，并增加以下审验项目：

（一）专用车辆投保危险货物承运人责任险情况；

（二）必需的应急处理器材、安全防护设施设备和专用车辆标志的配备情况；

（三）具有行驶记录功能的卫星定位装置的配备情况。

第二十三条　禁止使用报废的、擅自改装的、检测不合格的、车辆技术等级达不到一级的和其他不符合国家规定的车辆从事道路危险货物运输。

除铰接列车、具有特殊装置的大型物件运输专用车辆外，严禁使用货车列车从事危险货物运输；倾卸式车辆只能运输散装硫磺、萘饼、粗蒽、煤焦沥青等危险货物。

禁止使用移动罐体（罐式集装箱除外）从事危险货物运输。

第二十四条　用于装卸危险货物的机械及工具的技术状况应当符合行业标准《汽车运输危险货物规则》（JT617）规定的技术要求。

第二十五条　罐式专用车辆的常压罐体应当符合国家标准《道路运输液体危险货物罐式车辆第1部分：金属常压罐体技术要求》（GB18564．1）、《道路运输液体危险货物罐式车辆第2部分：非金属常压罐体技术要求》（GB18564．2）等有关技术要求。

使用压力容器运输危险货物的，应当符合国家特种设备安全监督管理部门制订并公布的《移动式压力容器安全技术监察规程》（TSG R0005）等有关技术要求。

压力容器和罐式专用车辆应当在质量检验部门出具的压力容器或者罐体

检验合格的有效期内承运危险货物。

第二十六条 道路危险货物运输企业或者单位对重复使用的危险货物包装物、容器，在重复使用前应当进行检查；发现存在安全隐患的，应当维修或者更换。

道路危险货物运输企业或者单位应当对检查情况作出记录，记录的保存期限不得少于2年。

第二十七条 道路危险货物运输企业或者单位应当到具有污染物处理能力的机构对常压罐体进行清洗（置换）作业，将废气、污水等污染物集中收集，消除污染，不得随意排放，污染环境。

第四章　道路危险货物运输

第二十八条 道路危险货物运输企业或者单位应当严格按照道路运输管理机构决定的许可事项从事道路危险货物运输活动，不得转让、出租道路危险货物运输许可证件。

严禁非经营性道路危险货物运输单位从事道路危险货物运输经营活动。

第二十九条 危险货物托运人应当委托具有道路危险货物运输资质的企业承运。

危险货物托运人应当对托运的危险货物种类、数量和承运人等相关信息予以记录，记录的保存期限不得少于1年。

第三十条 危险货物托运人应当严格按照国家有关规定妥善包装并在外包装设置标志，并向承运人说明危险货物的品名、数量、危害、应急措施等情况。需要添加抑制剂或者稳定剂的，托运人应当按照规定添加，并告知承运人相关注意事项。

危险货物托运人托运危险化学品的，还应当提交与托运的危险化学品完全一致的安全技术说明书和安全标签。

第三十一条 不得使用罐式专用车辆或者运输有毒、感染性、腐蚀性危险货物的专用车辆运输普通货物。

其他专用车辆可以从事食品、生活用品、药品、医疗器具以外的普通货物运输，但应当由运输企业对专用车辆进行消除危害处理，确保不对普通货物造成污染、损害。

不得将危险货物与普通货物混装运输。

第三十二条 专用车辆应当按照国家标准《道路运输危险货物车辆标志》（GB13392）的要求悬挂标志。

第三十三条 运输剧毒化学品、爆炸品的企业或者单位，应当配备专用停车区域，并设立明显的警示标牌。

第三十四条 专用车辆应当配备符合有关国家标准以及与所载运的危险货物相适应的应急处理器材和安全防护设备。

第三十五条 道路危险货物运输企业或者单位不得运输法律、行政法规禁止运输的货物。

法律、行政法规规定的限运、凭证运输货物，道路危险货物运输企业或者单位应当按照有关规定办理相关运输手续。

法律、行政法规规定托运人必须办理有关手续后方可运输的危险货物，道路危险货物运输企业应当查验有关手续齐全有效后方可承运。

第三十六条 道路危险货物运输企业或者单位应当采取必要措施，防止危险货物脱落、扬散、丢失以及燃烧、爆炸、泄漏等。

第三十七条 驾驶人员应当随车携带《道路运输证》。驾驶人员或者押运人员应当按照《汽车运输危险货物规则》（JT617）的要求，随车携带《道路运输危险货物安全卡》。

第三十八条 在道路危险货物运输过程中，除驾驶人员外，还应当在专用车辆上配备押运人员，确保危险货物处于押运人员监管之下。

第三十九条 道路危险货物运输途中，驾驶人员不得随意停车。

因住宿或者发生影响正常运输的情况需要较长时间停车的，驾驶人员、押运人员应当设置警戒带，并采取相应的安全防范措施。

运输剧毒化学品或者易制爆危险化学品需要较长时间停车的，驾驶人员或者押运人员应当向当地公安机关报告。

第四十条 危险货物的装卸作业应当遵守安全作业标准、规程和制度，并在装卸管理人员的现场指挥或者监控下进行。

危险货物运输托运人和承运人应当按照合同约定指派装卸管理人员；若合同未予约定，则由负责装卸作业的一方指派装卸管理人员。

第四十一条 驾驶人员、装卸管理人员和押运人员上岗时应当随身携带从业资格证。

第四十二条 严禁专用车辆违反国家有关规定超载、超限运输。

道路危险货物运输企业或者单位使用罐式专用车辆运输货物时，罐体载货后的总质量应当和专用车辆核定载质量相匹配；使用牵引车运输货物时，挂车载货后的总质量应当与牵引车的准牵引总质量相匹配。

第四十三条 道路危险货物运输企业或者单位应当要求驾驶人员和押运人员在运输危险货物时，严格遵守有关部门关于危险货物运输线路、时间、速度方面的有关规定，并遵守有关部门关于剧毒、爆炸危险品道路运输车辆在重大节假日通行高速公路的相关规定。

第四十四条 道路危险货物运输企业或者单位应当通过卫星定位监控平台或者监控终端及时纠正和处理超速行驶、疲劳驾驶、不按规定线路行驶等违法违规驾驶行为。

监控数据应当至少保存 3 个月，违法驾驶信息及处理情况应当至少保存 3 年。

第四十五条 道路危险货物运输从业人员必须熟悉有关安全生产的法规、技术标准和安全生产规章制度、安全操作规程，了解所装运危险货物的性质、危害特性、包装物或者容器的使用要求和发生意外事故时的处置措施，并严格执行《汽车运输危险货物规则》（JT617）、《汽车运输、装卸危险货物作业规程》（JT618）等标准，不得违章作业。

第四十六条 道路危险货物运输企业或者单位应当通过岗前培训、例会、定期学习等方式，对从业人员进行经常性安全生产、职业道德、业务知识和操作规程的教育培训。

第四十七条 道路危险货物运输企业或者单位应当加强安全生产管理，制定突发事件应急预案，配备应急救援人员和必要的应急救援器材、设备，并定期组织应急救援演练，严格落实各项安全制度。

第四十八条 道路危险货物运输企业或者单位应当委托具备资质条件的机构，对本企业或单位的安全管理情况每 3 年至少进行一次安全评估，出具安全评估报告。

第四十九条 在危险货物运输过程中发生燃烧、爆炸、污染、中毒或者被盗、丢失、流散、泄漏等事故，驾驶人员、押运人员应当立即根据应急预案和《道路运输危险货物安全卡》的要求采取应急处置措施，并向事故发生地公安部门、交通运输主管部门和本运输企业或者单位报告。运输企业或者单位接到事故报告后，应当按照本单位危险货物应急预案组织救援，并向事故发生地安全生产监督管理部门和环境保护、卫生主管部门报告。

道路危险货物运输管理机构应当公布事故报告电话。

第五十条　在危险货物装卸过程中，应当根据危险货物的性质，轻装轻卸，堆码整齐，防止混杂、撒漏、破损，不得与普通货物混合堆放。

第五十一条　道路危险货物运输企业或者单位应当为其承运的危险货物投保承运人责任险。

第五十二条　道路危险货物运输企业异地经营（运输线路起讫点均不在企业注册地市域内）累计 3 个月以上的，应当向经营地设区的市级道路运输管理机构备案并接受其监管。

第五章　监督检查

第五十三条　道路危险货物运输监督检查按照《道路货物运输及站场管理规定》执行。

道路运输管理机构工作人员应当定期或者不定期对道路危险货物运输企业或者单位进行现场检查。

第五十四条　道路运输管理机构工作人员对在异地取得从业资格的人员监督检查时，可以向原发证机关申请提供相应的从业资格档案资料，原发证机关应当予以配合。

第五十五条　道路运输管理机构在实施监督检查过程中，经本部门主要负责人批准，可以对没有随车携带《道路运输证》又无法当场提供其他有效证明文件的危险货物运输专用车辆予以扣押。

第五十六条　任何单位和个人对违反本规定的行为，有权向道路危险货物运输管理机构举报。

道路危险货物运输管理机构应当公布举报电话，并在接到举报后及时依法处理；对不属于本部门职责的，应当及时移送有关部门处理。

第六章　法律责任

第五十七条　违反本规定，有下列情形之一的，由县级以上道路运输管理机构责令停止运输经营，有违法所得的，没收违法所得，处违法所得 2 倍以上 10 倍以下的罚款；没有违法所得或者违法所得不足 2 万元的，处 3 万元以上 10 万元以下的罚款；构成犯罪的，依法追究刑事责任：

（一）未取得道路危险货物运输许可，擅自从事道路危险货物运输的；

（二）使用失效、伪造、变造、被注销等无效道路危险货物运输许可证件从事道路危险货物运输的；

（三）超越许可事项，从事道路危险货物运输的；

（四）非经营性道路危险货物运输单位从事道路危险货物运输经营的。

第五十八条 违反本规定，道路危险货物运输企业或者单位非法转让、出租道路危险货物运输许可证件的，由县级以上道路运输管理机构责令停止违法行为，收缴有关证件，处2000元以上1万元以下的罚款；有违法所得的，没收违法所得。

第五十九条 违反本规定，道路危险货物运输企业或者单位有下列行为之一，由县级以上道路运输管理机构责令限期投保；拒不投保的，由原许可机关吊销《道路运输经营许可证》或者《道路危险货物运输许可证》，或者吊销相应的经营范围：

（一）未投保危险货物承运人责任险的；

（二）投保的危险货物承运人责任险已过期，未继续投保的。

第六十条 违反本规定，道路危险货物运输企业或者单位不按照规定随车携带《道路运输证》的，由县级以上道路运输管理机构责令改正，处警告或者20元以上200元以下的罚款。

第六十一条 违反本规定，道路危险货物运输企业或者单位以及托运人有下列情形之一的，由县级以上道路运输管理机构责令改正，并处5万元以上10万元以下的罚款，拒不改正的，责令停产停业整顿；构成犯罪的，依法追究刑事责任：

（一）驾驶人员、装卸管理人员、押运人员未取得从业资格上岗作业的；

（二）托运人不向承运人说明所托运的危险化学品的种类、数量、危险特性以及发生危险情况的应急处置措施，或者未按照国家有关规定对所托运的危险化学品妥善包装并在外包装上设置相应标志的；

（三）未根据危险化学品的危险特性采取相应的安全防护措施，或者未配备必要的防护用品和应急救援器材的；

（四）运输危险化学品需要添加抑制剂或者稳定剂，托运人未添加或者未将有关情况告知承运人的。

第六十二条 违反本规定，道路危险货物运输企业或者单位未配备专职安全管理人员的，由县级以上道路运输管理机构责令改正，可以处1万元以下的罚款；拒不改正的，对危险化学品运输企业或单位处1万元以上5万元以下的罚款，对运输危险化学品以外其他危险货物的企业或单位处 1 万元以上 2 万元以下的罚款。

第六十三条　违反本规定，道路危险化学品运输托运人有下列行为之一的，由县级以上道路运输管理机构责令改正，处 10 万元以上 20 万元以下的罚款，有违法所得的，没收违法所得；拒不改正的，责令停产停业整顿；构成犯罪的，依法追究刑事责任：

（一）委托未依法取得危险货物道路运输许可的企业承运危险化学品的；

（二）在托运的普通货物中夹带危险化学品，或者将危险化学品谎报或者匿报为普通货物托运的。

第六十四条　违反本规定，道路危险货物运输企业擅自改装已取得《道路运输证》的专用车辆及罐式专用车辆罐体的，由县级以上道路运输管理机构责令改正，并处 5000 元以上 2 万元以下的罚款。

第七章　附　　则

第六十五条　本规定对道路危险货物运输经营未作规定的，按照《道路货物运输及站场管理规定》执行；对非经营性道路危险货物运输未作规定的，参照《道路货物运输及站场管理规定》执行。

第六十六条　道路危险货物运输许可证件和《道路运输证》工本费的具体收费标准由省、自治区、直辖市人民政府财政、价格主管部门会同同级交通运输主管部门核定。

第六十七条　交通运输部可以根据相关行业协会的申请，经组织专家论证后，统一公布可以按照普通货物实施道路运输管理的危险货物。

第六十八条　本规定自 2013 年 7 月 1 日起施行。交通部 2005 年发布的《道路危险货物运输管理规定》（交通部令 2005 年第 9 号）及交通运输部 2010 年发布的《关于修改〈道路危险货物运输管理规定〉的决定》（交通运输部令 2010 年第 5 号）同时废止。

9. 大型群众性活动安全管理条例

（2007年8月29日国务院第190次常务会议通过　2007年9月14日中华人民共和国国务院令第505号公布　自2007年10月1日起施行）

第一章　总　　则

第一条　为了加强对大型群众性活动的安全管理，保护公民生命和财产安全，维护社会治安秩序和公共安全，制定本条例。

第二条　本条例所称大型群众性活动，是指法人或者其他组织面向社会公众举办的每场次预计参加人数达到1000人以上的下列活动：

（一）体育比赛活动；

（二）演唱会、音乐会等文艺演出活动；

（三）展览、展销等活动；

（四）游园、灯会、庙会、花会、焰火晚会等活动；

（五）人才招聘会、现场开奖的彩票销售等活动。

影剧院、音乐厅、公园、娱乐场所等在其日常业务范围内举办的活动，不适用本条例的规定。

第三条　大型群众性活动的安全管理应当遵循安全第一、预防为主的方针，坚持承办者负责、政府监管的原则。

第四条　县级以上人民政府公安机关负责大型群众性活动的安全管理工作。

县级以上人民政府其他有关主管部门按照各自的职责，负责大型群众性活动的有关安全工作。

第二章　安全责任

第五条　大型群众性活动的承办者（以下简称承办者）对其承办活动的安全负责，承办者的主要负责人为大型群众性活动的安全责任人。

第六条　举办大型群众性活动，承办者应当制订大型群众性活动安全工作方案。

大型群众性活动安全工作方案包括下列内容：

（一）活动的时间、地点、内容及组织方式；

（二）安全工作人员的数量、任务分配和识别标志；

（三）活动场所消防安全措施；

（四）活动场所可容纳的人员数量以及活动预计参加人数；

（五）治安缓冲区域的设定及其标识；

（六）入场人员的票证查验和安全检查措施；

（七）车辆停放、疏导措施；

（八）现场秩序维护、人员疏导措施；

（九）应急救援预案。

第七条　承办者具体负责下列安全事项：

（一）落实大型群众性活动安全工作方案和安全责任制度，明确安全措施、安全工作人员岗位职责，开展大型群众性活动安全宣传教育；

（二）保障临时搭建的设施、建筑物的安全，消除安全隐患；

（三）按照负责许可的公安机关的要求，配备必要的安全检查设备，对参加大型群众性活动的人员进行安全检查，对拒不接受安全检查的，承办者有权拒绝其进入；

（四）按照核准的活动场所容纳人员数量、划定的区域发放或者出售门票；

（五）落实医疗救护、灭火、应急疏散等应急救援措施并组织演练；

（六）对妨碍大型群众性活动安全的行为及时予以制止，发现违法犯罪行为及时向公安机关报告；

（七）配备与大型群众性活动安全工作需要相适应的专业保安人员以及其他安全工作人员；

（八）为大型群众性活动的安全工作提供必要的保障。

第八条　大型群众性活动的场所管理者具体负责下列安全事项：

（一）保障活动场所、设施符合国家安全标准和安全规定；

（二）保障疏散通道、安全出口、消防车通道、应急广播、应急照明、疏散指示标志符合法律、法规、技术标准的规定；

（三）保障监控设备和消防设施、器材配置齐全、完好有效；

（四）提供必要的停车场地，并维护安全秩序。

第九条 参加大型群众性活动的人员应当遵守下列规定：

（一）遵守法律、法规和社会公德，不得妨碍社会治安、影响社会秩序；

（二）遵守大型群众性活动场所治安、消防等管理制度，接受安全检查，不得携带爆炸性、易燃性、放射性、毒害性、腐蚀性等危险物质或者非法携带枪支、弹药、管制器具；

（三）服从安全管理，不得展示侮辱性标语、条幅等物品，不得围攻裁判员、运动员或者其他工作人员，不得投掷杂物。

第十条 公安机关应当履行下列职责：

（一）审核承办者提交的大型群众性活动申请材料，实施安全许可；

（二）制订大型群众性活动安全监督方案和突发事件处置预案；

（三）指导对安全工作人员的教育培训；

（四）在大型群众性活动举办前，对活动场所组织安全检查，发现安全隐患及时责令改正；

（五）在大型群众性活动举办过程中，对安全工作的落实情况实施监督检查，发现安全隐患及时责令改正；

（六）依法查处大型群众性活动中的违法犯罪行为，处置危害公共安全的突发事件。

第三章 安全管理

第十一条 公安机关对大型群众性活动实行安全许可制度。《营业性演出管理条例》对演出活动的安全管理另有规定的，从其规定。

举办大型群众性活动应当符合下列条件：

（一）承办者是依照法定程序成立的法人或者其他组织；

（二）大型群众性活动的内容不得违反宪法、法律、法规的规定，不得违反社会公德；

（三）具有符合本条例规定的安全工作方案，安全责任明确、措施有效；

（四）活动场所、设施符合安全要求。

第十二条 大型群众性活动的预计参加人数在1000人以上5000人以下的，由活动所在地县级人民政府公安机关实施安全许可；预计参加人数在5000人以上的，由活动所在地设区的市级人民政府公安机关或者直辖市人民政府公安机关实施安全许可；跨省、自治区、直辖市举办大型群众性活动的，由国务院公安部门实施安全许可。

第十三条 承办者应当在活动举办日的20日前提出安全许可申请，申请时，应当提交下列材料：

（一）承办者合法成立的证明以及安全责任人的身份证明；

（二）大型群众性活动方案及其说明，2个或者2个以上承办者共同承办大型群众性活动的，还应当提交联合承办的协议；

（三）大型群众性活动安全工作方案；

（四）活动场所管理者同意提供活动场所的证明。

依照法律、行政法规的规定，有关主管部门对大型群众性活动的承办者有资质、资格要求的，还应当提交有关资质、资格证明。

第十四条 公安机关收到申请材料应当依法做出受理或者不予受理的决定。对受理的申请，应当自受理之日起7日内进行审查，对活动场所进行查验，对符合安全条件的，做出许可的决定；对不符合安全条件的，做出不予许可的决定，并书面说明理由。

第十五条 对经安全许可的大型群众性活动，承办者不得擅自变更活动的时间、地点、内容或者扩大大型群众性活动的举办规模。

承办者变更大型群众性活动时间的，应当在原定举办活动时间之前向做出许可决定的公安机关申请变更，经公安机关同意方可变更。

承办者变更大型群众性活动地点、内容以及扩大大型群众性活动举办规模的，应当依照本条例的规定重新申请安全许可。

承办者取消举办大型群众性活动的，应当在原定举办活动时间之前书面告知做出安全许可决定的公安机关，并交回公安机关颁发的准予举办大型群众性活动的安全许可证件。

第十六条 对经安全许可的大型群众性活动，公安机关根据安全需要组织相应警力，维持活动现场周边的治安、交通秩序，预防和处置突发治安事件，查处违法犯罪活动。

第十七条 在大型群众性活动现场负责执行安全管理任务的公安机关工作人员，凭值勤证件进入大型群众性活动现场，依法履行安全管理职责。

公安机关和其他有关主管部门及其工作人员不得向承办者索取门票。

第十八条 承办者发现进入活动场所的人员达到核准数量时，应当立即停止验票；发现持有划定区域以外的门票或者持假票的人员，应当拒绝其入场并向活动现场的公安机关工作人员报告。

第十九条 在大型群众性活动举办过程中发生公共安全事故、治安案件的，安全责任人应当立即启动应急救援预案，并立即报告公安机关。

第四章 法律责任

第二十条 承办者擅自变更大型群众性活动的时间、地点、内容或者擅自扩大大型群众性活动的举办规模的，由公安机关处1万元以上5万元以下罚款；有违法所得的，没收违法所得。

未经公安机关安全许可的大型群众性活动由公安机关予以取缔，对承办者处10万元以上30万元以下罚款。

第二十一条 承办者或者大型群众性活动场所管理者违反本条例规定致使发生重大伤亡事故、治安案件或者造成其他严重后果构成犯罪的，依法追究刑事责任；尚不构成犯罪的，对安全责任人和其他直接责任人员依法给予处分、治安管理处罚，对单位处1万元以上5万元以下罚款。

第二十二条 在大型群众性活动举办过程中发生公共安全事故，安全责任人不立即启动应急救援预案或者不立即向公安机关报告的，由公安机关对安全责任人和其他直接责任人员处5000元以上5万元以下罚款。

第二十三条 参加大型群众性活动的人员有违反本条例第九条规定行为的，由公安机关给予批评教育；有危害社会治安秩序、威胁公共安全行为的，公安机关可以将其强行带离现场，依法给予治安管理处罚；构成犯罪的，依法追究刑事责任。

第二十四条 有关主管部门的工作人员和直接负责的主管人员在履行大型群众性活动安全管理职责中，有滥用职权、玩忽职守、徇私舞弊行为的，依法给予处分；构成犯罪的，依法追究刑事责任。

第五章 附 则

第二十五条 县级以上各级人民政府、国务院部门直接举办的大型群众性活动的安全保卫工作，由举办活动的人民政府、国务院部门负责，不实行安全许可制度，但应当按照本条例的有关规定，责成或者会同有关公安机关制订更加严格的安全保卫工作方案，并组织实施。

第二十六条 本条例自2007年10月1日起施行。

10. 危险化学品安全管理条例

（2002 年 1 月 26 日国务院令第 344 号公布　2011 年 3 月 2 日国务院令第 591 号修订通过　根据 2013 年 12 月 7 日《国务院关于修改部分行政法规的决定》修改）

第一章　总　　则

第一条　为了加强危险化学品的安全管理，预防和减少危险化学品事故，保障人民群众生命财产安全，保护环境，制定本条例。

第二条　危险化学品生产、储存、使用、经营和运输的安全管理，适用本条例。

废弃危险化学品的处置，依照有关环境保护的法律、行政法规和国家有关规定执行。

第三条　本条例所称危险化学品，是指具有毒害、腐蚀、爆炸、燃烧、助燃等性质，对人体、设施、环境具有危害的剧毒化学品和其他化学品。

危险化学品目录，由国务院安全生产监督管理部门会同国务院工业和信息化、公安、环境保护、卫生、质量监督检验检疫、交通运输、铁路、民用航空、农业主管部门，根据化学品危险特性的鉴别和分类标准确定、公布，并适时调整。

第四条　危险化学品安全管理，应当坚持安全第一、预防为主、综合治理的方针，强化和落实企业的主体责任。

生产、储存、使用、经营、运输危险化学品的单位（以下统称危险化学品单位）的主要负责人对本单位的危险化学品安全管理工作全面负责。

危险化学品单位应当具备法律、行政法规规定和国家标准、行业标准要求的安全条件，建立、健全安全管理规章制度和岗位安全责任制度，对从业人员进行安全教育、法制教育和岗位技术培训。从业人员应当接受教育和培训，考核合格后上岗作业；对有资格要求的岗位，应当配备依法取得相应资格的人员。

第五条　任何单位和个人不得生产、经营、使用国家禁止生产、经营、使用的危险化学品。

国家对危险化学品的使用有限制性规定的，任何单位和个人不得违反限制性规定使用危险化学品。

第六条 对危险化学品的生产、储存、使用、经营、运输实施安全监督管理的有关部门（以下统称负有危险化学品安全监督管理职责的部门），依照下列规定履行职责：

（一）安全生产监督管理部门负责危险化学品安全监督管理综合工作，组织确定、公布、调整危险化学品目录，对新建、改建、扩建生产、储存危险化学品（包括使用长输管道输送危险化学品，下同）的建设项目进行安全条件审查，核发危险化学品安全生产许可证、危险化学品安全使用许可证和危险化学品经营许可证，并负责危险化学品登记工作。

（二）公安机关负责危险化学品的公共安全管理，核发剧毒化学品购买许可证、剧毒化学品道路运输通行证，并负责危险化学品运输车辆的道路交通安全管理。

（三）质量监督检验检疫部门负责核发危险化学品及其包装物、容器（不包括储存危险化学品的固定式大型储罐，下同）生产企业的工业产品生产许可证，并依法对其产品质量实施监督，负责对进出口危险化学品及其包装实施检验。

（四）环境保护主管部门负责废弃危险化学品处置的监督管理，组织危险化学品的环境危害性鉴定和环境风险程度评估，确定实施重点环境管理的危险化学品，负责危险化学品环境管理登记和新化学物质环境管理登记；依照职责分工调查相关危险化学品环境污染事故和生态破坏事件，负责危险化学品事故现场的应急环境监测。

（五）交通运输主管部门负责危险化学品道路运输、水路运输的许可以及运输工具的安全管理，对危险化学品水路运输安全实施监督，负责危险化学品道路运输企业、水路运输企业驾驶人员、船员、装卸管理人员、押运人员、申报人员、集装箱装箱现场检查员的资格认定。铁路监管部门负责危险化学品铁路运输及其运输工具的安全管理。民用航空主管部门负责危险化学品航空运输以及航空运输企业及其运输工具的安全管理。

（六）卫生主管部门负责危险化学品毒性鉴定的管理，负责组织、协调危险化学品事故受伤人员的医疗卫生救援工作。

（七）工商行政管理部门依据有关部门的许可证件，核发危险化学品生产、储存、经营、运输企业营业执照，查处危险化学品经营企业违法采购危险化学品的行为。

（八）邮政管理部门负责依法查处寄递危险化学品的行为。

第七条　负有危险化学品安全监督管理职责的部门依法进行监督检查，可以采取下列措施：

（一）进入危险化学品作业场所实施现场检查，向有关单位和人员了解情况，查阅、复制有关文件、资料；

（二）发现危险化学品事故隐患，责令立即消除或者限期消除；

（三）对不符合法律、行政法规、规章规定或者国家标准、行业标准要求的设施、设备、装置、器材、运输工具，责令立即停止使用；

（四）经本部门主要负责人批准，查封违法生产、储存、使用、经营危险化学品的场所，扣押违法生产、储存、使用、经营、运输的危险化学品以及用于违法生产、使用、运输危险化学品的原材料、设备、运输工具；

（五）发现影响危险化学品安全的违法行为，当场予以纠正或者责令限期改正。

负有危险化学品安全监督管理职责的部门依法进行监督检查，监督检查人员不得少于2人，并应当出示执法证件；有关单位和个人对依法进行的监督检查应当予以配合，不得拒绝、阻碍。

第八条　县级以上人民政府应当建立危险化学品安全监督管理工作协调机制，支持、督促负有危险化学品安全监督管理职责的部门依法履行职责，协调、解决危险化学品安全监督管理工作中的重大问题。

负有危险化学品安全监督管理职责的部门应当相互配合、密切协作，依法加强对危险化学品的安全监督管理。

第九条　任何单位和个人对违反本条例规定的行为，有权向负有危险化学品安全监督管理职责的部门举报。负有危险化学品安全监督管理职责的部门接到举报，应当及时依法处理；对不属于本部门职责的，应当及时移送有关部门处理。

第十条　国家鼓励危险化学品生产企业和使用危险化学品从事生产的企业采用有利于提高安全保障水平的先进技术、工艺、设备以及自动控制系统，鼓励对危险化学品实行专门储存、统一配送、集中销售。

第二章 生产、储存安全

第十一条 国家对危险化学品的生产、储存实行统筹规划、合理布局。

国务院工业和信息化主管部门以及国务院其他有关部门依据各自职责，负责危险化学品生产、储存的行业规划和布局。

地方人民政府组织编制城乡规划，应当根据本地区的实际情况，按照确保安全的原则，规划适当区域专门用于危险化学品的生产、储存。

第十二条 新建、改建、扩建生产、储存危险化学品的建设项目（以下简称建设项目），应当由安全生产监督管理部门进行安全条件审查。

建设单位应当对建设项目进行安全条件论证，委托具备国家规定的资质条件的机构对建设项目进行安全评价，并将安全条件论证和安全评价的情况报告报建设项目所在地设区的市级以上人民政府安全生产监督管理部门；安全生产监督管理部门应当自收到报告之日起45日内作出审查决定，并书面通知建设单位。具体办法由国务院安全生产监督管理部门制定。

新建、改建、扩建储存、装卸危险化学品的港口建设项目，由港口行政管理部门按照国务院交通运输主管部门的规定进行安全条件审查。

第十三条 生产、储存危险化学品的单位，应当对其铺设的危险化学品管道设置明显标志，并对危险化学品管道定期检查、检测。

进行可能危及危险化学品管道安全的施工作业，施工单位应当在开工的7日前书面通知管道所属单位，并与管道所属单位共同制定应急预案，采取相应的安全防护措施。管道所属单位应当指派专门人员到现场进行管道安全保护指导。

第十四条 危险化学品生产企业进行生产前，应当依照《安全生产许可证条例》的规定，取得危险化学品安全生产许可证。

生产列入国家实行生产许可证制度的工业产品目录的危险化学品的企业，应当依照《中华人民共和国工业产品生产许可证管理条例》的规定，取得工业产品生产许可证。

负责颁发危险化学品安全生产许可证、工业产品生产许可证的部门，应当将其颁发许可证的情况及时向同级工业和信息化主管部门、环境保护主管部门和公安机关通报。

第十五条 危险化学品生产企业应当提供与其生产的危险化学品相符的

化学品安全技术说明书，并在危险化学品包装（包括外包装件）上粘贴或者拴挂与包装内危险化学品相符的化学品安全标签。化学品安全技术说明书和化学品安全标签所载明的内容应当符合国家标准的要求。

危险化学品生产企业发现其生产的危险化学品有新的危险特性的，应当立即公告，并及时修订其化学品安全技术说明书和化学品安全标签。

第十六条 生产实施重点环境管理的危险化学品的企业，应当按照国务院环境保护主管部门的规定，将该危险化学品向环境中释放等相关信息向环境保护主管部门报告。环境保护主管部门可以根据情况采取相应的环境风险控制措施。

第十七条 危险化学品的包装应当符合法律、行政法规、规章的规定以及国家标准、行业标准的要求。

危险化学品包装物、容器的材质以及危险化学品包装的型式、规格、方法和单件质量（重量），应当与所包装的危险化学品的性质和用途相适应。

第十八条 生产列入国家实行生产许可证制度的工业产品目录的危险化学品包装物、容器的企业，应当依照《中华人民共和国工业产品生产许可证管理条例》的规定，取得工业产品生产许可证；其生产的危险化学品包装物、容器经国务院质量监督检验检疫部门认定的检验机构检验合格，方可出厂销售。

运输危险化学品的船舶及其配载的容器，应当按照国家船舶检验规范进行生产，并经海事管理机构认定的船舶检验机构检验合格，方可投入使用。

对重复使用的危险化学品包装物、容器，使用单位在重复使用前应当进行检查；发现存在安全隐患的，应当维修或者更换。使用单位应当对检查情况作出记录，记录的保存期限不得少于2年。

第十九条 危险化学品生产装置或者储存数量构成重大危险源的危险化学品储存设施（运输工具加油站、加气站除外），与下列场所、设施、区域的距离应当符合国家有关规定：

（一）居住区以及商业中心、公园等人员密集场所；

（二）学校、医院、影剧院、体育场（馆）等公共设施；

（三）饮用水源、水厂以及水源保护区；

（四）车站、码头（依法经许可从事危险化学品装卸作业的除外）、机场以及通信干线、通信枢纽、铁路线路、道路交通干线、水路交通干线、地铁风亭以及地铁站出入口；

（五）基本农田保护区、基本草原、畜禽遗传资源保护区、畜禽规模化养殖场（养殖小区）、渔业水域以及种子、种畜禽、水产苗种生产基地；

（六）河流、湖泊、风景名胜区、自然保护区；

（七）军事禁区、军事管理区；

（八）法律、行政法规规定的其他场所、设施、区域。

已建的危险化学品生产装置或者储存数量构成重大危险源的危险化学品储存设施不符合前款规定的，由所在地设区的市级人民政府安全生产监督管理部门会同有关部门监督其所属单位在规定期限内进行整改；需要转产、停产、搬迁、关闭的，由本级人民政府决定并组织实施。

储存数量构成重大危险源的危险化学品储存设施的选址，应当避开地震活动断层和容易发生洪灾、地质灾害的区域。

本条例所称重大危险源，是指生产、储存、使用或者搬运危险化学品，且危险化学品的数量等于或者超过临界量的单元（包括场所和设施）。

第二十条 生产、储存危险化学品的单位，应当根据其生产、储存的危险化学品的种类和危险特性，在作业场所设置相应的监测、监控、通风、防晒、调温、防火、灭火、防爆、泄压、防毒、中和、防潮、防雷、防静电、防腐、防泄漏以及防护围堤或者隔离操作等安全设施、设备，并按照国家标准、行业标准或者国家有关规定对安全设施、设备进行经常性维护、保养，保证安全设施、设备的正常使用。

生产、储存危险化学品的单位，应当在其作业场所和安全设施、设备上设置明显的安全警示标志。

第二十一条 生产、储存危险化学品的单位，应当在其作业场所设置通讯、报警装置，并保证处于适用状态。

第二十二条 生产、储存危险化学品的企业，应当委托具备国家规定的资质条件的机构，对本企业的安全生产条件每 3 年进行一次安全评价，提出安全评价报告。安全评价报告的内容应当包括对安全生产条件存在的问题进行整改的方案。

生产、储存危险化学品的企业，应当将安全评价报告以及整改方案的落实情况报所在地县级人民政府安全生产监督管理部门备案。在港区内储存危险化学品的企业，应当将安全评价报告以及整改方案的落实情况报港口行政管理部门备案。

第二十三条 生产、储存剧毒化学品或者国务院公安部门规定的可用于制造爆炸物品的危险化学品（以下简称易制爆危险化学品）的单位，应当如实记录其生产、储存的剧毒化学品、易制爆危险化学品的数量、流向，并采取必要的安全防范措施，防止剧毒化学品、易制爆危险化学品丢失或者被盗；发现剧毒化学品、易制爆危险化学品丢失或者被盗的，应当立即向当地公安机关报告。

生产、储存剧毒化学品、易制爆危险化学品的单位，应当设置治安保卫机构，配备专职治安保卫人员。

第二十四条 危险化学品应当储存在专用仓库、专用场地或者专用储存室（以下统称专用仓库）内，并由专人负责管理；剧毒化学品以及储存数量构成重大危险源的其他危险化学品，应当在专用仓库内单独存放，并实行双人收发、双人保管制度。

危险化学品的储存方式、方法以及储存数量应当符合国家标准或者国家有关规定。

第二十五条 储存危险化学品的单位应当建立危险化学品出入库核查、登记制度。

对剧毒化学品以及储存数量构成重大危险源的其他危险化学品，储存单位应当将其储存数量、储存地点以及管理人员的情况，报所在地县级人民政府安全生产监督管理部门（在港区内储存的，报港口行政管理部门）和公安机关备案。

第二十六条 危险化学品专用仓库应当符合国家标准、行业标准的要求，并设置明显的标志。储存剧毒化学品、易制爆危险化学品的专用仓库，应当按照国家有关规定设置相应的技术防范设施。

储存危险化学品的单位应当对其危险化学品专用仓库的安全设施、设备定期进行检测、检验。

第二十七条 生产、储存危险化学品的单位转产、停产、停业或者解散的，应当采取有效措施，及时、妥善处置其危险化学品生产装置、储存设施以及库存的危险化学品，不得丢弃危险化学品；处置方案应当报所在地县级人民政府安全生产监督管理部门、工业和信息化主管部门、环境保护主管部门和公安机关备案。安全生产监督管理部门应当会同环境保护主管部门和公安机关对处置情况进行监督检查，发现未依照规定处置的，应当责令其立即处置。

第三章 使用安全

第二十八条 使用危险化学品的单位，其使用条件（包括工艺）应当符合法律、行政法规的规定和国家标准、行业标准的要求，并根据所使用的危险化学品的种类、危险特性以及使用量和使用方式，建立、健全使用危险化学品的安全管理规章制度和安全操作规程，保证危险化学品的安全使用。

第二十九条 使用危险化学品从事生产并且使用量达到规定数量的化工企业（属于危险化学品生产企业的除外，下同），应当依照本条例的规定取得危险化学品安全使用许可证。

前款规定的危险化学品使用量的数量标准，由国务院安全生产监督管理部门会同国务院公安部门、农业主管部门确定并公布。

第三十条 申请危险化学品安全使用许可证的化工企业，除应当符合本条例第二十八条的规定外，还应当具备下列条件：

（一）有与所使用的危险化学品相适应的专业技术人员；

（二）有安全管理机构和专职安全管理人员；

（三）有符合国家规定的危险化学品事故应急预案和必要的应急救援器材、设备；

（四）依法进行了安全评价。

第三十一条 申请危险化学品安全使用许可证的化工企业，应当向所在地设区的市级人民政府安全生产监督管理部门提出申请，并提交其符合本条例第三十条规定条件的证明材料。设区的市级人民政府安全生产监督管理部门应当依法进行审查，自收到证明材料之日起45日内作出批准或者不予批准的决定。予以批准的，颁发危险化学品安全使用许可证；不予批准的，书面通知申请人并说明理由。

安全生产监督管理部门应当将其颁发危险化学品安全使用许可证的情况及时向同级环境保护主管部门和公安机关通报。

第三十二条 本条例第十六条关于生产实施重点环境管理的危险化学品的企业的规定，适用于使用实施重点环境管理的危险化学品从事生产的企业；第二十条、第二十一条、第二十三条第一款、第二十七条关于生产、储存危险化学品的单位的规定，适用于使用危险化学品的单位；第二十二条关于生产、储存危险化学品的企业的规定，适用于使用危险化学品从事生产的企业。

第四章 经营安全

第三十三条 国家对危险化学品经营（包括仓储经营，下同）实行许可制度。未经许可，任何单位和个人不得经营危险化学品。

依法设立的危险化学品生产企业在其厂区范围内销售本企业生产的危险化学品，不需要取得危险化学品经营许可。

依照《中华人民共和国港口法》的规定取得港口经营许可证的港口经营人，在港区内从事危险化学品仓储经营，不需要取得危险化学品经营许可。

第三十四条 从事危险化学品经营的企业应当具备下列条件：

（一）有符合国家标准、行业标准的经营场所，储存危险化学品的，还应当有符合国家标准、行业标准的储存设施；

（二）从业人员经过专业技术培训并经考核合格；

（三）有健全的安全管理规章制度；

（四）有专职安全管理人员；

（五）有符合国家规定的危险化学品事故应急预案和必要的应急救援器材、设备；

（六）法律、法规规定的其他条件。

第三十五条 从事剧毒化学品、易制爆危险化学品经营的企业，应当向所在地设区的市级人民政府安全生产监督管理部门提出申请，从事其他危险化学品经营的企业，应当向所在地县级人民政府安全生产监督管理部门提出申请（有储存设施的，应当向所在地设区的市级人民政府安全生产监督管理部门提出申请）。申请人应当提交其符合本条例第三十四条规定条件的证明材料。设区的市级人民政府安全生产监督管理部门或者县级人民政府安全生产监督管理部门应当依法进行审查，并对申请人的经营场所、储存设施进行现场核查，自收到证明材料之日起30日内作出批准或者不予批准的决定。予以批准的，颁发危险化学品经营许可证；不予批准的，书面通知申请人并说明理由。

设区的市级人民政府安全生产监督管理部门和县级人民政府安全生产监督管理部门应当将其颁发危险化学品经营许可证的情况及时向同级环境保护主管部门和公安机关通报。

申请人持危险化学品经营许可证向工商行政管理部门办理登记手续后，

方可从事危险化学品经营活动。法律、行政法规或者国务院规定经营危险化学品还需要经其他有关部门许可的，申请人向工商行政管理部门办理登记手续时还应当持相应的许可证件。

第三十六条 危险化学品经营企业储存危险化学品的，应当遵守本条例第二章关于储存危险化学品的规定。危险化学品商店内只能存放民用小包装的危险化学品。

第三十七条 危险化学品经营企业不得向未经许可从事危险化学品生产、经营活动的企业采购危险化学品，不得经营没有化学品安全技术说明书或者化学品安全标签的危险化学品。

第三十八条 依法取得危险化学品安全生产许可证、危险化学品安全使用许可证、危险化学品经营许可证的企业，凭相应的许可证件购买剧毒化学品、易制爆危险化学品。民用爆炸物品生产企业凭民用爆炸物品生产许可证购买易制爆危险化学品。

前款规定以外的单位购买剧毒化学品的，应当向所在地县级人民政府公安机关申请取得剧毒化学品购买许可证；购买易制爆危险化学品的，应当持本单位出具的合法用途说明。

个人不得购买剧毒化学品（属于剧毒化学品的农药除外）和易制爆危险化学品。

第三十九条 申请取得剧毒化学品购买许可证，申请人应当向所在地县级人民政府公安机关提交下列材料：

（一）营业执照或者法人证书（登记证书）的复印件；

（二）拟购买的剧毒化学品品种、数量的说明；

（三）购买剧毒化学品用途的说明；

（四）经办人的身份证明。

县级人民政府公安机关应当自收到前款规定的材料之日起3日内，作出批准或者不予批准的决定。予以批准的，颁发剧毒化学品购买许可证；不予批准的，书面通知申请人并说明理由。

剧毒化学品购买许可证管理办法由国务院公安部门制定。

第四十条 危险化学品生产企业、经营企业销售剧毒化学品、易制爆危险化学品，应当查验本条例第三十八条第一款、第二款规定的相关许可证件或者证明文件，不得向不具有相关许可证件或者证明文件的单位销售剧毒化学品、易制爆危险化学品。对持剧毒化学品购买许可证购买剧毒化学品的，应当按照许可证载明的品种、数量销售。

禁止向个人销售剧毒化学品（属于剧毒化学品的农药除外）和易制爆危险化学品。

第四十一条 危险化学品生产企业、经营企业销售剧毒化学品、易制爆危险化学品，应当如实记录购买单位的名称、地址、经办人的姓名、身份证号码以及所购买的剧毒化学品、易制爆危险化学品的品种、数量、用途。销售记录以及经办人的身份证明复印件、相关许可证件复印件或者证明文件的保存期限不得少于1年。

剧毒化学品、易制爆危险化学品的销售企业、购买单位应当在销售、购买后5日内，将所销售、购买的剧毒化学品、易制爆危险化学品的品种、数量以及流向信息报所在地县级人民政府公安机关备案，并输入计算机系统。

第四十二条 使用剧毒化学品、易制爆危险化学品的单位不得出借、转让其购买的剧毒化学品、易制爆危险化学品；因转产、停产、搬迁、关闭等确需转让的，应当向具有本条例第三十八条第一款、第二款规定的相关许可证件或者证明文件的单位转让，并在转让后将有关情况及时向所在地县级人民政府公安机关报告。

第五章 运输安全

第四十三条 从事危险化学品道路运输、水路运输的，应当分别依照有关道路运输、水路运输的法律、行政法规的规定，取得危险货物道路运输许可、危险货物水路运输许可，并向工商行政管理部门办理登记手续。

危险化学品道路运输企业、水路运输企业应当配备专职安全管理人员。

第四十四条 危险化学品道路运输企业、水路运输企业的驾驶人员、船员、装卸管理人员、押运人员、申报人员、集装箱装箱现场检查员应当经交通运输主管部门考核合格，取得从业资格。具体办法由国务院交通运输主管部门制定。

危险化学品的装卸作业应当遵守安全作业标准、规程和制度，并在装卸管理人员的现场指挥或者监控下进行。水路运输危险化学品的集装箱装箱作业应当在集装箱装箱现场检查员的指挥或者监控下进行，并符合积载、隔离的规范和要求；装箱作业完毕后，集装箱装箱现场检查员应当签署装箱证明书。

第四十五条 运输危险化学品，应当根据危险化学品的危险特性采取相应的安全防护措施，并配备必要的防护用品和应急救援器材。

用于运输危险化学品的槽罐以及其他容器应当封口严密，能够防止危险化学品在运输过程中因温度、湿度或者压力的变化发生渗漏、洒漏；槽罐以及其他容器的溢流和泄压装置应当设置准确、起闭灵活。

运输危险化学品的驾驶人员、船员、装卸管理人员、押运人员、申报人员、集装箱装箱现场检查员，应当了解所运输的危险化学品的危险特性及其包装物、容器的使用要求和出现危险情况时的应急处置方法。

第四十六条 通过道路运输危险化学品的，托运人应当委托依法取得危险货物道路运输许可的企业承运。

第四十七条 通过道路运输危险化学品的，应当按照运输车辆的核定载质量装载危险化学品，不得超载。

危险化学品运输车辆应当符合国家标准要求的安全技术条件，并按照国家有关规定定期进行安全技术检验。

危险化学品运输车辆应当悬挂或者喷涂符合国家标准要求的警示标志。

第四十八条 通过道路运输危险化学品的，应当配备押运人员，并保证所运输的危险化学品处于押运人员的监控之下。

运输危险化学品途中因住宿或者发生影响正常运输的情况，需要较长时间停车的，驾驶人员、押运人员应当采取相应的安全防范措施；运输剧毒化学品或者易制爆危险化学品的，还应当向当地公安机关报告。

第四十九条 未经公安机关批准，运输危险化学品的车辆不得进入危险化学品运输车辆限制通行的区域。危险化学品运输车辆限制通行的区域由县级人民政府公安机关划定，并设置明显的标志。

第五十条 通过道路运输剧毒化学品的，托运人应当向运输始发地或者目的地县级人民政府公安机关申请剧毒化学品道路运输通行证。

申请剧毒化学品道路运输通行证，托运人应当向县级人民政府公安机关提交下列材料：

（一）拟运输的剧毒化学品品种、数量的说明；

（二）运输始发地、目的地、运输时间和运输路线的说明；

（三）承运人取得危险货物道路运输许可、运输车辆取得营运证以及驾驶人员、押运人员取得上岗资格的证明文件；

（四）本条例第三十八条第一款、第二款规定的购买剧毒化学品的相关许可证件，或者海关出具的进出口证明文件。

县级人民政府公安机关应当自收到前款规定的材料之日起7日内，作出批准或者不予批准的决定。予以批准的，颁发剧毒化学品道路运输通行证；不予批准的，书面通知申请人并说明理由。

剧毒化学品道路运输通行证管理办法由国务院公安部门制定。

第五十一条 剧毒化学品、易制爆危险化学品在道路运输途中丢失、被盗、被抢或者出现流散、泄漏等情况的，驾驶人员、押运人员应当立即采取相应的警示措施和安全措施，并向当地公安机关报告。公安机关接到报告后，应当根据实际情况立即向安全生产监督管理部门、环境保护主管部门、卫生主管部门通报。有关部门应当采取必要的应急处置措施。

第五十二条 通过水路运输危险化学品的，应当遵守法律、行政法规以及国务院交通运输主管部门关于危险货物水路运输安全的规定。

第五十三条 海事管理机构应当根据危险化学品的种类和危险特性，确定船舶运输危险化学品的相关安全运输条件。

拟交付船舶运输的化学品的相关安全运输条件不明确的，货物所有人或者代理人应当委托相关技术机构进行评估，明确相关安全运输条件并经海事管理机构确认后，方可交付船舶运输。

第五十四条 禁止通过内河封闭水域运输剧毒化学品以及国家规定禁止通过内河运输的其他危险化学品。

前款规定以外的内河水域，禁止运输国家规定禁止通过内河运输的剧毒化学品以及其他危险化学品。

禁止通过内河运输的剧毒化学品以及其他危险化学品的范围，由国务院交通运输主管部门会同国务院环境保护主管部门、工业和信息化主管部门、安全生产监督管理部门，根据危险化学品的危险特性、危险化学品对人体和水环境的危害程度以及消除危害后果的难易程度等因素规定并公布。

第五十五条 国务院交通运输主管部门应当根据危险化学品的危险特性，对通过内河运输本条例第五十四条规定以外的危险化学品（以下简称通过内河运输危险化学品）实行分类管理，对各类危险化学品的运输方式、包装规范和安全防护措施等分别作出规定并监督实施。

第五十六条 通过内河运输危险化学品，应当由依法取得危险货物水路运输许可的水路运输企业承运，其他单位和个人不得承运。托运人应当委托依法取得危险货物水路运输许可的水路运输企业承运，不得委托其他单位和个人承运。

第五十七条 通过内河运输危险化学品，应当使用依法取得危险货物适装证书的运输船舶。水路运输企业应当针对所运输的危险化学品的危险特性，制定运输船舶危险化学品事故应急救援预案，并为运输船舶配备充足、有效的应急救援器材和设备。

通过内河运输危险化学品的船舶，其所有人或者经营人应当取得船舶污染损害责任保险证书或者财务担保证明。船舶污染损害责任保险证书或者财务担保证明的副本应当随船携带。

第五十八条 通过内河运输危险化学品，危险化学品包装物的材质、型式、强度以及包装方法应当符合水路运输危险化学品包装规范的要求。国务院交通运输主管部门对单船运输的危险化学品数量有限制性规定的，承运人应当按照规定安排运输数量。

第五十九条 用于危险化学品运输作业的内河码头、泊位应当符合国家有关安全规范，与饮用水取水口保持国家规定的距离。有关管理单位应当制定码头、泊位危险化学品事故应急预案，并为码头、泊位配备充足、有效的应急救援器材和设备。

用于危险化学品运输作业的内河码头、泊位，经交通运输主管部门按照国家有关规定验收合格后方可投入使用。

第六十条 船舶载运危险化学品进出内河港口，应当将危险化学品的名称、危险特性、包装以及进出港时间等事项，事先报告海事管理机构。海事管理机构接到报告后，应当在国务院交通运输主管部门规定的时间内作出是否同意的决定，通知报告人，同时通报港口行政管理部门。定船舶、定航线、定货种的船舶可以定期报告。

在内河港口内进行危险化学品的装卸、过驳作业，应当将危险化学品的名称、危险特性、包装和作业的时间、地点等事项报告港口行政管理部门。港口行政管理部门接到报告后，应当在国务院交通运输主管部门规定的时间内作出是否同意的决定，通知报告人，同时通报海事管理机构。

载运危险化学品的船舶在内河航行，通过过船建筑物的，应当提前向交通运输主管部门申报，并接受交通运输主管部门的管理。

第六十一条 载运危险化学品的船舶在内河航行、装卸或者停泊，应当悬挂专用的警示标志，按照规定显示专用信号。

载运危险化学品的船舶在内河航行，按照国务院交通运输主管部门的规定需要引航的，应当申请引航。

第六十二条　载运危险化学品的船舶在内河航行，应当遵守法律、行政法规和国家其他有关饮用水水源保护的规定。内河航道发展规划应当与依法经批准的饮用水水源保护区划定方案相协调。

第六十三条　托运危险化学品的，托运人应当向承运人说明所托运的危险化学品的种类、数量、危险特性以及发生危险情况的应急处置措施，并按照国家有关规定对所托运的危险化学品妥善包装，在外包装上设置相应的标志。

运输危险化学品需要添加抑制剂或者稳定剂的，托运人应当添加，并将有关情况告知承运人。

第六十四条　托运人不得在托运的普通货物中夹带危险化学品，不得将危险化学品匿报或者谎报为普通货物托运。

任何单位和个人不得交寄危险化学品或者在邮件、快件内夹带危险化学品，不得将危险化学品匿报或者谎报为普通物品交寄。邮政企业、快递企业不得收寄危险化学品。

对涉嫌违反本条第一款、第二款规定的，交通运输主管部门、邮政管理部门可以依法开拆查验。

第六十五条　通过铁路、航空运输危险化学品的安全管理，依照有关铁路、航空运输的法律、行政法规、规章的规定执行。

第六章　危险化学品登记与事故应急救援

第六十六条　国家实行危险化学品登记制度，为危险化学品安全管理以及危险化学品事故预防和应急救援提供技术、信息支持。

第六十七条　危险化学品生产企业、进口企业，应当向国务院安全生产监督管理部门负责危险化学品登记的机构（以下简称危险化学品登记机构）办理危险化学品登记。

危险化学品登记包括下列内容：

（一）分类和标签信息；

（二）物理、化学性质；

（三）主要用途；

（四）危险特性；

（五）储存、使用、运输的安全要求；

（六）出现危险情况的应急处置措施。

对同一企业生产、进口的同一品种的危险化学品，不进行重复登记。危险化学品生产企业、进口企业发现其生产、进口的危险化学品有新的危险特性的，应当及时向危险化学品登记机构办理登记内容变更手续。

危险化学品登记的具体办法由国务院安全生产监督管理部门制定。

第六十八条 危险化学品登记机构应当定期向工业和信息化、环境保护、公安、卫生、交通运输、铁路、质量监督检验检疫等部门提供危险化学品登记的有关信息和资料。

第六十九条 县级以上地方人民政府安全生产监督管理部门应当会同工业和信息化、环境保护、公安、卫生、交通运输、铁路、质量监督检验检疫等部门，根据本地区实际情况，制定危险化学品事故应急预案，报本级人民政府批准。

第七十条 危险化学品单位应当制定本单位危险化学品事故应急预案，配备应急救援人员和必要的应急救援器材、设备，并定期组织应急救援演练。

危险化学品单位应当将其危险化学品事故应急预案报所在地设区的市级人民政府安全生产监督管理部门备案。

第七十一条 发生危险化学品事故，事故单位主要负责人应当立即按照本单位危险化学品应急预案组织救援，并向当地安全生产监督管理部门和环境保护、公安、卫生主管部门报告；道路运输、水路运输过程中发生危险化学品事故的，驾驶人员、船员或者押运人员还应当向事故发生地交通运输主管部门报告。

第七十二条 发生危险化学品事故，有关地方人民政府应当立即组织安全生产监督管理、环境保护、公安、卫生、交通运输等有关部门，按照本地区危险化学品事故应急预案组织实施救援，不得拖延、推诿。

有关地方人民政府及其有关部门应当按照下列规定，采取必要的应急处置措施，减少事故损失，防止事故蔓延、扩大：

（一）立即组织营救和救治受害人员，疏散、撤离或者采取其他措施保护危害区域内的其他人员；

（二）迅速控制危害源，测定危险化学品的性质、事故的危害区域及危害程度；

（三）针对事故对人体、动植物、土壤、水源、大气造成的现实危害和可能产生的危害，迅速采取封闭、隔离、洗消等措施；

（四）对危险化学品事故造成的环境污染和生态破坏状况进行监测、评估，并采取相应的环境污染治理和生态修复措施。

第七十三条 有关危险化学品单位应当为危险化学品事故应急救援提供技术指导和必要的协助。

第七十四条 危险化学品事故造成环境污染的，由设区的市级以上人民政府环境保护主管部门统一发布有关信息。

第七章 法律责任

第七十五条 生产、经营、使用国家禁止生产、经营、使用的危险化学品的，由安全生产监督管理部门责令停止生产、经营、使用活动，处20万元以上50万元以下的罚款，有违法所得的，没收违法所得；构成犯罪的，依法追究刑事责任。

有前款规定行为的，安全生产监督管理部门还应当责令其对所生产、经营、使用的危险化学品进行无害化处理。

违反国家关于危险化学品使用的限制性规定使用危险化学品的，依照本条第一款的规定处理。

第七十六条 未经安全条件审查，新建、改建、扩建生产、储存危险化学品的建设项目的，由安全生产监督管理部门责令停止建设，限期改正；逾期不改正的，处50万元以上100万元以下的罚款；构成犯罪的，依法追究刑事责任。

未经安全条件审查，新建、改建、扩建储存、装卸危险化学品的港口建设项目的，由港口行政管理部门依照前款规定予以处罚。

第七十七条 未依法取得危险化学品安全生产许可证从事危险化学品生产，或者未依法取得工业产品生产许可证从事危险化学品及其包装物、容器生产的，分别依照《安全生产许可证条例》、《中华人民共和国工业产品生产许可证管理条例》的规定处罚。

违反本条例规定，化工企业未取得危险化学品安全使用许可证，使用危险化学品从事生产的，由安全生产监督管理部门责令限期改正，处10万元以上20万元以下的罚款；逾期不改正的，责令停产整顿。

违反本条例规定，未取得危险化学品经营许可证从事危险化学品经营的，由安全生产监督管理部门责令停止经营活动，没收违法经营的危险化学品以及违法所得，并处10万元以上20万元以下的罚款；构成犯罪的，依法追究刑事责任。

第七十八条 有下列情形之一的，由安全生产监督管理部门责令改正，可以处5万元以下的罚款；拒不改正的，处5万元以上10万元以下的罚款；情节严重的，责令停产停业整顿：

（一）生产、储存危险化学品的单位未对其铺设的危险化学品管道设置明显的标志，或者未对危险化学品管道定期检查、检测的；

（二）进行可能危及危险化学品管道安全的施工作业，施工单位未按照规定书面通知管道所属单位，或者未与管道所属单位共同制定应急预案、采取相应的安全防护措施，或者管道所属单位未指派专门人员到现场进行管道安全保护指导的；

（三）危险化学品生产企业未提供化学品安全技术说明书，或者未在包装（包括外包装件）上粘贴、拴挂化学品安全标签的；

（四）危险化学品生产企业提供的化学品安全技术说明书与其生产的危险化学品不相符，或者在包装（包括外包装件）粘贴、拴挂的化学品安全标签与包装内危险化学品不相符，或者化学品安全技术说明书、化学品安全标签所载明的内容不符合国家标准要求的；

（五）危险化学品生产企业发现其生产的危险化学品有新的危险特性不立即公告，或者不及时修订其化学品安全技术说明书和化学品安全标签的；

（六）危险化学品经营企业经营没有化学品安全技术说明书和化学品安全标签的危险化学品的；

（七）危险化学品包装物、容器的材质以及包装的型式、规格、方法和单件质量（重量）与所包装的危险化学品的性质和用途不相适应的；

（八）生产、储存危险化学品的单位未在作业场所和安全设施、设备上设置明显的安全警示标志，或者未在作业场所设置通讯、报警装置的；

（九）危险化学品专用仓库未设专人负责管理，或者对储存的剧毒化学品以及储存数量构成重大危险源的其他危险化学品未实行双人收发、双人保管制度的；

（十）储存危险化学品的单位未建立危险化学品出入库核查、登记制度的；

（十一）危险化学品专用仓库未设置明显标志的；

（十二）危险化学品生产企业、进口企业不办理危险化学品登记，或者发现其生产、进口的危险化学品有新的危险特性不办理危险化学品登记内容变更手续的。

从事危险化学品仓储经营的港口经营人有前款规定情形的，由港口行政管理部门依照前款规定予以处罚。储存剧毒化学品、易制爆危险化学品的专用仓库未按照国家有关规定设置相应的技术防范设施的，由公安机关依照前款规定予以处罚。

生产、储存剧毒化学品、易制爆危险化学品的单位未设置治安保卫机构、配备专职治安保卫人员的，依照《企业事业单位内部治安保卫条例》的规定处罚。

第七十九条　危险化学品包装物、容器生产企业销售未经检验或者经检验不合格的危险化学品包装物、容器的，由质量监督检验检疫部门责令改正，处10万元以上20万元以下的罚款，有违法所得的，没收违法所得；拒不改正的，责令停产停业整顿；构成犯罪的，依法追究刑事责任。

将未经检验合格的运输危险化学品的船舶及其配载的容器投入使用的，由海事管理机构依照前款规定予以处罚。

第八十条　生产、储存、使用危险化学品的单位有下列情形之一的，由安全生产监督管理部门责令改正，处5万元以上10万元以下的罚款；拒不改正的，责令停产停业整顿直至由原发证机关吊销其相关许可证件，并由工商行政管理部门责令其办理经营范围变更登记或者吊销其营业执照；有关责任人员构成犯罪的，依法追究刑事责任：

（一）对重复使用的危险化学品包装物、容器，在重复使用前不进行检查的；

（二）未根据其生产、储存的危险化学品的种类和危险特性，在作业场所设置相关安全设施、设备，或者未按照国家标准、行业标准或者国家有关规定对安全设施、设备进行经常性维护、保养的；

（三）未依照本条例规定对其安全生产条件定期进行安全评价的；

（四）未将危险化学品储存在专用仓库内，或者未将剧毒化学品以及储存数量构成重大危险源的其他危险化学品在专用仓库内单独存放的；

（五）危险化学品的储存方式、方法或者储存数量不符合国家标准或者国家有关规定的；

（六）危险化学品专用仓库不符合国家标准、行业标准的要求的；

（七）未对危险化学品专用仓库的安全设施、设备定期进行检测、检验的。

从事危险化学品仓储经营的港口经营人有前款规定情形的，由港口行政管理部门依照前款规定予以处罚。

第八十一条 有下列情形之一的，由公安机关责令改正，可以处1万元以下的罚款；拒不改正的，处1万元以上5万元以下的罚款：

（一）生产、储存、使用剧毒化学品、易制爆危险化学品的单位不如实记录生产、储存、使用的剧毒化学品、易制爆危险化学品的数量、流向的；

（二）生产、储存、使用剧毒化学品、易制爆危险化学品的单位发现剧毒化学品、易制爆危险化学品丢失或者被盗，不立即向公安机关报告的；

（三）储存剧毒化学品的单位未将剧毒化学品的储存数量、储存地点以及管理人员的情况报所在地县级人民政府公安机关备案的；

（四）危险化学品生产企业、经营企业不如实记录剧毒化学品、易制爆危险化学品购买单位的名称、地址、经办人的姓名、身份证号码以及所购买的剧毒化学品、易制爆危险化学品的品种、数量、用途，或者保存销售记录和相关材料的时间少于1年的；

（五）剧毒化学品、易制爆危险化学品的销售企业、购买单位未在规定的时限内将所销售、购买的剧毒化学品、易制爆危险化学品的品种、数量以及流向信息报所在地县级人民政府公安机关备案的；

（六）使用剧毒化学品、易制爆危险化学品的单位依照本条例规定转让其购买的剧毒化学品、易制爆危险化学品，未将有关情况向所在地县级人民政府公安机关报告的。

生产、储存危险化学品的企业或者使用危险化学品从事生产的企业未按照本条例规定将安全评价报告以及整改方案的落实情况报安全生产监督管理部门或者港口行政管理部门备案，或者储存危险化学品的单位未将其剧毒化学品以及储存数量构成重大危险源的其他危险化学品的储存数量、储存地点以及管理人员的情况报安全生产监督管理部门或者港口行政管理部门备案的，分别由安全生产监督管理部门或者港口行政管理部门依照前款规定予以处罚。

生产实施重点环境管理的危险化学品的企业或者使用实施重点环境管理的危险化学品从事生产的企业未按照规定将相关信息向环境保护主管部门报告的，由环境保护主管部门依照本条第一款的规定予以处罚。

第八十二条 生产、储存、使用危险化学品的单位转产、停产、停业或者解散，未采取有效措施及时、妥善处置其危险化学品生产装置、储存设施以及库存的危险化学品，或者丢弃危险化学品的，由安全生产监督管理部门责令改正，处5万元以上10万元以下的罚款；构成犯罪的，依法追究刑事责任。

生产、储存、使用危险化学品的单位转产、停产、停业或者解散，未依照本条例规定将其危险化学品生产装置、储存设施以及库存危险化学品的处置方案报有关部门备案的，分别由有关部门责令改正，可以处1万元以下的罚款；拒不改正的，处1万元以上5万元以下的罚款。

第八十三条 危险化学品经营企业向未经许可违法从事危险化学品生产、经营活动的企业采购危险化学品的，由工商行政管理部门责令改正，处10万元以上20万元以下的罚款；拒不改正的，责令停业整顿直至由原发证机关吊销其危险化学品经营许可证，并由工商行政管理部门责令其办理经营范围变更登记或者吊销其营业执照。

第八十四条 危险化学品生产企业、经营企业有下列情形之一的，由安全生产监督管理部门责令改正，没收违法所得，并处10万元以上20万元以下的罚款；拒不改正的，责令停产停业整顿直至吊销其危险化学品安全生产许可证、危险化学品经营许可证，并由工商行政管理部门责令其办理经营范围变更登记或者吊销其营业执照：

（一）向不具有本条例第三十八条第一款、第二款规定的相关许可证件或者证明文件的单位销售剧毒化学品、易制爆危险化学品的；

（二）不按照剧毒化学品购买许可证载明的品种、数量销售剧毒化学品的；

（三）向个人销售剧毒化学品（属于剧毒化学品的农药除外）、易制爆危险化学品的。

不具有本条例第三十八条第一款、第二款规定的相关许可证件或者证明文件的单位购买剧毒化学品、易制爆危险化学品，或者个人购买剧毒化学品（属于剧毒化学品的农药除外）、易制爆危险化学品的，由公安机关没收所购买的剧毒化学品、易制爆危险化学品，可以并处5000元以下的罚款。

使用剧毒化学品、易制爆危险化学品的单位出借或者向不具有本条例第三十八条第一款、第二款规定的相关许可证件的单位转让其购买的剧毒化学品、易制爆危险化学品，或者向个人转让其购买的剧毒化学品（属于剧毒化学品的农药除外）、易制爆危险化学品的，由公安机关责令改正，处10万元以上20万元以下的罚款；拒不改正的，责令停产停业整顿。

第八十五条 未依法取得危险货物道路运输许可、危险货物水路运输许可，从事危险化学品道路运输、水路运输的，分别依照有关道路运输、水路运输的法律、行政法规的规定处罚。

第八十六条 有下列情形之一的，由交通运输主管部门责令改正，处5万元以上10万元以下的罚款；拒不改正的，责令停产停业整顿；构成犯罪的，依法追究刑事责任：

（一）危险化学品道路运输企业、水路运输企业的驾驶人员、船员、装卸管理人员、押运人员、申报人员、集装箱装箱现场检查员未取得从业资格上岗作业的；

（二）运输危险化学品，未根据危险化学品的危险特性采取相应的安全防护措施，或者未配备必要的防护用品和应急救援器材的；

（三）使用未依法取得危险货物适装证书的船舶，通过内河运输危险化学品的；

（四）通过内河运输危险化学品的承运人违反国务院交通运输主管部门对单船运输的危险化学品数量的限制性规定运输危险化学品的；

（五）用于危险化学品运输作业的内河码头、泊位不符合国家有关安全规范，或者未与饮用水取水口保持国家规定的安全距离，或者未经交通运输主管部门验收合格投入使用的；

（六）托运人不向承运人说明所托运的危险化学品的种类、数量、危险特性以及发生危险情况的应急处置措施，或者未按照国家有关规定对所托运的危险化学品妥善包装并在外包装上设置相应标志的；

（七）运输危险化学品需要添加抑制剂或者稳定剂，托运人未添加或者未将有关情况告知承运人的。

第八十七条 有下列情形之一的，由交通运输主管部门责令改正，处10万元以上20万元以下的罚款，有违法所得的，没收违法所得；拒不改正的，责令停产停业整顿；构成犯罪的，依法追究刑事责任：

（一）委托未依法取得危险货物道路运输许可、危险货物水路运输许可的企业承运危险化学品的；

（二）通过内河封闭水域运输剧毒化学品以及国家规定禁止通过内河运输的其他危险化学品的；

（三）通过内河运输国家规定禁止通过内河运输的剧毒化学品以及其他危

险化学品的；

（四）在托运的普通货物中夹带危险化学品，或者将危险化学品谎报或者匿报为普通货物托运的。

在邮件、快件内夹带危险化学品，或者将危险化学品谎报为普通物品交寄的，依法给予治安管理处罚；构成犯罪的，依法追究刑事责任。

邮政企业、快递企业收寄危险化学品的，依照《中华人民共和国邮政法》的规定处罚。

第八十八条　有下列情形之一的，由公安机关责令改正，处5万元以上10万元以下的罚款；构成违反治安管理行为的，依法给予治安管理处罚；构成犯罪的，依法追究刑事责任：

（一）超过运输车辆的核定载质量装载危险化学品的；

（二）使用安全技术条件不符合国家标准要求的车辆运输危险化学品的；

（三）运输危险化学品的车辆未经公安机关批准进入危险化学品运输车辆限制通行的区域的；

（四）未取得剧毒化学品道路运输通行证，通过道路运输剧毒化学品的。

第八十九条　有下列情形之一的，由公安机关责令改正，处1万元以上5万元以下的罚款；构成违反治安管理行为的，依法给予治安管理处罚：

（一）危险化学品运输车辆未悬挂或者喷涂警示标志，或者悬挂或者喷涂的警示标志不符合国家标准要求的；

（二）通过道路运输危险化学品，不配备押运人员的；

（三）运输剧毒化学品或者易制爆危险化学品途中需要较长时间停车，驾驶人员、押运人员不向当地公安机关报告的；

（四）剧毒化学品、易制爆危险化学品在道路运输途中丢失、被盗、被抢或者发生流散、泄露等情况，驾驶人员、押运人员不采取必要的警示措施和安全措施，或者不向当地公安机关报告的。

第九十条　对发生交通事故负有全部责任或者主要责任的危险化学品道路运输企业，由公安机关责令消除安全隐患，未消除安全隐患的危险化学品运输车辆，禁止上道路行驶。

第九十一条　有下列情形之一的，由交通运输主管部门责令改正，可以处1万元以下的罚款；拒不改正的，处1万元以上5万元以下的罚款：

（一）危险化学品道路运输企业、水路运输企业未配备专职安全管理人员的；

（二）用于危险化学品运输作业的内河码头、泊位的管理单位未制定码头、泊位危险化学品事故应急救援预案，或者未为码头、泊位配备充足、有效的应急救援器材和设备的。

第九十二条 有下列情形之一的，依照《中华人民共和国内河交通安全管理条例》的规定处罚：

（一）通过内河运输危险化学品的水路运输企业未制定运输船舶危险化学品事故应急救援预案，或者未为运输船舶配备充足、有效的应急救援器材和设备的；

（二）通过内河运输危险化学品的船舶的所有人或者经营人未取得船舶污染损害责任保险证书或者财务担保证明的；

（三）船舶载运危险化学品进出内河港口，未将有关事项事先报告海事管理机构并经其同意的；

（四）载运危险化学品的船舶在内河航行、装卸或者停泊，未悬挂专用的警示标志，或者未按照规定显示专用信号，或者未按照规定申请引航的。

未向港口行政管理部门报告并经其同意，在港口内进行危险化学品的装卸、过驳作业的，依照《中华人民共和国港口法》的规定处罚。

第九十三条 伪造、变造或者出租、出借、转让危险化学品安全生产许可证、工业产品生产许可证，或者使用伪造、变造的危险化学品安全生产许可证、工业产品生产许可证的，分别依照《安全生产许可证条例》、《中华人民共和国工业产品生产许可证管理条例》的规定处罚。

伪造、变造或者出租、出借、转让本条例规定的其他许可证，或者使用伪造、变造的本条例规定的其他许可证的，分别由相关许可证的颁发管理机关处10万元以上20万元以下的罚款，有违法所得的，没收违法所得；构成违反治安管理行为的，依法给予治安管理处罚；构成犯罪的，依法追究刑事责任。

第九十四条 危险化学品单位发生危险化学品事故，其主要负责人不立即组织救援或者不立即向有关部门报告的，依照《生产安全事故报告和调查处理条例》的规定处罚。

危险化学品单位发生危险化学品事故，造成他人人身伤害或者财产损失的，依法承担赔偿责任。

第九十五条 发生危险化学品事故，有关地方人民政府及其有关部门不立即组织实施救援，或者不采取必要的应急处置措施减少事故损失，防止事故蔓延、扩大的，对直接负责的主管人员和其他直接责任人员依法给予处分；

构成犯罪的，依法追究刑事责任。

第九十六条　负有危险化学品安全监督管理职责的部门的工作人员，在危险化学品安全监督管理工作中滥用职权、玩忽职守、徇私舞弊，构成犯罪的，依法追究刑事责任；尚不构成犯罪的，依法给予处分。

第八章　附　　则

第九十七条　监控化学品、属于危险化学品的药品和农药的安全管理，依照本条例的规定执行；法律、行政法规另有规定的，依照其规定。

民用爆炸物品、烟花爆竹、放射性物品、核能物质以及用于国防科研生产的危险化学品的安全管理，不适用本条例。

法律、行政法规对燃气的安全管理另有规定的，依照其规定。

危险化学品容器属于特种设备的，其安全管理依照有关特种设备安全的法律、行政法规的规定执行。

第九十八条　危险化学品的进出口管理，依照有关对外贸易的法律、行政法规、规章的规定执行；进口的危险化学品的储存、使用、经营、运输的安全管理，依照本条例的规定执行。

危险化学品环境管理登记和新化学物质环境管理登记，依照有关环境保护的法律、行政法规、规章的规定执行。危险化学品环境管理登记，按照国家有关规定收取费用。

第九十九条　公众发现、捡拾的无主危险化学品，由公安机关接收。公安机关接收或者有关部门依法没收的危险化学品，需要进行无害化处理的，交由环境保护主管部门组织其认定的专业单位进行处理，或者交由有关危险化学品生产企业进行处理。处理所需费用由国家财政负担。

第一百条　化学品的危险特性尚未确定的，由国务院安全生产监督管理部门、国务院环境保护主管部门、国务院卫生主管部门分别负责组织对该化学品的物理危险性、环境危害性、毒理特性进行鉴定。根据鉴定结果，需要调整危险化学品目录的，依照本条例第三条第二款的规定办理。

第一百零一条　本条例施行前已经使用危险化学品从事生产的化工企业，依照本条例规定需要取得危险化学品安全使用许可证的，应当在国务院安全生产监督管理部门规定的期限内，申请取得危险化学品安全使用许可证。

第一百零二条　本条例自2011年12月1日起施行。

11. 民用爆炸物品安全管理条例

（2006年5月10日中华人民共和国国务院令第466号公布　根据2014年7月29日《国务院关于修改部分行政法规的决定》修订）

第一章　总　　则

第一条　为了加强对民用爆炸物品的安全管理，预防爆炸事故发生，保障公民生命、财产安全和公共安全，制定本条例。

第二条　民用爆炸物品的生产、销售、购买、进出口、运输、爆破作业和储存以及硝酸铵的销售、购买，适用本条例。

本条例所称民用爆炸物品，是指用于非军事目的、列入民用爆炸物品品名表的各类火药、炸药及其制品和雷管、导火索等点火、起爆器材。

民用爆炸物品品名表，由国务院民用爆炸物品行业主管部门会同国务院公安部门制订、公布。

第三条　国家对民用爆炸物品的生产、销售、购买、运输和爆破作业实行许可证制度。

未经许可，任何单位或者个人不得生产、销售、购买、运输民用爆炸物品，不得从事爆破作业。

严禁转让、出借、转借、抵押、赠送、私藏或者非法持有民用爆炸物品。

第四条　民用爆炸物品行业主管部门负责民用爆炸物品生产、销售的安全监督管理。

公安机关负责民用爆炸物品公共安全管理和民用爆炸物品购买、运输、爆破作业的安全监督管理，监控民用爆炸物品流向。

安全生产监督、铁路、交通、民用航空主管部门依照法律、行政法规的规定，负责做好民用爆炸物品的有关安全监督管理工作。

民用爆炸物品行业主管部门、公安机关、工商行政管理部门按照职责分工，负责组织查处非法生产、销售、购买、储存、运输、邮寄、使用民用爆炸物品的行为。

第五条　民用爆炸物品生产、销售、购买、运输和爆破作业单位（以下称民用爆炸物品从业单位）的主要负责人是本单位民用爆炸物品安全管理责任人，对本单位的民用爆炸物品安全管理工作全面负责。

民用爆炸物品从业单位是治安保卫工作的重点单位，应当依法设置治安保卫机构或者配备治安保卫人员，设置技术防范设施，防止民用爆炸物品丢失、被盗、被抢。

民用爆炸物品从业单位应当建立安全管理制度、岗位安全责任制度，制订安全防范措施和事故应急预案，设置安全管理机构或者配备专职安全管理人员。

第六条　无民事行为能力人、限制民事行为能力人或者曾因犯罪受过刑事处罚的人，不得从事民用爆炸物品的生产、销售、购买、运输和爆破作业。

民用爆炸物品从业单位应当加强对本单位从业人员的安全教育、法制教育和岗位技术培训，从业人员经考核合格的，方可上岗作业；对有资格要求的岗位，应当配备具有相应资格的人员。

第七条　国家建立民用爆炸物品信息管理系统，对民用爆炸物品实行标识管理，监控民用爆炸物品流向。

民用爆炸物品生产企业、销售企业和爆破作业单位应当建立民用爆炸物品登记制度，如实将本单位生产、销售、购买、运输、储存、使用民用爆炸物品的品种、数量和流向信息输入计算机系统。

第八条　任何单位或者个人都有权举报违反民用爆炸物品安全管理规定的行为；接到举报的主管部门、公安机关应当立即查处，并为举报人员保密，对举报有功人员给予奖励。

第九条　国家鼓励民用爆炸物品从业单位采用提高民用爆炸物品安全性能的新技术，鼓励发展民用爆炸物品生产、配送、爆破作业一体化的经营模式。

第二章　生　　产

第十条　设立民用爆炸物品生产企业，应当遵循统筹规划、合理布局的原则。

第十一条　申请从事民用爆炸物品生产的企业，应当具备下列条件：

（一）符合国家产业结构规划和产业技术标准；

（二）厂房和专用仓库的设计、结构、建筑材料、安全距离以及防火、防爆、防雷、防静电等安全设备、设施符合国家有关标准和规范；

（三）生产设备、工艺符合有关安全生产的技术标准和规程；

（四）有具备相应资格的专业技术人员、安全生产管理人员和生产岗位人员；

（五）有健全的安全管理制度、岗位安全责任制度；

（六）法律、行政法规规定的其他条件。

第十二条 申请从事民用爆炸物品生产的企业，应当向国务院民用爆炸物品行业主管部门提交申请书、可行性研究报告以及能够证明其符合本条例第十一条规定条件的有关材料。国务院民用爆炸物品行业主管部门应当自受理申请之日起45日内进行审查，对符合条件的，核发《民用爆炸物品生产许可证》；对不符合条件的，不予核发《民用爆炸物品生产许可证》，书面向申请人说明理由。

民用爆炸物品生产企业为调整生产能力及品种进行改建、扩建的，应当依照前款规定申请办理《民用爆炸物品生产许可证》。

民用爆炸物品生产企业持《民用爆炸物品生产许可证》到工商行政管理部门办理工商登记，并在办理工商登记后3日内，向所在地县级人民政府公安机关备案。

第十三条 取得《民用爆炸物品生产许可证》的企业应当在基本建设完成后，向省、自治区、直辖市人民政府民用爆炸物品行业主管部门申请安全生产许可。省、自治区、直辖市人民政府民用爆炸物品行业主管部门应当依照《安全生产许可证条例》的规定对其进行查验，对符合条件的，核发《民用爆炸物品安全生产许可证》。民用爆炸物品生产企业取得《民用爆炸物品安全生产许可证》后，方可生产民用爆炸物品。

第十四条 民用爆炸物品生产企业应当严格按照《民用爆炸物品生产许可证》核定的品种和产量进行生产，生产作业应当严格执行安全技术规程的规定。

第十五条 民用爆炸物品生产企业应当对民用爆炸物品做出警示标识、登记标识，对雷管编码打号。民用爆炸物品警示标识、登记标识和雷管编码规则，由国务院公安部门会同国务院民用爆炸物品行业主管部门规定。

第十六条 民用爆炸物品生产企业应当建立健全产品检验制度，保证民用爆炸物品的质量符合相关标准。民用爆炸物品的包装，应当符合法律、行政法规的规定以及相关标准。

第十七条 试验或者试制民用爆炸物品，必须在专门场地或者专门的试验室进行。严禁在生产车间或者仓库内试验或者试制民用爆炸物品。

第三章　销售和购买

第十八条　申请从事民用爆炸物品销售的企业，应当具备下列条件：

（一）符合对民用爆炸物品销售企业规划的要求；

（二）销售场所和专用仓库符合国家有关标准和规范；

（三）有具备相应资格的安全管理人员、仓库管理人员；

（四）有健全的安全管理制度、岗位安全责任制度；

（五）法律、行政法规规定的其他条件。

第十九条　申请从事民用爆炸物品销售的企业，应当向所在地省、自治区、直辖市人民政府民用爆炸物品行业主管部门提交申请书、可行性研究报告以及能够证明其符合本条例第十八条规定条件的有关材料。省、自治区、直辖市人民政府民用爆炸物品行业主管部门应当自受理申请之日起30日内进行审查，并对申请单位的销售场所和专用仓库等经营设施进行查验，对符合条件的，核发《民用爆炸物品销售许可证》；对不符合条件的，不予核发《民用爆炸物品销售许可证》，书面向申请人说明理由。

民用爆炸物品销售企业持《民用爆炸物品销售许可证》到工商行政管理部门办理工商登记后，方可销售民用爆炸物品。

民用爆炸物品销售企业应当在办理工商登记后3日内，向所在地县级人民政府公安机关备案。

第二十条　民用爆炸物品生产企业凭《民用爆炸物品生产许可证》，可以销售本企业生产的民用爆炸物品。

民用爆炸物品生产企业销售本企业生产的民用爆炸物品，不得超出核定的品种、产量。

第二十一条　民用爆炸物品使用单位申请购买民用爆炸物品的，应当向所在地县级人民政府公安机关提出购买申请，并提交下列有关材料：

（一）工商营业执照或者事业单位法人证书；

（二）《爆破作业单位许可证》或者其他合法使用的证明；

（三）购买单位的名称、地址、银行账户；

（四）购买的品种、数量和用途说明。

受理申请的公安机关应当自受理申请之日起5日内对提交的有关材料进

行审查，对符合条件的，核发《民用爆炸物品购买许可证》；对不符合条件的，不予核发《民用爆炸物品购买许可证》，书面向申请人说明理由。

《民用爆炸物品购买许可证》应当载明许可购买的品种、数量、购买单位以及许可的有效期限。

第二十二条 民用爆炸物品生产企业凭《民用爆炸物品生产许可证》购买属于民用爆炸物品的原料，民用爆炸物品销售企业凭《民用爆炸物品销售许可证》向民用爆炸物品生产企业购买民用爆炸物品，民用爆炸物品使用单位凭《民用爆炸物品购买许可证》购买民用爆炸物品，还应当提供经办人的身份证明。

销售民用爆炸物品的企业，应当查验前款规定的许可证和经办人的身份证明；对持《民用爆炸物品购买许可证》购买的，应当按照许可的品种、数量销售。

第二十三条 销售、购买民用爆炸物品，应当通过银行账户进行交易，不得使用现金或者实物进行交易。

销售民用爆炸物品的企业，应当将购买单位的许可证、银行账户转账凭证、经办人的身份证明复印件保存 2 年备查。

第二十四条 销售民用爆炸物品的企业，应当自民用爆炸物品买卖成交之日起 3 日内，将销售的品种、数量和购买单位向所在地省、自治区、直辖市人民政府民用爆炸物品行业主管部门和所在地县级人民政府公安机关备案。

购买民用爆炸物品的单位，应当自民用爆炸物品买卖成交之日起 3 日内，将购买的品种、数量向所在地县级人民政府公安机关备案。

第二十五条 进出口民用爆炸物品，应当经国务院民用爆炸物品行业主管部门审批。进出口民用爆炸物品审批办法，由国务院民用爆炸物品行业主管部门会同国务院公安部门、海关总署规定。

进出口单位应当将进出口的民用爆炸物品的品种、数量向收货地或者出境口岸所在地县级人民政府公安机关备案。

第四章 运 输

第二十六条 运输民用爆炸物品，收货单位应当向运达地县级人民政府公安机关提出申请，并提交包括下列内容的材料：

（一）民用爆炸物品生产企业、销售企业、使用单位以及进出口单位分别提供的《民用爆炸物品生产许可证》、《民用爆炸物品销售许可证》、《民用爆炸物品购买许可证》或者进出口批准证明；

（二）运输民用爆炸物品的品种、数量、包装材料和包装方式；

（三）运输民用爆炸物品的特性、出现险情的应急处置方法；

（四）运输时间、起始地点、运输路线、经停地点。

受理申请的公安机关应当自受理申请之日起3日内对提交的有关材料进行审查，对符合条件的，核发《民用爆炸物品运输许可证》；对不符合条件的，不予核发《民用爆炸物品运输许可证》，书面向申请人说明理由。

《民用爆炸物品运输许可证》应当载明收货单位、销售企业、承运人，一次性运输有效期限、起始地点、运输路线、经停地点，民用爆炸物品的品种、数量。

第二十七条　运输民用爆炸物品的，应当凭《民用爆炸物品运输许可证》，按照许可的品种、数量运输。

第二十八条　经由道路运输民用爆炸物品的，应当遵守下列规定：

（一）携带《民用爆炸物品运输许可证》；

（二）民用爆炸物品的装载符合国家有关标准和规范，车厢内不得载人；

（三）运输车辆安全技术状况应当符合国家有关安全技术标准的要求，并按照规定悬挂或者安装符合国家标准的易燃易爆危险物品警示标志；

（四）运输民用爆炸物品的车辆应当保持安全车速；

（五）按照规定的路线行驶，途中经停应当有专人看守，并远离建筑设施和人口稠密的地方，不得在许可以外的地点经停；

（六）按照安全操作规程装卸民用爆炸物品，并在装卸现场设置警戒，禁止无关人员进入；

（七）出现危险情况立即采取必要的应急处置措施，并报告当地公安机关。

第二十九条　民用爆炸物品运达目的地，收货单位应当进行验收后在《民用爆炸物品运输许可证》上签注，并在3日内将《民用爆炸物品运输许可证》交回发证机关核销。

第三十条　禁止携带民用爆炸物品搭乘公共交通工具或者进入公共场所。

禁止邮寄民用爆炸物品，禁止在托运的货物、行李、包裹、邮件中夹带民用爆炸物品。

第五章　爆 破 作 业

第三十一条　申请从事爆破作业的单位，应当具备下列条件：

（一）爆破作业属于合法的生产活动；

（二）有符合国家有关标准和规范的民用爆炸物品专用仓库；

（三）有具备相应资格的安全管理人员、仓库管理人员和具备国家规定执业资格的爆破作业人员；

（四）有健全的安全管理制度、岗位安全责任制度；

（五）有符合国家标准、行业标准的爆破作业专用设备；

（六）法律、行政法规规定的其他条件。

第三十二条　申请从事爆破作业的单位，应当按照国务院公安部门的规定，向有关人民政府公安机关提出申请，并提供能够证明其符合本条例第三十一条规定条件的有关材料。受理申请的公安机关应当自受理申请之日起20日内进行审查，对符合条件的，核发《爆破作业单位许可证》；对不符合条件的，不予核发《爆破作业单位许可证》，书面向申请人说明理由。

营业性爆破作业单位持《爆破作业单位许可证》到工商行政管理部门办理工商登记后，方可从事营业性爆破作业活动。

爆破作业单位应当在办理工商登记后3日内，向所在地县级人民政府公安机关备案。

第三十三条　爆破作业单位应当对本单位的爆破作业人员、安全管理人员、仓库管理人员进行专业技术培训。爆破作业人员应当经设区的市级人民政府公安机关考核合格，取得《爆破作业人员许可证》后，方可从事爆破作业。

第三十四条　爆破作业单位应当按照其资质等级承接爆破作业项目，爆破作业人员应当按照其资格等级从事爆破作业。爆破作业的分级管理办法由国务院公安部门规定。

第三十五条　在城市、风景名胜区和重要工程设施附近实施爆破作业的，应当向爆破作业所在地设区的市级人民政府公安机关提出申请，提交《爆破作业单位许可证》和具有相应资质的安全评估企业出具的爆破设计、施工方案评估报告。受理申请的公安机关应当自受理申请之日起20日内对提交的有关材料进行审查，对符合条件的，作出批准的决定；对不符合条件的，作出不予批准的决定，并书面向申请人说明理由。

实施前款规定的爆破作业，应当由具有相应资质的安全监理企业进行监理，由爆破作业所在地县级人民政府公安机关负责组织实施安全警戒。

第三十六条　爆破作业单位跨省、自治区、直辖市行政区域从事爆破作业的，应当事先将爆破作业项目的有关情况向爆破作业所在地县级人民政府公安机关报告。

第三十七条　爆破作业单位应当如实记载领取、发放民用爆炸物品的品种、数量、编号以及领取、发放人员姓名。领取民用爆炸物品的数量不得超过当班用量，作业后剩余的民用爆炸物品必须当班清退回库。

爆破作业单位应当将领取、发放民用爆炸物品的原始记录保存2年备查。

第三十八条　实施爆破作业，应当遵守国家有关标准和规范，在安全距离以外设置警示标志并安排警戒人员，防止无关人员进入；爆破作业结束后应当及时检查、排除未引爆的民用爆炸物品。

第三十九条　爆破作业单位不再使用民用爆炸物品时，应当将剩余的民用爆炸物品登记造册，报所在地县级人民政府公安机关组织监督销毁。

发现、拣拾无主民用爆炸物品的，应当立即报告当地公安机关。

第六章　储　　存

第四十条　民用爆炸物品应当储存在专用仓库内，并按照国家规定设置技术防范设施。

第四十一条　储存民用爆炸物品应当遵守下列规定：

（一）建立出入库检查、登记制度，收存和发放民用爆炸物品必须进行登记，做到账目清楚，账物相符；

（二）储存的民用爆炸物品数量不得超过储存设计容量，对性质相抵触的民用爆炸物品必须分库储存，严禁在库房内存放其他物品；

（三）专用仓库应当指定专人管理、看护，严禁无关人员进入仓库区内，严禁在仓库区内吸烟和用火，严禁把其他容易引起燃烧、爆炸的物品带入仓库区内，严禁在库房内住宿和进行其他活动；

（四）民用爆炸物品丢失、被盗、被抢，应当立即报告当地公安机关。

第四十二条　在爆破作业现场临时存放民用爆炸物品的，应当具备临时存放民用爆炸物品的条件，并设专人管理、看护，不得在不具备安全存放条件的场所存放民用爆炸物品。

第四十三条 民用爆炸物品变质和过期失效的，应当及时清理出库，并予以销毁。销毁前应当登记造册，提出销毁实施方案，报省、自治区、直辖市人民政府民用爆炸物品行业主管部门、所在地县级人民政府公安机关组织监督销毁。

第七章 法律责任

第四十四条 非法制造、买卖、运输、储存民用爆炸物品，构成犯罪的，依法追究刑事责任；尚不构成犯罪，有违反治安管理行为的，依法给予治安管理处罚。

违反本条例规定，在生产、储存、运输、使用民用爆炸物品中发生重大事故，造成严重后果或者后果特别严重，构成犯罪的，依法追究刑事责任。

违反本条例规定，未经许可生产、销售民用爆炸物品的，由民用爆炸物品行业主管部门责令停止非法生产、销售活动，处10万元以上50万元以下的罚款，并没收非法生产、销售的民用爆炸物品及其违法所得。

违反本条例规定，未经许可购买、运输民用爆炸物品或者从事爆破作业的，由公安机关责令停止非法购买、运输、爆破作业活动，处5万元以上20万元以下的罚款，并没收非法购买、运输以及从事爆破作业使用的民用爆炸物品及其违法所得。

民用爆炸物品行业主管部门、公安机关对没收的非法民用爆炸物品，应当组织销毁。

第四十五条 违反本条例规定，生产、销售民用爆炸物品的企业有下列行为之一的，由民用爆炸物品行业主管部门责令限期改正，处10万元以上50万元以下的罚款；逾期不改正的，责令停产停业整顿；情节严重的，吊销《民用爆炸物品生产许可证》或者《民用爆炸物品销售许可证》：

（一）超出生产许可的品种、产量进行生产、销售的；

（二）违反安全技术规程生产作业的；

（三）民用爆炸物品的质量不符合相关标准的；

（四）民用爆炸物品的包装不符合法律、行政法规的规定以及相关标准的；

（五）超出购买许可的品种、数量销售民用爆炸物品的；

（六）向没有《民用爆炸物品生产许可证》、《民用爆炸物品销售许可证》、《民用爆炸物品购买许可证》的单位销售民用爆炸物品的；

（七）民用爆炸物品生产企业销售本企业生产的民用爆炸物品未按照规定向民用爆炸物品行业主管部门备案的；

（八）未经审批进出口民用爆炸物品的。

第四十六条　违反本条例规定，有下列情形之一的，由公安机关责令限期改正，处5万元以上20万元以下的罚款；逾期不改正的，责令停产停业整顿：

（一）未按照规定对民用爆炸物品做出警示标识、登记标识或者未对雷管编码打号的；

（二）超出购买许可的品种、数量购买民用爆炸物品的；

（三）使用现金或者实物进行民用爆炸物品交易的；

（四）未按照规定保存购买单位的许可证、银行账户转账凭证、经办人的身份证明复印件的；

（五）销售、购买、进出口民用爆炸物品，未按照规定向公安机关备案的；

（六）未按照规定建立民用爆炸物品登记制度，如实将本单位生产、销售、购买、运输、储存、使用民用爆炸物品的品种、数量和流向信息输入计算机系统的；

（七）未按照规定将《民用爆炸物品运输许可证》交回发证机关核销的。

第四十七条　违反本条例规定，经由道路运输民用爆炸物品，有下列情形之一的，由公安机关责令改正，处5万元以上20万元以下的罚款：

（一）违反运输许可事项的；

（二）未携带《民用爆炸物品运输许可证》的；

（三）违反有关标准和规范混装民用爆炸物品的；

（四）运输车辆未按照规定悬挂或者安装符合国家标准的易燃易爆危险物品警示标志的；

（五）未按照规定的路线行驶，途中经停没有专人看守或者在许可以外的地点经停的；

（六）装载民用爆炸物品的车厢载人的；

（七）出现危险情况未立即采取必要的应急处置措施、报告当地公安机关的。

第四十八条 违反本条例规定，从事爆破作业的单位有下列情形之一的，由公安机关责令停止违法行为或者限期改正，处10万元以上50万元以下的罚款；逾期不改正的，责令停产停业整顿；情节严重的，吊销《爆破作业单位许可证》：

（一）爆破作业单位未按照其资质等级从事爆破作业的；

（二）营业性爆破作业单位跨省、自治区、直辖市行政区域实施爆破作业，未按照规定事先向爆破作业所在地的县级人民政府公安机关报告的；

（三）爆破作业单位未按照规定建立民用爆炸物品领取登记制度、保存领取登记记录的；

（四）违反国家有关标准和规范实施爆破作业的。

爆破作业人员违反国家有关标准和规范的规定实施爆破作业的，由公安机关责令限期改正，情节严重的，吊销《爆破作业人员许可证》。

第四十九条 违反本条例规定，有下列情形之一的，由民用爆炸物品行业主管部门、公安机关按照职责责令限期改正，可以并处5万元以上20万元以下的罚款；逾期不改正的，责令停产停业整顿；情节严重的，吊销许可证：

（一）未按照规定在专用仓库设置技术防范设施的；

（二）未按照规定建立出入库检查、登记制度或者收存和发放民用爆炸物品，致使账物不符的；

（三）超量储存、在非专用仓库储存或者违反储存标准和规范储存民用爆炸物品的；

（四）有本条例规定的其他违反民用爆炸物品储存管理规定行为的。

第五十条 违反本条例规定，民用爆炸物品从业单位有下列情形之一的，由公安机关处2万元以上10万元以下的罚款；情节严重的，吊销其许可证；有违反治安管理行为的，依法给予治安管理处罚：

（一）违反安全管理制度，致使民用爆炸物品丢失、被盗、被抢的；

（二）民用爆炸物品丢失、被盗、被抢，未按照规定向当地公安机关报告或者故意隐瞒不报的；

（三）转让、出借、转借、抵押、赠送民用爆炸物品的。

第五十一条 违反本条例规定，携带民用爆炸物品搭乘公共交通工具或者进入公共场所，邮寄或者在托运的货物、行李、包裹、邮件中夹带民用爆炸物品，构成犯罪的，依法追究刑事责任；尚不构成犯罪的，由公安机关依法给予治安管理处罚，没收非法的民用爆炸物品，处1000元以上1万元以下的罚款。

第五十二条 民用爆炸物品从业单位的主要负责人未履行本条例规定的安全管理责任，导致发生重大伤亡事故或者造成其他严重后果，构成犯罪的，依法追究刑事责任；尚不构成犯罪的，对主要负责人给予撤职处分，对个人经营的投资人处2万元以上20万元以下的罚款。

第五十三条 民用爆炸物品行业主管部门、公安机关、工商行政管理部门的工作人员，在民用爆炸物品安全监督管理工作中滥用职权、玩忽职守或者徇私舞弊，构成犯罪的，依法追究刑事责任；尚不构成犯罪的，依法给予行政处分。

第八章 附 则

第五十四条 《民用爆炸物品生产许可证》、《民用爆炸物品销售许可证》，由国务院民用爆炸物品行业主管部门规定式样；《民用爆炸物品购买许可证》、《民用爆炸物品运输许可证》、《爆破作业单位许可证》、《爆破作业人员许可证》，由国务院公安部门规定式样。

第五十五条 本条例自2006年9月1日起施行。1984年1月6日国务院发布的《中华人民共和国民用爆炸物品管理条例》同时废止。

12. 烟花爆竹安全管理条例

（2006年1月21日中华人民共和国国务院令第455号公布 根据2016年2月6日《国务院关于修改部分行政法规的决定》修订）

第一章 总 则

第一条 为了加强烟花爆竹安全管理，预防爆炸事故发生，保障公共安全和人身、财产的安全，制定本条例。

第二条 烟花爆竹的生产、经营、运输和燃放，适用本条例。

本条例所称烟花爆竹，是指烟花爆竹制品和用于生产烟花爆竹的民用黑火药、烟火药、引火线等物品。

第三条 国家对烟花爆竹的生产、经营、运输和举办焰火晚会以及其他大型焰火燃放活动，实行许可证制度。

未经许可，任何单位或者个人不得生产、经营、运输烟花爆竹，不得举办焰火晚会以及其他大型焰火燃放活动。

第四条 安全生产监督管理部门负责烟花爆竹的安全生产监督管理；公安部门负责烟花爆竹的公共安全管理；质量监督检验部门负责烟花爆竹的质量监督和进出口检验。

第五条 公安部门、安全生产监督管理部门、质量监督检验部门、工商行政管理部门应当按照职责分工，组织查处非法生产、经营、储存、运输、邮寄烟花爆竹以及非法燃放烟花爆竹的行为。

第六条 烟花爆竹生产、经营、运输企业和焰火晚会以及其他大型焰火燃放活动主办单位的主要负责人，对本单位的烟花爆竹安全工作负责。

烟花爆竹生产、经营、运输企业和焰火晚会以及其他大型焰火燃放活动主办单位应当建立健全安全责任制，制定各项安全管理制度和操作规程，并对从业人员定期进行安全教育、法制教育和岗位技术培训。

中华全国供销合作总社应当加强对本系统企业烟花爆竹经营活动的管理。

第七条 国家鼓励烟花爆竹生产企业采用提高安全程度和提升行业整体水平的新工艺、新配方和新技术。

第二章 生产安全

第八条 生产烟花爆竹的企业，应当具备下列条件：

（一）符合当地产业结构规划；

（二）基本建设项目经过批准；

（三）选址符合城乡规划，并与周边建筑、设施保持必要的安全距离；

（四）厂房和仓库的设计、结构和材料以及防火、防爆、防雷、防静电等安全设备、设施符合国家有关标准和规范；

（五）生产设备、工艺符合安全标准；

（六）产品品种、规格、质量符合国家标准；

（七）有健全的安全生产责任制；

（八）有安全生产管理机构和专职安全生产管理人员；

（九）依法进行了安全评价；

（十）有事故应急救援预案、应急救援组织和人员，并配备必要的应急救援器材、设备；

（十一）法律、法规规定的其他条件。

第九条　生产烟花爆竹的企业，应当在投入生产前向所在地设区的市人民政府安全生产监督管理部门提出安全审查申请，并提交能够证明符合本条例第八条规定条件的有关材料。设区的市人民政府安全生产监督管理部门应当自收到材料之日起20日内提出安全审查初步意见，报省、自治区、直辖市人民政府安全生产监督管理部门审查。省、自治区、直辖市人民政府安全生产监督管理部门应当自受理申请之日起45日内进行安全审查，对符合条件的，核发《烟花爆竹安全生产许可证》；对不符合条件的，应当说明理由。

第十条　生产烟花爆竹的企业为扩大生产能力进行基本建设或者技术改造的，应当依照本条例的规定申请办理安全生产许可证。

生产烟花爆竹的企业，持《烟花爆竹安全生产许可证》到工商行政管理部门办理登记手续后，方可从事烟花爆竹生产活动。

第十一条　生产烟花爆竹的企业，应当按照安全生产许可证核定的产品种类进行生产，生产工序和生产作业应当执行有关国家标准和行业标准。

第十二条　生产烟花爆竹的企业，应当对生产作业人员进行安全生产知识教育，对从事药物混合、造粒、筛选、装药、筑药、压药、切引、搬运等危险工序的作业人员进行专业技术培训。从事危险工序的作业人员经设区的市人民政府安全生产监督管理部门考核合格，方可上岗作业。

第十三条　生产烟花爆竹使用的原料，应当符合国家标准的规定。生产烟花爆竹使用的原料，国家标准有用量限制的，不得超过规定的用量。不得使用国家标准规定禁止使用或者禁忌配伍的物质生产烟花爆竹。

第十四条　生产烟花爆竹的企业，应当按照国家标准的规定，在烟花爆竹产品上标注燃放说明，并在烟花爆竹包装物上印制易燃易爆危险物品警示标志。

第十五条　生产烟花爆竹的企业，应当对黑火药、烟火药、引火线的保管采取必要的安全技术措施，建立购买、领用、销售登记制度，防止黑火药、烟火药、引火线丢失。黑火药、烟火药、引火线丢失的，企业应当立即向当地安全生产监督管理部门和公安部门报告。

第三章　经营安全

第十六条　烟花爆竹的经营分为批发和零售。

从事烟花爆竹批发的企业和零售经营者的经营布点，应当经安全生产监督管理部门审批。

禁止在城市市区布设烟花爆竹批发场所；城市市区的烟花爆竹零售网点，应当按照严格控制的原则合理布设。

第十七条　从事烟花爆竹批发的企业，应当具备下列条件：

（一）具有企业法人条件；

（二）经营场所与周边建筑、设施保持必要的安全距离；

（三）有符合国家标准的经营场所和储存仓库；

（四）有保管员、仓库守护员；

（五）依法进行了安全评价；

（六）有事故应急救援预案、应急救援组织和人员，并配备必要的应急救援器材、设备；

（七）法律、法规规定的其他条件。

第十八条　烟花爆竹零售经营者，应当具备下列条件：

（一）主要负责人经过安全知识教育；

（二）实行专店或者专柜销售，设专人负责安全管理；

（三）经营场所配备必要的消防器材，张贴明显的安全警示标志；

（四）法律、法规规定的其他条件。

第十九条　申请从事烟花爆竹批发的企业，应当向所在地设区的市人民政府安全生产监督管理部门提出申请，并提供能够证明符合本条例第十七条规定条件的有关材料。受理申请的安全生产监督管理部门应当自受理申请之日起30日内对提交的有关材料和经营场所进行审查，对符合条件的，核发《烟花爆竹经营（批发）许可证》；对不符合条件的，应当说明理由。

申请从事烟花爆竹零售的经营者，应当向所在地县级人民政府安全生产监督管理部门提出申请，并提供能够证明符合本条例第十八条规定条件的有关材料。受理申请的安全生产监督管理部门应当自受理申请之日起20日内对提交的有关材料和经营场所进行审查，对符合条件的，核发《烟花爆竹经营（零售）许可证》；对不符合条件的，应当说明理由。

《烟花爆竹经营（零售）许可证》，应当载明经营负责人、经营场所地址、经营期限、烟花爆竹种类和限制存放量。

第二十条　从事烟花爆竹批发的企业，应当向生产烟花爆竹的企业采购烟花爆竹，向从事烟花爆竹零售的经营者供应烟花爆竹。从事烟花爆竹零售的经营者，应当向从事烟花爆竹批发的企业采购烟花爆竹。

从事烟花爆竹批发的企业、零售经营者不得采购和销售非法生产、经营的烟花爆竹。

从事烟花爆竹批发的企业，不得向从事烟花爆竹零售的经营者供应按照国家标准规定应由专业燃放人员燃放的烟花爆竹。从事烟花爆竹零售的经营者，不得销售按照国家标准规定应由专业燃放人员燃放的烟花爆竹。

第二十一条　生产、经营黑火药、烟火药、引火线的企业，不得向未取得烟花爆竹安全生产许可的任何单位或者个人销售黑火药、烟火药和引火线。

第四章　运 输 安 全

第二十二条　经由道路运输烟花爆竹的，应当经公安部门许可。

经由铁路、水路、航空运输烟花爆竹的，依照铁路、水路、航空运输安全管理的有关法律、法规、规章的规定执行。

第二十三条　经由道路运输烟花爆竹的，托运人应当向运达地县级人民政府公安部门提出申请，并提交下列有关材料：

（一）承运人从事危险货物运输的资质证明；

（二）驾驶员、押运员从事危险货物运输的资格证明；

（三）危险货物运输车辆的道路运输证明；

（四）托运人从事烟花爆竹生产、经营的资质证明；

（五）烟花爆竹的购销合同及运输烟花爆竹的种类、规格、数量；

（六）烟花爆竹的产品质量和包装合格证明；

（七）运输车辆牌号、运输时间、起始地点、行驶路线、经停地点。

第二十四条　受理申请的公安部门应当自受理申请之日起3日内对提交的有关材料进行审查，对符合条件的，核发《烟花爆竹道路运输许可证》；对不符合条件的，应当说明理由。

《烟花爆竹道路运输许可证》应当载明托运人、承运人、一次性运输有效期限、起始地点、行驶路线、经停地点、烟花爆竹的种类、规格和数量。

第二十五条 经由道路运输烟花爆竹的，除应当遵守《中华人民共和国道路交通安全法》外，还应当遵守下列规定：

（一）随车携带《烟花爆竹道路运输许可证》；

（二）不得违反运输许可事项；

（三）运输车辆悬挂或者安装符合国家标准的易燃易爆危险物品警示标志；

（四）烟花爆竹的装载符合国家有关标准和规范；

（五）装载烟花爆竹的车厢不得载人；

（六）运输车辆限速行驶，途中经停必须有专人看守；

（七）出现危险情况立即采取必要的措施，并报告当地公安部门。

第二十六条 烟花爆竹运达目的地后，收货人应当在3日内将《烟花爆竹道路运输许可证》交回发证机关核销。

第二十七条 禁止携带烟花爆竹搭乘公共交通工具。

禁止邮寄烟花爆竹，禁止在托运的行李、包裹、邮件中夹带烟花爆竹。

第五章 燃放安全

第二十八条 燃放烟花爆竹，应当遵守有关法律、法规和规章的规定。县级以上地方人民政府可以根据本行政区域的实际情况，确定限制或者禁止燃放烟花爆竹的时间、地点和种类。

第二十九条 各级人民政府和政府有关部门应当开展社会宣传活动，教育公民遵守有关法律、法规和规章，安全燃放烟花爆竹。

广播、电视、报刊等新闻媒体，应当做好安全燃放烟花爆竹的宣传、教育工作。

未成年人的监护人应当对未成年人进行安全燃放烟花爆竹的教育。

第三十条 禁止在下列地点燃放烟花爆竹：

（一）文物保护单位；

（二）车站、码头、飞机场等交通枢纽以及铁路线路安全保护区内；

（三）易燃易爆物品生产、储存单位；

（四）输变电设施安全保护区内；

（五）医疗机构、幼儿园、中小学校、敬老院；

（六）山林、草原等重点防火区；

（七）县级以上地方人民政府规定的禁止燃放烟花爆竹的其他地点。

第三十一条　燃放烟花爆竹，应当按照燃放说明燃放，不得以危害公共安全和人身、财产安全的方式燃放烟花爆竹。

第三十二条　举办焰火晚会以及其他大型焰火燃放活动，应当按照举办的时间、地点、环境、活动性质、规模以及燃放烟花爆竹的种类、规格和数量，确定危险等级，实行分级管理。分级管理的具体办法，由国务院公安部门规定。

第三十三条　申请举办焰火晚会以及其他大型焰火燃放活动，主办单位应当按照分级管理的规定，向有关人民政府公安部门提出申请，并提交下列有关材料：

（一）举办焰火晚会以及其他大型焰火燃放活动的时间、地点、环境、活动性质、规模；

（二）燃放烟花爆竹的种类、规格、数量；

（三）燃放作业方案；

（四）燃放作业单位、作业人员符合行业标准规定条件的证明。

受理申请的公安部门应当自受理申请之日起20日内对提交的有关材料进行审查，对符合条件的，核发《焰火燃放许可证》；对不符合条件的，应当说明理由。

第三十四条　焰火晚会以及其他大型焰火燃放活动燃放作业单位和作业人员，应当按照焰火燃放安全规程和经许可的燃放作业方案进行燃放作业。

第三十五条　公安部门应当加强对危险等级较高的焰火晚会以及其他大型焰火燃放活动的监督检查。

第六章　法律责任

第三十六条　对未经许可生产、经营烟花爆竹制品，或者向未取得烟花爆竹安全生产许可的单位或者个人销售黑火药、烟火药、引火线的，由安全生产监督管理部门责令停止非法生产、经营活动，处2万元以上10万元以下的罚款，并没收非法生产、经营的物品及违法所得。

对未经许可经由道路运输烟花爆竹的，由公安部门责令停止非法运输活动，处1万元以上5万元以下的罚款，并没收非法运输的物品及违法所得。

非法生产、经营、运输烟花爆竹，构成违反治安管理行为的，依法给予治安管理处罚；构成犯罪的，依法追究刑事责任。

第三十七条 生产烟花爆竹的企业有下列行为之一的，由安全生产监督管理部门责令限期改正，处 1 万元以上 5 万元以下的罚款；逾期不改正的，责令停产停业整顿，情节严重的，吊销安全生产许可证：

（一）未按照安全生产许可证核定的产品种类进行生产的；

（二）生产工序或者生产作业不符合有关国家标准、行业标准的；

（三）雇佣未经设区的市人民政府安全生产监督管理部门考核合格的人员从事危险工序作业的；

（四）生产烟花爆竹使用的原料不符合国家标准规定的，或者使用的原料超过国家标准规定的用量限制的；

（五）使用按照国家标准规定禁止使用或者禁忌配伍的物质生产烟花爆竹的；

（六）未按照国家标准的规定在烟花爆竹产品上标注燃放说明，或者未在烟花爆竹的包装物上印制易燃易爆危险物品警示标志的。

第三十八条 从事烟花爆竹批发的企业向从事烟花爆竹零售的经营者供应非法生产、经营的烟花爆竹，或者供应按照国家标准规定应由专业燃放人员燃放的烟花爆竹的，由安全生产监督管理部门责令停止违法行为，处 2 万元以上 10 万元以下的罚款，并没收非法经营的物品及违法所得；情节严重的，吊销烟花爆竹经营许可证。

从事烟花爆竹零售的经营者销售非法生产、经营的烟花爆竹，或者销售按照国家标准规定应由专业燃放人员燃放的烟花爆竹的，由安全生产监督管理部门责令停止违法行为，处 1000 元以上 5000 元以下的罚款，并没收非法经营的物品及违法所得；情节严重的，吊销烟花爆竹经营许可证。

第三十九条 生产、经营、使用黑火药、烟火药、引火线的企业，丢失黑火药、烟火药、引火线未及时向当地安全生产监督管理部门和公安部门报告的，由公安部门对企业主要负责人处 5000 元以上 2 万元以下的罚款，对丢失的物品予以追缴。

第四十条 经由道路运输烟花爆竹，有下列行为之一的，由公安部门责令改正，处 200 元以上 2000 元以下的罚款：

（一）违反运输许可事项的；

（二）未随车携带《烟花爆竹道路运输许可证》的；

（三）运输车辆没有悬挂或者安装符合国家标准的易燃易爆危险物品警示

标志的；

（四）烟花爆竹的装载不符合国家有关标准和规范的；

（五）装载烟花爆竹的车厢载人的；

（六）超过危险物品运输车辆规定时速行驶的；

（七）运输车辆途中经停没有专人看守的；

（八）运达目的地后，未按规定时间将《烟花爆竹道路运输许可证》交回发证机关核销的。

第四十一条　对携带烟花爆竹搭乘公共交通工具，或者邮寄烟花爆竹以及在托运的行李、包裹、邮件中夹带烟花爆竹的，由公安部门没收非法携带、邮寄、夹带的烟花爆竹，可以并处200元以上1000元以下的罚款。

第四十二条　对未经许可举办焰火晚会以及其他大型焰火燃放活动，或者焰火晚会以及其他大型焰火燃放活动燃放作业单位和作业人员违反焰火燃放安全规程、燃放作业方案进行燃放作业的，由公安部门责令停止燃放，对责任单位处1万元以上5万元以下的罚款。

在禁止燃放烟花爆竹的时间、地点燃放烟花爆竹，或者以危害公共安全和人身、财产安全的方式燃放烟花爆竹的，由公安部门责令停止燃放，处100元以上500元以下的罚款；构成违反治安管理行为的，依法给予治安管理处罚。

第四十三条　对没收的非法烟花爆竹以及生产、经营企业弃置的废旧烟花爆竹，应当就地封存，并由公安部门组织销毁、处置。

第四十四条　安全生产监督管理部门、公安部门、质量监督检验部门、工商行政管理部门的工作人员，在烟花爆竹安全监管工作中滥用职权、玩忽职守、徇私舞弊，构成犯罪的，依法追究刑事责任；尚不构成犯罪的，依法给予行政处分。

第七章　附　　则

第四十五条　《烟花爆竹安全生产许可证》、《烟花爆竹经营（批发）许可证》、《烟花爆竹经营（零售）许可证》，由国务院安全生产监督管理部门规定式样；《烟花爆竹道路运输许可证》、《焰火燃放许可证》，由国务院公安部门规定式样。

第四十六条　本条例自公布之日起施行。

13. 安全生产许可证条例

（2004年1月13日中华人民共和国国务院令第397号公布　根据2013年7月18日《国务院关于废止和修改部分行政法规的决定》第一次修订　根据2014年7月29日《国务院关于修改部分行政法规的决定》第二次修订）

第一条　为了严格规范安全生产条件，进一步加强安全生产监督管理，防止和减少生产安全事故，根据《中华人民共和国安全生产法》的有关规定，制定本条例。

第二条　国家对矿山企业、建筑施工企业和危险化学品、烟花爆竹、爆炸物品生产企业（以下统称企业）实行安全生产许可制度。

企业未取得安全生产许可证的，不得从事生产活动。

第三条　国务院安全生产监督管理部门负责中央管理的非煤矿矿山企业和危险化学品、烟花爆竹生产企业安全生产许可证的颁发和管理。

省、自治区、直辖市人民政府安全生产监督管理部门负责前款规定以外的非煤矿矿山企业和危险化学品、烟花爆竹生产企业安全生产许可证的颁发和管理，并接受国务院安全生产监督管理部门的指导和监督。

国家煤矿安全监察机构负责中央管理的煤矿企业安全生产许可证的颁发和管理。

在省、自治区、直辖市设立的煤矿安全监察机构负责前款规定以外的其他煤矿企业安全生产许可证的颁发和管理，并接受国家煤矿安全监察机构的指导和监督。

第四条　省、自治区、直辖市人民政府建设主管部门负责建筑施工企业安全生产许可证的颁发和管理，并接受国务院建设主管部门的指导和监督。

第五条　省、自治区、直辖市人民政府民用爆炸物品行业主管部门负责民用爆炸物品生产企业安全生产许可证的颁发和管理，并接受国务院民用爆炸物品行业主管部门的指导和监督。

第六条　企业取得安全生产许可证，应当具备下列安全生产条件：

（一）建立、健全安全生产责任制，制定完备的安全生产规章制度和操作规程；

（二）安全投入符合安全生产要求；

（三）设置安全生产管理机构，配备专职安全生产管理人员；

（四）主要负责人和安全生产管理人员经考核合格；

（五）特种作业人员经有关业务主管部门考核合格，取得特种作业操作资格证书；

（六）从业人员经安全生产教育和培训合格；

（七）依法参加工伤保险，为从业人员缴纳保险费；

（八）厂房、作业场所和安全设施、设备、工艺符合有关安全生产法律、法规、标准和规程的要求；

（九）有职业危害防治措施，并为从业人员配备符合国家标准或者行业标准的劳动防护用品；

（十）依法进行安全评价；

（十一）有重大危险源检测、评估、监控措施和应急预案；

（十二）有生产安全事故应急救援预案、应急救援组织或者应急救援人员，配备必要的应急救援器材、设备；

（十三）法律、法规规定的其他条件。

第七条　企业进行生产前，应当依照本条例的规定向安全生产许可证颁发管理机关申请领取安全生产许可证，并提供本条例第六条规定的相关文件、资料。安全生产许可证颁发管理机关应当自收到申请之日起 45 日内审查完毕，经审查符合本条例规定的安全生产条件的，颁发安全生产许可证；不符合本条例规定的安全生产条件的，不予颁发安全生产许可证，书面通知企业并说明理由。

煤矿企业应当以矿（井）为单位，依照本条例的规定取得安全生产许可证。

第八条　安全生产许可证由国务院安全生产监督管理部门规定统一的式样。

第九条　安全生产许可证的有效期为 3 年。安全生产许可证有效期满需要延期的，企业应当于期满前 3 个月向原安全生产许可证颁发管理机关办理延期手续。

企业在安全生产许可证有效期内，严格遵守有关安全生产的法律法规，未发生死亡事故的，安全生产许可证有效期届满时，经原安全生产许可证颁发管理机关同意，不再审查，安全生产许可证有效期延期 3 年。

第十条 安全生产许可证颁发管理机关应当建立、健全安全生产许可证档案管理制度，并定期向社会公布企业取得安全生产许可证的情况。

第十一条 煤矿企业安全生产许可证颁发管理机关、建筑施工企业安全生产许可证颁发管理机关、民用爆炸物品生产企业安全生产许可证颁发管理机关，应当每年向同级安全生产监督管理部门通报其安全生产许可证颁发和管理情况。

第十二条 国务院安全生产监督管理部门和省、自治区、直辖市人民政府安全生产监督管理部门对建筑施工企业、民用爆炸物品生产企业、煤矿企业取得安全生产许可证的情况进行监督。

第十三条 企业不得转让、冒用安全生产许可证或者使用伪造的安全生产许可证。

第十四条 企业取得安全生产许可证后，不得降低安全生产条件，并应当加强日常安全生产管理，接受安全生产许可证颁发管理机关的监督检查。

安全生产许可证颁发管理机关应当加强对取得安全生产许可证的企业的监督检查，发现其不再具备本条例规定的安全生产条件的，应当暂扣或者吊销安全生产许可证。

第十五条 安全生产许可证颁发管理机关工作人员在安全生产许可证颁发、管理和监督检查工作中，不得索取或者接受企业的财物，不得谋取其他利益。

第十六条 监察机关依照《中华人民共和国行政监察法》的规定，对安全生产许可证颁发管理机关及其工作人员履行本条例规定的职责实施监察。

第十七条 任何单位或者个人对违反本条例规定的行为，有权向安全生产许可证颁发管理机关或者监察机关等有关部门举报。

第十八条 安全生产许可证颁发管理机关工作人员有下列行为之一的，给予降级或者撤职的行政处分；构成犯罪的，依法追究刑事责任：

（一）向不符合本条例规定的安全生产条件的企业颁发安全生产许可证的；

（二）发现企业未依法取得安全生产许可证擅自从事生产活动，不依法处理的；

（三）发现取得安全生产许可证的企业不再具备本条例规定的安全生产条件，不依法处理的；

（四）接到对违反本条例规定行为的举报后，不及时处理的；

（五）在安全生产许可证颁发、管理和监督检查工作中，索取或者接受企业的财物，或者谋取其他利益的。

第十九条　违反本条例规定，未取得安全生产许可证擅自进行生产的，责令停止生产，没收违法所得，并处10万元以上50万元以下的罚款；造成重大事故或者其他严重后果，构成犯罪的，依法追究刑事责任。

第二十条　违反本条例规定，安全生产许可证有效期满未办理延期手续，继续进行生产的，责令停止生产，限期补办延期手续，没收违法所得，并处5万元以上10万元以下的罚款；逾期仍不办理延期手续，继续进行生产的，依照本条例第十九条的规定处罚。

第二十一条　违反本条例规定，转让安全生产许可证的，没收违法所得，处10万元以上50万元以下的罚款，并吊销其安全生产许可证；构成犯罪的，依法追究刑事责任；接受转让的，依照本条例第十九条的规定处罚。

冒用安全生产许可证或者使用伪造的安全生产许可证的，依照本条例第十九条的规定处罚。

第二十二条　本条例施行前已经进行生产的企业，应当自本条例施行之日起1年内，依照本条例的规定向安全生产许可证颁发管理机关申请办理安全生产许可证；逾期不办理安全生产许可证，或者经审查不符合本条例规定的安全生产条件，未取得安全生产许可证，继续进行生产的，依照本条例第十九条的规定处罚。

第二十三条　本条例规定的行政处罚，由安全生产许可证颁发管理机关决定。

第二十四条　本条例自公布之日起施行。

14. 生产安全事故报告和调查处理条例

（2007年3月28日国务院第172次常务会议通过　2007年4月9日中华人民共和国国务院令第493号公布　自2007年6月1日起施行）

第一章　总　　则

第一条　为了规范生产安全事故的报告和调查处理，落实生产安全事故责任追究制度，防止和减少生产安全事故，根据《中华人民共和国安全生产法》和有关法律，制定本条例。

第二条 生产经营活动中发生的造成人身伤亡或者直接经济损失的生产安全事故的报告和调查处理，适用本条例；环境污染事故、核设施事故、国防科研生产事故的报告和调查处理不适用本条例。

第三条 根据生产安全事故（以下简称事故）造成的人员伤亡或者直接经济损失，事故一般分为以下等级：

（一）特别重大事故，是指造成30人以上死亡，或者100人以上重伤（包括急性工业中毒，下同），或者1亿元以上直接经济损失的事故；

（二）重大事故，是指造成10人以上30人以下死亡，或者50人以上100人以下重伤，或者5000万元以上1亿元以下直接经济损失的事故；

（三）较大事故，是指造成3人以上10人以下死亡，或者10人以上50人以下重伤，或者1000万元以上5000万元以下直接经济损失的事故；

（四）一般事故，是指造成3人以下死亡，或者10人以下重伤，或者1000万元以下直接经济损失的事故。

国务院安全生产监督管理部门可以会同国务院有关部门，制定事故等级划分的补充性规定。

本条第一款所称的“以上”包括本数，所称的“以下”不包括本数。

第四条 事故报告应当及时、准确、完整，任何单位和个人对事故不得迟报、漏报、谎报或者瞒报。

事故调查处理应当坚持实事求是、尊重科学的原则，及时、准确地查清事故经过、事故原因和事故损失，查明事故性质，认定事故责任，总结事故教训，提出整改措施，并对事故责任者依法追究责任。

第五条 县级以上人民政府应当依照本条例的规定，严格履行职责，及时、准确地完成事故调查处理工作。

事故发生地有关地方人民政府应当支持、配合上级人民政府或者有关部门的事故调查处理工作，并提供必要的便利条件。

参加事故调查处理的部门和单位应当互相配合，提高事故调查处理工作的效率。

第六条 工会依法参加事故调查处理，有权向有关部门提出处理意见。

第七条 任何单位和个人不得阻挠和干涉对事故的报告和依法调查处理。

第八条 对事故报告和调查处理中的违法行为，任何单位和个人有权向安全生产监督管理部门、监察机关或者其他有关部门举报，接到举报的部门应当依法及时处理。

第二章　事故报告

第九条　事故发生后，事故现场有关人员应当立即向本单位负责人报告；单位负责人接到报告后，应当于1小时内向事故发生地县级以上人民政府安全生产监督管理部门和负有安全生产监督管理职责的有关部门报告。

情况紧急时，事故现场有关人员可以直接向事故发生地县级以上人民政府安全生产监督管理部门和负有安全生产监督管理职责的有关部门报告。

第十条　安全生产监督管理部门和负有安全生产监督管理职责的有关部门接到事故报告后，应当依照下列规定上报事故情况，并通知公安机关、劳动保障行政部门、工会和人民检察院：

（一）特别重大事故、重大事故逐级上报至国务院安全生产监督管理部门和负有安全生产监督管理职责的有关部门；

（二）较大事故逐级上报至省、自治区、直辖市人民政府安全生产监督管理部门和负有安全生产监督管理职责的有关部门；

（三）一般事故上报至设区的市级人民政府安全生产监督管理部门和负有安全生产监督管理职责的有关部门。

安全生产监督管理部门和负有安全生产监督管理职责的有关部门依照前款规定上报事故情况，应当同时报告本级人民政府。国务院安全生产监督管理部门和负有安全生产监督管理职责的有关部门以及省级人民政府接到发生特别重大事故、重大事故的报告后，应当立即报告国务院。

必要时，安全生产监督管理部门和负有安全生产监督管理职责的有关部门可以越级上报事故情况。

第十一条　安全生产监督管理部门和负有安全生产监督管理职责的有关部门逐级上报事故情况，每级上报的时间不得超过2小时。

第十二条　报告事故应当包括下列内容：

（一）事故发生单位概况；

（二）事故发生的时间、地点以及事故现场情况；

（三）事故的简要经过；

（四）事故已经造成或者可能造成的伤亡人数（包括下落不明的人数）

和初步估计的直接经济损失；

（五）已经采取的措施；

（六）其他应当报告的情况。

第十三条 事故报告后出现新情况的，应当及时补报。

自事故发生之日起30日内，事故造成的伤亡人数发生变化的，应当及时补报。道路交通事故、火灾事故自发生之日起7日内，事故造成的伤亡人数发生变化的，应当及时补报。

第十四条 事故发生单位负责人接到事故报告后，应当立即启动事故相应应急预案，或者采取有效措施，组织抢救，防止事故扩大，减少人员伤亡和财产损失。

第十五条 事故发生地有关地方人民政府、安全生产监督管理部门和负有安全生产监督管理职责的有关部门接到事故报告后，其负责人应当立即赶赴事故现场，组织事故救援。

第十六条 事故发生后，有关单位和人员应当妥善保护事故现场以及相关证据，任何单位和个人不得破坏事故现场、毁灭相关证据。

因抢救人员、防止事故扩大以及疏通交通等原因，需要移动事故现场物件的，应当做出标志，绘制现场简图并做出书面记录，妥善保存现场重要痕迹、物证。

第十七条 事故发生地公安机关根据事故的情况，对涉嫌犯罪的，应当依法立案侦查，采取强制措施和侦查措施。犯罪嫌疑人逃匿的，公安机关应当迅速追捕归案。

第十八条 安全生产监督管理部门和负有安全生产监督管理职责的有关部门应当建立值班制度，并向社会公布值班电话，受理事故报告和举报。

第三章 事故调查

第十九条 特别重大事故由国务院或者国务院授权有关部门组织事故调查组进行调查。

重大事故、较大事故、一般事故分别由事故发生地省级人民政府、设区的市级人民政府、县级人民政府负责调查。省级人民政府、设区的市级人民政府、县级人民政府可以直接组织事故调查组进行调查，也可以授权或者委托有关部门组织事故调查组进行调查。

未造成人员伤亡的一般事故，县级人民政府也可以委托事故发生单位组织事故调查组进行调查。

第二十条 上级人民政府认为必要时，可以调查由下级人民政府负责调查的事故。

自事故发生之日起30日内（道路交通事故、火灾事故自发生之日起7日内），因事故伤亡人数变化导致事故等级发生变化，依照本条例规定应当由上级人民政府负责调查的，上级人民政府可以另行组织事故调查组进行调查。

第二十一条 特别重大事故以下等级事故，事故发生地与事故发生单位不在同一个县级以上行政区域的，由事故发生地人民政府负责调查，事故发生单位所在地人民政府应当派人参加。

第二十二条 事故调查组的组成应当遵循精简、效能的原则。

根据事故的具体情况，事故调查组由有关人民政府、安全生产监督管理部门、负有安全生产监督管理职责的有关部门、监察机关、公安机关以及工会派人组成，并应当邀请人民检察院派人参加。

事故调查组可以聘请有关专家参与调查。

第二十三条 事故调查组成员应当具有事故调查所需要的知识和专长，并与所调查的事故没有直接利害关系。

第二十四条 事故调查组组长由负责事故调查的人民政府指定。事故调查组组长主持事故调查组的工作。

第二十五条 事故调查组履行下列职责：

（一）查明事故发生的经过、原因、人员伤亡情况及直接经济损失；

（二）认定事故的性质和事故责任；

（三）提出对事故责任者的处理建议；

（四）总结事故教训，提出防范和整改措施；

（五）提交事故调查报告。

第二十六条 事故调查组有权向有关单位和个人了解与事故有关的情况，并要求其提供相关文件、资料，有关单位和个人不得拒绝。

事故发生单位的负责人和有关人员在事故调查期间不得擅离职守，并应当随时接受事故调查组的询问，如实提供有关情况。

事故调查中发现涉嫌犯罪的，事故调查组应当及时将有关材料或者其复印件移交司法机关处理。

第二十七条 事故调查中需要进行技术鉴定的，事故调查组应当委托具有国家规定资质的单位进行技术鉴定。必要时，事故调查组可以直接组织专家进行技术鉴定。技术鉴定所需时间不计入事故调查期限。

第二十八条 事故调查组成员在事故调查工作中应当诚信公正、恪尽职守，遵守事故调查组的纪律，保守事故调查的秘密。

未经事故调查组组长允许，事故调查组成员不得擅自发布有关事故的信息。

第二十九条 事故调查组应当自事故发生之日起60日内提交事故调查报告；特殊情况下，经负责事故调查的人民政府批准，提交事故调查报告的期限可以适当延长，但延长的期限最长不超过60日。

第三十条 事故调查报告应当包括下列内容：

（一）事故发生单位概况；

（二）事故发生经过和事故救援情况；

（三）事故造成的人员伤亡和直接经济损失；

（四）事故发生的原因和事故性质；

（五）事故责任的认定以及对事故责任者的处理建议；

（六）事故防范和整改措施。

事故调查报告应当附具有关证据材料。事故调查组成员应当在事故调查报告上签名。

第三十一条 事故调查报告报送负责事故调查的人民政府后，事故调查工作即告结束。事故调查的有关资料应当归档保存。

第四章 事故处理

第三十二条 重大事故、较大事故、一般事故，负责事故调查的人民政府应当自收到事故调查报告之日起15日内做出批复；特别重大事故，30日内做出批复，特殊情况下，批复时间可以适当延长，但延长的时间最长不超过30日。

有关机关应当按照人民政府的批复，依照法律、行政法规规定的权限和程序，对事故发生单位和有关人员进行行政处罚，对负有事故责任的国家工作人员进行处分。

事故发生单位应当按照负责事故调查的人民政府的批复，对本单位负有事故责任的人员进行处理。

负有事故责任的人员涉嫌犯罪的，依法追究刑事责任。

第三十三条　事故发生单位应当认真吸取事故教训，落实防范和整改措施，防止事故再次发生。防范和整改措施的落实情况应当接受工会和职工的监督。

安全生产监督管理部门和负有安全生产监督管理职责的有关部门应当对事故发生单位落实防范和整改措施的情况进行监督检查。

第三十四条　事故处理的情况由负责事故调查的人民政府或者其授权的有关部门、机构向社会公布，依法应当保密的除外。

第五章　法律责任

第三十五条　事故发生单位主要负责人有下列行为之一的，处上一年年收入40%至80%的罚款；属于国家工作人员的，并依法给予处分；构成犯罪的，依法追究刑事责任：

（一）不立即组织事故抢救的；

（二）迟报或者漏报事故的；

（三）在事故调查处理期间擅离职守的。

第三十六条　事故发生单位及其有关人员有下列行为之一的，对事故发生单位处100万元以上500万元以下的罚款；对主要负责人、直接负责的主管人员和其他直接责任人员处上一年年收入60%至100%的罚款；属于国家工作人员的，并依法给予处分；构成违反治安管理行为的，由公安机关依法给予治安管理处罚；构成犯罪的，依法追究刑事责任：

（一）谎报或者瞒报事故的；

（二）伪造或者故意破坏事故现场的；

（三）转移、隐匿资金、财产，或者销毁有关证据、资料的；

（四）拒绝接受调查或者拒绝提供有关情况和资料的；

（五）在事故调查中作伪证或者指使他人作伪证的；

（六）事故发生后逃匿的。

第三十七条　事故发生单位对事故发生负有责任的，依照下列规定处以罚款：

（一）发生一般事故的，处10万元以上20万元以下的罚款；

（二）发生较大事故的，处20万元以上50万元以下的罚款；

（三）发生重大事故的，处50万元以上200万元以下的罚款；

（四）发生特别重大事故的，处200万元以上500万元以下的罚款。

第三十八条 事故发生单位主要负责人未依法履行安全生产管理职责，导致事故发生的，依照下列规定处以罚款；属于国家工作人员的，并依法给予处分；构成犯罪的，依法追究刑事责任：

（一）发生一般事故的，处上一年年收入30%的罚款；

（二）发生较大事故的，处上一年年收入40%的罚款；

（三）发生重大事故的，处上一年年收入60%的罚款；

（四）发生特别重大事故的，处上一年年收入80%的罚款。

第三十九条 有关地方人民政府、安全生产监督管理部门和负有安全生产监督管理职责的有关部门有下列行为之一的，对直接负责的主管人员和其他直接责任人员依法给予处分；构成犯罪的，依法追究刑事责任：

（一）不立即组织事故抢救的；

（二）迟报、漏报、谎报或者瞒报事故的；

（三）阻碍、干涉事故调查工作的；

（四）在事故调查中作伪证或者指使他人作伪证的。

第四十条 事故发生单位对事故发生负有责任的，由有关部门依法暂扣或者吊销其有关证照；对事故发生单位负有事故责任的有关人员，依法暂停或者撤销其与安全生产有关的执业资格、岗位证书；事故发生单位主要负责人受到刑事处罚或者撤职处分的，自刑罚执行完毕或者受处分之日起，5年内不得担任任何生产经营单位的主要负责人。

为发生事故的单位提供虚假证明的中介机构，由有关部门依法暂扣或者吊销其有关证照及其相关人员的执业资格；构成犯罪的，依法追究刑事责任。

第四十一条 参与事故调查的人员在事故调查中有下列行为之一的，依法给予处分；构成犯罪的，依法追究刑事责任：

（一）对事故调查工作不负责任，致使事故调查工作有重大疏漏的；

（二）包庇、袒护负有事故责任的人员或者借机打击报复的。

第四十二条 违反本条例规定，有关地方人民政府或者有关部门故意拖延或者拒绝落实经批复的对事故责任人的处理意见的，由监察机关对有关责任人员依法给予处分。

第四十三条 本条例规定的罚款的行政处罚，由安全生产监督管理部门决定。

法律、行政法规对行政处罚的种类、幅度和决定机关另有规定的，依照其规定。

第六章　附　　则

第四十四条　没有造成人员伤亡，但是社会影响恶劣的事故，国务院或者有关地方人民政府认为需要调查处理的，依照本条例的有关规定执行。

国家机关、事业单位、人民团体发生的事故的报告和调查处理，参照本条例的规定执行。

第四十五条　特别重大事故以下等级事故的报告和调查处理，有关法律、行政法规或者国务院另有规定的，依照其规定。

第四十六条　本条例自2007年6月1日起施行。国务院1989年3月29日公布的《特别重大事故调查程序暂行规定》和1991年2月22日公布的《企业职工伤亡事故报告和处理规定》同时废止。

15. 生产安全事故应急条例

（2019年2月17日中华人民共和国国务院令第708号公布　自2019年4月1日起施行）

第一章　总　　则

第一条　为了规范生产安全事故应急工作，保障人民群众生命和财产安全，根据《中华人民共和国安全生产法》和《中华人民共和国突发事件应对法》，制定本条例。

第二条　本条例适用于生产安全事故应急工作；法律、行政法规另有规定的，适用其规定。

第三条　国务院统一领导全国的生产安全事故应急工作，县级以上地方人民政府统一领导本行政区域内的生产安全事故应急工作。生产安全事故应急工作涉及两个以上行政区域的，由有关行政区域共同的上一级人民政府负责，或者由各有关行政区域的上一级人民政府共同负责。

县级以上人民政府应急管理部门和其他对有关行业、领域的安全生产工作实施监督管理的部门（以下统称负有安全生产监督管理职责的部门）在各自职责范围内，做好有关行业、领域的生产安全事故应急工作。

县级以上人民政府应急管理部门指导、协调本级人民政府其他负有安全生产监督管理职责的部门和下级人民政府的生产安全事故应急工作。

乡、镇人民政府以及街道办事处等地方人民政府派出机关应当协助上级人民政府有关部门依法履行生产安全事故应急工作职责。

第四条 生产经营单位应当加强生产安全事故应急工作，建立、健全生产安全事故应急工作责任制，其主要负责人对本单位的生产安全事故应急工作全面负责。

第二章 应急准备

第五条 县级以上人民政府及其负有安全生产监督管理职责的部门和乡、镇人民政府以及街道办事处等地方人民政府派出机关，应当针对可能发生的生产安全事故的特点和危害，进行风险辨识和评估，制定相应的生产安全事故应急救援预案，并依法向社会公布。

生产经营单位应当针对本单位可能发生的生产安全事故的特点和危害，进行风险辨识和评估，制定相应的生产安全事故应急救援预案，并向本单位从业人员公布。

第六条 生产安全事故应急救援预案应当符合有关法律、法规、规章和标准的规定，具有科学性、针对性和可操作性，明确规定应急组织体系、职责分工以及应急救援程序和措施。

有下列情形之一的，生产安全事故应急救援预案制定单位应当及时修订相关预案：

（一）制定预案所依据的法律、法规、规章、标准发生重大变化；

（二）应急指挥机构及其职责发生调整；

（三）安全生产面临的风险发生重大变化；

（四）重要应急资源发生重大变化；

（五）在预案演练或者应急救援中发现需要修订预案的重大问题；

（六）其他应当修订的情形。

第七条 县级以上人民政府负有安全生产监督管理职责的部门应当将其制定的生产安全事故应急救援预案报送本级人民政府备案；易燃易爆物品、

危险化学品等危险物品的生产、经营、储存、运输单位，矿山、金属冶炼、城市轨道交通运营、建筑施工单位，以及宾馆、商场、娱乐场所、旅游景区等人员密集场所经营单位，应当将其制定的生产安全事故应急救援预案按照国家有关规定报送县级以上人民政府负有安全生产监督管理职责的部门备案，并依法向社会公布。

第八条　县级以上地方人民政府以及县级以上人民政府负有安全生产监督管理职责的部门，乡、镇人民政府以及街道办事处等地方人民政府派出机关，应当至少每 2 年组织 1 次生产安全事故应急救援预案演练。

易燃易爆物品、危险化学品等危险物品的生产、经营、储存、运输单位，矿山、金属冶炼、城市轨道交通运营、建筑施工单位，以及宾馆、商场、娱乐场所、旅游景区等人员密集场所经营单位，应当至少每半年组织 1 次生产安全事故应急救援预案演练，并将演练情况报送所在地县级以上地方人民政府负有安全生产监督管理职责的部门。

县级以上地方人民政府负有安全生产监督管理职责的部门应当对本行政区域内前款规定的重点生产经营单位的生产安全事故应急救援预案演练进行抽查；发现演练不符合要求的，应当责令限期改正。

第九条　县级以上人民政府应当加强对生产安全事故应急救援队伍建设的统一规划、组织和指导。

县级以上人民政府负有安全生产监督管理职责的部门根据生产安全事故应急工作的实际需要，在重点行业、领域单独建立或者依托有条件的生产经营单位、社会组织共同建立应急救援队伍。

国家鼓励和支持生产经营单位和其他社会力量建立提供社会化应急救援服务的应急救援队伍。

第十条　易燃易爆物品、危险化学品等危险物品的生产、经营、储存、运输单位，矿山、金属冶炼、城市轨道交通运营、建筑施工单位，以及宾馆、商场、娱乐场所、旅游景区等人员密集场所经营单位，应当建立应急救援队伍；其中，小型企业或者微型企业等规模较小的生产经营单位，可以不建立应急救援队伍，但应当指定兼职的应急救援人员，并且可以与邻近的应急救援队伍签订应急救援协议。

工业园区、开发区等产业聚集区域内的生产经营单位，可以联合建立应急救援队伍。

第十一条　应急救援队伍的应急救援人员应当具备必要的专业知识、技能、身体素质和心理素质。

应急救援队伍建立单位或者兼职应急救援人员所在单位应当按照国家有关规定对应急救援人员进行培训；应急救援人员经培训合格后，方可参加应急救援工作。

应急救援队伍应当配备必要的应急救援装备和物资，并定期组织训练。

第十二条 生产经营单位应当及时将本单位应急救援队伍建立情况按照国家有关规定报送县级以上人民政府负有安全生产监督管理职责的部门，并依法向社会公布。

县级以上人民政府负有安全生产监督管理职责的部门应当定期将本行业、本领域的应急救援队伍建立情况报送本级人民政府，并依法向社会公布。

第十三条 县级以上地方人民政府应当根据本行政区域内可能发生的生产安全事故的特点和危害，储备必要的应急救援装备和物资，并及时更新和补充。

易燃易爆物品、危险化学品等危险物品的生产、经营、储存、运输单位，矿山、金属冶炼、城市轨道交通运营、建筑施工单位，以及宾馆、商场、娱乐场所、旅游景区等人员密集场所经营单位，应当根据本单位可能发生的生产安全事故的特点和危害，配备必要的灭火、排水、通风以及危险物品稀释、掩埋、收集等应急救援器材、设备和物资，并进行经常性维护、保养，保证正常运转。

第十四条 下列单位应当建立应急值班制度，配备应急值班人员：

（一）县级以上人民政府及其负有安全生产监督管理职责的部门；

（二）危险物品的生产、经营、储存、运输单位以及矿山、金属冶炼、城市轨道交通运营、建筑施工单位；

（三）应急救援队伍。

规模较大、危险性较高的易燃易爆物品、危险化学品等危险物品的生产、经营、储存、运输单位应当成立应急处置技术组，实行24小时应急值班。

第十五条 生产经营单位应当对从业人员进行应急教育和培训，保证从业人员具备必要的应急知识，掌握风险防范技能和事故应急措施。

第十六条 国务院负有安全生产监督管理职责的部门应当按照国家有关规定建立生产安全事故应急救援信息系统，并采取有效措施，实现数据互联互通、信息共享。

生产经营单位可以通过生产安全事故应急救援信息系统办理生产安全事

故应急救援预案备案手续，报送应急救援预案演练情况和应急救援队伍建设情况；但依法需要保密的除外。

第三章　应急救援

第十七条　发生生产安全事故后，生产经营单位应当立即启动生产安全事故应急救援预案，采取下列一项或者多项应急救援措施，并按照国家有关规定报告事故情况：

（一）迅速控制危险源，组织抢救遇险人员；

（二）根据事故危害程度，组织现场人员撤离或者采取可能的应急措施后撤离；

（三）及时通知可能受到事故影响的单位和人员；

（四）采取必要措施，防止事故危害扩大和次生、衍生灾害发生；

（五）根据需要请求邻近的应急救援队伍参加救援，并向参加救援的应急救援队伍提供相关技术资料、信息和处置方法；

（六）维护事故现场秩序，保护事故现场和相关证据；

（七）法律、法规规定的其他应急救援措施。

第十八条　有关地方人民政府及其部门接到生产安全事故报告后，应当按照国家有关规定上报事故情况，启动相应的生产安全事故应急救援预案，并按照应急救援预案的规定采取下列一项或者多项应急救援措施：

（一）组织抢救遇险人员，救治受伤人员，研判事故发展趋势以及可能造成的危害；

（二）通知可能受到事故影响的单位和人员，隔离事故现场，划定警戒区域，疏散受到威胁的人员，实施交通管制；

（三）采取必要措施，防止事故危害扩大和次生、衍生灾害发生，避免或者减少事故对环境造成的危害；

（四）依法发布调用和征用应急资源的决定；

（五）依法向应急救援队伍下达救援命令；

（六）维护事故现场秩序，组织安抚遇险人员和遇险遇难人员亲属；

（七）依法发布有关事故情况和应急救援工作的信息；

（八）法律、法规规定的其他应急救援措施。

有关地方人民政府不能有效控制生产安全事故的，应当及时向上级人民政府报告。上级人民政府应当及时采取措施，统一指挥应急救援。

第十九条 应急救援队伍接到有关人民政府及其部门的救援命令或者签有应急救援协议的生产经营单位的救援请求后，应当立即参加生产安全事故应急救援。

应急救援队伍根据救援命令参加生产安全事故应急救援所耗费用，由事故责任单位承担；事故责任单位无力承担的，由有关人民政府协调解决。

第二十条 发生生产安全事故后，有关人民政府认为有必要的，可以设立由本级人民政府及其有关部门负责人、应急救援专家、应急救援队伍负责人、事故发生单位负责人等人员组成的应急救援现场指挥部，并指定现场指挥部总指挥。

第二十一条 现场指挥部实行总指挥负责制，按照本级人民政府的授权组织制定并实施生产安全事故现场应急救援方案，协调、指挥有关单位和个人参加现场应急救援。

参加生产安全事故现场应急救援的单位和个人应当服从现场指挥部的统一指挥。

第二十二条 在生产安全事故应急救援过程中，发现可能直接危及应急救援人员生命安全的紧急情况时，现场指挥部或者统一指挥应急救援的人民政府应当立即采取相应措施消除隐患，降低或者化解风险，必要时可以暂时撤离应急救援人员。

第二十三条 生产安全事故发生地人民政府应当为应急救援人员提供必需的后勤保障，并组织通信、交通运输、医疗卫生、气象、水文、地质、电力、供水等单位协助应急救援。

第二十四条 现场指挥部或者统一指挥生产安全事故应急救援的人民政府及其有关部门应当完整、准确地记录应急救援的重要事项，妥善保存相关原始资料和证据。

第二十五条 生产安全事故的威胁和危害得到控制或者消除后，有关人民政府应当决定停止执行依照本条例和有关法律、法规采取的全部或者部分应急救援措施。

第二十六条 有关人民政府及其部门根据生产安全事故应急救援需要依法调用和征用的财产，在使用完毕或者应急救援结束后，应当及时归还。财产被调用、征用或者调用、征用后毁损、灭失的，有关人民政府及其部门应当按照国家有关规定给予补偿。

第二十七条　按照国家有关规定成立的生产安全事故调查组应当对应急救援工作进行评估，并在事故调查报告中作出评估结论。

第二十八条　县级以上地方人民政府应当按照国家有关规定，对在生产安全事故应急救援中伤亡的人员及时给予救治和抚恤；符合烈士评定条件的，按照国家有关规定评定为烈士。

第四章　法律责任

第二十九条　地方各级人民政府和街道办事处等地方人民政府派出机关以及县级以上人民政府有关部门违反本条例规定的，由其上级行政机关责令改正；情节严重的，对直接负责的主管人员和其他直接责任人员依法给予处分。

第三十条　生产经营单位未制定生产安全事故应急救援预案、未定期组织应急救援预案演练、未对从业人员进行应急教育和培训，生产经营单位的主要负责人在本单位发生生产安全事故时不立即组织抢救的，由县级以上人民政府负有安全生产监督管理职责的部门依照《中华人民共和国安全生产法》有关规定追究法律责任。

第三十一条　生产经营单位未对应急救援器材、设备和物资进行经常性维护、保养，导致发生严重生产安全事故或者生产安全事故危害扩大，或者在本单位发生生产安全事故后未立即采取相应的应急救援措施，造成严重后果的，由县级以上人民政府负有安全生产监督管理职责的部门依照《中华人民共和国突发事件应对法》有关规定追究法律责任。

第三十二条　生产经营单位未将生产安全事故应急救援预案报送备案、未建立应急值班制度或者配备应急值班人员的，由县级以上人民政府负有安全生产监督管理职责的部门责令限期改正；逾期未改正的，处 3 万元以上 5 万元以下的罚款，对直接负责的主管人员和其他直接责任人员处 1 万元以上 2 万元以下的罚款。

第三十三条　违反本条例规定，构成违反治安管理行为的，由公安机关依法给予处罚；构成犯罪的，依法追究刑事责任。

第五章　附　　则

第三十四条　储存、使用易燃易爆物品、危险化学品等危险物品的科研机构、学校、医院等单位的安全事故应急工作，参照本条例有关规定执行。

第三十五条　本条例自2019年4月1日起施行。

16. 铁路交通事故应急救援和调查处理条例

（2007年7月11日中华人民共和国国务院令第501号公布　根据2012年11月9日《国务院关于修改和废止部分行政法规的决定》修订）

第一章　总　　则

第一条　为了加强铁路交通事故的应急救援工作，规范铁路交通事故调查处理，减少人员伤亡和财产损失，保障铁路运输安全和畅通，根据《中华人民共和国铁路法》和其他有关法律的规定，制定本条例。

第二条　铁路机车车辆在运行过程中与行人、机动车、非机动车、牲畜及其他障碍物相撞，或者铁路机车车辆发生冲突、脱轨、火灾、爆炸等影响铁路正常行车的铁路交通事故（以下简称事故）的应急救援和调查处理，适用本条例。

第三条　国务院铁路主管部门应当加强铁路运输安全监督管理，建立健全事故应急救援和调查处理的各项制度，按照国家规定的权限和程序，负责组织、指挥、协调事故的应急救援和调查处理工作。

第四条　铁路管理机构应当加强日常的铁路运输安全监督检查，指导、督促铁路运输企业落实事故应急救援的各项规定，按照规定的权限和程序，组织、参与、协调本辖区内事故的应急救援和调查处理工作。

第五条　国务院其他有关部门和有关地方人民政府应当按照各自的职责和分工，组织、参与事故的应急救援和调查处理工作。

第六条　铁路运输企业和其他有关单位、个人应当遵守铁路运输安全管理的各项规定，防止和避免事故的发生。

事故发生后，铁路运输企业和其他有关单位应当及时、准确地报告事故情况，积极开展应急救援工作，减少人员伤亡和财产损失，尽快恢复铁路正常行车。

第七条　任何单位和个人不得干扰、阻碍事故应急救援、铁路线路开通、列车运行和事故调查处理。

第二章　事故等级

第八条　根据事故造成的人员伤亡、直接经济损失、列车脱轨辆数、中断铁路行车时间等情形，事故等级分为特别重大事故、重大事故、较大事故和一般事故。

第九条　有下列情形之一的，为特别重大事故：

（一）造成30人以上死亡，或者100人以上重伤（包括急性工业中毒，下同），或者1亿元以上直接经济损失的；

（二）繁忙干线客运列车脱轨18辆以上并中断铁路行车48小时以上的；

（三）繁忙干线货运列车脱轨60辆以上并中断铁路行车48小时以上的。

第十条　有下列情形之一的，为重大事故：

（一）造成10人以上30人以下死亡，或者50人以上100人以下重伤，或者5000万元以上1亿元以下直接经济损失的；

（二）客运列车脱轨18辆以上的；

（三）货运列车脱轨60辆以上的；

（四）客运列车脱轨2辆以上18辆以下，并中断繁忙干线铁路行车24小时以上或者中断其他线路铁路行车48小时以上的；

（五）货运列车脱轨6辆以上60辆以下，并中断繁忙干线铁路行车24小时以上或者中断其他线路铁路行车48小时以上的。

第十一条　有下列情形之一的，为较大事故：

（一）造成3人以上10人以下死亡，或者10人以上50人以下重伤，或者1000万元以上5000万元以下直接经济损失的；

（二）客运列车脱轨2辆以上18辆以下的；

（三）货运列车脱轨6辆以上60辆以下的；

（四）中断繁忙干线铁路行车6小时以上的；

（五）中断其他线路铁路行车10小时以上的。

第十二条 造成3人以下死亡，或者10人以下重伤，或者1000万元以下直接经济损失的，为一般事故。

除前款规定外，国务院铁路主管部门可以对一般事故的其他情形作出补充规定。

第十三条 本章所称的“以上”包括本数，所称的“以下”不包括本数。

第三章 事故报告

第十四条 事故发生后，事故现场的铁路运输企业工作人员或者其他人员应当立即报告邻近铁路车站、列车调度员或者公安机关。有关单位和人员接到报告后，应当立即将事故情况报告事故发生地铁路管理机构。

第十五条 铁路管理机构接到事故报告，应当尽快核实有关情况，并立即报告国务院铁路主管部门；对特别重大事故、重大事故，国务院铁路主管部门应当立即报告国务院并通报国家安全生产监督管理等有关部门。

发生特别重大事故、重大事故、较大事故或者有人员伤亡的一般事故，铁路管理机构还应当通报事故发生地县级以上地方人民政府及其安全生产监督管理部门。

第十六条 事故报告应当包括下列内容：

（一）事故发生的时间、地点、区间（线名、公里、米）、事故相关单位和人员；

（二）发生事故的列车种类、车次、部位、计长、机车型号、牵引辆数、吨数；

（三）承运旅客人数或者货物品名、装载情况；

（四）人员伤亡情况，机车车辆、线路设施、道路车辆的损坏情况，对铁路行车的影响情况；

（五）事故原因的初步判断；

（六）事故发生后采取的措施及事故控制情况；

（七）具体救援请求。

事故报告后出现新情况的，应当及时补报。

第十七条 国务院铁路主管部门、铁路管理机构和铁路运输企业应当向社会公布事故报告值班电话，受理事故报告和举报。

第四章　事故应急救援

第十八条　事故发生后，列车司机或者运转车长应当立即停车，采取紧急处置措施；对无法处置的，应当立即报告邻近铁路车站、列车调度员进行处置。

为保障铁路旅客安全或者因特殊运输需要不宜停车的，可以不停车；但是，列车司机或者运转车长应当立即将事故情况报告邻近铁路车站、列车调度员，接到报告的邻近铁路车站、列车调度员应当立即进行处置。

第十九条　事故造成中断铁路行车的，铁路运输企业应当立即组织抢修，尽快恢复铁路正常行车；必要时，铁路运输调度指挥部门应当调整运输径路，减少事故影响。

第二十条　事故发生后，国务院铁路主管部门、铁路管理机构、事故发生地县级以上地方人民政府或者铁路运输企业应当根据事故等级启动相应的应急预案；必要时，成立现场应急救援机构。

第二十一条　现场应急救援机构根据事故应急救援工作的实际需要，可以借用有关单位和个人的设施、设备和其他物资。借用单位使用完毕应当及时归还，并支付适当费用；造成损失的，应当赔偿。

有关单位和个人应当积极支持、配合救援工作。

第二十二条　事故造成重大人员伤亡或者需要紧急转移、安置铁路旅客和沿线居民的，事故发生地县级以上地方人民政府应当及时组织开展救治和转移、安置工作。

第二十三条　国务院铁路主管部门、铁路管理机构或者事故发生地县级以上地方人民政府根据事故救援的实际需要，可以请求当地驻军、武装警察部队参与事故救援。

第二十四条　有关单位和个人应当妥善保护事故现场以及相关证据，并在事故调查组成立后将相关证据移交事故调查组。因事故救援、尽快恢复铁路正常行车需要改变事故现场的，应当做出标记、绘制现场示意图、制作现场视听资料，并做出书面记录。

任何单位和个人不得破坏事故现场，不得伪造、隐匿或者毁灭相关证据。

第二十五条　事故中死亡人员的尸体经法定机构鉴定后，应当及时通知死者家属认领；无法查找死者家属的，按照国家有关规定处理。

第五章　事故调查处理

第二十六条　特别重大事故由国务院或者国务院授权的部门组织事故调查组进行调查。

重大事故由国务院铁路主管部门组织事故调查组进行调查。

较大事故和一般事故由事故发生地铁路管理机构组织事故调查组进行调查；国务院铁路主管部门认为必要时，可以组织事故调查组对较大事故和一般事故进行调查。

根据事故的具体情况，事故调查组由有关人民政府、公安机关、安全生产监督管理部门、监察机关等单位派人组成，并应当邀请人民检察院派人参加。事故调查组认为必要时，可以聘请有关专家参与事故调查。

第二十七条　事故调查组应当按照国家有关规定开展事故调查，并在下列调查期限内向组织事故调查组的机关或者铁路管理机构提交事故调查报告：

（一）特别重大事故的调查期限为60日；

（二）重大事故的调查期限为30日；

（三）较大事故的调查期限为20日；

（四）一般事故的调查期限为10日。

事故调查期限自事故发生之日起计算。

第二十八条　事故调查处理，需要委托有关机构进行技术鉴定或者对铁路设备、设施及其他财产损失状况以及中断铁路行车造成的直接经济损失进行评估的，事故调查组应当委托具有国家规定资质的机构进行技术鉴定或者评估。技术鉴定或者评估所需时间不计入事故调查期限。

第二十九条　事故调查报告形成后，报经组织事故调查组的机关或者铁路管理机构同意，事故调查组工作即告结束。组织事故调查组的机关或者铁路管理机构应当自事故调查组工作结束之日起15日内，根据事故调查报告，制作事故认定书。

事故认定书是事故赔偿、事故处理以及事故责任追究的依据。

第三十条　事故责任单位和有关人员应当认真吸取事故教训，落实防范和整改措施，防止事故再次发生。

国务院铁路主管部门、铁路管理机构以及其他有关行政机关应当对事故责任单位和有关人员落实防范和整改措施的情况进行监督检查。

第三十一条　事故的处理情况，除依法应当保密的外，应当由组织事故调查组的机关或者铁路管理机构向社会公布。

第六章　事故赔偿

第三十二条　事故造成人身伤亡的，铁路运输企业应当承担赔偿责任；但是人身伤亡是不可抗力或者受害人自身原因造成的，铁路运输企业不承担赔偿责任。

违章通过平交道口或者人行过道，或者在铁路线路上行走、坐卧造成的人身伤亡，属于受害人自身的原因造成的人身伤亡。

第三十三条　事故造成铁路旅客人身伤亡和自带行李损失的，铁路运输企业对每名铁路旅客人身伤亡的赔偿责任限额为人民币 15 万元，对每名铁路旅客自带行李损失的赔偿责任限额为人民币 2000 元。

铁路运输企业与铁路旅客可以书面约定高于前款规定的赔偿责任限额。（2012 年 11 月 9 日删除）

第三十四条　事故造成铁路运输企业承运的货物、包裹、行李损失的，铁路运输企业应当依照《中华人民共和国铁路法》的规定承担赔偿责任。

第三十五条　除本条例第三十三条、第三十四条的规定外，事故造成其他人身伤亡或者财产损失的，依照国家有关法律、行政法规的规定赔偿。

第三十六条　事故当事人对事故损害赔偿有争议的，可以通过协商解决，或者请求组织事故调查组的机关或者铁路管理机构组织调解，也可以直接向人民法院提起民事诉讼。

第七章　法律责任

第三十七条　铁路运输企业及其职工违反法律、行政法规的规定，造成事故的，由国务院铁路主管部门或者铁路管理机构依法追究行政责任。

第三十八条　违反本条例的规定，铁路运输企业及其职工不立即组织救援，或者迟报、漏报、瞒报、谎报事故的，对单位，由国务院铁路主管部门或者铁路管理机构处 10 万元以上 50 万元以下的罚款；对个人，由国务院铁路主管部门或者铁路管理机构处 4000 元以上 2 万元以下的罚款；属于国家工作人员的，依法给予处分；构成犯罪的，依法追究刑事责任。

第三十九条 违反本条例的规定，国务院铁路主管部门、铁路管理机构以及其他行政机关未立即启动应急预案，或者迟报、漏报、瞒报、谎报事故的，对直接负责的主管人员和其他直接责任人员依法给予处分；构成犯罪的，依法追究刑事责任。

第四十条 违反本条例的规定，干扰、阻碍事故救援、铁路线路开通、列车运行和事故调查处理的，对单位，由国务院铁路主管部门或者铁路管理机构处4万元以上20万元以下的罚款；对个人，由国务院铁路主管部门或者铁路管理机构处2000元以上1万元以下的罚款；情节严重的，对单位，由国务院铁路主管部门或者铁路管理机构处20万元以上100万元以下的罚款；对个人，由国务院铁路主管部门或者铁路管理机构处1万元以上5万元以下的罚款；属于国家工作人员的，依法给予处分；构成违反治安管理行为的，由公安机关依法给予治安管理处罚；构成犯罪的，依法追究刑事责任。

第八章 附　　则

第四十一条 本条例于2007年9月1日起施行。1979年7月16日国务院批准发布的《火车与其他车辆碰撞和铁路路外人员伤亡事故处理暂行规定》和1994年8月13日国务院批准发布的《铁路旅客运输损害赔偿规定》同时废止。

17. 中共中央、国务院关于推进安全生产领域改革发展的意见

（2016年12月9日）

安全生产是关系人民群众生命财产安全的大事，是经济社会协调健康发展的标志，是党和政府对人民利益高度负责的要求。党中央、国务院历来高度重视安全生产工作，党的十八大以来作出一系列重大决策部署，推动全国安全生产工作取得积极进展。同时也要看到，当前我国正处在工业化、城镇化持续推进过程中，生产经营规模不断扩大，传统和新型生产经营方式并存，各类事故隐患和安全风险交织叠加，安全生产基础薄弱、监管体制机制和法律制度不完善、企业主体责任落实不力等问题依然突出，生产安全事故易发

多发，尤其是重特大安全事故频发势头尚未得到有效遏制，一些事故发生呈现由高危行业领域向其他行业领域蔓延趋势，直接危及生产安全和公共安全。为进一步加强安全生产工作，现就推进安全生产领域改革发展提出如下意见。

一、总体要求

（一）指导思想。全面贯彻党的十八大和十八届三中、四中、五中、六中全会精神，以邓小平理论、“三个代表”重要思想、科学发展观为指导，深入贯彻习近平总书记系列重要讲话精神和治国理政新理念新思想新战略，进一步增强“四个意识”，紧紧围绕统筹推进“五位一体”总体布局和协调推进“四个全面”战略布局，牢固树立新发展理念，坚持安全发展，坚守发展决不能以牺牲安全为代价这条不可逾越的红线，以防范遏制重特大生产安全事故为重点，坚持安全第一、预防为主、综合治理的方针，加强领导、改革创新，协调联动、齐抓共管，着力强化企业安全生产主体责任，着力堵塞监督管理漏洞，着力解决不遵守法律法规的问题，依靠严密的责任体系、严格的法治措施、有效的体制机制、有力的基础保障和完善的系统治理，切实增强安全防范治理能力，大力提升我国安全生产整体水平，确保人民群众安康幸福、共享改革发展和社会文明进步成果。

（二）基本原则

——坚持安全发展。贯彻以人民为中心的发展思想，始终把人的生命安全放在首位，正确处理安全与发展的关系，大力实施安全发展战略，为经济社会发展提供强有力的安全保障。

——坚持改革创新。不断推进安全生产理论创新、制度创新、体制机制创新、科技创新和文化创新，增强企业内生动力，激发全社会创新活力，破解安全生产难题，推动安全生产与经济社会协调发展。

——坚持依法监管。大力弘扬社会主义法治精神，运用法治思维和法治方式，深化安全生产监管执法体制改革，完善安全生产法律法规和标准体系，严格规范公正文明执法，增强监管执法效能，提高安全生产法治化水平。

——坚持源头防范。严格安全生产市场准入，经济社会发展要以安全为前提，把安全生产贯穿城乡规划布局、设计、建设、管理和企业生产经营活动全过程。构建风险分级管控和隐患排查治理双重预防工作机制，严防风险演变、隐患升级导致生产安全事故发生。

——坚持系统治理。严密层级治理和行业治理、政府治理、社会治理相结合的安全生产治理体系，组织动员各方面力量实施社会共治。综合运用法律、行政、经济、市场等手段，落实人防、技防、物防措施，提升全社会安全生产治理能力。

（三）目标任务。到2020年，安全生产监管体制机制基本成熟，法律制度基本完善，全国生产安全事故总量明显减少，职业病危害防治取得积极进展，重特大生产安全事故频发势头得到有效遏制，安全生产整体水平与全面建成小康社会目标相适应。到2030年，实现安全生产治理体系和治理能力现代化，全民安全文明素质全面提升，安全生产保障能力显著增强，为实现中华民族伟大复兴的中国梦奠定稳固可靠的安全生产基础。

二、健全落实安全生产责任制

（四）明确地方党委和政府领导责任。坚持党政同责、一岗双责、齐抓共管、失职追责，完善安全生产责任体系。地方各级党委和政府要始终把安全生产摆在重要位置，加强组织领导。党政主要负责人是本地区安全生产第一责任人，班子其他成员对分管范围内的安全生产工作负领导责任。地方各级安全生产委员会主任由政府主要负责人担任，成员由同级党委和政府及相关部门负责人组成。

地方各级党委要认真贯彻执行党的安全生产方针，在统揽本地区经济社会发展全局中同步推进安全生产工作，定期研究决定安全生产重大问题。加强安全生产监管机构领导班子、干部队伍建设。严格安全生产履职绩效考核和失职责任追究。强化安全生产宣传教育和舆论引导。发挥人大对安全生产工作的监督促进作用、政协对安全生产工作的民主监督作用。推动组织、宣传、政法、机构编制等单位支持保障安全生产工作。动员社会各界积极参与、支持、监督安全生产工作。

地方各级政府要把安全生产纳入经济社会发展总体规划，制定实施安全生产专项规划，健全安全投入保障制度。及时研究部署安全生产工作，严格落实属地监管责任。充分发挥安全生产委员会作用，实施安全生产责任目标管理。建立安全生产巡查制度，督促各部门和下级政府履职尽责。加强安全生产监管执法能力建设，推进安全科技创新，提升信息化管理水平。严格安全准入标准，指导管控安全风险，督促整治重大隐患，强化源头治理。加强应急管理，完善安全生产应急救援体系。依法依规开展事故调查处理，督促落实问题整改。

（五）明确部门监管责任。按照管行业必须管安全、管业务必须管安全、管生产经营必须管安全和谁主管谁负责的原则，厘清安全生产综合监管与行业监管的关系，明确各有关部门安全生产和职业健康工作职责，并落实到部门工作职责规定中。安全生产监督管理部门负责安全生产法规标准和政策规划制定修订、执法监督、事故调查处理、应急救援管理、统计分析、宣传教育培训等综合性工作，承担职责范围内行业领域安全生产和职业健康监管执法职责。负有安全生产监督管理职责的有关部门依法依规履行相关行业领域安全生产和职业健康监管职责，强化监管执法，严厉查处违法违规行为。其他行业领域主管部门负有安全生产管理责任，要将安全生产工作作为行业领域管理的重要内容，从行业规划、产业政策、法规标准、行政许可等方面加强行业安全生产工作，指导督促企事业单位加强安全管理。党委和政府其他有关部门要在职责范围内为安全生产工作提供支持保障，共同推进安全发展。

（六）严格落实企业主体责任。企业对本单位安全生产和职业健康工作负全面责任，要严格履行安全生产法定责任，建立健全自我约束、持续改进的内生机制。企业实行全员安全生产责任制度，法定代表人和实际控制人同为安全生产第一责任人，主要技术负责人负有安全生产技术决策和指挥权，强化部门安全生产职责，落实一岗双责。完善落实混合所有制企业以及跨地区、多层级和境外中资企业投资主体的安全生产责任。建立企业全过程安全生产和职业健康管理制度，做到安全责任、管理、投入、培训和应急救援“五到位”。国有企业要发挥安全生产工作示范带头作用，自觉接受属地监管。

（七）健全责任考核机制。建立与全面建成小康社会相适应和体现安全发展水平的考核评价体系。完善考核制度，统筹整合、科学设定安全生产考核指标，加大安全生产在社会治安综合治理、精神文明建设等考核中的权重。各级政府要对同级安全生产委员会成员单位和下级政府实施严格的安全生产工作责任考核，实行过程考核与结果考核相结合。各地区各单位要建立安全生产绩效与履职评定、职务晋升、奖励惩处挂钩制度，严格落实安全生产“一票否决”制度。

（八）严格责任追究制度。实行党政领导干部任期安全生产责任制，日常工作依责尽职、发生事故依责追究。依法依规制定各有关部门安全生产权力和责任清单，尽职照单免责、失职照单问责。建立企业生产经营全过程安全责任追溯制度。严肃查处安全生产领域项目审批、行政许可、监管执法中的失职渎职和权钱交易等腐败行为。严格事故直报制度，对瞒报、谎报、漏报、迟报事故的单位和个人依法依规追责。对被追究刑事责任的生产经营者依法实施相应的职业禁入，对事故发生负有重大责任的社会服务机构和人员依法严肃追究法律责任，并依法实施相应的行业禁入。

三、改革安全监管监察体制

（九）完善监督管理体制。加强各级安全生产委员会组织领导，充分发挥其统筹协调作用，切实解决突出矛盾和问题。各级安全生产监督管理部门承担本级安全生产委员会日常工作，负责指导协调、监督检查、巡查考核本级政府有关部门和下级政府安全生产工作，履行综合监管职责。负有安全生产监督管理职责的部门，依照有关法律法规和部门职责，健全安全生产监管体制，严格落实监管职责。相关部门按照各自职责建立完善安全生产工作机制，形成齐抓共管格局。坚持管安全生产必须管职业健康，建立安全生产和职业健康一体化监管执法体制。

（十）改革重点行业领域安全监管监察体制。依托国家煤矿安全监察体制，加强非煤矿山安全生产监管监察，优化安全监察机构布局，将国家煤矿安全监察机构负责的安全生产行政许可事项移交给地方政府承担。着重加强危险化学品安全监管体制改革和力量建设，明确和落实危险化学品建设项目立项、规划、设计、施工及生产、储存、使用、销售、运输、废弃处置等环节的法定安全监管责任，建立有力的协调联动机制，消除监管空白。完善海洋石油安全生产监督管理体制机制，实行政企分开。理顺民航、铁路、电力等行业跨区域监管体制，明确行业监管、区域监管与地方监管职责。

（十一）进一步完善地方监管执法体制。地方各级党委和政府要将安全生产监督管理部门作为政府工作部门和行政执法机构，加强安全生产执法队伍建设，强化行政执法职能。统筹加强安全监管力量，重点充实市、县两级安全生产监管执法人员，强化乡镇（街道）安全生产监管力量建设。完善各类开发区、工业园区、港区、风景区等功能区安全生产监管体制，明确负责安全生产监督管理的机构，以及港区安全生产地方监管和部门监管责任。

（十二）健全应急救援管理体制。按照政事分开原则，推进安全生产应急救援管理体制改革，强化行政管理职能，提高组织协调能力和现场救援时效。健全省、市、县三级安全生产应急救援管理工作机制，建设联动互通的应急救援指挥平台。依托公安消防、大型企业、工业园区等应急救援力量，加强矿山和危险化学品等应急救援基地和队伍建设，实行区域化应急救援资源共享。

四、大力推进依法治理

（十三）健全法律法规体系。建立健全安全生产法律法规立改废释工作协调机制。加强涉及安全生产相关法规一致性审查，增强安全生产法制建设的系统性、可操作性。制定安全生产中长期立法规划，加快制定修订安全生产法配套法规。加强安全生产和职业健康法律法规衔接融合。研究修改刑法有关条款，将生产经营过程中极易导致重大生产安全事故的违法行为列入刑法调整范围。制定完善高危行业领域安全规程。设区的市根据立法法的立法精神，加强安全生产地方性法规建设，解决区域性安全生产突出问题。

（十四）完善标准体系。加快安全生产标准制定修订和整合，建立以强制性国家标准为主体的安全生产标准体系。鼓励依法成立的社会团体和企业制定更加严格规范的安全生产标准，结合国情积极借鉴实施国际先进标准。国务院安全生产监督管理部门负责生产经营单位职业危害预防治理国家标准制定发布工作；统筹提出安全生产强制性国家标准立项计划，有关部门按照职责分工组织起草、审查、实施和监督执行，国务院标准化行政主管部门负责及时立项、编号、对外通报、批准并发布。

（十五）严格安全准入制度。严格高危行业领域安全准入条件。按照强化监管与便民服务相结合原则，科学设置安全生产行政许可事项和办理程序，优化工作流程，简化办事环节，实施网上公开办理，接受社会监督。对与人民群众生命财产安全直接相关的行政许可事项，依法严格管理。对取消、下放、移交的行政许可事项，要加强事中事后安全监管。

（十六）规范监管执法行为。完善安全生产监管执法制度，明确每个生产经营单位安全生产监督和管理主体，制定实施执法计划，完善执法程序规定，依法严格查处各类违法违规行为。建立行政执法和刑事司法衔接制度，负有安全生产监督管理职责的部门要加强与公安、检察院、法院等协调配合，完善安全生产违法线索通报、案件移送与协查机制。对违法行为当事人拒不执行安全生产行政执法决定的，负有安全生产监督管理职责的部门应依法申请司法机关强制执行。完善司法机关参与事故调查机制，严肃查处违法犯罪行为。研究建立安全生产民事和行政公益诉讼制度。

（十七）完善执法监督机制。各级人大常委会要定期检查安全生产法律法规实施情况，开展专题询问。各级政协要围绕安全生产突出问题开展民主监督和协商调研。建立执法行为审议制度和重大行政执法决策机制，评估执法效果，防止滥用职权。健全领导干部非法干预安全生产监管执法的记录、通报和责任追究制度。完善安全生产执法纠错和执法信息公开制度，加强社会监督和舆论监督，保证执法严明、有错必纠。

（十八）健全监管执法保障体系。制定安全生产监管监察能力建设规划，明确监管执法装备及现场执法和应急救援用车配备标准，加强监管执法技术支撑体系建设，保障监管执法需要。建立完善负有安全生产监督管理职责的部门监管执法经费保障机制，将监管执法经费纳入同级财政全额保障范围。加强监管执法制度化、标准化、信息化建设，确保规范高效监管执法。建立安全生产监管执法人员依法履行法定职责制度，激励保证监管执法人员忠于职守、履职尽责。严格监管执法人员资格管理，制定安全生产监管执法人员录用标准，提高专业监管执法人员比例。建立健全安全生产监管执法人员凡进必考、入职培训、持证上岗和定期轮训制度。统一安全生产执法标志标识和制式服装。

（十九）完善事故调查处理机制。坚持问责与整改并重，充分发挥事故查处对加强和改进安全生产工作的促进作用。完善生产安全事故调查组组长负责制。健全典型事故提级调查、跨地区协同调查和工作督导机制。建立事故调查分析技术支撑体系，所有事故调查报告要设立技术和管理问题专篇，详细分析原因并全文发布，做好解读，回应公众关切。对事故调查发现有漏洞、缺陷的有关法律法规和标准制度，及时启动制定修订工作。建立事故暴露问题整改督办制度，事故结案后一年内，负责事故调查的地方政府和国务院有关部门要组织开展评估，及时向社会公开，对履职不力、整改措施不落实的，依法依规严肃追究有关单位和人员责任。

五、建立安全预防控制体系

（二十）加强安全风险管控。地方各级政府要建立完善安全风险评估与论证机制，科学合理确定企业选址和基础设施建设、居民生活区空间布局。高危项目审批必须把安全生产作为前置条件，城乡规划布局、设计、建设、管理等各项工作必须以安全为前提，实行重大安全风险“一票否决”。加强新材料、新工艺、新业态安全风险评估和管控。紧密结合供给侧结构性改革，推动高危产业转型升级。位置相邻、行业相近、业态相似的地区和行业要建立完善重大安全风险联防联控机制。构建国家、省、市、县四级重大危险源信息管理体系，对重点行业、重点区域、重点企业实行风险预警控制，有效防范重特大生产安全事故。

（二十一）强化企业预防措施。企业要定期开展风险评估和危害辨识。针对高危工艺、设备、物品、场所和岗位，建立分级管控制度，制定落实安全操作规程。树立隐患就是事故的观念，建立健全隐患排查治理制度、重大隐患治理情况向负有安全生产监督管理职责的部门和企业职代会“双报告”制度，实行自查自改自报闭环管理。严格执行安全生产和职业健康“三同时”制度。大力推进企业安全生产标准化建设，实现安全管理、操作行为、设备设施和作业环境的标准化。开展经常性的应急演练和人员避险自救培训，着力提升现场应急处置能力。

（二十二）建立隐患治理监督机制。制定生产安全事故隐患分级和排查治理标准。负有安全生产监督管理职责的部门要建立与企业隐患排查治理系统联网的信息平台，完善线上线下配套监管制度。强化隐患排查治理监督执法，对重大隐患整改不到位的企业依法采取停产停业、停止施工、停止供电和查封扣押等强制措施，按规定给予上限经济处罚，对构成犯罪的要移交司法机关依法追究刑事责任。严格重大隐患挂牌督办制度，对整改和督办不力的纳入政府核查问责范围，实行约谈告诫、公开曝光，情节严重的依法依规追究相关人员责任。

（二十三）强化城市运行安全保障。定期排查区域内安全风险点、危险源，落实管控措施，构建系统性、现代化的城市安全保障体系，推进安全发展示范城市建设。提高基础设施安全配置标准，重点加强对城市高层建筑、大型综合体、隧道桥梁、管线管廊、轨道交通、燃气、电力设施及电梯、游乐设施等的检测维护。完善大型群众性活动安全管理制度，加强人员密集场所安全监管。加强公安、民政、国土资源、住房城乡建设、交通运输、水利、农业、安全监管、气象、地震等相关部门的协调联动，严防自然灾害引发事故。

（二十四）加强重点领域工程治理。深入推进对煤矿瓦斯、水害等重大灾害以及矿山采空区、尾矿库的工程治理。加快实施人口密集区域的危险化学品和化工企业生产、仓储场所安全搬迁工程。深化油气开采、输送、炼化、码头接卸等领域安全整治。实施高速公路、乡村公路和急弯陡坡、临水临崖危险路段公路安全生命防护工程建设。加强高速铁路、跨海大桥、海底隧道、铁路浮桥、航运枢纽、港口等防灾监测、安全检测及防护系统建设。完善长途客运车辆、旅游客车、危险物品运输车辆和船舶生产制造标准，提高安全性能，强制安装智能视频监控报警、防碰撞和整车整船安全运行监管技术装备，对已运行的要加快安全技术装备改造升级。

（二十五）建立完善职业病防治体系。将职业病防治纳入各级政府民生工程及安全生产工作考核体系，制定职业病防治中长期规划，实施职业健康促进计划。加快职业病危害严重企业技术改造、转型升级和淘汰退出，加强高危粉尘、高毒物品等职业病危害源头治理。健全职业健康监管支撑保障体系，加强职业健康技术服务机构、职业病诊断鉴定机构和职业健康体检机构建设，强化职业病危害基础研究、预防控制、诊断鉴定、综合治疗能力。完善相关规定，扩大职业病患者救治范围，将职业病失能人员纳入社会保障范围，对符合条件的职业病患者落实医疗与生活救助措施。加强企业职业健康监管执法，督促落实职业病危害告知、日常监测、定期报告、防护保障和职业健康体检等制度措施，落实职业病防治主体责任。

六、加强安全基础保障能力建设

（二十六）完善安全投入长效机制。加强中央和地方财政安全生产预防及应急相关资金使用管理，加大安全生产与职业健康投入，强化审计监督。加强安全生产经济政策研究，完善安全生产专用设备企业所得税优惠目录。落实企业安全生产费用提取管理使用制度，建立企业增加安全投入的激励约束机制。健全投融资服务体系，引导企业集聚发展灾害防治、预测预警、检测监控、个体防护、应急处置、安全文化等技术、装备和服务产业。

（二十七）建立安全科技支撑体系。优化整合国家科技计划，统筹支持安全生产和职业健康领域科研项目，加强研发基地和博士后科研工作站建设。开展事故预防理论研究和关键技术装备研发，加快成果转化和推广应用。推动工业机器人、智能装备在危险工序和环节广泛应用。提升现代信息技术与安全生产融合度，统一标准规范，加快安全生产信息化建设，构建安全生产与职业健康信息化全国“一张网”。加强安全生产理论和政策研究，运用大数据技术开展安全生产规律性、关联性特征分析，提高安全生产决策科学化水平。

（二十八）健全社会化服务体系。将安全生产专业技术服务纳入现代服务业发展规划，培育多元化服务主体。建立政府购买安全生产服务制度。支持发展安全生产专业化行业组织，强化自治自律。完善注册安全工程师制度。改革完善安全生产和职业健康技术服务机构资质管理办法。支持相关机构开展安全生产和职业健康一体化评价等技术服务，严格实施评价公开制度，进一步激活和规范专业技术服务市场。鼓励中小微企业订单式、协作式购买运用安全生产管理和技术服务。建立安全生产和职业健康技术服务机构公示制度和由第三方实施的信用评定制度，严肃查处租借资质、违法挂靠、弄虚作假、垄断收费等各类违法违规行为。

（二十九）发挥市场机制推动作用。取消安全生产风险抵押金制度，建立健全安全生产责任保险制度，在矿山、危险化学品、烟花爆竹、交通运输、建筑施工、民用爆炸物品、金属冶炼、渔业生产等高危行业领域强制实施，切实发挥保险机构参与风险评估管控和事故预防功能。完善工伤保险制度，加快制定工伤预防费用的提取比例、使用和管理具体办法。积极推进安全生产诚信体系建设，完善企业安全生产不良记录“黑名单”制度，建立失信惩戒和守信激励机制。

（三十）健全安全宣传教育体系。将安全生产监督管理纳入各级党政领导干部培训内容。把安全知识普及纳入国民教育，建立完善中小学安全教育和高危行业职业安全教育体系。把安全生产纳入农民工技能培训内容。严格落实企业安全教育培训制度，切实做到先培训、后上岗。推进安全文化建设，加强警示教育，强化全民安全意识和法治意识。发挥工会、共青团、妇联等群团组织作用，依法维护职工群众的知情权、参与权与监督权。加强安全生产公益宣传和舆论监督。建立安全生产“12350”专线与社会公共管理平台统一接报、分类处置的举报投诉机制。鼓励开展安全生产志愿服务和慈善事业。加强安全生产国际交流合作，学习借鉴国外安全生产与职业健康先进经验。

各地区各部门要加强组织领导，严格实行领导干部安全生产工作责任制，根据本意见提出的任务和要求，结合实际认真研究制定实施办法，抓紧出台推进安全生产领域改革发展的具体政策措施，明确责任分工和时间进度要求，确保各项改革举措和工作要求落实到位。贯彻落实情况要及时向党中央、国务院报告，同时抄送国务院安全生产委员会办公室。中央全面深化改革领导小组办公室将适时牵头组织开展专项监督检查。

18. 地方党政领导干部安全生产责任制规定

（2018 年 4 月 8 日）

第一章　总　　则

第一条　为了加强地方各级党委和政府对安全生产工作的领导，健全落实安全生产责任制，树立安全发展理念，根据《中华人民共和国安全生产法》《中华人民共和国公务员法》等法律规定和《中共中央、国务院关于推进安全生产领域改革发展的意见》《中国共产党地方委员会工作条例》《中国共产党问责条例》等中央有关规定，制定本规定。

第二条 本规定适用于县级以上地方各级党委和政府领导班子成员（以下统称地方党政领导干部）。

县级以上地方各级党委工作机关、政府工作部门及相关机构领导干部，乡镇（街道）党政领导干部，各类开发区管理机构党政领导干部，参照本规定执行。

第三条 实行地方党政领导干部安全生产责任制，必须以习近平新时代中国特色社会主义思想为指导，切实增强政治意识、大局意识、核心意识、看齐意识，牢固树立发展决不能以牺牲安全为代价的红线意识，按照高质量发展要求，坚持安全发展、依法治理，综合运用巡查督查、考核考察、激励惩戒等措施，加强组织领导，强化属地管理，完善体制机制，有效防范安全生产风险，坚决遏制重特大生产安全事故，促使地方各级党政领导干部切实承担起“促一方发展、保一方平安”的政治责任，为统筹推进“五位一体”总体布局和协调推进“四个全面”战略布局营造良好稳定的安全生产环境。

第四条 实行地方党政领导干部安全生产责任制，应当坚持党政同责、一岗双责、齐抓共管、失职追责，坚持管行业必须管安全、管业务必须管安全、管生产经营必须管安全。

地方各级党委和政府主要负责人是本地区安全生产第一责任人，班子其他成员对分管范围内的安全生产工作负领导责任。

第二章　职　　责

第五条 地方各级党委主要负责人安全生产职责主要包括：

（一）认真贯彻执行党中央以及上级党委关于安全生产的决策部署和指示精神，安全生产方针政策、法律法规；

（二）把安全生产纳入党委议事日程和向全会报告工作的内容，及时组织研究解决安全生产重大问题；

（三）把安全生产纳入党委常委会及其成员职责清单，督促落实安全生产“一岗双责”制度；

（四）加强安全生产监管部门领导班子建设、干部队伍建设和机构建设，支持人大、政协监督安全生产工作，统筹协调各方面重视支持安全生产工作；

（五）推动将安全生产纳入经济社会发展全局，纳入国民经济和社会发展考核评价体系，作为衡量经济发展、社会治安综合治理、精神文明建设成效的重要指标和领导干部政绩考核的重要内容；

（六）大力弘扬生命至上、安全第一的思想，强化安全生产宣传教育和舆论引导，将安全生产方针政策和法律法规纳入党委理论学习中心组学习内容和干部培训内容。

第六条 县级以上地方各级政府主要负责人安全生产职责主要包括：

（一）认真贯彻落实党中央、国务院以及上级党委和政府、本级党委关于安全生产的决策部署和指示精神，安全生产方针政策、法律法规；

（二）把安全生产纳入政府重点工作和政府工作报告的重要内容，组织制定安全生产规划并纳入国民经济和社会发展规划，及时组织研究解决安全生产突出问题；

（三）组织制定政府领导干部年度安全生产重点工作责任清单并定期检查考核，在政府有关工作部门"三定"规定中明确安全生产职责；

（四）组织设立安全生产专项资金并列入本级财政预算、与财政收入保持同步增长，加强安全生产基础建设和监管能力建设，保障监管执法必需的人员、经费和车辆等装备；

（五）严格安全准入标准，推动构建安全风险分级管控和隐患排查治理预防工作机制，按照分级属地管理原则明确本地区各类生产经营单位的安全生产监管部门，依法领导和组织生产安全事故应急救援、调查处理及信息公开工作；

（六）领导本地区安全生产委员会工作，统筹协调安全生产工作，推动构建安全生产责任体系，组织开展安全生产巡查、考核等工作，推动加强高素质专业化安全监管执法队伍建设。

第七条 地方各级党委常委会其他成员按照职责分工，协调纪检监察机关和组织、宣传、政法、机构编制等单位支持保障安全生产工作，动员社会各界力量积极参与、支持、监督安全生产工作，抓好分管行业（领域）、部门（单位）的安全生产工作。

第八条 县级以上地方各级政府原则上由担任本级党委常委的政府领导干部分管安全生产工作，其安全生产职责主要包括：

（一）组织制定贯彻落实党中央、国务院以及上级及本级党委和政府关于安全生产决策部署，安全生产方针政策、法律法规的具体措施；

（二）协助党委主要负责人落实党委对安全生产的领导职责，督促落实本级党委关于安全生产的决策部署；

（三）协助政府主要负责人统筹推进本地区安全生产工作，负责领导安全生产委员会日常工作，组织实施安全生产监督检查、巡查、考核等工作，协调解决重点难点问题；

（四）组织实施安全风险分级管控和隐患排查治理预防工作机制建设，指导安全生产专项整治和联合执法行动，组织查处各类违法违规行为；

（五）加强安全生产应急救援体系建设，依法组织或者参与生产安全事故抢险救援和调查处理，组织开展生产安全事故责任追究和整改措施落实情况评估；

（六）统筹推进安全生产社会化服务体系建设、信息化建设、诚信体系建设和教育培训、科技支撑等工作。

第九条 县级以上地方各级政府其他领导干部安全生产职责主要包括：

（一）组织分管行业（领域）、部门（单位）贯彻执行党中央、国务院以及上级及本级党委和政府关于安全生产的决策部署，安全生产方针政策、法律法规；

（二）组织分管行业（领域）、部门（单位）健全和落实安全生产责任制，将安全生产工作与业务工作同时安排部署、同时组织实施、同时监督检查；

（三）指导分管行业（领域）、部门（单位）把安全生产工作纳入相关发展规划和年度工作计划，从行业规划、科技创新、产业政策、法规标准、行政许可、资产管理等方面加强和支持安全生产工作；

（四）统筹推进分管行业（领域）、部门（单位）安全生产工作，每年定期组织分析安全生产形势，及时研究解决安全生产问题，支持有关部门依法履行安全生产工作职责；

（五）组织开展分管行业（领域）、部门（单位）安全生产专项整治、目标管理、应急管理、查处违法违规生产经营行为等工作，推动构建安全风险分级管控和隐患排查治理预防工作机制。

第三章　考 核 考 察

第十条 把地方党政领导干部落实安全生产责任情况纳入党委和政府督查督办重要内容，一并进行督促检查。

第十一条　建立完善地方各级党委和政府安全生产巡查工作制度，加强对下级党委和政府的安全生产巡查，推动安全生产责任措施落实。将巡查结果作为对被巡查地区党委和政府领导班子和有关领导干部考核、奖惩和使用的重要参考。

第十二条　建立完善地方各级党委和政府安全生产责任考核制度，对下级党委和政府安全生产工作情况进行全面评价，将考核结果与有关地方党政领导干部履职评定挂钩。

第十三条　在对地方各级党委和政府领导班子及其成员的年度考核、目标责任考核、绩效考核以及其他考核中，应当考核其落实安全生产责任情况，并将其作为确定考核结果的重要参考。

地方各级党委和政府领导班子及其成员在年度考核中，应当按照“一岗双责”要求，将履行安全生产工作责任情况列入述职内容。

第十四条　党委组织部门在考察地方党政领导干部拟任人选时，应当考察其履行安全生产工作职责情况。

有关部门在推荐、评选地方党政领导干部作为奖励人选时，应当考察其履行安全生产工作职责情况。

第十五条　实行安全生产责任考核情况公开制度。定期采取适当方式公布或者通报地方党政领导干部安全生产工作考核结果。

第四章　表彰奖励

第十六条　对在加强安全生产工作、承担安全生产专项重要工作、参加抢险救护等方面作出显著成绩和重要贡献的地方党政领导干部，上级党委和政府应当按照有关规定给予表彰奖励。

第十七条　对在安全生产工作考核中成绩优秀的地方党政领导干部，上级党委和政府按照有关规定给予记功或者嘉奖。

第五章　责任追究

第十八条　地方党政领导干部在落实安全生产工作责任中存在下列情形之一的，应当按照有关规定进行问责：

（一）履行本规定第二章所规定职责不到位的；

（二）阻挠、干涉安全生产监管执法或者生产安全事故调查处理工作的；

（三）对迟报、漏报、谎报或者瞒报生产安全事故负有领导责任的；

（四）对发生生产安全事故负有领导责任的；

（五）有其他应当问责情形的。

第十九条 对存在本规定第十八条情形的责任人员，应当根据情况采取通报、诫勉、停职检查、调整职务、责令辞职、降职、免职或者处分等方式问责；涉嫌职务违法犯罪的，由监察机关依法调查处置。

第二十条 严格落实安全生产“一票否决”制度，对因发生生产安全事故被追究领导责任的地方党政领导干部，在相关规定时限内，取消考核评优和评选各类先进资格，不得晋升职务、级别或者重用任职。

第二十一条 对工作不力导致生产安全事故人员伤亡和经济损失扩大，或者造成严重社会影响负有主要领导责任的地方党政领导干部，应当从重追究责任。

第二十二条 对主动采取补救措施，减少生产安全事故损失或者挽回社会不良影响的地方党政领导干部，可以从轻、减轻追究责任。

第二十三条 对职责范围内发生生产安全事故，经查实已经全面履行了本规定第二章所规定职责、法律法规规定有关职责，并全面落实了党委和政府有关工作部署的，不予追究地方有关党政领导干部的领导责任。

第二十四条 地方党政领导干部对发生生产安全事故负有领导责任且失职失责性质恶劣、后果严重的，不论是否已调离转岗、提拔或者退休，都应当严格追究其责任。

第二十五条 实施安全生产责任追究，应当依法依规、实事求是、客观公正，根据岗位职责、履职情况、履职条件等因素合理确定相应责任。

第二十六条 存在本规定第十八条情形应当问责的，由纪检监察机关、组织人事部门和安全生产监管部门按照权限和职责分别负责。

第六章 附 则

第二十七条 各省、自治区、直辖市党委和政府应当根据本规定制定实施细则。

第二十八条 本规定由应急管理部商中共中央组织部解释。

第二十九条 本规定自2018年4月8日起施行。

19. 国务院关于特大安全事故行政责任追究的规定

(2001年4月21日国务院令第302号公布 自公布之日起施行)

第一条 为了有效地防范特大安全事故的发生，严肃追究特大安全事故的行政责任，保障人民群众生命、财产安全，制定本规定。

第二条 地方人民政府主要领导人和政府有关部门正职负责人对下列特大安全事故的防范、发生，依照法律、行政法规和本规定的规定有失职、渎职情形或者负有领导责任的，依照本规定给予行政处分；构成玩忽职守罪或者其他罪的，依法追究刑事责任：

（一）特大火灾事故；

（二）特大交通安全事故；

（三）特大建筑质量安全事故；

（四）民用爆炸物品和化学危险品特大安全事故；

（五）煤矿和其他矿山特大安全事故；

（六）锅炉、压力容器、压力管道和特种设备特大安全事故；

（七）其他特大安全事故。

地方人民政府和政府有关部门对特大安全事故的防范、发生直接负责的主管人员和其他直接责任人员，比照本规定给予行政处分；构成玩忽职守罪或者其他罪的，依法追究刑事责任。

特大安全事故肇事单位和个人的刑事处罚、行政处罚和民事责任，依照有关法律、法规和规章的规定执行。

第三条 特大安全事故的具体标准，按照国家有关规定执行。

第四条 地方各级人民政府及政府有关部门应当依照有关法律、法规和规章的规定，采取行政措施，对本地区实施安全监督管理，保障本地区人民群众生命、财产安全，对本地区或者职责范围内防范特大安全事故的发生、特大安全事故发生后的迅速和妥善处理负责。

第五条 地方各级人民政府应当每个季度至少召开一次防范特大安全事故工作会议，由政府主要领导人或者政府主要领导人委托政府分管领导人召集有关部门正职负责人参加，分析、布置、督促、检查本地区防范特大安全事故的工作。会议应当作出决定并形成纪要，会议确定的各项防范措施必须严格实施。

第六条 市（地、州）、县（市、区）人民政府应当组织有关部门按照职责分工对本地区容易发生特大安全事故的单位、设施和场所安全事故的防范明确责任、采取措施，并组织有关部门对上述单位、设施和场所进行严格检查。

第七条 市（地、州）、县（市、区）人民政府必须制定本地区特大安全事故应急处理预案。本地区特大安全事故应急处理预案经政府主要领导人签署后，报上一级人民政府备案。

第八条 市（地、州）、县（市、区）人民政府应当组织有关部门对本规定第二条所列各类特大安全事故的隐患进行查处；发现特大安全事故隐患的，责令立即排除；特大安全事故隐患排除前或者排除过程中，无法保证安全的，责令暂时停产、停业或者停止使用。法律、行政法规对查处机关另有规定的，依照其规定。

第九条 市（地、州）、县（市、区）人民政府及其有关部门对本地区存在的特大安全事故隐患，超出其管辖或者职责范围的，应当立即向有管辖权或者负有职责的上级人民政府或者政府有关部门报告；情况紧急的，可以立即采取包括责令暂时停产、停业在内的紧急措施，同时报告；有关上级人民政府或者政府有关部门接到报告后，应当立即组织查处。

第十条 中小学校对学生进行劳动技能教育以及组织学生参加公益劳动等社会实践活动，必须确保学生安全。严禁以任何形式、名义组织学生从事接触易燃、易爆、有毒、有害等危险品的劳动或者其他危险性劳动。严禁将学校场地出租作为从事易燃、易爆、有毒、有害等危险品的生产、经营场所。

中小学校违反前款规定的，按照学校隶属关系，对县（市、区）、乡（镇）人民政府主要领导人和县（市、区）人民政府教育行政部门正职负责人，根据情节轻重，给予记过、降级直至撤职的行政处分；构成玩忽职守罪或者其他罪的，依法追究刑事责任。

中小学校违反本条第一款规定的，对校长给予撤职的行政处分，对直接组织者给予开除公职的行政处分；构成非法制造爆炸物罪或者其他罪的，依法追究刑事责任。

第十一条 依法对涉及安全生产事项负责行政审批（包括批准、核准、许可、注册、认证、颁发证照、竣工验收等，下同）的政府部门或者机构，必须严格依照法律、法规和规章规定的安全条件和程序进行审查；不符合法律、法规和规章规定的安全条件的，不得批准；不符合法律、法规和规章规定的安全条件，弄虚作假，骗取批准或者勾结串通行政审批工作人员取得批准的，负责行政审批的政府部门或者机构除必须立即撤销原批准外，应当对弄虚作假骗取批准或者勾结串通行政审批工作人员的当事人依法给予行政处罚；构成行贿罪或者其他罪的，依法追究刑事责任。

负责行政审批的政府部门或者机构违反前款规定，对不符合法律、法规和规章规定的安全条件予以批准的，对部门或者机构的正职负责人，根据情节轻重，给予降级、撤职直至开除公职的行政处分；与当事人勾结串通的，应当开除公职；构成受贿罪、玩忽职守罪或者其他罪的，依法追究刑事责任。

第十二条　对依照本规定第十一条第一款的规定取得批准的单位和个人，负责行政审批的政府部门或者机构必须对其实施严格监督检查；发现其不再具备安全条件的，必须立即撤销原批准。

负责行政审批的政府部门或者机构违反前款规定，不对取得批准的单位和个人实施严格监督检查，或者发现其不再具备安全条件而不立即撤销原批准的，对部门或者机构的正职负责人，根据情节轻重，给予降级或者撤职的行政处分；构成受贿罪、玩忽职守罪或者其他罪的，依法追究刑事责任。

第十三条　对未依法取得批准，擅自从事有关活动的，负责行政审批的政府部门或者机构发现或者接到举报后，应当立即予以查封、取缔，并依法给予行政处罚；属于经营单位的，由工商行政管理部门依法相应吊销营业执照。

负责行政审批的政府部门或者机构违反前款规定，对发现或者举报的未依法取得批准而擅自从事有关活动的，不予查封、取缔、不依法给予行政处罚，工商行政管理部门不予吊销营业执照的，对部门或者机构的正职负责人，根据情节轻重，给予降级或者撤职的行政处分；构成受贿罪、玩忽职守罪或者其他罪的，依法追究刑事责任。

第十四条　市（地、州）、县（市、区）人民政府依照本规定应当履行职责而未履行，或者未按照规定的职责和程序履行，本地区发生特大安全事故的，对政府主要领导人，根据情节轻重，给予降级或者撤职的行政处分；构成玩忽职守罪的，依法追究刑事责任。

负责行政审批的政府部门或者机构、负责安全监督管理的政府有关部门，未依照本规定履行职责，发生特大安全事故的，对部门或者机构的正职负责人，根据情节轻重，给予撤职或者开除公职的行政处分；构成玩忽职守罪或者其他罪的，依法追究刑事责任。

第十五条 发生特大安全事故，社会影响特别恶劣或者性质特别严重的，由国务院对负有领导责任的省长、自治区主席、直辖市市长和国务院有关部门正职负责人给予行政处分。

第十六条 特大安全事故发生后，有关县（市、区）、市（地、州）和省、自治区、直辖市人民政府及政府有关部门应当按照国家规定的程序和时限立即上报，不得隐瞒不报、谎报或者拖延报告，并应当配合、协助事故调查，不得以任何方式阻碍、干涉事故调查。

特大安全事故发生后，有关地方人民政府及政府有关部门违反前款规定的，对政府主要领导人和政府部门正职负责人给予降级的行政处分。

第十七条 特大安全事故发生后，有关地方人民政府应当迅速组织救助，有关部门应当服从指挥、调度，参加或者配合救助，将事故损失降到最低限度。

第十八条 特大安全事故发生后，省、自治区、直辖市人民政府应当按照国家有关规定迅速、如实发布事故消息。

第十九条 特大安全事故发生后，按照国家有关规定组织调查组对事故进行调查。事故调查工作应当自事故发生之日起60日内完成，并由调查组提出调查报告；遇有特殊情况的，经调查组提出并报国家安全生产监督管理机构批准后，可以适当延长时间。调查报告应当包括依照本规定对有关责任人员追究行政责任或者其他法律责任的意见。

省、自治区、直辖市人民政府应当自调查报告提交之日起30日内，对有关责任人员作出处理决定；必要时，国务院可以对特大安全事故的有关责任人员作出处理决定。

第二十条 地方人民政府或者政府部门阻挠、干涉对特大安全事故有关责任人员追究行政责任的，对该地方人民政府主要领导人或者政府部门正职负责人，根据情节轻重，给予降级或者撤职的行政处分。

第二十一条 任何单位和个人均有权向有关地方人民政府或者政府部门报告特大安全事故隐患，有权向上级人民政府或者政府部门举报地方人民政府或者政府部门不履行安全监督管理职责或者不按照规定履行职责的情况。接到报告或者举报的有关人民政府或者政府部门，应当立即组织对事故隐患进行查处，或者对举报的不履行、不按照规定履行安全监督管理职责的情况进行调查处理。

第二十二条　监察机关依照行政监察法的规定，对地方各级人民政府和政府部门及其工作人员履行安全监督管理职责实施监察。

第二十三条　对特大安全事故以外的其他安全事故的防范、发生追究行政责任的办法，由省、自治区、直辖市人民政府参照本规定制定。

第二十四条　本规定自公布之日起施行。

20. 安全生产监管监察职责和行政执法责任追究的规定

（2009年5月27日国家安全生产监督管理总局局长办公会议通过　2009年7月25日国家安全生产监督管理总局令第24号公布自2009年10月1日起施行　根据2013年8月29日国家安全生产监督管理总局令第63号第一次修正　根据2015年4月2日国家安全生产监督管理总局令第77号第二次修正）

第一章　总　　则

第一条　为促进安全生产监督管理部门、煤矿安全监察机构及其行政执法人员依法履行职责，落实行政执法责任，保障公民、法人和其他组织合法权益，根据《公务员法》、《安全生产法》、《安全生产许可证条例》等法律法规和国务院有关规定，制定本规定。

第二条　县级以上人民政府安全生产监督管理部门、煤矿安全监察机构（以下统称安全监管监察部门）及其内设机构、行政执法人员履行安全生产监管监察职责和实施行政执法责任追究，适用本规定；法律、法规对行政执法责任追究或者党政领导干部问责另有规定的，依照其规定。

本规定所称行政执法责任追究，是指对作出违法、不当的安全监管监察行政执法行为（以下简称行政执法行为），或者未履行法定职责的安全监管监察部门及其内设机构、行政执法人员，实施行政责任追究（以下简称责任追究）。

第三条　责任追究应当遵循公正公平、有错必纠、责罚相当、惩教结合的原则，做到事实清楚、证据确凿、定性准确、处理适当、程序合法、手续完备。

第四条 责任追究实行回避制度。与违法、不当行政执法行为或者责任人有利害关系，或者有其他特殊关系，可能影响公正处理的人员，实施责任追究时应当回避。

安全监管监察部门负责人的回避由该部门负责人集体讨论决定，其他人员的回避由该部门负责人决定。

第二章 安全生产监管监察和行政执法职责

第五条 县级以上人民政府安全生产监督管理部门依法对本行政区域内安全生产工作实施综合监督管理，指导协调和监督检查本级人民政府有关部门依法履行安全生产监督管理职责；对本行政区域内没有其他行政主管部门负责安全生产监督管理的生产经营单位实施安全生产监督管理；对下级人民政府安全生产工作进行监督检查。

煤矿安全监察机构依法履行国家煤矿安全监察职责，实施煤矿安全监察行政执法，对煤矿安全进行重点监察、专项监察和定期监察，对地方人民政府依法履行煤矿安全生产监督管理职责的情况进行监督检查。

第六条 安全监管监察部门应当依照《安全生产法》和其他有关法律、法规、规章和本级人民政府、上级安全监管监察部门规定的安全监管监察职责，根据各自的监管监察权限、行政执法人员数量、监管监察的生产经营单位状况、技术装备和经费保障等实际情况，制定本部门年度安全监管或者煤矿安全监察执法工作计划，并按照执法工作计划进行监管监察，发现事故隐患，应当依法及时处理。

安全监管执法工作计划应当报本级人民政府批准后实施，并报上一级安全监管部门备案；煤矿安全监察执法工作计划应当报上一级煤矿安全监察机构批准后实施。安全监管和煤矿安全监察执法工作计划因特殊情况需要作出重大调整或者变更的，应当及时报原批准单位批准，并按照批准后的计划执行。

安全监管和煤矿安全监察执法工作计划应当包括监管监察的对象、时间、次数、主要事项、方式和职责分工等内容。根据安全监管监察工作需要，安全监管监察部门可以按照安全监管和煤矿安全监察执法工作计划编制现场检查方案，对作业现场的安全生产实施监督检查。

第七条 安全监管监察部门应当按照各自权限，依照法律、法规、规章和国家标准或者行业标准规定的安全生产条件和程序，履行下列行政审批或者考核职责：

（一）矿山、金属冶炼建设项目和用于生产、储存危险物品的建设项目安全设施的设计审查；

（二）矿山企业、危险化学品和烟花爆竹生产企业的安全生产许可；

（三）危险化学品经营许可；

（四）非药品类易制毒化学品生产、经营许可；

（五）烟花爆竹经营（批发、零售）许可；

（六）矿山、危险化学品、烟花爆竹生产经营单位和金属冶炼单位主要负责人、安全生产管理人员的安全资格认定，特种作业人员（特种设备作业人员除外）操作资格认定；

（七）涉及人身安全、危险性较大的海洋石油开采特种设备和矿山井下特种设备安全使用证或者安全标志的核发；

（八）安全生产检测检验、安全评价机构资质的认可；

（九）注册助理安全工程师资格、注册安全工程师执业资格的考试和注册；

（十）法律、行政法规和国务院设定的其他行政审批或者考核职责。

行政许可申请人对其申请材料实质内容的真实性负责。安全监管监察部门对符合法定条件的申请，应当依法予以受理，并作出准予或者不予行政许可的决定。根据法定条件和程序，需要对申请材料的实质内容进行核实的，应当指派两名以上行政执法人员进行核查。

对未依法取得行政许可或者验收合格擅自从事有关活动的生产经营单位，安全监管监察部门发现或者接到举报后，属于本部门行政许可职责范围的，应当及时依法查处；属于其他部门行政许可职责范围的，应当及时移送相关部门。对已经依法取得本部门行政许可的生产经营单位，发现其不再具备安全生产条件的，安全监管监察部门应当依法暂扣或者吊销原行政许可证件。

第八条　安全监管监察部门应当按照年度安全监管和煤矿安全监察执法工作计划、现场检查方案，对生产经营单位是否具备有关法律、法规、规章和国家标准或者行业标准规定的安全生产条件进行监督检查，重点监督检查下列事项：

（一）依法通过有关安全生产行政审批的情况；

（二）有关人员的安全生产教育和培训、考核情况；

（三）建立和落实安全生产责任制、安全生产规章制度和操作规程、作业规程的情况；

（四）按照国家规定提取和使用安全生产费用，安排用于配备劳动防护用品、进行安全生产教育和培训的经费，以及其他安全生产投入的情况；

（五）依法设置安全生产管理机构和配备安全生产管理人员的情况；

（六）危险物品的生产、储存单位以及矿山、金属冶炼单位配备或者聘用注册安全工程师的情况；

（七）从业人员、被派遣劳动者和实习学生受到安全生产教育、培训及其教育培训档案的情况；

（八）新建、改建、扩建工程项目的安全设施与主体工程同时设计、同时施工、同时投入生产和使用，以及按规定办理设计审查和竣工验收的情况；

（九）在有较大危险因素的生产经营场所和有关设施、设备上，设置安全警示标志的情况；

（十）对安全设备的维护、保养、定期检测的情况；

（十一）重大危险源登记建档、定期检测、评估、监控和制定应急预案的情况；

（十二）教育和督促从业人员严格执行本单位的安全生产规章制度和安全操作规程，并向从业人员如实告知作业场所和工作岗位存在的危险因素、防范措施以及事故应急措施的情况；

（十三）为从业人员提供符合国家标准或者行业标准的劳动防护用品，并监督、教育从业人员按照使用规则正确佩戴和使用的情况；

（十四）在同一作业区域内进行生产经营活动，可能危及对方生产安全的，与对方签订安全生产管理协议，明确各自的安全生产管理职责和应当采取的安全措施，并指定专职安全生产管理人员进行安全检查与协调的情况；

（十五）对承包单位、承租单位的安全生产工作实行统一协调、管理，定期进行安全检查，督促整改安全问题的情况；

（十六）建立健全生产安全事故隐患排查治理制度，及时发现并消除事故隐患，如实记录事故隐患治理，以及向从业人员通报的情况；

（十七）制定、实施生产安全事故应急预案，定期组织应急预案演练，以及有关应急预案备案的情况；

（十八）危险物品的生产、经营、储存单位以及矿山、金属冶炼单位建立应急救援组织或者兼职救援队伍、签订应急救援协议，以及应急救援器材、设备和物资的配备、维护、保养的情况；

（十九）按照规定报告生产安全事故的情况；

（二十）依法应当监督检查的其他情况。

第九条　安全监管监察部门在监督检查中，发现生产经营单位存在安全生产违法行为或者事故隐患的，应当依法采取下列现场处理措施：

（一）当场予以纠正；

（二）责令限期改正、责令限期达到要求；

（三）责令立即停止作业（施工）、责令立即停止使用、责令立即排除事故隐患；

（四）责令从危险区域撤出作业人员；

（五）责令暂时停产停业、停止建设、停止施工或者停止使用相关设备、设施；

（六）依法应当采取的其他现场处理措施。

第十条　被责令限期改正、限期达到要求、暂时停产停业、停止建设、停止施工或者停止使用的生产经营单位提出复查申请或者整改、治理限期届满的，安全监管监察部门应当自收到申请或者限期届满之日起10日内进行复查，并填写复查意见书，由被复查单位和安全监管监察部门复查人员签名后存档。

煤矿安全监察机构依照有关规定将复查工作移交给县级以上地方人民政府负责煤矿安全生产监督管理的部门的，应当及时将相应的执法文书抄送该部门并备案。县级以上地方人民政府负责煤矿安全生产监督管理的部门应当自收到煤矿申请或者限期届满之日起10日内进行复查，并填写复查意见书，由被复查煤矿和复查人员签名后存档，并将复查意见书及时抄送移交复查的煤矿安全监察机构。

对逾期未整改、治理或者整改、治理不合格的生产经营单位，安全监管监察部门应当依法给予行政处罚，并依法提请县级以上地方人民政府按照规定的权限决定关闭。

第十一条　安全监管监察部门在监督检查中，发现生产经营单位存在安全生产非法、违法行为的，有权依法采取下列行政强制措施：

（一）对有根据认为不符合安全生产的国家标准或者行业标准的在用设施、设备、器材，违法生产、储存、使用、经营、运输的危险物品，以及违法生产、储存、使用、经营危险物品的作业场所予以查封或者扣押，并依法作出处理决定；

（二）扣押相关的证据材料和违法物品，临时查封有关场所；

（三）法律、法规规定的其他行政强制措施。

实施查封、扣押的，应当制作并当场交付查封、扣押决定书和清单。

第十二条 安全监管监察部门依法对存在重大事故隐患的生产经营单位作出停产停业、停止施工、停止使用相关设施、设备的决定，生产经营单位应当依法执行，及时消除事故隐患。生产经营单位拒不执行，有发生生产安全事故的现实危险的，在保证安全的前提下，经本部门主要负责人批准，安全监管监察部门可以采取通知有关单位停止供电、停止供应民用爆炸物品等措施，强制生产经营单位履行决定。通知应当采用书面形式，有关单位应当予以配合。

安全监管监察部门依照前款规定采取停止供电措施，除有危及生产安全的紧急情形外，应当提前二十四小时通知生产经营单位。生产经营单位依法履行行政决定、采取相应措施消除事故隐患的，安全监管监察部门应当及时解除前款规定的措施。

第十三条 安全监管监察部门在监督检查中，发现生产经营单位存在的安全问题涉及有关地方人民政府或其有关部门的，应当及时向有关地方人民政府报告或其有关部门通报。

第十四条 安全监管监察部门应当严格依照法律、法规和规章规定的行政处罚的行为、种类、幅度和程序，按照各自的管辖权限，对监督检查中发现的生产经营单位及有关人员的安全生产非法、违法行为实施行政处罚。

对到期不缴纳罚款的，安全监管监察部门可以每日按罚款数额的百分之三加处罚款。

生产经营单位拒不执行安全监管监察部门行政处罚决定的，作出行政处罚决定的安全监管监察部门可以依法申请人民法院强制执行；拒不执行处罚决定可能导致生产安全事故的，应当及时向有关地方人民政府报告或其有关部门通报。

第十五条 安全监管监察部门对生产经营单位及其从业人员作出现场处理措施、行政强制措施和行政处罚决定等行政执法行为前，应当充分听取当事人的陈述、申辩，对其提出的事实、理由和证据，应当进行复核。当事人提出的事实、理由和证据成立的，应当予以采纳。

安全监管监察部门对生产经营单位及其从业人员作出现场处理措施、行政强制措施和行政处罚决定等行政执法行为时，应当依法制作有关法律文书，并按照规定送达当事人。

第十六条　安全监管监察部门应当依法履行下列生产安全事故报告和调查处理职责：

（一）建立值班制度，并向社会公布值班电话，受理事故报告和举报；

（二）按照法定的时限、内容和程序逐级上报和补报事故；

（三）接到事故报告后，按照规定派人立即赶赴事故现场，组织或者指导协调事故救援；

（四）按照规定组织或者参加事故调查处理；

（五）对事故发生单位落实事故防范和整改措施的情况进行监督检查；

（六）依法对事故责任单位和有关责任人员实施行政处罚；

（七）依法应当履行的其他职责。

第十七条　安全监管监察部门应当依法受理、调查和处理本部门法定职责范围内的举报事项，并形成书面材料。调查处理情况应当答复举报人，但举报人的姓名、名称、住址不清的除外。对不属于本部门职责范围的举报事项，应当依法予以登记，并告知举报人向有权机关提出。

第十八条　安全监管监察部门应当依法受理行政复议申请，审理行政复议案件，并作出处理或者决定。

第三章　责任追究的范围与承担责任的主体

第十九条　安全监管监察部门及其内设机构、行政执法人员履行本规定第二章规定的行政执法职责，有下列违法或者不当的情形之一，致使行政执法行为被撤销、变更、确认违法，或者被责令履行法定职责、承担行政赔偿责任的，应当实施责任追究：

（一）超越、滥用法定职权的；

（二）主要事实不清、证据不足的；

（三）适用依据错误的；

（四）行政裁量明显不当的；

（五）违反法定程序的；

（六）未按照年度安全监管或者煤矿安全监察执法工作计划、现场检查方案履行法定职责的；

（七）其他违法或者不当的情形。

前款所称的行政执法行为被撤销、变更、确认违法，或者被责令履行法定职责、承担行政赔偿责任，是指行政执法行为被人民法院生效的判决、裁定，或者行政复议机关等有权机关的决定予以撤销、变更、确认违法或者被责令履行法定职责、承担行政赔偿责任的情形。

第二十条 有下列情形之一的，安全监管监察部门及其内设机构、行政执法人员不承担责任：

（一）因生产经营单位、中介机构等行政管理相对人的行为，致使安全监管监察部门及其内设机构、行政执法人员无法作出正确行政执法行为的；

（二）因有关行政执法依据规定不一致，致使行政执法行为适用法律、法规和规章依据不当的；

（三）因不能预见、不能避免并不能克服的不可抗力致使行政执法行为违法、不当或者未履行法定职责的；

（四）违法、不当的行政执法行为情节轻微并及时纠正，没有造成不良后果或者不良后果被及时消除的；

（五）按照批准、备案的安全监管或者煤矿安全监察执法工作计划、现场检查方案和法律、法规、规章规定的方式、程序已经履行安全生产监管监察职责的；

（六）对发现的安全生产非法、违法行为和事故隐患已经依法查处，因生产经营单位及其从业人员拒不执行安全生产监管监察指令导致生产安全事故的；

（七）生产经营单位非法生产或者经责令停产停业整顿后仍不具备安全生产条件，安全监管监察部门已经依法提请县级以上地方人民政府决定取缔或者关闭的；

（八）对拒不执行行政处罚决定的生产经营单位，安全监管监察部门已经依法申请人民法院强制执行的；

（九）安全监管监察部门已经依法向县级以上地方人民政府提出加强和改善安全生产监督管理建议的；

（十）依法不承担责任的其他情形。

第二十一条 承办人直接作出违法或者不当行政执法行为的，由承办人承担责任。

第二十二条 对安全监管监察部门应当经审核、批准作出的行政执法行为，分别按照下列情形区分并承担责任：

（一）承办人未经审核人、批准人审批擅自作出行政执法行为，或者不按审核、批准的内容实施，致使行政执法行为违法或者不当的，由承办人承担责任；

（二）承办人弄虚作假、徇私舞弊，或者承办人提出的意见错误，审核人、批准人没有发现或者发现后未予以纠正，致使行政执法行为违法或者不当的，由承办人承担主要责任，审核人、批准人承担次要责任；

（三）审核人改变或者不采纳承办人的正确意见，批准人批准该审核意见，致使行政执法行为违法或者不当的，由审核人承担主要责任，批准人承担次要责任；

（四）审核人未报请批准人批准而擅自作出决定，致使行政执法行为违法或者不当的，由审核人承担责任；

（五）审核人弄虚作假、徇私舞弊，致使批准人作出错误决定的，由审核人承担责任；

（六）批准人改变或者不采纳承办人、审核人的正确意见，致使行政执法行为违法或者不当的，由批准人承担责任；

（七）未经承办人拟办、审核人审核，批准人直接作出违法或者不当的行政执法行为的，由批准人承担责任。

第二十三条　因安全监管监察部门指派不具有行政执法资格的单位或者人员执法，致使行政执法行为违法或者不当的，由指派部门及其负责人承担责任。

第二十四条　因安全监管监察部门负责人集体研究决定，致使行政执法行为违法或者不当的，主要负责人应当承担主要责任，参与作出决定的其他负责人应当分别承担相应的责任。

安全监管监察部门负责人擅自改变集体决定，致使行政执法行为违法或者不当的，由该负责人承担全部责任。

第二十五条　两名以上行政执法人员共同作出违法或者不当行政执法行为的，由主办人员承担主要责任，其他人员承担次要责任；不能区分主要、次要责任人的，共同承担责任。

因安全监管监察部门内设机构单独决定，致使行政执法行为违法或者不当的，由该机构承担全部责任；因两个以上内设机构共同决定，致使行政执法行为违法或者不当的，由有关内设机构共同承担责任。

第二十六条 经安全监管监察部门内设机构会签作出的行政执法行为，分别按照下列情形区分并承担责任：

（一）主办机构提供的有关事实、证据不真实、不准确或者不完整，会签机构通过审查能够提出正确意见但没有提出，致使行政执法行为违法或者不当的，由主办机构承担主要责任，会签机构承担次要责任；

（二）主办机构没有采纳会签机构提出的正确意见，致使行政执法行为违法或者不当的，由主办机构承担责任。

第二十七条 因执行上级安全监管监察部门的指示、批复，致使行政执法行为违法或者不当的，由作出指示、批复的上级安全监管监察部门承担责任。

因请示、报告单位隐瞒事实或者未完整提供真实情况等原因，致使上级安全监管监察部门作出错误指示、批复的，由请示、报告单位承担责任。

第二十八条 下级安全监管监察部门认为上级的决定或者命令有错误的，可以向上级提出改正、撤销该决定或者命令的意见；上级不改变该决定或者命令，或者要求立即执行的，下级安全监管监察部门应当执行该决定或者命令，其不当或者违法责任由上级安全监管监察部门承担。

第二十九条 上级安全监管监察部门改变、撤销下级安全监管监察部门作出的行政执法行为，致使行政执法行为违法或者不当的，由上级安全监管监察部门及其有关内设机构、行政执法人员依照本章规定分别承担相应责任。

第三十条 安全监管监察部门及其内设机构、行政执法人员不履行法定职责的，应当根据各自的职责分工，依照本章规定区分并承担责任。

第四章 责任追究的方式与适用

第三十一条 对安全监管监察部门及其内设机构的责任追究包括下列方式：

（一）责令限期改正；

（二）通报批评；

（三）取消当年评优评先资格；

（四）法律、法规和规章规定的其他方式。

对行政执法人员的责任追究包括下列方式：

（一）批评教育；

（二）离岗培训；

（三）取消当年评优评先资格；

（四）暂扣行政执法证件；

（五）调离执法岗位；

（六）法律、法规和规章规定的其他方式。

本条第一款和第二款规定的责任追究方式，可以单独或者合并适用。

第三十二条 对安全监管监察部门及其内设机构、行政执法人员实施责任追究的时候，应当根据违法、不当行政执法行为的事实、性质、情节和对于社会的危害程度，依照本规定的有关条款决定。

第三十三条 违法或者不当行政执法行为的情节较轻、危害较小的，对安全监管监察部门责令限期改正，对行政执法人员予以批评教育或者离岗培训，并取消当年评优评先资格。

违法或者不当行政执法行为的情节较重、危害较大的，对安全监管监察部门责令限期改正，予以通报批评，并取消当年评优评先资格；对行政执法人员予以调离执法岗位或者暂扣行政执法证件，并取消当年评优评先资格。

第三十四条 安全监管监察部门及其内设机构在年度行政执法评议考核中被确定为不合格的，责令限期改正，并予以通报批评、取消当年评优评先资格。

行政执法人员在年度行政执法评议考核中被确定为不称职的，予以离岗培训、暂扣行政执法证件，并取消当年评优评先资格。

第三十五条 一年内被申请行政复议或者被提起行政诉讼的行政执法行为中，被撤销、变更、确认违法的比例占20%以上（含本数，下同）的，应当责令有关安全监管监察部门限期改正，并取消当年评优评先资格。

第三十六条 安全监管监察部门承担行政赔偿责任的，应当依照《国家赔偿法》第十四条的规定，责令有故意或者重大过失的行政执法人员承担全部或者部分行政赔偿费用。

第三十七条 对实施违法或者不当的行政执法行为，或者未履行法定职责的行政执法人员，依照《公务员法》、《行政机关公务员处分条例》等的规定应当给予行政处分或者辞退处理的，依照其规定。

第三十八条 行政执法人员的行政执法行为涉嫌犯罪的，移交司法机关处理。

第三十九条 有下列情形之一的，可以从轻或者减轻追究责任：

（一）违反本规定第十一条至第十四条所规定的职责，未造成严重后果的；

（二）主动采取措施，有效避免损失或者挽回影响的；

（三）积极配合责任追究，并且主动承担责任的；

（四）依法可以从轻的其他情形。

第四十条 有下列情形之一的，应当从重追究责任：

（一）因违法、不当行政执法行为或者不履行法定职责，严重损害国家声誉，或者造成恶劣社会影响，或者致使公共财产、国家和人民利益遭受重大损失的；

（二）滥用职权、玩忽职守、徇私舞弊，致使行政执法行为违法、不当的；

（三）弄虚作假、隐瞒真相，干扰、阻碍责任追究的；

（四）对检举人、控告人、申诉人和实施责任追究的人员打击、报复、陷害的；

（五）一年内出现两次以上应当追究责任的情形的；

（六）依法应当从重追究责任的其他情形。

第五章 责任追究的机关与程序

第四十一条 安全生产监督管理部门及其负责人的责任，按照干部管理权限，由其上级安全生产监督管理部门或者本级人民政府行政监察机关追究；所属内设机构和其他行政执法人员的责任，由所在安全生产监督管理部门追究。

煤矿安全监察机构及其负责人的责任，按照干部管理权限，由其上级煤矿安全监察机构追究；所属内设机构及其行政执法人员的责任，由所在煤矿安全监察机构追究。

第四十二条 安全监管监察部门进行责任追究，按照下列程序办理：

（一）负责法制工作的机构自行政执法行为被确认违法、不当之日起15日内，将有关当事人的情况书面通报本部门负责行政监察工作的机构；

（二）负责行政监察工作的机构自收到法制工作机构通报或者直接收到有关行政执法行为违法、不当的举报之日起60日内调查核实有关情况，提出责任追究的建议，报本部门领导班子集体讨论决定；

（三）负责人事工作的机构自责任追究决定作出之日起15日内落实决定事项。

法律、法规对责任追究的程序另有规定的，依照其规定。

第四十三条　安全监管监察部门实施责任追究应当制作《行政执法责任追究决定书》。《行政执法责任追究决定书》由负责行政监察工作的机构草拟，安全监管监察部门作出决定。

《行政执法责任追究决定书》应当写明责任追究的事实、依据、方式、批准机关、生效时间、当事人的申诉期限及受理机关等。离岗培训和暂扣行政执法证件的，还应当写明培训和暂扣的期限等。

第四十四条　安全监管监察部门作出责任追究决定前，负责行政监察工作的机构应当将追究责任的有关事实、理由和依据告知当事人，并听取其陈述和申辩。对其合理意见，应当予以采纳。

《行政执法责任追究决定书》应当送到当事人，以及当事人所在的单位和内设机构。责任追究决定作出后，作出决定的安全监管监察部门应当派人与当事人谈话，做好思想工作，督促其做好工作交接等后续工作。

当事人对责任追究决定不服的，可以依照《公务员法》等规定申请复核和提出申诉。申诉期间，不停止责任追究决定的执行。

第四十五条　对当事人的责任追究情况应当作为其考核、奖惩、任免的重要依据。安全监管监察部门负责人事工作的机构应当将责任追究的有关材料记入当事人个人档案。

第六章　附　　则

第四十六条　本规定所称的安全生产非法行为，是指公民、法人或者其他组织未依法取得安全监管监察部门的行政许可，擅自从事生产经营活动的行为，或者该行政许可已经失效，继续从事生产经营活动的行为。

本规定所称的安全生产违法行为，是指公民、法人或者其他组织违反有关安全生产的法律、法规、规章、国家标准、行业标准的规定，从事生产经营活动的行为。

本规定所称的违法的行政执法行为，是指违反法律、法规、规章规定的职责、程序所作出的具体行政行为。

本规定所称的不当的行政执法行为，是指违反客观、适度、公平、公正、合理等适用法律的一般原则所作出的具体行政行为。

第四十七条 依法授权或者委托行使安全生产行政执法职责的单位及其行政执法人员的责任追究，参照本规定执行。

第四十八条 本规定自2009年10月1日起施行。省、自治区、直辖市人民代表大会及其常务委员会或者省、自治区、直辖市人民政府对地方安全生产监督管理部门及其内设机构、行政执法人员的责任追究另有规定的，依照其规定。

21. 安全生产监管执法监督办法

（国家安全生产监督管理总局2018年第2次局长办公会议通过
2018年3月5日安监总政法［2018］34号印发　自印发之日起施行）

第一条 为督促安全生产监督管理部门依法履行职责、严格规范公正文明执法，及时发现和纠正安全生产监管执法工作中存在的问题，根据《安全生产法》《职业病防治法》等法律法规及国务院有关规定，制定本办法。

第二条 本办法所称安全生产监管执法行为（以下简称执法行为），是指安全生产监督管理部门（以下简称安全监管部门）依法履行安全生产、职业健康监督管理职责，按照有关法律、法规、规章对行政相对人实施监督检查、现场处理、行政处罚、行政强制、行政许可等行为。

本办法所称安全生产监管执法监督（以下简称执法监督），是指安全监管部门对执法行为及相关活动的监督，包括上级安全监管部门对下级安全监管部门，安全监管部门对本部门内设机构、专门执法机构（执法总队、支队、大队等，下同）及其执法人员开展的监督。

第三条 安全监管部门开展执法监督工作，适用本办法。

安全监管部门对接受委托执法的乡镇人民政府、街道办事处、开发区管理机构等组织、机构开展执法监督工作，参照本办法执行。

第四条 执法监督工作遵循监督与促进相结合的原则，强化安全监管部门对内设机构、专门执法机构及其执法人员的监督，不断完善执法工作制度和机制，提升执法效能。

第五条 安全监管部门应指定一内设机构（以下简称执法监督机构）具体负责组织开展执法监督工作。

安全监管部门应当配备满足工作需要的执法监督人员，为执法监督机构履行职责提供必要的条件。

第六条　安全监管部门应当通过政府网站和办事大厅、服务窗口等，公布本部门执法监督电话、电子邮箱及通信地址，接受并按规定核查处理有关举报投诉。

第七条　安全监管部门通过综合监督、日常监督、专项监督等三种方式开展执法监督工作。

综合监督是指上级安全监管部门按照本办法规定的检查内容，对下级安全监管部门执法总体情况开展的执法监督。

日常监督是指安全监管部门对内设机构、专门执法机构及其执法人员日常执法情况开展的执法监督。

专项监督是指安全监管部门针对有关重要执法事项或者执法行为开展的执法监督。

第八条　综合监督主要对下级安全监管部门建立健全下列执法工作制度特别是其贯彻执行情况进行监督：

（一）执法依据公开制度。依照有关法律、法规、规章及“三定”规定，明确安全生产监管执法事项、设定依据、实施主体、履责方式等，公布并及时调整本部门主要执法职责及执法依据。

（二）年度监督检查计划制度。编制年度监督检查计划时，贯彻落实分类分级执法、安全生产与职业健康执法一体化和“双随机”抽查的要求。年度监督检查计划报本级人民政府批准并报上一级安全监管部门备案。根据安全生产大检查、专项治理有关安排部署，及时调整年度监督检查计划，按规定履行重新报批、备案程序。

（三）执法公示制度。按照规定的范围和时限，及时主动向社会公开有关执法情况以及行政许可、行政强制、行政处罚结果等信息。

（四）行政许可办理和监督检查制度。依照法定条件和程序实施行政许可。加强行政许可后的监督检查，依法查处有关违法行为。

（五）行政处罚全过程管理制度。规范现场检查、复查，规范调查取证，严格执行行政处罚听证、审核、集体讨论、备案等规定，规范行政处罚自由裁量，推行监督检查及行政处罚全过程记录，规范行政处罚的执行和结案。

（六）执法案卷评查制度。定期对本部门和下级安全监管部门的行政处罚、行政强制、行政许可等执法案卷开展检查、评分；评查结果在一定范围内通报，针对普遍性问题提出整改措施和要求。

（七）执法统计制度。按照规定的时限和要求，逐级报送行政执法统计数据，做好数据质量控制工作，加强统计数据的分析运用。

（八）执法人员管理制度。执法人员必须参加统一的培训考核，取得行政执法资格后，方可从事执法工作。执法人员主动出示执法证件，遵守执法礼仪规范。对执法辅助人员实行统一管理。

（九）行政执法评议考核和奖惩制度。落实行政执法责任制，按年度开展本部门内设机构、专门执法机构及其执法人员的行政执法评议。评议结果按规定纳入执法人员年度考核的范围，加强考核结果运用，落实奖惩措施。

（十）行政复议和行政应诉制度。发挥行政复议的层级监督作用，严格依法审查被申请人具体行政行为的合法性、合理性。完善行政应诉工作，安全监管部门负责人依法出庭应诉。积极履行人民法院生效裁判。

（十一）安全生产行政执法与刑事司法衔接制度。加强与司法机关的协作配合，执法中发现有关单位、人员涉嫌犯罪的，依法向司法机关移送案件，定期通报有关案件办理情况。

第九条 国家安全监管总局每 3 年至少开展一轮对省级安全监管部门的综合监督，省级安全监管部门每 2 年至少开展一轮对本地区设区的市级安全监管部门的综合监督。

国家安全监管总局对省级安全监管部门开展综合监督的，应当一并检查其督促指导本地区设区的市级安全监管部门开展执法监督工作的情况。省级安全监管部门对本地区设区的市级安全监管部门开展综合监督的，应当一并检查其督促指导本地区县级安全监管部门开展执法监督工作的情况。

设区的市级安全监管部门按照省级安全监管部门的规定，开展对本地区县级安全监管部门的综合监督。

第十条 开展综合监督前，应当根据实际检查的安全监管部门数量、地域分布等，制定详细的工作方案。

综合监督采用百分制评分，具体评分标准由开展综合监督的安全监管部门结合实际工作情况制定。

第十一条 综合监督结束后，应当将综合监督有关情况、主要成效、经验做法以及发现的主要问题和整改要求、对策措施等在一定范围内通报。

省级安全监管部门应当在综合监督结束后将工作情况报告国家安全监管总局执法监督机构。

第十二条 地方各级安全监管部门应当制定日常监督年度计划，经本部门负责人批准后组织实施。

日常监督重点对本部门内设机构、专门执法机构及其执法人员严格依照有关法律、法规、规章的要求和程序实施现场处理、行政处罚、行政强制，以及事故调查报告批复的有关处理落实情况等进行监督，确保执法行为的合法性、规范性。

第十三条 安全监管部门对有关机关交办、转办、移送的重要执法事项以及行政相对人、社会公众举报投诉集中反映的执法事项、执法行为，应当开展专项监督。

专项监督由执法监督机构报经安全监管部门负责人批准后开展，并自批准之日起30日内形成专项监督报告。需要延长期限的，应当经安全监管部门负责人批准。

第十四条 上级安全监管部门在综合监督、专项监督中发现下级安全监管部门执法行为存在《行政处罚法》《行政强制法》《行政许可法》等法律法规规定的违法、不当情形的，应当立即告知下级安全监管部门予以纠正。对存在严重问题的，应当制作《行政执法监督整改通知书》，责令下级安全监管部门依法改正、纠正。

上级安全监管部门在制作《行政执法监督整改通知书》前，应当将相关执法行为存在的违法、不当情形告知下级安全监管部门，听取其陈述和申辩，必要时可以聘请专家对执法行为涉及的技术问题进行论证。

下级安全监管部门应当自收到《行政执法监督整改通知书》之日起30日内，将整改落实情况书面报告上级安全监管部门。

安全监管部门在日常监督、专项监督中发现本部门执法行为存在《行政处罚法》《行政强制法》《行政许可法》等法律法规规定的违法、不当情形的，应当及时依法改正、纠正。

第十五条 执法行为存在有关违法、不当情形，应当追究行政执法责任的，按照《安全生产监管监察职责和行政执法责任追究的规定》（国家安全监管总局令第24号）等规定，追究有关安全监管部门及其机构、人员的行政执法责任。对有关人员应当给予行政处分等处理的，依照有关规定执行；涉嫌犯罪的，移交司法机关处理。

第十六条 各级安全监管部门对在执法监督工作中表现突出的单位和个人，应当按规定给予表彰和奖励。

第十七条 地方各级安全监管部门应当于每年3月底前将本部门上一年度执法监督工作情况报告上一级安全监管部门。

第十八条 各省级安全监管部门可以结合本地区实际，制定具体实施办法。

第十九条 本办法自印发之日起施行。